# Kritische Sozialpsychologie

**Reihe herausgegeben von**

Markus Brunner, Sigmund Freud PrivatUniversität, Wien, Österreich

Nicole Burgermeister, Psychoanalytisches Seminar Zürich, Zürich, Schweiz

Hans-Dieter König, Institut für Soziologie, Goethe Universität Frankfurt a. M., Frankfurt, Deutschland

Julia König, Institut für Erziehungswissenschaften, Johannes Gutenberg Universität Mainz, Mainz, Deutschland

Die Schriftenreihe „Kritische Sozialpsychologie" veröffentlicht theoretische und qualitativ-interpretative Studien zu einer gesellschafts-, macht- und identitätskritischen Sozialpsychologie. Wo die Psychologie die von ihr untersuchten Subjekte häufig aus dem gesellschaftlichen Kontext, der sie hervorgebracht hat, herauslöst, und die Soziologie oftmals subjektive Prozesse ausblendet oder sie zu unmittelbar aus der sozialen Struktur ableitet, geht es in dieser Schriftenreihe um die kritische Vermittlung von Subjekt und Gesellschaft. Zwei Hauptfragestellungen stehen dabei im Fokus: Einerseits geht es darum, den „subjektiven Bedingungen der objektiven Irrationalität" (Adorno) nachzugehen, indem individuelle Verarbeitungsprozesse sozialer Widersprüche, Konfliktlagen und von Gewaltverhältnissen in den bewussten und unbewussten Erfahrungen der Individuen analysiert werden. Andererseits interessiert, wie Subjekte soziale Welten konstruieren, sich an gesellschaftliche Herrschaftsverhältnisse anpassen, sich widersetzen oder sie zu verändern suchen. Daran anschließend stellt sich aus der Perspektive kritischer Sozialpsychologie die Frage, wie diese subjektiven Konfliktlagen in gesellschaftlichen Dynamiken wiederhallen und diese episodisch oder nachhaltig stabilisieren oder fragmentieren. Individuelle und kollektive Verarbeitungsmuster gesellschaftlicher Anforderungen und Prozesse sollen so im Kontext von Klassenlage, sozialem Milieu, Geschlecht, Behinderung, Rassismus und Antisemitismus sowie im post- oder neokolonialen Kontext untersucht werden.

Der Schwerpunkt der Reihe liegt auf einer psychoanalytisch orientierten Sozialpsychologie, aber es sollen auch Texte mit verwandten Anliegen publiziert werden, die das spannungsreiche Verhältnis von gesellschaftlichen Strukturen und Diskursen, Individuen, Gruppen und Kollektiven mithilfe kritischer Subjekttheorien in den Blick nehmen.

Markus Brunner · Anna Domdey ·
Nicola Graage · Dustin Henze ·
Julia König
(Hrsg.)

# Autoritäre Dynamiken in der Krise

Drei Fallstudien zu Agitation und autoritären Reaktionen in der Covid-19-Pandemie

 Springer VS

*Hrsg.*
Markus Brunner
Sigmund Freud PrivatUniversität
Wien, Österreich

Nicola Graage
Potsdam, Deutschland

Julia König
Bergische Universität Wuppertal
Wuppertal, Deutschland

Anna Domdey
Göttingen, Deutschland

Dustin Henze
Sigmund Freud PrivatUniversität Wien
Wien, Österreich

ISSN 2524-3861             ISSN 2524-387X   (electronic)
Kritische Sozialpsychologie
ISBN 978-3-658-43281-2     ISBN 978-3-658-43282-9   (eBook)
https://doi.org/10.1007/978-3-658-43282-9

Die Deutsche Nationalbibliothek verzeichnet diese Publikation in der Deutschen Nationalbibliografie; detaillierte bibliografische Daten sind im Internet über https://portal.dnb.de abrufbar.

Planung/Lektorat: Cori Antonia Mackrodt
Springer VS ist ein Imprint der eingetragenen Gesellschaft Springer Fachmedien Wiesbaden GmbH und ist ein Teil von Springer Nature.
Die Anschrift der Gesellschaft ist: Abraham-Lincoln-Str. 46, 65189 Wiesbaden, Germany

Wenn Sie dieses Produkt entsorgen, geben Sie das Papier bitte zum Recycling.

# Vorwort

Die Corona-Pandemie hat den persönlichen wie beruflichen Alltag der meisten sehr durcheinander gebracht. An den Universitäten war es vor allem der Umstieg auf digitale Lehrformate, der Lehrende wie Studierende vor Herausforderungen stellte: Videotelefonie-Plattformen als neue Kommunikationsräume, die neues technisches und auch didaktisches Knowhow erforderten, das Homeoffice als zuweilen bequemer und zuweilen anstrengender Arbeitsort, und nicht zuletzt der allein videovermittelte Kontakt zu den Kolleg:innen und Studierenden transformierte Beziehungen auf unterschiedlichen Ebenen, teilweise vorübergehend, teilweise nachhaltig.

Als Lehrende versuchten wir beide, die erzwungene Online-Situation produktiv zu nutzen und experimentierten mit unterschiedlichen Formen. Bereits im Sommersemester 2020 führten wir zwei unserer Seminare in Mainz (Julia König) und Wien (Markus Brunner) zusammen und gönnten damit nicht nur uns beiden eine Zusammenarbeit in der Lehre, sondern ermöglichten auch den Studierenden unserer beiden Universitäten einen fächer- sowie landesübergreifenden Austausch über intersektionale Perspektiven auf die Pandemie, die wir zum Gegenstand der Seminarkooperation machen. Zudem erprobten wir die tiefenhermeneutische Interpretationspraxis, der wir uns nun seit vielen Jahren widmen, in einem digitalen Online-Setting: Dabei betrachteten wir die *Tiefenhermeneutische Interpretationswerkstatt Online* (TIO) explizit als Experiment zur Untersuchung der Frage, inwiefern sich diese Methode, die stark mit intellektuellen, emotionalen und leiblichen Resonanzen in der Interpretationsgruppe arbeitet, wohl online bewähren und eine Gruppe von geographisch weit verstreuten Interpret:innen in disparaten Lebens- und Arbeitssituationen anhand der fokussierten

Auseinandersetzung mit einem Gegenstand zusammenführen könnte. Nachdem wir kurzfristig ankündigten, ab Mai 2020 gemeinsam einen regelmäßig stattfindenden überregionalen Workshop zur psychoanalytisch fundierten qualitativen Methode der Tiefenhermeneutik anzubieten, war das Interessen so groß, dass wir uns entschieden, gleich zwei Gruppen zu starten. Aus den bis 2022 regelmäßig stattfindenden digitalen Sitzungen entstand im Laufe der Zeit noch eine parallel laufende, von den Studierenden autonom organisierte Gruppe zur Fortsetzung und Intensivierung der in der gemeinsamen Gruppe begonnenen tiefenhermeneutischen Interpretationsrunden. Die Frage, ob Tiefenhermeneutik auch in einem digitalen Online-Setting funktioniert, kann nunmehr rückblickend aus dem Jahr 2023 zweifelsohne mit ›Ja‹ beantwortet werden. Wenn uns auch auffiel, dass es in den digitalen Online-Gruppen etwas geordneter und affektmodulierter zuging als bei Präsenz-Treffen, haben die gemeinsamen Interpretationen nicht nur geographisch vereinzelten, über drei Länder verteilten Tiefenhermeneut:innen einen kontinuierlichen, intensiven und verlässlichen Arbeitszusammenhang bieten können. Sie haben sich auch als sehr produktiv und erkenntnisreich erwiesen, und sie konnten ungeachtet der Zügelung durch das Setting szenisch die in dem Interpretationsmaterial virulente Konflikthaftigkeit zutage fördern, wovon nicht zuletzt der vorliegende Band zeugt. Denn in diesen Zusammenhängen kamen wir auch mit den drei Autor:innen der in diesem Band präsentierten Studien zu autoritären Dynamiken in der Pandemie zusammen, die aus Masterarbeitsprojekten hervorgegangen sind. Anna Domdey, Nicola Graage und Dustin Henze brachten in diesen der Pandemie geschuldeten Kontext ihre unterschiedlich gelagerten Studien ein, die alle Reaktionen und Verarbeitungen, aber auch Interventionen in die Krise zum Gegenstand ihrer Analysen gemacht haben. Der Großteil der hier vorgelegten Materialanalysen entstammt dem genannten Interpretationskontext. In den Sitzungen und Interpretationen dieses unterschiedlichen Materials zur aktuellen Krise zeigte sich, wie die unterschiedlichen Ausgangspunkte und Fragerichtungen der Studien sich berührten. Teilweise sprangen in den Interpretationssitzungen Parallelen zu den anderen Projekten ins Auge, teilweise erstaunten Differenzen im Material. Beim Fortschreiten der Masterarbeitsprojekte – die nicht zuletzt in einem engen Austausch der Autor:innen untereinander entstanden – wurde immer deutlicher, wie die Erkenntnisse aus den Einzelprojekten sich gegenseitig ergänzten, durch ihre etwas anderen Perspektiven Winkel ausleuchten und Fragen aufgreifen konnten, die in den anderen Projekten nicht im Fokus standen, und die Idee zu einem gemeinsamen Buch entstand.

Geschrieben wurden die drei Masterarbeiten in je unterschiedlichen Disziplinen, sind aber alle theoretisch wie methodologisch systematisch im Feld der psychoanalytischen Sozialforschung angesiedelt, wie sie ab den 1930er Jahren

vor allem von der Kritischen Theorie um Max Horkheimer, Erich Fromm, Theodor W. Adorno und Herbert Marcuse am Institut für Sozialforschung entwickelt
worden war (zur Geschichte dieser Tradition vgl. Brunner et al. 2012). Die
Auseinandersetzung mit dem Autoritarismus stand im Zentrum der Forschung
dieses Zirkels, erforscht wurden einerseits gesamtgesellschaftliche Transformationen, welche autoritäre Dynamiken beförderten, andererseits – und dies dezidiert
mit psychoanalytischen Mitteln – autoritäre Dispositionen, autoritäre Propaganda
und autoritäre Massenbewegungen. Mit dem vorliegenden Band versuchen wir
heute, an diese Studien anzuknüpfen und gesellschaftstheoretische Überlegungen
mit der empirischen Untersuchung unterschiedlicher Phänomene, auf der Seite
der politischen Anrufungen wie auf der Seite der Subjekte, zu verbinden und
die Erkenntnisse so in eine Konstellation zu bringen, dass sie uns auch über
gesamtgesellschaftliche Tendenzen informieren.

Im Zentrum des Bandes stehen diese drei Studien, die von drei weiteren
Kapiteln gerahmt werden. Den Anfang macht Markus Brunners theoretische
Einleitung, in der er einerseits die sozialpsychologischen Überlegungen und
Studien des Instituts für Sozialforschung zu Autoritarismus erstens zum sogenannten »autoritären Charakter, zweitens zur autoritären Propaganda und drittens
zu autoritären Massendynamiken darlegt, andererseits Schlaglichter auf aktuelle, an die kritisch-theoretische Autoritarismusforschung anschließende Debatten
wirft. Dieser theoretischen Einleitung folgt eine kurze Einführung in die tiefenhermeneutische Kulturanalyse, die die methodologische Grundlage der drei
Studien bildet. Das ursprünglich von Alfred Lorenzer entwickelte Verfahren stellt
eine qualitative Methode der Kulturforschung dar und ermöglicht eine psychoanalytisch informierte Gesellschaftsanalyse, ohne einer naiven Anwendung der
Psychoanalyse auf Gesellschaft, Kultur und Politik anheimzufallen.

Nicola Graage beleuchtet in ihrem Beitrag Youtube-Videos von drei »Querdenkern«, die zuweilen schon vorher, aber vor allem im Rahmen der Corona-
Pandemie zu Berühmtheit gelangten und deren Videos breit geteilt wurden: Ken
Jebsen, Wolfgang Wodarg und Heiko Schrang. Minutiös zeigt die Autorin auf,
mit welchen Mitteln die drei Demagogen die Denkfähigkeit des Publikums außer
Kraft setzen, über apokalyptische Bilder bestehende innere Gefühls- und Konfliktlagen verstärken und so die Sehnsucht nach Erlösung wecken, die sie ihnen
dann über autoritäre Gemeinschaftsbildung, Verschwörungstheorien und Feindbildungsprozesse anbieten. Die tiefenhermeneutischen Analysen bestechen vor
allem auch durch ihre konsequente wirkungsanalytische Perspektive: Die sich in
der Interpretationsgruppe entfaltenden Dynamiken werden systematisch genutzt,
um die Wirkungspotentiale der Videos zu ergründen.

Dustin Henze analysiert in seinem Beitrag drei Bundestagsreden von AfD-Politiker:innen vom Oktober 2020, in denen sich die Redner:innen mit den Maßnahmen gegen die Pandemie auseinandersetzen. Henze legt dar, wie sie die Gefahr, die vom Virus ausgeht, herunterspielen, und wie ihre Reden stattdessen um eine ›verbrecherische Regierung‹ kreisen, die die Demokratie diktatorisch außer Kraft setze; eine Gefahr, der sich nur die AfD entgegenstelle. Die dadurch evozierten Gefühle werden auch hier über Feindbilder kanalisiert. In der virtuosen theoretischen Diskussion reflektiert der Autor vor dem Hintergrund weitgreifender gesellschafts- und demokratietheoretischer Überlegungen auf die spezifische psychosoziale Situation der durch die Reden angerufenen Zuschauer:innen in der Pandemie, die nicht nur eigene Ängste und Ambivalenzen hervorbringt, sondern auch bisherige Umgangsweisen mit gesellschaftlich produzierten Konflikten verunmöglicht.

Anna Domdey wendet sich genau diesem potenziellen Publikum zu und analysiert mittels biographischer Interviews die Gefühlslagen und speziell die autoritären Reaktionsweisen im ersten Jahr der Pandemie. Sie interviewte dazu nicht »Querdenker:innen«, sondern sprach mit Personen in einer Kleinstadt, die für autoritäre Ausdrucksformen in die andere Richtung, nämlich gegen Personen, die sich angeblich nicht an staatlich verordnete Reise- und Ausgangsbeschränkungen hielten, bekannt wurde. Domdey legt anhand ihrer Analysen erstens sehr anschaulich dar, wie das Erleben und der Umgang mit der Pandemie stark von sehr individuellen, aber sozial verorteten biographischen Erfahrungen geprägt ist, wobei die Autorin mit ihrer geschlechtertheoretischen Perspektive den Blick auch auf vergeschlechtlichte Dimension der pandemischen Situation schärft. Zweitens zeigt sie auf, dass autoritäre Krisenverarbeitungsprozesse eben nicht nur bei den »Querdenker:innen« und Kritiker:innen der Regierungsmaßnahmen zu finden sind, sondern ein gesamtgesellschaftliches Phänomen darstellen.

Im von allen Autor:innen gemeinsam verfassten Schlussteil geht es uns darum, – auch ganz aktuelle Forschungen und Debatten aufgreifend – die Studien und Erkenntnisse miteinander ins Gespräch zu bringen, d.h. die Demagog:innen vergleichend zu diskutieren, das Verhältnis zwischen Propaganda und der psychosozialen Situation der von der Pandemie Betroffenen auszuloten und die verschiedenen theoretischen Schwerpunktsetzungen miteinander zu konfrontieren, um so zu allgemeineren Erkenntnissen über autoritäre Dynamiken in der Pandemie und in gesellschaftlichen Krisensituationen zu gelangen.

Herzlichst danken wir Anna Domdey, Nicola Graage und Dustin Henze für die großartige, durchweg sehr engagierte, geduldige und immer wieder äußerst erkenntnisproduktive Zusammenarbeit. Wir hoffen, mit diesem Band einen spannenden sozialpsychologischen Beitrag zu den laufenden Debatten über gesamtgesellschaftliche Tendenzen in einer von multiplen Krisenerscheinungen geplagten Zeit vorgelegt zu haben, und wünschen eine anregende Diskussion.

Markus Brunner
Julia König

# Inhaltsverzeichnis

# Über die Herausgeber

**Markus Brunner, Dr. phil.**, ist wissenschaftlicher Leiter des Studienschwerpunktes „Sozialpsychologie/Klinische Psychologie" an der Sigmund Freud PrivatUniversität in Wien, Mitherausgeber der Zeitschriften „Freie Assoziation" und „Psychologie und Gesellschaftskritik" sowie der Schriftenreihe „Kritische Sozialpsychologie" beim VS Springer-Verlag, Gründungsmitglied der Gesellschaft für psychoanalytische Sozialpsychologie und Gruppenanalytiker (SGAZ). Zahlreiche Schriften zur Psychoanalyse und psychoanalytischen Sozialpsychologie.

**Anna Domdey, M.A.**, studierte Kulturanthropologie/Europäische Ethnologie und Geschlechterforschung in Göttingen. Sie ist Mitglied in der Gesellschaft für psychoanalytische Sozialpsychologie und einer tiefenhermeneutischen Interpretationsgruppe. Ihre Schwerpunkte liegen in historisch-materialistischer Geschlechterforschung, Kritischer Theorie und Antisemitismusforschung. Außerdem interessiert sie sich theoretisch wie praktisch für Geschichtspolitik und arbeitet derzeit in der Gedenkstätte Breitenau.

**Nicola Graage, M.A.**, absolvierte ihren Bachelor in Psychologie an der Universität Potsdam (UP) und ihren Master mit Klinischem Fokus an der International Psychoanalytic University (IPU). Derzeit arbeitet sie mit psychisch erkrankten Erwachsenen im Bereich der Eingliederungshilfe und ist Ausbildungskandidatin am Institut für Psychotherapie Potsdam (TP/AP).

**Dustin Henze, M.A.**, arbeitet als wissenschaftlicher Mitarbeiter an der Sigmund Freud PrivatUniversität Wien im internationalen Forschungsprojekt „Connecting

the Dots: Reconstructing the Social Production of Suspicious Knowledge". Er hat
Politikwissenschaft, Geschlechterforschung und Psychologie studiert, ist Mitglied
der Gesellschaft für psychoanalytische Sozialpsychologie und einer tiefenhermeneutischen Interpretationsgruppe. Seine Forschungsinteressen liegen im Bereich
psychoanalytischer Sozialpsychologie und Kritischer Theorie.

**Prof.in Dr.in Julia König** ist Professorin für Kindheitsforschung an der Bergischen Universität Wuppertal. Ihre Forschungsschwerpunkte liegen in der Sexualitätsgeschichte und der Analyse aktueller Konstellationen kindlicher Sexualität,
auf Untersuchungen von Antisemitismus, Rassismus und Verschwörungsdenken,
und berühren feministische, (post)koloniale und kindheitstheoretische Fragen.
Systematisch nimmt sie dabei neben den genannten vor allem die Perspektive
Kritischer Theorie und der Psychoanalyse ein.

# Zur Sozialpsychologie Des Autoritarismus. Theoretische Einführung

Markus Brunner

**Zusammenfassung**

Dieser Beitrag stellt einerseits die sozialpsychologische Autoritarismusforschung des Instituts für Sozialforschung der 1930-40er Jahre vor und andererseits aktuelle Debatten, die an diese Forschung anschließen. Drei Stränge oder Dimensionen der Auseinandersetzung werden beleuchtet: Erstens das Konzept des »autoritären Charakters« als »potenziell faschistische Persönlichkeit« und die Frage nach autoritären Dispositionen, die die Individuen anfällig machen für autoritäre Propaganda, zweitens die Analysen faschistischer Propaganda, die sich im amerikanischen Exil vor allem auf Agitatoren in den USA richteten, drittens Überlegungen zur Massenpsychologie, d. h. zur Attraktivität autoritärer Bewegungen und der in ihnen wirkenden Dynamiken. Gefragt wird stets danach, inwiefern die in der ersten Hälfte des vergangenen Jahrhunderts geschriebenen Studien auch für eine Analyse heutiger autoritärer Dynamiken und Bewegungen unter postfordistischen Bedingungen noch aktuell sind und wo aber auch Verschiebungen und Veränderungen im Autoritarismus zu verzeichnen sind. Diese Ausführungen stellen ein theoretisches Fundament für die in diesem Band versammelten Studien zu autoritären Dynamiken in der Corona-Pandemie dar.

M. Brunner (✉)
Sigmund Freud PrivatUniversität Wien, Wien, Österreich

M. Brunner et al. (Hrsg.), *Autoritäre Dynamiken in der Krise*, Kritische Sozialpsychologie, https://doi.org/10.1007/978-3-658-43282-9_1

Autoritarismus ist wohl *das* Kernthema der älteren Kritischen Theorie des Frankfurter *Instituts für Sozialforschung*. Deren historischer Erfahrungshintergrund war gekennzeichnet vom erschütternden Ersten Weltkrieg und dem in ihm sich ausdrückenden nationalistischen Chauvinismus, von der Niederlage der sozialistischen Revolutionen in Europa, dem baldigen Ausbreiten autoritärer Bewegungen, aber auch der Erkenntnis, dass die Revolution in Russland nicht die erhoffte Freiheit, sondern selbst eine autoritäre Staatsform hervorgebracht hatte. Die Frage, die sich stellte war, weshalb die Arbeiter:innen nicht, wie dies aus einer Marxschen Perspektive zu erwarten gewesen wäre, gegen die sie knechtenden Verhältnisse aufbegehrten, sondern sich ihnen eher unterwarfen – und sich bald sogar dezidiert reaktionären, ihren objektiven Interessen widersprechenden Bewegungen zuwandten. Einerseits ging es also darum, die Integrationskräfte der sich immer mehr monopolisierenden kapitalistischen Gesellschaft – heute würden wir diese Phase als die Entstehung des Fordismus sehen – zu ergründen, andererseits aber ging es um ein Verständnis der aufziehenden autoritären, d. h. faschistischen, nationalistischen und antisemitischen Massenbewegungen.

Nachdem Max Horkheimer 1930 die Leitung des Instituts für Sozialforschung übernommen hatte, etablierte sich, seiner Idee einer interdisziplinären Sozialforschung (Horkheimer 1931) folgend, eine rege Forschungs- und Publikationstätigkeit, die nach Horkheimers Vorgabe gesellschaftstheoretisch-sozialphilosophische Überlegungen mit interdisziplinärer empirischer Forschung verzahnen sollte. Es sollte darum gehen, über die Analyse von ökonomischen, politischen, kulturellen und psychologischen Prozessen und Erscheinungsformen ein Gesamtbild der gegenwärtigen Gesellschaft, ihrer Widersprüche und Tendenzen zu erlangen. Zu diesem Zweck versammelte Horkheimer marxistische Intellektuelle aus sehr unterschiedlichen Feldern um sich. Die namhaftesten unter ihnen waren der Ökonom und Soziologe Friedrich Pollock, der Psychoanalytiker Erich Fromm, der Literatursoziologe Leo Löwenthal, später auch der Philosoph und Musiktheoretiker Theodor W. Adorno und der Philosoph Herbert Marcuse.

Die Notwendigkeit eines dezidiert sozialpsychologischen Stranges der Forschung legten schon die großen Fragen nahe, mit denen sich die Forschenden rund um das Institut beschäftigten. Horkheimer (1932) wie auch Fromm (1932a, b) hatten schon früh programmatische Schriften zum Einbezug psychoanalytischer Erkenntnisse in die Sozialwissenschaften verfasst, Fromm (1980) bereits 1930 eine Fragebogen-Untersuchung unter deutschen Arbeiter:innen und Angestellten durchgeführt, in denen er mit originellen Mitteln latenten Einstellungsmustern nachspürte. Mithilfe der Psychoanalyse sollte, so Adorno später, »den subjektiven Bedingungen der objektiven Irrationalität« (Adorno 1955, S. 42) nachgeforscht werden.

Dabei beschäftigte sie früh auch das Thema der Autorität. Die bürgerliche Gesellschaft beruhte, so die These, darauf, dass die Einzelnen sich aus Selbsterhaltungsinteresse den ökonomischen Verhältnissen, d. h. der Irrationalität des Marktes unterwerfen mussten – einer Autorität, die sie als naturgegeben hinnahmen. Die bloß »halbe« Revolution, d. h. die (in Deutschland späte) politisch-juristische Emanzipation aus der feudalen Herrschaft, die aber die im 19. Jahrhundert sich entfaltenden kapitalistischen Strukturen nicht antastete, kontaminierte alle emanzipatorischen Parolen des Bürgertums: Der Kampf gegen die alten irrationalen Autoritäten mündete in der Unterwerfung unter die nicht minder irrationale sachliche Herrschaft des Kapitals, der bürgerliche Freiheitsbegriff blieb deshalb ein sehr eingeschränkter und ebenso blieben die antifeudalen Losungen der Gleichheit und Brüderlichkeit/Solidarität uneingelöst, die sich in der Klassengesellschaft und vor allem vor dem Hintergrund einer zunehmenden Monopolisierung der Gesellschaft als Farce herausstellten. Dass, obwohl sich diese Widersprüche immer eklatanter bemerkbar machten und sich eine Kritik an den Verhältnissen eigentlich in der Arbeiter:innenbewegung materialisiert hatte, diese Verhältnisse nicht umgestürzt wurden, schrie nach einer Erklärung. Das Erstarken faschistischer Bewegungen wurde als Effekt der sich zuspitzenden gesellschaftlichen Widersprüche gelesen. In ihnen verzahnten sich die immer totalitärer werdenden Verhältnisse mit einem Irrationalismus, der in seiner Struktur und vor allem auch in seiner Attraktivität zu erklären war.

Sehr unmittelbar waren die marxistischen und zum Großteil jüdischen Forscher von dieser gesellschaftlichen Bewegung betroffen: Schon Anfang der 1930er Jahre hatte Friedrich Pollock vorausschauend die Institutsgelder zuerst in die Schweiz und dann ins weitere Ausland transferiert und nach der Machtübernahme der Nationalsozialisten in Deutschland wanderten sowohl das Institut wie seine Mitglieder nach und nach in die USA aus, um dort eine neue wissenschaftliche Heimat zu finden. Teilweise noch in Deutschland, fortgeführt auf den verschiedenen Stationen ins Exil, entstand das erste wirklich interdisziplinär durchgeführte Forschungsprojekt, das unter dem Titel *Studien über Autorität und Familie* (Horkheimer et al. 1936) firmierte und der Frage folgte, inwiefern die bürgerliche Gesellschaft und vor allem der Monopolkapitalismus Anfang des 20. Jahrhunderts, vermittelt über die Familie, autoritäre Charakterstrukturen produzierte, die wiederum die autoritären gesellschaftlichen Dynamiken psychologisch unterfütterten und stützten. In den USA entstanden – zuweilen in Zusammenarbeit mit staatlichen Institutionen – nicht nur genauere Analysen der Struktur des nationalsozialistischen Staates, der nationalsozialistischen Propaganda und des Antisemitismus, sondern es folgten in den 1940er Jahren – mithilfe von Geldern vor allem der American Jewish Committee – die *Studies in Prejudice* mit ihrem wohl berühmtesten Kernstück, den Bänden zur *Authoritarian Personality* (Adorno et al. 1950). Vor dem Hintergrund des Wütens in Europa stellte sich den jüdischen Wissenschaftler:innen in den USA die Frage, inwiefern auch in der US-amerikanischen Gesellschaft das Potenzial für faschistische Bewegungen schwelte. Untersucht wurden einerseits die Propaganda von autoritären und faschistischen Agitatoren (Löwenthal und Guterman 1949; Adorno 1973/1943), andererseits – zusammen mit überhaupt nicht in der Tradition des Instituts stehenden sozialpsychologischen und psychologischen Forscher:innen – diejenigen psychischen Dispositionen, die die Bevölkerung potenziell für die faschistische Propaganda anfällig machten. Gerahmt wurden diese empirischen Studien durch sehr grundlegende gesellschaftstheoretische Überlegungen zu autoritären Tendenzen im Spätkapitalismus, die als – vor dem Hintergrund der Shoah geschriebene – radikale Gesamtkritik einer Epoche im Schlüsselwerk *Dialektik der Aufklärung* (1944) von Horkheimer und Adorno ihren wohl prononciertesten Ausdruck erhielt.

Als Adorno, Horkheimer und Pollock Anfang der 1950er Jahren aus dem Exil wieder nach Frankfurt zurückkehrten, machten sie sich sogleich an eine nächste empirische Studie, das sog. *Gruppenexperiment* (Pollock 1955), die vor allem das emotionale Nachwirken des Nationalsozialismus in Deutschland im Fokus hatte, ein Thema, das vor allem Adorno in den folgenden Jahren weiter beschäftigen würde.

Die psychoanalytisch orientierte Sozialpsychologie, von Fromm »Analytische Sozialpsychologie« genannt, leistete zu all diesen Studien einen zentralen Beitrag: Während die gesamtgesellschaftlichen Veränderungen gesellschaftstheoretisch erörtert wurden, waren sowohl die Propagandaanalysen psychoanalytisch informiert wie die Analysen der gesellschaftlich hervorgebrachten Subjektstrukturen, auf welche die Propaganda zielte. Schließlich schloss auch die Erörterung der Massendynamik des Antisemitismus und Nationalsozialismus an Freud an.

Die in all diesen Studien und Schriften entwickelten Überlegungen zum weiten Komplex der Autorität und des Autoritarismus bilden – ebenso wie diese aufgreifenden neuere Debatten – auf die eine oder andere Weise den Hintergrund für die in diesem Band präsentierten empirischen Studien zum Autoritarismus in der Pandemie. Da die Kritische Theorie als grundlegend historisch denkende Perspektive stets den Zeitkern jeglichen Denkens betonte, stellen sich beim Aufgreifen der vor über 70 Jahren publizierten Schriften nicht wenige Probleme: Die kapitalistische Gesellschaft hat sich in ihrer Form in den letzten Jahrzehnten sehr grundlegend gewandelt, der noch die 1950er und 60er Jahre beherrschende Fordismus wurde – begleitet von einer neoliberalen Umstrukturierung des Staates – in eine postfordistische Gesellschaft verwandelt, die neue Formen der Herrschaft, der

Kontrolle und des Regierens hervorbrachte und an die Subjekte andere Ansprüche stellt, sie in neue Konfliktlagen bringt. Es stellt sich damit die Frage, auf welche Weise die frühen Debatten heute aufgegriffen, adaptiert und fruchtbar gemacht werden können.

Im Folgenden soll deshalb zum einen der Versuch unternommen werden, die sozialpsychologischen Dimensionen der Autoritarismusstudien der Kritischen Theorie darzulegen, zum anderen aber auch sich daran anschließende, vor allem auch aktuellere Debatten, Adaptionen und Weiterentwicklungen zu beleuchten. Die Darstellung folgt drei Bereichen, die sich immer wieder überkreuzen und im Gegenstand zusammenwirken: *Erstens* geht es um das Konzept des Autoritären Charakters, das bereits in der Kritischen Theorie vor dem Hintergrund unterschiedlicher Fragen und Kontexte auf unterschiedliche Weise konzeptualisiert und theoretisiert wurde. *Zweitens* geht es um die Propagandaanalysen des Instituts für Sozialforschung. *Drittens* sollen die Überlegungen zur Massendynamik des Antisemitismus, des Nationalsozialismus und sonstiger rechter Bewegungen aufgerollt werden.

# 1 Zum autoritären Charakter

Im Begriff des »autoritären Charakters« verschachteln sich zwei der eben dargelegten Kernfragen der Kritischen Theorie: *Einerseits* wird ein vorherrschender autoritärer Sozialcharakter eingeführt, der mit erklären helfen sollte, weshalb die unter den gesellschaftlichen Verhältnissen Leidenden nicht gegen diese aufbegehrten (vgl. Fromm 1932a, b; Horkheimer 1932; Löwenthal 1990/1934; Fromm et al. 1936). *Andererseits* spielt das Konzept des autoritären Charakters eine zentrale Rolle bei den Analysen »potenziell faschistischer Subjekte« – dies war der Untersuchungsgegenstand der *Authoritarian Personality* (Adorno et al. 1950) –, die hier aber von nicht-faschistischen oder demokratischen Subjekten abgegrenzt werden. Das ergibt in den Analysen eine Spannung, die einerseits produktiv ist, weil allgemeine gesellschaftliche Tendenzen und die subjektive Seite von Faschismus und Rechtsextremismus aufeinander bezogen werden, andererseits aber auch zu Schwierigkeiten führt, wenn wir uns heute auf diese Theorien beziehen: Während die sozialcharakterologischen Debatten der letzten 2 Jahrzehnte den autoritären Charakter nur noch als historische Figur gelten lassen (vgl. z. B. Eichler 2013), gibt es in der aktuellen Autoritarismus- und Rechtsextremismusforschung eine rege Auseinandersetzung mit dem Konzept des autoritären Charakters.

Ich will aus Platzgründen im Folgenden den sozialcharakterologischen Strang auslassen und mich auf die Debatten zu den psychologischen Grundlagen antidemokratischen und rechtsextremen Denkens konzentrieren. In den Studien zur *Authoritarian Personality* (Adorno et al. 1950) konzentrierten sich die Forscher:innen wie erwähnt auf das *»potenziell faschistische* Individuum, ein Individuum, dessen Struktur es besonders empfänglich für antidemokratische Propaganda macht« (Adorno 1973/1950, S. 1). Empirisch sollte das autoritäre »Syndrom« und, so die Idee, die diesem zugrundeliegenden Charakterstrukturen erforscht werden. So wurden einerseits Skalen zu Antisemitismus, Ethnozentrismus und politisch-ökonomischem Konservatismus entwickelt, d. h. explizite Haltungen und Vorurteile abgefragt, andererseits die sog. F(aschismus)-Skala entworfen, die eher Einstellungs*potenziale* messbar machen sollte.

Die theoretischen Grundlagen für das Konzept des autoritären Charakters hatte zuvor Fromm (1936) entwickelt. In der patriarchalen Kleinfamilie, so Fromm, trete gesellschaftliche Autorität in Form des Vaters auf, mit dem sich die Kinder identifizierten und dessen Gebote und Verbote sie in Gestalt des Überichs verinnerlichten. Die Beziehung zum Vater sei aber ambivalent: Einerseits werde Furcht vor ihm durch Ehrfurcht, Bewunderung und Liebe überformt, was masochistische Strebungen schaffe, sich an seine (idealisierte) Macht anzuschmiegen und sich in ihr auflösen zu wollen. Die väterliche Autorität biete so eine »Prothesen-Sicherheit« gegen reale Hilflosigkeit und zugleich eine narzisstische Ersatzbefriedigung in der phantasmatischen Teilhabe an seiner Macht (S. 124). Andererseits werde der Vater gleichzeitig um seine Macht beneidet und für die auferlegten Zwänge gehasst, Regungen, die jedoch aus Furcht und Liebe verdrängt blieben. Die Unterwerfung unter den idealisierten Vater wie die erzwungenen Verdrängungen würden zu einem starren und letztlich schwachen Ich führen. So werde schon in der Kindheit und damit langfristig eine masochistische Grundeinstellung zur Welt insgesamt erzeugt, eine Unterwerfung unter das allmächtige, unabänderliche Schicksal, das sich in den übermächtigen ökonomischen Anforderungen, in Kriegen, Traditionen oder auch nur im Fortbestand von Herrschaft und Ungleichheit zeige. Das Individuum beuge sich den gesellschaftlich mächtigen Institutionen und Personen, spalte aber die zugleich hervorgerufenen aggressiven, rebellischen Strebungen ab und lenke sie sadistisch gegen Schwache oder als fremd oder schwach wahrgenommene Mächtige.

Die diese Disposition operationalisierende F-Skala bestand aus 9 Variablen: Konventionalismus (als starres Festhalten an konventionellen Werten), autoritäre Unterwürfigkeit (das entspricht der von Fromm ausgearbeiteten masochistischen Komponente des Autoritarismus), autoritäre Aggression (vor allem gegen diejenigen, die konventionelle Normen angeblich verletzen), Anti-Intrazeption (als

Abwehr des Psychischen und Sensiblen), Aberglaube und Stereotypie (als Schicksalsgläubigkeit und Denken in rigiden Kategorien), Machtdenken und Robustheit (als übermäßige Betonung von Herrschaft und Machtmotiven, verbunden mit der Hoffnung, durch Unterwerfung an der Macht teilnehmen zu können), Destruktivität und Zynismus (Menschenverachtung), Projektivität (als Tendenz, Inneres nach außen zu wenden, wodurch die Welt als feindlich wahrgenommen wird) und schließlich Sexualität (als übertriebenes Interesse an sexuellen »Vorgängen«). Wer auf der Skala hoch anschlug, dem wurde zumindest eine große Empfänglichkeit für anti-demokratische Propaganda attestiert.

Das ausführlichste Psychogramm der »autoritären Persönlichkeit« legt Frenkel-Brunswik (1950) auf der Basis von Interviews mit Personen dar, die auf der F-Skala dezidiert Extremwerte aufweisen. Sie zeichnet – in der Grundstruktur sehr ähnlich wie Fromm (1936), aber viel ausführlicher – eine Figur, die ihre eher rigiden, strengen und an Status orientierten Eltern einerseits idealisiert, andererseits darüber klagt, von diesen immer wieder ungerecht behandelt oder vernachlässigt worden zu sein. Sie seien unbewusst von Angst, Abhängigkeiten und viel diffuser Aggression, vor allem Ärger und Hass gegen die Eltern geprägt, die verleugnet werden müssten. Stattdessen würden sie Stärke inszenieren und die Nähe von gesellschaftlichen Autoritäten suchen, gegen die sie aber latent ein ähnliches Ressentiment hegten wie gegen ihre Eltern. Das beschriebene Syndrom rühre laut der Autorin aus einer fehlenden Identifikation mit und einer Angst vor den Eltern her, die es verunmöglicht habe, ein integriertes Überich als flexiblen moralischen Kompass zu entwickeln. Weil die elterlichen Gebote unintegriert blieben, würde das Überich immer wieder externalisiert und Orientierung, Halt und Sicherheit würde bei äußeren Autoritäten gesucht. Zugleich gäbe es einen Wunsch nach einer Autorität, die es ihnen erlaube, moralische Beschränkungen, die stets als externe Zwänge wahrgenommen werden, insgesamt loszuwerden. Was Frenkel-Brunswiks Analysen auszeichnet, ist ihr Blick auch auf Geschlechterdifferenzen: Die H zeigten sich sehr geschlechterkonform und äußerten auch entsprechende Geschlechterstereotype, aber untergründig strudelten die Männer mit Schwäche, Abhängigkeit und Passivität und die Frauen mit Aggressionen, vor allem gegen Männer (Frenkel-Brunswik 1950, S. 428–441).

Dieser Idealtypus des Autoritären wird von Adorno (1973/1950, S. 303 ff.) differenziert. Er präsentiert sechs verschiedene aus den empirischen Daten entwickelte Typen von vorurteilsvollen Persönlichkeiten: Personen mit einem »Oberflächenressentiment«, deren Vorurteil eher Opportunismus sei und jederzeit reflektiert werden könne; den »konventionellen« Typus, bei dem das Vorurteil selbst wenig psychologische Funktion habe, sondern der aus Angst vor Andersartigkeit einfach gesellschaftliche Vorurteile übernehme; den eigentlich

»autoritären« Typus, der mehr oder weniger Fromms Charakterisierung als sado-
masochistisch entspreche; den »Rebellen«, dem Aufbegehrenden, der auch gegen
Schwache vorgehe, d. h. bei dem eher die autoritär-aggressive Seite manifest
sei, während die Bindung an die Autorität latent bleibe; den »Spinner«, der
den Bezug zur Realität völlig verloren habe und verwirrt und höchst projektiv Verschwörungstheorien anhänge; schließlich den »manipulativen« Typus, der
gefühlskalt und zynisch alles und jeden als zu manipulierendes Objekt betrachte
und beherrschen müsse.

Aus den Studien zur *Authoritarian Personality* wissen wir nicht, wie verbreitet
der autoritäre Charakter – und schon gar nicht die verschiedenen Typen – an
verschiedenen sozialen Orten war. Immer wieder gibt es aber Verweise auf das
gesellschaftliche Bedingungsgefüge für autoritäre Strebungen.

Auf der einen Seite wurden autoritäre Dispositionen auf Veränderungen der
Funktion des Vaters in der patriarchalen Familie zurückgeführt, wobei hier zwei
unterschiedliche Thesen vorgebracht wurden: Die erste These zeichnete nach,
wie durch die zunehmende kapitalistische Monopolisierung die Väter real immer
ohnmächtiger geworden und damit ihre Autorität in der Familie immer irrationaler geworden sei, was dazu führe, dass sich die von Fromm beschriebenen
Ambivalenzen gegenüber diesem verstärkten (Horkheimer 1936). Die zweite, ab
den 1940er Jahren entwickelte These ging eher einer Auflösung der zentralen
Sozialisationsfunktion der Familie insgesamt nach: Während das Kind in der Auseinandersetzung mit der konkreten väterlichen Autorität noch ein eigenes Überich
entwickeln und so ein Moment von Autonomie gewinnen konnte, würden im
Spätkapitalismus die Individuen über Bildungsinstitutionen, die Massenmedien
und Peer Groups viel direkter sozialisiert. Folge seien »außengeleitete« Massen-
Individuen, die sich bereitwillig jeder Autorität anschlössen, die ihnen Schutz und
narzisstische Befriedigung anbiete (vgl. Horkheimer 1947/1949, noch dezidierter:
Marcuse 1963).

Auf der anderen Seite wurde aufgezeigt, wie die neuen gesellschaftlichen
Verhältnisse sehr direkt autoritäre Dispositionen hervorbrachten.[1] In ihren Überlegungen zur Kulturindustrie zeichnen Horkheimer & Adorno (1949) eine
umfassende Einkreisung der Subjekte nach: Werden die Menschen schon durch

---

[1] Die Bestimmung dieser Verhältnisse nahm in den kritisch-theoretischen Debatten einen
durchaus großen Raum ein: Pollock, Horkheimer und Franz Neumann diskutierten – durchaus kontrovers – angesichts der zunehmenden ökonomischen Monopolisierung über den
Aufzug eines die Marktwirtschaft ablösenden Staatskapitalismus, der sich in Europa in autoritärer und in den USA im New Deal in liberaler Form zeige (vgl. Hirsch 2014). Horkheimer
(1935; 1943) und Adorno (1942) arbeiteten sich zudem am Begriff der Rackets als Herrschaftsform ab.

die ökonomischen Zwänge den Verhältnissen unterworfen, werden sie im kultur-industriellen Betrieb auch in ihrer Freizeit als bloße Konsument:innen passiviert, als solche ebenso kategorisiert wie die zur bloßen Ware degradierte Kultur und damit einer verdinglichten Logik unterworfen. Ihre Fähigkeit, gesellschaftliche Erfahrungen zu machen, verkümmere vollends: Vorgefertigte kulturindustriell produzierte Schablonen, sog. »Tickets«, würden zunehmend die Wahrnehmung der Welt bestimmen. Im monopolisierten Betrieb werde Reklame zur Information, und so Horkheimer und Adorno, gar zum Kaufbefehl, auf den die Zuhörer:innen über Signale eingeschworen würden. Die Unterwerfung und zugleich Identifi-zierung mit den übermächtigen Verhältnissen produzierten so aus sich heraus Konformismus und masochistische Bedürfnisse. Zugleich entstünden aus der ins-geheimen Wut darüber, dass die Anpassung an die ökonomischen Erfordernisse nicht angemessen kompensiert würde, auch sadistisch-autoritäre Tendenzen. Im »reaktionäre[n] Ticket, das den Antisemitismus enthält« (Horkheimer und Adorno 1944, S. 215) werde die ohnmächtige Wut gegen Schwächere gelenkt, auf die sie blind einschlagen dürften. Adorno (1961) reformuliert diese Konfliktdynamik später narzissmustheoretisch: Während die kapitalistische Gesellschaft die Men-schen vereinzele und zwinge, zur Selbsterhaltung ihr Ich narzisstisch zu besetzen und sich autonom zu wähnen, blieben die gesellschaftlichen Bedingungen, wel-che die Realisierungsmöglichkeiten für ein selbstbestimmtes Leben bieten sollten, den Individuen systematisch entzogen – die daraus folgende Ohnmacht werde als narzisstische Kränkung erlebt. Der Widerspruch zwischen so hergestellten Größenfantasien und durch die Heteronomie systematisch produzierten Miss-erfolgen schaffe einerseits ein kompensatorisches Bedürfnis nach idealisierten Autoritäten und Kollektiven, mit denen man sich identifizieren und an der Größe man teilhaben könne und andererseits nach Objekten, an denen die narzissti-sche Wut sich entladen könne. An diesen »charakteristischen modernen Konflikt« (1951, S. 328) dockten, so Adorno, auch die faschistischen Führer an.

## 1.1    Aktuelle Debatten

An die kritisch-theoretischen Überlegungen zum autoritären Charakter wurde in weiterer Folge auf sehr unterschiedliche Weise angeknüpft.

In der US-amerikanischen Sozialpsychologie wurde die F-Skala als Messin-strument aufgegriffen, vielfach methodologisch kritisiert und verändert, dabei aber auch sowohl um ihre psychoanalytische wie gesellschaftstheoretische Dimension gebracht (vgl. Brockhaus 2012). Altemeyer (1981) konzentrierte seine Skala auf die drei Dimensionen autoritäre Aggression, autoritäre Unterwürfigkeit

und Konventionalismus als Kern des Autoritarismus. In Deutschland war es Oesterreich (1993), der eine eigene Skala entwarf. Auch die Leipziger Mitte- bzw.
Autoritarismusstudien, die seit 2000 zweijährlich unter der Leitung von Decker
und Brähler durchgeführt werden, arbeiten mit einem Autoritarismus-Fragebogen,
stehen dabei aber dezidiert auf einem kritisch-theoretischen und psychoanalytisch
ausgerichteten Fundament.

Im deutschsprachigen Raum gibt es mit und jenseits dieser Studien aber überhaupt ein breites Feld an theoretischen und empirisch fundierten Debatten zu
Autoritarismus und Rechtsextremismus, in denen auf die kritisch-theoretischen
Überlegungen zum autoritären Syndrom Bezug genommen wird. Betrachtet
werden dabei, das hatte natürlich auch mit der Konjunktur unterschiedlicher
Erscheinungsformen des Autoritarismus zu tun, sehr unterschiedliche Phänomene – jugendliche Neonazis (Wirth 1989; Streeck-Fischer 1992), Mitglieder
und Wähler:innen rechtsextremer Parteien (Lohl 2021; Knasmüller und Brunner
2022), die Verbreitung antidemokratischer Tendenzen in der Bevölkerung (Birsl
1994; Decker et al. 2013, 2022; Decker und Brähler 2018), ein neuer »libertärer Autoritarismus« (Amlinger & Nachtwey 2022), die Sozialpsychologie des
Antisemitismus (Rensmann 1998), schließlich auch autoritäre Züge in der Linken
(Uhlig 2020).[2]

Das Konzept des autoritären Charakters bzw. zumindest die von Fromm
beschriebene sadomasochistische Dynamik wie auch die von Adorno et al. entwickelten verschiedenen Dimensionen der autoritären Disposition werden dabei
immer noch als grundlegend auch für aktuelle Formen des Autoritarismus angesehen. Die quantitativen Studien zeigen auch eine massive gesellschaftliche
Verbreitung autoritärer Dispositionen oder zumindest Tendenzen: In der letzten
Leipziger Autoritarismusstudie wurde bei rund der Hälfte der Befragten manifeste
autoritäre Aggressionen festgestellt – ein weiteres Viertel stimmte diesbezügli-
chen Items zumindest teilweise zu, was in der Studie als latente Zustimmung
gedeutet wird – und die Affinität zu Verschwörungsdenken war 2020 ähnlich
hoch (Decker et al. 2022, S. 79 f.). Die Studien zeigen auch, dass autoritäre Dispositionen tatsächlich ein guter Prädiktor auch für explizit antidemokratische und
rechtsextreme Einstellungen sind.

Trotzdem wird nicht ungebrochen an die alte Autoritarismus-Forschung angedockt: Es werden nicht nur neue Formen des Autoritarismus ausgemacht, sondern

---

[2] Nicht immer wird dabei dezidiert zwischen autoritären Dispositionen und rechtsextremen
Ausdrucksformen unterschieden, was einerseits den Gegenständen (es geht meist um dezidiert rechtes Denken) wie auch der psychoanalytischen Perspektive geschuldet ist (im Symptom drückt sich immer schon eine Dynamik der Konfliktabwehr aus), andererseits aber auch
zuweilen den Blick engführt.

auch ein neues Bedingungsgefüge für autoritäre Reaktionsformen. Decker et al., (2018) machen in einer Clusteranalyse neue Typen aus wie die eher der Mittelschicht zugehörigen »neu-rechten Funktionseliten«, die hedonistischere Züge aufweisen und sich zumindest an der Oberfläche als offen und demokratisch zeigen, oder den Typus der gut gebildeten »jungen Entgrenzten«, eher Freiberufler:innen, die großen Wert auf Selbstbestimmung legen würden und bei denen kaum autoritäre Aggression, Unterwürfigkeit oder Konventionalismus zu finden seien, die aber ein hohe Affinität zu Verschwörungsdenken, Antisemitismus und Gewaltbereitschaft aufwiesen. Überhaupt differenzieren Decker et al. (2020) mittlerweile zwischen zwei grundsätzlich unterschiedlichen Typen des Autoritären, einem »klassisch« sadomasochistischen und einem, der vor allem eine Verschwörungsmentalität aufweist (vgl. auch Decker et al. 2023; Dilling et al. 2022). Auch Amlinger & Nachtwey (2022) und Nachtwey & Heumann (2019) beschäftigen sich mit Formen des Autoritarismus, denen Züge des klassischen autoritären Charakters fehlen: Unter dem Stichwort »Libertärer Autoritarismus« untersuchen sie Personen, die nur zum Teil autoritäre Aggressionen und insgesamt kaum autoritäre Unterwürfigkeit und Konventionalismus zeigen würden, vielmehr (pseudo-) antiautoritär aufbegehrten. Im Blick haben sie neue ideologische Querfronten (bei alternden Intellektuellen oder in den Corona-Protesten): Sie beleuchten Personen, die sich mit Idealen der Selbstverwirklichung, des Nonkonformismus und einem individualistischen Freiheitsbegriff identifizierten, sich nun – häufig verschwörungstheoretisch verblendet – gegen jegliche gesellschaftlichen Einschränkungen, auch die erkämpften Rechte von Minderheiten, die sie als Angriff auf ihre Freiheit sehen, zur Wehr setzten und dabei in die Nähe von klassisch Rechtsextremen rückten. Sie würden jenen Typen ähneln, die in der Adornoschen Typologie eher Randfiguren darstellten – der gegen jede Autorität ankämpfende »Rebell« oder der in eine Wahnwelt flüchtende »Spinner« –, im heutigen Autoritarismus aber eine zentralere Rolle spielten. In ihnen spiegeln sich aber offensichtlich auch Züge der stärker auf Individualisierung ausgerichteten postfordistischen Gesellschaft.

Auch beim aktuellen »klassischen«, sich durch Unterwürfigkeit, Aggression gegen sozial Schwache und Konventionalität auszeichnenden Autoritarismus wird aber von vielen Autor:innen mittlerweile eher eine narzisstische als eine ödipale Problematik ausgemacht: Im Zentrum stehe weniger die ambivalente Beziehung zu rigiden Autoritäten und der daraus folgende Konflikt zwischen einem strengen Überich und verpönten Wünschen, die zu einer entlastenden Externalisierung des Überichs auf einen Führer und eine Bekämpfung der Triebregungen im »Anderen« dränge. Vielmehr gehe es um einen Wunsch nach einer Regression in einen Zustand der Omnipotenz, in einen »kollektive[n] Narzissmus« (Adorno 1961,

S. 589), und um narzisstische Wut, die sich gegen jegliche Einschränkungen dieser Größenphantasie richte.

*Einerseits* wird dabei an Adornos narzissmustheoretische Relektüre des »alten« autoritären Charakters angeknüpft und betont, dass die moderne kapitalistische Gesellschaft grundlegend narzisstische Konfliktlagen produziere, indem sie die Idee des selbstverantwortlichen und freien Individuums hervorbringe und es zugleich Bedingungen unterwerfe, denen es hilflos ausgeliefert sei und in denen sich die geforderte und versprochene Autonomie nicht realisieren lasse (vgl. dazu Weyand 2000; Amlinger und Nachtwey 2022). Das Ich suche deshalb nach stabilisierenden narzisstischen Prothesen, die es in gesellschaftlichen Autoritäten und Kollektiven finde und nach Opfern, auf die sich die Wut über die Heteronomie richten könne. In seinem Konzept eines »sekundären Autoritarismus« stellt Decker (2015) die These auf, dass in Deutschland der Glaube an die Kraft des deutschen »Wirtschaftswunders«, mit welcher schon Hitler gearbeitet habe, nach 1945 die verlorene Idee der »Volksgemeinschaft« ersetzt und dafür gesorgt habe, dass antidemokratische Tendenzen zurückgedrängt wurden. Sobald allerdings die Wirtschaftskraft als bedroht angesehen würde, würden antidemokratische und rechtsextreme Einstellungen wieder zunehmen und der Ruf nach einem aggressiveren Nationalismus stärker.

*Andererseits* werden von den Autor:innen aber auch spezifische spätmoderne oder postfordistische Konfliktlagen ausgemacht, welche narzisstische Dynamiken und autoritäre Potenziale hervorbringen würden: Die neuen Normen der Selbstverwirklichung und der Ausbildung einer »authentischen«, hochindividuellen Identität, die die narzisstische Selbsterhöhung verstärkten, zugleich aber Momente des Scheiterns wahrscheinlicher machten; der neue »selbstunternehmerische« Leistungs-, Flexibilisierungs- und Selbstoptimierungsdruck, dem kaum genügt werden könne; die Prekarisierung von Arbeitsverhältnissen, die in vielen Schichten Abstiegsängste produzierten; die Beschleunigung und der damit einhergehende immer neue Anpassungsdruck, die Unsicherheiten schürten; die durch Emanzipationsbewegungen, aber auch einen auf mehr Diversität ausgerichteten Kapitalismus hervorgebrachte neue Vielstimmigkeit, in der vormals hegemoniale (männliche, weiße, heteronorme und zweigeschlechtliche) Positionen, Privilegien und Selbstverständlichkeiten infragestellt würden, was von den Privilegierten als Angriff erlebt werde; die durch den Verweis auf ökonomische Sachzwänge und durch eine neue Expertokratie entstandene Entdemokratisierung von Politik und Gesellschaft, die zu politischer Deprivation, viel Misstrauen und einer Abwendung von demokratischen Strukturen führten. Beschrieben wird allgemein ein durch Individualisierungs-, Selbstverwirklichungs- und Authentizitätsdruck, zugleich den Abbau von Sicherheiten und Rechten verstärktes Kränkungs- und

Angstpotenzial im postfordistischen Kapitalismus.[3] Einige Autor:innen machen auch auf die vergeschlechtlichten Auswirkungen der gesellschaftlichen Transformation aufmerksam: Wo Männer zunehmend Privilegien verlören und aus strukturellen Gründen immer weniger den spezifisch an sie gerichteten und von ihnen angeeigneten Autonomie-, Versorgungs- und Vormachtanforderungen entsprechen können, ringen Frauen vor allem mit der »doppelten Vergesellschaftung« (Becker-Schmidt 1987), d. h. dem an sie gerichteten Anspruch auf sowohl berufliche Entfaltung wie die Übernahme von Sorge-Arbeit, der ständig Widersprüche mit sich bringe. Die durch all diese spezifischen Widersprüche und Dynamiken entstehenden Konfliktlagen und Ängste können durch autoritäre Lösungen bearbeitet werden, welche psychisch entlasten und Sicherheit geben, narzisstisch stabilisieren, bei der Verleugnung unangenehmer Realitäten helfen und vor allem verschiedene Objekte zur Aggressionsabfuhr zur Verfügung stellen. Es soll hier nicht darum gehen, all diesen Erklärungszusammenhängen nachzugehen, sie stellen vor allem ein Bedingungsgefüge für autoritäre Reaktionen dar und es müsste sicher genauer untersucht werden, wer welchen Konflikten ausgesetzt ist: Sowohl die spezifischen Konfliktlagen wie auch die Konfliktbearbeitungsmuster haben stets auch einen geschlechts-, schicht-, milieu- und altersspezifischen Charakter.

In Deutschland und Österreich kommen zu diesem Bedingungsgefüge auch noch die Gefühlserbschaften des Nationalsozialismus hinzu: Transgenerationell werden nicht nur NS-bezogene Wünsche und Konflikte tradiert und verleugnete familiäre Verstrickungen fördern autoritäre und rechtsextreme Einstellungen (vgl. Köttig 2004; Lohl 2010), sondern der idealisierende Bezug auf die Nation als prothetische Stütze wird in den postnationalsozialistischen Ländern durch die Shoah gestört, was zu spezifischen Abwehrreaktionen führt (vgl. dazu Rensmann 2004).

Der Blick auf dieses gesellschaftliche Bedingungsgefüge zeigt, dass in den aktuellen Autoritarismus-Debatten von der starken Familienzentriertheit, die wir vor allem bei Fromm und Frenkel-Brunswick gesehen hatten, eher Abstand genommen wird. Zwar wird immer wieder darauf hingewiesen, dass familiäre Erfahrungen auch einen Einfluss auf autoritäres Verhalten haben könne, aber eher wird der lebenslange, auch außerfamiliäre Sozialisationsprozess als bestimmend für die Herstellung autoritärer Dispositionen angesehen (z. B. Decker et al. 2012, S. 269). Nachträglichkeitsdynamiken sind dafür wohl zentral: Vor allem in Momenten der Krise werden alte, zuweilen versteckte, in spezifischer Weise gebundene oder »gelöste« Konfliktlagen wieder virulent, zeigen sich in einem

---

[3] Vgl. zu einigen Aspekten dieses Bedingungsgefüges ausführlich auch Henze, in diesem Band.

neuen Gewand und ihnen wird nun mithilfe von möglicherweise schon im familiären Setting entwickelten, aber vielleicht auch ganz neuen – autoritäreren oder
weniger autoritären – Abwehr- und Stabilisierungsmaßnahmen begegnet (vgl.
Erdheim 1985; Brunner 2015). Biographisch ausgerichtete Fallstudien (vgl. z. B.
Lohl 2021; Knasmüller und Brunner 2022; Brunner et al., 2022; Knasmüller
et al. 2023, Domdey in diesem Band; aber auch viele der Beispiele in Amlinger
und Nachtwey 2022) zeigen solche nicht immer linearen biographischen Verläufe
sehr anschaulich. In diesen Fallstudien kann der autoritären Haltungen zugrundeliegenden Psychodynamik viel spezifischer nachgegangen werden als in den
quantitativen Studien, es können auch genauer die Verzahnungen von sozialer
Position, familiären Erfahrungen, schicht- und geschlechtsspezifischen Anrufungen und Konfliktlagen, deren Aneignungen und Verarbeitungen und autoritären
Reaktionsmustern analysiert werden.[4] Den qualitativen Fallstudien fehlt aber,
weil sie meist auf dezidiert rechte Personen fokussieren – und vom Symptom
her die Biographie aufrollen, was auch den Blick auf biographische Kontingen-
zen verzerrt –, oft ein differenzialdiagnostisches Potenzial. Gerade der Blick auf
autoritäre Dynamiken bei Personen, die keiner dezidiert rechten – oder wie bei
den Corona-Protesten verschwörungstheoretischen – Gesinnung oder Szene zuzuordnen sind, macht die Fallanalysen von Domdey in diesem Band interessant (vgl.
in dazu auch schon Mansfeld 1998).

Interessanterweise werden in den aktuellen Autoritarismus-Debatten auch die
Begriffe des *Charakters* oder der *Persönlichkeit* eher kritisch betrachtet. Die
Leipziger Autoritarismus-Studien arbeiten mit dem Adornoschen Begriff des
»autoritären Syndroms«, Eichler (2019) schlägt vor, Konflikt und Konfliktverarbeitung zu unterscheiden und so den Autoritarismus als einen spezifischen
Modus der – immer auch kollektiven – Konfliktverarbeitung und Symptombildung zu konzipieren (ebd, S. 134 f.). Als wie chronifiziert das Syndrom oder
der Konfliktverarbeitungsmodus bei den Autor:innen jeweils vorgestellt werden,
bleibt unklar. Aber erstens scheinen sich die autoritären Abwehrmodi durchaus
situativ verändern zu können, wenn z. B. in der Pandemie die *bestehenden* Autoritäten entidealisiert und »rebellisch« dem Ressentiment ausgesetzt werden (vgl.
Decker et al. 2020, S. 203), zweitens ist aber angesichts von teilweise massiven Schwankungen der ermittelten Verbreitung des autoritären Syndroms oder
bestimmter Momente des Syndroms in den quantitativen Langzeitstudien auch
generell anzunehmen, dass wir es zumindest bei einem Teil der als autoritär

---

[4] Gerade zu vergeschlechtlichten Konfliktlagen und Verarbeitungsmuster gibt es mittlerweile
viele interessante Fallstudien und theoretische Überlegungen (vgl. dazu exemplarisch Mansfeld 1998; Köttig 2004; Theweleit 1977; Pohl 2003, 2004; Brunner 2019; Berg 2022).

Erfassten nicht mit festeren Dispositionen, sondern eher mit situativen (kollektiv geteilten) autoritären Krisenreaktionen zu tun haben – die zumindest potenziell sehr große Teile der Bevölkerung erfassen können. Das heißt nicht, dass sich diese Reaktionen nicht auch verhärten und tatsächlich zu »Charaktermerkmalen« werden können. Sowohl für die autoritären Reaktionen wie auch für die Chronifizierungsprozesse sind auch die Rolle von Gruppen- und Massendynamiken zu beleuchten. Autoritäre Bewegungen, Milieus oder auch nur Diskursverschiebungen stellen in Krisenzeiten auch Angebote dar, Konflikte autoritär zu lösen, wobei – das will ich in den nächsten Kapiteln zeigen – erstens ein Einsteigen auf diese Angebote die innere Konflikt- und Regressionsdynamik noch verstärkt und zweitens das größer-Werden von Massenbewegungen auch eine Sogkraft auf diejenigen ausüben, die zuvor keine autoritären Züge zeigten. Der feste autoritäre Charakter sei, so Winter (2020), weniger Voraussetzung dafür, sich für autoritäre Führer:innen zu begeistern, als vielmehr das Resultat einer autoritären Massendynamik.

# 2    Propagandaanalysen

Mitte der 1930er Jahre, zur Zeit der Studien zu Autorität und Familie entstehen am Institut für Sozialforschung im Exil und um dieses herum auch die ersten Auseinandersetzungen mit autoritärer Propaganda. In seinem Essay »Egoismus und Freiheitsbewegung« beleuchtete Horkheimer (1936b), wie schon die frühbürgerlichen Führer in den vorreformatorischen Revolten in ihrem Kampf gegen die Feudalherren einerseits die Massen benötigten, diese aber andererseits auch in die neue Klassengesellschaftlich integrieren und d. h. ihren revolutionären Überschwang bremsen mussten. Dieser objektive Widerspruch zwischen allgemeinen Freiheits- und partikularen Klasseninteressen führte notwendig zu autoritären Formen der Führung: Über irrationale, psychologische Techniken, d. h. den Verweis auf höhere Mächte, Popanz, Massenveranstaltungen, Rituale und Symbole, sollten die Massenführer zu mystisch aufgeladenen Autoritäten stilisiert und die Massen angehalten werden, sich der bürgerlichen Ordnung, Moral, Sitte und Religion unterzuordnen. Folge dieser Unterwerfung waren Ressentiments gegen den Adel oder die »Fremden«, die die nun verbotenen Eigeninteressen, die Lust und den Genuss repräsentierten. Trage die bürgerliche Kultur durchgängig diesen Doppelcharakter von einerseits Humanismus und Freiheitsstreben und andererseits Gewaltförmigkeit und Nihilismus, so sei, dies der Ausblick Horkheimers, in den faschistischen Bewegungen ein wie immer korrumpiertes Freiheitsversprechen gar nicht mehr zu finden.

Der von Horkheimer herausgestellte – objektiv begründete – Widerspruch zwischen revolutionärem Gestus und autoritärer Unterwerfung, der zur psychologischen Bearbeitung der Massen wie zur mythischen Aufladung der Führer nötigte, wird in der faschistischen Propaganda auf die Spitze getrieben. Sowohl Adorno (1973/1943) wie Löwenthal und Guterman in ihrer Studie *Falsche Propheten* (1949) untersuchten die (Radio-)Reden faschistischer Demagogen[5] in den USA und lieferten psychoanalytisch informierte Analysen der Wirkungsweise und Funktion faschistischer Agitation. Weniger der manifeste Inhalt der Reden sei zu untersuchen, ein einheitliches politisches Programm oder eine einheitliche Kritik an den bestehenden Verhältnissen lasse sich sowieso nicht finden. Vielmehr gälte es, die psychologische Wirkkraft der widersprüchlichen, diffusen und vagen, vor allem aus Wiederholungen und stereotypen Bildern bestehenden Reden zu entschlüsseln. Der Agitator argumentiere nicht rational, sondern auf einem emotionalen Feld, mit dem einzigen Ziel, die Zuhörer:innen an sich zu binden.

Angesprochen würden durch die Reden gesellschaftlich weitverbreitete Gefühle des Misstrauens, der Abhängigkeit, des zu-kurz-Kommens, der Enttäuschung und der Angst, die Löwenthal und Guterman (1949) als »Malaise« fassen und in denen sich – für die Individuen kaum erfassbare – strukturelle Belastungen in der modernen Gesellschaft widerspiegeln (S. 29 f.). In Krisenzeiten würden die Ängste und Klagen lauter, der Agitator greife sie auf, artikuliere und wiederhole sie, versuche aber nicht deren Ursachen zu erhellen und bewusster zu machen, sondern nutze sie für seine Zwecke aus, indem er die unter den Verhältnissen Leidenden zu einem »Scheinprotest« bewege, der die gesellschaftlichen Strukturen, die das Leid produzierten, unangetastet lasse. So fixiere und verschlimmere er das Unbehagen, biete aber gleichzeitig emotionale Entlastung an.

Die Demagogen arbeiteten mit diversen psychologischen »Tricks«. Der Führer inszeniere sich als »großer kleiner Mann« (Adorno 1973/1943, S. 375): Einerseits als eine nahbare, gutmütige, genügsame Identifikationsfigur, die das Leid und die Sehnsüchte des Publikums teile, als »verfolgte Unschuld«, auf sich allein gestellt und von bösartigen Feinden umzingelt, weil er die Wahrheit ausspreche, und als bloßer Diener einer großen Sache. Andererseits präsentiere er sich zugleich als Übermensch, als Unabhängiger, der den Mut habe, das auszusprechen, was alle denken, und damit Tabus zu brechen, als einer, der die Dinge durchschaue und Zugang zu geheimen Quellen habe, als ein Märtyrer, der trotz der Verfolgung unermüdlich, unerschütterlich und unbesiegbar sei, als Rächer, der es wage, auch »praktisch« zu werden, und schließlich auch als Beherrscher des Publikums, der

---

[5] Allesamt Männer, weshalb ich im Folgenden die männliche Form verwende.

diesem zu verstehen gibt, dass sie schwach und ohnmächtig und ohne ihn nichts seien. Ersteres fördere die Identifikation, er werde vom Publikum als einer der ihren wahrgenommen und diene ihnen zugleich als Ersatzindividualität –»[d]urch ihn leben sie« (Löwenthal und Guterman 1949, S. 127) –, Letzteres die Unterwerfung unter ihn als angehimmelten Erretter. Seine enthemmten Reden enthemmten auch die Zuhörer:innen. Der Führer sei so etwas wie ein »ältere[r] Bruder« (ebd., S. 124), der sich zu ihrem Anführer erhebe und mit seiner Gefolgschaft gegen die zugleich repressiven wie schwachen Väter ankämpfe.

Angeboten werde kein positives Programm oder Ziel, sondern die Bewegung selbst, als ersehnte Heimat, als Schutz vor Bedrohungen und als Möglichkeit der Teilhabe an einer bald siegreichen Macht. In der Bewegung werde Einheit großgeschrieben, die Illusion einer Klassenlosigkeit, Homogenität und Totalität erzeugt, ein »hämische[r] Egalitarismus« (Adorno 1951, S. 334). Auch den Angesprochenen wird sowohl Ohnmacht wie eine ungemeine Kraft zugeschrieben: Alleine seien sie mannigfaltigen Bedrohungen ausgesetzt und würden untergehen, aber zugleich seien sie als die das nationale Ideal repräsentierenden Amerikaner:innen etwas Besonderes und unter der Führung des Agitators zu ungeahnten Größen bestimmt. Je kleiner sie durch den Agitator gemacht würden, umso mehr sehnten sie sich nach seiner Macht.

Neben dieser narzisstischen Aufwertung durch Führer und Bewegung biete der Agitator aber vor allem die Möglichkeit zur verbalen Enthemmung, der Entladung von Wut (ebd., S. 99). Angst und Wut würden geschürt, die Zuhörer:innen seien einer Verschwörung ausgeliefert und würden um das gebracht, was ihnen zustehe, und zugleich würden Feindbilder angeboten. Die als absolut böse gezeichneten Feinde, die kommunistische Bewegung, die angebliche Elite, die illegitimerweise die Macht an sich gerissen habe, die Bankiers oder die als Fremde Wahrgenommenen, würden als die die gesellschaftlichen Verhältnisse personalisierende Pseudo-Ursachen für das eigene Leid vorgestellt. Die »Enthüllungen« über die angeblichen Machenschaften der Feinde sollen dabei einerseits empören und Wut schüren, andererseits bedienten sie zugleich vor allem ein identifikatorisch-lustvolles Begehren – auch als frei Erfundene erfüllten sie diesen Zweck. Das Einschwören auf den Feind erlaube es, verpönte eigene Regungen, die unbändige, gegen die gesellschaftlichen Zustände gerichtete Wut wie auch die über das Überich nach innen gewandten Aggressionen projektiv auszulagern. Die rastlose Suche nach dem »wirklichen« Feind ende schließlich stets im Bild des Juden (Löwenthal und Guterman 1949, S. 74 f.), das alle Feindbilder in sich vereine. Auch er würde als übermächtig und ohnmächtig zugleich gezeichnet: Als das personifizierte Böse, Strippenzieher, verantwortlich für alles gesellschaftliche Übel, aber auch als schwach und damit geeignete Beute. Die

Welt werde schließlich als apokalyptischer »Kampf zwischen zwei unversöhnlichen Lagern« (ebd., S. 101) begriffen – das ›Volk‹ gegen die ›Elite‹ oder die ›Eigenen‹ gegen die ›Fremden‹ –, von denen schließlich eines untergehen werde. Soziale und Wertekonflikte würden in diesen Szenarien einer unmittelbar bevorstehenden Katastrophe »auf die Ebene biologischer Selbstverteidigung« (ebd., S. 103) verschoben, was Gewalt legitimiere: Der zum absoluten Bösen stilisierte Feind müsse – über eine Täter-Opfer-Umkehrung quasi in Notwehr – verfolgt und eliminiert werden.

Die ständigen Wiederholungen, die raunenden Andeutungen, die Inkonsistenzen, die argumentativen Sprünge, das eher assoziative Denken und die Emotionalität, die die Reden der Agitatoren immer wieder so wahnhaft erscheinen lassen, hätten, so die Autoren, allesamt psychologische Funktionen: Die immer wieder gleichen Klischees bestärkten und veredelten die schon vorher bestehenden Ressentiments der Zuhörer:innen, die Widersprüche und Vagheiten böten Raum für vielfältige Phantasien, die sowohl die Bindung zum Agitator wie aber auch die Bedrohungsszenarien noch steigerten, die unausgesprochenen Anspielungen gäben zugleich das Gefühl, Teil einer wissenden Ingroup zu sein, aber letztendlich werde durch all diese Techniken vor allem die Möglichkeit der Wahrnehmung, Erfahrung und Reflexion selbst zerstört: Eine von der belastenden Wirklichkeit abgekoppelte »Pseudo-Realität« (Kracauer 2013/1938, S. 139) würde kreiert, in der Allmachts- und Gewaltphantasien gefrönt werden könne. Gerade das Theaterhafte der übertriebenen Inszenierungen habe eine Anziehungskraft: Das Publikum sehne sich nach dem Schein, ziehe ihn dem »Wahren« vor (Adorno 1972/1943, S. 430) und genieße es, – durchaus nicht alles wirklich glaubend – an der rituellen, die Destruktivität frönenden »Show« des Führers teilzuhaben (Adorno 1946, S. 154).

Die Propaganda der Agitatoren, die als eine generalisierbare Struktur verstanden wird, wird auf diese Weise von Adorno, Löwenthal und Guterman psychoanalytisch dechiffriert und auf ihre affektive Wirkung hin befragt. Es sei nicht so, dass dem Demagogen all diese Mechanismen völlig bewusst wären, vielmehr sei er den Zuhörer:innen psychologisch sehr ähnlich, könne deshalb deren Wünsche »erraten« und er habe »durch Erfahrung […] gelernt, diese Fähigkeit bewußt auszunutzen und […] seine Irrationalität rational zu gebrauchen« (Adorno 1951, S. 335 f.). Adorno verweist am dezidiertesten immer wieder darauf, dass nicht nur die Klagen und Bedürfnisse der Massen gesellschaftlich im Sinne einer »Malaise« präformiert seien, sondern dass die propagandistischen Psychotechniken der zur Kulturindustrie gewordenen Sphäre der Kultur und Öffentlichkeit eingelagert seien. Der Schematismus der Produkte, die auf standardisierte affektive Reaktionen zielten; die »Tickets« und Ideologieschablonen, die dem Publikum das Denken abnähmen; die Schrumpfung der Kommunikation auf bloße Signale, die umso mächtiger wirkten, wenn die verkündeten Reden, Bilder und Schlagwörter keinen Gehalt mehr hätten und so von den Angesprochenen selbst mit allem Erdenklichen gefüllt werden könnten; die Entindividualisierung, die durch die Pseudoindividualität der Stars kompensiert werde, auf die sich die Begierden und Sehnsüchte des Publikums richteten; schließlich die illusorischen Glücksversprechen, die die Menschen doch nur betrügen und an denen diese, gerade weil eigentlich alle um den Betrug wissen, umso mehr festhielten – die Agitatoren würden an all das anknüpfen und es, wenn auch mit anderen Inhalten gefüllt, strukturidentisch für ihre Zwecke ausnutzen.

## 2.1   Aktuelle Debatten

In den letzten 25 Jahren sind – neben vielen nicht psychoanalytisch orientierten Beiträgen, die sich dem aktuellen Rechtspopulismus widmen – einige Studien und Texte erschienen, die dezidiert an die Propagandaanalysen des IfS anknüpfen. Analysiert werden z. B. der langjährige FPÖ-Vorsitzende Jörg Haider (Ottomeyer 1998 2009), AfD-Reden (Lohl 2017a, b) oder auch die Inszenierungen Trumps (König 2019a; Jones 2020, S. 200 ff.; Albomeit 2022). Zumindest die deutschsprachigen Autor:innen arbeiten allesamt – wie auch die Beiträge in diesem Sammelband – mit der von Lorenzer entwickelten psychoanalytischen Methode des »szenischen Verstehens« bzw. der »Tiefenhermeneutik« (vgl. Lorenzer 1986; König 2019b; Domdey et al., in diesem Band), mit der sehr dezidiert den latenten, eher unbewusste Schichten ansprechenden bildhaften Inszenierungen und Botschaften nachgegangen werden kann. Analysiert werden – mit der Veränderung und Ausdifferenzierung des medialen Feldes – nicht mehr Radioreden, sondern Aufzeichnungen von vor Publikum gehaltenen Reden, Videos, Werbebilder, Internet- und Fernsehauftritte.

Thematisch, d. h. was den manifesten Gehalt anbelangt, hat sich, das wird auch außerhalb der kritisch-theoretischen Debatten viel diskutiert, der aktuelle Rechtspopulismus durchaus verändert, vor allem ist eine neue Dominanz zweier Themenfelder zu verzeichnen: einerseits die Muslim:innenfeindschaft, die zumindest einige Funktionen des Antisemitismus übernommen zu haben scheint, andererseits wird ein lauter Kampf geführt gegen feministische Bestrebungen, vor allem die Gender Studies, gegen die erkämpften Rechte von sexuellen Minderheiten und gegen alles, was als »woke« wahrgenommen würde. Antisemitismus ist aber nicht verschwunden, sondern zeigt sich strukturell und/oder codiert: Erstens

zeigen sich schon in den beiden dominanten Themen immer wieder antisemitische Versatzstücke, z. B. da, wo der Feminismus als Ausgeburt des (jüdischen)
»Kultur-Marxismus« wahrgenommen wird oder in der Rede vom »großen Austausch« imaginiert wird, »globale Eliten« würden zum Zweck der Schwächung
der »Völker« dezidiert Migration fördern. Zweitens sind personalisierende und
verschwörungstheoretisch unterfütterte Kritiken der kapitalistischen Gesellschaft
strukturell mit Antisemitismus verbunden (vgl. Postone 1979) und können auch
immer wieder explizit antisemitisch werden. Drittens zeigen sich vor allem auch
verschiedene Spielarten des post-nationalsozialistischen sekundären Antisemitismus in Schlussstrich- und Schuldabwehrdebatten, Täter-Opfer-Umkehrungen und
-Relativierungen, auch in der Selbstinszenierung von Rechten als verfolgte »neue
Juden«, und in Formen der Kritik an Israel.

Trotz dieser Veränderung des manifesten Gehalts hätten sich, so Ottomeyer
(2009), seit Löwenthals und Gutermans Studie die Grundmotive der antidemokratischen Agitation »kaum gewandelt oder vermehrt« (S. 104). Die Verweise
auf Verschwörungen und illegitime politische Machtträger:innen, auf das, was
den Menschen vorenthalten werde, andere aber angeblich kriegen würden, die
Selbstpräsentation der Agitatoren als große kleine Männer, die bewundert und
gefürchtet werden, die Tabubrüche, die Beschwörung der vom Untergang bedrohten Nation, von Einheit und Egalität und die Feindbildungsprozesse – all das finde
sich auch bei Haider, Trump und der AfD.

Ottomeyer lenkt in seinen Analysen den Fokus vor allem auf die verschiedenen Rollen und Funktionen, die Haider annimmt, und auch König (2012)
konstatiert, dass der neokonservative George W. Bush unterschiedliche Figuren
verkörpere und so den »Glanz eines postmodernen Lebensgefühls« ausstrahle
(S. 315). Auch wenn wir schon in den Studien der 1940ern unterschiedliche
Inszenierungen wahrnehmen konnten, wäre es zu fragen, ob dieses flexible und
durchaus auch ironische Rollenspiel, das sowohl aktuelle Flexibilitätsanforderun-
gen, aber auch eine neue Vielfalt von »Bühnen« spiegelt, aktuelle Agitator:innen[6]
generell kennzeichnet. Ein Verdienst von Ottomeyer ist es, dass er dezidiert einen
geschlechtertheoretischen Blick auf die Männlichkeitsinszenierungen von Haider wirft. Zu untersuchen wäre, ob und inwiefern sich die Inszenierung und

---

[6] Angesichts des Beharrens auf Zweigeschlechtlichkeit im rechten Denken stellt sich die
Frage, ob die auch jenseits der Geschlechterbinarität sich Verortende inkludierende Schreib-
weise für rechtsautoritäre Agitator:innen diesem Feld angemessen ist. Da Österreich mit
Monika Donner aber seit den Corona-Protesten auch eine Transperson in einer solchen
Position vorzuweisen hat, die nicht nur verschwörungstheoretische, sondern auch dezidiert
rechtsextreme geschichtsrevisionistische Positionen vertritt, habe ich mich doch für diese
Form entschieden.

die Wirkweise rechter Demagogen von derjenigen ihrer weiblichen Pendents – z. B. Marine Le Pen in Frankreich, Giorgia Meloni in Italien, aber auch Tatiana Festerling oder Alice Weidel in Deutschland – unterscheidet.

Mögen sich die Inszenierungen von ihrer Struktur her auch wenig verändert haben, zeigen die neuen Themen doch auch neue gesellschaftliche Konfliktlagen an – vor allem der Antifeminismus oder Antigenderismus reagiert sehr dezidiert auf gesellschaftliche Veränderungen –, und die Autor:innen machen auch plausibel, dass die Reden jeweils zeitspezifische Gefühlslagen aufgriffen. Die von Löwenthal als Malaise ausgemachte, durch strukturelle Belastungen produzierten Gefühls- und inneren Konfliktlagen sind jeweils historisch spezifische. So bemerkt Lohl, wie dominant in den AfD-Reden »Gefühle zu scheitern, zu versagen und unzulänglich zu sein« (2017b, S. 28) seien, welche typisch postfordistische, die Selbstoptimierungs-, Selbstverwirklichungs- und Leistungsimperative begleitenden Konfliktlagen spiegelten. Diese würden in den Reden aufgegriffen und den Zuhörer:innen die Möglichkeit gegeben, sie projektiv abzuwehren und die Selbstanklagen in Hass gegen Feinde zu verwandeln (ebd., S. 34), während zugleich in der Identifikation mit dem Kollektiv eine narzisstische Aufwertung angeboten werde. Zu den zeit-, aber auch ortsspezifischen Konfliktlagen in den ehemaligen Täter:innenländern gehört auch, dass aktuelle autoritäre Propaganda kaum darum herumkommt, die mit der NS-Vergangenheit zusammenhängenden Gefühlslagen zu adressieren, und darum bemüht ist, hier psychische Entlastung anzubieten.

Es wäre interessant, systematischer aktuelle rechtsextreme Demagog:innen, neokonservative Akteur:innen und nicht dezidiert rechte, aber doch als (libertär-?) autoritär zu bezeichnenden »Querdenker:innen« und Verschwörungsideolog:innen zu vergleichen. Es stellt sich die Frage, ob und inwiefern sich nicht nur manifeste Themen, sondern auch die latenten Angebote an das Publikum unterscheiden. Ein solcher Vergleich wird im Anschluss an die Analysen von Reden von AfD-PolitikerInnen durch Henze (in diesem Band) und von youtube-Videos von Verschwörungsideologen durch Graage (in diesem Band) im letzten Kapitel dieses Bandes versucht.

## 3  Massenpsychologie autoritärer Bewegungen

Adornos Auseinandersetzung mit der NS-Propaganda (1951) greift nicht nur unmittelbar die Analysen der US-amerikanischen Propaganda auf, sondern wird auch expliziter psychoanalytisch und verändert auch noch einmal die Perspektive, wenn er eingangs konstatiert, dass der Führer durch seine Reden versuche, die libidinösen »Bindemittel«, die Freud in seiner Massenpsychologie erforscht habe, durch seine Reden »synthetisch« erst herzustellen (S. 322). Adorno setzt unmittelbar an die Freudschen Analysen von Bindungen und Dynamiken in Massen an. Hitler, so Adorno, wecke mit seiner Inszenierung als drohende und versagende Autorität Bilder einer »allmächtigen und ungezügelten Vaterfigur« (ebd., S. 326), zugleich stelle er aber auch eine »kollektive Selbstprojektion« dar (ebd., S. 328), über den sich die mit ihm Identifizierten selbst lieben und erhöhen könnten. In seiner Inszenierung als »großer kleiner Mann« befriedige er »den doppelten Wunsch des Geführten, sich sowohl der Autorität zu unterwerfen und zugleich selbst Autorität zu sein« (ebd., S. 330). Diesem Wunsch entsprächen auch die vielen künstlichen Hierarchien im NS (ebd., S. 331).

Nicht nur die Identifikation mit dem Führer, sondern auch die bloße Zugehörigkeit zur durch ihn repräsentierten »Volksgemeinschaft« schaffe einen gewaltigen narzisstischen Gewinn. Gerade deshalb müsse jede Kritik und Selbsterkenntnis als narzisstische Einbuße erlebt und aggressiv abgewehrt werden. Der »repressive[] Egalitarismus« (ebd., S. 334), der den Schein der Gleichheit evoziere, aber vor allem bedeute, dass niemand ausscheren dürfe, sei auch als eine Reaktionsbildung gegen gegenseitige Eifersucht zu verstehen. Negativ integrierend wirkten demgegenüber Feindbildungsprozesse, über die einerseits ängstigende Wünsche und aggressive Strebungen in den Subjekten, andererseits auch masseninterne Spannungen, Ambivalenzen gegenüber dem Führer wie auch gegenüber der Masse projektiv abgewehrt werden könnten (ebd., S. 333).

Ernst Simmel (1946) hatte sich schon 1944 auf einem zusammen mit Mitgliedern des Instituts für Sozialforschung bestrittenen Symposium mit der Massenpsychologie des Antisemitismus beschäftigt. Auch er greift sehr unmittelbar auf Freuds Massenpsychologie zurück: An die Stelle des individuellen Überichs werde der Führer gesetzt, der Triebbefriedigung statt Verzicht verspreche. Als kollektives Überich schweiße der Führer die Masse zu einem »Gruppen-Ich« zusammen, »das – je nach *seinem* Willen – emotionale Triebabfuhren entfesselt« (ebd., S. 294; Herv. i. O.). Die durch diese Konstellation reaktivierten Ambivalenzkonflikte mit den Eltern könnten über den Antisemitismus aufgespalten werden: Geliebt werde der Führer, dafür die Juden gehasst. Simmel beschreibt den Antisemitismus als kollektiven Wahn, als »Massenpsychose« (ebd., S. 287), der ähnliche Züge wie eine individuelle Psychose zeige: Die durch das Überich angestrengte Verdrängung werde aufgehoben und mache einer aggressiven, primär-narzisstischen Destruktivität Platz, die Unterscheidung zwischen Innen und Außen gehe verloren und das erdrückende Überich werde in die Außenwelt verlagert und da angegriffen; der antisemitische Verfolgungswahn – der jeder Rationalität entbehre – diene dann der Rationalisierung der eigenen Aggression. Die vom individuellen Überich herrührenden Schuldgefühle werden so umgewandelt in leichter handhabbarere Angst und Aggression.

Simmel betont aber, dass der »Durchschnitts-Antisemit« im Unterschied zum Wahnkranken »eine relativ normale, gut angepaßte Persönlichkeit« (ebd., S. 284) sei. Außerhalb des Wahns funktioniere er gut, zugleich biete ihm der Antisemitismus die Möglichkeit, Aggressionen abzuführen. Die Massenpsychose entstehe wie die individuelle in einer Krisensituation, in der die äußere Realität nicht mehr angemessen gemeistert werden könne. Während aber in der individuellen Erkrankung ein Rückzug von der Realität stattfinde und sich die Einzelnen immer mehr isolierten, umgehe die Teilhabe an der Massenpsychose gerade diese Rückzugs-Bewegung: Über den geteilten Wahn finde das Individuum gerade wieder in die Realität und zu Mitmenschen zurück, er stabilisiere die Einzelnen, die sich über die Masse wieder der Welt bemächtigen könnten. Der Preis sei aber, dass zumindest in gewissen Bereichen die Realitätsprüfung aussetze und die Wahrnehmung durch wahnhafte Momente überformt werde – und im Massenwahn könne das »Ichsystem der einzelnen Gruppenmitglieder vorübergehend desintegriert werden« (ebd., S. 287).

Mit der Frage, wie sehr die Einzelnen wirklich von der Masse und vom Verfolgungswahn erfasst werden, ringen die Autoren. Schon in den Ausführungen zu den Propagandaanalysen hatten wir gesehen, dass davon ausgegangen wird, dass die Inszenierungen des Führers auch etwas Theaterhaftes an sich hätten. Am Ende seiner massenpsychologischen Auseinandersetzung mit dem NS spitzt Adorno (1951) diese These noch zu: »Theatralisch sind die Führer ebenso wie der Identifizierungsakt der Masse, ihre angebliche Raserei und ihr Fanatismus« (S. 340). Weder glaubten sie ganz an den Führer noch an die jüdische Weltverschwörung, eher »schauspielern [sie] ihre eigene Begeisterung und nehmen so an der ›Show‹ ihres Führers teil« (ebd.). Würden sie aber vom Schauspiel ablassen, wären sie wieder auf sich eingestellt und »der Panik überlassen« (ebd., S. 341).

## 3.1   Aktuelle Debatten

Massenpsychologische Überlegungen werden auch in späteren und aktuellen psychoanalytisch-sozialpsychologischen Auseinandersetzungen mit autoritären Bewegungen zentral aufgegriffen. Auf der einen Seite fragen sie danach, was nationalistische, antisemitische, rassistische oder antifeministische Ideologien, die immer auch Massen bilden und massenförmig organisiert sind, für die Individuen attraktiv macht. Operiert wird dabei immer wieder mit dem Freudschen Begriff der »Schiefheilung« (Freud 1921, S. 132), der die Simmelschen Überlegungen zu Normalität und Pathologie vorwegnimmt: Massen haben das Potenzial, innere Konfliktlagen und Ängste, die möglicherweise zu individuellen Symptomen führen würden, dadurch zu mindern, dass sie externalisiert werden. Dieses Auslagern stabilisiere die Individuen, verhindere psychische Erkrankungen, binde sie aber zugleich an die Masse, ihre wahnhaften Wahrnehmungen. Das in Massenbindungen und Ideologien sich ausdrückende Symptom diene als Stütze oder Plombe für innere Risse.

Chasseguet-Smirgel (1975) dreht die von den Mitgliedern des Instituts für Sozialforschung immer wieder gestellte Frage, ob Hitler eher die Stelle eines strafenden Vaters oder eines großen Bruders einnehme, noch einmal weiter. Es gehe im NS weniger um die ödipale Identifikation mit einem Vater, sondern um eine unmittelbare primär-narzisstische Wunscherfüllung und Verschmelzung mit der allmächtigen Mutter. Der Führer, der selbst die Bruderhorde nur repräsentiere, d. h. die idealisierte Gruppe verkörpere, trage eher Züge der omnipotenten Mutter, während der Vater fortgejagt und das Überich beseitigt werde. Gewalttaten ergeben sich so auch nicht aufgrund eines gemeinsamen Überichs, also aus geteilten Gruppenidealen und -vorschriften, die befolgt würden, vielmehr müsse aggressiv eine Gruppenillusion gegen jede Irritation geschützt werden: Alles Individuelle, jede Abweichung, werde verfolgt, und die Feinde, auf die alles Störende projektiv ausgelagert werde, müssten vernichtet werden. An diese Überlegungen anschließend, machen auch Decker et al. (2020, S. 180–195), wie im Kapitel zum autoritären Charakter schon erwähnt, nun auf der Ebene der einzelnen Individuen eine Unterscheidung zwischen dem »klassischen« sadomasochistischen Autoritären, der eher ödipale Konflikte bearbeite und über die Unterwerfung unter eine Autorität sein Ich stabilisiere, und den mit einer Verschwörungsmentalität ausgestatteten Autoritären, die ihr Ich schon aufgegeben hätten und in einer wahnhaften Welt einer primär-narzisstischen Wunscherfüllung nachgingen. Diese beiden Angebote der Masse an ihre Anhänger wurden in den Analysen der Mitglieder des Instituts für Sozialforschung tatsächlich wenig differenziert. Es stellt sich aber die Frage, ob sie sich zumindest auf die Masse bezogen nicht im Gegenstand auch stets vermengen. König (2022) argumentiert, dass der Führer immer sowohl das präödipale Ichideal wie das ödipale Überich in Beschlag nehme, und Bohleber (1992) zeigt anhand des Komplexes »Nationalismus, Fremdenhaß und Antisemitismus« auf, dass dieser an sehr unterschiedliche Konfliktlagen und Wünsche andocken kann: Sowohl ödipale Konfliktlagen wie narzisstische Verschmelzungswünsche wie mit Körperängsten verbundene Reinheitswünsche und Vermischungsängste könnten in rechten Narrativen bearbeitet werden. Autoritäre Führer:innen, Massen und Ideologien scheinen gerade davon zu leben, dass sie gleichzeitig sehr verschiedene affektive Angebote machen. Erstens können sie so verschiedene Personengruppen ansprechen (die vielleicht tatsächlich unterschiedlich strukturiert sind bzw. unterschiedliche Bedürfnislagen aufweisen), zweitens machen sie aber auch den je Einzelnen ein Angebot, Entlastung für unterschiedliche innere Konflikte zu finden. Trotzdem stellt sich die Frage, ob es von Massen zumindest Phasen gibt, in denen von der Ich-Prothetisierung völlig Abstand genommen wird, und ob es eine innere Radikalisierungsdynamik gibt, in denen die regressiven Prozesse immer mehr zunehmen. Interessant ist die in diesem Band geleistete Gegenüberstellung von dezidiert nationalchauvinistisch ausgerichteter AfD-Propaganda und den Inszenierungen der weniger explizit, zum Teil sogar dezidiert nicht nationalen verschwörungstheoretischen Youtubern (vgl. Graage et al., in diesem Band), auch aus der Perspektive der Frage, welche Formen von Massen hier je konstituiert werden.

Andere Autor:innen legten auf der anderen Seite ihr Augenmerk mehr auf die Dynamiken in der Masse selbst. Betont wird, dass die Massen nicht nur ein Angebot zur Schiefheilung machten, sondern sich in der Masse innere Konflikte zugleich verschärften, was auch den Wunsch nach schiefheilenden Maßnahmen verstärke. Ambivalenzen gegenüber dem Führer, Eifersucht zwischen den Massenmitgliedern, Ängste davor, von der Masse verschlungen zu werden, aber auch davor, ausgestoßen oder von der Masse verfolgt zu werden, potenzielle Schuldgefühle, wenn die Rationalisierungen für die eigene Aggression doch nicht ganz geglaubt wird, leise Zweifel an Führer oder der Ideologie oder Scham darüber, nicht genug für die »Sache« zu machen – all diese störenden Gefühle können in der Masse aufkommen und dazu führen, dass die Teilnehmer:innen umso mehr an der Masse festhalten müssen (vgl. Brunner 2015). Lohl (2022) zeigt auf, dass sowohl in der AfD-Propaganda wie auch in der Sozialisation in AfD-Ortsgruppen systematisch narzisstische Bedürfnisse erst einmal nicht befriedigt, sondern verwehrt, Konfliktlagen geschürt und lebensgeschichtlich erworbene Abwehrstrukturen destabilisiert werden, was, so der Autor, die Bindung an die Partei und die mit ihr verbundene Hoffnung auf Realisierbarkeit der infantilen Omnipotenzphantasien verstärke.

In meinen Auseinandersetzungen mit der Massenpsychologie autoritärer Bewegungen (Brunner 2015, 2019, 2022) versuchte ich aufzuzeigen, dass diese »lärmenden Massen« stets »stummen« Massenprozessen aufsitzen: Nationale, vergeschlechtlichte oder rassistische Denkmuster, Identifizierungen und Projektionen sind in dieser Gesellschaft in die Subjektkonstitution eingeschrieben, übernehmen immer schon Stabilisierungsfunktionen und bilden damit nicht nur das Fundament für die autoritäre Mobilisierung in Krisenzeiten, sondern stellen auch immer schon eine Mitursache für autoritäre Bedürfnisse dar: Wo die subjektkonstitutiven »stummen« Schiefheilungsschablonen, z. B. die Nation oder die männliche Vorherrschaft, als bedroht wahrgenommen werden, folgen auch schneller Gefühle der Destabilisierung und Rufe nach aggressiver Gegenwehr.

Insgesamt zeigen diese Ausführungen, dass die individuellen autoritären Dispositionen wie die gesellschaftliche »Malaise« immer auch schon in Massenprozesse eingebunden sind, welche die Propaganda aufgreift, verschärft und kanalisiert. Das heißt, dass auch sowohl in der Auseinandersetzung mit den Subjekten, die autoritäre Tendenzen zeigen oder anfällig für autoritäre Dynamiken zu sein scheinen, wie auch bei den Propagandaanalysen ein Blick auf in die gegenwärtigen Verhältnisse ein- und der Mobilisierung vorgelagerte kollektive Identifizierungsprozesse mit beleuchtet werden müssen.

## 4    Ausblick

Dieser Überblick sollte erstens das theoretische Fundament legen, auf das die drei empirischen Studien in diesem Band aufbauen. Die Studien beschäftigen sich mit vielen der aufgeworfenen Fragen nicht nur im Kontext postfordistisch organisierter kapitalistischer Strukturen, sondern in einem besonderen Krisenmoment, nämlich der Corona-Pandemie, in dem sich gewisse aktuelle Dynamiken zuspitzen und sich zugleich auch äußere Problem- und innere Konfliktlagen verschieben. In diesen und anderen, jetzt immer stärker wahrnehmbaren und wohl noch folgenden Krisensituationen, verschärfen sich auch autoritäre Dynamiken, wobei aber jeweils genauer zu beleuchten ist, in welche Richtung sie sich entwickeln. Einerseits war die Pandemie die Hochphase der verschwörungstheoretischen Demagog:innen auf Youtube- und Telegram-Kanälen und legt die AfD nach der Pandemie an Wähler:innenstärke zu. Andererseits zeigen sowohl die von Decker et al. (2022) entwickelte Figur der »autoritären Impfbefürworter«, die vor allem härtere Strafen gegen Ungeimpfte wünschen, wie auch die Analysen von Domdey in diesem Band, dass autoritäre Bedürfnisse nicht nur von »rebellischen« rechten Parteien aufgegriffen werden, sondern sich auch in ganz anderen Formen zeigen.

Zweitens deuten die Ausführungen schon an, dass sich angesichts von Unklarheiten und Widersprüchen in den frühen Texten, veränderten gesellschaftlichen Bedingungen und mangelnden vergleichenden empirischer Studien bzgl. neuer Spielarten des Autoritarismus viele Fragen auftun, die noch einer Beantwortung harren. Die hier versammelten Studien stellen auch in dieser Hinsicht spannende Suchbewegungen dar. Wir werden im Schlusskapitel zeigen, wie fruchtbar eine solche Konstellierung verschiedener empirischer Studien sein kann und wie notwendig sie auch ist, um die gegenwärtigen Verhältnisse besser zu verstehen.

## Literatur

Adorno, Th. W. (1946). Antisemitismus und Faschistische Propaganda. In E. Simmel (Hrsg.), *Antisemitismus* (S. 148–161). Frankfurt a. M.: Fischer, 1993.

Adorno, Th. W. (1942). Reflexionen zur Klassentheorie. In *Gesammelte Schriften 8* (S. 373–391). Frankfurt a. M.: Suhrkamp.

Adorno, Th. W. (1951). Die Freudsche Theorie und die Struktur der faschistischen Propaganda. In H. Dahmer (Hrsg.) (1980), *Analytische Sozialpsychologie, Bd. 1* (S. 318–342). Frankfurt a. M.: Suhrkamp.

Adorno, Th. W. (1955). Zum Verhältnis von Soziologie und Psychologie. In *Gesammelte Schriften 8* (S. 42–85). Frankfurt a. M.: Suhrkamp.

Adorno, Th. W. (1961). Meinung Wahn Gesellschaft. In *Gesammelte Schriften 8.2* (S. 573–594). Frankfurt a. M.: Suhrkamp.

Adorno, Th. W. (1973/1943). Die psychologische Technik in Martin Luther Thomas' Rundfunkreden. In Adorno, Theodor W. (1973), *Studien zum autoritären Charakter* (S. 360–483), Frankfurt a. M.: Suhrkamp.

Adorno, Th. W. (1973/1950). *Studien zum autoritären Charakter*. Frankfurt a. M.: Suhrkamp.

Adorno, Th. W., Frenkel-Brunswik, E., Levinson, D., & Sanford, Nevitt (Hrsg.) (1950). *Authoritarian Personality*. New York: Harper & Brothers.

Albomeit, J. (2022). Frankfurt School Critical Theory and the Persistence of Authoritarian Populism in the United States. In M. Clemens, Th. Päthe, & M. Petersdorff (Hrsg.), *Die Wiederkehr des autoritären Charakters. Transatlantische Perspektiven* (43–69). Wiesbaden: Springer VS.

Altemeyer, B. (1981). *Right-Wing Authoritarianism*. Winnipeg: University of Manitoba Press.

Amlinger, C., & Nachtwey, O. (2022). *Gekränkte Freiheit. Aspekte des libertären Autoritarismus*. Frankfurt a. M.: Suhrkamp.

Becker-Schmidt, R. (1987). Die doppelte Vergesellschaftung – die doppelte Unterdrückung: Besonderheiten der Frauenforschung in den Sozialwissenschaften. In L. Unterkircher & I. Wagner (Hrsg.): *Die andere Hälfte der Gesellschaft. Österreichischer Soziologentag 1985. Soziologische Befunde zu geschlechtsspezifischen Formen der Lebensbewältigung*. (S. 10–25). Wien: Verlag des Österreichischen Gewerkschaftsbundes.

Berg, Ph. (2022).: »...dass sie mich als [...] armen kleinen Penner darstellt, der ihr sowieso nicht gewachsen sei«. Eine psychoanalytisch-sozialpsychologische Perspektive auf männliche Hegemonie und Antifeminismus auf Basis einer tiefenhermeneutischen Fallrekonstruktion. *ZRex – Zeitschrift für Rechtsextremismusforschung, 2 (2)*, 328–343.

Birsl, U. (1994). *Rechtsextremismus: weiblich – männlich? Eine Fallstudie*. Opladen: Leske + Budrich.

Bohleber, W. (1992). Nationalismus, Fremdenhaß und Antisemitismus. Psychoanalytische Überlegungen. *Psyche 46*, 689–709.

Brockhaus, G. (2012). Traditionen, Brüche und Neubewertungen. Ein unterschätzter Klassiker: *The Autoritarian Personality*. In M. Brunner, J. Lohl; R. Pohl, M. Schwietring & S. Winter (Hrsg.), *Politische Psychologie heute? Themen, Theorien und Perspektiven der psychoanalytischen Sozialforschung* (S. 53–77). Gießen: Psychosozial.

Brunner, M. (2015). Vom Ressentiment zum Massenwahn. Eine Einführung in die Sozialpsychologie des Antisemitismus – und die Grenzen psychoanalytischer Erkenntnis. In Ch. Busch, M. Gehrlein & T. D. Uhlig (Hrsg.), *Schiefheilungen. Zeitgenössische Betrachtungen über Antisemitismus* (S. 13–35). Wiesbaden: Springer VS.

Brunner, M. (2019). Enthemmte Männer. Psychoanalytisch-sozialpsychologische Überlegungen zur Freudschen Massenpsychologie und zum Antifeminismus in der „Neuen" Rechten. *Journal für Psychoanalyse 60*, 7–32.

Brunner, M. (2022). Von stummen und lärmenden Massen. Zu einigen Widersprüchen in Freuds Massenpsychologie und Ich-Analyse. In M. Brunner, H-D. König, J. König & J. Lohl (Hrsg.), *Sozialpsychologie der Massenbildung. 100 Jahre Sigmund Freuds »Massenpsychologie und Ich-Analyse«* (S. 87–108). Wiesbaden: Springer VS.

Brunner, M., König, J., & Knasmüller, Florian (2022): Psychoanalytische Erkundungen der Gesellschaft. Möglichkeiten und Grenzen einer psychoanalytischen Sozialforschung. *Forum der Psychoanalyse 38*, 385–400.

Chasseguet-Smirgel, J. (1975). *Das Ichideal. Psychoanalytischer Essay über die »Krankheit der Idealität«.* Frankfurt a. M.: Suhrkamp, 1987.

Decker, O. (2015). Narzisstische Plombe und sekundärer Autoritarismus. In O. Decker, J. Kiess, & E. Brähler (Hg.): *Rechtsextremismus der Mitte und sekundärer Autoritarismus* (S. 21–33). Gießen: Psychosozial.

Decker, O., & Brähler. E. (Hrsg.) (2018). *Flucht ins Autoritäre: Rechtsextreme Dynamiken in der Mitte der Gesellschaft. Leipziger Autoritarismus Studie 2018.* Gießen: Psychosozial.

Decker, O., Grave, T., Rothe, K., Weißmann, M., Kiess, J., & Brähler, E. (2012). Erziehungserfahrung, politische Einstellung und Autoritarismus. In S. Kluge, & I. Lohmann, Ingrid (Hrsg.): *Schöne neue Leitbilder* (S. 267–304). Frankfurt a. M.: Lang.

Decker, O., Kalkstein, F., Schuler, J., Celik, K., Brähler, E., Clemens, V., & Fegert, J. M. (2022). Polarisierung und autoritäre Dynamiken während der Pandemie. In O. Decker, J. Kiess, A. Heller, & E. Brähler (Hrsg.) (2022), *Autoritäre Dynamiken in unsicheren Zeiten. Neue Herausforderungen – alte Reaktionen? Leipziger Autoritarismus Studie 2022* (S. 91–126). Gießen: Psychosozial.

Decker, O., Kiess, J., & Brähler, E. (2013). *Rechtsextremismus der Mitte. Eine sozialpsychologische Gegenwartsdiagnose.* Gießen: Psychosozial.

Decker, O., Kiess, J., Heller, A., & Brähler, E. (Hrsg.) (2022): *Autoritäre Dynamiken in unsicheren Zeiten. Neue Herausforderungen – alte Reaktionen? Leipziger Autoritarismus Studie 2022.* Gießen: Psychosozial.

Decker, O., Schließler, C., Kiess, J., & Brähler, E. (2023): Von der Vaterautorität zur Verschmelzung in der Gruppe? Tendenzen autoritärer Dynamiken in der Gegenwart. In L. Elbe & P. Pahner (Hrsg.), Perspektiven auf Rationalität und Emanzipation. Kritisch-theoretische Fragmente (S. 128–143). Weinheim: Beltz.

Decker, O., Schuler, J., & Brähler, E. (2018) Das autoritäre Syndrom heute. In O. Decker & E. Brähler (Hrsg.), *Flucht ins Autoritäre: Rechtsextreme Dynamiken in der Mitte der Gesellschaft. Leipziger Autoritarismus Studie 2018* (S. 117–156). Gießen: Psychosozial.

Decker, O., Schuler, J, Yendell, A., Schließler, C., & Brähler, E. (2020). Das autoritäre Syndrom: Dimensionen und Verbreitung der Demokratie-Feindlichkeit. In Brähler, E. & Decker, O. (Hrsg.), *Autoritäre Dynamiken: Alte Ressentiments – neue Radikalität* (S. 179–210). Gießen: Psychosozial.

Dilling, M., Schließler, C., Hellweg, N., Brähler, E., & Decker O. (2022): Wer sind die Verschwörungsgläubigen? In O. Decker, J. Kiess, A. Heller, & E. Brähler (Hrsg.), *Autoritäre Dynamiken in unsicheren Zeiten. Neue Herausforderungen – alte Reaktionen* (S. 209–244). Gießen: Psychosozial.

Eichler, L. (2013). *System und Selbst. Arbeit und Subjektivität im Zeitalter ihrer strategischen Anerkennung*. Bielefeld: Transcript.

Erdheim, M. (1985). Die Repräsentanz des Fremden. In Ders. (1988), *Psychoanalyse und Unbewußtheit in der Kultur. Aufsätze 1980–1987* (S. 237–251). Frankfurt a. M.: Suhrkamp.

Frenkel-Brunswik, E. (1950). Personality as revealed through clinical interviews. In Th. W. Adorno, E. Frenkel-Brunswik, D. Levinson, & N. Sanford (Hrsg.), *Authoritarian Personality* (S. 291–486). New York: Harper & Brothers.

Freud, S. (1921): Massenpsychologie und Ich-Analyse. In Gesammelte Werke XIII, S. 71–161. Frankfurt a. M.: Fischer.

Fromm, E. (1932a): Über Methode und Aufgabe einer Analytischen Sozialpsychologie: Bemerkungen über Psychoanalyse und historischen Materialismus. In Ders. (1970), *Analytische Sozialpsychologie und Gesellschaftstheorie* (S. 41–70). Frankfurt a. M.: Suhrkamp.

Fromm, E. (1932b): Die Psychoanalytische Charakterologie und ihre Bedeutung für die Sozialpsychologie. In Ders. (1970), *Analytische Sozialpsychologie und Gesellschaftstheorie* (S. 71–114). Frankfurt a. M.: Suhrkamp.

Fromm, E. (1980). *Arbeiter und Angestellte am Vorabend des Dritten Reiches: Eine sozialpsychologische Untersuchung*. Stuttgart: DVA.

Fromm, E. (1936): Theoretische Entwürfe über Autorität und Familie. Sozialpsychologischer Teil. In M. Horkheimer, E. Fromm, & H. Marcuse u. a. (Hrsg.), *Studien über Autorität und Familie. Forschungsberichte aus dem Institut für Sozialforschung* (S. 77–135). Paris: Librairie Felix Alcan.

Hirsch, J. (2014). Staatskapitalismus? Zur Kontroverse zwischen Friedrich Pollock, Max Horkheimer und Franz Neumann in Bezug auf den Charakter des nationalsozialistischen Systems. In U. Ruschnig & H.-E. Schiller (Hrsg.), *Staat und Politik bei Horkheimer und Adorno* (S. 58–70). Baden-Baden: Nomos.

Horkheimer, M. (1931): Die gegenwärtige Lage der Sozialphilosophie und die Aufgaben eines Instituts für Sozialforschung. In *Gesammelte Schriften 3* (S. 20–35). Frankfurt a. M.: Fischer.

Horkheimer, M. (1932): Geschichte und Psychologie. In *Gesammelte Schriften 3* (S. 48–69). Frankfurt a. M.: Fischer.

Horkheimer, M. (1935). Die Rackets und der Geist. In *Gesammelte Schriften 12* (S. 287–291). Frankfurt a. M.: Fischer.

Horkheimer (1936): Theoretische Entwürfe über Autorität und Familie. Allgemeiner Teil. In M. Horkheimer, E. Fromm, & H. Marcuse u. a. (Hrsg.), *Studien über Autorität und Familie. Forschungsberichte aus dem Institut für Sozialforschung* (S. 3–76). Paris: Librairie Felix Alcan.

Horkheimer, M. (1943): Zur Soziologie der Klassenverhältnisse. In *Gesammelte Schriften 12* (S. 75–104). Frankfurt a. M.: Fischer.

Horkheimer, M. (1949): Autorität und Familie in der Gegenwart. In *Gesammelte Schriften 5* (S. 377–395). Frankfurt a. M.: Fischer.

Horkheimer, M., & Adorno, Th. W. (1944). Dialektik der Aufklärung. Philosophische Fragmente. Frankfurt a. M.: Fischer, 1969.

Jones, P. K. (2020). *Critical theory and demagogic populism.* Manchester: Manchester University Press.

Knasmüller, F., & Brunner, M. (2022). Schiefheilung als Kompromissbildung. Eine biographische Fallrekonstruktion der psychischen Funktionalität rechter Weltbilder. *Psychologie & Gesellschaftskritik 46(1/2)*, 111–138.

Knasmüller, F., Menzel, G., Reuss, T., Brunner, M., & Heller, A. (2023). "Wider die Natur". Über Spiritualismus, Verschwörungserzählungen und Naturverklärung im Kontext der Coronaproteste. Zeitschrift für Religion, Gesellschaft und Politik. https://doi.org/10.1007/s41682-023-00150-7

König, H.-D. (2012): George W. Bushs Krieg gegen den Terrorismus als neokonservative Antwort auf den überfälligen Kampf gegen die Klimakatastrophe. Psychoanalytische Rekonstruktion der Wirkungsweise politischer Inszenierungen. In M. Brunner, J. Lohl, R. Pohl, M. Schwietring & S. Winter (Hrsg.), *Politische Psychologie heute? Themen, Theorien und Perspektiven der psychoanalytischen Sozialforschung* (S. 53–77). Gießen: Psychosozial

König, H.-D. (2019a). Der autoritäre Entertainer. Tiefenhermeneutische Rekonstruktion von Donald J. Trumps Rede zu seinem Amtsantritt. *Psychosozial 42 (2/156)*, 73–88.

König, H.-D. (2019b). Dichte Interpretation. Zur Methodologie und Methode der Tiefenhermeneutik. In J. König, N. Burgermeister, M. Brunner, Ph. Berg & H.-D. König (Hrsg.), *Dichte Interpretation. Tiefenhermeneutik als Methode qualitativer Forschung* (S. 13–88). Wiesbaden: Springer VS.

König, H.-D. (2022). Libido und Aggression. Freuds Massenpsychologie in der Perspektive des Autoritarismuskonzepts der Frankfurter Schule. In M. Brunner, H-D. König, J. König & Jan Lohl (Hrsg.). *Sozialpsychologie der Massenbildung. 100 Jahre Sigmund Freuds »Massenpsychologie und Ich-Analyse«* (S. 109–136). Wiesbaden: Springer VS

Köttig, M. (2004). *Lebensgeschichten rechtsextrem orientierter Mädchen und junger Frauen. Biographische Verläufe im Kontext der Familien- und Gruppendynamik.* Gießen: Psychosozial.

Kracauer, S. (2013/1938): *Totalitäre Propaganda.* Frankfurt a. M.: Suhrkamp.

Lohl, J. (2010). *Gefühlserbschaft und Rechtsextremismus. Eine sozialpsychologische Studie zur Generationengeschichte des Nationalsozialismus.* Gießen: Psychosozial-Verlag.

Lohl, J. (2017a). »Hass gegen das eigene Volk« – Tiefenhermeneutische Analysen rechtspopulistischer Propaganda. *Psychologie und Gesellschaftskritik 41*, 9–40.

Lohl, J. (2017b). »Für die Zukunft unseres Volkes (...) bekämpfen«. Zur psychoanalytischen Sozialpsychologie rechtspopulistischer Propaganda. In K. Grünberg, W. Leuschner & Initiative 9. November (Hrsg.), *Populismus, Paranoia, Pogrom. Affekterbschaften des Nationalsozialismus* (S. 123–154). Frankfurt: Brandes & Apsel.

Lohl, J. (2021). »Über den Abgrund«. Tiefenhermeneutische Analysen rechter Sozialisationsprozesse. Sozialer Sinn *22 (1)*, 25–48.

Lohl, J. (2022). Freuds Unternehmung. Über Massenpsychologie und rechtspopulistische Propaganda. In M. Brunner, H-D. König, J. König & Jan Lohl (Hrsg.). *Sozialpsychologie der Massenbildung. 100 Jahre Sigmund Freuds »Massenpsychologie und Ich-Analyse«* (S. 181–212). Wiesbaden: Springer VS.

Lorenzer, A (1986): Tiefenhermeneutische Kulturanalyse. In H.-D. König, A. LorenzerH. Lüdde, S. Nagbol, U. Prokop, G. Schmid Noerr & A. Eggert (Hrsg.), *Kultur-Analysen. Psychoanalytische Studien zur Kultur* (S. 11–98). Frankfurt a. M.: Fischer.

Löwenthal, L. (1990/1934): Autorität in der bürgerlichen Gesellschaft. Ein Entwurf. In *Schriften Band 3* (S. 239–333). Frankfurt a. M.: Suhrkamp.

Löwenthal, L. & Guterman, N. (1949). Falsche Propheten. Studien zur faschistischen Agitation. In L. Löwenthal: *Schriften Band 3* (S. 11–159). Frankfurt a. M.: Suhrkamp.

Mansfield, C. (1998). *Fremdenfeindlichkeit und Fremdenfreundlichkeit bei Frauen.* Frankfurt a. M.: Brandes & Apsel.

Marcuse, Herbert (1963). Das Veralten der Psychoanalyse. In *Schriften 8* (S. 60–78). Lüneburg: Zu Klampen.

Nachtwey, O., & Heumann, M. (2019). Regressive Rebellen und autoritäre Innovatoren: Typen des neuen Autoritarismus. In K. Dörre, H. Rosa, K. Becker, S. Bose & B. Seyd (Hrsg.) *Große Transformation? Zur Zukunft moderner Gesellschaften.* Springer VS, Wiesbaden.

Oesterreich, D. (1993). *Autoritäre Persönlichkeit und Gesellschaftsordnung: der Stellenwert psychischer Faktoren für politische Einstellungen – eine empirische Untersuchung von Jugendlichen in Ost und West.* Weinheim u. a.: Juventa.

Ottomeyer, K. (1998). Rechtstrend und Haider-Faszination in Österreich. In E. Modena (Hrsg.), Das Faschismus-Syndrom. Zur Psychoanalyse der Neuen Rechten in Europa (S. 75–99). Gießen: Psychosozial.

Ottomeyer, K. (2009). *Jörg Haider. Mythos und Erbe.* Klagenfurt/Celovec: Drava.

Pohl, R. (2003). Paranoide Kampfhaltung. Über Fremdenhass und Gewaltbereitschaft bei männlichen Jugendlichen. In F. Koher & Katharina Pühl (Hrsg.), *Gewalt und Geschlecht. Konstruktionen, Positionen, Praxen* (S. 161–186). Opladen: Leske + Budrich.

Pohl, R. (2004). *Feindbild Frau. Männliche Sexualität, Gewalt und die Abwehr des Weiblichen.* Hannover: Offizin.

Pollock, F. (Hrsg.) (1955): *Gruppenexperiment. Ein Studienbericht.* Frankfurt a. M.: Europäische Verlagsanstalt.

Postone, M. (1979): Antisemitismus und Nationalsozialismus. Ein Versuch. *Merkur 1* (1982), 13–25.

Rensmann, L. (1998): *Kritische Theorie über den Antisemitismus. Studien zu Struktur, Erklärungspotential und Aktualität.* Berlin/Hamburg: Argument 2001.

Rensmann, L. (2004): Collective Guilt, National Identity, and Political Processes in Contemporary Germany. In N. R. Branscombe & B. Doosje (Hrsg.), *Collective Guilt. International Perspectives* (S. 169–190). New York: Cambridge University Press.

Simmel, E. (1946): Antisemitismus und Massen-Psychopathologie. In H. Dahmer (Hrsg.) (1980): *Analytische Sozialpsychologie, Bd. 1* (S. 282–317). Frankfurt a. M.: Suhrkamp.

Streeck-Fischer, A. (1992). „Geil auf Gewalt". Psychoanalytische Bemerkungen zu Adoleszenz und Rechtsextremismus. *Psyche 46,* 745–768.

Uhlig, T. D. (2020). Aufstehen für die Regression. Elemente der autoritären Linken heute. In K. Henkelmann, C. Jäckel, A. Stahl, N. Wünsch & B. Zopes (Hrsg.), *Konformistische Rebellen. Zur Aktualität des autoritären Charakters* (S. 369–383) Berlin: Verbrecher Verlag.

Weyand, J. (2000): Zur Aktualität der Theorie des autoritären Charakters. In jour fixe-initiative berlin (Hrsg.), *Theorie des Faschismus – Kritik der Gesellschaft* (S. 55–76). Münster: Unrast.

Winter, S. (2020). »Die vorbildliche deutsche Frau und der echte deutsche Mann«. Sozialpsychologische Überlegungen zu Geschlecht und Autoritarismus als Performanz und Charakter. In K. Henkelmann, C. Jäckel, A. Stahl, N. Wünsch & B. Zopes (Hrsg.), *Konformistische Rebellen. Zur Aktualität des autoritären Charakters* (S. 159–176) Berlin: Verbrecher Verlag.

Wirth, H.-J. (1989). Sich fühlen wie der letzte Dreck. Zur Sozialpsychologie der Skinheads. In M. Bock, M. Reimitz, H.-E. Richter, W. Thiel & H.-J. Wirth (Hrsg.), *Zwischen Resignation und Gewalt. Jugendprotest in den achtziger Jahren* (S. 187–202). Opladen: Leske + Budrich.

# Tiefenhermeneutische Kulturanalyse

Anna Domdey, Dustin Henze und Nicola Graage

**Zusammenfassung**

Das Kapitel liefert einen Überblick über methodologische Grundlagen der tiefenhermeneutischen Kulturanalyse, wie sie von Alfred Lorenzer begründet und von Hans-Dieter König und anderen aufgegriffen und vertieft wurde. Ausgangspunkt hierbei ist die Reformulierung der Freud'schen Triebtheorie als Theorie der Interaktionsformen, um die psychoanalytische Theorie für die Kulturanalyse nutzbar zu machen. In der Frage nach der Wirkung von Kulturprodukten geht es um die Untersuchung der darin vermittelten Lebensentwürfe, mit denen die Rezipient:innen in symbolische Interaktion treten (Lorenzer). Analog zur Entwicklungsgeschichte, greift der zweite Teil des Beitrags methodische Überlegungen auf, die darauf basieren, Erkenntnisse aus der therapeutischen Praxis nicht unreflektiert auf Kultur und Gesellschaft anzuwenden (König). Begriffe und Prämissen der tiefenhermeneutischen Kulturanalyse werden ebenso vorgestellt, wie der exemplarische Ablauf einer Interpretationssitzung. In einem vierten und letzten Abschnitt wird das tiefenhermeneutische Arbeiten während der Covid-19 Pandemie reflektiert und die drei Fallstudien des vorliegenden Bandes im Zeitgeschehen kontextualisiert.

A. Domdey
Göttingen, Deutschland

D. Henze (✉)
Sigmund Freud PrivatUniversität Wien, Wien, Österreich
E-Mail: dustin.henze@sfu.ac.at

N. Graage
Potsdam, Deutschland

Bei seiner Antrittsvorlesung erklärt ein Professor seinem erstaunten Auditorium, er sei »nicht *geneigt* (geeignet), die Verdienste meines sehr geschätzten Vorgängers zu schildern« (Steckel, zit. nach Freud 1917/1955, S. 55; Herv. i. O.). Eine lupenreine Fehlleistung – die Sigmund Freud nicht bloß amüsierte, sondern deren psychische Genese ihn wissenschaftlich interessierte. In dem 1917 erstmals erschienenen Band *Zur Psychopathologie des Alltagslebens* beschreibt Sigmund Freud verschiedene Fehlleistungen wie das Vergessen, Versprechen, Vergreifen oder den Aberglauben. Dabei greift er auf eine Vielzahl von Beispielen wie diesem zurück; aus der eigenen therapeutischen Praxis und Veröffentlichungen verschiedener anderer Autor:innen. Auch ohne eine erweiterte psychoanalytische Kenntnis erlaubt uns unser Alltagsverständnis eine erste Interpretation des *latenten* Sinns dieses Versprechers. Es erscheint uns, als drücke sich hier – entgegen der manifesten Intention des Professors – sein Widerwille der Bezugnahme auf seinen Vorgänger aus. Darüber hinaus ermöglichen Freuds Überlegungen zum Ursprung von Fehlleistungen eine theoretische Reflexion sowie ihre psychodynamische Einordnung. Für Freud (1916/2016, S. 40 f.) stellt ein solcher Versprecher einen »psychischen Akt«, beziehungsweise eine »Symptomhandlung« dar, die auf »zurückgedrängte Tendenzen«, auf verdrängte Impulse, verweist, die sich im Moment des Sprechens gegen den Willen der Redner:in durchsetzen und den intendierten Ausdruck unterlaufen. Freuds Beispiel eignet sich gut für eine Annäherung an die Grundidee der tiefenhermeneutischen Kulturanalyse: Diese geht davon aus, dass soziale Interaktionen eine »Doppelbödigkeit« aufweisen, die ein Spannungsverhältnis aus manifestem (»Mein Vorgänger verdient viel Lob«) und latentem (»Ich will meinen Vorgänger gar nicht loben«) Sinn produziert (vgl. König 2000: 556 f.). In diesem Kapitel werden zunächst methodologische Grundlagen erläutert, bevor das konkrete methodische Vorgehen in tiefenhermeneutischen Forschungsprojekten geschildert wird. Ein letzter Abschnitt beinhaltet methodologische Reflexionen in Bezug auf die Fallstudien dieses Bandes, die anlässlich, während und über die Corona-Pandemie entstanden sind.

## 1    Methodologischer Ausgangspunkt: Alfred Lorenzer

Die Methode der *tiefenhermeneutischen Kultur- und Sozialanalyse* wurde von Alfred Lorenzer in den 1980er Jahren auf der Grundlage der Freud'schen Psychoanalyse und vor dem Hintergrund eigener kritisch-theoretischer Reflexionen konzeptualisiert (vgl. König 2019a, S. 13 ff.). Freud (1930/2018), der

die Psychoanalyse als Behandlungsmethode zur Auflösung individuellen neurotischen Leidens entwickelte, führte eben jenes neurotische Verhalten in seinen
kulturkritischen Schriften jedoch zugleich theoretisch auf ein allgemeines »Unbehagen in der Kultur« zurück, das letztlich auf die Unterdrückung von Trieben
zurückzuführen sei. Im präfaschistischen Klima der Weimarer Republik gaben
Freuds Überlegungen dem Frankfurter Institut für Sozialforschung unter der Leitung von Max Horkheimer den Anstoß, den gesellschaftlich allgemeinen Kern
individueller Erfahrungen zu untersuchen und führte zur Begründung der For-
schungsdisziplin der analytischen Sozialpsychologie (vgl. König 2019a, S. 14 f.;
König 2000, S. 559 f.). Nicht zuletzt angesichts der ausbleibenden proletarischen
Revolution, anstatt derer sich der Autoritarismus des deutschen Kaiserreiches
zunehmend faschistisch organisierte, gehörte zu den gesellschaftstheoretischen
Anliegen bereits bei der Gründung des Frankfurter Instituts die Frage, wie mit
der Irritation angesichts der Erkenntnis umzugehen sei, dass die Verfasstheit des
Subjekts nicht aus seinem soziohistorischen Kontext unmittelbar ableitbar ist
(vgl. Gast 2009, S. 20). In diesem Zusammenhang entstanden die Forschungen
zu Autorität und Familie und faschistischer Propaganda, die im ersten Kapitel dieses Bandes umrissen wurden. Lorenzers Werk ist auch in der Tradition
dieser frühen psychoanalytischen Sozialpsychologie zu sehen, die das Verhältnis von Individuum und Gesellschaft in den Mittelpunkt der Auseinandersetzung
rückt. Innerhalb dieses Forschungsfeldes problematisierte er jedoch eine oft psy-
chologisierende, unreflektierte Übernahme und schablonenartige Anwendung der
im klinischen Kontext entstandenen psychoanalytischen Begrifflichkeiten auf die
Analyse von Kultur und Gesellschaft. Zugleich kritisierte er an der Psychoanalyse eine Geschichts- und Gesellschaftsblindheit (vgl. König 2000, S. 560; König
et al. 2020, S. 7 ff.). Sein Anliegen war es daher, das Verhältnis von Psychoanalyse und Sozialwissenschaft neu zu bestimmen und die erkenntnistheoretische
Arbeitsweise und den Verstehensprozess der klinischen Psychoanalyse für eine
empirische Sozialforschung zugänglich zu machen.

Das theoretische Fundament der Tiefenhermeneutik stellt die von Lorenzer in Anschluss an Ernst Cassirer und Susanne K. Langer reformulierte
psychoanalytische Symboltheorie und seine darauf aufbauende materialistische
Sozialisationstheorie dar. Lorenzer bearbeitet hierin die Frage, wie

> die ›innere Natur‹ des Kindes so in menschliche Praxis eingefädelt [wird], daß
> kindliche Entwicklung in vollem Umfang zugleich als Naturgeschichte wie auch
> als soziale Bildungsgeschichte aufgrund objektiver politisch-ökonomischer Prozesse
> gelesen werden kann, ohne an irgendeiner Stelle vorgegebene, geschichtsunabhängige
> subjektive Kompetenzen und Strukturen unterstellen zu müssen. (Lorenzer 1972, S.
> 11, Herv. i. Orig.)

Kern der Überlegungen ist die Reformulierung der Freud'schen Triebtheorie als Theorie der Interaktionsformen. Triebe sind demzufolge keine überhistorischen oder biologisch angelegten »Instinktschablonen« (ebd., S. 54), die sich lediglich entfalten, sondern entstehen erst in der sozialen Interaktion (und damit innerhalb menschlicher Praxis) aus dem diffusen und unbewussten »Körperbedarf« und der Interaktion mit der primären Bezugsperson: »Der Trieb ist ein System von ›Erinnerungsspuren‹, die als ›Niederschlag‹ abgelaufener Ereignis- bzw. Erlebnisfolge die ›innere Lebensgeschichte‹ von Anfang an ausmachen« (Lorenzer 2002, S. 221, Herv. i. Orig.). Bildet das Gefüge der Interaktionsformen, die im sinnlich-unmittelbaren Kontakt – angefangen schon bei intrauterinen, organismischen Körperprozessen – entstehen, zunächst das unbewusste Reservoir für die Affekte, differenzieren sich mit zunehmender Ich-Entwicklung zwei Bewusstseinsebenen entlang verschiedener Symbolfunktionen aus. Mit der Entwicklung der Fantasie gelingt es dem Kind, bereits erlebte Interaktionen auf Höhe des Vorbewussten unter Zuhilfenahme von Gegenständen zu reinszenieren und ihnen auf sinnlich-symbolischer Ebene Bedeutung zu verleihen. Mit dem Spracherwerb tritt das Kind wiederum in eine neue, diskursive Symbolebene ein. Mit dem Erlernen der Sprache werden die bestehenden Interaktionsformen mit Sprachsymbolen verknüpft – es entstehen sprachsymbolische Interaktionsformen beziehungsweise »bewußte Praxisfiguren« (Lorenzer 1984, S. 90), die dem Kind einen bewussten und reflexiven Zugang zu diesen ermöglichen. In der Folge ist es in der Lage seine Wünsche zu verbalisieren und mithilfe des kollektiven Zeichensystems die eigene Lebenspraxis zu systematisieren. In dem Übergang zwischen den Symbolebenen kommt es jedoch zwangsläufig zu Konflikten, denn »die gebildeten Interaktionsformen werden […] mit einem geschlossenen und festen Normensystem konfrontiert und damit der unbeschränkten Systematisierung durch die sprachliche Organisation unterworfen« (Lorenzer 1977, S. 81). Nicht alle Interaktionsformen gehen dabei im Sprachsystem auf. Manche Interaktionsformen sind zudem verpönt beziehungsweise befinden sich außerhalb des diskursiven Sagbarkeitsraums und können daher nicht symbolisiert werden. Nicht versprachlichte oder desymbolisierte Interaktionsformen entziehen sich damit zwar der direkten, subjektiven Reflexionsfähigkeit, sie wirken jedoch als »Klischee« (Lorenzer 1972b, S. 133) unbewusst fort und können sich in bestimmten Situationen symptomatisch oder präsentativ, d. h. zum Beispiel bildhaft oder poetisch, Ausdruck verschaffen.

## 2 Kulturelle Objektivation

Basierend auf Beobachtungen der psychoanalytischen Behandlungspraxis unterscheidet Lorenzer – selbst praktizierender Psychoanalytiker – verschiedene Formen des Verstehens (vgl. König 2019a, S. 18 ff.): Im Alltag allgegenwärtig ist das *logische Verstehen,* das sich auf ein rationales Verständnis des Gesagten bezieht, sowie das *psychologische Verstehen,* welches zusätzliche Informationsquellen wie Gestik, Mimik, Tonhöhe, Emotionalität, etc. miteinbezieht und uns auch in alltäglichen Interaktionen ermöglicht, grundlegende situative Interpretationen über innere Zustände unserer Interaktionspartner:innen vorzunehmen. Abzugrenzen von einer bewusstseinsnahen Verstehensweise ist das spezifisch psychoanalytische *szenische Verstehen,* welches die Wahrnehmung und Ermittlung unbewusster Lebensentwürfe und Beziehungskonfigurationen umfasst. Indem die:der Analytiker:in mit der Haltung einer »gleichschwebenden Aufmerksamkeit« die Interaktionsszene zwischen sich und der:dem Patient:in auf das eigene Erleben wirken lässt, können neben bewusst verbalisierten Inhalten auch unbewusste Bedeutungsebenen wahrnehmbar werden. Die sich in der Beziehung zu der:dem Analytiker:in re-inszenierenden unbewussten Konflikte, Wünsche und Bedürfnisse rufen erlebniswirksame (Gefühls-)Antworten in der:dem Therapeut:in hervor (Übertragung-Gegenübertragung). Ziel der Behandlungspraxis ist es, diese »Doppelbödigkeit des Interagierens« (ebd.) szenisch (be-)greifbar zu machen.

In der Frage nach der Wirkung von Kulturprodukten geht es um die Untersuchung der darin vermittelten Lebensentwürfe, mit denen die Rezipient:innen in symbolische Interaktion treten. Die Idee ist, dass Filme, Bilder, Texte etc. »kulturelle Objektivationen sozialen Handelns« (ebd., S. 20) darstellen und ihre Wirkung ebenfalls als ein Gesamtwerk von »Szenen« begriffen werden kann, die eine Doppelbödigkeit aufweisen. Als »präsentative Symbolgefüge« (ebd., S. 30) inszenieren sich in der Interaktion zwischen Rezipient:innen und dem Material auch abseits der manifesten diskursiven Symbolebene bewusste wie unbewusste Lebensentwürfe (Ängste, Wünsche Fantasien), die aufgrund des unauflösbaren Konfliktes zwischen gesellschaftlich-kulturellen Anforderungen sowie der Triebhaftigkeit des Subjekts in einen Widerspruch zueinander geraten können (vgl. ebd., S. 31; vgl. König et al., 2020, S. 107 ff.). Resultat ist eine Spannung aus manifester und latenter Sinnebene, die sich empirisch beforschen lässt: Während sich sozial akzeptiertes, an Normen und gesellschaftliche Konventionen angepasstes Erleben manifest ausdrückt, müssen tabuisierte, verpönte und sozial sanktionierte Lebensformen verborgen werden; sie bleiben aber dennoch unbewusst verhaltenswirksam und finden ihren symptomatischen Ausdruck z. B.

besonders deutlich in Fehlleistungen und neurotischen Impulsdurchbrüchen und sind auf latenter Bedeutungsebene ebenfalls im Material enthalten.

## 3    Methodische Vorgehensweise

Um psychoanalytische Erkenntnisse aus der therapeutischen Praxis nicht unreflektiert auf Kultur und Gesellschaft anzuwenden und so durch Übertragung von klinischen Begriffen auf soziale Phänomene eine Psychologisierung und Pathologisierung letzterer zu vermeiden, hat Lorenzer (vgl. 1978, 1981, 1986) einige methodologische Überlegungen angestellt, die in seiner Nachfolge aufgegriffen und weiter vertieft wurden (vgl. u. a. König 1993, 2000, 2001, 2019a, 2019b; Leithäuser und Volmerg 1979, 1988; Haubl 1993; Haubl und Lohl 2020; Klein 2013; König et al. 2019; Abd-Al-Majeed et al. 2020). Diese basieren vor allem darauf, die Methode des szenischen Verstehens in der Kulturanalyse einzusetzen und dem Forschungsgegenstand entsprechend so anzupassen, »dass sie der Eigenlogik kultureller und sozialer Sinnzusammenhänge gerecht wird« (König 2019b, S. 15). Erst im Anschluss an die szenische Interpretation eines Textes wird auf psychoanalytische und kritische Gesellschaftstheorien zurückgegriffen. Ein Text kann hier sowohl ein Interview oder eine Gruppendiskussion, aber auch ein Film oder ein literarisches Werk sein. Am Anfang der tiefenhermeneutischen Fallrekonstruktion steht eine Gruppeninterpretation, in der sich die Teilnehmer:innen über ihre »Reaktionen, Einfälle und Verstehensansätze« austauschen und so »einen ersten Zugang zu den verborgenen Lebensentwürfen erschließen« (König 1998, S. 375). Wegweisend und von besonderem Interesse sind dabei divergierende Lesarten und jene Interaktionssequenzen, die besonders starke Emotionen auslösen, befremden oder auf sonstige Weise irritieren und sich dadurch im Interpretationsprozess aufdrängen. »Irritationen stellen vor allem affektive Reaktionen auf Interaktionssequenzen dar, die aufgrund ihrer Widersprüchlichkeit und Inkonsistenz einen Zugang zu einer zweiten Sinnebene erschließen« (König 2008, S. 36). Zu Beginn des Interpretationsprozesses sind die Interpret:innen angehalten, sich von einer Anwendung ihres theoretischen Vorwissens frei zu machen, um sich affektiv auf die Wirkweise des Materials einlassen zu können. Die Interpretation erfolgt insofern zunächst auf Basis des Alltagswissens und den Begrifflichkeiten der Alltagssprache. Dem Text wird dabei idealerweise mit einer fundamentalen Offenheit begegnet. Einerseits soll sich nichts Spezielles gemerkt werden, andererseits soll in Anlehnung an die freie Assoziation spontanen Einfällen gefolgt werden (vgl. König 2000, S. 563). Es hängt dementsprechend an jenen eigenen Einfällen, auf welche Interaktionsszene sich die Aufmerksamkeit richtet. Im Gegensatz zur Sequenzanalyse, in der die Interpretation Sequenz für Sequenz vollzogen wird (siehe z. B. Maiwald 2005), wird der Text als »präsentatives Symbolsystem betrachtet, das in seiner Ganzheit auf die ZuhörerInnen wirkt« (König 2019b, S. 28).

Für den Forschungsprozess bedeutet dies, um ein Bild Hans-Dieter Königs (vgl. ebd., S. 27) zu verwenden, dass sich die Interpret:innen wie Besucher:innen eines Theaterstücks dem auf der Bühne dargebotenen Drama öffnen. Es gilt das Material »vor dem Hintergrund eigener lebenspraktischer Erfahrungen« (ebd., S. 27) auf das eigene Erleben wirken zu lassen. Wird sich hierauf in einem – der psychoanalytischen Praxis entlehnten – Modus »gleichschwebender Aufmerksamkeit« (Freud 1917/1955, S. 377) eingelassen, kann das Material mitunter »eigene unbewusste Dynamiken ansprechen und spürbar machen« (König et al. 2020, S. 108) und so »unbewusste Wünsche, Gefühle und Vorstellungen« (ebd.) mobilisieren. Dadurch, dass die Forscher:innen sich aufgrund ihrer eigenen lebensgeschichtlich-biographischen Erfahrung »mit verschiedenen Aspekten der im Text arrangierten Bedeutungsfülle identifizieren« (König 2019a, S. 32), wird eine einseitige Verengung auf den Verstehenszugang der:des Einzelnen verhindert. Die Interpretierenden bringen also divergierende Einfälle und konkurrierende Verstehenszugänge mit. Die unterschiedlichen Deutungen der Interpret:innen zerlegen so die Lebenspraxis, die im Text objektiviert wird, wie ein Prisma, das Licht in verschiedene Farben bricht (vgl. König 2019b, S. 29). Um einen Prisma-Effekt herzustellen, beginnt eine Interpretationssitzung mit einem »Blitzlicht«, in dem alle Teilnehmer:innen kurz erzählen, »wie sie den Text erlebt haben, was sie angesprochen und irritiert hat und wie sie ihn daher verstehen« (ebd.). Konkurrierende Lesarten erzeugen im Anschluss eine Kontroverse, die »Rückschlüsse auf die szenische Struktur der doppelbödigen Lebenspraxis« (ebd.) erlaubt. Das szenische Verstehen beginnt mit der Auslegung einer speziellen Szene, die die besondere Aufmerksamkeit der Gruppe auf sich zieht. Für die Auslegung werden weitere, ähnliche Szenen hinzugezogen, »denen dieselbe situative Struktur zugrunde liegt« (ebd.). Durch das szenische Interpretieren entstehen Spannungen zwischen drei Interaktionsebenen: erstens erschließt sich das szenische Gefüge des Textes über die Wirkung auf die Interpret:innen. Zweitens findet über das emotionale Reagieren eine szenische Teilnahme der Interpretierenden statt und drittens erschließt sich latenter Sinngehalt über die Kontroverse um verschiedene Lesarten (ebd.). Diese werden anhand einer Szene zunächst gegeneinander abgewogen, Deutungen angelegt und anhand weiterer Szenen »so lange überprüft und korrigiert werden, bis sich die Interpretationen der verschiedenen Szenenfolgen zu einer in sich stimmigen szenischen Konstellation zusammenschließen« (König 2019a, S. 36). Die Tiefenhermeneutik setzt somit auf das »*abduktive Schließen,* demzufolge uns neue Einsichten, ›wie ein Blitz‹ überfallen« (König 2019b, S. 28, kursiv i. O.), weil es sich um einen unkontrollierbaren unbewussten Prozess handelt.

Im Anschluss an das soeben skizzierte szenische Interpretieren als erstes Feld des hermeneutischen Verstehensprozesses erfolgt nun mit dem theoretischen Begreifen der Fallrekonstruktion auf Basis sozialwissenschaftlicher und psychoanalytischer Theoriebildung das zweite Feld des hermeneutischen Verstehensprozesses: »so wird nun auf diese [theoretischen] Einsichten zurückgegriffen, um das Neue, das durch die szenische Fallrekonstruktion entdeckt wurde, zu typisieren und auf einen angemessenen Begriff zu bringen« (König 2000, S. 565). Das dritte Feld des hermeneutischen Verstehensprozesses ist schließlich das Schreiben. Durch die produzierten Lesarten und das anschließende theoretische Begreifen wird ein Text erstellt, der die Leser:innen überzeugen soll und selbstkritisch ist (vgl. König 2019a, S. 34). Während erst zum Schluss einer Interpretationssitzung deutlich wird, wie manifeste und latente Sinnebenen sich zueinander verhalten und im Text wiederzufinden sind, soll bei der Verschriftlichung der Ergebnisse zunächst mit dem bewusstseinsnahen und daher leichter nachvollziehbaren manifesten Sinn begonnen und die Leser:innen dann Schritt für Schritt über das szenische Gefüge an den latenten Inhalt herangeführt werden (vgl. ebd.). Die Zuverlässigkeit der Ergebnisse wird »dadurch sichergestellt, dass die verschiedenen Ebenen der Bedeutungsrekonstruktion stets auseinandergehalten werden« (ebd., S. 33): die im Material objektivierte Lebenspraxis (Konstruktion erster Ordnung), die szenische Interpretation (Konstruktion zweiter Ordnung) und das theoretische Begreifen (Konstruktion dritter Ordnung). Inhaltlich wird die Analyse dadurch so lange überprüft und verändert, bis sich alle Szenen in eine stimmige szenische Konstellation zusammenschließen (ebd.).

Das abduktive Schließen kommt auch bei der theoretischen Interpretation des Materials zum Tragen, denn es geht bei der tiefenhermeneutischen Kulturanalyse gerade anders als im psychoanalytischen Setting nicht darum, das individuelle Unbewusste des Textes, der Autor:innen des Textes oder der Interpret:innen zu analysieren, sondern »die gesellschaftliche Produktion von Unbewusstheit [...], die alle Individuen betrifft, wenn auch in unterschiedlichen subjektiven Brechungen« (König et al. 2020, S. 114). Die Tiefenhermeneutik zielt darauf, anhand der Analyse der Spannung von manifestem und latentem Sinn, Hypothesen über das allgemeine Verhältnis von Individuum und Gesellschaft zu generieren:

> Das Verhältnis von manifester und latenter Sinnschicht eines Textes ist [...] gesellschaftlich produziert. Es ist nicht primär von der Autor:in oder der Leser:in geschaffen, sondern Ausdruck der allgemeinen Struktur des Verhältnisses von Individuum

und Gesellschaft in dem beide – Autor:in wie Leser:in – sozialisiert sind, sich bewegen und leben (müssen). (König et al. 2020, S. 117)

Diese Prämisse ergibt sich dabei logisch aus der ihr zugrunde liegenden und weiter oben dargestellten Sozialisationstheorie. Trotz eines »Vorrang des Objekts« (Adorno 1969, S. 156) beziehungsweise des »Vorrangs von Objektivität« (Adorno 1966, S. 192), dem Primat der Gesellschaft über das Individuum, der sich aus der Totalität der gesellschaftlichen Verhältnisse ergibt, sind Subjekt und Objekt stets miteinander vermittelt. Objektive und subjektive Struktur durchdringen einander. Daher ist es wichtig, auch die Analyse nicht in die ein oder andere Richtung aufzulösen, sondern die subjektive und objektive Struktur in ihrem dialektischen Verhältnis ernst zu nehmen. Im Sinne Kritischer Theorie gilt es, ihrem Vermittlungsverhältnis nachzugehen und »zu untersuchen, welches Kräfteverhältnis jeweils zwischen Subjektivität und Objektivität herrscht« (Becker-Schmidt 2017, S. 180). Alfred Lorenzers Theorie der Interaktionsformen und die daran anschließende Methode der tiefenhermeneutischen Kulturanalyse zielt auf eine solche »dialektische Vermittlung der Analysen von subjektiver und objektiver Struktur« (Belgrad et al. 1987, S. 16).

Die Validität der Interpretation ergibt sich dabei unter anderem aus den »verschiedene[n] Strategien der Triangulation« (König 2019a, S. 36). Im Zuge der Gruppeninterpretation findet eine Investigator-Triangulation statt. Durch das Blitzlicht zu Beginn und den Prisma-Effekt, können durch die verschiedenen Interpret:innen subjektive Verzerrungen minimiert werden, da sich eine Gruppe von Forschenden gemeinsam das Material erschließt und sich auf eine Deutung einigt. Zudem wird bei der späteren Interpretation des Materials, dem theoretischen Begreifen, das Material »von verschiedenen Perspektiven und Hypothesen« (Flick 2000, zit. nach ebd., S. 37) her erschlossen. In dieser »Theorien-Triangulation« (Flick 2000, zit. nach ebd.) werden psychoanalytische Persönlichkeits- und Kulturtheorie sowie kritische Gesellschaftstheorie berücksichtigt. Auch hinsichtlich der Methode findet eine Triangulierung statt. Bei der »methodologischen Triangulation« (Flick 2000, zit. nach ebd.) werden bei der Inhalts- und Wirkungsanalyse die oben beschriebenen verschiedenen Verstehenszugänge miteinander kombiniert:

> Damit beruht die Methode auf zwei unterschiedlichen Formen des Verstehens: Der manifeste Sinn des Textes, im Zuge dessen Inhalt und Form analysiert werden, erschließt sich einem kognitiven Verstehen, im Rahmen dessen kulturelle Objektivationen als diskursive Symbolsysteme aufgefasst werden, die der Logik und Grammatik einer Sprache folgen. Der latente Sinn des Textes wird hingegen durch ein

affektives Verstehen erschlossen, im Zuge dessen der Text als ein präsentatives Symbolsystems betrachtet wird, ein Gefüge von Szenen und Bildern, deren Bedeutung über die Wirkung auf das eigene Erleben erfasst wird. (ebd.)

Je nach Forschungsprojekt ist auch eine »Daten-Triangulation« (Flick 2000, zit. nach ebd.) möglich, in dem Daten zusammengebracht werden, »die verschiedenen Quellen entstammen und zu verschiedenen Zeitpunkten, an unterschiedlichen Orten oder bei verschiedenen Personen erhoben werden« (Flick 2000, zit. nach ebd., S. 37).

## 4     Tiefenhermeneutik in der Pandemie

Die hier vorgestellten Arbeiten sind durch die Covid-19-Pandemie nicht nur thematisch inspiriert, sondern auch im Forschungsprozess strukturiert worden. Unser aller Leben hat sich in den letzten Jahren verändert. Zu Beginn der Pandemie waren wir konfrontiert mit sich überschlagenden Ereignissen, ständig neuen Informationen, Meinungen, Handlungsempfehlungen und daraus resultierenden Unsicherheiten. Kaum jemand kannte den Videokonferenz-Anbieter Zoom oder hatte sich zuvor mit Infektiologie und Epidemiologie beschäftigt. Mittlerweile irritiert uns die Sprache von Inzidenzen und Quarantänerichtlinien nicht mehr und Online-Treffen sind für viele Alltag geworden. Ein Meeting auf der Arbeit, eine Seminarsitzung an der Uni, ein Treffen mit Freund:innen oder eben eine tiefenhermeneutische Interpretationssitzung – wir nehmen diese Dinge heute kaum noch als ungewöhnlich wahr. Das war nicht immer so. Wird mit der tiefenhermeneutischen Textinterpretation Material angeschaut, muss reflektiert werden, dass im Kontext der nach wie vor andauernden Pandemie Forschungsgegenstand und Untersuchungskontext sich in einer besonderen Konstellation befinden: Zu Zeiten der Erhebungen (Sommer 2020 bis März 2021) waren alle Interpretierenden von den Maßnahmen zur Eindämmung des Corona-Virus massiv betroffen, befanden sich auf einen nicht abschätzbaren Zeitraum im Home-Office, das soziale und gesamtgesellschaftliche Leben war durch den Lockdown stark eingeschränkt und die Themen »Verschwörungsideologie« und »Querdenken« hatten in Deutschland große mediale Brisanz und Alltagspräsenz. Die Tiefenhermeneutik macht sich – wie beschrieben – die Subjektivität der Forschenden radikal zunutze und ist daher höchst abhängig von den lebenspraktischen Vorannahmen der:des Einzelnen. Für den hiesigen Forschungsgegenstand ist dies von besonderer Relevanz, da die Pandemie noch immer fortdauert und auch wir als Forschende ihr ausgesetzt sind. Daher können wir auch nicht mit Abstand oder ›objektiv‹ über sie nachdenken (vgl. Kirchhoff 2009, S. 362). Zwar geht die Methode davon aus, dass ein emotionales Einlassen und eine Verwicklung mit dem Forschungs-gegenstand wichtig, wenn nicht gar ein zentrales Analyseinstrument darstellt; gleichzeitig muss sowohl thematisch (aufgrund von Aktualität und persönlicher Betroffenheit), als auch methodisch (das Online-Treffen als Spiegel des alltäglich praktizierten Social-Distancing) von einer multiplen Verstrickung ausgegangen werden, die es u. U. erschwerte, Distanz zum Forschungsgegenstand herstellen zu können und selbstreflexiv eigene Reaktionen und Abwehrformationen zu erkennen (vgl. Brunner et al. 2021, S. 16). Es muss folglich davon ausgegangen werden, dass persönliche, individuelle Erfahrungen und Erlebnisse sich mögli-cherweise stärker und allumfassender als üblich auf den Interpretationsprozess auswirkten. Auch der Zeitraum der Erhebungen spielt eine Rolle, da sich im November 2020 der öffentliche Diskurs (zumindest abseits realitätsverweigern-der Corona-Leugner:innen) nicht mehr um die Frage drehte, ob Sars-CoV-2 eine Gefahr darstellt oder sich in Deutschland ausbreiten wird, sondern primär der Umgang mit bereits hohen Infektionszahlen sowie die Sinnhaftigkeit und Legi-timation der einschränkenden Maßnahmen diskutiert wurde. Dahingehend lohnt sich eine Kontextualisierung der in den Fallstudien untersuchten Phänomene.

Die in Nicola Graages Arbeit untersuchten Video-Beiträge von ausgewählten »Querdenken«-Akteuren wurden zum Teil zu Beginn der Pandemie veröffent-licht, weshalb davon auszugehen ist, dass eine Interpretationssitzung zu einem früheren Zeitpunkt veränderte Reaktionen hervorgerufen hätte und z. B. stär-kere Unsicherheiten zu erwarten gewesen wären oder die Darstellungsweisen der Pandemie u. U. als legitime oder zumindest bedenkenswerte Position oder Meinung eingeschätzt worden wären. Zur Zeit der Erhebung waren die aus-gewählten Akteure z. T. als mediale Köpfe einer Bewegung bekannt, der die Interpretierenden ablehnend und kritisch gegenüberstehen.

Die Reden der AfD-Bundestagsfraktion, denen sich Dustin Henze in seiner Studie nähert, hingegen wurden am 29. Oktober 2020 und somit im Kon-text der Diskussionen zur Änderung des Infektionsschutzgesetzes im dritten Bevölkerungsschutzgesetz am 18.11.2020 und des Bund-Länder-Beschlusses zum sogenannten »zweiten Lockdown« vom 28.10.2020 gehalten und fallen damit in eine Phase intensiver gesellschaftspolitischer Debatten um das Verhältnis indivi-dueller Freiheit und den erforderlichen, restriktiven Maßnahmen. Die AfD hat zu diesem Zeitpunkt ihren bemerkenswerten Wandel weg von einer Kritik an der Bundesregierung zu spät und zögerlich gehandelt zu haben, hin zu einer Funda-mentalkritik jeglichen Aspekt der Corona-Politik zu verteufeln, bereits vollzogen. Mit diesem Strategiewechsel und der gesuchten Nähe zu den Corona-Protesten, steht die Partei möglicherweise selbst sinnbildlich für die Suchbewegung nach

Sinn und Halt, die angesichts der ängstigenden und sich dynamisch entwickelnden pandemischen Situation viele Menschen umtreibt und hier propagandistisch bedient wird.

Und auch die von Anna Domdey geführte Interview-Studie ist zeitlich an den Beginn der Pandemie zu verorten. Interviewerin und Interviewte befanden sich im Sommer 2020 im Lockdown, so dass sich sowohl methodische als auch inhaltliche Implikationen ergaben; es war nicht möglich, den untersuchten Ort zu besuchen oder die Interviewten jemals persönlich kennenzulernen. Alle Interviews mussten via Zoom geführt werden, was den Aufbau eines vertrauensvollen Verhältnisses erschwerte. Es scheint uns aus heutiger Perspektive weit weg, dass es zu diesem Zeitpunkt noch völlig unklar war, ob und wann es überhaupt einen Impfstoff geben würde und auch »Querdenken« war noch kein Massenphänomen geworden.

Die Problematik, im Lockdown über den Lockdown zu sprechen und dieses Material im Lockdown zu interpretieren, erscheint in der Retrospektive surreal. Der Gewöhnungseffekt Zoom-Meeting mag sich eingestellt haben und wir sind alle etwas mehr Expert:innen zu Sars-Viren und Pandemiebekämpfung geworden als wir es noch vor wenigen Jahren waren. Gerade zu Beginn der Pandemie sah dies aber eben noch sehr anders aus und wird sich in den folgenden Beiträgen entsprechend niederschlagen.

## Literatur

Abd-Al-Majeed, R.; Berg, P., Brehm, A., Jentsch, S., Kaufhold, C., & Monecke, M. (2020). Szene und Affekt. Die Bedeutung der Gruppe in der Tiefenhermeneutik. *Menschen. Zeitschrift für gemeinsames Leben, Lernen und Arbeiten 43* (4–5), 25–29.

Adorno, T. W. (1966). *Negative Dialektik*. Frankfurt a. M.: Suhrkamp.

Adorno, T. W. (1969). Zu Subjekt und Objekt. In: T. W. Adorno: *Stichworte. Kritische Modelle* (S. 151–168). Frankfurt a. M.: Suhrkamp.

Becker-Schmidt, R. (2017). Was mit Macht getrennt wird, gehört gesellschaftlich zusammen. Zur Dialektik von Umverteilung und Anerkennung in Phänomenen sozialer Ungleichstellung. In R. Becker-Schmidt: *Pendelbewegungen – Annäherungen an eine feministische Gesellschafts- und Subjekttheorie. Aufsätze aus den Jahren 1991 bis 2015* (S. 159–200) Opladen, Berlin, Toronto: Verlag Barbara Budrich.

Belgrad, J., Görlich, B., König, H.-D., & Schmid Noerr, G. (1987). Alfred Lorenzer und die Idee einer psychoanalytischen Sozialforschung. Eine Einleitung. In J. Belgrad, Bernhard B. Görlich, H.-D. König und G. Schmid Noerr (Hrsg.), *Zur Idee einer psychoanalytischen Sozialforschung. Dimensionen szenischen Verstehens. Alfred Lorenzer zum 65. Geburtstag* (S. 9–24). Frankfurt a. M.: Fischer.

Brunner, M., Burgermeister, N., König, J., & Uhlig, T.D. (2021). „Jaja, wir sind halt Scheiße" – Tiefenhermeneutische Annäherung an Merkels Corona-Rede an die Nation. *Freie Assoziation 24* (1), 11 -35.

Flick, U. (2000). Triangulation in der qualitativen Forschung. In U. Flick, I. Steinke & E. von Kardorff (Hrsg.), *Qualitative Forschung. Ein Handbuch* (S. 309–318). Reinbek bei Hamburg: Rororo.

Freud, S. (2018). Das Unbehagen in der Kultur. In Ders., *Das Unbehagen in der Kultur. Und andere kulturtheoretische Schriften (S.* 29–108). Frankfurt a. M.: Fischer. (Original erschienen 1930)

Freud, S. (1917). *Zur Psychopathologie des Alltagslebens.* 5. Auflage. Berlin: S. Karger. https://www.psychosozial-verlag.de/download/Alltagsleben-Auflage5.pdf. Zugegriffen: 01.04.2023

Freud, S. (1955). Ratschläge für den Arzt bei der psychoanalytischen Behandlung. In Ders., *Gesammelte Werke. Achter Band. Werke aus den Jahren 1909–1913* (S. 376–387). London: Imago Publishing. (Original erschienen 1912)

Freud, S. (2016). *Vorlesungen zur Einführung in die Psychoanalyse.* Frankfurt: Fischer. (Original erschienen 1916)

Gast, L. (2009). Warum brauchen die Sozialwissenschaften die Psychoanalyse? In M. Brunner, J. Lohl, R. Pohl, M. Schwietring & S. Winter (Hrsg.), *Politische Psychologie heute? Themen, Theorien und Perspektiven der psychoanalytischen Sozialforschung.* Gießen: Psychosozial-Verlag.

Haubl, R. (1993). Modelle psychoanalytischer Textinterpretation. In U. Flick, E. von Kardorff, H. Keupp, L. von Rosenstiel & S. Wolff (Hrsg.), *Handbuch Qualitative Sozialforschung* (S. 219–223). München: Psychologie Verlags Union.

Haubl, R., & Lohl, J. (2020): Tiefenhermeneutik als qualitative Methode. In G. Mey & K. Mruck (Hrsg.) (2020), *Handbuch Qualitative Forschung in der Psychologie,* Springer Reference Psychologie.

Kirchhoff, C. (2009). *Das psychoanalytische Konzept der „Nachträglichkeit". Zeit, Bedeutung und die Anfänge des Psychischen.* Gießen: Psychosozial-Verlag.

Klein, R. (2013). Tiefenhermeneutische Analyse. In B. Friebertshäuser, A. Langer & A. Prengel (Hrsg.). *Handbuch qualitative Forschungsmethoden in der Erziehungswissenschaft* (S. 263–281). Weinheim: Beltz Juventa.

König, H.-D. (1993). Die Methode der tiefenhermeneutischen Kultursoziologie. In T. Jung & Müller-Dohm (Hrsg.), *»Wirklichkeit« im Deutungsprozeß. Verstehen und Methoden in den Kultur- und Sozialwissenschaften* (S. 190–222). Frankfurt a. M.: Suhrkamp.

König, H.-D. (1998). Ein Neonazi in Auschwitz. Tiefenhermeneutische Rekonstruktion einer Filmsequenz aus Bonengels Beruf Neonazi und ihre Wirkung im kulturellen Klima der Postmoderne. In Ders. (Hrsg.), *Sozialpsychologie des Rechtsextremismus* (S. 372–415). Frankfurt: Suhrkamp.

König, H.-D. (2000). Tiefenhermeneutik. In U. Flick, E. v. Kardorff & I. Steinke (Hrsg.), *Qualitative Forschung. Ein Handbuch* (S. 556–568). Hamburg: Rowohlt.

König, H.-D. (2001). Tiefenhermeneutik als Methode psychoanalytischer Kulturforschung. In H. Appelsmeyer & E. Billmann-Mahecha (Hrsg.), *Kulturwissenschaft. Felder einer prozessorientierten wissenschaftlichen Praxis* (S. 168–194). Weilerswist: Velbrück.

König, H.-D. (2019a). Dichte Interpretation. Zur Methodologie und Methode der Tiefenhermeneutik. In J. König, N. Burgermeister, M. Brunner, P. Berg & H.-D. König (Hrsg.), *Dichte Interpretation. Tiefenhermeneutik als Methode qualitativer Forschung* (S. 13–86). Wiesbaden: Springer.

König, H.-D. (2019b). Einführung in die Methodologie und Methode der Tiefenhermeneutik. Zugleich eine Auseinandersetzung mit Goffmans auf die Theatermetapher rekurrierende Interaktionssoziologie. In Ders.: *Die Welt als Bühne mit doppeltem Boden. Tiefenhermeneutische Rekonstruktion kultureller Inszenierungen* (S. 13–61). Wiesbaden: Springer.

König, H.-D., König, J., Lohl, J., & Winter, S. (2020). *Alfred Lorenzer zur Einführung. Psychoanalyse, Sozialisationstheorie und Tiefenhermeneutik.* Opladen & Toronto: Barbara Budrich.

König, J., Burgermeister, N., Brunner, M., Berg, P., & König, H.-D. (Hrsg.) (2019). *Dichte Interpretation. Tiefenhermeneutik als Methode qualitativer Forschung.* Wiesbaden: Springer.

Leithäuser, T., & Volmerg, B. (1979). *Anleitung zur empirischen Hermeneutik. Psychoanalytische Textinterpretation als sozialwissenschaftliches Verfahren.* Frankfurt a. M.: Suhrkamp.

Leithäuser, T., & Volmerg, B. (1988). *Psychoanalyse in der Sozialforschung. Eine Einführung am Beispiel der Sozialpsychologie der Arbeit.* Opladen: Westdeutscher Verlag.

Lorenzer, A. (1972). *Zur Begründung einer materialistischen Sozialisationstheorie.* Frankfurt a. M.: Suhrkamp.

Lorenzer, A. (1977). *Sprachspiel und Interaktionsformen. Vorträge und Aufsätze zu Psychoanalyse, Sprache und Praxis.* 1. Aufl. Frankfurt am Main: Suhrkamp

Lorenzer, A. (1978). Der Gegenstand psychoanalytischer Textinterpretation. In S. Goeppert (Hrsg.), *Perspektiven psychoanalytischer Literaturkritik.* Freiburg: Rombach.

Lorenzer, A. (1981). Möglichkeiten qualitativer Inhaltsanalyse: Tiefenhermeneutische Interpretation zwischen Ideologiekritik und Psychoanalyse. *Argument, 126,* 170–180.

Lorenzer, A. (1984). *Das Konzil der Buchhalter. Die Zerstörung der Sinnlichkeit. Eine Religionskritik.* Frankfurt a M.: Fischer.

Lorenzer, A. (1986). Tiefenhermeneutische Kulturanalyse. In H.-D. König, A. Lorenzer, H. Küdde, S. Nagbøl, U. Prokop, G. Schmid Noerr & A. Eggert (Hrsg.), *Kultur-Analysen* (S. 11–98). Frankfurt a. M.: Fischer.

Lorenzer, A. (2002). *Die Sprache, der Sinn, das Unbewußte. Psychoanalytisches Grundverständnis und Neurowissenschaften.* Stuttgart: Klett-Cotta.

Maiwald, K.-O. (2005). Competence and Praxis: Sequential Analysis in German Sociology. *Forum Qualitative Sozialforschung Forum: Qualitative Social Research, 6*(3). https://doi. org/10.17169/fqs-6.3.21.

# Verheißungsvolles Geschwurbel. eine Tiefenhermeneutische Untersuchung der Affektiven Attraktivität von Autoritärer Gemeinschaftsbildung und Verschwörungsdenken zu Zeiten der Corona-Pandemie

Nicola Graage

**Zusammenfassung**

*Unter Anwendung der* tiefenhermeneutischen Textinterpretation *nach Lorenzer (1990 nach König 2019) untersucht die vorliegende qualitative Forschungsarbeit drei Videos von bekannten* »Querdenken«-Akteuren (Ken Jebsen, Dr. Wolfgang Wodarg, Heiko Schrang) *hinsichtlich ihres Mobilisierungspotenzials eines Massenpublikums, der Etablierung von Gemeinschaftsgefühlen sowie der affektbezogenen Anregung zum Verschwörungsdenken während der Corona-Pandemie. Die Ergebnisse veranschaulichen eine Diskrepanz zwischen bewusstseinsnaher Adressierung und unbewusster Affektmobilisierung: Im Sinne der* »umgekehrten Psychoanalyse« (Löwenthal 1949/2017) *entpuppt sich der vordergründige Appell zum* »kritischen« *Denken als Trug, da sukzessive das Vertrauen und die Fähigkeit in selbstständige Denk- und Sprachfähigkeiten des Publikums eingeschränkt und durch irrationale Affektsteigerung ersetzt wird. Die Redner sprechen unterschiedliche Gefühlswelten und Nuancierungen der autoritären Gestimmtheit an und verkörpern als charismatische Führungspersonen illusorisch verschiedene Verheißungen. Sowohl das Aufgehen in einer psychologischen Masse (Freud 1921/1940), als auch die Aneignung verschwörungsideologisch bestimmter Feindbilder versprechen die projektive Befreiung von Konflikten, Widersprüchen und Ambivalenzen sowie die Möglichkeit zur*

N. Graage (✉)
Potsdam, Deutschland

© Der/die Autor(en), exklusiv lizenziert an Springer Fachmedien Wiesbaden GmbH, ein Teil von Springer Nature 2024
M. Brunner et al. (Hrsg.), *Autoritäre Dynamiken in der Krise,* Kritische Sozialpsychologie, https://doi.org/10.1007/978-3-658-43282-9_3

47

*aggressiven Gegenwehr. Verschwörungsdenken verspricht Exklusivität und Ent-*
*lastung, aber auch fortwährendes Bedrohungsempfinden. Die Analyse zeigt, dass*
*das pandemiebedingte Krisenerleben Gefahr läuft von rechts-politischen Lagern*
*instrumentalisiert zu werden. Erhöht wird ein gesellschaftliches Spaltungs-*
*und Radikalisierungspotenzial, gefestigt werden (strukturell) antisemitische*
*Weltdeutungsmodelle.*

# 1    Einleitung

»Wir reden davon, dass wir da standen für Frieden-Wahrheit-Kooperation-Freiheit
und **Liebe** in der Welt [...] Und diese Energie, die **da war,** die ham' wir alle
gespürt (,) **Alle** (,) Und **darum** geht es, **darauf** aufzubauen und uns nicht **teilen zu lassen**« (Schrang 2020, Z. 13 f., Z. 175 f.) – rekapitulierte Redner Heiko
Schrang die Großdemonstration der »Querdenken«- Initiative vom 29. August
2020, die als Protest gegen die Infektionsschutzmaßnahmen der Corona-Pandemie
in Berlin stattfand. Von »Liebe« und »Frieden« war wenig zu sehen oder zu
spüren, als sich auf derselben Demonstration – Reichs- und Regenbogenflag-
gen schwenkend an Polizeisperrungen vorbei – knapp 500 Personen Zugang
zu den Treppen des Reichstages verschafften, angeheizt durch Stimmungsma-
che im Internet, rechte Umsturzfantasien und Verschwörungserzählungen. Die
»Querdenken«- Demonstrationen, die während der Corona-Pandemie bundesweit stattfanden und nach wie vor vereinzelt stattfinden, veranschaulichten ein
erklärungsbedürftiges und gleichsam gefährliches Massenphänomen. In einem
scheinbar diffusen Sammelbecken verbanden sich Rechtspopulist:innen, Reichs-
bürger:innen, Verschwörungsideolog:innen, Rechtsextreme, Impfgegner:innen,
Esoteriker:innen und Bürgerliche in ihrem geteilten Misstrauen gegenüber einer
propagierten »Elite« aus Politik, Medien und Wissenschaft (Pantenburg et al.
2021). Vermutet wurden verschwörungsideologische Hintergründe für die Pandemie; die staatlichen Infektionsschutzmaßnahmen wurden als vermeintlich
willkürliches, diktatorisches Herrschaftsmittel abgelehnt (vgl. Schließler et al.
2020, S. 300). Weder konnte die Zusammensetzung pauschal als rechtsextrem bezeichnet werden, noch distanzierten sich die »Querdenker:innen« gegen
rechte Inhalte und Gruppierungen. Das Zusammentreffen von unterschiedlichen
ideologisch gefestigten Szenen bis zu bisher nicht politisch aktiven Personen
begünstigte die Möglichkeit zur Vernetzung und Zusammenarbeit über politische Spektren hinweg. Die Gefahr lag dabei in der Verankerung und Festigung
antisemitischer, rechter und verschwörungsideologischer Deutungsangebote in
der gesellschaftlichen »Mitte« sowie in der Adressierung einer verschworenen

Gemeinschaft, die für kritische Diskurse und Auseinandersetzungen unerreichbar wird (Rahner 2020). Das eingangs gewählte Zitat verweist auf eine weitere, zentrale Dimension: Das Spüren einer gemeinsamen »Energie« markierte möglicherweise die Bildung einer *emotionalen, affektiven Verbundenheit,* die die mobilisierte Wir-Gruppe als homogen und unauflösbar erscheinen ließ. Im Hinblick auf diese Beobachtung verfolgt die vorliegende Studie das Ziel, *affektive Verlockungsangebote* verstehbar zu machen, die von Deutungsangeboten und Mobilisierungsversuchen der selbsternannten »Corona-Rebellen« ausgingen.

Die Corona-Pandemie und ihre Auswirkung auf das soziale, kulturelle wie berufliche Leben evozierte komplexe und ambivalente Gefühlslagen: Die Gefahr sich oder andere mit einem für das menschliche Auge unsichtbaren Virus anzustecken war mit Unsicherheits- und Ohnmachtsgefühlen verbunden, während die sich einer kapitalistischen Logik unterordnenden repressiven Maßnahmen, Wut und Unverständnis erzeugen konnten. Die drastischen Verzichtsanforderungen insbesondere im Privatleben erzeugten bei Nichteinhaltung Schuld – und Gewissenskonflikte (vgl. Brunner et al. 2021, S. 21). Eine Affektlage, die Gefahr lief, eindimensional aufgegriffen und ideologisch kanalisiert zu werden. Die schnelle Entstehung und Verbreitung von Verschwörungserzählungen und Fake News in Pandemien war bereits ein bekanntes Phänomen (vgl. Nocun und Lamberty 2020, S. 261 ff.) – im Internet, den »alternativen Medien« und auf Demonstrationen kursierten zahlreiche Verschwörungssmythen, in denen »Bescheidwissende« vermeintliche Hintergründe für die Corona-Pandemie kannten. Die Frage: *Cui Bono – wem ist die Krise zum Vorteil?* insinuierte stets eine »Geschichte hinter der Geschichte« (Behroz 2021), also intentional-planhafte, im Verborgenen liegende Machenschaften, sodass für Zufälle, Widersprüche und Unkenntnis kein Raum entstand und komplexe Sinnzusammenhänge auf eindimensionale »Antworten« reduziert wurden. Propagierte, meist auf Dualismen reduzierte Weltbilder waren und sind nach wie vor ein bedrohlicher Wegbereiter für Feindbilder und Gewalt und dienen als Mobilisierungsstrategie der Affektualisierung des Politischen (vgl. Salzborn 2017, S. 121).

In Deutschland kam der im Frühjahr 2020 von Michael Ballweg gegründeten Initiative »Querdenken 711« eine besondere Rolle zu, auf deren bundesweit veranstalteten Demonstrationen bis zu 30.000 Menschen teilnahmen. Ihre Selbstbeschreibung als demokratische, »friedliche Bewegung, in der Extremismus, Gewalt, Antisemitismus und menschenverachtendes Gedankengut keinen Platz hat« (Reichart et al. 2020) widersprach sowohl Berichten des *Bundesverband der Recherche- und Informationsstellen Antisemitismus e. V.* (vgl. [RIAS] 2020, S. 16 ff.), die einen Anstieg antisemitischer Vorfälle in Bayern und Berlin ab Mai 2020 maßgeblich mit den »Querdenken«-Demonstrationen in Verbindung setzten, als auch den Aufrufen, eingeladenen Redner:innen und Teilnehmenden der Veranstaltungen. Auf der Bühne und im Publikum vertreten waren Teile der verschwörungsideologischen, neu- bis extremrechten Szene, aber auch jenseits davon (vgl. Bundesverband Mobile Beratung [BMB] 2020, S. 2). Die Zusammensetzung war nicht beliebig, da rechtspopulistische, esoterische und verschwörungsmythische Narrative spezifische Verbindungslinien aufweisen, so Rahner (2020):

> Sie wenden sich populistisch gegen »die da oben«, geben einfache, irrationale Antworten auf komplexe gesellschaftliche Fragen, vertreten dabei einen alleinigen Wahrheitsanspruch, diffamieren die Presse, bedienen den Opfermythos, wähnen sich im Kampf gegen einen (übermächtigen) Gegner und wollen das politische System [...] überwinden.

Auch wenn narrative und weltanschauliche Schnittmengen bestanden, muss von deutlichen politisch-ideologischen Differenzen innerhalb der Bewegung ausgegangen werden. Offen bleibt, wie die Bewegung es dennoch schaffte, ein solch heterogenes Publikum zu adressieren, welche Umgangsweisen und Deutungsangebote in Bezug auf die Pandemie propagiert wurden und wie die zum Teil seit Jahren präsenten Akteur:innen innerhalb von kürzester Zeit zu medialen Ikonen einer öffentlichkeitswirksamen Bewegung aufsteigen konnten. Das sich bereitwillig vereinende Publikum sowie die begeisterte Selbstinszenierung als »Opfer« und »Widerstandskämpfende« gegen eine angebliche, vielfach mit dem Nationalsozialismus (NS) gleichgesetzte »Diktatur« lässt erahnen, dass neben der Abwehr negativer Gefühlslagen durchaus leidenschaftliche und z. T. unbewusste Mobilisierungskräfte wirksam waren, die in Beziehung mit der deutsch-nationalen Geschichte stehen.

Aus diesen Beobachtungen ergibt sich folgende Forschungsfrage: Wie wurden Verschwörungsdenken und autoritäre Gemeinschaftsbildung zu Zeiten der Corona-Pandemie affektiv attraktiv gemacht? Anhand von empirischem Videomaterial drei zentraler »Querdenken«-Akteure[1] (Ken Jebsen, Dr. Wolfgang Wodarg und Heiko Schrang) wird diese wie folgt konkretisiert: Welche bewusste und unbewusste *Wirkung* und *affektive Anziehungskraft* hatten die Selbstinszenierungen sowie propagierte (verschwörungsideologische) Narrative prominenter »Querdenker«? Wie wurde ein heterogenes Publikum massenpsychologisch wirksam adressiert und mobilisiert? Auf welche kollektiven (Psycho-)Dynamiken und

---

[1] Aufgrund des ausgewählten Forschungsmaterials wird in der folgenden Arbeit die männliche Form (Akteur, Agitator, Redner etc.) genutzt.

Affekte zielten die Anrufungen vor dem Hintergrund eines pandemiebedingten Krisenerlebens ab?

Das Erkenntnisinteresse liegt darin, die *psychodynamische Anziehungs- und Überzeugungskraft* zu verstehen, die von ausgewählten, medial präsenten Akteuren ausging, die sich maßgeblich an der Mobilisierung einer innerhalb kürzester Zeit entstandenen Massenbewegung beteiligten. Situiert zwischen den Sozialwissenschaften und der Psychoanalyse folgt die Studie der Forschungtradition des Frankfurter *Institut für Sozialforschungs* (IfS). Freuds Theorien aufgreifend und vor dem Hintergrund der Erfahrung des NS, untersuchten u. a. Leo Löwenthal, Theodor W. Adorno und seine Kolleg:innen vom Frankfurter *IfS* die Rolle und Funktionsweise faschistischer Demagogen sowie autoritäre und faschistische Tendenzen in Individuum und Gesellschaft. Die innerhalb der Projektreihe »Studien zum Autoritarismus« veröffentlichten Arbeiten »Studien zum autoritären Charakter«

(Adorno 1950/1973) sowie »Falsche Propheten« (Löwenthal 1949/2017) schufen zentrale Verstehensgrundlagen, um unbewusst wirksame Psychodynamiken, mobilisierte Affektlagen sowie die Etablierung von Gemeinschaftsgefühlen vor dem Hintergrund von (irrationalen) Massenphänomenen und faschistischer Agitation (be-)greifbar werden zu lassen. Diese konzeptuell-theoretischen Grundlagen werden im Hinblick auf die Fragestellung auf ihren potenziellen Erkenntnisgewinn für das aktuelle Phänomen »Querdenken« hin befragt.

Mit Begriffen der *Psychoanalytischen Sozialpsychologie* werden zwei Seiten in den Vordergrund gestellt: Einerseits werden die in Aussicht gestellten Verheißungen und Verlockungen, also die bewussten wie unbewussten »Angebote« der stimmungsmachenden Seite betrachtet. Andererseits werden die durch ein potenzielles Publikum bewusst wie unbewusst ersehnten »Antworten« und »Lösungen« sichtbar gemacht, ohne Inhalte oder Mechanismen zu rechtfertigen oder zu entlasten. Aufgedeckt werden soll die *affektive Wirkung* spezifischer Anrufungen, die – *so die These* – die Bildung von autoritären, ressentimentgeladenen Gemeinschaften beförderte und Verschwörungsdenken anregte. Die Wirkungsanalyse von Propagandamaterial beantwortet nicht die Frage nach dem *Warum,* also z. B. individuell-biographische Dispositionen der Sprechenden oder die individuelle Motivation zur Demonstrationspartizipation (vgl. Lohl 2019). Vielmehr geht es um das *Wie* der Psychodynamik massenpsychologisch wirksamer Anrufungen und Selbstinszenierungen. Erkenntnisgegenstand ist die Stoßrichtung der durch die Videos erzielten, intensivierten und u. U. erzeugten Affektlagen und Bedürfnisse (vgl. ebd.). Es gilt sich der *affektiven Attraktivität* propagierter Erzählungen, Ideologien und Massenprozesse zuzuwenden, um insbesondere irrationale Faszinationen und psychische Verlockungen zu begreifen, die von Mobilisierungsversuchen der »Querdenker« ausgingen. Diese werden in Beziehung zu rechten Anrufungen gesetzt, um eine mögliche Demokratiefeindlichkeit, Antisemitismus, autoritäres Begehren sowie ressentimentgeladene Gemeinschaftsbildung als symptomatische Versuche zu identifizieren, spezifische affektgeladene und konfliktreiche Erfahrungen in modernen Gesellschaften *schiefheilend* (Brunner 2016; Freud 1921/1940) zu bearbeiten. Gleichwohl darf das Phänomen »Querdenken« nicht als ungebrochene Kontinuität z. B. rechtspopulistischer Positionen eingeschätzt werden. Die Schwierigkeit einer Einordnung der Protestler:innen in herkömmliche, tradierte Schemata verdeutlichen auch Studienergebnisse der Universität Basel rund um Oliver Nachtwey et al. (2020): Hier werden zwar gewisse Schnittmengen zur AfD identifiziert, gleichwohl wird geschlussfolgert, dass in Bezug auf rechts-autoritäre Einstellungsmerkmale »Querdenker« nicht »dem Bild einer rechten Bewegung« (ebd., S. 54) entsprechen würden. Folglich geht es in der Untersuchung des Phänomens »Querdenken« vielmehr um ein Verständnis der Spezifika einer qualitativ neuen Bewegung, die es (neu) ermöglicht, antiautoritäre und autoritäre sowie antidemokratische, liberale und »unpolitische« Positionen zu vereinen. Berücksichtigt werden muss, dass »Querdenkende« in ihrem Selbstverständnis z. T. weit von rechter Agitation entfernt sein können, ihr Anliegen mitunter als liberal, antiautoritär oder esoterisch verstehen oder so zumindest inszenieren (müssen), auch um ein heterogenes Publikum zu erreichen.

Den Grundsätzen der psychoanalytischen Sozialpsychologie folgend, kann das Untersuchungsziel keineswegs die Suche nach individualisierenden oder pathologisierenden Erklärungsansätzen sein. Auch darf Verschwörungsdenken nicht einer kognitiven Beeinträchtigung zugeschrieben werden, wie dies u. a. aus der vielfach genutzten Bezeichnung »Covidioten« anklingt. Folge wäre eine Unterschätzung der Gefahr, die von der »Querdenken«-Bewegungen und ihren Anrufungen ausging und nach wie vor ausgeht, die Verharmlosung demokratiefeindlicher Positionen sowie eine Individualisierung gesellschaftlicher Problemlagen. Im Hinblick auf Löwenthals Propagandaanalysen wird außerdem plausibel, dass die zahlreichen »Fakten-Checks«, die mit rationalen Gegenargumenten die Irrigkeit und Widersprüchlichkeit der Aussagen der Corona-Leugner:innen ausweisen sollten, nicht ausreichen, um ihre Anrufungen wirkungslos werden zu lassen. Eben weil rechte Agitation irrational ist, kann das *Wie* der psychologischen Wirkweise weit mehr über die Anziehungskraft der »Querdenkenden« aussagen, als eine Inhaltsanalyse des *Was* des Gesagten (vgl. Löwenthal 1949/2017).

Eine geeignete Methodik, die massenpsychologische Wirksamkeit und affektive Attraktivität im Hinblick auf eine Spannung aus bewusster und unbewusster

Adressierung zu untersuchen, ist die *Tiefenhermeneutische Textinterpretation* nach Lorenzer (1981) und König (2019). Der tiefenhermeneutische Zugang ist für die Themenwahl insofern vielversprechend, als dass die Diskrepanz zwischen Innen- und Außenwahrnehmung der »Querdenkenden« (antiautoritäre Widerstandskämpfende, friedliche Demokraten vs. gewaltbereite Rechte) u. U. als ein aus dem Material hervorgehender Widerspruch der ambivalenten Anrufungen und Selbstinszenierungen verstehbar wird. Es gilt die »psychologische Geheimsprache« (Löwenthal 1949/2017, S. 151) von Agitationsmaterial zu entschlüsseln, also ein im Propagandamaterial latent gemachtes Angebot, welches an unbewusste, innere und im Kollektiv geteilte Konflikte angeknüpft werden kann.

Eine wissenschaftliche Auseinandersetzung mit der »Querdenken«-Bewegung ermöglicht es, Verstehen (nicht Verständnis) für beobachtbare Mechanismen mit hoher gesellschaftlicher Wirksamkeit anzuregen, insbesondere aufgrund ihres großen Resonanzraumes (vgl. Hessel et al. 2020, S. 11). Die intensive Beschäftigung mit empirischem Material begünstigt es außerdem, sich eigener pandemiebedingter Widersprüche, Ängste und Abwehrformationen bewusst zu werden. Die im öffentlichen Diskurs beobachtbare Entwertung als vernunftwidrig oder verrückt abgetaner »Schwurbler:innen«, erhöhte m. E. lediglich ein gesellschaftliches Spaltungspotenzial und evozierte die Herausbildung einer wechselseitigen Projektionsfläche, die dazu diente, sich abwehrend eine eigene, vermeintlich nur rationale Verstehensweise der Corona-Pandemie zu affirmieren. *Geschwurbel* hat neben einer umgangssprachlichen Verwendung als konfuses oder inhaltsleeres Gerede eine weitere Sinndimensionen. Abgeleitet vom mittelhochdeutschen *swerben* bedeutet es auch »verworrene Menge, Schwarm, confuser Lärm, Taumel« (DWB 1893, Stichwort: »Geschwurbel, n.«). Diese zweite Sinndimension gilt es in ihrer psychodynamischen und kollektiven Bedeutung zu verstehen.

## 2    Studie

Untersuchungsgegenstand sind ausgewählte Videobeiträge, die zwischen April und August 2020 veröffentlicht wurden und die einen inhaltlichen Bezug zur Pandemie aufweisen. Online-Zuschauende werden direkt adressiert. Zur Zeit der Erhebung waren die Videos (noch) auf YouTube verfügbar, sodass ein aktives Aufsuchen gesonderter Portale nicht notwendig war. Zuschauende konnten also durchaus zufällig auf die Videos stoßen, u. U. wurden ihnen diese aufgrund von Suchalgorithmen und resultierenden »Filterblasen« sogar vorgeschlagen. Den ausgewählten Akteuren Ken Jebsen, Dr. Wolfgang Wodarg und Heiko Schrang ist eine Corona-»skeptische« bis leugnende Haltung gemeinsam, die Videos lösen große Irritationsmomente aus. Die Wahl ist auf drei männliche, *weiße*[2] Personen gefallen, die seit Jahren politisch aktiv sind, aber insbesondere seit Beginn der Pandemie großen Erfolg mit ihren Positionen und Beiträgen hatten. Als mediale Köpfe der »Querdenken«-Bewegung vermochten sie die Mobilisierung eines heterogenen Publikums. Sie sind mittlerweile untereinander gut vernetzt und laden sich gegenseitig zu Interviews ein (z. B. Jebsen 2020c; Schrang 2021), gleichzeitig zeigen sich deutliche Differenzen in Stil, propagierten Inhalten, Selbstinszenierung und Adressierung einer Zuhörerschaft. Explorativ gilt es, möglichen Gemeinsamkeiten und Besonderheiten nachzugehen.

## 2.1 Ken Jebsen

Der unter dem Künstlernamen bekannte und veröffentlichende **Ken Jebsen** ist Aktivist, Publizist und Betreiber von »KenFM«, eines der erfolgreichsten rechtsoffenen »alternative Medien«-Portale Deutschlands (Behroz 2021). Mit mehr als 500.000 Abonnent:innen erreicht Jebsen ein breites Publikum und seine Videos bekommen z. T. millionenfache Clicks[3] (ebd.). Sich als »freier Journalist« (Ayyadi 2020) und seine Plattform als »freies Presseportal« bezeichnend (Storz 2015, S. 11), zeigt er personelle Verbindungslinien zu Vertreter:innen rechter Magazine, der Rechtsesoterik und von Verschwörungsideologien, aber auch zu Journalist:innen und Politiker:innen des gesamten politischen Spektrums (für Beispiele ebd. S. 13). In unterschiedlichen Formaten werden auf »KenFM« diverse Themenbereiche behandelt; Schwerpunkt ist die Politik Israels und der Nahost-Konflikt, die USA, Macht und Korruption, Massenmedien, Deutschlands Souveränität und Terroranschläge (vgl. Ayyadi 2020; ebd.). Die vorgebrachten Deutungsangebote und Weltanschauungen sind ressentimentgeladen: Antiamerikanismus, codierter, offener und israelbezogener Antisemitismus und geschichtsrevisionistische Aussagen gepaart mit einer Relativierung der Shoah treffen auf Verschwörungsmythen. Jebsen ist Vertreter und Multiplikator diverser Corona-bezogener Fake News und Verschwörungsnarrative sowie einer der führenden Köpfe der »Querdenkenden« (ebd.).

---

[2] *weiß* (klein, kursiv) meint keine Hautfarbe, sondern eine sozial konstruierte Position, die mit gesellschaftlicher Vormachtstellung und Privilegien verbunden ist (Neue deutsche Medienmacher:innen – Glossar 2023).

[3] Die Click-Zahlen geben nur ungefähre Auskünfte über die Reichweite oder Zuspruch; sie können systematisch in die Höhe getrieben werden, auch ist die Motivation zum Schauen des Videos unklar (vgl. Storz 2015, S. 12 f.).

Jebsen begann Mitte der 1990er Jahre in Berlin als Radio- und Fernseh-moderator zu arbeiten, wo er durch Schlagfertigkeit, provokative Witze sowie innovative Ideen Bekanntheit erlangte (Behroz 2021). Er moderierte zehn Jahre lang die Sendung »KenFM« bei Radio Fritz des Rundfunk Berlin-Brandenburg (*rbb*). Zunehmend nutzte Jebsen das Format, um tendenziell verschwörungsideo-logische Positionen zu vertreten (Lauer 2021). Aufhänger waren insbesondere die Anschläge des 11. Septembers 2001 (vgl. Ayyadi 2020; Behroz 2021). Auf-merksam wurde die breite deutsche Öffentlichkeit auf Jebsen im November 2011 aufgrund einer von Henryk M. Broder veröffentlichten E-Mail, in der er behaup-tete »ich weis wer den holocaust als PR erfunden hat« (Jebsen, zit. n. Flade und Mascolo 2021). Zunächst durfte er beim *rbb* weiterhin als Moderator tätig sein, erst Ende 2011 wurde er aufgrund von Antisemitismusvorwürfen entlas-sen. 2012 machte Jebsen sich selbstständig und gründete den YouTube-Kanal »KenFM« sowie die gleichnamige Internetplattform. Der anfänglich ausbleibende Erfolg ließen ihn und seine Arbeit experimenteller und politischer werden. Für den sich zu dieser Zeit als links, antiamerikanisch, pro russisch und antikapita-listisch verstehenden Jebsen, waren die »Montagsmahnwachen für den Frieden« 2014 als Reaktion auf die Ukraine-Krise von großer Bedeutung (Behroz 2021). Als Organisator und Redner etablierte sich Jebsen als eine Art Szenen-Größe und »Querfront«-Demagoge einer heterogenen Bewegung von selbsternannten »Friedensaktivist:innen«, die in einer Mischung aus Rechtsextremen, Reichs-bürger:innen, Verschwörungsgläubigen, Linken und Bürgerlichen gemeinsam demonstrierten. Es folgte ein rapider Publikumszulauf auf »KenFM«. So wie das Demonstrationspublikum vereinten sich auch die Jebsen-Fans im Kampf von »unten gegen oben« über politische Lager hinweg in ihrem Antisemitismus, Anti-amerikanismus sowie Antielitismus miteinander (vgl. Ayyadi 2020; vgl. Behroz 2021). Mittlerweile gilt das Portal als »gut funktionierende und leistungsfähige eigenständige ›Gegenöffentlichkeit‹« mit »geschloßenen Deutungswelten«, die eine »kommunikative Vollversorgung« (Storz 2015, S. 33) und ein »Verschwö-rungsgesamtangebot« bietet (Behroz 2021). Die professionelle Aufmachung und die Inszenierung der Gäste als seriös und gemäßigt lassen das Portal nicht als radikal erscheinen und verringern Berührungsängste (vgl. ebd.).

Seit Beginn der Corona-Pandemie war Jebsen erneut im Fokus medialer Öffentlichkeit. Sein Kanal hatte so viel Zulauf wie nie zuvor; zwischen März und Mai 2020 konnte er 140.000 neue Abonnent:innen anwerben. Das Video »Gates kapert Deutschland« von Mai 2020, in dem sich unhaltbare Behauptun-gen mit verschwörungsideologischen Inhalten über vermeintliche Hintergründe der Pandemie verbanden, bekam nach nur drei Tagen millionenfache Clicks. Auch beteiligte sich Jebsen an den in Berlin stattfindenden »Hygiene«-Demonstrationen und hielt im Mai 2020 einen Redebeitrag auf der »Querdenken«-Demonstration in Stuttgart (Behroz 2021). Dort bezichtigte er das »Merkel-Regime«, Corona »als trojanisches Pferd [zu nutzen], um den Staat noch mächtiger und den Bürger noch ohnmächtiger zu machen« und führte geschichtsrevisionistische NS-Vergleiche an (Jebsen 2020b). Seit November 2020 ist Jebsens YouTube-Kanal gesperrt, auch gilt seine Plattform aufgrund der Verbreitung von Desinformationen und Verschwörungserzählungen als Radikalisierungsbeschleuniger der »Querdenken«-Szene und wird seit März 2021 vom Verfassungsschutz Berlin beobachtet (Flade und Mascolo 2021). Als Reaktion teilte Jebsen mit, er wolle Deutschland verlassen, um aus dem Ausland weiter tätig zu sein (Lauer 2021). Ein Verfahren der Medienanstalt Berlin-Brandenburg gegen »KenFM« aufgrund des Verstoßes gegen die journalistische Sorgfaltspflicht, veranlasste Jebsen 2021 zu der Umbenennung seines Portals (»apolut«) mit einer in Aussicht gestellten inhaltlichen Neuausrichtung (Sagatz 2021; Psiram 2021c).

### 2.1.1   Ken Jebsen: »Gesicht zeigen!«

Das zur Analyse ausgewählte Video mit dem Titel »Gesicht zeigen!« (Jebsen 2020a) wurde am 22. April 2020 veröffentlicht und hat – im Vergleich zu anderen Videos Jebsens – relativ wenige Aufrufe (12.000; Stand: 25. Juli 2023). Die Resonanz auf YouTube lässt sich nicht rekonstruieren, da es dort kurz nach Veröffentlichung gesperrt wurde und lediglich in einem privaten Re-Upload erschien. In einer Dauer von 45 Minuten setzt sich Jebsen als Clown geschminkt in Analogie zu der Figur des Jokers aus dem Batman-Universum mit vermeintlichen Hintergründen der Corona-Pandemie auseinander. In Versatzstücken rekurriert er auf aktuelle Verschwörungsmythen rund um die Hintergründe der Pandemie, wobei er u. a. Gates, der WHO, Merkel, aber auch »digitalen Eliten« (ebd., Z. 412) in der Verbreitung des Virus und der Etablierung eines Krisenzustandes eine zentrale Rolle zuweist, mit dem angeblichen Ziel der »Corona-Diktatur« (ebd., 51), eine »Weltregierung« (ebd., Z. 112) zu etablieren. Sich auf einem Stuhl drehend und immer wieder aus dem Bild verschwindend, spricht er mal laut und fordernd, mal flüsternd in die Kamera. Stellenweise kommt seine Stimme aus dem Off oder er lässt lange Schweigepausen. Interessant ist das Video insofern, als dass es sich stilistisch (jedoch nicht unbedingt inhaltlich) von anderen Beiträgen Jebsens unterscheidet. Zuschauenden werden nicht rational präsentierte »Argumente« dargeboten, es überwiegt eine theatralische, überzeichnete Vermittlung von Botschaften. Für die Analyse vielversprechend ist das aus der Aufmachung resultierende ästhetische Erleben. Die kreative Ausdrucksform lädt u. U. dazu ein, die Inszenierung als unter dem Schutz der »Kunstfreiheit« stehend einzuordnen, sodass auf eine besonders eklatante Art und

Weise gesellschaftliche Tabus missachtet oder die Grenzen des Sagbaren beliebig verschoben werden »dürfen«. Die gewählte Darstellungsweise kann u. U. Gedankenwelten und Glaubenssysteme an die Oberfläche bringen, die sonst – etwa aufgrund strategischer Überlegungen – im Verborgenen bleiben oder über Umwege kommuniziert werden. Interessant ist die irritierende Publikumswirkung der »Verkleidung« Jebsens auch insofern, als dass nach Recherchen des *rbb* der Auftritt von dem Verschwörungsideologen Alexander Jones beeinflusst ist, der im Jahr 2015 als Joker geschminkt die Obama-Regierung attackierte (Behroz 2021). Es gilt die Bedeutung der »Joker«-Figur für die verschwörungsideologische Szene tiefenhermeneutisch zu ergründen und den aktuellen Erfolgsanstieg des seit Jahren tätigen Influencers psychodynamisch nachzuvollziehen. Relevant für die Fragestellung sind auch die widersprüchlichen Bezüge auf den NS sowie die Bedeutung der in der »Querdenken«-Szene vielfach proklamierten Vorstellung einer »Corona-Diktatur«.

### 2.1.2 Szenische Rekonstruktion

»Mann, was haben wir eine scheiß Angst-wie das ausgeht. Die Angst ist in unser'n Köpfen und die Angst wird getriggert von außen […] Und das ist äh möglicherweise äh-ist das vielleicht Absicht?« eröffnet Jebsen in Flüsterstimme sein Video. Er habe sich »aufgeregt«, da er sich gefragt habe, »für wen machst't den Scheiß eigentlich?« (Jebsen 2020a, Z. 40 ff.). Die Eröffnungsszene des Videos wirft bereits Fragen auf. Suggeriert Jebsen konspirative Zusammenhänge in der Erzeugung von Angstgefühlen? Verurteilt er das Publikum für seine »scheiß« Angst? Welche Rolle schreibt sich Jebsen zu und welche Publikumswirkung hat seine Selbstinszenierung?

### Genie oder Wahnsinn? Die Doppelbödigkeit von Jebsens Selbstinszenierungen

Jebsen changiert zwischen unterschiedlichen Rollen und Positionen. Unterschiedliche Stimmlagen kombiniert er mit einem ironisch-sarkastischen, pädagogisch-belehrenden, wütend-aggressiven sowie flüsternd-verschwörerischen Tonfall. Zuschauende werden direkt angesprochen, beschimpft und verhöhnt; auf sie wird ein drohender Zeigefinger gerichtet. Jebsens schnelle Sprechart, seine detaillierten Äußerungen sowie schwer nachvollziehbare Themensprünge erschweren ein Verständnis; genutzte Referenzen werden als inhaltlich voraussetzungsvoll erlebt. Auffällig ist, dass Jebsens Video in der Interpretationsgruppe (IG), die sich online für die jeweiligen Videointerpretationen traf, starke Affekte evoziert (Angst, Trauer, Gereiztheit, Ekel, Aggression, Beklemmung, Verwirrung, Faszination,

Belustigung). Das Video wird von einigen als quälende Zumutung wahrgenommen, an die eine trotzige Antihaltung geknüpft ist und von anderen mit gewisser Faszination und einem begleitenden Enthusiasmus geschaut. Trotz unterschiedlicher Erfahrungen beschreiben alle den Impuls, sich das Material vom Leib halten oder sich abwenden zu wollen. Insbesondere die Nahaufnahmen, bei denen Jebsen direkt in die Kamera flüstert, sowie sein ständiges, als paranoid beschriebenes Umblicken werden als unheimlich und unangenehm empfunden. Den anfänglich geschilderten starken Affekten steht der zunehmende Impuls gegenüber, sich von der als unangenehm empfundenen Nähe zu Jebsen zu befreien. Als Folge wird die Person Jebsen von einigen pathologisiert, seine Inszenierung zum Theaterstück erklärt oder das Video mit zunehmender Langeweile ertragen. Anhand von drei Charakterisierungen werden im Folgenden die konträren Wahrnehmungen im Hinblick auf Jebsens ambivalente Selbstinszenierung in ihren Bedeutungsebenen nachvollzogen. Ausgehend von manifester Selbstdarstellung wenden wir uns zunehmend der latenten Wirkweise zu, auch um der Frage nach der affektiven Anziehungskraft von Jebsens Anrufungen näher zu kommen.

Jebsen inszeniert sich als *intelligenter »Gesellschaftskritiker«.* Das häufige Name-Dropping, Zitieren, die als durchdacht wahrgenommenen Wortwitze sowie das Sitzen vor einer bildungsbürgerlichen Bücherwand lassen ihn als gebildet und klug erscheinen. Äußerungen werden von Zuschauenden z. T. als berechtigte Gesellschaftskritik eingeschätzt:

> Bevor ich da was riskiere ((umblickend)) bleiben wir lieber alle zu Hause (,) Aber was ist denn eigentlich daraus geworden, aus No Nation No Border **Hä**? [...] in all den Wochen haben wir es nicht geschafft, zum Beispiel Kinder aus den Flüchtlingslagern [...] aus so einem Lager zu holen-ham' wir nich' geschafft-aber wir haben **taus**ende Erntehelfer aus ((zeigend)) Rum**änien** geholt, damit wir während des Shut Downs in Deutschland frischen Spargel haben-so gefährlich ist die Situation, ohhh. Wie passt das zu meinem linken Verständnis, das ist eben auch bloß auch angenommen. (Z. 125 ff.)

Jebsen positioniert sich als kritischer Selberdenker, der sich gegen Autoritäten und gesellschaftliche Konventionen zu wenden scheint. Er erweckt den Anschein »seinesgleichen« anzuklagen und als unkritisch abzuwerten, wobei unspezifiziert (und damit beliebig auslegbar) bleibt, wer damit gemeint sein könnte. Insbesondere in der Kombination aus Kritik an einer gesellschaftlichen Doppelmoral und dem Anzweifeln und Dekonstruieren von offiziellen Narrativen, liegt ein großes Potenzial Zuschauende zu erreichen. Die Bezugnahme auf komplexe, gesellschaftspolitische Themen – z. B. Kritik an der Rüstungsindustrie (Z. 211), am Kapitalismus (Z. 57) sowie an Sparmaßnahmen im Gesundheitswesen (Z. 65) – wird von der IG als bedeutsame Anknüpfungspunkte benannt, die an eine kritische Haltung appellieren. Als attraktiv wird erlebt, dass Jebsen auf Löcher im bürgerlichen Narrativ verweist und die Frage nach vernünftigem Handeln neu stellt. Vor allem der Vorwurf an die politische Linke, sich den Maßnahmen der Regierung kritiklos und autoritätshörig zu unterwerfen (Z. 95), fordert Zuschauende in ihrem (links-)politischen Selbstverständnis heraus. Das von den Interpretierenden beschriebene Gefühl »für dumm verkauft und verarscht zu werden« mobilisiert einen Handlungs- und Rechtfertigungsdruck und regt eine kognitiv-rationale Auseinandersetzung an.

Neben einer scheinbar vernünftig-rationalen Seite präsentiert Jebsen sich als *aufopferungsvoller Künstler*. Er spielt mit der Verwirrung, die seine Inszenierung hervorruft sowie mit pandemiebezogenen Unsicherheiten. Flüsternd wendet er sich an das Publikum: »Wie gesagt, ich bin eure Angst« (Z. 433). Mit weinerlich-ängstlicher Stimme fährt er fort: »»Was sagt er da? Ist da was dran? Könnte das sein? Dann müsste ich ja was machen, aber wenn ich da falsch bin, wenn ich da zu früh bin?‹« (Z. 535 f.). Jebsen greift eine potenzielle Verunsicherung und Verängstigung der Zuschauenden auf, spiegelt und überzeichnet sie und macht sich gleichzeitig über diese lustig. Außerdem betont er »ich bin ja auch **Schauspieler,** das wissen ja viele nicht (,) **Doch, doch,** ich bin auch Schauspieler und ich kann das äh ich kann mich da ((gestikulierend)) reinfräsen äh äh damit man euch noch erreicht (,) Weil mit rein Fakten erreicht man euch nicht mehr« (Z. 609 ff.). Nur durch seine schauspielerische und künstlerische Performance, die auf etwas anderes als Fakten abziele, sei das als faktenresistent abgewertete Publikum noch zu erreichen.

Die IG entwickelt das Bild eines Narren, der durch Übertreibung und Parodierung Wahrheiten und gesellschaftliche Missstände aufzeige. Ein Narr, der soziale Verhältnisse kritisiere und auf moralisch verwerfliches Verhalten verweise, wird als außerhalb der Gesellschaft stehend imaginiert. Diese Rolle, das Aufzeigen von Wahrheiten, nehme Jebsen aufopfernd auf sich. Manifest lässt sich das Motiv wiederfinden: »Ich **irre** mich in diesem Fall **gern.** Ich mach mich in diesem Fall **gern lächerlich«,** damit »meine Kinder nicht in einer Diktatur aufwachen« (Z. 635 ff.). Im Kontrast zu einer als ängstlich stilisierten Zuhörerschaft, nehme er die Rolle des Narren, obgleich zum Preis eines potenziellen gesellschaftlichen Ausschlusses, aufopferungsvoll auf sich. Die Selbststilisierung als Künstler lassen ihn und seine Performance als kreativ, mutig und vorbildhaft für eine zukünftige Generation erscheinen.

Neben der Selbstdarstellung als vermeintlich aufopferungsbereiter Wahrheitsbringer, bleibt Jebsens Performance sowie die propagierten Inhalte durchaus verwirrend und schwer nachvollziehbar, sodass er auch als *überdrehter Verschwörer bzw. Verschwörungstheoretiker* auftritt. Sich paranoid umblickend und

gekünstelt lachend, fragt er in die Kamera: »Wer ist **irre**? Und wer ist noch
**irrer**?« (Z. 599) sowie »Ist das ein Joke? (2.0) Oder kommt da noch ein Joker?
Oder was wird das wenn's fertig wird?« (Z. 471 ff.). Unklar bleibt, ob Jebsen
das Video als Spaß und damit nicht ernst zu nehmen bezeichnet; er diejenigen
verlacht, die ihn nicht ernst nehmen und als irre abtun oder er schauspielerisch
die Lachhaftigkeit Anderer inszenieren will. Ähnlich changierend verhält es sich
in Bezug auf propagierte Verschwörungserzählungen:

> Ist es wichtig, dass jemand, den ich nicht kenne in meine Adern pumpt und was nicht
> mehr raus kommt und was möglicherweise Nebenwirkungen hat und vielleicht geht es
> um diese Nebenwirkung, dass ich mich **gut** fühle, wie in THX 1138-alle fühlen sich
> **guut** ((Lächeln)) (,) Und vielleicht werde ich dann auch noch vorübergehend nicht
> mehr fruchtbar sein, weil da haben wir dann ein Problem gelöst, wenn die Leute näm-
> lich nur dann fruchtbar sein können, wenn das dieser Impfstoff erlaubt, weil dann ein
> zweiter Komponenten Kick ähh ((flüsternd)) ist äh reine Verschwörungstheorie, dann
> in die Freiheit gesetzt wird […] die Menschen pflanzen sich nurnoch äh fort, wenn
> Bill Gates und seine Freunde ähm mit einem anderen Impfstoff das genehmigt und
> ganz ehrlich, die meisten von euch brauchen wir sowieso nicht. (Z. 232 ff.)

Es werden katastrophisierende, dystopische und menschenverachtende Szenarien
entworfen, untermauert mit Science-Fiction Beispielen, die gleichwohl unverständlich bleiben. Einerseits werden verschwörerische Thesen zu vermeintlichen
Folgen von Impfungen formuliert (Unfruchtbarkeit) und personifizierte Feindbilder entworfen (Bill Gates), andererseits bleiben die Erzählungen bruchstückhaft,
sodass ihr Verständnis voraussetzungsvoll bleibt. Nur die Vorwissenden können die Lücken füllen, es wird keine Anschlussfähigkeit für Außenstehende
geboten. Resultat ist der Impuls, weitere Recherchen zu betreiben, um ihn und
seine Erzählungen besser einordnen zu können. Jebsen immunisiert sich gegen
mögliche Diffamierungsversuche und bezeichnet seine Ausführungen selbst als
»reine Verschwörungstheorie«, wobei er gleichzeitig aus dem *Wir,* der von ihm
skizzierten Verschwörer spricht. Unklar bleibt, ob er sich die Rolle des Verschwörungsideologen oder die des imaginierten Verschwörers ironisch aneignet, sich
übertreibend darüber hinwegsetzt und diese spöttisch verlacht, oder die propagierten Inhalte zwar übertrieben, aber dennoch als glaubhaft inszeniert. Evoziert wird
ein Zustand der Verwirrung. Um die Doppelbödigkeit seiner Selbstinszenierung
zu begreifen, lohnt sich ein Blick auf die Dynamik in der IG.

Jebsens Performance und schnelles Sprechen habe gemäß den Interpretierenden »atemlos« und »schwankend« gemacht. Beschrieben wird die »Angst [sich]
von diesen irren Gedanken anstecken [zu lassen]«, wobei insbesondere das Thema
Impfen nachhaltig Wirkung gezeigt und intensive Gefühle des Betrogen-Werdens

und Zweifel gesät habe, verknüpft mit dem Wunsch »dass da dann jemand kommt, der einen so an die Hand nimmt und dass man sich dann auf einmal wieder stärker fühlen kann«. Gruppendynamisch re-inszeniert sich konflikthaft ein abwehrender Impuls: Im Kontrast zu eingangs geschilderten intensiven und ambivalenten Affekten, versteift sich die Gruppe zunehmend agitiert auf eine kognitiv-rationalisierende Debatte, ob Jebsen entweder ein »begabter Schauspieler« oder ein »armes Würstchen« sei. Es werden zwei gegensätzliche Bilder Jebsens entworfen, die mit einer extremen Bewunderung oder Entwertung seiner Person und Fähigkeiten einhergehen. Die Polarisierung der Gruppe betrifft primär die Beurteilung, ob die Inszenierung als künstlerisch-faszinierend oder bedeutungslos-lächerlich empfunden wird. Während zu Beginn Eindrücke noch selbstreflexiv als ambivalent und von eigener Abwehr geformt dekonstruiert werden können, verdichten sich im Verlauf zwei Lesarten der Person Jebsen, an denen sich die Gruppe spaltet und die wenig Spielraum für Mehrdeutigkeit offen lassen: Jebsen sei entweder ein *Genie* (Lesart 1) oder ein *Wahnsinniger* (Lesart 2).

Das Bild Jebsens als *Genie* begründet sich auf der als beeindruckend erfahrenen Schnelligkeit, in der er Zusammenhänge herstelle, sowie der flüssig-spontanen Vortragsweise, die als Ausdruck seiner medialen Versiertheit und Professionalität gedeutet werden. In dem 45-minütigen Video habe er fehlerfrei und fließend gesprochen und als durchdacht empfundene Wortspiele einfließen lassen. Auch seine Performance wird als beeindruckend erlebt. Er sei nicht nur Verschwörer, sondern imitiere diese Rolle gleichzeitig, sodass ihm als »Naturtalent« eine »verdammt gute Theaterkritik« bescheinigt wird. Lesart 1 lässt ihn unangreifbar, talentiert und genial erscheinen, was auf eine latente Sinndimension verweist. Die Zusprechung von überragenden Fähigkeiten veranschaulicht Idealisierungstendenzen, welche von einem generellen »alles-hängt-zusammen«-Gefühl begleitet werden. Als Folge erscheint nichts mehr zufällig, jeglicher Aspekt der Inszenierung wird als intentional imaginiert und bis ins kleinste Detail Jebsens Kalkül zugerechnet. Selbst Hintergrundgeräusche (bis hin zu dem quietschenden Stuhl) werden als vermeintlich geplante Aspekte der Inszenierung interpretiert und damit eine tieferliegende Bedeutung zugerechnet. Imaginiert werden weitere, hinter der Kamera stehende Personen. Auffällig ist, dass Vertreter:innen der Lesart 1 Vorwissen u. a. zum Thema Verschwörungserzählungen haben und daher die Versatzstücke zuordnen können.

Das Bild Jebsens als *Wahnsinniger* entwirft ihn als hilflos-verwirrt und psychotisch; nichts ergibt mehr Sinn. Das paranoide Umblicken wird hier als Merkmal des Wahnhaften gedeutet und der Wechsel der Sprechorte mit Verwirrung gleichgesetzt. Das ungehemmte Reden sei Spiegel seines diffusen

Innenlebens. Er spreche lose assoziierend und sinnentleert, was den Eindruck von fehlender Bildung erhöhe. Das inkongruente Verhalten würde ein Abgleiten in affektgesteuerte innere Realitäten bedeuten, wobei Jebsen in einem paranoiden System lebe. Als Folge wird er als verrückt erklärt und stark entwertet.

*Wie lässt sich die Doppelbödigkeit der Selbstinszenierung begreifen?* Jebsen vereint scheinbare Widersprüche, bietet eine breite Projektionsfläche und damit vielseitige Anknüpfungspunkte. Er ist der intellektuelle Irrationale, der sich als berufen darstellt, »Kritischen« ihre Angepasstheit und Doppelmoral durch wilde Übertreibungen aufzuzeigen. Er tritt zugleich verwirrend auf und bietet doch Orientierung; seine Analysen haben nicht selten einen plausiblen Ausgangspunkt, stellen jedoch falsche Bezüge her und verweisen auf Zusammenhänge, die nicht existieren. Das Spiel mit »Wahrheit« und Irrationalität wird auch in manifesten Aussagen deutlich: »Wenn **das,** was ich sage […] auch äh nur einen Hauch von Wahrheit drin ist« (Z. 681 f.) sowie die weinerliche Nachahmung des Publikums »Was sagt er da? Ist da was dran? Könnte das sein, dann müsste ich ja was machen« (Z. 435 ff.). So wie der Narr kann er belächelt und verspottet werden, gleichwohl erzeugt er eine dumpfe Vorahnung, dass seine Analysen einen vermeintlich wahren Kern treffen, sodass sie (nachträglich) Folgen zeigen (z. B. Skepsis in Bezug auf das Thema Impfen) und zu Handlung motivieren sollen. Sein verwirrender und ängstigender Auftritt sowie die Selbstinszenierung als Künstler werden als notwendiges Mittel der Wahl hergeleitet, um das als irrational und moralisch verkommen abgewertete Publikum zu erreichen. Als ekstatischer Pflichtbewusster gibt er sich rauschartigen Zuständen hin, kann gleichwohl den Eindruck von Intentionalität und Stringenz aufrechterhalten. Der schnelle Wechsel der Sprachmodi erschwert es, Jebsen einzuordnen. Latent erzeugen die Widersprüche Spannungszustände und Spaltungstendenzen, welche sich konflikthaft re-inszenieren. In den polarisierenden Lesarten wird der starke Wunsch spürbar, Eindeutigkeit herzustellen. Die Dynamik aus einer idealisierenden und entwertenden Bezugnahme deuten auf eine Abwehr des widersprüchlichen und bedrohlichen Erlebens hin. Wird die These einer Spaltungsabwehr aufgestellt, stellt sich die Frage, welche spezifische Affektlage abgewehrt werden muss (Aggression, Scham, Ohnmacht?). Auffällig ist, dass die entworfenen Bilder des Genies oder Wahnsinnigen einerseits Zufälligkeit, andererseits eine aggressive Dimension de-thematisieren. Manifest formulierte sowie latent spürbare Gewalt ist gleichwohl ein zentrales Leitmotiv in Jebsens Erzählung. Im Folgenden wird Jebsens Entwurf einer Drohkulisse als Aufbau eines äußeren sowie inneren Bedrohungsszenarios untersucht.

## Aufbau eines äußeren Bedrohungsszenarios und Geschichtsneuschreibung: Die »Corona-Diktatur« als Verwirrspiel

Jebsen entwickelt ein Narrativ, in dem Deutschland als eine Diktatur bezeichnet wird. Aggressiv flüsternd fragt er in die Kamera »Was ist'n das hier eigentlich, was hier im Moment passiert? Was **ist** das? Na, das ist 'ne Art Corona-Diktatur- kann man schon so sagen« (Z. 50 f.). Die Vergleichsziehung wird als hoch irritierend und widersprüchlich erlebt, sodass sich die Frage stellt, wie sich mani- feste Erzählung von latenter Wirkung unterscheidet. Um seinem Narrativ eine besondere Wirkmacht zu verleihen, greift Jebsen regelmäßig auf Vergleiche und Bezüge zum historischen Nationalsozialismus zurück:

> Wir wissen das [...] aus der NS-Zeit und wir wissen das aus der aus der DDR-Zeit und wir sind doch genauso beschissen-jetzt könnte man sagen: ,Das kann man nicht vergleichen.' ((aggressiv)) Hab ich aber gerade gemacht. Ich vergleiche was **ich** will okay, weil das, was ((gestikulierend)) sich hier sich abspielt, dafür gibt es keinen Vergleich. (Z. 548 ff.)
>
> (...) **Könnte uns das ein drittes Mal passieren!** (1.0) Und es **passiert** uns auch ein drittes Mal. (Z. 633f.)

Die angebliche »Diktatur« wird hier mit der DDR sowie der faschistischen NS- Diktatur verglichen. Interessant ist, dass Jebsen bereits die mögliche Kritik oder Empörung über den unangemessenen Vergleich antizipiert und sich gegen diese versucht zu immunisieren. Der antizipierten (und damit durchaus einkalkulierten) Empörung stellt er sich widerständig gegenüber. Er setzt sich hier bewusst über ein Tabu der deutschen Erinnerungskultur hinweg. Irritierend ist die Anschlussbe- merkung, nichts sei mit heute vergleichbar. Erstens widerspricht er damit seiner vorherigen Vergleichsziehung, zweitens wird in dieser Aussage nicht wie sonst üblich auf die Einzigartigkeit der Verbrechen des NS verwiesen, sondern der Status der Singularität auf die heutige Situation übertragen und sich angeeignet. Ohne, dass dies explizit gesagt werden muss, liegt die Deutung nahe, dass Jeb- sen die heutige Situation als die gravierendere bewertet. Eine Andeutung, die gleichsam die Verbrechen der Shoah relativiert. Bestätigt wird die These, wenn er an anderer Stelle behauptet, sogar Hitler habe nicht verboten auf die Straße zu gehen, obwohl dies mit Gefahren verbunden gewesen sei:

> Wenn der Führer gesagt hätte: [...] ›Verboten! Nicht auf die Straße gehen!‹ Hat übri- gens der Führer nie gesagt, man konnte bis ((zeigend)) '44 in Deutschland auf die Straße gehen, [...] obwohl es jede Menge Blindgänger gab, ((aufgerissene Augen)) war es nicht so gefährlich wie jetzt, weil es ist eine k- eine Situation, die ist **vergleich- bar** mit dem Zweiten Weltkrieg, das sagt unsere Kanzlerin, ich wiederhol das bloß,

also wer ist hier eigentlich irre? ((Grinsen und Lachen 1.0 Sek.)) Wer ist **irre**? Und
wer ist noch **irrer**? Wer sich **das** anhört [...] Ich bin nochmal zum Brandenburgertor,
also wenn ich was vergleiche **heute** und '**45** identisch also identisch, die Versorgungs-
lage identisch [...] Es ist wie damals, viele viele Deutsche sind im Ausland irgendwo
im äh Gefangenenlager und kommen erst zwanzig Jahre später zurück. Es ist **Seuchen**gefahr es ist **schrecklich,** überall Partisanen versprengte äh Terrornester, [...] es
wird ein **Hunger**winter 2021. ((Gestikulierend)) **Spürt ihr das-** es ist eine ähnliche
Lage. (1.0) Es ist Corona ja oder ist es ein bisschen k k ((gestikulierend)) **Koller,** ja
ein bisschen Lagerkoller, ja? (Z. 593 ff.)

Die manifeste Vergleichsziehung impliziert, die Grundrechte heute seien stärker eingeschränkt als zur Zeit des NS, obwohl es heute keine realen Gefahren
gebe. »Gefahren« im Jahr 1944 werden auf Angriffe der Alliierten reduziert
sowie ausgehend von »Partisanen« konzipiert, wodurch staatlicher Terror, fehlende Demokratie sowie die Shoah unerwähnt bleiben. Jebsen spricht folglich
aus der Perspektive der nichtjüdischen und nicht verfolgten Deutschen, wobei die
tödliche Gefahr für Verfolgte und Opfer des NS-Terrors gänzlich ausgeblendet
wird. Partisanen, gemeinhin mit Widerstand gegen den NS assoziiert, werden zu
gefährlichen Terrorzellen; im Kontrast wird deutsche Täterschaft ausgeklammert.
Über die Parallelisierung des Gefahrenzustandes von heute zu 1944 macht sich
Jebsen im weiteren Verlauf lustig und gibt diese Vergleichsziehung, vermutlich
in Anspielung auf die Bundestagsrede vom 18. März 2020, als Aussage Merkels
wieder.[4] En détail werden Kriegsszenarien und ihre Parallelen in Vergangenheit
und Heute ausgemalt, die durch Überzeichnung als falsch oder absurd entlarvt
werden sollen.

Der Abschnitt führt in der Gruppe zu unterschiedlichen Lesarten: Entweder
wird die unstrukturierte Aneinanderreihung diffuser Bilder nicht verstanden und
als irrsinnig abgewehrt (Lesart 1), sie werden wörtlich genommen und als ein von

---

[4] Möglicherweise rekurriert Jebsen auf folgende Passage aus Angela Merkels Fernsehansprache zu Beginn der Corona-Pandemie im März 2020: »Deswegen lassen Sie mich sagen:
Es ist ernst. Nehmen Sie es auch ernst. Seit der Deutschen Einheit, nein, seit dem Zweiten Weltkrieg gab es keine Herausforderung an unser Land mehr, bei der es so sehr auf
unser gemeinsames solidarisches Handeln ankommt« (Merkel 2020). Wie eine tiefenhermeneutische Untersuchung der Rede zeigt, ist Merkels Aussage insofern irritierend, als dass
der Appell an Solidarität in Verbindung mit dem Zweiten Weltkrieg auftaucht, wodurch
assoziativ und latent an Gemeinschaftsgefühle der exkludierenden NS-(Volks)gemeinschaft
appelliert wird (Brunner et al. 2021). Die mögliche Fehlleistung Merkels steht im Kontrast
zu den in der Rede ansonsten vermiedenen Feindbildungs- und Exklusionsprozessen (ebd.).
Jebsen nutzt u. U. diese aus Merkels Ansprache resultierenden Widersprüche, einerseits um
sie insgesamt als unglaubwürdig darzustellen, andererseits – *so die These* – um die latent
erzeugten Gemeinschaftsgefühle der NS-Volksgemeinschaft selbst aufzugreifen.

Jebsen ausgehender ernstgemeinter Kriegsvergleich gelesen und das skizzierte Gefahrenszenario als bedrohlich erlebt (Lesart 2) oder eine Ironie wird erkannt und seine Übertreibungen als Parodie Merkels gelesen (Lesart 3). Die Spannung kann Hinweise auf unterschiedliche Sinndimensionen des Materials geben: Denn obwohl Jebsen manifest den Kriegsvergleich als irrsinnige Idee der Kanzlerin abwertet (Lesart 3), wird in seinen detaillierten Ausführungen eine latent spürbare Faszination deutlich. Ausschweifend werden apokalyptische Kriegsbilder aufgerufen, die als glaubhaft und damit als bedrohlich empfunden werden (Lesart 2) und Abwehrbewegungen hervorrufen können (Lesart 1). Dass Jebsen in seinen dramatischen Bildern affektive Reaktionen explizit anruft, wird auch in dem abschließenden Satz deutlich (»spürt ihr das«). Das latent verstärkte Gefahrenszenario wird affektiv an die Bedrohung des 2. Weltkrieges angelehnt, gleichzeitig werden die im Publikum aufkommenden Ängste verhöhnt und als Resultat einer Angstpolitik Merkels inszeniert. Das durch bildhafte und emotionalisierte Sprache verstärkte Gefahrengefühl wird projektiv als ein von Merkel ausgehender gefahrvoller Irrsinn konzipiert, wobei ein ironisches darüber Hinwegsetzen die Befreiung von Angst verspricht.

Die Lesarten in der Sitzung selbstreflexiv in Beziehung zu setzen war nicht möglich, vielmehr resultierte ein Ringen um die und Beharren auf der »richtigen Lesart«. Eine primär kognitive Debatte, die das affektive Erleben in den Hintergrund rücken lässt. Der Wunsch, Jebsen »richtig« verstehen und entlarven zu wollen, ist insofern bedeutsam, als auch Jebsens Agenda auf eine Entlarvung der Politik, Medien und Eliten abzielt, wobei er sich selbst eine herausragende Rolle zuspricht. Der Kampf um Deutungshoheit innerhalb der Gruppe tut sich insbesondere vor dem Hintergrund der Auseinandersetzung mit NS-Vergleichen auf. U.U. wird hier ein Wunsch sichtbar, den »richtigen Umgang« mit der NS-Vergangenheit zu finden, um Ambivalenzen und Unsicherheiten zu beseitigen. Auch Jebsen kämpft um Deutungshoheit über die NS-Verbrechen, deutet Geschichte und moralische Maßstäbe der Erinnerungskultur um und setzt sich über Normen hinweg.

Zurückkehrend zum Material ist nach wie vor nicht eindeutig zu beantworten, worauf sich Jebsens Verweis auf eine »Corona-Diktatur« bezieht, wenn er die Vergleichsziehung auch als lächerlich und Ängste in der Bevölkerung als Folge einer vermeintlichen Hysterie Merkels abwertet. Folglich lohnt sich ein weiterer Blick in manifeste Inhalte:

Das ist'n bisschen so wie kurz vor Machtergreifung, da sind die klugen Menschen ausgereist (,) Die ham' nicht gewartet bis '33, die ham schon vorher g-**da bahnt sich was zusammen.** [...]. Und das wird **genauso** ausgehen ja. nur anders **Scheiße,** wie das äh n äh Stunde Null ausgegangen ist, wo alle plötzlich total überrascht waren, weil dieses äh diesen dieses ähm Anziehen von Maßnahmen, das wird ähm so lange schlimmer, solange sich die Bevölkerung ((gestikulierend)) das bieten lässt. (Z. 613 ff.)

Die sogenannte »Stunde Null« wird nicht an das Ende des NS, sondern asso- ziativ an Diktaturbeginn verortet. Die Dekontextualisierung treibt den Eindruck einer vollkommenen Austauschbarkeit von Begrifflichkeiten, der bereits mit den Vergleichen oben angeführt wurde, weiter voran. Begriffe werden durch- einander verwendet und umgedeutet, sodass zunehmend unklar wird, welche geschichtshistorische Bedeutung ihnen real zukommt. *Was bedeutet Jebsens Verweis auf eine »Corona-Diktatur«?* Jebsen macht sich über Merkels Vergleich von der Pandemie mit der Situation des 2. Weltkrieges lustig. Er stellt den (vermeintlichen) Vergleich von heute mit dem **Ende** des 2. Weltkrieges und der Nachkriegszeit als absurd dar. Gleichzeitig, und dort liegt eine mögliche inhaltliche Verwirrung, führt Jebsen selbst Vergleiche von der heu- tigen Situation zum 2. Weltkrieg an: Er verortet die heutige Situation jedoch an den **Anfang** der 30er Jahre, sozusagen an das Ende der Weimarer Republik. Die von dem Corona-Virus ausgehende Gefahr sei inszeniert und die tatsächliche Gefahr liege in einer sich errichtenden »Corona-Diktatur«. Es werde ein politisch motivierter Gefahrenzustand vorgetäuscht, der auf die Etablierung einer Diktatur abziele. Die Parallelen von heute zum Beginn der NS-Machtergreifung würden in angeblich diktatorischen Herrschaftsmitteln, wie einer zunehmenden Einschrän- kung der Grundrechte, liegen. Auch an anderer Stelle analogisiert Jebsen manifest angeblich kommende Maßnahmen des Corona-Infektionsschutzes mit Mitteln der Kriegsführung des 2. Weltkrieges. Provokative Aussagen wie »bei uns ist es ein bisschen so, 5.45h wird zurück geimpft (,) Jaja (,) Das ist eine so ominöse Lüge« (Z. 494) stellen einen direkten Bezug zu Adolf Hitlers Rede 1939 her und verknüpfen das verheerende Ausmaß der Luftangriffe auf polnische Städte mit einer von staatlicher Seite instrumentalisierten Impfkampagne. Resultat ist eine Dämonisierung der politischen Akteur:innen und Maßnahmen: Merkel (so wie an anderer Stelle Bill Gates) sei wie Hitler und heute wie kurz vor dem 2. Weltkrieg, wobei eine breite Verabreichung von Impfungen den Beginn eines zerstörerischen Krieges nach NS-Vorbild bedeuten würde.

*Was macht das Narrativ affektiv attraktiv?* Auffällig ist eine ambivalente Bezug- nahme auf deutsche Täterschaft, wobei die Shoah und Juden und Jüdinnen unerwähnt bleiben:

> Und Leni Riefenstahl hat dazu den Videoklip gemacht: »Wir gewinnen«, aber wir **ham' nicht gewonnen**, ne (,) Und dann standen nachher alle vor diesen Lagern und konnten sich das überhaupt nicht vorstellen, wie konnte uns wie konnte **uns** denn **das** passieren-wir die **Dichter** und **Denker**, weil wir eben nur äh ((gestikulierend)) nicht nicht zu Ende denken nicht u u u nd uns auch keinen Vers drauf machen können, weil wir nicht ganz **dicht** sind. (Z. 626 ff.)

Erneut verschwinden die während des NS ermordeten Juden und Jüdinnen und der Massenmord hinter einer entsubjektivierten Sprache und diffusen Ausdrücken. Der Thematisierung von Konzentrationslagern wird ein vermeintlich überraschtes und verwundertes »Wir« gegenübergestellt. Angeknüpft wird sowohl an ein Narrativ der nicht-jüdischen Deutschen als unschuldige Mitläufer:innen, wobei Täterschaft und kollektive Verantwortung hinter Unwissenheit und Ahnungslosigkeit verschwindet. Das »Wir«, also die nicht-jüdische Mehrheitsgesellschaft zum Ende des 2. Weltkrieges, habe die NS-Vernichtungslager und den Massenmord verleugnet und abgewehrt, da dieser mit Zivilisationsidealen und vermeintlich »typisch-deutschen« Werten nicht in Einklang gebracht werden können. Jebsen, der sich hier einerseits über ein fehlendes Schuldbewusstsein und den deutschen Opfermythos lustig macht und das Publikum als Mittäter:innen beschimpft, verweist gleichzeitig nicht auf konkrete Taten, die Shoah wird nicht benannt. Dass die Deutschen erst am Ende des Krieges *vor* den Lagern gestanden hätten impliziert, sie seien niemals *in* den Betrieb der Lager involviert und damit nicht Teil der Massenvernichtung gewesen. Als Konsequenz verschwinden die Opfer der Massenmorde und konkrete Taten und Täter:innen hinter uneindeutigen Bildern. Resultat ist eine Verharmlosung der Shoah. Darüber hinaus bietet Jebsen eine Identifikationsmöglichkeit mit einem faschistischen »Wir« (»aber wir ham' nicht gewonnen«), wobei er offen lässt, ob er das Verlieren des Krieges als positiv oder negativ bewertet. Diejenigen in den Lagern werden außerdem von dem deutsch-nationalen »Wir« exkludiert, was das Stereotyp von Juden und Jüdinnen als »nicht-deutsch« tradiert. An anderer Stelle begibt sich Jebsen inhaltlich in eine weitere Ambivalenz. Während das »Wir« als »nicht ganz dicht« oder zumindest teilweise mitverantwortlich für die NS-Verbrechen erscheint, wird die Täter:innengeneration zugleich in den Stand von Retter:innen der Zivilisation und demokratischer Werte gehoben:

> Wir sind verantwortungslos, weil wir uns für das Grundgesetz einsetzen, was unsere Großeltern aus dem äh Boden gestampft haben, damit es äh nie wieder so wird, wo es jetzt hingeht. (Z. 187 ff.)

> Da reißen sich unsere Großeltern den Arsch auf ja, damit so etwas wie Faschismus
> nie wieder passiert und äh basteln am Grundgesetz und in drei vier Wochen ist alles
> vorbei. Einfach begraben. (Z. 29 ff.)

Impliziert wird, dass die Großelterngeneration diejenige sei, der wir den Aufbau
einer Demokratie zu verdanken haben. Der Eindruck entsteht, dass sie sich aktiv
aus den Händen der Nazis befreit hätten und seitdem für die Festigung demokratischer Grundwerte einstehen. Hinter dieser Erzählung verschwinden einige
Aspekte eines kritisch-historischen Selbstverständnis: zunächst die Tatsache, dass
die Demokratie in Deutschland nicht durch ein freiwilliges Umdenken der Bevölkerung (wieder) eingeführt wurde, sondern durch äußeren Zwang. Ebenso das
Bewusstsein der Mitverantwortlichkeit für die Verbrechen des NS, wie auch der
Umstand, dass die Bevölkerung sich nicht über Nacht in eine Gruppe uner-
schütterlicher Demokrat:innen verwandelte. Durch die Ausklammerung der Shoah
werden »unsere Großeltern« als unschuldige und passive Opfer einer faschistischen Diktatur inszeniert, bis dahin, dass ihnen sogar eine Vorbildfunktion im
Demokratisierungsprozess zugeschrieben wird. Resultat ist die Aneignung eines
jüdischen Opferstatus, der sowohl auf die Täter:innengeneration (als alleinige
Kriegsopfer) als auch auf heute übertragen wird. Jebsen behauptet außerdem, es
könnte eine weitere Shoah geben:

> Und irgendwann, wenn du aufmüpfig bist, dann verbergen sie dich in irgendeinen
> ((grinsend)) Bergen-Belsen vielleicht? Einem Neuen. ((gestikulierend, nachahmend))
> »Das war'n harter Vergleich« (,) Ist alles möglich, ist alles wiederholbar, kann man
> machen. ((Grinsen 1.0 Sek.)) Aber selbst **dann** würdet würdest ihr's abstreiten, wie
> **es damals abgestritten** wurde und **heute** noch sagen: ((nachahmend)) »Das hat's
> garnicht gegeben, das ist alles nur Pappmasche.« (Z. 673 ff.)

Betroffen von der Massenvernichtung wären heute nicht Juden und Jüdinnen,
sondern die sich den staatlichen Maßnahmen Widersetzenden. Mit dieser Aneignung eines jüdischen Opferstatus nach dem Vorbild der Shoah, die angesichts
der realen, zeitgenössischen Verhältnisse nur als massive Relativierung der NS-
Verbrechen gedeutet werden kann, trifft Jebsen eine antisemitische Aussage.
Gleichzeitig – und dort liegt eine Spannung aus Manifestem und Latenten – wird
der Vergleich als »hart« benannt und dem Publikum ein fehlendes Schuld- und
Verantwortungsbewusstsein vorgeworfen, bei ironischem Grinsen und tadelnder
Gestik. Abb. 1 macht diese Spannung der Sinnebenen bildlich erfahrbar. Auch
wird hier Jebsens bedrohliches Auftreten sowie sein eindringliches Sprechen in
die Kamera deutlich; Zuschauende werden entwertet, bedrängt und angemahnt.

**Abb. 1** Jebsens agitatorische »Show« (Adorno 1970, S. 507) (von links nach rechts): »Das war'n harter Vergleich« (Jebsen 2020a, Z. 674), »Sterilisier' mich geistig. Ich bin so doof, ich brauche das.« (Z. 587). (Quelle: Jebsen (2020a, 22. April))

Nun kann die Frage nach der affektiven Attraktivität angesichts Jebsens kruder Vergleichsziehungen erneut gestellt werden. Die Übernahme der Vorstellung einer im Entstehen begriffenen »Diktatur« stellt latent in Aussicht, sich eine Opferrolle anzueignen, die affektiv an die realen Opfer des NS angelegt werden soll. Spürbar wird, dass mit einem Schuldabwehrantisemitismus gespielt wird, für den sich Zuschauende schlecht fühlen sollen, dessen Bedeutung jedoch gleichzeitig verdreht wird: Abgewehrte Schuld und Scham in Bezug auf die Shoah werden einerseits mobilisiert, gleichzeitig wird ihr geschichtshistorischer Ursprung sowie eine Auseinandersetzung mit deutscher Täterschaft verdeckt und abgewehrt. Angeboten wird vielmehr eine im Kontext der Pandemie aktualisierte Projektionsfläche für die schwierige Gefühlslage: Schuldig und beschämt sollen diejenigen sich fühlen, denen vermeintlich das Bewusstsein über ein aktuelles Gefahrenszenario im Sinne einer sich errichtenden »Diktatur« fehle. Sich mit dem Opferstatus nach jüdischem Vorbild zu identifizieren, verspricht einerseits Entlastung, da die Einsicht aktuell Opfer zu sein von Schuld und Scham in Bezug auf die Shoa zu befreien scheint. Andererseits wird Täterschaft latent auf diejenigen verschoben, die die aktuelle Situation nicht als potenziell so zerstörerisch wie die Shoah ansehen und die eine von den »Verschwörer:innen« ausgehende Gefahr in ihrem zerstörerisches Ausmaße abstreiten. Den »Schlafschafen« kommt folglich eine Schuld nach NS-Vorbild zu, gegen sie kann der »Kollektivschuld«-Vorwurf gerichtet werden. Sich den staatlichen Infektionsschutzmaßnahmen zu widersetzen, verspricht folglich eine projektive »Befreiung« von Schuld und Scham. »Schuldige« seien in dieser Konstellation die personifizierten Feinde (z. B. Merkel, Gates) als Täter:innen sowie diejenigen, die ihnen blindlings in die kommende »Diktatur« folgen, sodass sie beschämt werden können.

Jebsen missachtet herkömmliche Regeln einer konsistenten Narration, wodurch er seiner Inszenierung eine besondere Dynamik und Wirkmacht verleiht. Das schnelle Reden und die Themensprünge zielen auf Überwältigung und Verwirrung der Zuschauenden ab. Die Überflutung mit z. T. unsinnigen und lose assoziierten Inhalten resultiert in einem Zustand der Überforderung. Inhalte zu prüfen, zu hinterfragen und emotional zu verarbeiten, wird erschwert. Die Gefahr ist, dass eigene Fähigkeiten aussetzen und das Sprech- und Fassungsvermögen angezweifelt wird. Evoziert wird ein intra- sowie interpsychischer Bedrohungszustand. Gruppendynamisch wird das Spaltungspotenzial von Jebsens diffusen Äußerungen erfahrbar: Die Gruppe separiert sich zwischen denjenigen, die denken einen umfassenden inhaltlichen Durchblick zu haben und sich dabei als schlau erleben, und denjenigen, die keinen Sinn herstellen können und sich als Folge abgehängt und verwirrt fühlen. Sowohl die lückenlose Suche nach Sinnhaftigkeit, als auch die wahrgenommene Sinnlosigkeit deuten auf eine Abwehr des Materials hin. Erstere bemühen sich krampfhaft, die Anrufungen in eine logisch-rationale Sinnordnung zu bringen und sich über ihr Verständnis zu profilieren. Resultat ist die Zuschreibung von überzogener Intentionalität, wodurch der Fokus von anfänglicher emotionaler Erlebensweise einseitig auf Rationalität verschoben und Jebsen in seinen Fähigkeiten überhöht wird (Intellektualisierung; Idealisierung). Zweitere werten gänzliche Inhalte als irrelevant oder unsinnig ab, woraufhin Jebsen herabgesetzt und verharmlost werden kann (Pathologisierung; Entwertung). Beide Abwehrmechanismen erfüllen eine vergleichbare intrapsychische Funktion: sie ermöglichen es, Distanz herzustellen und z. B. ein Gefühl der Kontrolle und Autonomie (zurück) zu gewinnen. Ein selbstreflexives Erleben von Emotionen wird verhindert. Dass anfänglich genannte Affekte (Unsicherheit, Angst, Aggression) unbewusst wirksam bleiben, zeigt sich auch in der agitierten Gruppendynamik. Ängsten, die durch die aufgebaute Drohkulisse und die Umdeutung der Sinnzusammenhänge mobilisiert oder ausgelöst werden, wird mit Aggression und Abwehr begegnet. Verloren geht die Fähigkeit, Ambivalenzen auszuhalten. Den Durchblick angesichts Jebsens Verwirrspiels behalten zu können, ist insofern affektiv attraktiv, als dass es Zugehörigkeit zu einem als bedeutungsvoll und hochwertig imaginierten Kollektiv verspricht. Latent kann das Erkennen von »Sinn« im (vermeintlichen) »Unsinn« Zugang zu einer verschworenen Gemeinschaft in Aussicht stellen, welche sich über Geheimwissen profilieren kann. Die anklingende narzisstische Konfiguration wird im Folgenden als Aufwertung des Selbst sowie Entwertung Anderer konkretisiert.

## Aufbau eines inneren Bedrohungsszenarios: Narzisstische Aufwertung (des Selbst) und Entwertung (des Publikums)

Zentraler manifester Aspekt der Inszenierung ist eine narzisstische Selbstaufwertung, der die Abwertung des Publikums hierarchisch gegenübersteht. Detailreich führt er aus, wieso ihm ein »Lagerkoller« erspart bliebe und welche herausragende gesellschaftliche Stellung ihm durch seine Profession zukomme:

> Ich hab den übrigens **nich'**. Ich hab den nicht, weil so ich bin ja auch **Schauspieler,** das wissen ja viele nicht. [...] Weil **ich** hab'n Presseausweis und noch verschiedene andere Ausweise und wenn es mir zu **blöd** wird und ich hab **heute** gesagt zu **meiner** Freundin, dass ist'n bisschen so wie kurz vor Machtergreifung, da sind die klugen Menschen ausgereist, die ham' nicht gewartet bis '33, die ham' vorher schon g- **da bahnt sich was zusammen** und sind ausgereist und ähm das würde ich auch tun. Natürlich **tracken** sie mich, natürlich machen sie das, aber viel Freude dabei, aber **ihr** müsst ja **hier** bleiben. (Z. 608 ff.)

Sich selbst als klüger als Andere bezeichnend und nach dem Vorbild emigrierender Intellektueller zur Zeit des NS inszenierend, betont Jebsen die ihm vermeintlich zukommenden Sonderstellung und -rechte. Nicht nur würde er die Zusammenhänge besser verstehen und antizipieren können, auch von staatlicher Seite sei die Wichtigkeit seiner Person bekannt, da er verfolgt werden würde. Seine Möglichkeiten, das Land vor Beginn der angeblichen Diktatur zu verlassen, verweist Zuhörende in eine hilflose und weniger privilegierte Position, die Wut und Widerstand auslöst. Sich als Person historischen Ausmaßes inszenierend – ausgezeichnet mit vielen Geheimgängen, die ihm noch offen stehen – muss die herabgesetzte Zuhörerschaft die anstehende Diktatur über sich ergehen lassen. Suggeriert wird außerdem, dass nur die »nicht-schlauen« während der NS-Diktatur in Deutschland blieben, wodurch Schuld und Verantwortung für die NS-Verbrechen sekundärantisemitisch auf die als passiv inszenierten Opfer projiziert wird. Auch wird suggeriert, dass alle potenzielle Opfer waren, wodurch (Mit-)Täterschaft verleugnet wird.

Der Selbstaufwertung steht eine Abwertung der Zuschauenden konträr gegenüber. Anklagend und verurteilend wendet Jebsen sich direkt an das Publikum (Abb. 1). Diese seien »krank« (Z. 521), »Denunzianten« (Z. 350), »naiv« (Z. 568) und »dermaßen autoritätsgläubig« (Z. 489). Er habe »**Angst** vor der Bevölkerung. Vor euch hab ich Angst, dass ihr das mitmacht!« (Z. 559 f.). Eine starke Abwertung und Demütigung wird deutlich:

> Das ist 'ne Art digitale Rampe, ich bin **so** bescheuert, gib mir den Rest. »Hau mir den Scheiß in die Vene, okay!« Wenn ich das mal eben hier erwähnen **darf,** das möchte

Ich, Ich möchte es, okay!»Mach mir, ich sterilisier' mich geistig. Ich bin so doof, ich brauche das. [...] Und das Leben, dass ich jetzt in meinem Home Office äh äh gerade äh erlebe, das gefällt mir. Also diese Käfighaltung, die finde ich super.« (Z. 585 ff.)

Ihr seid so **bescheuert,** ihr seid so ((Zeigend)) **doof,** ihr gehört eigentlich wirklich da [in den Käfig] rein im Grund- äh äh das wenn man sich ganz oben ja ähm das man sich oben im äh silicon valley digital die lachen sich kaputt, wie einfach das ist und ihr fühlt euch wohl darin. (Z. 304 ff.)

Zuschauende werden als degradierte, verblödete und gequälte Massen dargestellt und für ihre vermeintlich freiwillige Unterwürfigkeit verurteilt. Die Befolgung der Maßnahmen des Infektionsschutzes sei eine Unterordnung in menschenunwürdige Verhältnisse, die sogar als positiv erlebt werden würden. Während Jebsen das Zuhausebleiben als frei gewählte »Käfighaltung« bezeichnet, was Zuhörende mit Tieren gleichsetzt, sei Impfen eine »geistige Sterilisation«; eine gewaltvolle Wortkombination, die assoziativ auf Zwangssterilisationen des NS verweist so wie die »Rampe« auf Auschwitz. Sterilisation der körperlichen Fortpflanzungsfähigkeit sowie geistigen Entwicklungsmöglichkeit, wird mit einem als lustvoll erlebten Zustand der Demütigung gleichgesetzt. Das Publikum würde sich mit dem Aggressor identifizieren, was er an anderer Stelle abfällig als »Stockholm-Syndrom« (Z. 516 f.) benennt. Die »Verbrecherorganisation« (Z. 516), bestehend aus deutschen Politiker:innen und Bill Gates, würden das »Grundgesetz vergewaltig[en]« (Z. 519) und würden dafür gefeiert werden.

Die aggressive Entwertung der Zuhörer:innenschaft evoziert unterschiedliche Reaktionen in der Gruppe: Entweder wird Jebsen pathologisiert (wie bereits erwähnt) oder diejenigen als nicht-verstehend abgewertet, die ihn pathologisieren, oder Interpretierende verstummen, weil sie sich ausgeschlossen fühlen. Im Publikum reproduziert sich Jebsens Abwertung der Zuschauenden als minderwertig: Nun wird entweder er als dumm und irre hingestellt, diejenigen als unbegreifend abgetan, die ihn nicht verstehen wollen oder können, oder Interpretierende erleben sich selbst minderwertig, weil sie sprachlos (gemacht) werden. Der Kampf um Deutungsmacht entwickelt sich zwischen den ersten beiden Lagern: Während die einen sich auf die Pathologisierung versteifen, inszenieren sich andere als bedeutsam und versuchen sich mit besonders anspruchsvollen Deutungen. Geschildert wird der Wunsch, Jebsen inhaltlich entlarven und übertrumpfen zu wollen.

Jebsens Selbstinszenierung als besonders und intelligent, kann den Impuls hervorrufen, genauso klug sein zu wollen. Sie kann folglich als Anrufung aufgefasst werden, eine narzisstische Aufwertung des Selbst zu betreiben. Die Zugehörigkeit zu einem bedeutsamen Kollektiv gibt Hoffnung auf ein Entkommen von den von Jebsen ausgehenden Herabsetzungen. Dass Andere damit immer klein gemacht und ausgeschlossen werden müssen, veranschaulicht der verstummende Teil der Gruppe, der im Anschluss an die Sitzung intensive Gefühle von Ohnmacht und Minderwertigkeitsgefühlen schildert und mit Rückzug reagiert. Gruppendynamisch re-inszenieren sich mögliche intrapsychische Abwehrprozesse (Gefühle der Ohnmacht und Scham werden durch eine narzisstische Aufwertung des Selbst abgewehrt), sowie Othering-Prozesse (die Zugehörigkeit zu einem überwertigen Kollektiv braucht das abgewertete »Andere«, um sich einzigartig zu fühlen). Jebsens aggressive Wortwahl stellt zwei Gruppen von Menschen gegenüber: Erstere würden masochistisch kognitive Einschränkungen und Unfruchtbarkeit wählen (manifest). Es wird Aussicht auf eine zweite Gruppe gegeben, die sich z. B. durch Widersetzung gegen staatliche Infektionsschutzmaßnahmen als kognitiv überlegen und potent beweisen kann (latent).

Um die bereits anklingende, mobilisierende Funktion der Aggression zu verstehen, fokussiert das folgende Kapitel den irritierenden Widerspruch aus »Gesicht zeigen« (Videotitel), Jebsens Gesichtsschminke und die vielfachen Verweise auf »Masken«.

## »Gesicht zeigen« – Funktion und Bedeutung der Gesichtsschminke

Seine Gesichtsschminke direkt thematisierend, fragt er mit einem angriffslustigen Grinsen: »Was soll eigentlich diese beschissene Verkleidung?« (Z. 339). Und weiter erklärend:

> Ich hab 'ne Weile gebraucht, um mir das in der Maske anzutun ja, aber ihr da draußen, ((zeigend)) ihr äh habt ja äh wenn ihr nicht auf die Straße geht und euch äh weiter in eurem Home-Office äh die Scheiße reinzieht und mitspielt, **das** ist die eigentliche Maske, **das** ist die eigentliche Maske, weil das ist so eine Maske, die sieht so aus ihr seid brave Bürger und dann seid ihr äh deswegen ich bin über euch-ich muss wirklich sagen-ich bin **entsetzt**, was sich in diesem sch-Land abspielt, was **ihr** mit euch machen lasst und auch noch so wehrlos. (Z. 341 ff.)

Jebsen zufolge seien die ihm als Vorbild dienenden Masken, das Befolgen der Corona-bezogenen Maßnahmen, auf die Jebsen mit seiner Schminke symbolisch rekurriere. Die Gesichtsschminke sei Demonstrationsmöglichkeit, um den Zuschauenden einen Spiegel vorzuhalten. Erneut kommt der Narr ins Spiel; selbstaufopfernd, habe Jebsen eine Last auf sich genommen, um etwas zu verdeutlichen. Durch seine überzeichnete Darstellung, indem er sich das »in der Maske« antat, sollen Zuschauende sich ihrer eigenen, selbsttäuschenden »Verkleidung« bewusst werden. Im Maskentragen würden Bürger:innen ihre Angepasstheit an staatliche Anordnungen zum Ausdruck bringen, was von Jebsen als Wehrlosigkeit und blinder Gehorsam abgewertet wird. Außerdem sei seine

Schminke ähnlich »dick aufgetragen« (Z. 495) wie die »**ominöse** Lüge« (Z. 494) der Corona-Pandemie. Sinnbildhaft wird die Pandemie als vermeintlich staatlich inszenierte Lüge dargestellt. Manifest wird die massive Gewalt, die dem staatlich angeordneten Maskentragen inhärent sei, deutlich:

> Aber was ich feststelle ist wie gut sich das für einige von euch da draußen anfühlt. [...] ((zieht Maske auf)) So schnell hast du den Deutschen noch nie die **Fresse poliert** wie in diesem Moment. Und es fühlt sich gut an, endlich mal gehorsam sein. (Z. 91 ff.)

> Wir haben nicht gedacht, dass sich 82 Millionen Bürger von der Regierung die **Fresse polieren** lassen und einfach Masken tragen und sich **wohl** dabei fühlen, damit sie möglichst ((hält Maske vor das Gesicht)) nicht mehr kommunizieren können. (Z. 404 ff.)

Die zweimalige Verwendung des Ausdruckes »Fresse polieren« verweist auf den vermeintlich gewaltvollen, körperlichen Eingriff von staatlicher Seite, den deutsche Bürger:innen als positiv erleben würden. Es entsteht eine Spannung, da das Wohlfühlen angesichts angeblich gewaltvoller, repressiver Maßnahmen ihn »entsetzt«. Er verurteilt das Maskentragen als selbsterniedrigendes Verhalten. Gewalt und Gehorsamkeit würden für den Preis des Wohlfühlens akzeptiert. In Kombination mit dem Titel des Videos »Gesicht zeigen« wird außerdem eine Handlungsalternative nahegelegt. Statt sich hinter Masken zu verstecken, sollen die Zuschauenden die Masken abziehen. Er betont, »man könnte sich zur Wehr setzen, indem man sein **Gesicht** zeigt, seine **beschissene** Maske ablegt, indem man einen Hygienespaziergang macht« (Z. 533 f.). Resultat wäre die Emanzipation aus einer vermeintlichen Gewaltsituation, die Jebsen als befreiend inszeniert.

Von der Gruppe wird interessanterweise das *Tragen* einer Maske als durchaus attraktive Möglichkeit fantasiert, inkognito Aggression freizulassen. Verwiesen wird auf den fiktiven Charakter »Joker« des Batman-Universums, auf den Jebsens Schminke anspielt. Die Verwandlung, die die »Joker«-Figur durchmacht, ist unmittelbar an das Tragen einer Gesichtsschminke geknüpft: Vom gesellschaftlichen Außenseiter beginnt diese Figur, sich gewalttätig zur Wehr zu setzen und an der Welt zu rächen, von der er ausgeschlossen wurde. Die Clowns-Maske entwickelt sich innerhalb der Geschichte als Symbol für eine gewalttätige Widerstandsbewegung. Werden diese Bilder und Analogien mit Jebsens Inszenierung rückgekoppelt, wird deutlich, dass latent eine als befreiend und faszinierend dargestellte Aggression spürbar wird. Es wird in Aussicht gestellt, vom gedemütigten Underdog zum gefeierten Widerstandskämpfenden aufzusteigen. Gesicht zu zeigen heißt, sich den Corona-bezogenen Maßnahmen zu widersetzen (manifest) und durch die Integration in ein Kollektiv eine als lustvoll-faszinierend dargestellte Aggression gegen Feinde zu richten (latent). Den Anhänger:innen einer potenziell gewalttätigen Widerstandsbewegung wird die Aussicht auf Rache und Beschämung Anderer gegeben. Sich Jebsen anzuschließen und Aggression gegen stilisierte Feinde zu richten, scheint insofern attraktiv, als dass es einen Ausweg aus der von ihm ausgehenden Demütigung verspricht.

## Mobilisierungsversuche und Widerstand

Jebsen stellt einen potenziell mobilisierbaren Widerstand in Aussicht, erneut konzipiert nach NS-Vorbild. So stellt er über familiäre Umwege persönliche Bezüge zu den Geschwistern Scholl her, deren heutige Nachfahren ihm in einem Telefonat bestätigt hätten:»Die Scholls damals, die wären bestimmt nicht im Home-Office geblieben« (Z. 592 f.). Damit inszeniert er sowohl seine Bedeutsamkeit und persönliche Nähe, außerdem seine Ähnlichkeit in Bezug auf Widerständigkeit der »Scholls damals«. Widerstand während des NS wird mit der Ablehnung und Verweigerung heutiger Infektionsschutzmaßnahmen gleichgesetzt, womit wiederholt eine Ähnlichkeit des faschistischen und repressiven Regimes mit heutigem Regierungshandeln insinuiert wird. Die Verbindung der eigenen Person mit historischen Figuren wie den Geschwistern Scholl nutzt Jebsen zur neuerlichen Selbstaufwertung und Betonung des eigenen Opferstatus, welcher ihn potenzieller Gewalt und Gefahr durch staatliche Verfolgung ausliefere. Die Scholls, als abstrakte und symbolträchtige Figuren des Widerstandes, dienen als Projektionsfläche für Zivilcourage und Mut. Imaginiert wird eine potenziell tödliche Gefahr, die auf sich genommen wird, mit der Aussicht einen nationalen Heldenstatus zu erreichen. Seine Inszenierung als Systemgegner löst bei den Interpretierenden Ekel, Aggression und Ablehnung aus.

Auf Jebsens moralisierenden und besserwisserischen Auftritt reagieren Zuschauende zunehmend genervt. Drohend und in oberlehrerhafter Manier wendet er sich dem Publikum zu:»Ich geb' euch einen **letzten** weisen Rat, weil dav- weil danach sind für mich die Corona-Flüster-Videos vorbei« (Z. 680 f.). Belehrend führt er weiter aus:

> Wenn euch das zu weit geht, was dort geht – und es wird noch gesteigert – dann denkt nicht an **euch**. Ja seid nicht für **euch** mutig, ja, gebt eure **Feigheit** mal für eure **Kinder** auf, wär das'n Angebot? Solltet ihr unbedingt tun […] fallt auf diesen Scheiß nicht mehr rein. **Propaganda,** ja. Überwindet eure eigene Angst. **Lasst euch nicht schocken.**(Z. 682 ff.)

Jebsen unternimmt den Versuch, das Publikum über die Sorge für ihre Kinder zu mobilisieren. Es gehe nicht um ein Eigeninteresse, sondern um das Tragen von Verantwortung für eine zukünftige Generation und sich ähnlich aufopferungsvoll wie Jebsen zu engagieren. Die zuvor abgewerteten Zuschauenden bekommen Aussicht auf heldenhafte Tapferkeit. Dass für Widerstand gegen den Staat auch gewalttätige Mittel legitim sind, wird durch die Bezugnahme auf den 20. Juli 1944 deutlich. Das Attentat auf Hitler in der Zeit des NS wird als Moment verklärt, der die NS-Führung zum Umdenken gebracht habe, mit der heutigen Situation in Beziehung gesetzt und als vernünftige Gegenmaßnahme inszeniert:

> Dieses ähm Anziehen von Maßnahmen, das wird ähm so lange schlimmer solange sich die ((gestikulierend)) Bevölkerung das bieten lässt und äh wann wurde es denn eigentlich besser? Wie wurde die Führung zur Räson ähäh da gab's diesen diesen 20. Juli, äh wenn ihr euch erinnern wollt. Das war'n ja gute ähäh Soldaten und auch Polizisten, die gesagt haben da stimmt was mit der Führung nicht. (Z. 619 ff.)

> **Du** musst nicht im Knast sein, du hast das Recht Aufzustehen-und jetzt rechne mal durch, **die** paar Politiker, **die** paar Polizisten und dann gibt's noch 82 Millionen Bürger. Wir sind nicht in der Unterzahl. (Z. 529 ff.)

Das angerufene »Wir« der 82 Mio. deutschen Bürger:innen, wird wenigen, als unterlegen inszenierten Politiker:innen und Polizist:innen gegenübergestellt. Suggeriert wird ein Angriff einer Elite auf die gesamte deutsche Bevölkerung, die aber imstande wäre, diesen zurückzuschlagen. Über die Teilnahme an »Hygiene-Spaziergängen«, zivilem Ungehorsam, Systemboykott und die Organisation einer außerparlamentarischen Opposition könne ein »neuer Staat« kreiert werden (Z. 698 ff.). Jebsen gibt weiterhin Aussicht auf eine »große Chance, ja. Draußen da gab's noch nie so frische Luft […], war neulich in Kiel bei Bhakdi und als ich zurückgefahren bin, musste ich dreimal die Windschutzscheibe reinigen, die Insekten sind zurück ja und zwar obwohl Lockdown is'« (Z. 694). Die Massen von Insekten geben Aussicht auf eine nicht mehr aufzuhaltende Massenbewegung. Latent spürbar ist gleichwohl eine aggressive Bedrohung, denn die Insektenschwärme können sich zwar in Freiheit bewegen, aber verunglücken potenziell tödlich an Jebsens Windschutzscheibe.

Die Ambivalenz aus Demütigung sowie in Aussicht gestellter Rebellion löst in der Gruppe das Bild einer Verfolgungsjagd aus: »Er jagt die Leute so richtig mies wie so 'ne Maus so 'ne Katze […], wie so 'ne Katze ein wirklich unterlegenes Tier jagt und da noch den Fluchtweg abschneidet«. Der Versprecher (Maus jagt die Katze) kann im Freud'schen Sinne auf die Widersprüchlichkeit von Jebsens Anrufung verweisen. Er konzipiert einerseits ein überlegenes »Tier« (die alles kontrollierenden Eliten), welche gleichzeitig in der Unterzahl (also potenziell machtlos) seien. Analog ist auch Jebsen selbst Katz und Maus, also ein vermeintliches Opfer staatlicher Kontrolle bei gleichzeitig herausragender Stellung und exklusivem Wissen. Zuschauende werden als minderwertig und hilflos dargestellt, mit der Möglichkeit, sich aggressiv zur Wehr zu setzen. In der Befreiung aus der unterlegenen Position klingt das Versprechen an, selbst zur Katze zu werden. Der Spieß soll umgekehrt werden, die Maus (Zuschauende:r) soll die Katze (Eliten) jagen, um sich ihre Position anzueignen. Das Motiv der Vergeltung lässt sich manifest wiederfinden: Die Zurechtweisung und Beschimpfung von Politiker:innen als »totale Versager« (Z. 167), die selbst »doch mal in ihrem Homeoffice bleiben [sollten]-braucht kein Mensch« (Z. 163 f.) sowie »Shut down, shut up Merkel« (Z. 373), »eine Frau, die wirklich hinter Gitter gehört« (Z. 318) reaktivieren vorausgehende von Jebsen gezeichnete Bilder und drehen ihre Bedeutung um: Die zuvor im Home-Office bzw. »Käfig« gehaltenen, gepeinigten Zuschauenden können nun sadistisch die Qual und Demütigung auf propagierte Feinde lenken. Trotzdem besteht die Gefahr, weiter getrieben zu werden. Jebsens Appell, sich eine »Wahrheitsspritze« zu geben, mit der einzigen »Nebenwirkung, dass man ab dem Moment ein eigenständiges Leben leben sollte und könnte« (Z. 704 ff.), steht in Konflikt zu den autoritären Herabsetzungen und Demütigungen, sodass Zuschauende auch die Verfolgten bleiben.

### 2.1.3 Zusammenführung

Jebsen zielt auf einen schnellen Wechsel zwischen Positionen und Bildern. Er oszilliert zwischen Rollen und Figuren: Mal schwelgt er in der Position der Angreifenden, der skizzierten übermächtigen und auf Vernichtung abzielenden Feinde in sadistischen Fantasien, mal inszeniert er sich als eine Stimme des Ichs, gibt möglichen intrapsychischen Konflikten und Ängsten des Publikums eine Stimme, mal ist er der intelligente Exzentriker und Grenzgänger, der bewundert und beneidet werden möchte. Er weckt das Publikum auf und hält ihm einen Spiegel vor. Jebsen nimmt eine »Narrenfreiheit« sowie die Position des »Außenstehenden« in Anspruch, um angebliche »Wahrheiten« zu erkennen sowie die Grenzen des Sagbaren zu verschieben und soziale Konventionen (ohne Konsequenzen) zu brechen. Er ist der Narr, der das Publikum sowohl in die Irre, aber auch zu »Weisheit« führt. Seine gewaltvoll-dystopischen Fantasien werden als »Beweise« rationalisiert, dass die skizzierte Gruppe der »Verschwörer« zu Ähnlichem fähig sind; denn »wenn ich es denken kann, können andere es auch denken« (Z. 417 f.). Als Joker stellt er dem Publikum einen Wandel vom Opfer zur Täter:in in Aussicht, gibt Verheißung auf gewalttätige Rache und Zugehörigkeit zu einer heldenhaften Bewegung.

Jebsen schreibt Sinnzusammenhänge neu. Die in den Zuschauer:innen ange-
legte Verwirrung soll sie so erschüttern und an herkömmlichen Narrativen zweifeln lassen, dass sie zugänglich für seine alternativen Deutungen der Welt werden.
Angst und Aggression werden manifest und latent angesprochen, mobilisiert
und kanalisiert. Zuschauende werden als (deutsch-nationale) Opfer, Täter:innen
oder Retter:innen angerufen, wobei ihnen diffuse Bedrohungen oder mehr oder
weniger konkrete Feindbilder gegenübergestellt werden. Das emotionalisierte und
schnelle Sprechen sowie die verwirrenden Narrative zielen auf einen psychischen
Spannungszustand ab, dessen bewusste Verarbeitung gleichzeitig erschwert wird:
Im szenischen Erleben werden starke Affekte und Abwehrreaktionen deutlich,
bei gleichzeitiger Schwierigkeit einer selbstreflexiven Rückkopplung von Emotionen und Textstellen. Der Eindruck, der Blick in das Material führe nicht
zu mehr Verständnis, sondern zu mehr Verwirrung, verweist einerseits auf die
sekundäre Bedeutung manifester Inhalte, andererseits auf eine aus dem Material
hervorgehende starke Unlust oder die eingeschränkte Fähigkeit, seinen (analytisch
wie emotional) verstehenden Blick auf Inhalte zu richten, auch weil eine starke
Sogkraft von der agitierten Gruppendynamik ausgeht.

Der von Jebsen erzeugte psychische Spannungszustand wird durch Abwertung
und Demütigung der Zuschauenden sowie der Heraufbeschwörung von bedrohlichen und zugleich verwirrenden Szenarien hergestellt. Angebotener Ausweg aus
der narzisstischen Kränkung und Bedrohung ist die Zugehörigkeit zu einer verschworenen Gemeinschaft, die ihn idealisierend zum Vorbild nimmt sowie die
Beschämung Anderer. Gruppenzugehörigkeit und die Aufrechterhaltung eines
positiven Selbstwertes sind stark an narzisstische Auf- und Abwertungsmecha-
nismen geknüpft. Erzeugt wird eine Sehnsucht, sich aus der von ihm inszenierten
wehrlosen Position zu befreien und einer lähmenden Denk- und Handlungsunfähigkeit entgegenzuwirken. Ein stringentes Narrativ zu erkennen ist an die vage
Hoffnung geknüpft, das positive Selbstbild wiederherstellen zu können. Wird Jebsen nicht als irre und seine Narrative als sinnentleert abgetan, besteht die Gefahr,
wahllos hergestellte Verbindungslinien zu konstruieren. Jeglichen Aspekt der Performance als intentional zu imaginieren und das Video als durchchoreografiertes
Schauspiel zu entlarven, erzeugt ein verschwörerisches Gefühl von im Verborgenen liegenden Machenschaften, sodass fasziniert Zusammenhänge konstruiert
werden. »Sinn« im »Unsinn« zu erkennen bedeutet allem »Sinn« zuzuschreiben
und Zufälligkeit abzuwehren, sodass fantasierte und gefühlte Zusammenhänge
als planhaft und damit potenziell gefährlich, aber auch genial erscheinen. Das
durch Performance und Sprechart erzeugte verschwörerische Gefühl scheint weit-
aus wirksamer zu sein, als die Erwähnung von konkreten Verschwörungsmythen,

gegen die sich die als kritisch verstehenden Interpretierenden rational abgrenzen müssen.

Mobilisierte Gefühle der Ohnmacht und Diffusität, die bis ins unerträgliche gesteigert werden sowie die Möglichkeit einer narzisstischen Aufwertung sollen als Handlungsimpulse dienen. Aggressive Bilder und Appelle – v. a. mittels NS-Anspielungen – zielen auf eine gewaltförmige Mobilisierung ab. Diese wird als attraktive Notwehrreaktion stilisiert, wobei gewalttätigen Widerstandskämpfenden sogar Aussicht auf eine nationale Heldenrolle sowie eine Befreiung von erinnerungskultureller Schuld und Scham gegeben wird. Jebsen spielt mit Grenzüberschreitungen, Tabus, geschichtsrevisionistischer Vergleichsziehung und antisemitischer Täter:innen-Opfer-Umkehr, die die Shoah relativiert und Figuren des Schuldabwehr-Antisemitismus bedient. Angeregte Tendenzen zur Intellektualisierung lassen anfängliche Affekte aus dem Bewusstsein rücken. Ekel in Bezug auf die NS-Vergleiche, muss vor dem Hintergrund psychoanalytischer Theorie näher verstanden werden.

## 2.2    Dr. Wolfgang Wodarg

Der ehemalige Schiffs-, Hafen-, und Amtsarzt und SPD-Politiker, Dr. Wolfgang Wodarg, ist seit Beginn der Corona-Pandemie durch verharmlosende bis leugnende Einschätzungen des Corona-Virus medial bekannt, die in vielfachen Fakten-Checks als falsch erwiesen wurden (Richter und Hoffmann 2020).

Wodarg studierte in Berlin und Hamburg Medizin, approbierte 1973 als Arzt und promovierte während seiner Tätigkeit als Hafenarzt (SPD-Geschichtswerkstatt 2021). Er spezialisierte sich im Rahmen fachärztlicher Weiterbildungen auf die Bereiche Internistik, Lungenheilkunde, Hygiene, Umwelt- und Sozialmedizin. Mediale Aufmerksamkeit erhielt Wodarg in seiner Funktion als Amtsarzt (1981 bis 1994) in Flensburg, da er den Hochstapler und gelernten Postboten Gert Postel als stellvertretenden Amtsarzt einstellte. Von 2011 bis 2020 war er im Vorstand von Transparency International Deutschland, im Marz 2020 wurde ihm aufgrund seiner Aussagen bezüglich des Corona-Virus die Mitgliedschaft gekündigt (Psiram 2021d). Neben der Tätigkeit als Gesundheitswissenschafter, ist Wodarg als Politiker tätig. 1988 wurde er SPD-Mitglied. Insgesamt war er von 1994 bis 2009 Mitglied des deutschen Bundestages sowie seit 1998 Mitglied und später Vorsitzender der Parlamentarischen Versammlung des Europarates. Die SPD-Mitgliedschaft gab Wodarg aufgrund seiner Kandidatur für die querdenkernahe Partei »die Basis« auf, für die er 2021 für die Bundestagswahlen antrat (Hanisch 2021).

Erste öffentlich bekannte Kontakte in die verschwörungsideologische Szene hatte Wodarg seit 2009, als er sich bezüglich seiner Auseinandersetzung mit vermeintlichen Hintergründen zur Schweinegrippe sowohl von dem US-Verschwörungsideologen Alex Jones (Betreiber der Seite »infowars.com«), als auch von Manfred Petritsch (ehemalige Betreiber des »Truther«[5]-Blogs »Alles Schall und Rauch«) interviewen ließ (Maier 2010; Psiram 2021d). Wodarg mutmaßte eine Korruption aus Regierung, WHO und der Pharmaindustrie, die dazu geführt habe, die Schweinegrippe fälschlicherweise als Pandemie einzuschätzen, Impfstoffe aus Profitinteresse zu produzieren und ohne Indikation anzuwenden (ebd.). In einer NDR-Doku zur Schweinegrippe 2009 wird Wodarg als Kontrahent von Christian Drosten interviewt; diese erfährt aktuell neue Beliebtheit und wird für Vergleiche zwischen Corona- und Schweinegrippenvirus herangezogen (Krasser 2020). 2009 initiierte Wodarg einen Untersuchungsausschuss in Straßburg, welcher die Rolle der WHO bei der Schweinegrippe begutachtete (vgl. Wodarg 2020).

Wodarg ist Betreiber der Website »wodarg.com«; einer unübersichtlichen Mischung aus Blogeinträgen, aufgeführten Graphiken und beworbenen Videos. Im Kontext seiner Kandidatur für »die Basis« bewirbt er sich hier als »langjähriger Antikorruptionskämpfer«, der sich sicher sei, »dass wir belogen wurden« (Wodarg 2021b). Neben verharmlosenden Thesen zum Corona-Virus, vertritt er dort impfgegnerische Positionen, die in kruden Thesen münden, z. B. »massenhafte Anwendung von Gentechnik an Menschen […] Versuche einer versteckten Bevölkerungskontrolle« (ebd.). Aus den Thesen werden tendenziell verschwörungsideologische Schlüsse gezogen. Nach Wodarg seien Pandemien Angst- und Panikmache und würden als totalitäres Herrschaftsmittel einer Elite aus »Regierung und ihre[n] ›Freunden‹« (ebd.) genutzt. Sein kürzlich erschienenes Buch und Spiegel Bestseller »Falsche Pandemien« (Wodarg 2021a) untersucht die Vogel- und Schweinegrippe sowie Corona als »Verbrechen gegen die Menschheit« ausgehend von einer »Impfmafia« und »Techno-Elite« (S. 8 ff.). Wodarg ist gut vernetzt zu den »alternativen Medien«; u. a. gab er Ken Jebsen ein zweistündiges Interview, in dem er seine frühere Naivität eingesteht, nicht erkannt zu haben, dass die »Taz« und »Correctiv« (für die er als Autor tätig war) von

---

[5] *Truther* (von engl. truth) sind Personen oder Gruppen, die die von Medien, Regierung und Politik ausgehende Berichterstattung als geplante Fehl- oder Desinformationen deuten. Propagiert werden dahinterliegende geheime Pläne, die es zu erkennen gelte. Sie verorten sich in eine aufklärerische Rolle und setzen eigene, von Verschwörungsmythen untermauerte Glaubenssysteme als neue »Wahrheiten«. Inhaltlich sowie personell gibt es Überschneidungen zum Rechtsextremismus und religiösem Fundamentalismus (vgl. Psiram 2021b).

»Soros«[6] finanziert seien (Jebsen 2020c). Die Löschung des KenFM-Portals auf YouTube betitelt er als »Zensur […] Es ist wie bei Bücherverbrennungen in Deutschlands schlimmsten Zeiten« (Wodarg 2021c). Aktuell mobilisiert er für die Teilnahme an »Querdenken«- Demonstrationen, wird dort für seine ärztliche Expertise und Gegenposition gefeiert und rezipiert und mit Audiobotschaften dazu geschaltet. Seine Videos haben z. T. millionenfache Clicks. Wodargs Präsenz auf rechten Plattformen, seine tendenziell antisemitischen Aussagen, ermöglichen es, von einem (u. U. seit Jahren fortschreitenden) Radikalisierungsprozess zu sprechen. Unklar bleibt, warum der 72-jährigen Arzt, ehemalige Sozialdemokrat und aktuelle »Querdenker« mit Hang zu Verschwörungsideologie, seit Beginn der Pandemie eine medienwirksame Ikone ist.

### 2.2.1 Dr. Wolfgang Wodarg: »Stoppt die Corona-Panik‹ […]«

Unter dem Titel »›Stoppt die Corona-Panik‹ – Ex-Gesundheitsamtleiter Dr. Wolfgang Wodarg (Interview, Dokumentation)«(Celleheute 2020) wurde das fünfminütige Video, als Ausschnitt eines zu Beginn der Pandemie produzierten Filmes »Corona.Film« (Cibis und Ehgartner 2021), am 17. März 2020 auf YouTube hochgeladen und 969.193 mal aufgerufen (Stand: 25. Juli 2023). Wodarg vergleicht hier das Corona-Virus mit einer Grippe oder Erkältung, verweist auf ein korruptes Zusammenspiel aus Politik und Wissenschaft und beendet das Video mit der Nacherzählung eines Märchens. Irritierend ist eine widersprüchliche Bezugnahme auf Corona sowie die Selbstinszenierung Wodargs. Auffällig sind starke Veränderungen in den nonverbalen und verbalen Ausdrucksformen: Die Sprache verändert sich im Verlauf des Videos z. T. schlagartig von medizinischen Fachausdrücken über Besonnenheitsaufforderungen zu bildhaft-nebulösen Anspielungen, untermalt mit intensiver Gestikulation. Den Widersprüchen und »Kipppunkten« in der Inszenierung gilt es tiefenhermeneutisch nachzuspüren.

### 2.2.2 Szenische Rekonstruktion

Wolfgang Wodarg, ein älterer Mann mit weißem Haar, sitzt vor einem schwarzen Hintergrund. Sein Gesicht ist hell beleuchtet, in seinen Brillengläsern spiegelt sich ein für die Zuschauenden ansonsten nicht sichtbarer Bildschirm. Betitelt wird er als »Dr. Wolfgang Wodarg, Pulmonologist«, das Video hat englische Untertitel. Im Kontrast zu dem als vergleichsweise reißerisch wahrgenommen Untertitel

---

[6] Der jüdische Milliardär Soros als Personifizierung einer einflussreichen, »strippenziehenden«, jüdischen »Elite« ist ein aktuell weit verbreiteter Verschwörungsmythos. Wodargs Aussage ist (codiert) antisemitisch, da ihr die Fantasie eines allmächtigen, konkretisierten, personalisierten, jüdischen »Bösen« zugrunde liegt (Lamberty 2020).

(»Arzt fordert: ›Corona-Panik beenden‹«), steht Wodargs ruhiger Tonfall sowie
Selbstdarstellung als medizinischer Fachmann.

### Der besonnene Retter in der Krise. Die Doppelbödigkeit von Dr. Wolfgang Wodargs Selbstinszenierung

In der Eingangsszene wendet sich Wodarg besorgt den Zuschauenden zu. Er
bemängelt den bisherigen Umgang mit Corona und leitet daraus die Notwendigkeit für die Erstellung eines Videos ab:

> Ich dachte erst dieser Hype geht wieder vorbei als es losging, aber das hat sich ja
> so gesteigert, dass ich denke, da muss man mal genauer drüber nachdenken ((Logo
> eingeblendet: »LOKAL HEUTE TV.unzensiert.unkommentiert«)). (Z. 1 ff.)

Der propagierte »Hype« sowie die im Videotitel benannte »Corona-Panik« ste-
hen im Kontrast zu Wodargs besorgtem Blick und betont ruhigem Tonfall. Wird
Hype als eine kurzlebige, sozial geteilte und zum Teil künstlich aufgewertete
Aufmerksamkeit auf bestimmte Phänomene und Panik als ein plötzlich gesteigerter, haltloser Angstzustand begriffen, ergeben sich folgende Implikationen:
Die Corona-Pandemie sei inszeniert und sowie von einem unkontrollierbaren
emotionalen Zustand begleitet. Bedeutsamer Gegenpol zum »Hype« oder zur
»Corona-Panik« ist die auf Beruhigung und Ernsthaftigkeit zielende Selbstinszenierung Wodargs. Um die Lage zu normalisieren, meldet er sich zu Wort
und bietet sich für ein besänftigendes, haltgebendes Nachdenken an, denn »diese
nüchterne Betrachtungsweise, die einfach nur fragt […], fehlt« (Z. 71 ff.). Auf
seinen Arzttitel verweisend, begründet Wodarg seine Fähigkeit, die aktuelle Lage
einschätzen zu können:

> Ich war Amtsarzt, ((Untertitel eingeblendet: »Arzt fordert: Corona-Panik beenden«))
> ich habe ein Gesundheitsamt geleitet, ich hab ein eigens sentinel gehabt, ein eige-
> nes monitoring system für Grippeerkrankungen, hab jedes Jahr in meinen Bereich-das
> sind 150.000 Einwohner-immer beobachtet, wie viel Menschen werden krank. (Z.
> 5 ff.)

Wodargs (wissenschaftliche) Autorität manifestiert sich anhand der Herausstel-
lung seines Expertenstatus. Die aus der Medizin verwendeten Wörter »sentinel«
und »monitoring system« erzeugen eine Hierarchie zwischen Wissenden und
Nicht-Wissenden, da für Laien die Begriffe nicht verständlich sind. Diese Hierarchie wird durch fehlende Erklärungen aufrechterhalten. Das verwendete Adjektiv
»eigen« und das Possessivpronomen »mein« können darüber hinaus Wodargs herausragende Stellung in der Untersuchung von Grippeerkrankungen betonen, da

sowohl die Untersuchungssysteme als auch die zugeteilten Bevölkerungsgruppen ihm (allein) zugehörig gewesen seien.

Analog zur manifesten Selbstdarstellung verdichtet sich in der IG die Vorstellung von Wodarg als einem zentralen und bisher fehlenden Part in der Auseinandersetzung mit Corona. Assoziativ kann er die zuvor von ihm inszenierte Leerstelle selbst ausfüllen. Er wird als ein freundlicher, zugewandter Großvater fantasiert, der Kontinuität im angeblichen Chaos bietet. Eine Interpretin schildert, sie habe »irgendwie die Hoffnung gehabt, als wär das so'n Opa, der jetzt beruhigend kommt und so: ›Kinder, was ist denn los hier? Ich erklär euch das jetzt, ist doch alles nicht so schlimm‹«. Wodargs Selbstinszenierung evoziert oder verstärkt die Hoffnung auf Mäßigung und Normalisierung in einer von ihm als unübersichtlich und entgleist dargestellten Situation. Seine Adressierung wird zunächst als Geste (groß)väterlicher Fürsorge wahrgenommen, wobei Zuschauende sich in eine kindliche Position verwiesen fühlen. Weiterhin wird er als Einzelkämpfer imaginiert. Ähnlich wie Propheten gesellschaftlichen Ausschluss in Kauf nehmen, um unbequeme Botschaften zu überbringen, wird Wodarg als einsamer Akteur imaginiert, wodurch Mitleid evoziert werde. Wodarg sei eine traurige Figur, was ihn gleichzeitig hoch attraktiv mache. Mit seiner unprofessionell-eigenbrötlerischen Art stehe er, den Interpretierenden zufolge, den professionalisierten, fehlerfreien Massenmedien gegenüber: »Da ist noch so'n echter Mensch, mit dem man sich mehr identifizieren kann, als mit der Föhnfrisur von ARD«. Wodargs Eigenart wird als Ausdruck von Authentizität und damit einhergehender erhöhter Glaubwürdigkeit empfunden, seine imaginierte Unkonventionalität als Zeichen für Aufrichtigkeit gedeutet. Im Kontrast zum öffentlich-rechtlichen Rundfunk gewinne er durch seine vermeintliche Unverfälschtheit an Sympathie und emotionaler Zugänglichkeit.

Wichtig ist es, die Zusammenhänge zwischen den scheinbar zufälligen Assoziationen aufzuzeigen. Einzigartigkeit, Authentizität, eine herausragende, potenziell aufopfernde Rolle für die Gesellschaft und (gottgegebene, wissenschaftliche oder familiäre) Autorität sind bedeutsame Verbindungslinien, denen eine Überhöhung zugrunde liegen kann. Eine im Latenten spürbare, zunehmend erselmte und stabilisierende Autorität, an die idealisierende Tendenzen geknüpft sind, verschwindet gleichwohl auf der manifesten Textebene hinter »neutralen« Nachfragen:

> Aber da fehlt bei uns, eigentlich fehlt dieses diese nüchterne Betrachtungsweise, die einfach nur fragt ‚und und wodran habt ihr das erkannt, dass es gefährlich is‘? Wie war's denn vorher? (,) Hatten wir das nich' letztes Jahr auch schon? (,) Is' das überhaupt was Neues?‘ (2.0) Das fehlt. (Z. 71 ff.)

Der Virologe kann natürlich nicht sagen is' das Ding nun gefährlich oder nicht. (1.0) Der kann nur sagen, der is' anders, der is' so, da ham' wir'n Test, da ham' wir keinen, der sagt ‚aber is' das was Gefährliches? (,) Herr Drosten? Is' das was gefährl?' ((Schulterzucken)) Woran will er das erkennen? (1.0) Das kann er nur erkennen an weiteren epidemiologischen Daten. (Z. 32 ff.)

Christian Drosten, »der Virologe«, wird als unfähig beschrieben, die Gefährlichkeit des Virus einschätzen zu können. Es fehlt derjenige, der »die richtigen« Fragen stellt, sich auskennt und ein nüchternes, überblicksartiges Einschätzungsvermögen besitzt. Interessanterweise kommt in der Gruppe eine Verwechselung auf: Anstelle von Drosten wird Wodargs Name eingesetzt, die Textstelle wird als Anfrage nach Wodargs Expertise verstanden. Nehmen wir die Fehlleistung als Hinweis auf die latente Sinndimension, wird Wodarg in die fehlende Expertenposition verortet und erhält einen ähnlichen Wichtigkeits- und Bekanntheitsstatus wie der Virologe Drosten. Die weiteren epidemiologischen Daten, für deren Erhebung und Analyse Wodarg als Amtsarzt zuständig war, müssen noch erhoben werden. Was es folglich braucht in Bezug auf den Umgang mit COVID-19, ist Wodargs Arzttätigkeit und Expertise, welche nicht angefragt wurden. Anders ausgedrückt konnte der »Hype« oder die »Aufregung« rund um Corona nur zustande kommen, weil Wodarg (bisher noch) nicht mit einbezogen wurde und Drosten unwissend nicht die richtigen Fragen stellt oder diese nur unzulänglich beantworten kann. Auf latenter Ebene wird Wodarg mit dem Status Drostens bekleidet. Die personalisierte Unfähigkeit Drostens, an der sich die pandemiebedingte Panik entzündet habe, wird latent durch die personenbezogene Fähigkeit Wodargs ersetzt. Um die Expertenlücke zu füllen und die »Panik« zu beenden (manifest), benötigt es Wodargs Expertise (latent).

Die Wahrnehmung von Wodargs als Experte mit gesellschaftlicher Sonderstellung ist von Brüchen und Ambivalenzen begleitet. Im Kontrast zur anfänglichen idealisierenden Bewunderung, auf die Wodargs (latent gemachte) Selbstüberhöhung abzielen kann, beginnen die Interpretierenden zunehmend an seinem Expertenstatus zu zweifeln. Da er von in der Vergangenheit liegender Arzttätigkeit spricht und als »Ex-Gesundheitsamtleiter« bezeichnet wird, entsteht die Fantasie, er habe seine beruflichen Aktivitäten nicht freiwillig aufgegeben, sodass er »sich rächen [will] und total beleidigt und trotzig ist«. Interessant ist dieses Bild insofern, als dass einerseits starke Diskrepanzen zwischen manifestem Inhalt und latenter Wahrnehmung auftreten und andererseits Wodarg die Autoritätsposition entzogen wird. Wiederholt entstehen kindliche Assoziationen, jedoch nicht mehr in Bezug auf die Position, in die sich anfänglich die Zuschauenden verwiesen fühlten, sondern Wodarg selbst betreffend. Fantasiert wird er als trotziger Junge, dem »sein Bereich« weggenommen wurde. Auch die positive Großvater-Konnotation wandelt sich zunehmend: Wodarg wird nun als ein typischer »Querdenken«-Demonstrant imaginiert, es seien »genau diese Opas, die einen da angehen mit ihrem: ›Ich bin ein alter Mann und du bist 'ne junge Frau, ich weiß alles besser‹ richtig unangenehm nah kommen« (ebd.). »Opa« steht hier nicht länger für eine positive und haltgebende Figur, sondern betont wird eine unangenehm aufdringliche Seite. Die Fantasie eines zugewandten Großvaters verwandelt sich in das Bild eines auf Berühmtheit ausgerichteten weißen Mannes, der seine privilegierte Stellung für die Inszenierung seiner Autorität ausnutze und besserwisserisch und bedürftig auftrete.

*Wie lässt sich die Doppelbödigkeit von Wodargs Selbstinszenierung begreifen?* Die manifeste Darstellung der Corona-Pandemie als eine übermäßig emotional aufgeladene Ausnahmesituation, die von wissenschaftlicher Unwissenheit begleitet werde, erzeugt latent den (kindlichen) Wunsch nach einer mächtigen und beschützenden Autoritätsperson, die den Durchblick behält und für Beruhigung sorgt. Sich als besonnen, beruhigend und fähig inszenierend, schreibt Wodarg sich implizit diese Rolle und Autorität zu. Als einzige Hoffnung auf Rettung erscheint das Genie Wodarg. Die Ambivalenz aus dilettantischer Einzelkämpferrolle, die Mitleid evoziert, und überragender Selbstpositionierung, einhergehend mit idealisierender Bewunderung, erzeugt Anziehungskraft. Attraktiv ist der Eindruck von Authentizität und Zugänglichkeit, welcher ein erhöhtes Identifikationspotenzial bietet, sowie die Gleichzeitigkeit von Autorität und Opferrolle. Die anfängliche Bewunderung, die Wodarg als zugewandt und berufen erscheinen lässt, weicht Zweifeln und einer zunehmenden Antipathie. Als Folge wird die auf Selbstaufwertung zielende Inszenierung als unglaubwürdig eingeschätzt und Wodarg entwertet. Latent wird das starke Bedürfnis Wodargs sich als herausragend zu positionieren, als kindliche Selbstbezogenheit und narzisstische Selbstüberhöhung spürbar. Die Infantilisierung Wodargs verweist gleichzeitig auf eine mögliche abwehrende Gegenreaktionen der Gruppe. Einerseits wird die von ihm ausgehende Bevormundung umgekehrt: Wodarg wird entwertet, eben weil sich die Gruppe klein und hilflos gemacht fühlt, sodass sich eine hierarchische Positionierung re-inszeniert. Abgewehrt wird eine eigene, infantile Bedürftigkeit und Abhängigkeit, die auf ihn (zurück) projiziert wird. Andererseits kann die Abwehr auch als Gegenreaktion zu der wahrgenommenen Attraktivität seiner Ansprache verstanden werden. Wodarg muss entwertet und verharmlost werden, weil die regressive Hoffnung auf eine (autoritäre) Situationsberuhigung in der Corona-Pandemie affektiv als hoch attraktiv erlebt wird, gleichzeitig aber im Widerspruch z. B. zur eigenen politischen Haltung stehen könnte.

Entlang von irritierenden »Kipppunkten« in der Inszenierung, die Brüche im affektiven Erleben hervorbringen, geht es im Folgenden um die Frage, wie Wodarg Sinnzusammenhänge der Corona-Pandemie umdeutet und Gefahrenquellen verschiebt.

### Irritation: Corona als Normalität versus Gefahr?

Dem vordergründigen Anliegen Wodargs, genauer nachzudenken, stehen seine ungenauen Ausführungen und oberflächlichen Bezugnahmen auf »wissenschaftliche« Ergebnisse gegenüber, die Unverständnis erzeugen. Während die Interpretierenden sich einig sind, dass COVID-19 verharmlost wird, seien seine Darstellungen so aufgebaut, als würden sie Alternativverklärungen liefern, wobei diese als »ungenaue Halbwahrheiten« eingeschätzt werden. Wodargs Rolle als Arzt bereitet gleichzeitig Schwierigkeiten. Befördert werden Gefühle der Verwirrung und eigener Inkompetenz. Drei Passagen, an denen Inhalt, Form und resultierende Gruppendynamik sich sprunghaft verändern, werden hier miteinander in Beziehung gesetzt. Großer Irritationsmoment ist der Bruch von »neutralen« medizinischen »Fakten« zu einer dramatischen Darstellung Wuhans. Die darauffolgende Bezugnahme auf eine erhöhte Todesrate in Italien erzeugt starke negative Affekte.

Wodargs Bezugnahme auf »Corona« ist insofern verwirrend, als dass implizit zwischen Corona *Pandemie* Corona *Virus* differenziert: Während die Pandemie als unbegründete Aufregung und Panikmache gerahmt wird, sei der Virus ein seit Jahren nachgewiesener Krankheitserreger. Plausibilisiert wird diese Einschätzung über den Einbezug einer Statistik sowie einer einfach verständlichen Erklärung von der Verbreitung und Vermehrung von Viren allgemein:

Wir haben jedes Jahr überall in der Welt haben wir immer neue Viren (,) Weil die Viren sich verändern müssen (,) Die wenn dieselben Viren nochmal geben, dann würde sie unser Immunsystem erkennen und sie könnten uns nicht krank machen, […] die wollen sich vermehren, […] deshalb haben wir also jedes Jahr neue Varianten dieser Viren und da gibt es etwa hundert verschiedene Virustypen und die verändern sich dauernd-das is' so die Szene und wir haben uns bisher kaum drum gekümmert, welche Viren diese Grippe oder diese ((lachend)) Erkältungskrankheit oder wie man das nennen will verursachen (,) […] Und diese bunten äh sollen das sind jeweils die Erreger und das grüne, im grünen Bereich dort, das sind immer die Corona Viren dabei gewesen (,) in jedem Jahr (,) […] Es ist also normal, dass da immer ein großer Anteil auch Corona Viren dabei sind. (Z. 8 ff.)

**Abb. 2** Wodarg zwischen Beruhigung und Anregung (von links nach rechts): »Erkältungs-krankheit oder wie man es nennen will« (Z. 14), »Da is' was ((gestikulierend)) gesponnen worden« (Z. 55). (Quelle: Celleheute (2020, 17. März))

Manifest wird ein biologischer Normalzustand betont, der aus der Perspektive der Viren nachvollzogen wird, wobei den Viren quasi menschliche Eigenschaf-ten zugeschrieben werden (einen Willen). Untermalt wird Wodargs Erklärung durch ein Foto von mikroskopisch aufgelösten Viren, die mit ihren Ärmchen und der bauchig-runden Form ungefährlich aussehen. Wodargs Auflachen bei »Erkäl-tungskrankheit« untermalt weiterhin den Eindruck von Harmlosigkeit gepaart mit Belustigung, wie in Abb. 2 erkenntlich. »Oder wie man sie nennen will« kann als Anspielung auf die Pandemie verstanden werden und suggeriert, dass unab-hängig von der Namensgebung (ob »Corona«, »Grippe«, oder »Erkältung«) die zugrunde liegende Erkrankung dieselbe sei.

Intellektualisierend versucht die Gruppe Wodargs Ausführungen vor dem eige-nen Kenntnisstand einzuordnen. Der Versuch, logisch der Argumentationslinie zu folgen, hat gruppendynamisch eine lähmende Wirkung. Rationalität wird mani-fest angeregt, aber gleichzeitig gehemmt: Da statistische Abbildungen nur wenige Sekunden eingeblendet werden und die Aufmerksamkeit auf oberflächliche Ele-mente gelenkt wird, ist ein umfassendes Verständnis erschwert. Die Diskrepanz zwischen vereinfachter Sprache und nicht-erklärten Fachwörtern löst abwechselnd Unter- und Überforderung aus.

Die inszenierte Harmlosigkeit von Viren kontrastiert Wodarg mit der Darstel-lung Wuhans. Untermalt mit einem schwarz-weißen Bild von in Nebel oder Smog verschwindenden Hochhäusern, bemerkt Wodarg, tief einatmend, erneut in dem anfänglich ernsten Tonfall:

Was jetzt passiert ist (,) in China (,) ((eingeblendetes Bild von Stadt)) in Wuhan ist das größte Sicherheitslabor für Viren in ganz China (,) das heißt, da gibt es sehr viele Spezialisten, da gibt es Leute, die kümmern sich den ganze Tag nur um diese Dinge (,)

und die haben da offenbar-da gibt's ja auch das sind ja elf Millionen Einwohner, **große**
Stadt (,) **große** Krankenhäuser (,) **große** intensiv Abteilungen (,) da sind immer Leute,
die beatmet werden, immer Leute, die Lungenentzündungen haben, **hunderte** wahrscheinlich und die haben bei ein wenigen Patienten, das waren 150 Patienten, da ham'
die mal diese Viren untersucht und haben dann im Labor nachgeguckt, ((zeigend)) wie
ist die RNA und haben eine neue Sorte gefunden (,) Denen is' was aufgefall'n [...]
Der Virologe kann natürlich nicht sagen is' das Ding nun gefährlich oder nicht. (Z.
21 ff.)

Ähnlich nebulös wie das eingeblendete Foto ist Wodargs Erzählung. Wuhan wird
als ein unübersichtlicher, diffuser und überwältigender Ort heraufbeschworen, an
dem sich sowohl viele Erkrankte befinden, als auch »Spezialisten« und »Leute« unspezifizierte Tätigkeiten ausüben. Die zu Beginn dargestellte Normalität
biologischer Grundlagenprozesse, in die Wodarg SARS-CoV-2 einordnet, wird
durch die Erzählung Wuhans gebrochen. Der Verweis auf das »Sicherheitslabor«, gekoppelt an die vielen Schwerkranken, löst in der Gruppe die Assoziation
von Gefahr aus. Von den Interpretierenden werden »geheime Machenschaften«
in einem »Superlabor« vermutet. Assoziativ verweist die Darstellung Wuhans
auf die von rechten US-Netzwerken verbreitete »Labortheorie«, die einen men-
schengemachten Ursprung des Corona-Virus annimmt und einen Laborausbruch
in Wuhan für die Verbreitung verantwortlich macht. Trotz einer assoziativen Verknüpfung mit bekannten Verschwörungserzählungen, bleiben manifest Leerstellen
offen. Wodarg benennt keine:n Schuldige:n. Vielmehr steht die Unübersichtlich-
keit Wuhans und die vagen Tätigkeiten der »Spezialisten« im Kontrast zu der
Unwissenheit eines Virologen. Der Umbruch von anfänglich als medizinisch-
wissenschaftlich gerahmten Erklärungen und beruhigenden Zuwendung zu der
dramatisch- dystopischen Darstellung Wuhans löst Irritationen und Belustigung
aus. Wodargs zunehmende Gestikulierung und insistierende Sprache würden seine
zuvor inszenierte Seriosität unterminieren. Seine betont nüchterne und als lustlos
wahrgenommene Sprechart weiche emotionalisierten und lustvollen Bildern.

Von Wuhan springt Wodarg nach Italien, erneut seine nüchterne Experten-
rolle aufgreifend. Basierend auf der Einschätzung von der Ungefährlichkeit des
Virus sei die hohe Todesrate in Italien aus einer einseitigen Testanwendung bei
Schwerkranken zu begründen:

Das heißt, wenn ich jetzt in Italien gucke ((gestikulierend)) »Oh, die sterben alle«,
dann möchte ich wissen, wo sind die Tests genommen worden (,) Wie hat man die
wenigen Tests ((gestikulierend)) die zur Verfügung stehen, wo hat man sie benutzt
(,) Wenn man sie im Krankenhaus benutzt hat (,) bei **Schwer**kranken, bei **Ster-
bens**kranken, dann sticht natürlich die Todesrate an **Corona** (,) Weil das so aussieht
einfach nur. (Z. 47 ff.)

Manifest wird die Pandemie als ein Wahrnehmungs-, Benennungs-, und Einschätzungsfehler formuliert. Todesursachen würden fälschlicherweise auf Corona zurückgeführt. Insbesondere die Darstellung von Italien erzeugt in der IG Ärger und Ablehnung. Durch eine Distanzierungsbewegung wird die anfänglich rationalisierende Auseinandersetzung schlagartig beendet. Verärgert wird angemerkt, dass Wodarg Empathievermögen gänzlich fehle, wenn er über sterbende Menschen in Italien spreche. Ohne Anteilnahme würde er diese als Normalität begreifen und rationalisieren. Die nun zum Ausdruck kommende Wut steht im Kontrast zu der anfänglichen Emotionslosigkeit, Zurückhaltung und Verwirrung. Die zuvor rational überprüften Inhalte werden als Unsinn abgewertet und Wodargs Expertenstatus infrage gestellt. Zunehmend wird erkannt, was in Wodargs Ausführungen fehlt und sich zeitweise in der Gruppe re-inszenierte: Es fehlt ein emotionales Verständnis und Einfühlungsvermögen für die aktuelle Situation sowie Empathievermögen, wenn über sterbende Menschen gesprochen wird. Wodarg leugnet zwar nicht die Existenz des Virus, verharmlose aber dessen Gefährlichkeit und relativiere die Bedeutung der bereits verstorbenen Personen. Der Selbstdarstellung Wodargs als kompetenter Experte, auf die sich anfänglich eingelassen wurde, steht nun die Fremdwahrnehmung als dilettantisch gegenüber. Der Wandel im Hinblick auf die Wahrnehmung seiner Person, der von Interpretierenden als »Entzauberung« betitelt wird, deutet darauf hin, dass im Prozess des Interpretierens zunehmend latente Wirkweisen aufgedeckt werden, die im Konflikt zu anfänglichen Erlebensweisen stehen. Die auf Beruhigung abzielende und einen nüchternen Pragmatismus darstellende Selbstinszenierung, an die harmlose bis beschützende Bilder geknüpft werden, übten einen starken Reiz aus. Wodargs Verlassen der Position des nüchternen Experten und Beschützers wirkt befreiend, aber auch desillusionierend und gefahrvoll.

*In welcher Beziehung stehen die ausgewählten Passagen?* Wodargs Erzählungen sind durch Sprünge und Brüche geformt. Manifest werden Viren, virale Erkrankungen und Corona-Todesfälle normalisiert und bagatellisiert; dramatisiert wird Wuhan als Ort der Herkunft des Virus. Der positiv und harmlos konnotierten »Biologie« und »Natur« wird eine negative und gefährliche Darstellung von »Mensch« und »Technik« gegenübergestellt. Da Coronaviren als ungefährlich und immer schon vorhanden inszeniert werden, wird die Gefahr der aktuellen Pandemiesituation nicht medizinisch-biologisch begründet, sondern latent auf menschlich-konspiratives Handeln in China zurückgeführt. Es ist folglich nicht länger die Biologie und die Natur, die wir nicht verstehen können und der wir uns ohnmächtig ausgeliefert fühlen, sondern die unübersichtlichen Zustände und Technologien in Wuhans Laboren, Datenbanken und Krankenhäusern. Intransparenz und Bedrohung werden auf eine lokale Quelle zurückgeführt und damit greifbarer. Abgewehrt werden Handlungsunfähigkeit, der Zustand von Unwissenheit und die Angst um körperliche Gesundheit. Affektiv erzeugen die zusammenhangslosen Darstellungen, unzulänglich erklärten Statistiken und medizinische Fachsprache Frustration und Verwirrung. Der »Sprung« nach Wuhan begünstigt, dass die negative Gefühlslage »sprunghaft« dorthin verschoben wird. Denkbar ist, dass eine (potenziell verschwörungsideologische) »Aufdeckung« angedeuteter Machenschaften einen attraktiven Ausweg aus dem erzeugten Gefühl eigener Unzulänglichkeit und Diffusität bietet.

Wodargs Herausfallen aus der nüchternen Expertenrolle, die ihn zunächst vor einer Infragestellung schützte, macht ihn angreifbar. Der Wandel in Gestik und Mimik hat eine entlarvende und desillusionierende Wirkung. Im Kontrast zu der im Publikum aufkommenden Lustlosigkeit im Hinblick auf die um Logik bemühte Darstellung wird seine emotionalisierte Sprache als authentischer, aber auch gefahrvoller erlebt. Die aufkommende Fantasie Wodargs als »böse[r] Herrscher« symbolisiert eine lustvoll-projektive Dimension. Das durch die nebulösen Verweise latent erzeugte diffuse Gefahrengefühl, wird in dieser Fantasie als eine von seiner Person ausgehende Gefahr identifiziert. Erneut wird er in die von ihm eröffnete Leerstelle gesetzt. Die aufkommende Wut wirkt befreiend, da sie Aktivität und Handlungsfähigkeit ermöglicht, die im Kontrast zu dem lähmenden, passiven Zustand steht. Die Gewalt, die den verharmlosenden Darstellungen zugrunde liegt, wird spürbar und entlädt sich in einem entwertenden Gegenangriff. Das Motiv projektiver Schuldzuschreibungen wird im Folgenden konkretisiert.

### Die Suche nach Schuldigen: »Wer hat das Netz gesponnen?«

Das von Wodarg verwendete Bild eines »Netzes« hat eine irritierende Wirkung. In der Gruppe wird es als »komisch« und »verschwörerisch« empfunden. Inhaltliche Ausgangslage ist die These Wodargs, dass die von der Politik konsultierten Virolog:innen einen wesentlichen Beitrag zu der falschen Einschätzung des Corona-Virus leisten (Z. 66 ff.). Wodarg vermutet eine uneindeutige Zusammenarbeit von Politik und Virologie:

> Da is' was ((gestikulierend)) gesponnen worden (,) ein Netz von Informationen von Meinungen hat sich entwickelt in diesen Fachkreisen und die Politik hat sich an **diese** Fachkreise gewandt, die damit angefangen haben (,) ((gestikulierend)) Hat sich das **angezogen dieses Netz** und hat sich in diesem Netz bewegt auch. (1.0) Das heißt, dass **jetzt** (,) es ganz ganz schwierig wird für Kritische zu sagen: ((zeigend)) »Halt! Da is' aber gar nichts los.« (Z. 55 ff.)

Das Vorlesen der Textpassage in der IG löst träge Reaktionen aus. Die Stelle wird als unnachvollziehbar und verwirrend empfunden. Nach anfänglich geringer Initiative tauchen vielfältige Assoziationen auf: Das Netz von Informationen wird als »undurchsichtig« wahrgenommen, es habe »sich um ein Nichts gesponnen«, wobei »der Wille von jemanden, dich zu betrügen« darüber stehe. Die Gestik Wodargs, der mit den Händen spinnende und verschränkende Handbewegungen nachahmt (Abb. 2), verstärke außerdem eine Spinnennetzassoziation. Aber wer ist Spinne, wo die Beute und wer spinnt die Fäden?

Auffällig sind die Passivformen der ersten beiden Sätze des Zitates. Während die Handlung (»gesponnen worden«, »hat sich entwickelt«) in den Vordergrund gerückt wird, bleibt das handelnde Subjekt unerwähnt. Nebulös wird von »da« und »was« gesprochen, sodass Ort, Beteiligte und Inhalte zunächst unbenannt bleiben. Dieses verhüllte Bild löst sich zumindest in Teilen auf. Nun werden Informations- und Meinungsnetzwerke in »diesen Fachkreisen« erwähnt, wobei nach wie vor unklar ist, welche Informationen, Meinungen und spezifischen Fachkreise gemeint sind. Wird das Zitat mit vorherigen Inhalten verknüpft, können die Fachkreise assoziativ auf Virolog:innen verweisen, die »damit angefangen« hätten. Wieder bleibt fraglich, was sich hinter dem »damit« verbirgt.

Aus dem Passiven wechselt Wodarg ins Aktive: Die Politik habe sich an Fachkreise gewendet, »hat sich das angezogen dieses Netz und hat sich in diesem Netz bewegt auch«. Irritierend ist diese Formulierung insofern, als dass die mögliche Assoziation (Fachkreise spinnen ein Netz, in dem Politik sich verfängt) umgedreht wird; nun erscheint die Politik als sich im Netz bewegend, folglich als die Spinne. Eine Spinne, die ihr Netz nicht selber gesponnen hat, ist aktiv und passiv zugleich; sie ist Fang- und Beutetier. Auch das Verb »anziehen« löst verschiedene Lesarten aus, wobei Aktivität und Passivität miteinander verbunden werden. Die Gruppe bezieht »anziehen« auf Beschleunigung oder auf den Prozess von An-/ Übernehmen, z. B. von Meinungen. Der Eindruck eines angezogenen Tempos wird sowohl als Sinnbild für Wodargs Erzählstil, als auch für die geographischen Sprünge (von Wuhan nach Italien und nun assoziativ nach Deutschland) empfunden.

Werden Schnelligkeit, »Sprünge« und die Gleichzeitigkeit von Passivität und Aktivität zurück auf das Netz-Bild bezogen, ergibt sich folgende Deutung: Ausgehend von einem bedrohlichen Sicherheitslabor in China, habe sich ein Netz über Italien nach Deutschland ausgebreitet, wobei die Gefahr nicht von einem sich verbreitenden Virus ausgehe, sondern von einem weltumspannenden Meinungs- und Informationsnetz, welches unkritisch übernommen werden würde. Die Politik habe sich in ein vorgefertigtes Meinungs- und Informationsnetz begeben, wobei nun auch von ihr (als potenzielles Raubtier) Gefahr ausgehe. Für wen diese

Konstellation gefährlich sei, wird im abschließenden Satz deutlich. »Kritische« müssen sich als potenzielle »Beute« gegen die Bedrohung eines undurchsichtigen, international agierenden Netzwerkes behaupten.

Das »Netz«-Bild ist von nebulösen Verweisen und Uneindeutigkeiten geprägt, die Irritation und Lethargie auslösen. Erzeugt wird der Impuls, eine Quelle oder Ausgangspunkt des Bildes zu identifizieren. Die Frage danach, wer dahintersteckt, ist Ausdruck des Wunsches, Eindeutigkeit herzustellen, um sich aus dem Zustand des Nicht-Verstehens und der Verwirrung zu befreien. Wodarg lässt Leerstellen offen, die beliebig füll- und auslegbar sind. Unbenannt bleibt, wer die Fäden in der Hand hält. Schuldzuweisungen verschwinden manifest hinter entsubjektivierter Sprache und Passivkonstruktionen. Angesichts der als gefährlich erlebten undurchsichtigen Verhältnisse, wird latent ein Gefühl der Ohnmacht geschürt. Die Nichtbenennung von Verantwortung, bei gleichzeitig verschwörerischen Bildern, regt projektive Feindbildung an, die als attraktiver Ausweg erscheint.

### Spaltung: Der nackte König und das aufrichtige Kind

Abschließend rekurriert Wodarg in Versatzstücken auf Andersons Märchen »Des Kaisers neue Kleidung«. Die Bezugnahme wird als Analogienbildung verstanden. Mutmaßliche Zusammenhänge werden von der Gruppe detektivisch zu entschlüsseln versucht. Konflikte resultieren aus der Frage nach der Bedeutung des Märchenverweises und ob ein Aufforderungscharakter enthalten sei. Affektiv zeigt sich Verwirrung und Ärger über die Unnachvollziehbarkeit sowie Belustigung.

> Das heißt, dass **jetzt** (,) es ganz ganz schwierig wird für Kritische zu sagen: ((zeigend)) »Halt! Da is' aber gar nichts los.« (1.0) Und das erinnert mich an das M-Märchen mit dem mit dem König ja (,) Der eben gar keine Kleider an hatte (,) und nur ein kleines Kind, was dann ((zeigend)) da sagte sagt: »der is' ja nackig!« (1.0) Das heißt, die Andern, die ((zeigend)) **Hofschranzen,** in die ((gestikulierend)) um die Regierung rum sind, mit denen die Regierung um Rat fragt, weil sie selber keine Ahnung haben kann-sind ja keine Fachleute (,) ((gestikulierend)) Die ham' das alles mitgemacht, ham' hofiert (,) Und so werden jetzt auch die Politiker hofiert von vielen Wissenschaftlern (,) Wissenschaftler, die wichtig sein wollen in der Politik, weil sie Gelder brauchen für ihre Institute. Wissenschaftler, die dann in diesem ((zeigend)) Mainstream mitsch- mitschwimmen und die auch was haben woll'n ((Zeigefinger)) […] Das heißt, die woll'n da auch ((gestikulierend)) **Geld** verdienen damit und woll'n **wichtig** werden damit (,) Aber da fehlt bei uns, eigentlich fehlt dieses diese nüchterne Betrachtungsweise, die einfach nur fragt: »und und wodran habt ihr das erkannt, dass es gefährlich is'-wie war's denn vorher? (,) Hatten wir das nich' letztes Jahr auch

schon? (,) Is' das überhaupt was Neues?« (2.0) Das fehlt. Und es is' wirklich so: (,)
Der König is' nackt! (Z. 59 ff.)

Manifest beschreibt Wodarg drei Akteursgruppen (König, Hofschranzen und das
Kind), deren Handlungen und Interessen in Wechselbeziehungen stehen.
*Der »König« als Spiegel (deutscher) Politik.* So wie auch dem »König« man-
gele es Politiker:innen aktuell an Wissen, sodass wissenschaftliche Fachleute
konsultiert werden müssen. Manifest wird primär ein Zustand von Unwissen-
heit analogisiert. Übertragen von der Märchenfigur des »Kaisers«, ergeben sich
weitere Implikationen: Fehlendes kritisches Urteilsvermögen, Eitelkeit und der
Unwille sich Fehler einzugestehen machen (deutsche) Politik korrumpierbar und
befördern ein Festhalten an offensichtlichen »Unwahrheiten«.
   Latent wird insbesondere die Macht einer potenziellen Beschämung spürbar.
Unkenntnis im Hinblick auf das Märchen wird in der Gruppe als schamhaft erlebt.
Lachend beschreibt eine Interpretierende diese Dynamik als: »der König ist nackt
und nackt will ich ja nicht sein«. Nacktheit kann hier als Symbol für gefahr-
volle Blöße, Schutzlosigkeit und Beschämung stehen. Teil der Informierten oder
»Wissenden« zu sein, bedeutet einerseits einer als schamhaft imaginierten Erniedrigung zu entkommen, andererseits andere für ihre »Unwissenheit« verlachen zu
können.
   *Die »Hofschranzen« als Abbild (deutscher) Wissenschaftler:innen.* Manifest
werden die von der Politik konsultierten Fachleute als gefärbt von Profit- und
Machtinteresse dargestellt. Der Wissenschaft kommt hier eine Doppelrolle zu, die
Passivität mit Aktivität, berechnendes Handeln mit Konformität vereint: Einerseits
schmeicheln sie der Politik, um aktiv Eigeninteressen zu verfolgen, andererseits
ordnen sie sich einem existierenden »Mainstream« unter. Auch das Verhältnis
von Hofschranzen und Regierung bleibt ambigue. Assoziativ sind die Hofschranzen einerseits *in der* Regierung repräsentiert, andererseits arbeiten sie *mit ihr*
zusammen. Übertragen auf den heutigen Kontext sei Wissenschaft bereits Teil
der Politik, verwoben in einem uneindeutigen Zusammenschluss.
   Die vagen Bilder werfen erneut die Frage nach Schuldigen auf. Wieder
fehlt die Benennung eines Ursprungs. Alle am vermeintlichen Betrug beteiligten Akteursgruppen sind aktiv und passiv, mächtig und ohnmächtig zugleich. Die
propagierte Elite zielt hier nicht auf einen geheimen Plan oder das Ziel einer
Weltherrschaft ab, vielmehr bleibt sie unwissend und unfähig. Latent spürbar
wird eine herablassende, abschätzige Haltung in Bezug auf den als minderwertig
und unkritisch stilisierten »Mainstream«.
   *Das »Kind« als Symbol der »nüchternen Betrachtungsweise« und der »Kri-
tischen«.* Kontrastierend zu dem uneinsichtigen Verhältnis von Politik und

Wissenschaft verweist Wodarg auf eine Position, die sich diesem Gefüge entzieht. Das Kind, im Märchen ein Teil des arbeitenden Volkes, setzt sich über den Betrug hinweg. Es offenbart, was andere nicht erkennen oder benennen wollen. Frei von Zwängen, Normen und Interessen, spreche es die (unbequeme) Wahrheit aus. Analog zum Sprichwort »Kindermund tut Wahrheit kund«, wird von den Interpretierenden eine kindliche Authentizität als wahrheitsgetreuer imaginiert. Die Vorstellung »Kind« weist verschiedene Ebenen auf: sowohl das Selbst, nachfolgende Generationen, als auch begehrenswerte (volkstümliche) Eigenschaften, die es zu schützen gelte. Werden die aufkommenden Assoziationen im Hinblick auf die durch das Märchen vermittelte Botschaft übertragen ergibt sich folgende Deutung: Der authentische und unvoreingenommene Blick lasse die Pandemie als Betrug erkennbar werden. Diese Einsicht gehe aus dem moralisch »reinen« Volk hervor.

Die Frage nach der Funktion des Märchens löst eine konflikthafte Auseinandersetzung aus. Gegenseitig wird sich vorgeworfen zu viel hineinzuinterpretieren oder falsch zu deuten, wobei die Frage im Mittelpunkt steht, ob ein Appell oder eine Handlungsaufforderung enthalten sei. Es resultieren drei divergierende Lesarten:

*Lesart 1* betont eine rebellische Appell- und Mobilisierungsfunktion. Zuschauende seien angehalten, sich mit dem Kind zu identifizieren und aufzustehen, um Wahrheiten auszusprechen und sich aktiv vom Mainstream abzuwenden. Erneut steht Wodargs großväterliche Rolle im Fokus. Fantasiert wird, »dass ich so aufsteh' und sag: ›Hey, es ist überhaupt nicht Corona‹ und alle schauen mich böse an, nur er kommt und sagt: ›Du hast es richtig erkannt und nur du bist kein dummes Kind, sondern du bist ein kluges Kind‹«. Sich rebellisch zu zeigen hat hier den Vorteil, sich als etwas Besonderes zu fühlen und von Wodarg in seiner Einzigartigkeit (als »Lieblingsenkel«) erkannt und gelobt zu werden.

*Lesart 2* sieht eine besänftigende Aufforderung im Mittelpunkt. Man solle Weitermachen »wie früher, als alles besser war« (ebd.). Diese Lesart geht mit einer beruhigenden Wirkung einher. Zentral sei die Aufrechterhaltung eines Status Quo.

*Lesart 3* identifiziert Wodarg mit dem Kind. Im Kontrast zu der wahrheitsverkünden Seite stehe eine selbstgerechte Empörung im Vordergrund. Wodargs »Gegenposition« sei ein Selbstzweck, denn durch seine Beiträge zur Corona-Pandemie habe er Aufmerksamkeit und eine Fangemeinde bekommen. Er wird als Profiteur der Krise imaginiert.

*Die Doppelbödigkeit des Märchens.* Manifest wird ein populistisches Bild korrupter Eliten bedient; es wird eine Verstrickung von Wissenschaft und Politik suggeriert. Politiker:innen werden aufgrund ihrer Position und Stellung als machtvoll inszeniert und gleichzeitig als unwissend und korrumpierbar abgewertet. Diesen gegenübergestellt wird ein »gesunder Menschenverstand«, welcher manifest durch die Figur des Kindes verkörpert ist und an den appelliert wird. Im Kontrast zu den inszenierten positiven Eigenschaften des Kindes (Authentizität, Selbstlosigkeit etc.) wird latent eine konträre Dimension spürbar, die sich als eine narzisstische Anrufung äußert: Die Identifikation mit dem Kind verspricht das Gefühl der Einzigartigkeit (Lesart 1) sowie die Möglichkeit einer selbstbezogenen Empörung (Lesart 3). Der aktivierenden Wirkung (Lesart 1 und 3) steht eine beruhigende gegenüber (Lesart 2). So wie Märchen sowohl eine moralischpädagogische Funktion erfüllen als auch zum Einschlafen erzählt werden, sind Zuschauende in einem Widerspruch aus Aktivität und Passivität gefangen. Latent gemacht wird das Spaltungspotenzial, welches aus der Gegenüberstellung von »Volk« und »Elite« hervorgeht, und die Scham, die von einem entwertenden Ausschluss aus der Gemeinschaft der »Wissenden« hervorgeht.

### 2.2.3 Zusammenführung

Wodargs Ausführungen sind primär von einem Mangel gekennzeichnet, der Verwirrung evoziert. Zuschauende werden angeregt, die Lücken selbst zu füllen. Manifest werden fehlende Expert:innen und ein mangelndes Fachwissen, eine nicht existierende Pandemie und fehlende Verantwortlichkeit hervorgehoben, untermauert durch Aussagen wie »da is' aber gar nichts los« (Z. 60 f.). Angeboten werden uneindeutige Bilder, die auf eine Korruption von Politik und Wissenschaft anspielen und die Ursachen und Gefahr der Pandemie auf menschliches Handeln zurückführen. Latent erzeugt die Unspezifität und Diffusität der postulierten Darstellungen schwer aushaltbare Spannungen und den Wunsch nach Eindeutigkeit, sodass projektive Feindbildungen und personifizierte Schuldzuschreibungen angeregt werden. Die Erwähnung Drostens leistet dahingehend Vorschub. Projektiv können die manifesten Lücken beliebig gefüllt und die fragmentarischen Teilstücke in Beziehung gesetzt werden. Die propagierten Erzählungen – insbesondere die Darstellung Wuhans, die Netzmetapher und das Märchen – bieten eine hohe Anschlussfähigkeit an verschwörungsideologische Narrative. Analog zu der Frage »wer hat das Netz gesponnen?« können außerdem antisemitische Bilder von mächtigen, im Hintergrund agierenden (jüdischen) »Strippenzieher:innen« problemlos ergänzt werden. Die vermeintlich harmlose Märchenreferenz mobilisiert die populistische Vorstellung eines moralisch »reinen« Volkes, welches einer korrupten Elite gegenübergestellt wird. Das Wir wird – im Kontrast z. B. zu völkisch-nationalen Vorstellungen im Rechtspopulismus und Rechtsextremismus – nicht ausbuchstabiert. Es bleibt offen, wer potenziell dazugehörig sein kann. Trotz der breiten Auslegbarkeit bleiben die Andeutungen vage und mehrdeutig. Die fehlende Ausformulierung und die manifest ins Leere laufenden Schuldzuschreibungen öffnen Raum für diverse Deutungsmöglichkeiten. Sie machen Wodarg unangreifbar und anschlussfähig für ein breites Publikum. Es resultiert ein Gefühl »Alles-oder-Nichts« hineininterpretieren zu können, welches intrapsychische und gruppendynamische Spaltungs- und Polarisierungstendenzen befördert.

Wodargs Selbstinszenierung bietet vielseitige Identifikationspotenziale. In ihr sind widersprüchliche Bilder vereint. Als dilettantischer Experte kann er Nonkonformismus mit Expertenposition sowie Machtlosigkeit mit Vormachtstellung vereinen. Obwohl er selbst Politiker und Amtsarzt war, also zu der von ihm propagierten »Elite« gehören würde, verortet er sich in einer gesellschaftlichen Außenseiterposition. Er klagt seinesgleichen an und verurteilt andere für ihren Machtmissbrauch, sodass er als frei von Machtinteresse imaginiert werden kann. Scheinbar unbefangen stellt er die »richtigen Fragen«. Zuschauende sind angehalten, ihm als vermeintlich uneigennützigen Retter in der Krise eine gesellschaftliche Sonderstellung zuzuteilen. Beruhigendes Auftreten und bildhafte Sprache können Zugänglichkeit schaffen und lassen ihn als harmlos erscheinen. Er ist der Konventionelle mit Eigenart, der als alter, weißer Arzt und Politiker maximales gesellschaftliches Grundvertrauen repräsentiert und sich gleichzeitig nicht an Konventionen zu orientieren scheint.

Die Selbstdarstellung als beruhigender Experte, die Scheinargumente und die pseudo-Wissenschaftlichkeit machen Zuschauende handlungsunfähig, schüren Ohnmacht und befördern Rationalisierungstendenzen. Seine vermeintlich nüchterne, um Logik bemühte Position wirkt einschüchternd und hemmt v. a. die emotionale Selbstreflexionsfähigkeit. Lethargie, Zurückhaltung und Langeweile, die in der Gruppe spürbar sind, sind u. U. Zeichen abgewehrter Hilflosigkeit angesichts unverständlicher Argumente und wissenschaftlicher Autorität, wobei die Anrufung als bedrohlich und attraktiv zugleich erlebt wird. Angesprochen und verstärkt wird der Wunsch und die Sehnsucht nach (autoritärer) Situationsberuhigung, die Orientierungshilfe bietet sowie Ängste lindert. Der liberale Deckmantel kann den Wunsch zunächst als ungefährlich und selbstbestimmt erscheinen lassen. Wodarg rationalisiert, intellektualisiert und verharmlost die Pandemie und die Letalität der COVID-19 Erkrankung, was Entlastung verspricht, aber gleichzeitig Aggression und Unverständnis hervorruft. Verhindert wird ein emotionales und empathisches Verständnis, abgewehrt werden pandemiebezogene Ängste. Dass die Erklärungen nicht auf einen (wissenschaftlichen) Erkenntnisgewinn des Publikums abzielen, verdeutlicht sich darin, dass Rationalität zwar oberflächlich angeregt, aber gleichzeitig gehemmt wird. Der Sprung von nachvollziehbaren zu nicht nachvollziehbaren Erklärungen bewirkt Verwirrung und die Infragestellung eigener Kompetenz- und Verständnisfähigkeit. Deutlich wird die Schwierigkeit, zwischen Wissenschaftlichkeit und emotionalisierten Bildern zu differenzieren, da diese nahtlos ineinandergreifen. Der fließende Übergang von plausiblem medizinischem Grundlagenwissen zu kruden Corona-»Alternativerklärungen« normalisiert und verharmlost Wodargs Thesen und erschwert inhaltlich-argumentative Gegenpositionen. Die evozierte Verwirrung, Frustration und potenzielle Gefahr (z. B. intrapsychisch aufgrund eines induzierten negativen Selbstwertes) wird latent auf eine neue Gefahrenquelle verschoben. Ein attraktiver Ausweg, sich aus dem Gefühl eigener Unzulänglichkeit und Ohnmacht zu befreien, ist die Projektion und Externalisierung eigener Gefühlslagen auf Wuhan. Diffusität, Verunsicherung und Kontrollverlust werden lokalisiert und beschränkt. Die unheimliche Lebensgefahr, die wir nicht einschätzen oder kontrollieren können, verschiebt Wodarg auf berechenbares menschliches Handeln. Abstrakte Ängste werden mit konkreteren Inhalten ersetzt. Die naturhafte[7] Krise des Corona-Virus, die potenziell kränkend ist, wird in eine gesellschaftliche Krise der Korruption umgewandelt. Narzisstischen Gewinn verspricht diese Umdeutung insofern, als dass »Natur« nicht länger triebhaft, unkontrollierbar und mächtig erscheint, sondern als harmlos belächelt werden kann. Von dem Gegenentwurf »Mensch« und »Technik« geht zwar Gefahr aus, diese wird gleichzeitig beschränkt, da lediglich gewisse Akteur:innen als unfähig skizziert werden.

Das Dunkle der dystopischen Bedrohung wird märchenhaft aufgelöst, es gibt eine Moral der Geschichte, die auf eine bessere Zukunft verweist. So wie die Biologie wird auch das Regressive, narzisstisch besetzte Kindliche idealisiert, welches als Repräsentanz des Unverfälschten inszeniert und mobilisiert wird. Gespalten wird in ein Reines und Gutes (Kinder und Natur) sowie Verdorbenes und Schlechtes (wissenschaftlicher »Mainstream«, Politik, Technik). Sich von gesellschaftlichen Konventionen, sozialen Normen und Deutungsangeboten der Mehrheitsgesellschaft abzuwenden, kann folglich bedeuten, einen Zustand der Authentizität und »Reinheit« herzustellen und die unverfälschte »Wahrheit« zu erkennen. Attraktiv ist diese Aufforderung insofern, als dass Wodarg das Potenzial in uns allen erkennt – schließlich waren wir alle mal Kinder – und wir zu etwas zurückkehren können, was wir vermeintlich noch in uns tragen. Das

---

[7] »Naturhaft« meint nicht etwa einen aus gesellschaftlichen Bedingungen losgelösten Entstehungshintergrund der Corona-Pandemie, sondern eine in »Natur« und »Biologie« verlagerte Problemlage. Die Corona-Pandemie steht vielmehr in einem engen Zusammenhang zu gesellschaftlich-kapitalistischen Verhältnissen, wie z. B. Massentierhaltung und kapitalistische Ausbeutung der Natur als Problem (vgl. Hauer 2021, S. 81 ff.).

Angebot eines »Ausweges«, indem wir unserer intuitiven Wahrnehmung trauen und einfache Fragen stellen, steht gleichwohl im Widerspruch zu Wodargs Anleitung. Latent gemacht wird ein Zustand von Abhängigkeit von seiner Person. Als Enkel:innen wollen wir den Großvater beeindrucken, seine Rätsel lösen und um seine Liebe kämpfen (aktivierende-mobilisierende Funktion), müssen aber auch um seine Macht fürchten (hemmende Funktion, passive Unterordnung). Wodargs anleitende, lenkende Rolle verändert sich zunehmend von elterlicher Fürsorge zu bedrohlicher Führung. Er wird in die von ihm aufgemachten Leerstellen selbst verortet, sodass er nicht nur die Rolle des fehlenden Experten einnimmt, sondern auch eine latent spürbare Gefahr verkörpert. Die Aufdeckung von latenten Sinndimensionen lassen lustvoll-projektive Machtfantasien und ein starkes Geltungsbedürfnis spürbar werden. Seine Expertenposition kann die Teilhabe an dieser Macht, die (Wieder-)Erlangung von Durchblick und Handlungsfähigkeit sowie narzisstische Selbstaufwertung verheißen, ohne dass das Publikum sich diesen Versprechen bewusst sein muss. Sich die Position wissender Überlegenheit anzueignen ist insofern affektiv attraktiv, als dass über die Entwertung anderer eine Aufwertung des Selbst betrieben werden kann. Abgewehrt wird so die in der Pandemie erlebte Kränkung. Der Impuls sich über Wodarg lustig zu machen, macht gruppendynamisch den Prozess narzisstischer Selbstaufwertung erfahrbar, wobei insbesondere die Herabsetzung eines Arztes als hoch attraktiv erlebt wird.

Über die Märchenfigur des »nackten Kaisers« wird die Gefahr vermittelt, die von einer potenziellen Beschämung und Entblößung ausgeht. Handlungsimpulse werden freigesetzt, um nicht selbst zur Gruppe der Erniedrigten dazuzugehören. Die detektivische Suche nach Analogien ist, neben der Abwehr von negativen Gefühlszuständen, durchaus auch ein lustvoller Prozess. Das »Entkleiden« der Zusammenhänge, Politiker:innen, die ein »Netz« anziehen und als »nackt« entlarvt werden, sowie der Videountertitel »unzensiert« verweisen assoziativ auf sexualisierte Prozesse und knüpfen an den irritierenden Eindruck von Obszönität an. Latent spürbar ist eine Faszination an Unanständigkeit und Tabubrüchen sowie eine lustvoll-sexualisierte Komponente, die verheißungsvoll mit dem Aufdecken von Korruptionszusammenhängen sowie dem Beschämen anderer mitschwingt.

## 2.3    Heiko Schrang

Der gebürtige Berliner Heiko Schrang arbeitet als Publizist, Buchautor und Webvideo-Produzent und bespielt erfolgreich diverse Social-Media-Plattformen (vgl. Psiram 2021a). Sich selbst bezeichnet er als einen der »bekanntesten

Aufklärer in den alternativen Medien Deutschlands« sowie »bekennender Buddhist« (Schrang 2016, S. 8 ff.). Mit seinem YouTube-Kanal »Schrang TV« erreicht Schrang unter dem Motto »Erkennen. Erwachen. Verändern.« 176.000 Abonnent:innen (vgl. Psiram 2021a). Schrang gilt als zentraler Akteur der rechtsalternativen Medien mit stetig wachsendem Einfluss, der an der Schnittstelle zwischen Esoterik, Rechtsextremismus und Verschwörungsideologie agiert (Rafael 2020). Als Teil der »Trutherbewegung« wähnt er sich als Kämpfer und Wahrheitsprediger gegen einen vermeintlichen Betrug durch Medien, Staat und Politik und ist Vertreter von diversen Verschwörungsideologien. Schrang zeigt außerdem eine Nähe zur Reichsbürgerbewegung, ist Akteur der »Querdenken«-Szene, leugnet u. a. den Klimawandel und Corona, äußert sich antifeministisch sowie offen und codiert antisemitisch (vgl. Psiram 2021a). Ein rechtskräftiges Urteil im Juli 2021 des Oberlandesgerichts Frankfurt am Main erlaubt die Einordnung Schrangs als »Rechtsesoteriker und Antisemiten« in einem ARD-Kontraste- Beitrag zu der »Querdenken«-Szene, gegen die er erfolglos klagte (ARD Kontraste 2021).

Über Schrangs Werdegang und seine ehemalige Tätigkeit in der Immobilienbranche ist wenig bekannt. 2005 tritt Schrang erstmalig als Redner auf Veranstaltungen auf, die sich verschwörungsideologisch mit vermeintlichen Hintergründen der Bilderberger-Konferenzen auseinandersetzen (vgl. Psiram 2021a). Seit 2009 versendet er einen kostenlosen Newsletter, der nach Selbstangaben von über 500.000 Interessent:innen gelesen wird (Schrang 2012). Seit 2012 veröffentlichte Schrang eine ganze Reihe an Büchern, dazu gründete er einen eigenen Verlag »Macht Steuert Wissen«, da angefragte Verlage ihn nicht publizieren wollten (ebd.). »Die Jahrhundertlüge, die nur Insider kennen« (2012) sowie »Im Zeichen der Wahrheit« (2017) enthüllen angeblich brisante »Geheimnisse« und propagieren verschwörungsideologische Zusammenhänge (vgl. Psiram 2021a). In Berlin trat Schrang 2013 als Redner auf den »Montagsmahnwachen für den Frieden« auf. Deutschlandweite Aufmerksamkeit erhielt er durch seine Weigerungen die GEZ-Gebühren zu zahlen, die er als Beweis für die Existenz eines »Staates im Staate« begreift (Antizensurkoalition 2018).

Schrangs zentrales Agitationsmedium ist die seit 2016 betriebene Homepage »heikoschrang.de«, auf der in drei Videoformaten politisch-esoterische Themenbereiche mit verschwörungsideologischer Ausrichtung behandelt werden: Auf »Schrang TV« werden z. B. angebliche Hintergründe für die Etablierung einer »Neuen Weltordnung« und aktuelle coronabezogene Verschwörungsmythen propagiert. Im »Talk«-Format ist seine gute Vernetzung in die verschwörungsideologische und rechte Szene zu erkennen. Das »Spirit«-Format trägt den Anschein einer primär spirituell-esoterischen Ausrichtung, gleichwohl fließen z. T. rechte

Deutungsangebote mit ein. Anschaulichstes Beispiel ist das Video »Löst euch von der Schuld« (Schrang 2019), indem er die Anerkennung einer »Kollektivschuld« aufgrund der Verbrechen des NS als ein staatliches Unterdrückungs- und Herrschaftsmittel inszeniert, wobei die Anerkennung von Schuld an den NS-Verbrechen nach Schrang Krebs erzeugen würde (vgl. Psiram 2021a). In einem Online-Shop werden kostspielige Kleidung und Gegenstände mit Schrangs Symbol (goldener Punkt und Kreis benannt als »Das Zeichen der Wahrheit«) verkauft (schrang.de 2021).

Schrang mobilisierte über seine Social-Medial-Kanäle massiv für eine Teilnahme an »Querdenken«-Demonstrationen und trat im August 2020 in Berlin selbst als Redner auf. Sein »Zeichen« fand eine hohe Verbreitung unter den Demonstrierenden und gilt nach wie vor als Bekennungs- und Vernetzungsmöglichkeit (Das Versteckspiel 2020). Schrangs inhaltliche Mischung aus rechter, esoterischer und verschwörungsideologischer Ausrichtung, mit z. T. erstaunlich offen antisemitischen und rechtsradikalen Aussagen, sein proletenhaft-larmoyantes Auftreten sowie die einfache, reißerische Sprache, erscheinen widersprüchlich. Unverständlich waren die stetig steigenden Abonnent:innen auf YouTube und Telegram sowie das begeisterte Publikum. Die Reichweite weit über die rechte Szene hinweg, der während der Pandemie erfahrene Aufstieg als »Verschwörungsinfluencer« (Rafael 2020) sowie die erfolgreiche Vermarktung eines Szenezugehörigkeit markierenden Markenzeichens, sind relevante Gründe, die von ihm ausgehende affektive Wirkmacht genauer zu untersuchen.

### 2.3.1 Heiko Schrang: »Die ganze Wahrheit über die Demo am 29.08«

Das im »Schrang TV«-Format veröffentlichte und für die Analyse ausgewählte Video trägt den Titel: »Die ganze Wahrheit über die Demo am 29.08.« (Schrang 2020),[8] wobei die Aufrufe sich aufgrund der Löschung auf YouTube nicht mehr rekonstruieren lassen. Inhaltlich reflektiert Schrang seine Erfahrung als Redner, propagiert eine angebliche »Diktatur« in Deutschland und benennt diverse Feindbilder (z. B. Merkel, »Mainstream-Medien« sowie ihre Konsument:innen). Außerdem macht er sich über Polizist:innen und analytisch Denkende lustig und mobilisiert zu Handlungen. Insbesondere die kontrastreichen Bilder und Widersprüche aus Harmlosigkeit und Gewalt sowie Liebe und Aggression eignen sich für eine tiefenhermeneutische Untersuchung. Der direkte thematische Bezug zu den Demonstrationen ist vielversprechend, um Schrangs Rolle in der

---

[8] Das Video wurde mittlerweile von der Homepage gelöscht, wenn Sie dieses bei wissenschaftlichem Interesse schauen möchten, können Sie mich kontaktieren.

»Querdenken«-Bewegung näher zu verstehen und seinen aktuellen Erfolg vor dem Hintergrund der Pandemie nachzuvollziehen.

### 2.3.2 Szenische Rekonstruktion

»Hallo und herzlich Willkommen zur neuen Sendung von **Schrang TV**« (Z. 1) begrüßt Heiko Schrang, ein bulliger Glatzkopf mit orange-brauner Haut, eine Glocke läutend sein Publikum. Sein T-Shirt zeigt einen goldenen Kreis mit einem Punkt in der Mitte, ergänzt durch den Aufdruck: »erkennen, erwachen, verändern«, im Hintergrund ist eine bedruckte Leinwand mit dem Motiv einer buddhistischen Figur zu sehen. Bereits die Eröffnungsszene wird von der IG als irritierend und lächerlich wahrgenommen. Die entstehende Erwartung einer aufkommenden kirchlichen Predigt oder Meditationssitzung sowie die brüchige und hohe Stimme werde durch Schrangs massiges Auftreten sowie die aggressive Körpersprache gebrochen. Die Glocke, sonst Symbol für Harmonie und Achtsamkeit, werde energisch und aggressiv geläutet. Die irritierenden Widersprüche zwischen spirituellen Symboliken, der wiederholten Bezugnahme auf »Liebe« (Z. 14) sowie unterschwelliger Aggression und Drohgebärden setzen sich im Verlauf des Videos fort. Im Folgenden wird die von Brüchen begleitete Selbstinszenierung im Hinblick auf ihre affektive Attraktivität nachvollzogen.

**Der durchschnittliche Berühmte. Die Doppelbödigkeit von Schrangs Selbstinszenierung**

Schrang inszeniert sich als klein und nahbar sowie groß und berühmt zugleich. Sich zu Beginn des Videos selbst vorstellend als »Stimme wie von Joe Cocker bei mir, Augenringe wie von Derrick« (Z. 3) stellt Schrang zunächst in eine Linie mit weltweit bekannten Berühmtheiten und deutschen Fernseh-Kultfiguren. Ergänzt wird die Selbstaufwertung durch das Motiv des Namedroppings:

> Die meinen Telegrammkanal folgen wissen genau, Thomas Berthold, der große bekannte deutsche Nationalspieler war bei mir zum Interview. Also wir ham' eigentlich Tach' und Nacht durchgearbeitet, trotzdem ist es meine Pflicht euch zu informieren, [...] **was lief am Samstag wirklich ab**? Weil ich **war ganz nah dran**, also nicht nur, dass ich auf der Bühne stand, eine Rede gehalten hab, sondern ich war im Backstage-Bereich die ganze Zeit, wo keiner reinkam, wo [...] Thomas Berthold selber da war und ähm ja also alle die Rang und Namen haben. Und deswegen möchte ich, John F. Kennedy natürlich, tschää Robert Kennedy natürlich auch, deswegen will ich jetzt mit euch über diesen ehrwürdig'n Tach' sprechen. (Z. 4 ff.)

Schrang schreibt sich eine bedeutsame Sonderrolle zu, die er aus der Nähe zum Geschehen ableitet und aus der Zugehörigkeit zu einer auserwählten Gruppe, wodurch ihm der Auftrag zukomme, Zuschauende aufzuklären. Er stellt sich als engagiert, auserwählt und pflichtbewusst dar. Er war sowohl auf der Bühne, habe aber auch Einblicke in Bereiche erhalten, wo sowohl »niemand«, als auch »alle« vermeintlich prominenten, einflussreichen Personen anwesend waren. Schrang habe enge Kontakte zu Personen mit mehr oder weniger hohem Bekanntheitsgrad, die er gleichwohl alle als bedeutsame Berühmtheiten aufwertet. Namedropping sowie der Fokus auf prestigeträchtiges Ruhm und Ansehen, losgelöst von Inhalten, erzeugt in der IG den Eindruck von Oberflächlichkeit und Beliebigkeit; Thomas Berthold wird doppelt aufgezählt und Robert Kennedy Junior mit John F. Kennedy verwechselt. Insbesondere der Versprecher in Bezug auf Kennedy wird als irritierend und lächerlich wahrgenommen. Fantasiert wird, dass Schrang selber »berühmt sein will, irgendwann spricht man über ihn, das hätte er schon gern«. Wird der Versprecher im Sinne einer Fehlleistung gedeutet, kann er den übermäßigen Wunsch nach Ansehen und Größe entlarven: Schrang sehnt sich, auf der gleichen Bühne wie John F. Kennedy zu stehen, ähnlich bedeutsam zu sein und einen geschichtsträchtigen Namen zu tragen. Dieser Eindruck manifestiert sich: »Wir werden eine überragende Doku […] euch zeigen […] so charismatisch (,) **Super**typ (,) Der Kennedy, guckt euch die Rede an, die is' jetzt schon im Netz drin, also nich' äh meine also mein Interview, aber seine Rede« (Z. 55 ff.). Schrang und Kennedy verfließen zu einer Person, »charismatisch« und »Supertyp« werden zu Selbstbeschreibungen und Schrangs Doku ähnlich großartig wie Kennedys Auftritt. In der Gruppe stellt sich der Eindruck eines Spektakels oder Zirkus' ein, in dem Schrang Personen auf die Bühne zerre, um ranghafte Namen für sich zu vereinnahmen. Die Aufzählungen von Berühmtheiten wirken wie Stammtischargumente, die sowohl als schlechte Propaganda belächelt wird, aber zugleich als wirksam empfunden wird. Schrang sei irgendwie »sympathisch, […] wenn man so von dem ganzen Inhalt weggehe« könne er sich vorstellen, mit ihm »ein Bier trinken zu gehen oder gegen den oder mit dem Fußball zu spielen«. Auch wenn einige Gruppenmitglieder zu Beginn Ambivalenzen äußerten, reagieren alle Teilnehmenden auf diesen Einwand hochgradig wütend. Über Selbstreflexionsprozesse kann die starke Reaktion als Abwehr eigener ambivalenter Gefühlslagen dekonstruiert werden. Schrangs wiederholte Verweise z. B. auf Sportler (z. B. Z. 131, 136) können u. U. Glaubwürdigkeit, Vertrauenswürdigkeit und den Eindruck von Solidität und Nahbarkeit erhöhen sowie Identifikationspotenziale schaffen. Spürbar wird auch ein affektiv attraktives Angebot, den Blick von Inhalten abzuwenden, um bei Schrang »mitspielen« zu können. Eine These, welche in den folgenden Kapiteln weiterverfolgt wird. Der manifest herausgestellten Einzigartigkeit steht eine betonte Mittelmäßigkeit gegenüber:

Ich gehöre nicht zum Orga-Team, ich habe damit nichts zu tun, bin nur ein beschei-dener Redner dort auf der Demonstration. (Z. 73 f.)

Unbedingt SchrangTV Talk einschalten. Thomas Berthold war bei mir. [...] **Hammer** Interview (,) **Supertyp** (,) Wir wird'n wahrscheinlich heute meine Rede noch bringen, die **ganz wenige** Leute überhaupt gesehen haben, gehört haben (,) ähm (,) also nur die Leute, die in'ner Nähe war'n natürlich. (Z. 214)

Neben der Aufwertung seiner Rolle auf der Demonstration relativiert er diese. Deutlich wird eine Diskrepanz, sich einerseits als Weltberühmtheit zu inszenieren und in seiner Exklusivität feiern zu lassen und andererseits die Rolle eines boden-ständigen Mitbürgers einzunehmen. Ausdruck des Widerspruches aus ersehnter Größe und vermeintlicher Bescheidenheit sowie Popularität und Unbekanntheit findet sich u. a. in der Schrangs Betonung, dass angeblich nur wenige Menschen seine Rede auf der Großdemonstration gehört hätten, wobei er sie gleichzeitig auf seinem Kanal für eine breite Masse zur Verfügung stellt. Was normalerweise Ausdruck eigener Bedeutungslosigkeit wäre (nur wenige sahen Schrang als Red-ner), wird positiv in Exklusivität umgedeutet. Für Demonstrationsteilnehmende wird ein Gefühl der Exklusivität und von Insiderwissen hergestellt, für Follower seines Kanals das Gefühl der Besonderheit konsumierbar gemacht. Die dargeleg-ten Widersprüche reflektieren sich auch in aufkommenden Fantasien in der IG. Schrang sei wie ein »Fitnessstudioleiter, der einem die Welt erklärt«, »normalo Nachbar«, der gleichzeitig etwas Prophetenhaftes habe. Von den Interpretieren-den wird er insofern als attraktiv imaginiert, dass man »den in Berlin bei 'ner Currywurst kennen lernen« kann. Die im Interpretationsprozess aufkommende Frage, welches Ziel Schrang verfolge, löst Verunsicherung aus und reflektiert den Wunsch, ihn einordnen zu wollen. Erleichterung verschafft die Vorstellung, dass Schrang lediglich die Vermarktung seines Kanals als Ziel verfolge, wobei dieses als harmlos belächelt wird (»wie Kinder, die Radio spielen«). Unterstützt wird dieser Eindruck durch permanente Eigenwerbung.

*Wie lässt sich die Doppelbödigkeit verstehen?* Die Gleichzeitigkeit von Durch-schnittlichkeit und Berühmtheit ist insofern attraktiv, als dass Schrang hohes Identifikationspotenzial bietet, Nahbarkeit vermittelt, sowohl als jemand »wie du und ich« auftritt – unterstützt durch seinen Berliner Dialekt – und sich gleichzeitig als überlegen inszeniert. Er verkörpert (narzisstische) Aufwertung des Selbst und Sehnsucht nach Ruhm, trotz offensichtlicher Mittelmäßigkeit. Zuschauenden wird die Möglichkeit geboten, sich durch das Konsumieren seiner Beiträge zu einer bedeutsamen Gruppe der Eingeweihten zugehörig zu füh-len und sich von dem Gefühl gesellschaftlicher Unterlegenheit in vermeintliche

Vormachtstellung zu fantasieren. Der Verweis auf berühmte Personen hat potenzielle Anziehungskraft und kann eine zusätzliche Legitimationsgrundlage bieten.
Seine unverhohlene, prahlende Aufwertung des Selbst wirkt zugleich entlarvend und veranlasst dazu, ihn als lächerlich abzuwerten: Als Gegenbewegung
zu der Selbsterhöhung muss die Gruppe ihn klein machen. Schrangs fast ironische Übertreibung – sein »überzeichnetes Zen« wie es ein Interpretierender
ausdrückt – erschwert es, ihn auf eine Position festzulegen und ruft Unsicherheit
hervor. Erst durch die Verharmlosung seiner Anliegen als kindliches Spiel oder
reiner Selbstvermarktung zum Selbstzweck kann Eindeutigkeit wiederhergestellt
werden, was zwar Erleichterung verschafft, ihn aber gleichzeitig unterschätzt. Um
dem Eindruck von Inhaltslosigkeit zu entgegnen, ist die Betrachtung propagierter
Inhalte umso wichtiger.

### Diffamierung der »Mainstream-Medien« und gefühlte Wahrheiten

Zentral für Schrangs Ausführungen ist der Verweis auf »Wahrheit«, der im Videotitel (»die ganze Wahrheit«) und in Schrangs Markenzeichen (»das Zeichen der
Wahrheit«) Ausdruck findet sowie als Protestziel formuliert wird (vgl. Z. 13). Es
stellt sich die Frage, was sich hinter dem offen gehaltenen Begriff verbirgt, wie er
mit »Erkennen« (T-Shirt-Aufdruck) zusammenhängt und welche Rolle sich dabei
Schrang zuschreibt. Was soll »erkannt« werden?

> Wir erkennen ganz eindeutig, ((lachend)) das, was ich schon seit 25 Jahr'n erkenne,
> dass wir nicht nur eine Manipulation sondergleichen in Deutschland haben, sondern
> wir leben schon in einer Diktatur, mitten wir sind mittendrin und zwar is' es die
> Corona-Diktatur. (Z. 19 ff.)

Auch bei Schrang taucht der Begriff einer »Corona-Dikatur« auf. Angebliche
diktatorische Zustände würden sich zwar aktuell im Zuge der Corona-Pandemie
offenbaren, gleichwohl werden sie als ein seit Jahren andauernder Zustand dargestellt. Das, was das »Wir« jetzt erkennen, würde Schrang schon seit 25 Jahren
wissen, wodurch er sich als mit Weitsichtigkeit, Weltkenntnis und wissender
Überlegenheit inszeniert. Er habe die Zusammenhänge schon lange verstanden
und lacht über diejenigen, die ihm entweder nicht glaubten oder es immer noch
nicht verstehen würden. Da diese Passage die einzige ist, in der Corona überhaupt erwähnt wird und gleichzeitig auf vermeintlich lange vor der Pandemie
bestehende Verhältnisse verwiesen wird, entsteht der Eindruck, dass es Schrang
inhaltlich nicht um die Pandemie gehe. Vielmehr nutze er die aktuelle Situation als Anlass für Anliegen, die er schon lange versuche zu verfolgen, mit dem
Unterschied, aktuell Erfolg zu haben. Die aufgestellte These der Kontextlosigkeit

von Aussagen und Generalisierung von Zuständen wird im Weiteren überprüft. Manifest arbeitet sich Schrang wiederholt an den »gleichgeschalteten Medien« (z. B. Z. 24) ab:

> Stellt euch vor wir ham' 'ne dunkle Turnhalle und in dieser Turnhalle (,) da (,) sind rischich viel Leute unterwegs, **aber** die is' dunkel und da gibt's 'n ganz großen Scheinwerfer, dieser Scheinwerfer, ist der Scheinwerfer der gleichgeschalteten Medien und die leuschten in **eine** Ecke (,) Und Leute, die diesen gleichgeschalteten Medien glauben, die schauen auch nur **das** in ihrem Fernseh'n, weil das der gibt quasi das wieder, was der Scheinwerfer **anleuchtet** (,) **beleuchtet**, was leuchtet der an? Einige Hundert, die **ang**eblich den Reichstag stürmen wollten (,) Also so vergleichbar, als ob 'ne Bank, die eigentlich schon leer is' mit Geld, aber die wo Gezeigt wird, inszeniert wird, da soll'n riesen Bankraub stattfinden. (Z. 21 ff.)

Unterschieden werden »viele« in der Dunkelheit agierende, gegenüber »einigen Hundert« angeleuchteten Personen, wobei sich alle in einer Turnhalle bewegen würden. Verurteilt wird einerseits einseitige, andererseits falsche Berichterstattung, da generell der Versuch einer Stürmung des Reichstages infrage gestellt wird. Medien werden als kontrolliert, vereinheitlicht und staatliche Propaganda abgewertet, ihre Konsument:innen als passiv und unkritisch verspottet. Ein Eindruck, der sich weiterhin verstärkt, wenn Schrang sie an anderer Stelle als unwissende »Vollidioten« (Z. 50) beschimpft. Die Bilder lösen vielseitige Assoziationen aus: Schrang sei ein typischer Mobber aus Schulzeiten, sodass man »dem nicht gerne als Kind in der Turnhalle begegnet [wäre]«. Insbesondere die dunklen Ecken werden als gefährliche Orte ausgemalt. Die Assoziation »mit ihm oder gegen ihn Fußball zu spielen« bekommt in diesem Kontext eine neue Bedeutung: Entweder spielt man in Schrangs Team und kann sich sicher fühlen oder man spielt gegen ihn und ist von Schikanierungen betroffen. Der aggressive Ausruf »Vollidioten« lässt einen körperlichen Angriff erwartbar machen. Scheinwerfer, Menschenansammlungen in Turnhallen und der Verweis auf angebliche Tote auf der Demonstration (Z. 34) verstärken ein diffuses, apokalyptisches Gefahrengefühl. Die Analogienbildung zwischen dem Stürmungsversuch des Reichstags und einem inszenierten Bankraub löst Unbehagen aus: Der Reichstag wird als bereits leer dargestellt und Politiker:innen mit Geld gleichgesetzt. Gezeichnet wird ein (systemisches) Endzeitszenario, erzeugt wird eine angstvolle Untergangsstimmung. Irritation löst die Infragestellung des Stürmungsversuches insofern aus, als dass entstandene Bilder für die rechte Szene auch nachwirkend eine große symbolische Bedeutung haben. Als Gegenentwurf wird der Auftritt Kennedys inszeniert:

**Alles** in diesem dunklen Bereich, wo kein Scheinwerfer hinkommt eine **Person,** eine **Person,** wo ich sagen kann eine riesengroße **Persönlichkeit** mit einem Namen, der strahlt über die **ganze Welt** und zwar der Name **Kennedy** [...] Jetzt fragt mal [...] die **Mainstream-treuen** Freunde Bekannte, ob **die überhaupt davon gehört hab'n** [...] Die wissen nich's was in der Turnhalle noch so abläuft. (Z. 40 ff.)

Deutlich wird, wie Schrang Sinnzusammenhänge verdreht: Dort wo Dunkelheit war, ist nun Licht; die, die sich im Scheinwerferlicht bewegen, tappen im Dunkeln; das durch Medien vermittelte Wissen wird in Unwissenheit unbenannt und die Unkenntnis über Kennedys Auftritt als Beweis für verzerrte oder falsche Berichterstattung inszeniert. Ähnlich »verdreht« verhält es sich mit der Einschätzung der Anzahl an Demonstrierenden: Schrang fordert die Zuschauende auf, sich nicht auf »die Zahlenspielerei« (Z. 88) der Medien einzulassen, da es »völlig egal ist, was diese Witzfiguren sagen« (Z. 92). Bei »SchrangTV« hätten sie sich »**geeinigt darauf,** dass wir sagen, **wir war'n weniger als** 10 Mio. [...] **Ganz einfach«** (Z. 93 ff.). Provokativ werden eigene Wahrheiten geschaffen, wobei sie so vage gehalten werden, dass sie argumentativ schwer widerlegbar sind. Faktenresistenz wird zusätzlich über den Appell an einen Gefühlskosmos hergestellt:

Die Medien sag'n es hat geregnet, hat geregnet, hat Regen. Die Sonne hat doch geschienen, die Sonne nicht-es **zieht doch nur runter** (,) Es **zieht uns nur runter** (,) **Lasst los** (,) **Lasst euch nichts erzählen** (,) **Ihr habt's dort vor Ort geseh'n.** Da war **alles** zusammen. [...] Und eine große Verbindung habe ich gesehen. (Z. 160 ff.)

Subjektive Erfahrungen und Gefühle werden als im Konflikt stehend mit Aussagen der »Medien« positioniert. Die Textstelle wird als absurd erlebt, Schrang sei »vollkommen durchgedreht«, woraufhin die Gruppe in gemeinsames Gelächter verfällt. Die Vorstellung loszulassen erzeugt Erleichterung und Angst zugleich, bei gleichzeitiger Unklarheit, worauf sich der Appell bezieht. Assoziiert wird »den Boden der Realität verlassen«, »das Einzige was zählt, dass ihr euch gut fühlt« sowie »wenn du auf Demo warst, bist du schon erleuchtet, da wird es keine eigene Meinung mehr geben, da gibt nur noch die Wahrheit« (ebd.). *Wie lässt sich die Doppelbödigkeit begreifen?* Manifest wird Deutschland zu einem diktatorischen Regime erklärt, die Pressefreiheit als aufgehoben und Massenmedien als ideologisch vereinnahmt dargestellt, vermeintlich getragen von einer unkritischen Mehrheitsgesellschaft und Öffentlichkeit. Das in wirkmächtigen Bildern hervorgerufene Bedrohungsszenario erzeugt Diffusitäts- und Gefahrengefühle, die als ausgehend von manipulierter Berichterstattung konzipiert werden. Latent wird eine von Schrang ausgehende Gefahr spürbar, wobei sich Zuschauende in einer potenziell vulnerablen und körperlich unterlegenen Situation imaginieren. Auftretendes Unbehagen kann Ausdruck einer möglichen Vorahnung sein, dass der endzeitliche Charakter der Analogien (Welt als Turnhalle; Leere Bank als Reichstag) eine existentielle Bedrohung für menschliches Dasein und die parlamentarische Demokratie implizieren kann. Die Irritation in Bezug auf die Infragestellung des Stürmungsversuches lässt sich in Bezug auf das erfahrene Unbehagen insofern deuten, als dass Umsturzfantasien als bereits realisiert präsentiert werden: Der Reichstag muss nicht mehr gestürmt werden, weil er bereits gestürmt wurde, daher leer ist. Sich Schrang zuzuwenden ist insofern hoch attraktiv, als dass er einen Lichtblick in dem von ihm gezeichneten apokalyptischen Untergangsszenario bietet, Erleichterung und Erlösung von Angst und Gefahr verspricht und Unangreifbarkeit und Schutz suggeriert. Die Betonung auf gefühlte Wahrheiten verspricht vermeintliche (Wieder-)Gewinnung zuvor beraubter Kontrolle und wird als Möglichkeit der Selbstermächtigung präsentiert. »Wahrheit« wird den »Medien« entgegengestellt und »einfach« neu geschrieben, die »neue Wahrheit« ist diejenige, die Schrang schon lange kennt und predigt. »Wahrheit« ist folglich nur noch das, was er uns als solche verkauft. Die beförderte Abwendung von der Realität kann in Faktenresistenz und verzerrter Wirklichkeitswahrnehmung resultieren; die Unerreichbarkeit durch logische Argumente und geteilter Realitätswahrnehmung erzeugt Angst. Getrieben in einen losgelösten und von außen unangreifbaren Zustand, hat nur noch das Spüren einer »Verbindung« Relevanz; wer Teil der Eingeweihten ist, kann sich gut fühlen und über andere erheben. Das gemeinsame Lachen lässt die Attraktivität einer sich erhebenden Gruppe erfahrbar werden. Die Erzeugung eines affektiv attraktiven Gruppengefühls werden im Folgenden als Mobilisierungsversuche einer Masse untersucht.

## Die Anrufung einer Gemeinschaft: Entstehung eines »ozeanischen Gefühls« und Selbstüberhöhung

Die Interpretationssitzung ist durch eine dynamische und lebhafte Gruppendynamik geprägt. Auffällig ist, dass aufkommende Fantasien in Bezug auf Schrang größtenteils sozialen Eventcharakter haben (Onkel auf Familienfeier, Fußball, Stammtischtyp etc.). Ein zu Beginn z. T. konflikthaftes Erleben wird außerdem zunehmend durch einen gemeinsamen Flow ersetzt. Resultat ist ein euphorisches Gemeinschaftsgefühl, welches in seinem soghaften Charakter als hoch attraktiv erlebt wird. Der Zustand wird als euphorisch-erschöpfend beschrieben und einerseits positiv erlebt, andererseits entsteht ein Erleben des Nicht-Loslassen-Könnens oder -Wollens, was z. T. in Ekelgefühle mündet.

**Abb. 3**  Schrangs Anrufung einer Glaubensgemeinschaft (von links nach rechts): »**Liebe** in der Welt« (Z. 14), »**Im Zeichen der Wahrheit**« (Z. 166 f.). (Quelle: Schrang, H. (2020, 31. August))

Manifest postuliert Schrang eine »Verbindung« (Z. 165), aber auch die wiederholte Bezugnahme auf »Energien« (z. B. Z. 171, 175, 178) erscheint zentral; ein abstraktes Wort, welches je nach Kontext unterschiedliche Bedeutung bekommt. Ausgewählte Passagen sollen im Hinblick auf Erlebnisangebot, Affektmobilisierung und Selbstdarstellung untersucht werden:

> Deswegen will ich jetzt mit euch über diesen ehrwürdig'n Tach' sprechen, also die Leute, die vorher nicht am ersten achten da waren, die ham' gespürt, dass eine **mega** Energie in der Stadt war. Wir reden davon, dass wir da standen für Frieden, Wahrheit, Kooperation, Freiheit und **Liebe** in der Welt. (Z. 11 ff.)

Feierlich benennt Schrang eine »mega Energie« als gemeinsame Wahrnehmungs- und Erfahrungsgrundlage, insbesondere diejenigen adressierend, die »neu« hinzugekommen seien. Unklar bleibt, was der Begriff in dem Kontext bedeutet, außer dass er als emotional hoch bedeutsames, verbindendes, beinahe sakrales Element zwischen Zuschauenden inszeniert wird. Die darauffolgenden Worte wirken phrasenhaft, formelhaft heruntergespult und emotional unbedeutsam. Das in der Gruppe aufkommende Sprichwort »Friede, Freude, Eierkuchen« veranschaulicht den Eindruck, es gehe vielmehr um die oberflächliche Bewahrung einer friedlichen und scheinbar harmlosen Fassade, die als unglaubwürdig wahrgenommen wird. Da die Begriffe nicht weiter spezifiziert werden (Kooperation zwischen wem und was? Freiheit von was? etc.), können sie von Rezipient:innen beliebig ausgedeutet und gefüllt werden. Das mit Nachdrücklichkeit betonte Wort »Liebe« wird als bedrohlich und aggressiv wahrgenommen (Abb. 3), sodass manifester und latenter Sinn sich konträr gegenüberstehen.

Sakralisierungsprozesse, eine »Energie« als suggeriertes Verbindungsglied sowie die Diskrepanz aus manifester Harmlosigkeit und latenter Bedrohung verdichtet sich weiterhin:

> **Lasst los** (,) **Lasst euch nichts erzählen** (,) **Ihr habt's doch vor Ort geseh'n** (,) Da war **alles** zusammen (,) **Alles** war da (,) Pol- politisch eso äh politisch unterwegs, war esoterisch unterwegs, die an alles Mögliche glaubten (,) Und eine große Verbindung habe ich gesehen und habe x mal Gänsehaut bekommen, weil **ich bin rumgerannt** (,) Mit meinem gesamten Team (,) Einmal um die Siegessäule für Leute **unser Zeichen tragen** (,) **Im Zeichen der Wahrheit-** [...] Jetzt bitte nicht falsch verstehen, hat auch nicht mit Beweihräucherung zu tun, mir geht's nur um die Energie an sich, als **Wir** (,) **Wir**, Samuel Eckert und ich, auf der Bühne stand (,) In dem Moment war der Himmel am Himmel ganz groß direkt über der Siegessäule das Zeichen der Wahrheit zu sehen (,) Also mehr Omen gibt es für mir für mich nicht (,) Die Leute, die nur analytisch hier unterwegs sind, den' kannst'e ohnehin nicht helfen (,) Und diese Energie die **da war,** die ham' wir alle gespürt (,) **Alle** (,) Und **darum** geht es, **darauf** aufzubauen und uns nicht **teilen zu lassen.** (Z. 162 ff.)

Auf seinen Auftritt rekurrierend, ruft Schrang intensive, affektgeladene Bilder und körpernahe Erlebnisse hervor. Diese beziehen sich auf eine in der Vergangenheit liegende Situation, die aktualisiert erfahrbar wird, wobei gleichzeitig eine nachträgliche (Um-)Deutung der bereits gemachten Erfahrung angeboten wird. Widersprüchlich ist die Diskrepanz zwischen einer Aufforderung loszulassen und das subjektiv Gesehene und Erfahrene als Realitätsreferenz zu nutzen und der gleichzeitigen Anleitung und Vorgabe von Gefühlen und Eindrücken. Manifest wird ein vermeintlich heterogenes *Wir* mobilisiert, welches politische und/oder esoterische Personen umschließt, die vor Ort waren und an »alles Mögliche glaubten«. Die Unterschiede rücken gleichwohl in den Hintergrund, aufgrund einer alle miteinander vereinenden »großen Verbindung«. Differenzen werden als überwunden inszeniert und eine gemeinsame Erfahrung in den Vordergrund gestellt. Die »Verbindung« stelle etwas dar, das das »wir« gemeinsam besitze und körperlich spüre und das gleichzeitig (nur) von Schrang in seiner Größe erkannt werde. Verknüpft werden ein aus der Verbundenheit resultierender körperlicher Erregungszustand und eine Energie mit dem Tragen des durch Schrang verbreiteten Zeichens. Das sogenannte »Zeichen der Wahrheit« sei in dem Moment seines Auftrittes am Himmel erschienen, was Schrang als (göttliche) Fügung und abergläubisches Vorzeichen deutet. Die Erfahrung einer »Energie an sich« wird als Legitimationsgrundlage für eine Selbstüberhöhung herangezogen, die Schrang gleichzeitig manifest versucht abzustreiten. Anhand von vier Motiven wird die Doppelbödigkeit der Inszenierung aufgezeigt:

*Körperlichkeit.* Die Passage wird als eine besonders intensive und körpernahe Szene erlebt. Unterstützt werden die Anrufungen durch ausgeprägte, repetitive Gestik. Einen Kreis vor sich zeichnend visualisiert Schrang die Verbindung einer vor sich stehenden Menge, über die er mit erhobener Hand fährt. Gänsehaut veranschaulicht er auf seinem Arm als ein körperliches Erlebnis. So wie Gänsehaut auf positive wie negative Erregungszustände verweisen kann, pendeln die Interpretierenden zwischen dem Gefühl eines, wie ein Interpretierender es beschreibt, »ozeanischen Aufgehen[s] in der Gemeinschaft« und dem Gefühl körperlicher Bedrohung und Gefahr. Die Anrufung einer gemeinsamen Erfahrung, unteilbarer Zusammengehörigkeit und grenzenloser Verbundenheit mobilisiert das attraktive Gefühl von Geborgenheit, Schutz und Verschmelzungswünschen, die gleichwohl als hoch ambivalent erlebt werden. Auf ihre Erfahrungen in der Corona-Pandemie und des zur Zeit der Interpretationssitzung andauernden Lockdowns rekurrierend, beschreibt ein Teil der Gruppe die Sehnsucht nach sozialen Kontakten, Verbundenheitsgefühlen und Umarmungen, die Schrangs Anrufung verstärken würde, die sich auch in dem Fantasieren über gemeinsames Fußballspielen verbildlichen. Konfligierend beschreiben Andere in Bezug auf das Virus, aber auch Schrangs massige Statur und aggressive Gestik, eine Gefahr und Angst, die aus einer körperlichen Nähe resultieren würde. Die eingeblendeten Fotos, auf denen Schrang Demonstrationsteilnehmende umarmt, sind in dieser Lesart ein Akt potenzieller körperlicher Aggression. Spürbar wird eine Gefahr, dass er einem grenzüberschreitend zu nah kommen könnte. Ähnlich ambivalent verhält es sich zu dem Tragen von gemeinsamen Symbolen und Kleidung, welche einerseits Gruppengefühle anregen und Zugehörigkeit markieren, andererseits eine nach außen gerichtete Aggression befördern können. Das gleiche T-Shirt wie Schrang zu tragen, wird als Möglichkeit fantasiert, »so zu sein wie er und dann ist es okay dieses aggressive Auftreten zu haben und sich dann darin so gehen zu lassen« (ebd.). Sich mit ihm zu identifizieren, kann die Aneignung der unterschwelligen Aggression befördern, dessen Ausagieren eine potenzielle Gefahr für Außenstehende bedeuten kann.

*Das »Zeichen der Wahrheit«.* Die Kombination aus Verschmelzung und Aggression reflektiert sich auch in den aufkommenden Assoziationen in Bezug auf Schrangs »Sonnensymbol«. Dieses wird als stark einnehmend beschrieben. Das Zeichen erinnere an das buddhistische Dharma-Rad, wobei zentrale symbolische Aspekte weggelassen werden würden. Resultat sei ein stark vereinfachtes und in seiner Symbolik sinnentleertes, aber in seiner Bedeutung maximal aufgewertetes Zeichen, welches als lächerlich empfunden wird. Verschiedene Assoziationen kommen auf: Die zentrierte Position auf dem T-Shirt sowie die

Form erinnere an eine *1) Brust*, sodass irritiert festgestellt wird, dass Schrang kulturell kodierte Bilder von »Weiblichkeit« und »Männlichkeit« (also weiche wie harte, zugewandte und aggressive) sowie bodenständige und abgehobene Aspekte miteinander vereine. Zusätzlich zu dem späteren Verweis auf das Gelangen zur »Quelle« (Z. 219) werde Schrang mit Mütterlichkeit und einer nährenden Funktion in Verbindung gebracht, die an das von ihm mobilisierte Verbundenheits- und Verschmelzungsgefühl anknüpfe. Diese Fantasie stehe in großer Diskrepanz zu seinem extrem »männlichen« Auftreten und massigen Figur. Dem steht die Fantasie einer *2) vergoldeten Zielscheibe* gegenüber. Diese umfasse sowohl Ziel als auch Preis und spiele auf eine aggressive Dimension an, die mit Militarismus und Männlichkeit in Verbindung gebracht wird und eine Gleichzeitigkeit von Opfer-(Zielscheibe) und Täter:innenposition (Preis) darstelle. Analog wird Schrangs mit der flachen Hand auf die Brust Hauen, während er auf das Zeichen verweist, als aggressive, provokative Drohgebärde wahrgenommen. Außerdem bilde das Zeichen eine *3) Menge (Kreis)* ab, die hierarchisch einem *Führer (Punkt)* gegenübergestellt werde. Schrangs Darstellungen suggerieren, alle Demonstrierenden seien nur seinetwegen vor Ort, wobei er sich als (An-)Führer inszeniert. Schrang inszeniert sich als in der Menge bewegend sowie über ihr stehend. Die Gleichzeitigkeit von vermeintlicher Verbundenheit und hierarchischer Exklusivität zeichnet sich auch in der wandelnden Bedeutung des postulierten Wirs ab: Ausgehend von dem »Wir« einer mobilisierten Glaubensgemeinschaft, beschränkt sich das darauffolgende »Wir« ausschließlich auf Schrang und seinen Mitredner.

*Messianismus.* Der Verweis auf »Himmel«, »Omen«, »Gänsehaut«, bei ausgebreiteten Armen und einem nach oben gerichteten Blick löst religiös-kultische Assoziationen aus (Abb. 3). Schrang ließe sich in einer messianischen, prophetischen Rolle feiern, um vermeintlich »Wahrheit« zu predigen, wobei die Botschaft nicht verstanden werden könne. Mobilisiert wird das Gefühl einer grenzenlosen Glaubensgemeinschaft und göttlichen Fügung, wo für Zufälle kein Platz mehr ist. Das Spüren der »Energie« wird als transzendierende und überirdische Erfahrung inszeniert, die Verbundenheit innerhalb der Menge sowie zu Schrang auf der Bühne und – vermittelt über ihn – zum Himmel hergestellt wird. Schrang inszeniert sich über Gestik und Mimik als Hoffnungsträger und erleuchteter, göttlicher Erlöser, lockend mit kosmischer Verbundenheit.

*Ausschluss.* Dass die vermeintlich grenzenlose Offenheit ihre Einschränkungen hat, zeigt sich u. a. in dem Ausschluss analytisch Denkender. Ihnen sei »nicht mehr zu helfen«, ein umgangssprachlicher Ausdruck für einen hoffnungslosen, aussichtslosen Fall. Schrangs Anrufung, sich von rationalem Denken abzuwenden, wird als implizite Drohung verstanden, die Wut und Angst erzeugt.

Imaginiert wird eine zukünftige Konfliktsituation, in der nicht mehr argumentiert werden kann und rational-analytisches Denken gewaltvoll sanktioniert wird. Interpretierende nehmen die Stelle als Bruch wahr, da sie sich angesprochen fühlen. Es entsteht der Impuls, auszusteigen und das Video zu beenden. Die sich manifestierenden Ausschlussmechanismen werden jedoch auch als Erleichterung wahrgenommen.

*Wie lässt sich die Doppelbödigkeit verstehen?* Manifest wird ein attraktives und vermeintlich inklusives Verbindungs- und Gemeinschaftsgefühl mobilisiert. Schrang spielt mit überzeichneten Bildern und Übertreibungen und mobilisiert eine Bewegung, wobei explizit analytisch Denkende und damit u. U. auch Logik und Rationalität ausgeklammert werden. Er vereinnahmt die Veranstaltung sowie historisch geschichtliche und symbolträchtige Orte für seine Selbstinszenierung. Das Erleben, das Aufgehen in der Gemeinschaft, die Betonung von Gefühlen, die sich ausgehend vom Individuum, über ihn, auf eine überirdische Erfahrung und kosmische Verbundenheit ausdehnt, ist insofern attraktiv, als dass man sich nicht mehr klein und ohnmächtig, sondern groß und (all)mächtig fühlen kann, (»mütterlicher«) Schutz und Geborgenheit versprochen wird, Sinnhaftigkeit und Glauben (wieder)hergestellt und (göttliche) Schicksalshaftigkeit suggeriert wird. Schrang erscheint in einem messianischen Auftrag als berufen, wobei er manifest versucht seine Rolle klein zu halten, sie aber gleichzeitig in Gesten und Bildern maximal steigert: Selbststilisiert als gottgesandt, verspricht er Erlösung von irdischen Leiden, Sünden und Lasten. Dem von Konflikten bereinigten »Innen«, der abstrakt gehaltenen Gemeinschaft, wird ein feindliches Außen gegenübergestellt. »Die Leute, die nur analytisch hier unterwegs sind« werden als Feindbild konzipiert, auf die Konflikte und Widersprüche projiziert werden. Latent verkehrt Schrang gesellschaftliche Normen und Vorstellungen ins Gegenteil: Analytisch Denkende werden als unerreichbar, verrückt und verloren benannt. Suggeriert wird, dass nicht irrationale Hingabe (z. B. zu der angerufenen Gemeinschaft), sondern Rationalität und eigenständiges Denken eine Gefahr für die Gesellschaft darstellen und mit (gesellschaftlichem) Ausschluss sanktioniert werden könnten. Die von seinen Anrufungen ausgehende Manipulation und Unerreichbarkeit wird ins Außen projiziert. Latent werden Aggression und Gefahr sowohl innerhalb der Gemeinschaft als auch für Außenstehende spürbar. Die Eingliederung in die vermeintlich erlösende Glaubensgemeinschaft ist zunehmend als Forderung einer gewaltvollen Unterwerfung wahrnehmbar, wobei auch von Schrang in seinem autoritären Führungsanspruch Bedrohung ausgeht. Das »Wir« der Gemeinschaft wird durch ein exklusives »Wir« der Redner ersetzt. Nähe ist nicht nur Schutz, sondern auch (körperliche) Unterlegenheit, Gefahr und Gehorsamkeit. Denkbar ist, dass die in der gewaltvoll erzwungenen Unterwürfigkeit entstandene Aggression auf

Feindbilder kanalisiert wird. Zuschauende werden ermutigt, sich Schrangs latent spürbare Aggression anzueignen und sie im Außen anzuwenden. Aus Opfern (Zielscheibe), sollen von ihm gefeierte Täter:innen (goldener Preis) werden. Trotz – oder gerade wegen – der erlebten intensiven Emotionen, verspüren die Interpretierenden den starken Impuls, sich von Schrangs Anrufung abgrenzen zu wollen. Seine Anrufung beschreiben sie als wirkmächtig und attraktiv, gleichwohl wird wiederholt der hypothetische Charakter der Anziehungskraft betont. Als Gegenimpuls zu der inszenierten Selbstüberhöhung und Heiligsprechung werden die Anrufungen als unbedeutend, lächerlich, langweilig und propagandamäßig entwertet. Die von Schrang aufgemachte Gegenüberstellung von Emotionalität versus Analytik wird dankend als Trennung aufgenommen, da suggeriert wird, analytisches Denken schütze vor der Wirkmächtigkeit seiner Anrufungen. Kurzzeitig kann ein auf Rationalität basierendes Selbstkonzept (re-)stabilisiert und zuvor aufgeweichte Grenzen wiederhergestellt werden, was Erleichterung verschafft.

### Irritation: Polizei als »Merkelschergen« vs. »Depressive«

Irritation erzeugt die widersprüchliche Bezugnahme auf die Polizei. Schrang inszeniert diese sowohl als gewalttätig und harmlos, korrupt und naiv, mächtig und ohnmächtig zugleich, wobei unklar sei, ob er diesen gegenüber Antipathien oder Sympathien hege. Diese Widersprüchlichkeit gilt es vor dem Hintergrund seiner Anrufung zu beleuchten:

> Wie auf schlimmste Art und Weise auf wehrlose Frauen Männern, deren Kind auf'n äh sein Kind auf'n Schultern getragen von den Schergen, von den Merkelschergen in ja Geschtapo-Manier, muss man schon sagen, auf die Leute eingeschlagen und das sin' Leute die für Frieden Leben, Lieben Liebe unterwegs waren selbst das große **Ghandi**-Bild, was nur bei der ersten Demo gezeigt worden ist, wurde erst mal schön von der Polizei quasi beschlagnahmt, verhaftet. (Z. 35ff.)

Dargestellt wird eine wehrlose, friedliche Zivilbevölkerung im heteronormativen bürgerlichen Prototyp kleinfamiliärer Konstellation, die einer skrupellosen, gewalttätigen Exekutive gegenübersteht. Die Struktur und Methoden der Polizei werden nach NS-Vorbild konzipiert, unter der angeblichen diktatorischen Befehlsmacht Merkels stehend. Kontrastierend werden Demonstrierende als Freiheitskämpfende inszeniert, wobei sich bedeutsame, gewaltfreie Unabhängigkeitsbewegungen symbolisch angeeignet werden. Die »Verhaftung« des Gandhi-Bildes suggeriere, Gandhi sei vor Ort gewesen und verhaftet worden. Bekleidet mit berühmten Persönlichkeiten, ohne einen geschichtlichen Realitätsbezug, wird die

Skrupellosigkeit der polizeilichen Vorgehensweise bildhaft untermauert. Heroisierung und Viktimisierung der Demonstrierenden stehen einer Dämonisierung der Polizei gegenüber. Dass die skizzierte polizeiliche Übermacht beschränkt und zunehmend in Schwäche umgedeutet wird, veranschaulicht sich im weiteren Verlauf:

**Was ist vor Ort passiert?** (,) Ich kann aus'm Nähkästchen plaudern. (,) Also ich kam rein im Backstage-Bereich alles voller **Polizei** (,) Und zwar nicht vor der Bühne, **hinter** der Bühne, Schlagstöcke, P-, Gesichter alle nur als ob se' permanent Sodbrennen haben (,) Haste nur an den Aug'n gesehn, weil die hatt'n ja alle vorbildlich eine Maske auf (,) **Erstmal.** (Z. 77 ff.)

Da steh'n sie denn da (,) Die Schlägertrupps des Staates mit ihren **Schlagstöckschen** in der Hand, bilden dort 'ne Reihe und die Leute stehen sitzende Meditationsstellung da, machen nichts. (Z. 98 ff.)

Das Abbrechen bei »P-« wird als bedeutsam wahrgenommen, assoziativ wird das Wort »Pistole« eingesetzt, wobei sich gefragt wird, warum er sich ausbremst. So wie Schlagstöcke im Diminutiv verharmlost werden, wird das Tragen einer potenziell tödlichen Schusswaffe angedeutet, aber nicht ausgesprochen. Die Diskrepanz aus potenziell körperlicher Gefahr und Harmlosigkeit, Mächtigkeit und Wirkungslosigkeit zeigt sich auch in den aufkommenden Assoziationen. Während in Bezug auf das skizzierte Bild friedlich Demonstrierender der Einsatz von Schlagstöcken als hoch gefährlich imaginiert wird, würden bei Schrangs massiger Statur diese vermeintlich keine Wirkung erzielen können. Konfrontativ nimmt ein Interpretierender Schrangs Position ein: »Wenn jetzt jemand auf mich zumarschiert, kann er sein Schlagstöckchen benutzen, wie er will, hat keine Chance gegen mich«. Latent spürbar wird eine Konfrontationslust, die an das affektiv attraktive Gefühl von Unbesiegbarkeit und Unsterblichkeit geknüpft und von einer mit Schrang identifizierten Sonderstellung begleitet ist. Exklusivität plausibilisiert sich auch in dem durch ihn erhaltenen Einblick in das Geschehen hinter der Bühne. Was der Blick hinter die Kulissen, also der für die Öffentlichkeit verborgene, aufdecke, sei ein hohes Maß an Unzufriedenheit, Krankheit und Angestrengtheit aufseiten der Polizist:innen. Die Betonung auf »erstmal« impliziert außerdem eine zeitliche Komponente und einen Wandel. Suggeriert wird, dass die Polizei zwar anfänglich Gesichtsschutzmasken trage, aber diese im späteren Verlauf absetze. Analog zu dem Sprichwort »die Masken fallen lassen«, würden sie sich und andere nicht mehr täuschen können und ihr »wahres Gesicht« zeigen. Die Diskrepanz aus moralisch reinen, unschuldigen Demonstrierenden und einer als skrupellos und von Sinn und Zweck entfremdeten Polizei spitzt sich im weiteren Verlauf zu:

> Die müssen für sich abends, für sich einfach mal wenn'se ins Bettchen gehen, ins Heia
> Bettchen, dann müssen sie mit sich mit sich vereinbaren, wie sich das anfühlt, wenn
> ihr oberster Dienstherr dann Abends, nachdem nicht mehr 'ne Million Leute da war,
> sondern nurnoch'n **paar,** die kämpfen wollten, wenn man zu denen sagt: »So und jetzt
> prügel mal auf die ein« (,) Also 'n paar Stunden vorher hier noch Wasser gegeben
> ham' und dir noch ein Brötchen gemacht, das musst du mit euch selber ausmachen
> ihr Lieben (,) Und deswegen is' es so stark, dass es dort zwei Polizisten gab, mit den
> hab ich auch ein Interview geführt. Das ist der eine Mann (,) der legendär ist, bei der
> Demo Rede gehalten hat. (Z. 119 ff.)

Polizist:innen sind nicht mehr nur in ihrer Macht beschränkt, sondern infantilisiert
und als willenlose Handlanger abgewertet. Der wahrgenommenen Boshaftigkeit
weichen Eindrücke kindlicher Naivität, Folgsamkeit, Konformismus und Prinzi-
pienlosigkeit. Das Reichen von Wasser und Brot in Kombination mit dem Appell
an das Gewissen erinnert an das Abendmahl Jesu und die damit einhergehende
Symbolik der Versöhnung, Nächstenliebe und Reinigung von Sünden. Während
die Eigengruppe, insbesondere die Organisator:innen der Demonstration, als von
göttlichen Tugendenden und geheiligt dargestellt wird, würden Polizist:innen vor
der Entscheidung stehen, ein Leben voll Sünde, Bestrafung und Einsamkeit zu
wählen oder sich von Schrang als »stark« und »legendär« feiern zu lassen. Ihnen
wird ein attraktiver Ausweg angeboten. Der bis dato lediglich angedeutete Appell
an Polizist:innen, zu ihm überzulaufen, manifestiert sich:

> Und an die Polizisten (,) nicht, dass ihr denkt, ich bin hier Polizisten-Hasser (,) Wir
> ham' 'ne **Menge Polizisten** (,) **Sympatisanten** (,) Polizisten, die sind ausgestiegen-
> ich habe ab und zu mal das schon gesagt, ich sag's hier nochmal wie ich hier stehe: Ich
> weiß **genau** (,) **Ich weiß es genau** (,) dass die **Polizei** die höchste Selbstmordrate hat
> von allen Berufen (,) Die höchsten Depressionen sind da (,) **Mensch Leute** (,) Bevor
> ihr euch das **Leben** nimmt schmeißt doch die **Uniform** mal bitte über Board (,) Doch
> nisch' wegen den lächerlichen 2 000 €, die ihr da bekommt (,) Is' doch'n **Witz** (,)
> Meldet euch bei **mir** oder bei anderen Berufskollegen, wir hab'n so viel zu tun, dass
> wir nicht mal uns're **Doku fertig** haben (,) Im Normalfall hätt'n wir die gestern schon
> bringen müssen (,) Jeder von euch hat in sich ein **Licht,** jeder hat eine Begabung, aber
> bitte doch nicht der Diener eines **korrupten, verbrecherischen Systems** zu sein (,)
> Das kann doch niemals 'ne Lebensaufgabe sein-denkt mal drüber nach. (Z. 201 ff.)

Manifest stellt sich Schrang als (all)wissend, gutherzig, unterstützend dar. Er
wisse was für Polizist:innen (und Zuschauende insgesamt?) gut sei, könne verborgene Begabungen erkennen, Lebenssinn (wieder)herstellen. Sich aus den
Zwängen des Systems und dem Zustand vollkommener Abhängigkeit zu befreien,
bedeute von der Dunkelheit, Hoffnungslosigkeit und Krankheit (Depression) sich
dem Licht (Schrang) zuzuwenden. Paradoxerweise wird ultimative Freiheit als

Zuarbeit für Schrang und seinen Sender formuliert. Von der Inszenierung angesprochen, dass Schrang nur Gutes für Andere wolle, beschreibt ein Teilnehmer
sein Anliegen als sympathisch, während im Kontrast andere Interpretierende
starke Wut empfinden und den Impuls beschreiben, Lachen oder Schreien zu
wollen. Einen dicken Hals zeigend wirft eine Interpretierende aggressiv ein: »hör
doch auf mit deinem Gelaber«. Weiterhin sei der Abschnitt Höhepunkt Schrangs
messianischen Anspruches. Die Kranken der Polizei heilen zu wollen, wird als
hochgradig anmaßend empfunden und verdeutliche, das Schrang an Lebensrea-
litäten vorbei sich in eine göttliche Position verorte. Auch seine insistierende,
aggressive Mimik und Gestik, die laute Stimme, die zeitweise in einem Anbrül-
len mündet, wird als bedrohlich und kontrastreich zu dem angebotenen Pfad der
Erleuchtung wahrgenommen. Erneut aufkommendes Gefühl ist, seine Anrufungen
über sich ergehen lassen zu müssen.

*Wie lassen sich manifester Sinn und latente Wirkung verstehen?* Manifest wird
der Widerspruch deutlich, die Existenz eines vermeintlich bestehenden diktatorischen Systems in Deutschland plausibilisieren zu wollen und Gewaltenteilung als
aufgehoben zu inszenieren, wobei gleichzeitig sich zu wehren und aufzubegehren
als niedrigschwellig umsetzbare Möglichkeit und attraktiver Ausweg präsentiert
werden soll. In Bezug auf die Polizei wird eine Ambivalenz aus Abneigung und
Faszination spürbar: Sie sind Feindbild und potenzielle Verbündete, mächtig und
ohnmächtig zugleich. Die häufige Bezugnahme verdeutlicht eine starke Affinität
gegenüber der Exekutive. Als einzige Berufsgruppe werden sie direkt adressiert
und zum Ausstieg und Seitenwechsel aufgerufen, bei gleichzeitiger Betonung,
dass einige bereits übergelaufen seien. Was Schrang folglich nicht missbilligt,
ist die Existenz einer übermächtigen Exekutive, was er verurteilt, ist für wen sie
arbeiten, bzw. dass sie nicht für ihn arbeiten. Heldenhafte Widerstandsbewegun-
gen und totalitäre Herrschaft werden u. a. in Analogie zum NS konzipiert und
damit als ähnlich übermächtig und historisch bedeutsam skizziert; Demonstrationsteilnehmende als existentiell bedroht und heldenhaft inszeniert. Der Wandel
von Demonstrierenden von klein und wehrlos, zu heldenhaften Opfern und Hei-
ligen sowie der Polizei von skrupellosen Täter:innen und Inbegriff des Bösen zu
gewissenlosen, kleinen Handlangern des Systems ist hoch bedeutsam. Die reale,
potenziell tödliche Gefahr, die von bewaffneten Polizist:innen ausgeht, wird manifest heraufbeschworen und im Verlauf dezimiert, um sich über diese erheben zu
können. Schrang kann nur Siegesaussichten versprechen, wenn das Gegenüber
auch als besiegbar dargestellt wird. Gleichzeitig wird Macht und Gewalt, derer die
Exekutive zunehmend beraubt wird, sich latent angeeignet. Schrangs Selbstinszenierung ist in Bezug auf den Prozess der Aneignung insofern zentral, als dass er
eine Vorbildfunktion erfüllt und das Gefühl der Übermacht und Unbesiegbarkeit

bereits verkörpert, was Ausdruck in den aufkommenden Fantasien findet. Sich ihm anzuschließen, verspricht narzisstische Aufwertung, autoritäre Übermacht und Potenz sowie das lustvoll besetzte Ausüben von Gewalt. Außerdem bietet es einen Ausweg aus der von Schrang ausgehenden Bedrohung und die affektiv attraktive Möglichkeit, Andere aggressiv zu bekämpfen. Dass eine Zuwendung zu Schrang nicht an Autonomie und Freiheit, sondern an autoritäre Unterwürfigkeit gebunden ist, verdeutlicht sich in der manifesten Heiligsprechung Schrangs (nur er kann das Licht erkennen, man muss für ihn arbeiten) sowie latent in dem in der Gruppe auftretenden Gefühl der Handlungsunfähigkeit und Lähmung. Man muss sich mit dem Schicksal, was die göttliche Figur Schrang vorzeichnet, abfinden und kann nicht weggehen, was Aggression und Verzweiflung (Lachen und Schreien) befördert. Dass sich die Stelle als Scheideweg darstellt, wird auch in der Positionierung der Interpretierenden deutlich, die entweder starke Aversion verspüren und sich wütend gegen ihn stellen oder seine Anrufungen als zugewandt und schützend verstehen. Es resultiert ein Gefühl des »entweder-oders«, das sich auf die Frage überträgt, ob Schrang rechtsradikal *oder* erlösender Prophet sei. Dass keine freie Wahl hinter Schrangs »Angebot« zur Gefolgschaft steht, sondern Außenstehende existentiell bedroht sind, wird im Folgenden veranschaulicht.

## Mobilisierungsversuche und Kriegserklärung: »Wenn diese Energie nach außen getragen wird, [...] dann fallen sie um wie die Fliegen«

Um die mobilisierende Funktion der Aggression zu verstehen, die sich teils offen, teils verdeckt in gewaltvollen Bildern offenbart, bietet sich insbesondere eine Passage an, die als entlarvend, schockierend und kraftvoll erlebt wird und zunehmend Angst erzeugt. Der abstrakt gehaltene Begriff der »Energien« wird hier auf eine Art und Weise konkretisiert, die die bisherige Bedeutung und Sinndimension verändert bzw. ergänzt.

Dass der Tach irgendwann kommen wird, weil die Schmerzgrenze ist wirklich noch nicht groß genug (,) Weil wenn von 50 000 Leute wie '89 sagen: 'Wir gehen jetzt einfach geradeaus', dann denkt ihr an eure Zeit zurück, wo ihr Kinder seid mit den Dominosteinen, die fallen alle (,) Polizisten bububub, die fallen alle, weil wenn 50 000 grad- hier geht's nicht darum sich mit denen zu prügeln, um **Gottes Willen,** wir gehen unseren **Weg** (,) wie Jesus damals gesagt hat beim **Zöllner,** der **Matthäus** hieß: '**Ich zahle keinen Zoll.**' Wir machen es nicht (,) Und geht weiter mit seinen Jüngern und dreht sich um und sagt: 'Wenn du willst, folge uns'. Das ist die **Energie,** die in den in unsern Herzen ist (,) Und wenn diese Energie **nach außen getragen wird,** dann können sie gar nichts machen, dann fallen sie um wie die Fliegen. (Z. 108 ff.)

Manifest wird auf einen in der Zukunft liegenden Tag verwiesen, der im Zusammenhang mit einer Schmerzgrenze – und Schmerzen? – stehe, die zur Handlung mobilisiere. Die Handlung umfasse das Gehen eines gemeinsamen Weges, wobei unspezifiziert bleibt, wer mit den 50.000 Personen gemeint und was darunter zu verstehen sei. Einerseits lassen die mobilisierten Bilder Platz für Deutungsmöglichkeiten, gleichzeitig werden überraschend konkrete Handlungsanweisungen gegeben, denn Polizist:innen sollen »(um)fallen«. Über die Aneignung geschichtsträchtiger Ereignisse sowie christlicher Überlieferungen werden die Anrufungen als vermeintlich gewaltfrei und als ähnlich bedeutsam inszeniert. Sich der von Schrang dargestellten Masse anzuschließen, kann folglich implizieren, Teil von etwas Großem zu sein, Geschichte zu schreiben und sich gegen ein vermeintlich repressives Regime zu wenden. Trotz der Möglichkeit, inhaltliche Bezüge herzustellen, entsteht vielmehr der Eindruck, dass spezifische Inhalte unbedeutend sind und die Verweise lediglich den Zweck erfüllen, von seiner gewaltvollen und autoritären Anrufung abzulenken. Die postulierte »Schmerzgrenze« ist vielversprechend, um die Spannung aus Harmlosigkeit und Aggression aufzudecken.

Die Bezugnahme auf eine nicht genügend große »Schmerzgrenze« erzeugt Irritation, v. a. da Schrang sie mit einem unterdrückten Lachen vorträgt, sodass der Sinn als verdreht erscheint. Einerseits ist unklar, ob Schrang von *großen* Schmerzen, oder einer hohen *Schmerzgrenze* spricht, andererseits entsteht der widersprüchliche Eindruck, Schrang mache sich über die von ihm benannte »große Schmerzgrenze« lustig und benenne sie gleichzeitig als etwas Erstrebenswertes. Die aufkommenden Lesarten verbinden die paradoxen Wahrnehmungen: Lesart 1 versteht die manifeste Aussage als eine ironische Übertreibung; Schrang würde eine bestehende Schmerzgrenze als zu hoch beurteilen. »Wir« (die Zuschauenden?) ließen uns zu viel gefallen, hätten uns an vermeintlich schlimme Zustände gewöhnt und tolerieren diese. Daran anknüpfend wäre auch sein Auflachen als Unverständnis und sich lustig machen zu verstehen. Lesart 2 deutet die Verstärkung von *Schmerzen* als etwas Erstrebenswertes, bzw. ein wichtiges Mittel zum Zweck, da erst durch das Fühlen von Schmerzen das »wahre Gesicht« des Systems erkannt werden und Menschen zu Veränderung bewegt werden könnten. Lesart 3 sieht eine zeitliche Komponente im Vordergrund: angepriesen werde ein spezifischer Tag, an dem der zugefügte Schmerz die Grenze überschreiten, d. h. als endlich solcher wahrgenommen werden würde, wodurch Handlung mobilisiert werden könne.

Schrangs sprachliche Neubildung kann folglich implizieren, dass das Ertragen und Hinnehmen von Leid bereits ein hohes Ausmaß angenommen habe, was er verurteilt. Gleichzeitig sei die Erhöhung von zugefügten Schmerzen ein notwendiger Motor für Veränderung, um einen leidvollen Gewöhnungszustand zu erkennen und sich gegen das bestehende System zu wehren. Diese Lesarten bestätigen sich, wenn Schrang an anderer Stelle argumentiert: »anscheinend ist die Zeit noch nicht **reif** und **die Schmerzgrenze** is' noch nicht hoch genug (,) Bei den Menschen muss man fairerweise sagen, dass sie das sich **alles gefallen lassen** von dieser Diktatur« (Z. 139 ff.). Die Erzählung hat eine schockierende Wirkung und wird als menschenfeindlich, gewaltvoll und sektenhaft wahrgenommen. Insbesondere der bedrohliche Verweis auf einen alles verändernden, zukünftigen Tag, der herbeigewünscht wird und unumgänglich in Zusammenhang mit Schmerzen stehe, sei eine Positivbewertung eines Zerfallsszenarios und verweise inhaltlich auf die im Rechtsextremismus weit verbreiteten Vorstellungen und Vorbereitungen auf einen »Tag X«, an dem die demokratische Ordnung gestürzt werde. Die Erzählung bindet an apokalyptische Verfallserzählungen und Untergangsszenarien an und wird als erstrebenswert für einen Systemwandel angesehen (vgl. Quent 2019). Eine gewaltvolle Abrechnung, v. a. mit staatlichen Institutionen, veranschaulicht der Handlungsappell gegenüber der Polizei.

Imaginiert wird eine Menge von 50.000 Menschen, deren Handeln in einem Geradeauslaufen bestehe, als dessen Konsequenz Polizist:innen wie »Dominosteine« – oder an späterer Stelle wie »Fliegen« – fallen. Der Vergleich, insbesondere die Anrufung, sich in die kindliche Erfahrung des Dominosteinspielens zurückzuversetzen, wird als verniedlichend und verharmlosend wahrgenommen. Manifest wird eine spielerische Faszination und das lustvolle Erlebnis in den Vordergrund gerückt, durch das eigene Handeln eine Kette von Reaktionen auszulösen, also eine große Wirkung mit Folgeeffekten zu erzielen. Gleichwohl beschreibt die Gruppe ein diffuses, unheimliches Gefühl, da man wisse, »was er so eigentlich damit auslösen will und das irgendwie nicht sagt« wobei er einerseits wie ein »gruseliger Motivationscoach, mit einer abgründigen Seite« auftrete, andererseits wie ein »riesiger kleiner Junge«, der sich beim Dominospielen mächtig fühlen könne, begleitet von dem Gedanken »ich denke, dass es passiert und deswegen passiert es, weil ich das will« (ebd.). Formuliert wird eine Diskrepanz aus klein und machtvoll, Wunschvorstellung und deren Realisierung sowie Fantasie und Realität. Das Kind ist klein, d. h. potenziell hilflos und ohnmächtig sowie riesig, also omnipotent zugleich, wobei über das Spielen und die Fantasie die eigene Machtposition vergrößert und Kontrolle (zurück)erlangt werden kann. Insbesondere die Vorstellung, andere Personen und die Realität über eigene Gedanken manipulieren oder steuern zu können, erinnert an magisches Denken, ein in der Kindheit zentraler Entwicklungsprozess, der Handlungsfähigkeit (wieder)herstellt (vgl. Resch 1994, S. 155). Nehmen wir die aufkommenden

Assoziationen als Hinweise auf die latente Sinndimension und verknüpfen diese
mit Schrangs Aussage »dann denkt ihr an eure Zeit zurück, wo ihr Kinder seid
mit den Dominosteinen, die fallen alle, Polizisten bububub, die fallen alle«, ergibt
sich folgende Deutung: Schrang mobilisiert eine affektiv attraktive Erfahrung
des Kindesalters, über Fantasie und Spiel hervorgerufene Gefühle omnipotenter
Kontrolle (wieder)herzustellen und Grenzen zwischen Vorstellung und Realität,
Vergangenheit und Zukunft zu verwischen. Die fallenden Dominosteine werden in der Fantasie – und vor dem Hintergrund magischer Gedanken auch in
der Realität – zu fallenden Polizist:innen. Wünsche werden als bereits realisiert
dargestellt und omnipotente Vorstellungskraft in reale Allmacht umgewandelt.
»Unheimlich« mag einerseits die Wiederbelebung eines aus der Kindheit bekannten Verarbeitungs- und Wahrnehmungsmodus sein, andererseits die Heftigkeit
einer latent spürbaren, archaischen Aggression.

Was in Bezug auf das Spielen mit Dominosteinen noch als Ambivalenz
aus lustvoll und gefährlich wahrgenommen wird, verändert sich im Hinblick
auf das Bild umfallender Fliegen. Die Bezugnahme auf Lebewesen erzielt eine
schockierende Wirkung, da eine unmittelbar körperliche Bedrohung und Gefahr
spürbar wird. Aufkommende Assoziationen sind »Fliegenklatsche«, »lästig«, »tot-
schlagen« sowie das Sprichwort »Sterben wie die Fliegen«, daran anknüpfend
»Kriegsgefallene«. Zunehmend wird erkannt, was passieren kann, wenn die von
Schrang postulierte »Energie nach außen getragen wird«. Beschrieben wird ein
Kriegsszenario, wo Menschen in Massen sterben. Handlungsunfähigkeit wird
umgedreht, »sie« (die Polizist:innen) können nichts machen, d. h. sie können sich
nicht wehren. Erneut verschwimmt die Grenze zwischen Vorstellung und Realität:
Was zunächst im Spiel verarbeitet wurde, soll nun auf konkrete Lebewesen und
Personen angewendet werden. Schrangs vermeintlich verharmlosender Einwand,
es gehe nicht ums »Prügeln«, bekommt in diesem Kontext eine neue Bedeutung:
Es geht nicht darum sich zu schlagen, sondern zu *töten*. Sein Gegenüber als
Insekt entmenschlicht, legitimiert dessen Vernichtung. Gruppendynamisch steht
der spürbaren Angst eine mobilisierende Funktion der Anrufung gegenüber: Um
sich aus Angst und potenzieller Gefahr zu befreien, wird Gegenaggression freigesetzt. Manifest findet sich das Motiv der Gegenwehr sogar als Gesetzmäßigkeit
plausibilisiert: »Es is' einfach 'ne Gesetzmäßigkeit, das was du säst, das wirst du
ernten und wer die ganze Zeit nur Hass sät (,) Der braucht sich nicht wundern«
(Z. 198 ff.).

Der »gruselige Motivationscoach«, um auf das Bild zurückzukommen, »mo-
tiviert« zu potenziell tödlicher, skrupelloser Gewalt und erzeugt einen starken,
abgründigen Vernichtungswillen, dessen Wucht Angst erzeugt. Einer narzisstischen Kränkung (der beschämende Vorwurf, man würde sich zu viel gefallen

lassen und sei daher noch nicht bereit sich zu wehren) wird das affektiv attraktive Gefühl omnipotenter Kontrolle und narzisstischer Größenfantasien gegenübergestellt, nach dem Vorbild regressiver (Spiel-)Erfahrung und Allmachtsfantasien. Analog zu dem Abwehrmechanismus der Verschiebung, bei dem aggressive Triebimpulse auf weniger gefährliche Objekte verschoben werden, werden Dominosteine und Fliegen als Ersatzobjekte für den Aufbau und die Freisetzung archaischer Aggressionen genutzt, um darauf aufbauend die Aggression auf Menschen zu richten. »Energien« auszuleben bedeutet archaische Aggressionen gegen die von Schrang präsentierten Feindbilder zu richten, diese in Vorstellung und Realität zu töten. So wie das Dominospielen einen Schneeballeffekt veranschaulicht, werden Zuschauende zum Nachahmen oder Mitmachen animiert; Andere können durch den Sog der Masse mitgerissen werden. Die biblischen Verweise und Bezugnahme auf den Mauerfall, die eine Freiwilligkeit in der Hinwendung zu Schrang und Gewaltfreiheit suggerieren, stehen im Kontrast zu der autoritären Anrufung ihm zu folgen, was als einziger Ausweg aus einer potenziellen Vernichtung erscheint. Schrangs Leitspruch »nur wer gegen den Strom schwimmt, der gelangt zur Quelle, denn nur tote Fische schwimmen mit dem Strom« (Z. 218 ff.), mit dem er viele seiner Videos beendet, bekommt in diesem Kontext eine neue Bedeutung: Die toten Fische, gegen die man sich wendet, werden erst getötet.

Dass sich der Vernichtungswille nicht nur auf die Exekutive beschränkt, sondern eine Kriegserklärung an das bestehende (demokratische) Regierungssystem und die Medien darstellt, konkretisiert sich:

> Muss ich jetzt auch mal **ganz deutlich sag'n**-seit dem 29.08., dass **hier**-für mich jedenfalls-die der Staat in dem Fall eigentlich die Regierung, der Staat sind eigentlich wir, eine in den Krieg erklärt hat und zwar ein Krieg an die Bürger (,) Und dieser wird gestützt durch die Schlägertrupps der Polizei, die Mitläufer letztendlich in Uniform (,) Aufgehetzt wird die ganze Sache über die gleichgeschalteten Medien, das ist die Sache höchstwahrscheinlich-wie ich immer wieder sage-in der Homöopathie muss es schlimmer werden, eine Verschlimmbesserung, bis es denn **besser werden kann.** (Z. 141 ff.)

Die formulierte These eines ersehnten Systemzusammenbruchs, einer gewaltvollen Abkehr von der parlamentarischen Demokratie sowie der postulierte Weg von Leid zu Erkenntnis bestätigen sich. Tag der Erkenntnis war der 29. August, sodass nun Gewalt folgen wird.

## 2.3.3 Zusammenführung

Schrang aktiviert bildhafte Vorstellungen und entwirft wirkmächtige Szenen. Vereinnahmt werden geschichtsträchtige Orte und Personen, religiöse Bilder und Überlieferungen und (post)apokalyptische Fantasien, die synkretistisch zu einem neuen Weltbild verschmolzen werden. Der Tonfall ist feierlich-bedeutungsschwanger und pöbelnd-aggressiv zugleich. Die in Schrang verkörperte Sehnsucht nach Ruhm und Ansehen, bei gleichzeitigen Stammtischparolen und Durchschnittlichkeit, schaffen Identifikationspotenzial, Zugänglichkeit und den Eindruck von Authentizität. Die Verwendung von Allgemeinplätzen maskiert konkrete, gewaltvolle Appelle. Phrasenhafte Ausdrucksweisen nehmen Vorwürfen oder Gegenargumenten ihre Argumentationsgrundlage und können als Mittel zum Zweck davon ablenken, die autoritäre und gewaltvolle Dimension der Anrufung zu verdecken. Aussagen können beliebig ausgedeutet werden sowie nach Außen (und Innen?) gegen Kritik und Vorwürfe immunisieren. Mit Bildern überflutend und zuschwallend werden Zuschauende angehalten, sich in einen schwebenden, treibenden Zustand gleiten zu lassen und analytisches Denken aufzugeben. Der vorherrschende Eindruck von Inhaltslosigkeit oder Beliebigkeit kann Spiegel der spürbaren Verlockung sein, seinen prüfend-analytischen Blick von Inhalten abzuwenden und sich der Sogkraft eines euphorisierenden und hoch attraktiven Gruppengefühl hinzugeben.

Auffällig ist, dass der Aufbau des Videos strukturell an das Motto Schrangs (»erkennen-erwachen-verändern«) angepasst ist und einen Radikalisierungsprozess veranschaulicht: *Erkennen* bezeichnet die Übernahme der Behauptung, Deutschland sei ein diktatorisches Regime. Zuschauende werden angehalten sich von herkömmlichen »Wahrheiten«, Wissenschaft und Fakten, sowie deren Vermittlung durch Massenmedien abzuwenden und zu immunisieren. Die manifeste Anrufung subjektiver Erfahrungen und Eindrücke, die als im Konflikt mit Medienberichten positioniert werden, steht einer Lenkung von Eindrücken durch Schrang gegenüber. Latent gemacht wird eine autoritäre Gefühls- und Wahrheitsvorgabe. *Erwachen* umfasst eine massenpsychologische Anrufung, also das affektiv attraktive Gefühl eines Aufgehens in einer Masse, spürbar als ein euphorisches Gruppengefühl. Bereinigt von Unterschieden, Ängsten und Ambivalenzen werden Konflikte und Widersprüche ins Außen projiziert und dort aggressiv bearbeitet. Dass es sich gleichwohl nicht um eine solidarische Begegnung auf Augenhöhe handelt, verdeutlicht Schrangs Selbsterhebung als (An-)Führer, die er über einen vermeintlichen Insiderstatus sowie göttlicher Berufung plausibilisiert. Latent gemacht werden muss die Gefahr, die aus der eingeforderten autoritären Unterwürfigkeit, der Abwendung von der Realität sowie dem Aufgeben eigener (Selbst)Reflexionsfähigkeit resultiert. Vermeintlicher Selbstermächtigung und

Verbundenheit (manifest) steht lähmende Abhängigkeit, Gehorsamkeit und autoritäre Führung gegenüber (latent). Körperliche Gefahr und Gewalt ist nicht nur gegen Außenstehende, sondern auch als autoritäre Aggression im Innen spürbar. *Verändern* bezeichnet die Mobilisierung eines Tatendrangs; omnipotente Vorstellungskraft und Machtposition kann vermeintliche Handlungsfähigkeit (wieder-) herstellen; archaische Aggressionen werden auf Feindbilder gelenkt und dort potenziell ausagiert. Angeregt werden Spaltungs- und Polarisierungstendenzen: Schrang stellt Zuschauende vor die Wahl mit oder gegen ihn zu kämpfen. Apokalyptische Endzeitscenarien werden als notwendiges Mittel zum Zweck verherrlicht und plausibilisieren Aggression als Gegenwehr. Die vermeintlich hohlen, offen gehaltenen Begriffe lassen sich konkretisieren:»Energie« beschreibt ein lustvolles Gruppengefühl und Aufgehen in der Gemeinschaft, was sich zunehmend in eine in der Masse freigesetzte, kanalisierte und von sozialen Normen befreite, archaische Aggression umformt.»Freiheit« meint die gewaltvolle Befreiung von der parlamentarischen Demokratie sowie die tödliche Vernichtung derer, die sich in den Weg stellen.»Liebe« und»Kooperation« kann eine post-apokalyptische Projektion eines zukünftigen Besseren darstellen und bezieht auf das»Innen« der propagierten Gemeinschaft, während im»Außen« Bedrohung und Aggression herrschen. Licht und Erleuchtung steht Dunkelheit und Tod gegenüber, wobei latent spürbar ist, dass selbst das projektiv bereinigte Innen nicht frei von Gefahr und Konflikten bleibt.

Zurückkehrend zu dem affektiven Erleben wird das euphorische Gruppengefühl in Kombination mit aufkommendem Ekel verstehbar: Schrang verleitet dazu, sich mit ihm und der angerufenen Gemeinschaft in einen gemeinsamen Flow zu begeben. Dieser hat einen lustvoll-soghaften Charakter und verhindert analytische Selbstreflexionsprozesse. Grenzen verwischen, sodass zunehmend unklar wird, ob gemeinsames Gelächter ein Lachen *über* oder *mit* Schrang bedeutet. Das häufige Lachen in seiner veränderten Bedeutung kann als symptomatisch für Schrangs Wirkung interpretiert werden: Die als unvereinbar erlebten Widersprüche zwischen manifestem und latentem Sinn, die hohe Spannungen im Erleben und Überforderung auslösen, können im als befreiend erlebten Lachen aufgelöst werden.,. Gemeinsames Lachen bedeutet gleichzeitig eine lustvolle, aggressive Erhebung über Andere und kreiert das Gefühl einer starken, vereinten Gegengruppe. Lachen ist zunehmend Ausdruck von Verzweiflung und Bedrohung, weil es als von Schrang induziert wahrgenommen wird, sodass in ihm ein Moment unangenehmer Selbstentfremdung und Fremdbestimmung enthalten ist. Die gute Unterhaltung und lustvoll erlebte Belustigung kippt zu fehlender Kontrolle und Impulsivität. Aufkommender Ekel wird mit körperlicher Aufdringlichkeit und dem Gefühl verschmolzener Unzertrennlichkeit in Verbindung gebracht und kann einen Versuch darstellen, etwas wieder loszuwerden, was bereits seinen Weg nach drinnen gefunden hat. Ekel muss anhand psychoanalytischer Theorie nachvollzogen werden. Fluchtimpulse, bzw. überhaupt die Möglichkeit zu fliehen, treten dann auf, wenn sich Zuschauende als außerhalb der Gruppe erfahren. Kurzzeitig können sie erwünschte Vorstellungen über die eigene Position und Haltung wiederherstellen, bei gleichzeitiger Verdrängung zuvor erlebter Ambivalenzen und irrationaler Sehnsüchte.

## 3   Theoretische Einordnung: Autoritäre Gemeinschaftsbildung und Propaganda-Techniken

Die Frage steht im Vordergrund, wie die Massenpsychologie theoretisch nutzbar ist, um die aus dem Material hervorgehende Etablierung von Gemeinschaftsgefühlen zu verstehen. Um eine reine Psychologisierung der Phänomene zu verhindern, fließen politisch-ideologische Verortungsversuche mit ein. Berücksichtigt werden muss außerdem, dass die im Kontext von faschistischer Propaganda und der NS-Forschung elaborierten (massen-)psychologischen Theorien nicht schablonenartig auf den Untersuchungsgegenstand der Corona-Leugner:innen übertragen werden können. Das Phänomen »Querdenken« muss, trotz möglicher Parallelen, durchaus auch in ihren Differenzen und Widersprüchen zu anderen rechten Bewegungen und faschistischer Agitation betrachtet werden.

### 3.1   Die »Menschheitsfamilie« als autoritäre Glaubensgemeinschaft

Schrangs Versuche, eine Masse zu mobilisieren, sind eindeutig. Darstellungen wie »die ham' echt Schwierigkeiten mittlerweile, diese Bewegung, die so massiv und groß geworden ist, überhaupt **einzudämmen**« (Z. 67) sowie »es kommen **immer mehr**« (Z. 137) untermauern die Wirkmächtigkeit und Größe des von ihm imaginierten Kollektivs. Eine stetig wachsende Massenbewegung wird erlebbar gemacht. Suggeriert wird außerdem eine Ambivalenz- und Konfliktfreiheit: »[D]iese Spalterei, die ham' wir alle dort überwunden, die da waren« (Z. 184 f.), wobei Teilung wiederholt als eine Gefahr von außen dargestellt wird, gegen die sich das »Wir« schützen muss: »Immer wieder wird gesagt Nazis und so weiter. Das ist völlig **egal,** was die anderen Leute sagen« (Z. 137 f.), denn »nur wichtig ist, dass ihr euch unbedingt nicht teilen lässt, entscheidend ist, dass **dort**

**alle** Hautfarben kamen, alle zusammen, alle Nationen« (Z. 148 f.). Etabliert wird ein Zugehörigkeitsgefühl zu etwas Großem und Ganzen ohne die Ausführung von konkreten Inhalten oder einer politischen Agenda. Diesbezüglich lassen sich Anknüpfungspunkte zu Lohls Untersuchungen des Rechtspopulismus herstellen, bei dem auf eine ähnliche Weise ein »Erlebnisangebot« als Grundlage für eine kollektive Selbstrepräsentanz geschaffen wird (Lohl 2017a, S. 131). Auffällig ist, dass hier – im Unterschied zum Rechtspopulismus oder Rechtsextremismus – keine völkisch- nationalistische Auslegung eines »deutschen Volkes« im Sinne einer auf Diskrimination und Exklusion basierenden »generationenübergreifenden Abstammungsgesellschaft« (Lohl et al. 2019, S. 5) mobilisiert wird. Vielmehr entwirft das Willkommenheißen aller »Nationen« und »Hautfarben« die attraktive Imagination eines inklusiven Kollektives, eines wabernden Ganzen, welches sich schrankenlos über nationale Grenzen hinweg erstreckt. Auf bewusstseinsnaher Ebene wird an die Vorstellung einer »Menschheitsfamilie« angeknüpft, eine auf den Corona-Demonstrationen vielfach genutzte Selbstbeschreibung, die von dem Friedensforscher und Verschwörungsideologen Daniele Ganser vertreten wird und an die Losung der Occupy-Wallstreet-Bewegung von 2011 angelehnt ist (Fast und Winkler 2020). Die »Menschheitsfamilie« umfasse 99 % der Menschen, die sich gegen eine global agierendes, elitäres 1 % behaupten; das Konzept symbolisiert einen internationalen Kampf des »Reinen« und »Natürlichen« gegen ein zersetzendes »Böses«. Das zugrunde liegende verschwörungsideologische Weltbild ist stark anschlussfähig an eine antisemitische Personifizierung des »Bösen« und schließt potenziell demokratiefeindliche Positionen ein (vgl., ebd.). Im Kontrast zu dem von Schrang propagierten internationalen Zusammenhalt werden zugleich diverse Gruppen von der vermeintlich inklusiven Gemeinschaft ausgeschlossen. Sein vordergründiges Ziel, »alle« anwesenden politischen und esoterischen Positionen zusammenzuschließen, bei gleichzeitiger Abwertung z. B. linker Positionen oder kritischer Stimmen, lässt eine rechtsgerichtete »Querfront«-Strategie erkennen. Ideologeme der »Neuen Rechten« finden Anschluss: das Differenzdenken (»Freund-Feind«-Dichotomie), die Spiritualität und Sakralität und ein »autoritärer Etatismus«, auf den Schrangs Faszination für die Exekutive verweisen mag (vgl. Salzborn 2020a, S. 78). Seine Gewalt- und Vernichtungsfantasien finden Anschluss an den Rechtsextremismus.

Bedeutsam für die Etablierung einer psychologischen Masse nach Freud (1921/1940) ist, dass Schrang das körpernahe Empfinden einer energetischen »Verbindung« als gemeinschaftskonstituierend inszeniert. Das Spüren einer »Energie« wird als sakrales Identitätsobjekt erhöht und als Eintrittsbedingung für die Zugehörigkeit zur angerufenen Gemeinschaft errichtet. Die Illusion einer vereinigenden »Energie«, lässt sich mit dem Konzept libidinöser Verbundenheit innerhalb der Masse vergleichen. Demnach ist das, was Schrang abstrahierend von der Demonstrationserfahrung für das Internetpublikum erlebbar macht und nachträglich[9] als bereits realisiert inszeniert, eine Masse aus miteinander identifizierten Individuen, die sich in ihrem Erleben angleichen. Schrang instrumentalisiert[10] dabei die bereits bestehende Menge Demonstrierender, um sich als Führer derselben zu ermächtigen. Indem er das Potenzial eines Gruppengefühls »erkennt« und eine vom Publikum möglicherweise ersehnte Position der Stärke und Übermacht verkörpert, »darf« er die Masse anleiten. Plausibilisiert und rationalisiert wird dadurch seine übergeordnete Rolle. Das gemeinschaftliche Tragen von den von Schrang vermarkteten Symboliken und Bekleidungen kann dabei als Möglichkeit dienen, die Illusion von Gleichheit untereinander zu nähren und eine identifikatorische Verbundenheit zu Schrang zu suggerieren; Elemente, die die Bildung einer psychologischen Masse nach Freud (1921/1940) befördern können.

Das als euphorisierend und exzessiv beschriebene affektive Erleben, die rauschartige, beinahe manische Hochstimmung in der IG als Reaktion auf Schrangs Inszenierung, kann vor dem Hintergrund der Massenpsychologie theoretisch gefasst werden. Freud (1921/1940, S. 148) beschreibt, wie sich in einem Prozess kollektiver, narzisstischer Verliebtheit, begehrte oder ersehnte Eigenschaften über die Idealisierung eines äußeren Führerobjektes angeeignet werden. Als Folge »der Introjektion des Objekts und der Externalisierung des Ich-Ideals« (Salzborn 2010a, S. 85) würden Ich und Ich-Ideal zusammenfließen, was einen regressiven, triumphalen und hemmungslosen Zustand hervorruft (vgl. Freud 1921/1940, S. 148). Regressiv gelockert wird die konflikthafte Spannung zwischen Ich und Ich-Ideal, sodass auferlegte Einschränkungen des Ich-Ideals, die bei Nichterreichung ein schlechtes Gewissen, Scham- oder Minderwertigkeitsgefühle auslösen, aus dem inneren Konfliktfeld in ein äußeres (rück)übersetzt werden (vgl. Brunner

---

[9] Laplanche und Pontalis (1973/2002) beschreiben das Konzept der Nachträglichkeit folgendermaßen: »Erfahrungen, Eindrücke, Erinnerungsspuren werden später aufgrund neuer Erfahrungen und mit dem Erreichen einer anderen Entwicklungsstufe umgearbeitet. Sie erhalten somit gleichzeitig einen neuen Sinn und eine neue psychische Wirksamkeit« (S. 313). Hier werden konkrete Demonstrationserfahrungen nachträglich für eine virtuelle Massenintegration genutzt.

[10] »Instrumentalisieren« bedeutet nicht ein bewusstes, oder gar strategisch-intentionales Anwenden der Erkenntnisse der Freud'schen Massenpsychologie. Nach Adorno (1970) hat der Agitator es vielmehr gelernt, seine zu den Anhänger:innen ähnliche, psychologische, z. T. unbewusste Konstitution nach außen zu kehren, um die »Irrationalität rational zu gebrauchen«, d. h. »er braucht nur seine eigene Psychologie geschickt einzusetzen, um die Psychologie seiner Zuhörer in Gang zu bringen« (S. 502 f.).

2019, S. 16). Alexander und Margarete Mitscherlich (1977/2020, S. 73) beschreiben diese affektive Dynamik im Hinblick auf die Massenbewegung des NS wie folgt: Die »verführerische Entlastung vom unbequemen Gewissen [...] [muss] den Enthusiasmus seiner Anhänger steigern. Sie fühlen einen Druck von sich genommen und beobachten, wie es anderen ebenso geht. In diesem Sturm der Gefühle steigt ihre Unternehmungslust«. Vor dem Hintergrund der hörigen Verliebtheit sowie der »Befreiung vom individuell-unabhängigen Gewissen, bei dem die Einsprüche des alten Über-Ichs und die Realitätsorientierung des Ichs« (ebd., S. 76) verloren gehen, ist ein im Massenpublikum erlebbares euphorisierend-erregendes Gemeinschaftsgefühl verstehbar. Welche potenzielle Gefahr mit dieser gemeinschaftlichen Erregung einhergeht und welches agitatorische Ziel dieser Affektlage zugrunde liegt führt Adorno (1970, S. 486) in seinen Untersuchungen zu faschistischer Propaganda aus: das Publikum werde zum »Pöbel [gemacht], nämlich zu Massen, die zu Gewaltaktionen ohne vernünftigen politischen Zweck bereit sind, und Pogromstimmung zu erzeugen« (Adorno 1970, S. 486). Im Hinblick auf Schrangs Anrufungen ist denkbar, dass die durch ihn angeheizte Grundstimmung, die im Publikum zunächst als positiv-anregend erlebt wird, durchaus in eine kollektive, aggressive Entladung umschwenken kann. Eine aggressive Tendenz wurde in der IG insbesondere dann erlebbar, wenn sich Interpretierende wütend gegen vom Kollektiv abweichende Positionen richten, insbesondere wenn diese Spiegel eigener Ambivalenzen waren.

Plausibel ist, dass insbesondere im Kontext der Corona-Pandemie und den repressiven Maßnahmen die Freisetzung von einem schlechtem Gewissen und Strafandrohungen als hoch attraktiv erlebt werden; Schrang verspricht eine Befreiung von den als u. U. überfordernd erlebten moralischen Anforderungen, Ambivalenzen und Ängsten und bietet alternativ eine Position der Stärke, Allmacht und Eindeutigkeit an. Zuschauende dürfen einer ersehnten Feierlaune und Gemeinschaftslust nachgehen. Ihnen wird Handlungsfähigkeit und Eindeutigkeit im Affekt und Erleben angeboten. Dass es sich dabei nicht um ein per se befreiendes Moment handelt, sondern die Anrufungen stark restriktiv-autoritäre Anforderungen einschließen, zeigte sich auf latenter Ebene in der gewalttätigen Verabsolutierung von Erfahrungen, der repressiven Vergemeinschaftung und aggressiven Führung. Schrangs vordergründiger Appell zu »Erwachen« kann als ein widersprüchlicher enttarnt werden. Auch Alexander und Margarete Mitscherlich (1977/2020, S. 74) hinterfragen diesen Appell in Bezug auf NS-Propaganda kritisch: Über den Abwehrmechanismus der Verkehrung ins Gegenteil sei mit diesem ein im Hörigkeitsverhältnis gefestigtes falsches Bewusstseins gemeint. Die autoritäre Unterordnung, Erniedrigung und daraus resultierende Unfreiheit werde »als Selbstgefühl, als ein Gefühl der Befreiung erlebt« (ebd.), wobei »einem Ideal nachzugehen zur Obsession und dieser Zwang selbst wiederum selbst zum Ideal« (ebd.) wird. Dieser obsessive Zwang zur Idealisierung werde libidinisiert, resultierend in der »sadomasochistischen […] Gehorsamkeitskultur« (ebd.), in der sadistische Aggressionen auf Feindbilder gelenkt werden und sich masochistisch einem Führer-Ideal unterworfen werde. »Erwachen« suggeriere darüber hinaus einen Zustand von Bewusstheit und Klarheit, sodass Zuschauenden »glauben gemacht [wird], gerade gegen die Ansteckungsgefahr geimpft zu sein, die [sie] bedroht«. (Adorno 1950/1973, S. 372). Die Ambivalenz aus autoritärer Führung, libidinisierter Unterwerfung und einer gleichzeitig als befreiend erlebten Massenintegration, sind mögliche theoretische Konstrukte, die das Erleben der IG im Hinblick auf Schrangs Agitation verstehbar werden lassen. Eine als attraktiv und zugleich abstoßend empfundene Sogkraft der Inszenierung, das triumphale Hochgefühl und das als ambivalent empfundene Gelächter sind mögliche Beispiele. Ein von Schrang angerufenes Massenpublikum bewegt sich in einer Diskrepanz aus Gefühlsbefreiung (Adorno 1950/1973, S. 365 ff.) und Gefühls- und Wahrnehmungslenkung, aus aktivierender und exzessiver Erregung, die sich als potenzielle Aggression gegen Außenstehende richtet sowie passiv-autoritärer Unterordnung, die als bedrohlich erlebt wird. Als Masse werden sie zur autoritären Rebellion (vgl. ebd., S. 328) angeheizt.

Neben den bei Schrang wirksamen Mechanismen einer Massenbildung, stellt sich die Frage, welche verheißungsvollen Angebote zur »*Schiefheilung*« (vgl. Brunner 2016, S. 14) in seiner Person als Verkörperung eines Massen-Ideals illusorisch verankert sind. Auftretend als betont selbstsicher, mittelmäßig und allmächtig zugleich, bietet er insofern eine geeignete Idealisierungsgrundlage, als dass er sowohl ein narzisstisches Ich-Ideal verkörpert und gleichzeitig eine Ähnlichkeit zum Publikum suggeriert (Adorno 1970). Löwenthal (1949/2017, S. 128) beschreibt diese zunächst widersprüchliche Gleichzeitigkeit als Teil des charakteristischen agitatorischen Selbstportraits, veranschaulicht im Bild des »grosse[n] ›kleine[n] Mann[es]‹«:

> Nicht seine Anhänger wählen den Agitator, vielmehr präsentiert er sich ihnen als ihr auserkorener Führer – auserkoren von ihm selbst aufgrund einer mysteriösen inneren Berufung und auserkoren vom Feind als Gegenstand der Verfolgung. Ein Mann aus dem Volk und doch über ihm stehen; nah und vertraut und doch unendlich fern und einsam. (S. 126)

Nach Löwenthal werde in der Adressierung des Publikums von »Mann zu Mann« (ebd., S. 127) der Angst vorgebeugt, dass die Anrufungen ihren Verständnishorizont übersteigen oder den Umsturz der bekannten Lebensweise zum Ziel haben könnten: »Er ist der ältere Bruder, der die Dinge für sie in Ordnung bringt, nicht der Unruhestifter, der die Grundmuster ihres Lebens zerstören will« (ebd., S. 127). Geschaffen werde eine durch den Agitator erlebbare »Ersatzindividualität« (ebd.), die als »Projektionsobjekt der unterdrückten Individualität seiner Anhänger« (ebd., S. 132) fungiert und »emotionale Kompensation« für die Malaise (ebd., S. 131) darbietet. Die agitatorische Redseligkeit kann stellvertretend ein unterdrücktes Mitteilungsbedürfnis von persönlichen Problemen und Sorgen des Publikums befriedigen, sodass eine Bindung zu ihm gefestigt werde: »Durch ihn leben sie« (ebd., S. 127). Der Nähe steht die Betonung seiner herausragenden Stellung und Talente gegenüber, die den Agitator als berufen inszeniert. So wie Schrang vom Durchschnittsbürger zum Bühnenredner und schließlich (christlichem) Erlöser aufsteigt, kann er die Sehnsucht nach dem erlangten Erfolg und der Stärke wecken, die durch den Anschluss an seine Bewegung illusorisch in Aussicht gestellt werden. Aus der untergeordneten Stellung des Publikums konnte er aufsteigen:

Als Verkörperung der psychologischen »Integration« seines Publikums zu einer Totalität ist der Redner schwach und stark zugleich, schwach: insofern jeder Einzelne aus der Menge als fähig erachtet wird, mit dem Führer sich zu identifizieren, der ihm darum nicht allzu überlegen sein darf; stark: insofern er das machtvolle Kollektiv repräsentiert, das durch die Einigung der Angesprochenen zustande gekommen ist. (ebd.)

Die zugrunde liegende psychologische Technik besteht darin, den selbst angekündigten »Sendeboten« (Adorno 1950/1973, S. 374) mit der fantasierten Macht und Stärke des Kollektivs in denjenigen zu verwandeln, den er vorgab anzukündigen (vgl. ebd.). Den Anhänger:innen werde versprochen »all ihre Frustrationen auf magische Weise in grandiose Befriedigung [umzuwandeln]«, sie »haben plötzlich Aussicht auf Teilnahme am Außergewöhnlichen [...] Er zeigt ihnen wie all ihre unterdrückten und aufgestauten Enttäuschungen und Demütigungen [...] in eine Bombe von uneingeschränkter Zerstörungskraft umgewandelt werden [können]« (Löwenthal 1949/2017, S. 144).

Das Aufgehen in der Masse wird von Schrang über religiöse Symboliken, Gesten und abergläubische Vorzeichen auf ein »ozeanisches Gefühl [...] der unauflösbaren Verbundenheit, der Zusammengehörigkeit mit dem Ganzen der Außenwelt« (Freud 1930/1960, S. 342) erweitert und sakralisiert. Freud (ebd.), der sich mit der Entstehung dieses Gefühls kritisch vor dem Hintergrund religiösen Erlebens auseinandersetzt, dekonstruiert es als eine illusorische Wiederbelebung eines frühen Ich-Gefühls, bei der die Ich-Konstitution, also das psychische Innen und Außen, noch nicht klar umgrenzt sind:

Ursprünglich enthält das Ich alles, später scheidet es eine Außenwelt von sich ab. Unser heutiges Ichgefühl ist also nur ein eingeschrumpfter Rest eines weit umfassenderen, ja – eines allumfassenderen Gefühls, welches einer innigeren Verbundenheit des Ichs mit der Umwelt entsprach. (Freud 1930/1960, S. 344)

Der von Freud (1914/1946) konzeptualisierte *primären Narzissmus* wird phänomenologisch mit dem kindlichen Größenwahn, magischem Denken und Allmachtsvorstellungen in Verbindung gebracht. Als bedeutsamen Entwicklungsschritt beschreibt Freud das Ich-Ideal. Die im Kindesalter erfahrene, infantile Befriedigung einer primärnarzisstischen Vollkommenheit werde im Heranwachsen damit nicht gänzlich aufgegeben, da das sich entwickelnde Ich-Ideal eine substituierende Funktion einnehme: »Was er als sein Ideal vor sich hinprojiziert, ist der Ersatz für den verlorenen Narzißmus seiner Kindheit, in der er sein eigenes Ideal war« (Freud 1914/1946, S. 161). Im Hinblick auf Massen, betont Freud (1921/1940), dass »die Sonderung von Ich und Ichideal aber bei vielen nicht so weit vorgeschritten [ist], die beiden fallen noch leicht zusammen, das Ich hat sich oft die frühere Stufe narzißtischer Selbstgefälligkeit bewahrt« (S. 144 f.). Das im Erwachsenenalter erlebte »ozeanische Gefühl« drückt folglich die Sehnsucht nach einem als lustvoll imaginierten primären Narzissmus aus und kann die in der Entwicklung konstituierten Ich-Grenzen temporär und regressiv lockern (Erazo 1997, S. 21). Was Schrangs Inszenierung anbietet, ist die in der hörigen Verliebtheit verschwommenen Grenzen zwischen Ich und Objekt an die Illusion eines frühen, primärnarzisstisches Gefühl von Vollkommenheit und Allmacht anzubinden. Dadurch erscheint sekundär das induzierte, transzendentale und magische Gefühl sowie der schwebende Zustand als attraktiver schiefheilender Gegenpol z. B. zum (infantilen) Hilflosigkeitserleben oder Gefühlen der Einsamkeit (vgl. Lohl 2010, S. 48 ff.). Kollektiv ersehnt und in Schrang illusorisch verankert wird ein »reines […] primitives Lust-Ich« (Freud 1930/1960, S. 344). Der in der IG aufkommende Ekel, als Reaktion auf zuvor erlebte, attraktive Verschmelzungswünsche mit der Gemeinschaft, stellt u. U. einen abwehrenden Gegenimpuls zuvor erfahrener Lust dar (Kluitmann 1999).

Zentral für das Erleben von Schrangs Person ist das Thema Körperlichkeit; sein massiger Körper wird als unangreifbar imaginiert und vereint sowohl weiche und wie auch harte sowie kulturell als »weiblich« und »männlich« kodierte Aspekte miteinander, ohne als queer gelesen zu werden. Die Kombination aus einer imaginierten mütterlich-nährenden Funktion und militanter Männlichkeit, die im Video fotografisch dargestellten innigen Umarmung mit Männern und das propagierte schwimmen zur »Quelle« (Schrang 2020, 270) – all das erzeugt irritierende Widersprüche. Rückblickend ist es auch verwunderlich, dass Schrangs Inszenierung keine sexuellen Fantasien anregt. Diese Irritation kann vor dem Hintergrund der Massenpsychologie wie folgt interpretiert werden: Neben bereits skizzierten primärnarzisstischen Fantasien vereint Schrang illusorisch die *konstitutive Bisexualität* sowie *phallische Phase.* Diese beinhaltet die kindliche Vorstellung »intakt zu sein im Sinne von alles haben, alles können, alles sein«, wobei »Mangel, Andersartigkeit, Unterschiedlichkeit nicht vorstellbar [ist]« (Kirchhoff 2016, S. 81). Schrang ist folglich eine Verkörperung der Phantasie »*mein* Körper ist der *eine* Körper, vollkommen und unbeschädigt, ohne Mangel« (Kirchhoff 2021). Für den Massenbildungsprozess hat die in seiner Person transportierte Symbolkraft insofern hohe Relevanz, als dass die Logik und das Erkennen von Differenzen als überwunden inszeniert wird. Schrang verkörpert die Fantasie einer lustvoll besetzten Regression, hin zu Mangel- und Differenzlosigkeit sowie der in der primärnarzisstischen Ganzheitsillusion inhärente Zustand von Grandiosität (vgl. Kirchhoff 2016, S. 82). Als veräußertes Ich-Ideal kann dieser kollektiv verehrt und ersehnt werden und die illusorische Grundlage für die Bildung eines ambivalenzfreien Kollektivs bieten. Verdrängt wird die mit der Entdeckung des Geschlechterunterschiedes einhergehende narzisstische Kränkung, die immer auch eine »Konfrontation mit der eigenen Begrenztheit und Endlichkeit« (ebd., S. 84) bedeutet. Die Kastrationsdrohung (und damit einhergehende Beschädigung der Fantasie der Vollkommenheit) wird auf äußere Feinde projiziert; Polizist:innen werden ihrer Schlagstöcke und Pistolen beraubt und die phallische Potenz und Macht wird sich latent angeeignet. Die Beobachtung der bei Schrang symbolisch beseitigten Geschlechterdifferenzen kann sowohl zurück zu Freud (vgl. 1921/1940, S. 158) führen, der Massenbildung als aufbauend auf gehemmte genitale Libido begreift, sodass in der hörigen Verliebtheit Geschlechterunterschiede an Bedeutung verlieren, als auch anhand von Arbeiten von Stögner (2008, 2014) betrachtet werden. Interessant sind Stögners Untersuchungen im Hinblick auf die Inszenierung des »Volkskörpers« im NS, bei dem eine »Angleichung in der Repräsentation von Frauen- und Männerkörpern« (2008, S. 75 f.) zu beobachten sei. Die ideologische Grundlage für eine vereinheitlichte und projektiv von Differenzen bereinigte Darstellung von Körperlichkeit sei wie folgt zu begreifen:

> Im totalen Triumph übers Individuum im Ritual der Massenaufmärsche wäre dem Faschismus das mahnende Bild des »Weibes« als der Anderen nur hinderlich, denn Anderes darf es innerhalb der Ingroup gar nicht mehr geben, auch nicht in der Repräsentation. Was anders wäre, wird gleichgemacht oder vernichtet. Die Zwischenposition wird ausgemerzt im Triumph der repressiven Einheit und Eindeutigkeit. (ebd.)

Nach Stögner baue NS-Propaganda auf eine gewaltvolle Eingliederung des Weiblichen auf. Ambiguitäten und Differenzen würden (z. B. antisemitisch) auf ein Außen projiziert. Grundlage sei ein »Hass aufs Schwache, aufs Körperliche, dass das ›Untere‹ repräsentiert« (ebd., S. 76). Vor dem Hintergrund von Stögners Überlegungen wird nachvollziehbar, warum die in Schrang verkörperten männlichen und weiblichen Anteile keine Widersprüche oder Ambiguitätserleben erzeugen, vielmehr werden diese vereinnahmend eingegliedert, ohne dass eine hegemoniale Männlichkeit aufgegeben werden muss. Weitere Beispiele für eine hierarchische und patriarchale Unterordnung von Weiblichkeit in der In-Group sind auch Schrangs vielfache Überhöhung von »legendären« Männern, die im Kontrast zu meist namenlosen Erwähnungen von Frauen stehen, deren Beschreibung sich auf Adjektive wie »wehrlos«, »schwanger« oder »umgekommen« reduzieren. Die Fußballbezüge und Fotos, auf denen Schrang in inniger Umarmung mit anderen Männern abgebildet wird, können »homoerotische Allmachtsfantasien« (Ottomeyer und Schöffmann, 1994, S. 21) fördern, wobei die lustvoll besetzten Männerbündnisse Frauen als Trägerinnen von Weiblichkeit tendenziell als überflüssig erscheinen lassen; Geborgenheit und ein wechselseitiges »bemuttern« können aus der männlichen Gruppe selbst hervorgehen.

Deutlich wird, dass Schrangs inszenierte, v. a. körperbezogene Überlegenheit nicht nur Teilhabe an einer machtvollen Position verspricht, sondern auch eine potenzielle Bedrohung für »Schwächere« birgt. Diese wird als Bedrohung für Feinde, Nicht-Wissende, aber auch für (vor allem weibliche) Zuschauende erlebbar; denn wer sich nicht der von ihm angerufenen Gemeinschaft anschließt und unterordnet, kann exkludiert und bekämpft werden. Die vermeintlich inklusive »Menschheitsfamilie« kann folglich als eine autoritär strukturierte, totalitäre und patriarchal strukturierte Glaubensgemeinschaft enttarnt werden, die sich Schrangs Führung unterwirft und autoritäre Aggression gegen Feinde richtet. Im Unterschied zu anderen rechten Bewegungen werden Ressentiments abseits von Verschwörungsideologien jedoch latent gemacht.

## 3.2    Die erniedrigte und befreite deutsche (Volks-) Gemeinschaft

Jebsen adressiert das Publikum als (Volks-)Gemeinschaft. Auf manifester Ebene spricht er ein deutsch-nationales Kollektiv an, wobei im Hinblick auf die vermutete weltweit agierende Verschwörung das mobilisierte »Wir« durchaus offen für einen internationalen Zusammenschluss ist, z. B. wenn er sich, abermals in Anspielungen auf NS-Propaganda, gegen Bill Gates wendet (»du bist null, dein Volk ist eins«, Z. 206). Dass Jebsens Adressierungen insbesondere im deutschen Kontext Wirkmacht entfalten, ist vor dem Hintergrund seiner vielfachen, geschichtsrevisionistischen und sekundärantisemitischen Bezüge auf den NS plausibel. Hier sind deutliche Parallelen und Anbindungsmöglichkeiten zum Rechtspopulismus erkennbar, wobei im verschwörungsideologischen Kampf gegen »die da oben« internationale, völkische Differenzen, z. B. eine rassistische Exklusion, in den Hintergrund zu rücken scheinen. Auch wird im Material deutlich, dass Jebsen als rechtsgerichteter »Querfront«-Demagoge mobilisiert: Einerseits spricht er eine breite politische Zielgruppe an, deren gemeinsamer Nenner eine unspezifizierte »kritische Haltung« zu sein scheint, an die appelliert wird, gleichzeitig macht er sich hauptsächlich über linke Positionen (die Linke, Antifa etc.) lustig. An keiner Stelle gibt sich Jebsen als Anhänger einer näher bestimmbaren politischen Ausrichtung oder Gruppierung zu erkennen, womit er eine grundsätzliche Anschlussfähigkeit unterschiedlichster Lager gewährleistet. Die Aussage, es gäbe keine Opposition mehr (Z. 98), lässt ihn als alleinige Stimme des Oppositionellen erscheinen und lädt dazu ein, sich von der etablierten Realpolitik und ihren Akteur:innen abzuwenden.

Im Hinblick auf das affektive Selbst- und Gruppenerleben weist Jebsens Agitation deutliche Unterschiede zu Schrangs auf. Jebsen tritt bestrafend und beschämend auf. Aussagen wie: »was **ihr** mit euch machen lasst und auch noch so wehrlos« (Z. 345) erzeugen Ohnmachts- und Schamgefühle und resultieren in einer bedrohlich-verfolgenden Stimmung. Dennoch evozieren auch seine Anrufungen partiell vereinende Wir-Gefühle und eine Gruppendynamik mit soghaft-agitiertem Charakter. Letztere ist von polarisierenden Tendenzen geformt, die als bedrohliche Inklusions- und Exklusionsmechanismen beschreibbar sind. Auffällig ist, dass Jebsens aggressive, verbale Attacken sich überraschend wenig gegen Feindbilder und vielmehr gegen die Zuschauenden selbst richten. Die Verhöhnung des Publikums erzeugt Minderwertigkeits- und Ohnmachtsgefühle, außerdem Aggressionen, Wut und Neid gegen Jebsens vermeintlich privilegierteren Status. Das resultierende negative Selbst- und Gruppenerleben erscheint im Hinblick auf das psychologische Ziel von Massenmobilisierung (kollektive Verliebtheit in ein Führerobjekt, Verheißung eines Narzissmus auf kollektiver Ebene) paradox. Der scheinbare Widerspruch ist bereits von Löwenthal (1949/ 2017) im Kontext faschistischer Propaganda als wirksame Agitationstechnik entlarvt worden. Publikumsdemütigung könne dazu dienen, ein Abhängigkeits- und Hörigkeitsverhältnis herzustellen:

> Der Führer einer Bewegung muß seine Zuhörerschaft davon überzeugen, daß ihre Ideen nicht geeignet sind, die Situation zu bewältigen, mit der sie unzufrieden sind.

Er kann keine Anhänger gewinnen, wenn er sie nicht zuerst in einem gewissen Sinne demütigt, d.h. er hat ihnen zu suggerieren, daß sie ihm an Wissen und Können oder auch Mut unterlegen sind und daß sie mehr auf ihn angewiesen sind als er auf sie. (S. 35)

Vonseiten des Agitators werde ein negatives und passives Bild seiner Anhänger entworfen. Adressiert als »die ewig Betrogenen« (ebd.), als die »Ausgesaugten« (ebd., S. 36), werde ihre vermeintlich unterlegene Position als ein unabänderlicher und mit Ohnmacht verbundener Zustand festgeschrieben: »Er [der Agitator] läßt diese Leute nie vergessen, daß sie in ihrer verwirrten Situation seiner Führung bedürfen; er zeigt ihnen keinen Weg, durch eigene intellektuelle Anstrengung aus der Wirrnis herauszugelangen« (ebd., S. 36). Gefühle von Unfähigkeit werden geschürt, um Führungsansprüche zu legitimieren und den Wunsch oder die Sehnsucht nach derselben zu erhöhen:

> Indem er seine Anhänger einfältig nennt und ihnen nahelegt, sich seiner Führung zu überlassen, wenn sie nicht länger betrogen werden wollen, verspricht der Agita-tor seinen Anhänger, daß er für sie sorgen und denken wird. Diejenigen, die sich an einer Autorität wundreiben, der sie mißtrauen und deren Motive sie nicht verstehen, sind nun den Parolen eines Agitators ausgeliefert, der ihre spontanen Ressentiments bekräftigt und ihre innersten Wünsche befriedigt. (37f.)

Entgegen der Selbstdarstellung als »treue[r] Anwalt des sozialen Fortschritts« (ebd., S. 35) instrumentalisiert der Agitator bereits vage existierende Gefühle der Misstrauens und des Betrogen-Werdens (die »Malaise«), um diese von objekti-ven Bedingungen loszulösen und zunehmend auf die Idee einer systematischen und allgegenwärtigen Verschwörung zu verschieben (vgl. ebd.): »ihr Gefühl, aus-geliefert zu sein, wird dazu benutzt, den Glauben zu nähren, daß sie das Opfer einer permanenten Verschwörung seien. [...] Die Enttäuschung dieser Leute wird verdreht in die volle Lossagung von Werten und Idealen« (ebd.). Der Agitator »[bestärkt jede] bei seinem Publikum existierende Desorientierung, indem er alle rationalen Demarkationen verwischt und statt dessen spontane Aktion vorschlägt« (ebd., 20). Werden die Herabsetzungen als Anzeichen schonungsloser Direkt-heit fehlgedeutet, können sie außerdem ein Vertrauensverhältnis zum Agitator festigen:

> Weil in den Augen der Zuhörer die ganze Welt fragwürdig und fremd geworden ist, sehnen sie sich nach einfachen Gewißheiten und danach, ihr Schicksal in die Hände dessen zu legen der sie in ihrer Hilflosigkeit bestätigt. [...] Seine schlechten Manieren werden zum Garant seiner Aufrichtigkeit. Sie können ihm trauen, denn er schmei-chelt ihnen nicht, und da sie nicht in der Lage sind, selbst »den Propagandaschwindel

zu durchschauen«, bleibt ihnen als Alternative nur der Beitritt zu seiner Bewegung. (ebd., S. 38)

Publikumsdemütigungen haben gemäß Löwenthal folglich zwei Stoßrichtungen: einerseits zielen sie darauf ab, Zuschauende als autoritär-geführte Anhänger:innen zu gewinnen und ein Hörigkeitsverhältnis dauerhaft zu implementieren. Andererseits wird das Bedürfnis oder die Bereitschaft zur Projektion erhöht, die ein paranoides Verhältnis zur Außen- und Innenwelt schafft. Die agitierte Angst des Publikums, einerseits selbst verfolgt und andererseits von der Masse ausgeschlossen zu werden, mag den Wunsch nach aggressiver Gegenwehr sowie die Sehnsucht nach einem kollektiven Narzissmus erhöhen (vgl. Brunner 2016, S. 25). Die vom Agitator geschürten Zweifel und Ambivalenzen des Publikums sowie seiner Person gegenüber, müssen umso vehementer abgewehrt werden, wodurch »die Masse selbst einen ›regressiven Sog‹« (ebd.) entwickelt. Die Projektion von Ursache und Verantwortung für das negative Erleben auf spezifische Feindbilder kann, aufgrund ihrer vermeintlichen psychischen Entlastung, umso attraktiver erscheinen. Auch Lohl (2017b) beschreibt im Hinblick auf AfD-Propaganda ein Changieren zwischen einem ersehnten und zugleich beschädigten kollektiv-narzisstisch besetzten Ideal, was den Wunsch nach ambivalenzfreier Bezugnahme erhöht. Ein allumfassendes Triumphgefühl wird lediglich als zukünftige Belohnung für die erfolgreich bekämpften und vernichteten Feinde in Aussicht gestellt (vgl. Brunner 2019, S. 18).

In Jebsens Agitation lassen sich Aspekte von Löwenthals (1949/2017) skizzierten Dimensionen der Publikumsdemütigung wiederfinden. Auch bei Jebsen werden Zuschauende als passive, autoritätshörige Masse adressiert und gedemütigt; Resultat ist das Bedürfnis, sich aus der unangenehmen Affektlage zu befreien. Jebsens schauspielerische Performance verstärkt eine Publikumsdemütigung, wodurch die projektive Feindbildung begünstigt werden kann: Indem er seinen ängstigenden Auftritt als »inneren Dialog« des verwirrten und verängstigten Publikums inszeniert, gibt er sich einerseits »wie jemand aus ihrer Mitte, der ihre innersten Gedanken formuliert. Er rührt das auf und drückt das in Worten aus, was in ihnen schlummert« (ebd., S. 18) und nutzt andererseits die »Einblicke« dazu, das Publikum zusätzlich herabzusetzen; sie werden für ihre »Ängste« verlacht und verantwortlich dafür gemacht, dass er diesen »verrückten« Weg gehen muss, weil sie selbst durch rationale Argumente anscheinend nicht mehr zu erreichen seien. Darüber hinaus inszeniert er sich als Stimme der »Verschwörer:innen«, in deren Namen er katastrophische Szenarien entwirft. Die durch Jebsen evozierten Gefühle der Verfolgung und Herabsetzung werden als eine von

Feinden ausgehende Bedrohung umgeschrieben, sodass Wut und Aggression stellvertretend auf ein Außen gelenkt wird. Zuschauende bekommen ein vermeintlich inneres und äußeres Bedrohungsszenario »gespiegelt«, gegen welches widerständiges Handeln angezeigt ist. Das Aufbegehren, welches einen affektiv attraktiven Ausweg aus der unterstellten Unmündigkeit und Gehorsam verspricht, steht im Widerspruch zu dem affektiven Erleben des Publikums, welches sich als gehemmt und getrieben erlebt. Löwenthal (1949/2017, S. 145 f.) beschreibt diese Dynamik wie folgt:

> Unter dem Deckmantel des Protests gegen diese bedrückende Situation verstrickt er [der Agitator] sein Publikum noch stärker darin. Da sein Scheinprotest niemals eine wirkliche Lösung anstrebt, besteht sein Verführungsakt letztlich darin, seinen Anhängern den Ausweg aus einem Zustand ständiger Unterdrückung in Form irrationaler Ausbrüche anzubieten. (ebd., S. 30)

Auch Jebsen ruft zu einem Scheinprotest gegen ein elitäres »Oben« auf, wobei die fortwährenden autoritären Herabsetzungen des Publikums in konflikthafte Beziehung zum Wunsch nach Handlungsfähigkeit geraten und eine Sehnsucht nach Führung erzeugen können. Angeregt wird die Ersetzung des individuellen Über-Ichs durch ein externes Führerobjekt. Die induzierte Ambivalenz aus Hass gegen etablierte Autoritäten sowie (unbewusstem) Wunsch nach einer »neuen« (mitunter »stärkeren«) Autorität, ist der Prototyp dessen, was in der sozialpsychologischen Forschung als *konformistische/ autoritäre/ regressive Rebellion* diskutiert wird. Hilfreich für ein Verständnis ist Adornos (1973) Beschreibung des rebellischen Typus des autoritären Syndroms:

> Doch ist auch eine Rebellion möglich, bei der die autoritäre Struktur im wesentlichen unberührt bleibt. [...] Oder die masochistische Übertragung auf die Autorität wird im Unbewußten zurückgehalten, und die Opposition findet auf manifester Ebene statt. Das kann zu irrationalem und blindem Haß gegen *jede* Autorität führen, vermischt mit starken destruktiven Akzenten, gepaart mit der geheimen Bereitschaft zu »kapitulieren« und sich mit dem »verhaßten« Stärkeren zu verbünden. (S. 328)

Jebsens Inszenierung mag eine »negative Übertragung der Abhängigkeit [begünstigen, die] noch mit dem Drang verbunden [ist], pseudo-revolutionär gegen jene vorzugehen, die in seinen Augen schwach sind« (ebd.). Indem er sich nur indirekt als »neue« Autorität anbietet und Hass auf propagierte »Eliten« umleitet, kann auf bewusstseinsnaher Ebene trotz einer autoritären Unterwerfung unter Jebsens Führung das Selbstbild des Rebellen, der sich gegen »alte« Autoritäten richtet, aufrechterhalten werden. Was Jebsen selbst praktiziert – sich aggressiv, pseudo-revolutionär, mit einem »aufklärerischen« Anliegen, primär gegen die in seinen Augen »schwachen« Zuschauende und erst sekundär gegen die »Elite« zu wenden – kann ein Verhaltensmodell liefern, bei dem sich ein Hass gegen »oben« mit autoritärer Aggression gegen »unten«, gegen die »Schlafschafe«, paart. Dass die Hoffnung auf ein Entkommen vage bleibt und letztlich alle durch seine autoritären Herabsetzungen bedroht bleiben, mag das vorherrschende Gefühl des »Getrieben-Werdens« in der IG reflektieren. Affektiv ist diese Gefühlslage an die von Löwenthal beschriebene Dynamik zwischen Agitator und Anhänger:innen angelehnt (1949/2017):

> Er [die:der Anhänger:in] bleibt der enttäuschte, mißbrauchte Unterlegene, dem der Agitator nichts anderes zu bieten hat als die nutzlose Mobilisierung seiner Aggressionsimpulse gegen den Feind. Der getretene Hund wird zum Wach- und Bluthund und bleibt dennoch grundsätzlich ein ›underdog‹, der nur der Reaktion auf externe Bedrohung fähig ist. Das Bild des Anhängers hat somit letztlich nur die Funktion, das Publikum zur autoritären Disziplin zu erziehen. (S. 125)

Während bei Schrang die autoritäre Rebellion auf bewusstseinsnaher Ebene als ungehemmte, lustvolle und partiell erlösende Party- bis Lynchstimmung erfahrbar wird, ist bei Jebsen eine stärkere Ambivalenz aus Erregung und Hemmung vorherrschend, die das beschriebene Gefühl des Getrieben-Seins hervorruft. Denkbar ist, dass die stetige Angst vor Bedrohung in eine »paranoid getönte[n] Abwehr-Kampf-Haltung« (Pohl 2004, S. 298) mündet. Im Selbsterleben richtet sich dann die Aggression aus »putativer (vermeintlicher) Notwehr« gegen Feinde (ebd.).

*Welche verheißungsvollen »Auswege« sind illusorisch in Jebsens Selbstpositionierung verankert?* Als bedeutsamer Gegenpol zu einer entwerteten Zuhörerschaft, verkörpert Jebsen eine Position narzisstischer Selbstüberhöhung und Handlungsfähigkeit. Ähnlich zu dem von Löwenthal beschriebenen »Märtyrer mit kugelsicherer Weste« (1949/2017, S. 132 ff.) inszeniert auch Jebsen sich als ausgewähltes Opfer von stetiger Bedrohung und Verfolgung böser Mächte, der er wie durch ein Wunder zu entkommen scheint und dafür Bewunderung und Gehorsam einfordert. Seine Unverletzlichkeit kann suggerieren, dass die Feinde deutlich weniger Macht haben als angenommen, sich also nur mit einer »Fassade der Macht« umgeben, während die »wirkliche Macht auf seiner Seite [ist]« (ebd., S. 140). Es zeigen sich mögliche Parallelen zu den von Freud und Adorno beschriebenen Selbstportraits faschistischer Agitatoren:

> Der Führer selbst braucht niemand anderen zu lieben, er darf von Herrennatur sein, absolut narzißtisch, aber selbstsicher und selbständig. Wir wissen, daß die Liebe den

Narzißmus eindämmt, und könnten nachweisen, wie sie durch diese Wirkung Kultur-
faktor geworden ist. (Freud 1921/1940, S. 138)

Dies erklärt einen der auffälligsten Züge der Reden der Agitatoren, nähmlich das
völlige Fehlen irgendeines positiven Programms, wie überhaupt von etwas, das sie
geben könnten, und das paradoxe Vorherrschen von Versagungen und Drohungen:
Der Führer kann nur geliebt werden, wenn er selbst nicht liebt. (Adorno 1970, S. 496)

»Um den doppelten Wunsch der Geführten [zu befriedigen], sich der Autorität zu
unterwerfen und zugleich selbst Autorität zu sein« (ebd., S. 497), sei das Selbst-
portrait Spiegel einer psychischen Ambivalenz. Auffällig ist, dass Jebsen sich auf
bewusstseinsnaher Ebene als weniger nahbar als z. B. Schrang inszeniert, sodass
er nur indirekt eine Illusion von Verbundenheit vermittelt: Im Kontrast zu den
Aufrufen zum revolutionären Straßenkampf und zu der stetigen Hervorhebung
seines Grenzgänger-Daseins, sitzt auch er vor einer Bücherwand, spricht also
von Home-Office zu Home-Office und kann über die Bildsprache des Videos als
ähnlich betroffen von den Infektionsschutzmaßnahmen imaginiert werden. Die
Fantasie, dass er durch seine »Wahrheitspredigt« einen gesellschaftlichen Ausschluss in Kauf nimmt, lässt ihn als aufopferungsvoll und Vorbild erscheinen.
Auch erzeugen seine vermeintlichen Kenntnisse der Ängste sowie die Flüsterstimme intime Nähe, während die Einblicke in die angeblichen Machenschaften
der »Verschwörer« Teilhabe an Macht versprechen. Seine »schauspielerische«
Performance kann sich im Hinblick auf den Prozess der Idealisierung als hoch
wirksam erweisen. Im Kontrast zu den im Publikum aufkommenden Gefühlen
der Unfähigkeit, des Autonomieverlustes sowie des Getrieben-Seins, bildet seine
vermeintliche Spontanität, Unabhängigkeit und Kreativität sowie die sprachliche
Versiertheit einen attraktiven Gegenpol. Löwenthal beschreibt die vom Agitator
angebotene Projektionsfläche wie folgt: Es sei »Teil des Geheimnisses totalitärer Führung, der Gefolgschaft das Bild eines autonomen Charakters vor Augen
zu stellen, der zu sein ihr in Wahrheit verwehrt wird« (ebd., S. 361). Denkbar ist, dass auch Jebsen sich bei seinen Anhänger:innen als »magische Stütze
zur Festigung [der] Persönlichkeit« (ebd., S. 135) und »zum unersetzbaren Führer in einer konfusen Welt« (ebd., S. 144 f.) projektiv anbietet. Illusorisch
kann die eigene passive Position stellvertretend durch Jebsens wilde, hysterische
Tiraden kompensiert werden. Hier mag der von Adorno (1950/1973) beschriebene agitatorische »›Gefühls-Befreiungs‹-Trick« (S. 365) wirken, bei dem »die
Gefühlsduselei nichts weiter [ist] als ein Modell für das Verhalten, das seine
Zuhörer nachahmen und annehmen sollen« (ebd., S. 366). Jebsens Performance
kann stellvertretend den Wunsch des Publikums erfüllen, irrationalen Wut- und
Hassgefühlen freien Lauf zu lassen, die Selbstbeherrschung aufzugeben, wobei

das individuelle Bedürfnis nach Zügellosigkeit zugleich bestärkt und sanktioniert wird. Zuschauende sind in eine passive Position gedrängt, solange Jebsen es nicht anders verlangt (vgl. ebd., S. 109).

Die in der IG beobachtbare gruppendynamische Polarisierung kann auf das hohe intra- und interpsychische Spaltungspotenzial von Jebsens Anrufung verweisen: Das Changieren zwischen Ge- und Verboten und die narzisstischen Kränkungen produzieren eine unerträgliche Ambivalenz aus Sehnsucht, Angst und Aggression. Sowohl in Bezug auf die in Jebsens Position verankerten begehrenswerten Eigenschaften, als auch gegenüber einer angebotenen kollektiven Identität. Mit Melanie Klein (1962a, b) gedacht und vor dem Hintergrund von Jan Lohls Untersuchungen rechtspopulistischer Propaganda (z. B. Lohl 2019), bestärken die aus der Ambivalenz resultierenden, unerträglichen Spannungszustände den Rückgriff auf paranoid-schizoide Abwehrmechanismen (z. B. Spaltung und Projektion). Die Wahrnehmung Jebsens als Genie oder Wahnsinnigen verdeutlicht, wie anfängliche Ambivalenzen zunehmend durch eine einseitige Idealisierung oder Entwertung verdrängt werden, wobei das jeweilige »Außen« zum Träger der unerwünschten Eigenschaften wird. Der innere Konflikt (Ambivalenz aus Sehnsucht und Hass) wird abgespalten und projiziert und erscheint zunehmend als ein äußerer. Als Resultat stehen sich zwei Gruppen unverstanden und agitiert gegenüber, verloren geht die Ambiguitätstoleranz (Frenkel-Brunswik 1996). Affektiv attraktiv ist die Idealisierung seiner Person insofern, als Jebsen die in ihm verankerte Vorstellung von Besonderheit und Exklusivität auf die Gemeinschaft (zurück-)projiziert (vgl. Mitscherlichs 1977/2020, S. 39). Der Beitritt zur Bewegung verspricht Anhänger:innen das Gefühl eines elitären Zusammenschlusses. Obwohl sich das Publikum als Masse vergemeinschaftet und angleicht, können sie sich als höchst individuell und auserwählt imaginieren. Es muss berücksichtigt werden, dass Jebsen die (narzisstischen) Bedrohungen nicht nur individuell, sondern vielmehr als einen kollektiven, (deutsch-)nationalen Notstand inszeniert. Durch die häufigen NS-Bezüge werden die Erniedrigungen in einen historisch spezifischen Wirkungszusammenhang gesetzt. Eine schuldentlastende Inszenierung der deutschen Täter:innengeneration, die fehlende Nennung der Shoah, der latente Wunsch, sich eine Opferposition nach jüdischem Vorbild anzueignen sowie die Möglichkeit zur Identifikation mit der Gewalt der NS-Verbrechen ist anschlussfähig an rechtspopulistische Agitation, wie sie von Lohl (z. B. 2017b) herausgearbeitet wurde. Jebsens Botschaft kann folglich insbesondere für ein deutsches Publikum affektiv attraktiv und wirkmächtig sein. Im Kontrast zur AfD-Agitation nimmt Jebsen einen zusätzlichen kommunikativen Umweg, um (sekundär) antisemitischen Hass zu schüren und die Identifikation mit einem kollektiven Narzissmus zu ermöglichen. Indem er sich über den Zustand des fehlenden Schuldempfindens sowie einer Lust an Unterwerfung lustig macht, kann auf bewusstseinsnaher Ebene der Eindruck entstehen, dass er sich vermeintlich kritisch mit dem deutschen Opfermythos und deutscher Täterschaft auseinandersetzt. Die zynische Adressierung des Publikums als kriegstraumatisiertes deutsches Volk, greift »die Idee [...] einer Schicksals- und Opfergemeinschaft« (Brunner 2015, S. 52) auf, welche Brunner (2015) im Hinblick auf den Zusammenbruch des »Dritten Reichs« und des »Bombenkriegs«-Diskurses als problematisches Angebot zur kollektiven »Schiefheilung« und der Täter-Opfer-Relativierung identifiziert. Gleichzeitig – und dort liegt die Spannung zwischen den Sinnebenen – ermöglicht Jebsen einen geschichtsrevisionistischen Zugang zum NS, der die Täter:innengeneration als Objekt und Position der Sehnsucht etabliert. Schuld und Scham werden in Jebsens Narrativ nicht aufgrund von realen Taten und der Shoah, sondern lediglich im Hinblick auf ein kollektives, abgewehrtes Schuldempfinden mobilisiert. Zuschauende werden folglich nicht für die NS-Verbrechen beschuldigt, sondern von Jebsen dafür verachtet, dass ihre abwehrende Haltung und Opferinszenierung leicht durchschaubar sei. Eine angelegt an die NS-Verbrechen mobilisierte Affektlage wird zunehmend vom geschichtshistorischen Kontext entkoppelt – was sich auch in der rationalisierenden Tendenz der Gruppe widerspiegeln mag – und auf die heutige Situation und das Bild einer »Corona-Diktatur« übertragen. Zwei Projektionsrichtungen werden angeboten, um sich aus der einerseits durch Jebsens Agitation, andererseits durch die Pandemie beförderten Affektlage aus Passivität, Hilflosigkeit, Angst und narzisstischer Kränkung zu befreien: Der Zustand kollektiver, verleugnender Ahnungslosigkeit, Naivität und Hilflosigkeit wird auf die infantil-devoten »Schlafschafe« projiziert, während Merkel und die »Eliten« zu dem personifizierten »Bösen«, also den »neuen Nazis« erklärt werden. Hier zeigen sich auch Parallelen zu rigiden Abwehrkonstellation der Nachkriegszeit, wie sie von Mitscherlich (1977/2020) herausgearbeitet wurden (vgl. Brunner 2011, S. 174 ff.): Bezeichnend war eine Derealisation (d. h. Verleugnung und Affektisolierung) der NS-Vergangenheit und die Veräußerlichung von Täterschaft und des Bösen insgesamt. Möglich ist außerdem, dass die Publikumsdemütigungen in Kombination mit den als bestrafend inszenierten und als potenziell jüdisch fantasierten Feindbildern Vergeltungs- und Schuldängste schüren (Brunner 2015). Damit würde Jebsen erneut an eine Affektlage des NS sowie der Nachkriegszeit anbinden und die antisemitische Fantasie einer jüdischen Rache forcieren.

Vorstellbar ist, dass Jebsens oberflächliche Berührung eines tabuisierten Verhältnisses zum NS, bei gleichzeitig angebotenem »Ausweg« durch ein heutiges sich Zur-Wehr-Setzen und die Aufrichtung eines narzisstischen Selbstbildes, das Bedürfnis erhöht, eben jenes Tabu aggressiv zurückzudrängen, welches drohte bewusst zu werden. Weiterhin erfolgreich *kryptisiert,* d. h. im Vorbewussten verkapselt und als Geheimnis bewahrt, bleiben die Omnipotenz- und Aggressionsfantasien der »Volksgemeinschaft« (vgl. Brunner 2011, S. 186). Mögliche Wut auf die Täter:innengeneration, oder die Angst vor eigener familiärer Involviertheit, werden in Dankbarkeit und Sehnsucht gegenüber denselben umgewandelt, sodass erneut gemeinschaftlich verdrängt und gehasst werden kann (vgl. Salzborn 2018, S. 176). Die kollektive Selbstpositionierung als Widerständige verbindet die Unschuld der Opfer, den »Mut« und die Kraftanstrengung (also die latent mobilisierte, leidenschaftliche Vernichtungs- und Unterwerfungslust sowie Triumphgefühle) der NS-Täter:innen sowie die Verheißung einer zukünftigen Aneignung der (All-)Macht der Verschwörer:innen. Vor dem Hintergrund psychoanalytischer Affekttheorien kann der aufkommende Ekel als Reaktion auf die angeeignete Rolle des Widerstandes gegen den NS sowie das Hinwegsetzen über moralische Maßstäbe der Erinnerungskultur insgesamt, als eine abwehrende Reaktion gedeutet werden. Nach Kluitmann (1999) hat Ekel die Funktion der Rekonstitution von Grenzen und ist eng mit der Abwehr von lustvollen, eigenen, verpönten Anteilen verbunden. Wird Ekel hier als eine »Begrenzung narzißtischer Phantasien von Omnipotenz« (Jacobson 1978 zit. n. Kluitmann 1999, S. 276) gelesen, so ist er Ausdruck des Versuches, sich von dem als lustvoll präsentierten, aus dem kryptisierten Verhältnis mit der NS-Vergangenheit gespeisten und latent wiederbelebten kollektiven Narzissmus abzuwenden. Ergänzende Deutungsmöglichkeit ist Ekel als Ausdruck des Versuches, einen als kontaminierend erlebten Hass auszuwerfen (Brockhaus 2020).

## 3.3 Das rätselnde Volk der Enkelkinder und der Weise

Wodargs neutralitätsanmutende, fragende Position erweckt den vordergründigen Eindruck, er würde zu einer »kritischen« Öffnung des Pandemie-Diskurses beitragen. Somit erhält seine Ansprache einen partizipativen Anstrich. Wodarg kann (fälschlicherweise) als Vertreter einer pluralen Gesellschaft sowie von demokratischen Grundwerten erfasst werden, der sich lediglich um ein Fortbestehen derselben »sorgt«. Zuschauende sind dazu verleitet, auf bewusstseinsnaher Ebene sein Anliegen als gemäßigt und undogmatisch wahrzunehmen. Auch die angerufene Gemeinschaft wird weder rassistisch, noch völkisch ausbuchstabiert; sie bleibt vage. Analog zu Gansers »Menschheitsfamilie« finden sich auch bei Wodarg Andeutungen einer weltweit agierenden, korrupten »Elite«, die mit einer internationalen Gemeinschaft kontrastiert wird. Wodargs Ausführungen zeichnen durch eine Anschlussfähigkeit an (strukturell) antisemitisches

Verschwörungsdenken,[11] Antielitismus und die Anregung zu projektiver Feindbildung aus. Insbesondere die Gegenüberstellung von »Volk« und »Elite« ist anschlussfähig an (rechts-)populistische Narrative. An Wodargs Appell an einen »gesunden Menschenverstand« wird exemplarisch die Diskrepanz zwischen manifester und latenter Sinnebene deutlich: In diesem positiv konnotierten Begriff ist vordergründig die Möglichkeit zur »kritischen« Selbstbefähigung enthalten. Wird sie (wie in der Materialanalyse erkenntlich) zur einzigen oder zumindest maßgeblichen Instanz der Wissensproduktion stilisiert und zum Orientierungspunkt mit alleinigem Wahrheitsanspruch erhoben, drückt sich in ihr ein potenziell antiaufklärerisches, gegen wissenschaftliche Erkenntnis gerichtetes und undemokratisches Element aus. In der Vagheit und damit potenziell beliebigen Auslegbarkeit von Wodargs Aussagen liegt ein großes Potenzial über verschiedene politische Spektren hinweg wirksam zu mobilisieren, insbesondere ergeben sich jedoch Anknüpfungspunkte für verschwörungsideologische Narrative.

Im Kontrast sowohl zu dem euphorisierenden, ungehemmten Aufgehen in einer Bewegung bei Schrang, als auch zu dem angeheizt-bedrohlichem Erleben Jebsens steht bei Wodarg ein gehemmtes und nur zeitweise auflockerndes Gruppenerleben im Vordergrund. Die Befangenheit und Zurückhaltung widersprechen zunächst dem, was Freud (1921/1940) als phänomenologisch typisch für die regressive Über-Ich-Lockerung psychologischer Massen begreift. Im Folgenden wird der These nachgegangen, dass auch Wodarg eine autoritär strukturierte Gemeinschaft nach Wirkmechanismen der Massenpsychologie anruft, diese lediglich in ihrer Nuancierung und qualitativen Beschaffenheit differiert.

Wenn sich Interpretierende als gemeinschaftlich rätsellösende Enkelkinder erleben, sind in Ansätzen euphorisierende Wir-Gefühle erfahrbar. Die Rätsel-Dynamik hat zwei Pole: die Seite, die *nichts* erkennt, sowie die Seite, die *alles* erkennt und als etwas Besonderes erscheint. Dass es sich gruppendynamisch (noch) nicht um ein homogenes, widerspruchsfreies Innen versus Außen handelt, zeigt das Konkurrenz- und Neiderleben untereinander (ersichtlich in der »Lieblingsenkel«-Fantasie). Ein individuell-narzisstischer Wunsch nach Einzigartigkeit wäre nach der Auffassung Freuds (vgl. 1921/1940, S. 112 f.) im Konflikt stehend mit dem für die Massenbildung konstitutiven kollektiven Narzissmus. Gleichzeitig darf das vereinende (und zugleich exkludierende) Moment des gemeinschaftlichen Rätselns nicht unterschätzt werden: U.U. wird für diejenigen, die auf ähnliche (z. B. projektive) Weise die Lücken füllen, ein kollektiver

---

[11] Strukturell meint einen »Antisemitismus *noch* ohne Juden« (ebd.), der insofern gefährlich ist, als dass er über Umwege kommuniziert und antisemitische Weltbilder stärkt und normalisiert (vgl. Kiess et al. 2020, 219 ff.; Amadeu Antonio Stiftung [ASS] 2020a).

Besonderheitsstatus verheißen. Die Märchenreferenz nimmt für die Vergemeinschaftung sowie Bestimmung eines projektiven Außen eine besondere Rolle ein: »Volk« und »Elite« werden hier (rechts-)populistisch kontrastiert. Die propagierte »Elite« wird aufgrund ihrer Ahnungslosigkeit und Selbstüberhöhungswünsche sowie Konkurrenz und Neid schamhaft entwertet. Da dieselben Eigenschaften auch das Gruppenerleben dominieren, ist anzunehmen, dass hier eine Projektionsfläche für verstärkte und geschürte Affekte des Publikums angeboten wird. Alles, was die Masse im Innen zersetzen würde, kann so projektiv veräußerlicht werden. Winter (2017) identifiziert Scham und Stolz als Affektlagen, die autoritär strukturierte Gemeinschaften bestimmen:

> Das Gegenteil von Schande ist nicht die »Unschuld«, sondern die »Ehre«, das zugehörige Gefühl »Scham« bzw. »Stolz«. Die Scham ist nicht wie das vom Gewissen erzwungene Schuldgefühl Strafe für eine verbotene Tat, sondern des Ich-Ideals. Ist dieses wenig integriert und außengeleitet und die Kultur eher dem Gemeinwohl als dem des Individuums verpflichtet, können Ehre und Schande sich auch auf das Kollektiv beziehen. (S. 53)

Die stolzbehaftete Figur des »Kindes« kann auf mehrfache Weise massenpsychologisch wirksam sein: Die in ihm transportierte Symbolkraft eines »gesunden Menschenverstandes« (manifest) sowie die Verheißung narzisstischer Überhöhung, ergänzt durch die regressive Sehnsucht nach einer »authentischen« und moralisch überlegenen Gemeinschaft (latent), kann als führende Idee vereinigend wirken. Die Verklärung einer »natürlichen« Intuition wird einerseits als ein potenziell verbindendes Element zwischen den Zuschauenden inszeniert, andererseits präsentiert sie sich als kontrastreich zu Wodargs »wissenschaftlichen« Erklärungen, die unverständlich bleiben. Da er selbst mit der Rolle des Kindes identifiziert und gleichzeitig als überlegen imaginiert wird, kann eine identifikatorische Brücke zu ihm geschlagen werden und seine Rolle als Führer plausibilisiert werden: Illusorisch repräsentiert er sowohl die moralische »Reinheit« des Volkes als auch die »Weitsicht« eines Status-Überlegenen. Festgesetzt wird eine hierarchische Beziehung zu ihm. Ein in Wodarg verankertes, gemeinsam ersehntes Ideal, eine Affektlage aus Stolz und Scham, eine regressiv-idealisierte Vorstellung eines durch spezifische Qualitäten verbundenes »Volkes«, eine binäre Weltanschauung und die Anregung zu projektiver Feindbildung – all diese Aspekte sprechen von einer psychologisch wirksamen Massenintegration in eine autoritär strukturierte Gemeinschaft.

Die auf bewusstseinsnaher Ebene aufkommende Dankbarkeit angesichts von Wodargs vermeintlich freundlicher Zuwendung, die latent erzeugte und verstärkte Sehnsucht nach autoritärer Anleitung sowie Furcht vor derselben, lassen sich in

Konzepte der Autoritarismusforschung einordnen. Die Lähmung und Passivität angesichts von Wodargs Expertise sowie der Wunsch nach Anleitung kann an die konzeptuelle Vorstellung der *autoritären Unterwürfigkeit* als masochistische Komponente des autoritären Syndroms anknüpfen (vgl. Adorno et al. 1950/1973, S. 49 f.). Hier geht es primär um einen übermäßigen Gehorsam, Ehrfurcht und Respekt vor Autoritäten. Wobei die rigide und passive Unterordnung dazu dient, Ambivalenzen gegenüber der Autoritätsperson, Hass und rebellische Impulse aufgrund von Angst vor derselben in gegenteilige Haltungen umzulenken. Unterwerfungszwang wird dann zur Lust an Unterwerfung (vgl. ebd., S. 50). Erklärbar wird zumindest die anfängliche Reaktion auf Wodarg: Vor dem Hintergrund der Pandemie und im Hinblick auf den von ihm skizzierten Chaos-Zustand, wird es als affektiv attraktiv erlebt, sich vertrauensvoll in die Hände seiner anleitenden Autorität zu geben. Die anfängliche Idealisierung lässt sowohl eine Bedrohung durch autoritäre Anleitung, als auch eine auf Wodargs verharmlosende Aussagen gerichtete Wut in den Hintergrund rücken.

Im Hinblick auf das Pendeln zwischen Aktivität und Passivität, Selbstbefähigung und Angewiesenheit sowie Aufbegehren und Beruhigung ist eine deutliche Diskrepanz zwischen manifester und latenter Sinnebene auffällig: Wodarg repräsentiert zwar als alter, weißer Arzt und Politiker konventionelle Werte und hegemonielle Vormachtstellung, zugleich wendet er sich gegen etablierte Autoritäten (Wissenschaft und Politik) und enttarnt diese als ahnungslos und hilflos. Indirekt bietet er sich als »neue«, d. h. »fähigere« Autorität an, wobei er stets eine neutrale, fragende Position für sich beansprucht. Auf bewusstseinsnaher Ebene tritt er weder autoritär auf noch richtet er direkte Aggression gegen Feinde. Er verweist auf einen Betrug, wobei die Bestimmung eines personifizierten Bösen ausbleibt. Wodarg wird als bemitleidenswerter Einzelkämpfer, der »seinesgleichen« hinterfragt, imaginiert. Adorno (1950/1973) formuliert entsprechend den »›Einsame[n] Wolf‹-Trick«: »Je heftiger er Betrügereien anprangert, um so weniger glaubt er für einen Betrüger gehalten zu werden« (S. 363 f.). Das Schüren von »Misstrauen gegen die gegenwärtigen Mächte« suggeriert, dass hinter ihm »die wirklichen Kräfte [stehen], die den offiziellen Machthabern entgegenarbeiten« (ebd.). Erkennbar werden auch Elemente der bereits skizzierten *autoritären Rebellion*. Hier unterscheidet sich Wodargs Adressierung insofern von der klassischen Konzeptualisierung Adornos (vgl. ebd., S. 328), als dass er vordergründig keinen rebellischen, auf Zerstörung gesellschaftlicher Konventionen ausgerichteten, irrationalen Hass agitiert, sondern vielmehr ein besonnenes Hinterfragen, eine einschläfernde Beruhigung sowie den Wunsch nach Bewahrung erwirkt.

Rebellisches Aufbegehren wird mit einem verwunderten, unschuldigen Nachfragen gleichgesetzt. Dabei wird jegliche gegen das bestehende System und deren Repräsentant:innen gerichtete Zerstörungswut latent gemacht. Mithilfe von Erich Fromms sozialpsychologischer Untersuchung *Arbeiter und Angestellte am Vorabend des Dritten Reiches* (1980), insbesondere seiner Typisierung unterschiedlicher autoritärer Haltungen, wird veranschaulicht, dass Wodargs Anrufung einer autoritär strukturierten Gemeinschaft ein bedeutsames psychisches Zwischenfeld besetzt:

Fromm unterteilt zwei autoritäre Typen (vgl. ebd., S. 248 f.): den *konservativ-autoritären Typus* und den *rebellisch-autoritären Typus*. Ersterer ordnet sich unter bestehenden Autoritäten unter, identifiziert sich mit Machtsymbolen und erfährt dadurch Sicherheit und Stärke, sodass rebellische Impulse nicht zu Tage treten. Der *rebellisch-autoritären Typus* richtet sich gegen bestehende Autoritäten, umso mehr Schwäche und Nachgiebigkeit sie zeigen. Dabei besteht der latente Wunsch nach Unterwerfung fort, infolgedessen sich vielversprechenden »neuen« Autoritäten und Ideologien zugewendet wird (vgl. ebd.). Was hier weniger als voneinander getrennte Charakter-Typen oder Personen und vielmehr als zwei unterschiedliche Positionen autoritärer Gestimmtheit gelesen wird, verweist auf die mögliche Funktionsweise und affektive Attraktivität von Wodargs Agitation: Illusorisch vereint seine Adressierung und Selbstinszenierung konträre Stoßrichtungen und psychologische Modi autoritärer Agitation. Einerseits gibt er die Aussicht, die Macht, Stärke und Sicherheit einer bestehenden Ordnung zu bewahren. Im Zuge dessen wird der Angst des Publikums vor einem chaotischen Umsturz und Privilegienverlusten entgegengewirkt. Andererseits wird die Möglichkeit präsentiert, sich von »alten«, als schwach und unfähig enttarnten Autoritäten enttäuscht abzuwenden. Wodarg mobilisiert ein *autoritär-konservatives Aufbegehren*. Eine ambivalente Sehnsucht und Angst vor autoritärer Stärke müssen hierbei nicht bewusst werden, weil er selbst antiautoritär und in einer Opferrolle auftritt und Zuschauenden bewusstseinsnah das Gefühl eigenständiger Erkenntnis gegeben wird. Da sie seine aufgemachten Leerstellen »selbstständig« gefüllt und ihn »eigenständig« als fehlenden Part erkannt haben, erscheint die Zuwendung zu ihm als eine freiwillige, gar emanzipatorische Handlung. Denkbar ist, dass Wodarg eine breite Projektionsfläche bietet und erfolgreich rebellische, wie konventionelle psychische Qualitäten autoritärer Gestimmtheit miteinander vereinen kann. Die angebotenen Feindbilder machen in Ansätzen die Lust an Beschämung und Herabsetzung erfahrbar. Sie erscheinen als affektiv attraktiv, da dort zum einen die verdrängte Aggression sowie eigene Gefühle der Unfähigkeit kanalisiert werden können. Zum anderen wird der Widerspruch aus Aktivität und Passivität, Gehemmtheit und Selbstermächtigung, Macht und Ohnmacht als ein

äußerer erlebt. Infolgedessen wird das Innen zunehmend von Konflikten bereinigt. Vorstellbar ist ein Umschlagen des Gruppenerlebens in einen blinden Hass
und erregende Gemeinschaftsgefühle des rebellischen Modus, sobald die Lücken
gemeinschaftlich projektiv/ideologisch gefüllt sind.

Wodargs Pendeln zwischen Nahbarkeit und Distanz bietet eine geeignete Identifikationsgrundlage. Erneut lassen sich mögliche Parallelen zu dem Imago des
bereits skizzierten »große[n] kleine[n] Mann[es]« (Löwenthal 1949/2017, S. 128)
erkennen. Im Vordergrund steht seine Gutmütigkeit, Besorgtheit und Sanftheit.
Er »hat die schwere Aufgabe übernommen, für die er besondere Qualifikationen
besitzt« (ebd., S. 129) und fordert dafür implizit Bewunderung und Gehorsam ein.
Als massenpsychologisches Schiefheilungsangebot eignet sich Wodargs Verklärung der »Biologie« und menschlicher »Natur«, bei gleichzeitigem Auftreten als
»Kenner« derselben. Indem Wodarg »Natur« als kontrollierbar inszeniert und die
kindliche Intuition als Stimme der Vernunft rationalisiert, reduziert er womöglich
eine (unbewusste) Angst der Zuschauenden, sich ihren archaischen Bedürfnissen
und unterdrückten Trieben hinzugeben. Der Appell an einen »gesunden Menschenverstand« kreiert auf bewusstseinsnaher Ebene die Vorstellung der (Wieder-)
Herstellung einer selbstbestimmten Handlungsfähigkeit, während die Abhängigkeit und autoritäre Unterwerfung unter seine Person, aber auch potenziell
bedrohliche, archaische, aggressive Triebbedürfnisse unbewusst gemacht werden.
Da Wodarg gesellschaftliche Konventionen und Kulturanforderungen als Trug
entlarvt, können ihre verinnerlichten Repräsentanzen (Über-Ich, Ich-Ideal) abgelegt werden. Hierbei wird der Schutz, den sie zu versprechen vermochten (Freud
1930/1960, S. 365), durch seine Person ersetzt. Als Kenner und Beherrscher der
»Natur« kann er uns auch vor der bedrohlichen Seite unserer »Natur«, also einer
gefahrvollen Aggressions- und Zerstörungslust, beschützen (vgl. ebd., S. 394).
Die Veräußerlichung des Über-Ichs und Verharmlosung des Virus verspricht psychische Entlastung: Wodarg lindert die Angst vor einer übermächtigen (inneren
wie äußeren) Natur, erklärt die kulturellen Verzichtsanforderungen als überflüssig,
spricht uns frei von Schuldgefühlen und (re-)aktiviert kindliche Omnipotenzfantasien. Die innere Unfreiheit, z. B. ein bedrückendes schlechtes Gewissen aufgrund
der Anforderungen des Über-Ichs, werden regressiv gegen eine äußere einge-
tauscht, sodass das Publikum stets in Abhängigkeit von seinen Beruhigungs-
und Kontrollmaßnahmen bleibt. Für die gegen ihn gerichtete Aggression, die
eine Abhängigkeit und autoritäre Unterwerfung erzeugen mögen, werden äußere
Aggressionsobjekte angeboten, sodass Wodarg Dankbarkeit zukommt. Möglicherweise ist es eben diese *Kontrollillusion* von »Natur« (Mensch und Virus), die in
ihm (als Wissenschaftler und Großvater) illusorisch verkörpert ist, die Wodarg vor
dem Hintergrund der Pandemie so anziehend werden lässt. Eine Anrufung von

»authentischen« und schlichten Werten, die Zuwendung zum »gesunden Menschenverstand« und zur Intuition sind dabei nur vordergründig harmlos. Wird die Auslebung von archaischen Triebimpulsen unbewusst angeregt und eine regressive Abhängigkeit von seiner Person kreiert, sind in Wodargs Anrufungen genuin antidemokratische Potenziale verankert.

# 4 Affektive Attraktivität des Verschwörungsdenkens

Für die Beantwortung der Fragestellung nach der affektiven Attraktivität von Verschwörungsdenken, gilt es mögliche Mechanismen herauszuarbeiten. Auch wenn affektive Wirkfaktoren hier der Komplexitätsreduktion wegen auf theoretischer Ebene separat voneinander beschrieben werden, muss berücksichtigt werden, dass diese in der Praxis parallel zueinander ablaufen und sich gegenseitig verstärken können.

## 4.1 Affektive Vorbereitung: Empörung, Gefühle des Betrogen-Seins

Die untersuchten Beiträge weisen Parallelen hinsichtlich der »affektiven Vorbereitung« sowohl auf inhaltlicher als auch auf sprachlicher Ebene auf.

Auf der inhaltlichen Ebene wird der öffentliche Diskurs, insbesondere im Hinblick auf die Corona-Pandemie, als lückenhaft und damit unglaubwürdig bezeichnet und die Meinungsfreiheit als eingeschränkt dargestellt. Schrang verurteilt die öffentliche Berichterstattung über die »Querdenken«-Demonstrationen als einseitig und tendenziös und bezichtigt sie, im Kontrast zum Selbsterleben der Demonstrationsteilnehmenden zu stehen. Jebsen attackiert eine gesellschaftliche Doppelmoral, wobei er Widersprüche in Berichterstattungen oder politische Statements als Manipulationshinweise umdeutet. Wodarg prangert ein wissenschaftliches und politisches Profit- und Machtinteresse an und behauptet, »kritische« Haltungen seien gefährdet. Deutlich wird, dass (reduziert, selektiv und z. T. inkorrekt) an politisch-gesellschaftlichen Themenbereichen angesetzt wird, die durchaus von Widersprüchen geprägt sind und in öffentlichen Diskussionen kontrovers behandelt werden. Verweise auf z. T. real existierende Inkongruenzen fordern Zuschauende in ihrem (politischen) Selbstverständnis heraus. Dass der vordergründige Appell der untersuchten Akteure an eine »kritische Haltung«

sowie das selbstinszenierte »aufklärerische« Anliegen nicht auf eine emanzipatorische Gesellschaftskritik abzielt, sondern vielmehr Desorientierung verstärkt (vgl. Löwenthal 1949/2017, S. 20), zeigt sich in der beobachteten geschürten und intensivierten Affektlage aus Empörung, Misstrauen, Verwirrung. Diese wird von gesellschaftlichen Diskursen und objektiven Ursachen losgelöst und verallgemeinert. Vage Gefühle, in denen sich das soziale Unbehagen manifestiert, werden verstärkt und auf die Vorstellung übertragen, dass die Corona-Pandemie lediglich Symptom eines vorsätzlichen und fortwährenden Betruges ist (vgl. Löwenthal 1949/2017, S. 35 ff.).

Das negative Erleben wird zusätzlich durch den Sprachstil der Redner verstärkt. Im Kontrast zu verschwörungsideologischen Texten, die u. a. Butter (vgl. 2018, S. 57) als teilweise umfangreich, akribisch »belegt« und »dröge« zu lesen beschreibt, bleiben die propagierten Zusammenhänge auf der Ebene von vagen Andeutungen. Themensprünge, Erzählbrüche und detailgespickte Aneinanderreihung befördern ein Erleben von Dissonanz und Verunsicherung. Erschwert werden ein eigenständiges Überprüfen und Denken. Adorno (1950/1973) beschreibt die Technik der »*assoziierenden Übergänge*«, die Ideen, Inhalte und Aussagen »trotz etwaiger vollständiger logischer Unvereinbarkeit als miteinander verbunden erscheinen lassen« (S. 389), als Methode, die darauf abzielt,

> den Sinn für Logik bei den Hörern zu zerstören und ihnen schließlich jede Bedeutung der Wahrheit zu nehmen, die diese für sich haben mag. [...] Sie sollen das in jedem Akt verantwortliche Denken enthaltene Element des Widerstandes aufgeben und sollen dem Führer zuerst verstandesmäßig und zum Schluß in Person durch Dick und Dünn folgen. (S. 390)

Innerhalb des Materials befördert die assoziative Verknüpfung von unlogischen Sinngefügen den Wunsch nach Stringenz, vor allem auch, um einem Kontrollverlustgefühl entgegen zu arbeiten. Die (excessive) Suche nach einem roten Faden, wie sie als Reaktion auf Wodarg und Jebsen zu beobachten ist, reflektiert den Versuch, den eigenen Gefühlen der Unfähigkeit entgegenzuarbeiten. Daraus resultierende Intellektualisierungstendenzen schränken einen selbstreflexiven Zugang zum affektiven Erleben ein.

Vorbereitend für das Verschwörungsdenken ist folglich die Transformation einer kontext- und themenbezogenen Skepsis in ein destruktives und gegen gesellschaftspolitische Diskurse und Institutionen gerichtetes allgemeines Misstrauen. Die Verweise auf Ungereimtheiten dienen dabei zur Delegitimierung öffentlicher Narrative und als Beweis, dass Kritik angeblich nicht mehr möglich sei (vgl. Nachtwey et al. 2020, S. 60). Die Affektualisierung des Politischen schafft einen von objektiven Ursachen losgelösten Zustand ständig geschürter, generalisierter Entrüstung, wobei gleichzeitig die Fähigkeit zur Selbstreflexion sowie eine Zuversicht in die eigene Bewältigungsfähigkeit eingeschränkt ist. Als Reaktion zeichnet sich im Publikum eine verschwörungsideologische Tendenz zur hyperrationalen Wirklichkeitskonstruktion ab, bei der jedem Detail Bedeutung zugeschrieben wird (vgl. Hessel 2020, S. 19) und jegliche Zufälligkeit abgewehrt wird. Geschaffen wird der affektive Resonanzraum für grundlegende verschwörungsideologische Annahmen (»Nichts passiert durch Zufall«, »Nichts ist wie es scheint« sowie »Alles ist miteinander verbunden«; Schließler et al. 2020, S. 305).

## 4.2 Generalisiertes Bedrohungsempfinden: Unbehagen, Faszination und Sehnsucht

Dem geschürten Misstrauen, welches eine Abwendung von offizieller Berichterstattung und Leitmedien befördern kann, stellen die Akteure ein generalisiertes Bedrohungsempfinden zur Seite. Das intensivierte Unbehagen erscheint angesichts möglicher Verheißungen von Verschwörungserzählungen (z. B. die Konkretisierung von abstrakten Ängsten für die Wiedererlangung eines Kontrollgefühls) zunächst widersprüchlich.

Zunächst werden pandemiebezogene Ängste abgewehrt, etwa durch Verlachen, Bagatellisierung oder Verharmlosung. Die Entschärfung der realen, andauernden, aber nicht greif- oder gar individuell bekämpfbaren Bedrohung, bewirkt auf der affektiven Ebene Erleichterung und Entlastung. Die Corona-Pandemie erzeugt Angst, Wut, Ambivalenzen und innere Konflikte und zwingt jede:n zu lästiger und widerwilliger Verantwortungsübernahme. Diese unangenehme und zähe Belastung kann nun durch eine Position der Eindeutigkeit ersetzt werden. Gleichzeitig zur Negation der einen, wird eine neue, in dieser Hinsicht interessantere Gefahrenquelle angeboten. Was zeichnet das neue Bedrohungsszenario aus?

Zum einen wird eine stark verbildlichte Sprache genutzt: Schrang beschreibt die Welt als eine dunkle Turnhalle und vergleicht einen leeren Bundestag mit einer Bank. Jebsen schwelgt in Kriegsmetaphern und Science-Fiction-Film-Vergleichen, die auf totalitäre Herrschaft anspielen. Wodarg entwirft Wuhan als einen düster-dystopischen, technisierten Ort. Die vage gehaltenen Bilder enthalten Momente des Nicht-Greifbaren und Undurchsichtigen, die ein Gefühl eines undefinierbaren Unbehagens befeuern. Die Bedrohungsmetaphorik verstärkt den Wunsch nach Eindeutigkeit und Konkretheit. Darüber hinaus enthalten die Metaphern bereits einen ersten, doch vagen und groben Bezug zum Kern der vermeintlich eigentlichen Bedrohung, auf die hingeleitet werden soll. Ein inneres Unbehagen wird an ein äußeres, metaphorisches Bedrohungsszenario angelehnt.

Zum anderen wird diese skizzierte, alternative Bedrohung als mächtig und bedeutungsvoll inszeniert. Die Symboliken verweisen auf gesellschaftliche Bereiche mit Prestige, Ansehen und Vormachtstellung; Die Bedrohung wird als ausgehend von einer »Elite« in Bezug auf Geld, Macht, Wissen/Technologie und Medien konzipiert. Den Zuschauenden wird suggeriert, dass das Ausmaß der Bedrohung nicht größer sein könne – es geht um »alles«. Auch wenn hier zunächst noch keine konkreten Feindbilder genannt werden, sind die Bilder bereits richtungsweisend: Angedeutet wird, woher die Bedrohung kommt und in welche Richtung sie abgewiesen werden muss. Menschliches, konspiratives Handeln und die grundlegendsten gesellschaftlichen Institutionen werden als involviert inszeniert. Das im Publikum erweckte Gefühl einer anstehenden Katastrophe in apokalyptischem Ausmaß unterstreicht die inszenierte Größenordnung der Bedrohung. Auch bereitet die moralische Dekonstruktion zentraler gesellschaftlicher Instanzen auf die insgeheim ersehnte Erlaubnis zur Abkehr von unliebsamen gesellschaftlichen Normen vor.

Löwenthal (1949/2017) identifiziert die »Scharade vom Untergang« (S. 47) als ein wesentliches Agitationselement, bei der situationsbezogene Ängste auf ein allgemeines, diffuses Bedrohungsgefühl vor einer anstehenden Katastrophe ausgeweitet werden. Eine Katastrophenfantasie sei zwar lähmend, kann aber gleichzeitig auch entlastend und sinnstiftend wirken. Die inszenierte »kosmische Katastrophe« (ebd.) biete dem Publikum eine »tragische Würde« (ebd.) als Kompensation für individuelles Versagen und Niederlagen sowie die (vermeintlich) untergeordnete gesellschaftliche Stellung. Attraktiv sei die Vorstellung vom bevorstehenden Untergang insofern, als dass eine kritische Auseinandersetzung mit der Gesellschaft und dem Selbst hinfällig werde. Sie entledige der Eigenverantwortung und legitimiere jegliches Verhalten: »Ein mit der Katastrophe konfrontierter Mensch ist in der Abwertung oder Übertretung der herrschenden Moralgesetze gerechtfertigt, wenn er damit sein Leben retten kann. Die Idee der Katastrophe enthält einen willkommenen Stimulus für den impulsiven Zerstörungstrieb der Zuhörer« (ebd., S. 51). Das Gewissen sowie Ge- und Verbote des Über-Ichs werden regressiv gelockert und Impulse freigesetzt. Die eigene Aggression wird in der Idee, sich doch nur zur Wehr zu setzen, sowohl geleugnet wie rationalisiert (vgl. ebd.). Propagandistisches Ziel sei es, die Angst vor der Vernichtung zunehmend in eine Hoffnung darauf zu verwandeln (vgl. ebd., S. 50 ff.): Als Resultat werde die Katastrophe unbewusst zunehmend als befriedigende »Lösung«, als ein Akt der Befreiung erlebt.

Verstehbar wird, warum die Vorstellung einer konspirativen Bedrohung affektiv attraktiver sein kann als das pandemiebedingte Krisenerleben: Sie kann von einem inneren wie äußeren Konflikterleben befreien, von Verantwortung und Schuld. Die eigene Ohnmacht kann rationalisiert werden, während – unterfüttert von einem Gefühl historischer Bedeutsamkeit – die Freisetzung von aggressiven Impulsen plausibel wird. Das angebotene Narrativ schürt zwar erneut Ängste, aber statt passiver Verantwortungsübernahme kann im Hinblick auf die neue Gefahrenquelle ein aktives Wehren erforderlich werden. Auch im Rechtsradikalismus sind apokalyptische Katastrophen- und Endzeitfantasien als notwendige Übergangsphase für eine verheißungsvolle, da von Konflikten bereinigte und regressiv-idealisierte Zukunft weit verbreitet (vgl. Schließler et al. 2020, S. 295). Hier mischen sich meist Angst und eine sehnsüchtige Erwartung nach derselben. Eine ähnliche Affektlage ist in der Materialwirkung zu erkennen: Unbehagen ist an Neugier und Faszination angesichts einer undurchschaubaren Bedrohung gekoppelt. Agitiert wird ein *thrill,* eine »Angst-Lust« (Balint 1959/ 2013), also ein emotional erregendes Lustempfinden, welches aus einem ängstigenden Szenario resultiert.[12] In der Gegenwartsbeschreibung als dystopisches Schreckensbild ist außerdem bereits ein dualistisches Weltbild angelegt, indem sich »Gut« und »Böse« unvereinbar gegenüberstehen, welches Spaltungs- und Projektionsmechanismen verstärkt.

## 4.3    Geteilte Geheimnisse und verheißungsvolle Exklusivität: Narzisstische Auf- und Entwertungsmechanismen

Das Lückenhafte der Sprache und Bilder hat weitere Wirkdimensionen. Die mysteriösen, vagen Andeutungen erwecken Wissbegierde und Sensationslust. Auch ist auffällig, dass im Material Verschwörungsmythen in Fragmenten und Stichworten auftauchen. Adressiert wird ein Publikum mit »Vorwissen«. Befördert werden Exklusions- und Inklusionsmechanismen, die an narzisstische Auf- und Entwertungsmechanismen gekoppelt sind. Aus der Forschung ist das Motiv der Selbstüberhöhung sowie der Wunsch nach Besonderheit ein bekanntes Motiv des

---

[12] Denkbar ist, dass hier auch ein regressiver Wunsch nach Führung und eine hörige Verliebtheit begünstigt wird: Erst wenn sich Zuschauenden mit einer überhöhten Position identifizieren (Schrangs körperliche, Jebsen intellektuelle und Wodarg erfahrungs- und autoritätsbezogene Übermacht), kann die angekündigte Bedrohung Lust bereiten und sehnsüchtig erwartet werden. Für »Außenstehende« bleibt das Erleben von Angst vorherrschend.

Verschwörungsglaubens (z. B. Imhoff und Lamberty 2017). Im Folgenden gilt es, mögliche Psychodynamiken zu ergründen.

Mobilisiert wird der Wunsch, ein Geheimnis zu kennen und exklusive Einblicke in verborgene Machenschaften zu erhalten:

> Der Reiz der Andeutung wächst mit ihrer Vagheit; sie gestattet das ungehemmte Spiel der Phantasie und regt zu Spekulationen aller Art an, die noch gesteigert werden, weil die Massen heute, die sie sich als Objekte der gesellschaftlichen Entwicklungen fühlen, gern wissen möchten, was hinter der Bühne vorgeht. (Adorno 1950/1973, S. 407)

Schrang, der einen Blick »hinter die Kulissen« gewährt und »aus'm Nähkästchen bisschen plauder[t]« (Schrang 2020, 77); Jebsen, der mit Flüsterstimme Einblicke in die geheimen Pläne der »Elite« ermöglicht und Wodarg, der »unzensiert« Zusammenhänge von Politik und Wissenschaften »entkleidet« und sexualisierte Fantasien auslöst, sind in ihrer Dynamik im Hinblick auf den von Adorno formulierten »›Schmutzige-Wäsche‹-Trick« (ebd., S. 410) zu verstehen. Es geht um die Enthüllung von Skandalgeschichten, um verbotene, anrüchige Dinge, die vordergründig empört abgelehnt werden können und gleichzeitig lustvolle Befriedigung erfahren (vgl. ebd.). Psychodynamisch hat die Lust am Tratschen, an Gerüchten, auch immer »etwas zu tun mit dem Nicht-so-genau-wissen-Wollen« (Kirchhoff 2020, S. 106 f.):

> Das Lustvolle am Gerücht, so die These, beruht ebenfalls auf einer Ersparnis: Unbewusste Fantasien und Affekte, die man sich sonst nicht zugestehen könnte, können ausgelebt werden. Was einem hier erspart bleibt und die Lust am Gerücht ermöglicht, ist der Aufwand der ›Realitätsprüfung‹ bzw. noch einfacher: der Aufwand des Denkens. Beides wird vermieden. Damit wird auch vermieden, sich mit einer Realität auseinanderzusetzen, die komplizierter ist, als man wahrhaben möchte. Nicht zuletzt geht es dabei, so ist zu vermuten, um eine Vermeidung der Auseinandersetzung mit der eigenen Ohnmacht: Statt hilflos vor einer komplexen, übermächtigen Realität zu stehen, ist man eine:r von denen, die Bescheid wissen.

In dieser Deutungslinie stellen Verschwörungsnarrative argumentativ angereicherte und dauerhaft gefestigte Gerüchte dar, die insofern aufklärungsresistent sind, als dass der Bezug zu einer objektiven Realität im Konflikt zu den irrationalen Verheißungen steht (vgl. ebd. 107 f.). Die libidinöse Beschaffenheit von auf Gerüchten basierenden Verschwörungsmythen reflektiert sich in Jebsens Flüsterpropaganda: »Wenn **das,** was ich sage […] auch nur einen Hauch von Wahrheit drin ist« (Jebsen 2020a, Z. 681 f.). Der »Hauch von Wahrheit« mag u. U. affektiv attraktiver sein als rational präsentierte Argumente, da eine Realitätsprüfung, aufgrund Jebsens scheinbarer Unernsthaftigkeit, nicht notwendig erscheint. Da Jebsen offen lässt, welcher Teil der kruden Thesen »wahr« und welche die »über-zeichneten« sein sollen, wird er einerseits unangreifbar und kann andererseits selbst die irrationalsten Vorstellungen illusorisch mit einem Wahrheitskern verse-hen. Ziel ist es nicht, argumentativ zu überzeugen, sondern eine vage Ahnung zu schüren, dass etwas an seinen kruden Thesen und den mobilisierten Ängsten dran sein *könnte*. Vorstellbar ist, dass das Resultat dieses Verschmelzens von vermeint-licher »Wahrheit« mit einer auf Intuitionen und Ängsten basierten Vorahnung dazu beiträgt, selbst den unvernünftigsten Phantasmen, Affekten und »Bauchge-fühlen« einen potenziellen Realitätscharakter zu verleihen. Vorbereitet wird eine in sich geschlossene, affektbasierte Glaubensstruktur, die nicht zu korrigieren ist.

Schrang, dessen Videos allesamt vielversprechende Titel tragen, in denen stets Begriffe wie »Geheimnis/Enthüllung/Aufdeckung« auftauchen, verspricht auch hier die »ganze Wahrheit« preiszugeben. Seine Technik beruht mehr darauf, aus »dem bloßen Akt der Enthüllung, ganz gleich, was enthüllt wird, [...] Befriedi-gung« (Adorno 1950/1973, S. 411) zu ziehen. Die »Enthüllung *an sich* wird als Erfüllung eines Versprechens empfunden und nimmt einen fast feierlichen Cha-rakter an« (ebd.). Ob er über den Auftritt Kennedys, kommende Sendungen, das angebliche Gefühlsleben der Polizei spricht oder auf der Ebene verheißungsvoller Anspielungen verbleibt, hat sekundäre Bedeutung. Wichtig ist, dass das Publikum Befriedigung aus dem Gefühl von exklusiven Einblicken bezieht.

Die verwendete Andeutungstechnik erhöht außerdem die Machtposition des Redners. Adorno (1950/1973, S. 406) beschreibt in diesem Zusammenhang die »›Wenn Ihr nur wüßtet‹-Technik«, welche eine »Haltung blinden Glaubens« (S. 407) verstärke, da der Agitator sich einerseits in eine Position wissensbezoge-ner Überlegenheit verortet, andererseits das Ausmaß seines Wissens absichtlich zurückhält: »Er weiß, was die anderen nicht wissen, und diesen Unterschied betont er, indem niemals präzise sagt, was er, noch wieviel er weiß. Stets reser-viert er für sich einen Überschuß an Kenntnis, der Ehrfurcht einflößt und dazu im Publikum den Wunsch weckt, daran teilzuhaben« (ebd.). Gefestigt wird ein Hörigkeitsverhältnis:

Die Ahnung, daß der Agitator Zugang zu Informationen hat, die ihnen unzugäng-lich bleiben, macht die Anhänger nur noch mehr betroffen. Das Hinnehmen von Andeutungen und absichtlich vage gehaltenen Äußerungen setzt eine gewisse Glau-bensbereitschaft voraus, die der Agitator auf seine Person lenkt. Solange er nicht die »Quellen« seiner Informationen preisgibt, kann er sich der Abhängigkeit seiner Zuhö-rer sicher sein. [...] Er bleibt stets der magische Meister. (Löwenthal 1949/2017, S. 143)

Hier kombiniert sich das Gerücht behaftete »Nicht-genau-wissen-Wollen« mit einem »*Noch*-nicht-genau-wissen-*Können*«. Neugier wird an die Hoffnung geknüpft, durch einen Beitritt zur Bewegung zukünftig in die geheimen Informationen »eingeweiht« zu werden (vgl. Adorno 1950/1973, S. 406). Etabliert wird ein Kollektiv mit einem »repressiven, exklusiven, mehr oder minder weniger Geheimgruppencharakter« (Adorno 1950/1973, S. 408), welches den Hauptanreiz faschistischer Organisationen darstelle:

> Andeutung dient als Mittel, den Menschen das Gefühl einzugeben, bereits Mitglieder jener geschloßenen Gruppe zu sein, die alles tut, sie einzufangen. Die Annahme, etwas zu verstehen, das nicht frei heraus gesagt, ein Augenzwinkern sozusagen, setzt eine Art Einverständnis des Eingeweihten voraus, die dazu tendiert, Redner und Zuhörer zu Komplizen zu machen. [...] Darüber hinaus ist die Andeutungsmethode eine Drohung für alle, die vom Geflüster ausgeschloßen sind, die angeblich *nicht* wissen, »was ich meine«. (ebd.)

Insbesondere Jebsen und Schrang agitieren exklusive Geheimgruppengefühle, die im »Innen« als potenziell aufwertend und im »Außen« als potenziell entwertend und damit als bedrohlich erlebt werden. Die Zugehörigkeit zu einem Kreis der »Bescheidwissenden« gibt die Verheißung auf einen exklusiven und überlegenen Insiderstatus, der die Aufrichtung narzisstischer Selbst- und Gruppenbilder in Aussicht stellt und notwendigerweise mit der Entwertung der »Anderen« einhergeht. Auch bei Wodarg wird die kollektivierende Funktion sowie die Gefahr und der Anreiz einer kollektiv-narzisstischen Erhöhung spürbar: Gemeinsam die »Unwissenden« zu verlachen, kann ein Gemeinschaftsgefühl stärken, gleichzeitig bleibt die potenzielle Bedrohung einer entblößenden Beschämung bestehen. Denkbar ist, dass im Hinblick auf den im Kollektiv geteilten »Insiderstatus«, der sich maßgeblich auf das Verstehen der Zusammenhänge stützt, die eigene Angst vor Unwissenheit, Gefühle der Ohnmacht sowie die eigene Naivität (z. B. hinsichtlich eines blinden Vertrauens in den Redner) nach außen projiziert wird. Das »Innen« präsentiert sich dann als stolz, (all)wissend, unabhängig und ungemein kompetent.

Im Hinblick auf die Verschwörungserzählungen stellen die Andeutungen außerdem bedeutsame Öffnungsstellen und Möglichkeitsräume für antisemitische Erzählungen dar, die sich in den untersuchten Beiträgen über antisemitische Chiffren abzeichnen. Sowohl nebulöse Verweise auf dunkle Mächte (Wodarg), die Nennung einer elitären »Hochfinanz« (Schrang), als auch »Israel« als verschwörungsideologischer Ausgangspunkt (Jebsen), spielen auf antisemitische Codes an, ohne dass Juden und Jüdinnen explizit benannt werden müssen. »Auf diese Weise wird selbst die Tatsache, daß in der Demokratie die offizielle Meinung unverhüllte antisemitische Bemerkungen erschwert, in ein eigenes antisemitisches Werkzeug verwandelt« (Adorno 1950/1973, S. 410). Das Geflüster und Geraune, in Kombination mit einem vielsagenden Augenzwinkern, ist im Hinblick auf Verschwörungsagitation folglich keine harmlose Strategie, sondern läuft Gefahr, ein Hörigkeitsverhältnis, autoritär strukturierte Gemeinschaften und insbesondere antisemitische Weltbilder zu stärken.

## 4.4 Struktureller Antisemitismus und personifizierte Feinde: »Antisemitismus *noch* ohne Juden«?

In der psychoanalytischen Sozialpsychologie werden im Hinblick auf das in der Massenbildungen propagierte »Außen« zwei Projektionsrichtungen differenziert, die sich in ihrer Funktion unterscheiden, da verschiedene psychische Anteile externalisiert werden (vgl. Winter 2017, S. 53 f.; Brunner 2019, S. 16 f.): Einerseits die Projektion von Es-Anteilen, also verpönte Wünsche, Selbstanteile, Begierden und Sehnsüchte, die die a-sexuelle und harmonisch vergemeinschaftete innere Ordnung zersetzen würden, sodass als Resultat propagierte Feinde als »aggressiv«, »triebhaft«, »faul« etc. identifiziert werden. Andererseits werden die im Entwicklungsprozess internalisierten moralischen Anforderungen, Regeln und Zwänge, die sich als innere Instanz des Über-Ichs aufrichten, veräußerlicht, da auch Selbstbeherrschung, Rationalität und Zweifel eine euphorische Gemeinschaftsstimmung gefährden. Diese Projektionsrichtung mündet in einem paranoid getönten Hass auf »die da oben«. Gemeint ist z. B. das Feindbild einer »Elite«, die als mächtig, überlegen oder mit Autorität erlebt und mit strafenden, verfolgenden, moralisierenden und herabsetzenden Selbstanteilen ausgestattet wird (vgl. Brunner 2019, S. 16 f.). Während in anderen Feindbildern meist Es-Anteile projiziert werden (z. B. Rassismus), so werden im Antisemitismus zusätzlich Über-Ich-Anteile projiziert, wodurch sich einerseits die Nähe zu anti-Intellektuellen Stereotypen herleiten lässt, andererseits das Alleinstellungsmerkmal des Antisemitismus erklärbar wird: als »jüdisch« identifizierte Feinde werden in der Fantasie mit einer allumfassenden Macht ausgestattet (Brunner 2016; 2019). Dass Verschwörungsmythen und Antisemitismus nicht nur aufgrund ihrer historischen Entstehungsgeschichte, sondern auch strukturell in einer engen Beziehung zueinander stehen (vgl. Salzborn 2017, S. 121 ff.), zeigt sich auch im Projektionsgehalt: Es geht um die Konkretisierung und Personifizierung von abstrakten Verhältnissen und Strukturen moderner, kapitalistischer Gesellschaften, die nicht verstanden werden sollen oder können. Ohnmacht, Ambivalenz und Angst vor Abstraktheit werden abgewehrt und in der Zuschreibung konkreter,

meist als »jüdisch« identifizierter oder codierter Verantwortlicher, aggressiv bearbeitet (vgl. ebd.). Nach Hessel (2020, S. 21 f.) wird im Verschwörungsdenken
sowohl die eigene Involviertheit und Mitverantwortlichkeit an der Reproduktion
gesellschaftlicher Verhältnisse und Missstände, als auch die autoritäre Sehnsucht,
selbst im Besitz derjenigen universellen Handlungsmacht zu sein, mit der die
Gruppe der Verschwörer:innen illusorisch ausgestattet wird, projiziert. Rationalisiert werden Gefühle von Ohnmacht und Versagen, wobei die Schaffung
eines konkreten Feindbildes Handlungsfähigkeit verspricht (vgl., ebd.). Verschwörungsdenken zielt nicht auf ein rationales Verständnis einer äußeren Realität ab,
sondern lediglich »jene an [die eigene] psychische Devianz« (Salzborn 2017,
S. 120) anzupassen und »den eigenen Wahn zu Wirklichkeit [zu] erklären« (ebd.).

Im Material zeigt sich sowohl kanalisierte Aggression gegen ein propagier-
tes elitäres »oben«, als auch gegen ein »unten«, gegen die »Schlafschafe«, die
nicht verstehen wollen oder können. Da sich Affektreaktionen und Merkmale
der Feindbilder innerhalb des Videos deutlich unterscheiden, werden sie hier
differenziert betrachtet:

Wodarg propagiert ein konspiratives Verhältnis aus Politik und Wissenschaft, wobei potenzielle Feindbilder weder allmächtig, noch als besonders fähig
skizziert werden. Ihnen wird zwar Profit- und Machtinteresse, jedoch keine
Böswilligkeit oder Intentionalität unterstellt. Die propagierte Elite dient hier
als affektiv attraktive Projektionsfläche zum einen für die eigene Unfähigkeit,
Inkompetenz, Ahnungslosigkeit sowie der eigenen Scham im Hinblick auf die
Corona-Pandemie. Auch bildet sie den Wunsch nach oder den Neid auf eine
sozial privilegierte Position mit Handlungsmacht und narzisstischer Überhöhung
ab. Es wird kein vernichtender, direkter Hass geschürt, vielmehr eine indirekte
Möglichkeit zur Beschämung und Herabsetzung der »unwissenden« Elite agitiert.
Gleichwohl – und dort ist Wodarg anschlussfähig an verschwörungsideologische Feindbildkonstruktionen – regt die »Netz«-Metapher die Fantasie einer
anonymen und im verborgenen agierenden Macht sowie den Wunsch zur projektiven Personifizierung abstrakter Machtverhältnisse an. Wird ein »Ursprung«
identifiziert, kann das aufkommende Mitleid angesichts der als einfältig-naiv skizzierten »Elite« plausibel eingeordnet werden: Diese erscheinen dann lediglich
als Spielball eines international agierenden, »strippenziehenden« Bösen, welches
(deutsche) Politik und Wissenschaft vermeintlich korrumpiert und anleitet. Im
Kontrast wird das Konkrete – propagiert als »gesunder Menschenverstand« –
idealisiert, sodass ein dualistisches Weltbild aufgerichtet wird (Salzborn 2017,
S. 124). Die Grenze zwischen Korruptionsvorwürfen und wahnhaft strukturiertem
Verschwörungsdenken ist hier fließend.

Schrangs Feindbildkonstruktion differiert deutlich. Bei ihm werden konkrete Personengruppen benannt, gegen die sich direkte Aggression richtet. »Schlaf-schafe« werden als Projektionsfläche für Gefühle von Unzulänglichkeit und die Polizei als Projektionsfläche für aggressive Strebungen (Es-Anteile) angeboten. Die pauschalisierende Entwertung »analytisch Denkender« und linker Positionen, bei gleichzeitiger Anrufung intensiv gefühlter Wahrheiten, verweist auf zugrunde liegende Über-Ich Projektionen auf diejenigen, die als zu kontrollierend oder moralisierend wahrgenommen werden. Propagiert wird ein anti-intellektuelles, verschwörungsideologisches Weltbild, welches sich explizit gegen aufklärerische Ideale, Rationalität und Fakten selbst richtet (vgl. Salzborn 2017, S. 119 ff.). Die objektive Realität wird pathisch projizierend (Horkheimer und Adorno 1947/ 2013) nach eigenen Wünschen umgeformt: »Psychoanalytisch gesprochen ist es der Sieg des Narzissmus über den Trieb, [...] in der Projektion geht es nur noch um deren Beseitigung zugunsten des Grandiositätserlebens« (Schließler et al. 2020, S. 192). Es ist eben dieser Zustand der Differenzlosigkeit und grandioser Allmacht, der im angerufenen »Innen« ersehnt wird. Hass richtet sich pauschal gegen alle Außerhalbstehenden, die eine potenzielle Gefahr für das regredierte Weltbild und die Fantasie eines homogenen, widerspruchsfreien Innen darstellen und nicht der Logik der Gemeinschaft gehorchen (Salzborn 2017, S. 121). Der spürbare Vernichtungswunsch in Kombination mit verschwörungsideologischen Chiffren lässt einen zugrunde liegenden Antisemitismus erkennen. Das evozierte Gelächter, welches in der Gruppe als befreiend und zugleich bedrohlich erlebt wird, deutet auf die Auflösung einer Spannung hin, die Löwenthals (1949/2017) Analysen zufolge durchaus auch das Potenzial birgt, in Gewalt umzuschlagen: »Die Zuhörer scheinen ja nur aufgrund ihrer Großzügigkeit zu lachen – eigentlich sollen sie zuschlagen, anstatt zu lachen« (S. 73).

In Jebsens Agitation ist ein fortgeschrittener, antisemitischer Verschwörungs-wahn erkennbar. Israelbezogener Antisemitismus wird mit Figuren des Schuld-Abwehr- Antisemitismus und Verschwörungsideologien verknüpft. Auf Feinde werden sowohl sadistisch-sexualisierte und aggressive Es-Anteile, als auch mora-lisierende, verfolgende und herabsetzende Über-Ich Anteile projiziert. Abstrakte Strukturen werden konkret personifiziert, sodass im Sinne von verkürzter Kapita-lismuskritik Angela Merkel und Bill Gates als personifizierte Verantwortliche und »Betreiber:innen« des kapitalistischen System selbst identifiziert werden. Affektiv attraktiv sind diese Feindbilder insofern, als konkrete Aggressionsobjekte ange-boten werden, Handlungsunfähigkeit und Ohnmacht rationalisiert werden kann und Verantwortung oder ein schlechtes Gewissen angesichts der eigenen ambi-valenten Eingebundenheit in Pandemie/System veräußerlicht werden kann (vgl.

Brunner et al. 2021, S. 24). Außerdem verspricht der Durchblick der ominö-
sen Machenschaften narzisstische Aufwertung und identifikatorische Teilhabe
an der fantasierten Allmacht der Verschwörer:innen (vgl. ebd., S. 25; Brunner
2016, S. 25). Lügen, Halbwahrheiten, Vermutungen und Gerüchte werden »zu
einem System von Scheinwahrheiten verdichtet […] und in ein bereits vorhande-
nes (völkisches) Weltbild eingefügt« (Salzborn 2017, S. 121). Jebsen, der selbst
einen Verschwörungswahn vor dem Publikum auslebt (vgl. Löwenthal 1949/2017,
S. 138) und sich gleichzeitig im Sinne einer doppelten Ironie die Rolle des
Verschwörers aneignet, regt ein getriebenes und paranoides Gefühl im Publikum an. Als Spiegelreaktion wird hier in Ansätzen spürbar, welche Kehrseite
die Aneignung einer verschwörungsideologischen Wahnwelt birgt: Das aufkommende verfolgende Gefühl geht mit der Vorstellung einher, Zusammenhänge
nicht nur als intentional-planhaft zu »enttarnen«, sondern diese allumfassend
zu *erfühlen*. Die Außenwelt wird mit paranoiden Verfolgungsgefühlen, resultierend aus Über-Ich Projektionen, verzerrt. Aufgerichtet wird ein lückenloses,
unkorrigierbares und widerspruchsfreies Weltbild, welches die »Angleichung
der gesellschaftlichen Umwelt an die wahnhafte Triebstruktur des Individuums« (Salzborn 2010a, S. 109) zum Ziel hat. Dass die paranoide Konstruktion
der Außenwelt nicht als ein individuell-pathologisches Attribut greift, sondern
vielmehr als ein potenziell vergemeinschaftendes, da im Kollektiv geteiltes,
Wahnsystem (Pohl 2009) wirkt, zeigt sich in der Materialwirkung: Während
Verfolgungsgefühle beim alleinigen Schauen des Videos größere Angst bereiten, rufen sie im Gruppenaustausch euphorisierend-erregende Gefühle hervor.
In Ansätzen wird der normalisierende Aspekt von kollektiven, antisemitischen
Wahnvorstellungen (Pohl 2009) erkennbar. Die Pathologisierung Jebsens, wie sie
von einem Teil der Interpretierenden ausging, verweist auf das problematische
Verhältnis von Pathologie und Normalität im Antisemitismus und im Verschwörungsdenken, welches in öffentlichen Debatten allzu häufig einseitig aufgelöst
und als individuell-pathologische Wahnerkrankung verharmlost wird. Sowohl die
»normalisierende Funktion eines kollektiven Wahns« (Pohl 2009, S. 57), als
auch die Auseinandersetzung mit eigenen irrationalen Tendenzen, werden dabei
abgewehrt.

Um sich abschließend der Frage zu widmen, welche Handlungsanweisung
angesichts der propagierten Feindbilder gegeben wird und wie der teilweise
aufkommende Ekel zu erklären ist, lohnt sich ein Blick in verwendete Tier-
Symboliken (Wodarg: Spinne, Schrang: Fliegen, Jebsen: Insekten). Die symbolische Verwendung von »niederen Tieren« im Feindbildungsprozess geht über
die Bedeutung einer »beschimpfende[n] Metapher« hinaus (Löwenthal 1949/

2017, S. 64). Auf Feinde werden z. B. die durch Insekten symbolisch repräsentierten Eigenschaften übertragen, sodass diese gleichermaßen allgegenwärtig, ekelerregend, lästig etc. erscheinen. Mit dem Ziel der Entmenschlichung werden Feinde zunehmend als außerhalb des Rechts- und Normensystems stehend wahrgenommen. Rationalisiert werden kann ein empathieloser, sadistischer Vernichtungswunsch. Ekel ist dabei Ausdruck von einer Ambivalenz: »Die Geste, mit der er das Ungeziefer ausrottet, die Mischung von Angewidertsein und Lustgewinn, die er aus dem Akt ableitet, stehen stellvertretend und vorbereitend für die Ausrottung handgreiflicherer Feinde« (ebd., S. 67). Die Verbindung zwischen Ekel und Lust ist im Hinblick auf Feindbilder insofern plausibel, als diese fantasierte Träger:innen von verpönten und zugleich ersehnten Selbstanteilen sind.

Salzborn (2010b) betont, dass eine politische Symbolisierung von »Ungeziefer« nicht trennbar von seiner historischen Tradierung und v. a. in Deutschland damit unweigerlich Ausdruck von Antisemitismus ist: »Dem Ungeziefer werden im Prozess der kollektiven Symbolisierung Eigenschaften zugeschrieben, und da diese in den antisemitischen Phantasien mit denen, die den Juden zugeschrieben werden, oft identisch sind, folgen sie einer Analogiekette« (ebd.). Ihre Wirkmacht erhalte die Metaphorik durch kollektiv geteilte, unbewusste und affektiv-irrational aufgeladene Symbolsysteme mit antisemitischem Gehalt:

> Da das Ungeziefer dabei allerdings letztlich doch als kontrollierbar und bekämpfbar erscheint, bietet es sich zugleich als Projektionsfläche für gesellschaftlich generierte Affekte an, die von der Angst vor Kontrollverlust und Ohnmacht dominiert sind. Im Fall der konkreten Ungezieferbekämpfung können diese Affekte recht harmlos ausagiert werden, im Fall ihrer politischen Metaphorisierung eröffnet sich jedoch ein radikales Vernichtungspotenzial: Die erschlagene Spinne verschafft dem Menschen ein Gefühl wiedererlangter Kontrolle und Sicherheit. Werden Menschen als Spinnen dargestellt, droht man ihnen mit demselben Los. (ebd.)

Die bei Wodarg aufkommende Assoziation eines Spinnentiers, dessen Eigenschaften (vergiftend, zersetzend, aussaugend etc.) historisch tradiert mit antisemitischen Klischees verknüpft ist (Ott 2021), gewinnt in dieser Deutungslinie an Bedeutung. Denn während das Motiv der Spinne in antisemitischen NS-Propagandakarikaturen vermehrt auftauchte (Schwarz 2005), erlebt es eine Renaissance in rechtsextremer Propaganda heute, wie z. B. veranschaulicht in der Abbildung von George Soros als verschwörungsideologisch skizziertem »Spinnentier« in der NPD-Zeitung »Deutsche Stimme« (Frieden 2019, S. 3). Nach Salzborn (2010b) diente die in der NS-Agitation exzessiv propagandistisch verwendete Darstellung von Juden und Jüdinnen als Ungeziefer letztendlich auch dazu, den Massenmord zu legitimieren und vorzubereiten (ebd.). Antisemitische Fantasien und diese begleitete irrationale Affekte konnten über Symbolsysteme langfristig in ein unbewusstes, kollektiv vermitteltes und individuell adaptiertes Symbolsystem inkooperiert werden. Avanciert als »kommunikative Chiffre« (ebd.) und zunehmend auch als soziales Deutungsmuster ist die antisemitische Ungeziefer-Metaphorik »erfahrungs- und aufklärungsresistent« (ebd.).

> Sie ist innerhalb eines symbolischen Sinnkollektivs eindeutig in ihrer Aussage und ihrer Drohung, zugleich zaubert sie aber auch Eindeutigkeit in eine widersprüchliche und ambivalente, nicht verstandene Welt. Sie sorgt für Klärung und verspricht das Verschwinden von Angst, Verunsicherung, Kontrollverlust und Ohnmacht. Als Surrogat für Aufklärung fordert sie dafür die Vernichtung. (ebd.)

Deutlich wird das Versprechen, welches von »Ungeziefer«-Symboliken für verschwörungsideologische Propaganda ausgeht: Angesprochen und bearbeitet werden unbewusst-irrationale Affekte, verankert ist ein Wunsch nach einer Konkretisierung abstrakter Verhältnisse und suggeriert wird Handlungsfähigkeit.

Erkenntlich werden verschiedene Übergänge, die sich nicht unmittelbar verzahnen lassen und die nicht unbedingt zusammenfallen müssen: Erstens einen von Verschwörungsideologie zu Gewalt, zweitens einen von strukturell antisemitischen Denken zu einer Identifizierung der »Verschwörer:innen« als jüdisch. In den im Material verwendeten, verschwörungsideologisch eingebetteten Insekten- und Tier-Metaphern ist – nicht zuletzt aufgrund ihrer historischen Verwendung – ein antisemitischer Vernichtungswille angelegt. Werden die verwendeten Metaphern mit konkreten Personen verknüpft (z. B. Bill Gates oder Angela Merkel als Spinnentier), kann sich die Vernichtungswut auch gegen nichtjüdische »Verschwörer:innen« richten, die aufgrund strukturell antisemitischen Denkens diese als »jüdisch« identifiziert. Wenn sich der geschürte Hass und Vernichtungswille gegen konkrete Menschen richtet, ist eine explizit anti-jüdische Ausbuchstabierung der als Aggressionsobjekte identifizierten Gruppen oder Personen vorstellbar. Mit dem strukturellen Antisemitismus als »Antisemitismus *noch* ohne Juden« (Lelle und Balsam 2020) ist – *so zumindest die These* – insbesondere bei Ken Jebsen und Heiko Schrang ein bedrohlicher Brückenschlag zwischen einer latenten Aggression und einer potenziell manifesten Gewalt und einem offenen Antisemitismus angelegt, denn »die ›Erwachten‹ wissen, wer gemeint ist. Jüdinnen und Juden sowieso« (ebd.).

# 5    Geschwurbel der »Querdenkenden«

Die Forschungsergebnisse zeigen, dass die untersuchten »Querdenken«-Akteure Ken Jebsen, Wolfgang Wodarg und Heiko Schrang autoritär strukturierte, ressentimentgeladene Gemeinschaften anrufen und zum Verschwörungsdenken anregen. Im Sinne der »umgekehrten Psychoanalyse« (Löwenthal, 1949/2017) wird ein pandemiebedingtes sowie systemimmanentes Krisenerleben aufgegriffen und intensiviert, wobei objektive Ursachen verschleiert und die Möglichkeit zur Selbstreflexion beschränkt werden. Angebote zur »Schiefheilung« beziehen sich auf den Beitritt zu einem von Konflikten und Widersprüchen projektiv bereinigten Kollektiv sowie auf die Kanalisation von Aggression gegen ein verschwörungsideologisch bestimmtes, feindliches »Außen«.

Als Massen-Ideale verkörpern die Akteure unterschiedliche Sehnsüchte und Verheißungen. Der Rechtsesoteriker und Verschwörungsideologe Schrang personifiziert primärnarzisstische Vorstellung von Grandiosität und phallischer Vollkommenheit. Er repräsentiert die attraktive Vorstellung eines in sich geschlossenen und ganzheitlichen Systems, welches er als Illusion auf die Masse als totalitäre Einheit überträgt. Unter der Bedingung einer hörigen Verliebtheit wird dem Publikum die Befriedigung von Omnipotenzfantasien in Aussicht gestellt, die er auf die Idee einer allmächtigen Gemeinschaft zurück projiziert. Zusammengehörigkeitsgefühle bei geschlossenem Weltbild, Eindeutigkeit im Affekt und Handeln und autoritäre Wahrheitsvorgabe sind im Kontext der in der Pandemie erlebten Orientierungslosigkeit und sozialen Isolation besonders anziehend. Autoritäre Übermacht und Aggression – in Anlehnung an den NS konzipiert – werden auf Feindbilder gelenkt, die zu tödlicher Vernichtung preisgegeben werden.

Wodargs Adressierung ist durch die Gleichzeitigkeit von vermeintlicher Selbstermächtigung und unbewussten Wünschen nach autoritärer Anleitung und narzisstischer Überhöhung geformt. Als Massen-Ideal verkörpert der Arzt und Politiker mit Hang zur Verschwörungsideologie eine Position von unkorrumpierbarer Macht und Stärke und verfolgter Unschuld, welche die Sehnsucht nach einer starken, »authentischen« und moralisch überlegenen Gemeinschaft erhöht. Die Projektion auf seine Person als illusorisch verankerte, kollektiv ersehnte und regressiv veräußerlichte Kontrollinstanz einer triebhaften, übermächtigen »Natur« (Mensch und Virus), ermöglicht die Abkehr von schutzbietenden sozialen Konventionen und Kulturleistungen sowie die angstbefreite (Wieder-)Herstellung eines regressiven Zustandes, welcher die Auslebung von archaischen Triebimpulsen verspricht und gleichzeitig ein autoritäres Abhängigkeitsverhältnis zu Wodarg festigt.

Jebsen, Antisemit, Verschwörungsideologe und Querfront-Demagoge verkörpert das Ideal einer uneingeschränkten, narzisstischen Erhöhung. Publikumsdemütigungen bauen eine Drohkulisse auf, welche das Projektionsbedürfnis sowie die Sehnsucht nach dem in seiner Position illusorisch verankerten kollektiven Narzissmus erhöht. Freigesetzt werden Impulse zur paranoid getönten Gegenwehr sowie Spaltungs- und Projektionsmechanismen. Seine vielfachen NS-Bezüge verbinden sich mit Figuren des Schuld-Abwehr-Antisemitismus und lassen ein antisemitisches Weltbild erkennen. Anhänger:innen Jebsens bekommen Aussicht auf das Größen-Selbst, welches die NS-Täter:innengeneration uneingeschränkt genossen, auf den Held:innenstatus des Widerstandes und die (vermeintlich) privilegierte Position der Opfergruppe. Anhänger:innen können sich hier als ein elitärer, intellektuell überlegener Zusammenschluss empfinden. Die aggressive Bekämpfung von Feinden verspricht Erlösung, gleichwohl bleibt das Publikum fortwährend verfolgt und bedroht.

Verschwörungsagitation funktioniert über unterschiedliche Momente und ist unmittelbar an die Rolle der Redner geknüpft: Anregend wirken nebulöse Andeutungen und assoziative Sprache, die Gefühle der Verwirrung verstärken und den Wunsch nach Eindeutigkeit erzeugen. Das äußere Bedrohungsgefühl angesichts eines nicht greifbaren Virus sowie eine innere Zerrissenheit aufgrund von ambivalenten Bedürfnissen und Affekten werden in die Vorstellung eines vorsätzlichen, konspirativen Betrugs übersetzt. Genutzt wird apokalyptische Metaphorik, die ein Unbehagen verstärkt und gleichzeitig eine Erfahrung von Ohnmacht bildhaft veräußerlicht. Affektiv attraktiv ist die Katastrophenrhetorik insofern, als dass sie von Verantwortung freispricht und aggressive Gegenwehr plausibilisiert. Die Kehrseite der veräußerlichten Bedrohung ist eine paranoid-wahnhafte Wahrnehmung der Außenwelt. Als attraktiver Ausweg aus einem diffusen Bedrohungsszenario dienen bedeutsame Schlagwörter und antisemitische Chiffren, deren Entschlüsselung Zugehörigkeit zu einer exklusiven Gemeinschaft und eindeutige Feindbilder versprechen. Narzisstische Aufwertung der »Eingeweihten« geht mit einer schambehaften Entwertung der »Unwissenden« einher. Die in Aussicht gestellten »Enthüllungen« versprechen libidinöse Befriedigung und stellen ein enges, teilweise unbewusstes Bündnis zwischen Redner und dem verschwörungsideologischen Kollektiv her.

Agitiert werden unterschiedliche Facetten der autoritären Gestimmtheit: Jebsen und Schrang heizen zu einer gewaltaffinen, autoritären Rebellion an, bei der sich ein blinder, euphorisierender Hass gegen etablierte Autoritäten mit dem unbewussten Wunsch nach autoritärer Unterwerfung paart. Wodarg intensiviert die Sehnsucht nach autoritärer Beruhigung, die als lähmende und passive Unterwerfung erlebbar wird. Auch hier ist ein Potenzial für den Übergang zu

»heißeren« Formen der Massenagitation angelegt. Unterschiede sind in dem Aggressionsausmaß, der Auslegung des *Wir* sowie den Projektionsgehalten der Feindbilder erkennbar. Auf der Seite der autoritären Rebellen benötigt es konkrete Aggressionsobjekte, da direkte, vernichtende Gewalt ausgeübt werden soll. In den projektiv bestimmten Feindbildern zeigen sich zwar Verbindungslinien (z. B. eine »Elite«, Angela Merkel, Bill Gates etc.), gleichwohl ist auffällig, dass sich die zugrunde liegenden Ressentiments voneinander differenzieren können. Gemeinsamkeiten liegen in einem antimodernen, dualistischen, autoritären Weltbild.

Die Ergebnisse verweisen auf die große Gefahr, die von den Deutungsangeboten und Schiefheilungsangeboten der untersuchten »Querdenker« für eine plurale, demokratische Gesellschaft ausgingen und nach wie vor ausgehen. In den Anrufungen ist ein Radikalisierungspotenzial erkennbar, welches einerseits eine Abschottung von gesellschafts-politischen Diskursen und objektiven Realitätsauffassungen umfasst, andererseits das Potenzial eines ideologisch (tendenziell antisemitisch) geformten und dauerhaft verankerten Hasses birgt. *Geschwurbel* kann in seinen Bedeutungsdimensionen (konfuses Gerede vs. Taumel/ verworrene Menge/ Schwarm/ Lärm) nachvollzogen werden: Während die manifesten Inhalte teils verwirrend, unlogisch und unzusammenhängend wirken und dazu einladen, als *konfuses Gerede* abgetan und damit verharmlost zu werden, so kann die Bloßlegung der latenten Wirkweise eine »gerissene Nüchternheit hinter den trunkenen Worten aufdeck[en]« (Adorno 1950/1973, S. 367). Die Beiträge zielen darauf ab, einen Zustand der Verwirrung und Ohnmacht zu verstärken, bis ein eigenes Sprech- und Fassungsvermögen angezweifelt wird (*Taumel*). Angeboten wird der Beitritt zu einer Bewegung, die einerseits Klarheit verspricht, andererseits in ihren Zielen und Absichten absichtlich unbestimmt bleibt (*verworrene Menge*). Angeregt wird die Umwandlung einer Menge in eine psychologische Masse, die eine soghafte Eigendynamik entwickelt und ein enthemmtes Destruktionspotenzial birgt (*Schwarm, Lärm*). Die regressiven Verlockungen von »›lärmenden‹ Massenbewegungen« (Brunner 2019, S. 7), die auf kollektiver Ebene Erleichterung und Eindeutigkeit versprechen, stehen einer realen, psychischen Unfreiheit konträr gegenüber. Befreit wird lediglich vom Bewusstsein über eine Unfreiheit (vgl. Adorno 1950/1973, S. 367).

Die untersuchten »Querdenken«-Akteure sind keine »besorgten Kritiker/ Skeptiker«, es geht nicht um vernunftbasiertes Handeln oder Denken, vielmehr regen sie dazu an, kritisches Denken und einen selbstreflexiven Zugang sowohl zugunsten der Massenintegration als auch eines irrationalen Weltbildes aufzugeben. Gleichzeitig – und darauf verweist die große Diskrepanz zwischen den Sinnebenen – vermögen sie es auf bewusstseinsnaher Ebene eine Nähe zu rechtem Gedankengut, zur Gewaltaffinität und zum Antisemitismus zu ver-schleiern. Ihre vage gehaltenen Äußerungen ermöglichen vielseitige Auslegungs-und Anbindungsmöglichkeiten, die über politische Spektren hinweg funktionie-ren. So wie im Rechtspopulismus wird auch hier die Artikulation eines offenen Antisemitismus umgangen, sodass die Wahrnehmung einer Position der bürger-lichen Mitte der Gesellschaft nicht gefährdet wird. Unter dem Deckmantel eines Kampfes für »Meinungsfreiheit« und gegen »Korruption« sowie eines Appells an einen »gesunden Menschenverstand« werden politisch-ideologische Demarkati-onslinien und tradierte Schemata weiter aufgeweicht, Demokratiemisstrauen und Aggression geschürt. In dem vermeintlich inklusiven und zugleich offen gehalte-nen *Wir* der »Menschheitsfamilie«, welches nicht völkisch/national angelegt ist, können sowohl Rassist:innen, als auch Antirassist:innen, Liberale, Rechte und Linke, Esoteriker:innen und Wissenschaftler:innen sich in ihrem gemeinsamen, (strukturell) antisemitischen, verschwörungsideologischem Hass gegen »die da oben« auch international vereinen. Die Unterschiedlichkeit ist auch im Mate-rial abgebildet: Während bei Ken Jebsen Andockstellen zum Völkischen über die NS-Anspielungen und sekundärantisemitische Propaganda zu finden sind, stehen bei Schrang rechtsautoritäre Elemente und eine Gewaltaffinität im Vor-dergrund. Bei Wodarg lässt sich weder das eine noch das andere wiederfinden, wobei seine vage gehaltenen Bilder jedoch gegenüber strukturell antisemitischen Verschwörungsnarrativen offen sind.

»Neu« an den Mobilisierungsstrategien der untersuchten »Querdenken«-Akteuren waren – wie die hohe Aktualität und potenzielle Anwendbarkeit von Löwenthals (1949/2017) und Adornos (1950/1973) Arbeiten zeigen – weder ihre Selbstportraits als charismatische Führungspersonen, noch die adressierte Affekt-lagen oder die Agitationsthemen als solche. Neuartig war, dass das erfahrbare, flächendeckende und fortwährende Covid-19-Krisenerleben besonders geeignet erschien, regressive Tendenzen und Sehnsüchte zu verstärken und im Hinblick auf die allgegenwärtigen und belastenden äußeren wie inneren Verzichtanforde-rungen eine Position aggressiver Triebhaftigkeit als affektiv attraktiven Ausweg zu präsentieren. Die irrationalen Gelüste als Stimme der »Vernunft« rationalisiert, ermöglichte es außerdem, andere für ihre Coronabezogenen Ängste zu verla-chen und eine »rebellische« Haltung und Selbstpositionierung auf Alltagsebene zu demonstrieren. Vermeintlich heroischer Widerstandskampf war niedrigschwel-lig umsetzbar, etwa durch eine Weigerung eine Maske zu tragen oder durch ein passives Konsumieren der »Alternativmedien«. Eine Massenbewegung mobi-lisierte sich über politische Spektren hinweg, die zwar rechtsoffen ist, sich zugleich aber nicht über völkische oder rechtsautoritäre Ideologeme vereinte.

Gemeinschaftsstiftend sind Verschwörungsideologien, sodass mögliche Widersprüche und Differenzen im Hinblick auf andere politische Themenfelder und Ressentiments in den Hintergrund rücken oder ausgeklammert werden.

Die untersuchten Akteure inszenieren sich als »authentische« Stimme und werden als glaubhaft wahrgenommen. Das Publikum bekommt keine makellosen Identitäten präsentiert, sondern Männer mit Ecken und Kanten, nachbarschaftlich, familiär oder selbst etwas ausgefallen. Jebsen als Narr, der »Wahrheit« spricht, Wodarg, der das »innere Kind« anruft sowie Schrang, der proletenhaft und »frei heraus« trunkenen Rat spricht, erinnern an das volkstümliche Sprichwort: »Der Narr, der Betrunkene und das Kind sprechen die Wahrheit«. Was diese Positionen illusorisch vereint, ist die Vorstellung von Unvoreingenommenheit und Unverstelltheit. Diese erscheint insofern begehrenswert, als dass sie sich vermeintlich außerhalb eines Systems von Zwängen und Normen bewegen, durch die Sozialisation nicht »verunreinigt« wurden und vermeintlichen Zugang zu ungeschönten Erkenntnissen haben. Die im Sozialisationsprozess angeeigneten Fähigkeiten und Vorstellungen werden damit implizit als »falsch« deklariert, sodass sehnsüchtig auf diejenigen geblickt wird, die als frei von denselben fantasiert werden. Wie die Aufdeckung der latenten Ebene zeigt, geht die Mobilisierung einer regressiven Sehnsucht nach einem »natürlichen« Ursprung und einer widerspruchsfreien »Wahrheit« Hand in Hand mit der Mobilisierung archaischer Wut gegen gesellschaftliche Anforderungen und einen faktenbasierten Realitätsbezug (vgl. Salzborn 2017, S. 119). Die Affektualisierung des Politischen, die »(Re-) Mythologisierung und (Re-)Sakralisierung« (ebd.), reflektiert eine falsch verstandene Trennung von Konkretheit und Abstraktheit, die nicht in ihrem dialektischen Zusammenwirken, sondern in eine begehrenswerte und eine zu bekämpfende Dimension gespalten werden (vgl. ebd., S. 124). »Authentizität« dient hier als attraktiver Gegenpol und Demonstrationsmöglichkeit für die skizzierte Heuchelei der Feinde (vgl. Brunner et al. 2021, S. 26). Geschürt wird Anti-Elitismus und Aggressionen gegen zivilisatorische und aufklärerische Werte. Mobilisiert wird ein »Traum von einem harmonischen und widerspruchsfreien (völkischen) Selbst, indem alles nur einer Logik gehorcht, nämlich der eigenen, [...] nur (gemeinschaftliche) Identität« (Salzborn 2017, S. 120).

## 6    Grenzen der Untersuchung

Die Frage nach der affektiven Attraktivität, als eine dezidiert psychoanalytisch-sozialpsychologische Perspektive, ist auch eine selbstbeschränkende. Die affektive Attraktivität erklärt nicht, warum es die »Querdenken«-Bewegung gibt, wie

diese strukturell, personell und organisatorisch mit dem allgemeinen Rechts-
ruck zusammenhängt und wie die gesellschaftlichen Krisenphänomene sowie
begleitete Affektlagen entstehen, auf die sich bezogen wird. Thematisiert werden kann nicht die Ursache für Ideologiebildung, die gesellschaftlich-historischen
Entstehungsbedingungen derselben, oder individuelle Gründe für eine Aneignung derselben; Fokus ist lediglich eine affektive, teils unbewusste Wirkung und
irrationale Anziehungskraft, die potenziell von dieser ausgeht.

Die untersuchten Akteure sind nicht erst seit der Pandemie politisch aktiv, sondern bespielen seit Jahren erfolgreich Internet-Portale, die bereits den Charakter
von funktionierenden »Gegenöffentlichkeiten« (vgl. Storz 2015, S. 33) annehmen.
»KenFM« und »Schrang TV« waren nicht erst seit der Pandemie Radikalisierungsbeschleuniger, sondern leisteten seit geraumer Zeit erfolgreiche Vorarbeit,
an die die pandemiebezogene Agitation nahtlos anschließen konnte. Die im virtuellen Raum artikulierten und verbreiteten Antisemitismen, die sich radikalisieren
und aggressiver werden – wie Schwarz-Friesel (2019) es in ihrer Forschungsarbeit
»Judenhass im Internet« herausarbeitet – verweisen auf den grassierenden Nährboden, auf dem Mobilisierungen aufbauen. Die vorliegende Arbeit läuft folglich
Gefahr, die Ergebnisse zu einseitig vor dem Hintergrund der Pandemie zu deuten
und dabei den seit Jahren beobachtbaren signifikanten Anstieg, die erhöhte Sicht-
barkeit, Akzeptanz und schnelle Verbreitungsmöglichkeit von Antisemitismus und
Verschwörungsideologien im Internet zu unterschätzen. Antisemitismus als ein
hermetisch geschlossenes »Weltdeutungs- und Glaubenssystem« (ebd., S. 140)
und »kollektiver Gefühlswert« (ebd., S. 109) weist eine Kontinuität auf und passt
sich »jeder aktuellen Gelegenheit an, ohne seine konzeptuelle Grundstruktur und
seinen Hass zu verlieren« (ebd.). Um sowohl die Permanenz, als auch das qualitative Neue in den Mobilisierungsstrategien der »Querdenkenden« zu identifizieren,
braucht es vergleichende Untersuchungen.

## 7     Ausblick

Dass »KenFM« auf YouTube gesperrt und seit 2021 als Online-Portal gänzlich eingestellt wurde (Laschyk 2021), die »Querdenken«-Demonstrationen nicht
mehr im selben Ausmaß stattfinden und die »Querdenken«-Bewegung seit 2021
vom Verfassungsschutz beobachtet wird (Verfassungsschutz Baden-Württemberg
2021), Michael Ballweg neun Monate in Untersuchungshaft saß und nun aufgrund
von mutmaßlicher gewerblicher Geldwäscherei und Betrug angeklagt wird (Obst
2023), gibt keinen Grund zur Entwarnung. Im Gegenteil: Die erfolgreiche Vernet-
zungsarbeit über politische Spektren und Szenen hinweg, die sozialen Medien als

kontinuierlicher »Multiplikations-, Resonanz-, und Mobilisierungsraum für die Parolen der völkischen Rebellen« (Salzborn 2017, S. 127) und der sprunghafte Abonnent:innen Zulauf zu rechten »Alternativmedien«-Portalen seit der Corona-Pandemie, sind insofern gefährlich, als dass sich insbesondere im virtuellen Raum selbstbestätigende, auf Lügen und Phantasmen basierende, abgeschottete Parallelwelten etablieren, die keine Gegenpositionen oder Widersprüche dulden und zunehmend einer geteilten Realitätsauffassung die Grundlage entziehen. Es stellt sich folglich die Frage, wie sich die Forschungsergebnisse nachhaltig nutzen lassen. Löwenthal (1949/2017) verweist auf die Grenzen und Möglichkeiten von Agitationsanalysen:

> Die sozialwissenschaftliche Analyse als solche zerstört weder den Anreiz der Agitation auf sein Publikum, noch liefert sie einen politischen Plan zur Opposition. Aber sie vermag zumindest die wahre soziale und psychologische Bedeutung der Agitation bloßzulegen – ein vielleicht nicht unwesentlicher Schritt zu ihrer Verhütung. (S. 152)

Im Sinne Löwenthals zielt die Studie darauf ab, einen Beitrag zur Bewusstmachung und Aufdeckung der irrationalen Verlockungsangebote von »Querdenken«-Akteuren zu leisten, die nicht zuletzt wegbereitend für Aufklärungsarbeit und die Auseinandersetzung mit eigenen Widersprüchen und irrationalen Sehnsüchten sein kann.

## Literatur

Adorno, T. W. (1970). Die Freudsche Theorie und die Struktur der faschistischen Propaganda. *Psyche, 24*(7), 486–509.
Adorno, T. W. (1973). *Studien zum autoritären Charakter.* Frankfurt a. M.: Suhrkamp. (Original erschienen 1950).
Amadeu Antonio Stiftung. (2020a, 14. Mai). *Verschwörungserzählungen rund um Corona haben Hochkonjunktur – Aktionstag gegen Verschwörungsmythen und Antisemitismus am 15. Mai.* https://www.amadeu-antonio-stiftung.de/pressemitteilungen/aktionstag-verschwoerungsmythen/.
ARD Kontraste [@ARDKontraste]. (2021, 6. Juli). *In einem Kontraste-Beitrag über die #Querdenken-Szene haben wir Herrn Heiko Schrang als »Rechtsesoteriker und Antisemit« bezeichnet. Gegen die Einordnung »Antisemit« klagte Herr #Schrang* [Tweet]. Twitter. https://twitter.com/ARDKontraste/status/1412462753869176834.
Ayyadi, K. (2020, 15. Mai). Ken Jebsen, der gefährliche Querfront-Demagoge. *Belltower.News. Amadeu Antonio Stiftung.* https://www.belltower.news/kenfm-ken-jebsen-der-gefaehrliche-querfront-demagoge-99419/.
Balint, M. (2013). *Angstlust und Regression.* Stuttgart: Klett-Cotta. (Original erschienen 1959).

Behroz, K. (Buch und Produktion). (2021). *Cui Bono: WTF happened to Ken Jebsen?* [Audio-Podcast sechsteilige Dokumentar-Podcast-Serie]. Studio Bummens, NDR, rbb und K2H. https://www.ardaudiothek.de/sendung/cui-bono-wtf-happened-to-ken-jebsen/89991466.

Brockhaus, G. (2020). Emotionale Dilemmata im Umgang mit Hasspolitik. In M. Brunner, C. Kirchhoff, J. König, T. D. Uhlig, M. Winter & S. Winter (Hrsg.), *Rechtes Fühlen. Freie Assoziation, 23. Jg.* (1+2) (S. 84–104). Gießen: Psychosozial.

Brunner, M. (2011). Trauma, Krypta, rätselhafte Botschaft. Einige Überlegungen zur inter-generationellen Konfliktdynamik. In M. Brunner & J. Lohl (Hrsg.), *Unheimliche Wieder-gänger? Zur Politischen Psychologie des NS-Erbes in der 68er-Generation, 34.* Jg. (124) (S. 43–59). Gießen: Psychosozial.

Brunner, M. (2015). »…für jeden deutschen Menschen zwanzig Juden…« – Trauma-Schiefheilungsangebote im ›Bombenkrieg‹. In A. Ebrecht-Laermann & J. Lohl (Hrsg.), *Psychoanalyse – Geschichte – Politik, 28. Jg., 139* (1) (S. 43–56). Gießen: Psychosozial.

Brunner, M. (2016). Vom Ressentiment zum Massenwahn. Eine Einführung in die Sozial-psychologie des Antisemitismus – und die Grenzen psychoanalytischer Erkenntnis. In C. Busch, M. Gehrlein & T. D. Uhlig (Hrsg.), *Schiefheilungen. Zeitgenössische Betrachtun-gen über Antisemitismus* (S. 13–36). Wiesbaden: VS Verlag für Sozialwissenschaften.

Brunner, M. (2019). Enthemmte Männer. Psychoanalytisch-sozialpsychologische Überle-gungen zur Freudschen Massenpsychologie und zum Antifeminismus in der »Neuen« Rechten. *Journal für Psychoanalyse, 60,* 7–32.

Brunner, M., Burgermeister, N., König, J. & Uhlig, T. D. (2021). »Jaja, wir sind halt Scheiße« –Tiefenhermeneutische Annäherung an Merkels Corona-Rede an die Nation. In M. Brun-ner, C. Kirchhoff, F. Knasmüller, J. König, J. Lohl, J. Niendorf, T. D. Uhlig & S. Winter (Hrsg.), *Abstand halten. Freie Assoziation, 24. Jg.* (1) (S. 11–35). Gießen: Psychosozial.

Bundesverband der Recherche- und Informationsstellen Antisemitismus e.V. (Hrsg.). (2020). *Antisemitische Vorfälle in Deutschland 2020. Jahresbericht.* Berlin. https://report-antise mitism.de/documents/Antisemitische_Vorfaelle_in_Deutschland_Jahresbericht_RIAS_ Bund_2020.pdf.

Bundesverband Mobile Beratung e.V. (Hrsg.). (2020). *Auseinandersetzung unterstützen. Analyse der Corona-Proteste und Empfehlungen für Politik und Verwaltung.* Policy Paper des Bundesverbandes Mobile Beratung 12/2020. https://www.bundesverband-mobile-beratung.de/wp-content/uploads/2020/12/2020-12-13-BMB-Policy-Paper-Auseinanders etzung-unterstützen.pdf.

Butter, M. (2018). »*Nichts ist, wie es scheint*«. *Über Verschwörungstheorien.* Bonn: Suhr-kamp.

Das Versteckspiel. (2020). *Heiko Schrang/ »Zeichen der Wahrheit«/ Erkennen. Erwachen. Verändern. / MSW Verlag.* Agentur für soziale Perspektiven. https://dasversteckspiel.de/ die-symbolwelt/verschwoerungsmythen/heiko-schrang-zeichen-der-wahrheit-erkennen-erwachen-veraendern-msw-verlag-347.html.

DWB (1893): »Geschwurbel, n.«. https://www.dwds.de/wb/dwb/geschwurbel.

Erazo, N. (1997). *Entwicklung des Selbstempfindens.* Stuttgart: Kohlhammer.

Fast, E. & Winkler, B. (2020, 13. November). »*Querdenken*« *heisst vereint sein im Kampf gegen die liberale und offene Gesellschaft. Leipzig-Nachlese.* Belltower.News. Ama-deu Antonio Stiftung. https://www.belltower.news/leipzig-nachlese-querdenken-heisst-vereint-sein-im-kampf-gegen-die-liberale-und-offene-gesellschaft-106861/.

Flade, F. & Mascolo, G. (2021, 27. Mai). »KenFM« unter Beobachtung. tagesschau. https://www.tagesschau.de/investigativ/ndr-wdr/verfassungsschutz-kenfm-101.html.

Frenkel-Brunswik, E. (1996). Studien zur autoritären Persönlichkeit: ausgewählte Schriften. Graz: Nausner & Nausner.

Freud, S. (1940). Massenpsychologie und Ich-Analyse. In A. Freud. (Hrsg.), Gesammelte Werke: XIII (S. 73–161). London: Imago Pub. Co. (Original erschienen 1921).

Freud, S. (1946). Zur Einführung des Narzissmus. In A. Freud. (Hrsg.), Gesammelte Werke: X (S. 138–171). London: Imago Pub. Co. (Original erschienen 1914).

Freud, S. (1960). Das Unbehagen in der Kultur. In A. Mitscherlich (Hrsg.), Das Unbewußte. Schriften zur Psychoanalyse (S. 339–415). Frankfurt a. M.: S. Fischer. (Original erschienen 1930).

Frieden, K. (2019, 29. Mai). Die Stadt ohne. Juden Ausländer Muslime Flüchtlinge. Pressebilder. Presseinformation des NS-Dokumentationszentrum München]. https://www.ns-dokuzentrum-muenchen.de/fileadmin/user_upload/03_ausstellungen/sonderausstellungen/2019_stadt-ohne/stadtohne_pressebilder_logo.pdf.

Fromm, E. (1980). Arbeiter und Angestellte am Vorabend des Dritten Reiches. Eine sozialpsychologische Untersuchung. München: Deutscher Taschenbuch Verlag.

Häusler, A. & Küpper, B. (2021). Rechtsextreme Widerstandspostulate und völkisch-autoritäre Rebellion. In A. Zick & B. Küpper (Hrsg.), Die geforderte Mitte. Rechtsextreme und demokratiegefährdende Einstellungen in Deutschland 2020/21 (S. 225–245). Bonn: Dietz.

Hanisch, D. (2021, 27. April). Räuberpistolero. Corona-Verharmloser Wolfgang Wodarg will ins Parlament. nd – Journalismus von links. https://www.nd-aktuell.de/artikel/1151337.wolfgang-wodarg-raeuberpistolero.html.

Hauer, M. (2021). Kapriolen der stofflichen Welt. Gedanken zum Verhältnis von Natur und Gesellschaft in der Covid-19-Pandemie. In M. Brunner, C. Kirchhoff, F. Knasmüller, J. König, J. Lohl, J. Niendorf, T. D. Uhlig & S. Winter (Hrsg.), Abstand halten. Freie Assoziation, 24. Jg. (1) (S. 69–89). Gießen: Psychosozial.

Hessel, F. (2020). Elemente des Verschwörungsdenkens. Ein Essay. In M. Luy, F. Hessel & P. Chakkarath (Hrsg.), Verschwörungsdenken 43. Jg., 159 (S. 15–26). Gießen: Psychosozial.

Hessel, F., Luy, M. & Chakkarath, P. (Hrsg.). (2020). Editorial: Verschwörungsdenken. Zu Semantik, Strukturen und Funktionen einer Wahrnehmungs- und Deutungskultur. Psychosozial 43, H. 159, 5–14.

Horkheimer, M. & Adorno, T. W. (2013). Dialektik der Aufklärung. Philosophische Fragmente. Frankfurt a. M.: S. Fischer. (Original erschienen 1947).

Imhoff, R. & Lamberty, P. (2017). Too special to be duped: Need for uniqueness motivates conspiracy beliefs. European Journal of Social Psychology, 47(6), 724–734.

Kiess, J., Decker, O., Heller, A. & Brähler, E. (2020). Antisemitismus als antimodernes Ressentiment: Struktur und Verbreitung eines Weltbildes. In O. Decker & E. Brähler (Hrsg.), Autoritäre Dynamiken. Neue Radikalität – alte Ressentiments. Leipziger Autoritarismus Studie 2020 (S. 211–148). Gießen: Psychosozial.

Klein, M. (1962a). Bemerkungen über einige schizoide Mechanismen. In H. A. Thorner (Hrsg.), Das Seelenleben des Kleinkindes und andere Beiträge zur Psychoanalyse (S. 101–125). Stuttgart: Ernst Klett.

Klein, M. (1962b). Zur Psychogenese der manisch-depressiven Zustände. In H. A. Thorner (Hrsg.), *Das Seelenleben des Kleinkindes und andere Beiträge zur Psychoanalyse* (S. 44–71). Stuttgart: Ernst Klett.

Kluitmann, A. (1999). Es lockt bis zum Erbrechen. Zur psychischen Bedeutung des Ekel. *Forum der Psychoanalyse, 15*(3), S. 267–281.

König, H.-D. (2019). *Die Welt als Bühne mit doppeltem Boden. Tiefenhermeneutische Rekonstruktion kultureller Inszenierungen.* Wiesbaden: Springer.

Krasser, S. (2020, 08. Oktober). *Wie eine elf Jahre alte Arte-Doku die Corona-Debatte befeuert.* DWDL. https://www.dwdl.de/magazin/79700/wie_eine_elf_jahre_alte_arte doku_die_coronadebatte_befeuert/?utm_source=dlvr.it&utm_medium=facebook.

Kirchhoff, C. (2016). Unterschied mit Folgen. Die Konstitution von Identität und Differenz in der freudschen Psychoanalyse. In S. Müller & J. Mende (Hrsg.), *Differenz und Identität. Konstellationen der Kritik* (S. 79–90). Weinheim und Basel: Beltz Juventa.

Kirchhoff, C. (2020):»Das Gerücht über die Juden« – zur (Psycho-)Analyse von Antisemitismus und Verschwörungsideologie. In Institut für Demokratie und Zivilgesellschaft. (Hrsg.), *Wissenschaft Demokratie. Schwerpunkt Antisemitismus* (S. 104–115). Bd. 8. Jena.

Kirchhoff, C. (2021, 16. Januar). *Vorlesung Massenpsychologie/Gesellschaftstheorie. Studiengang Kulturwissenschaften. WS 20/21.* Unveröffentlichte Vorlesungsfolien, Internationale Psychoanalytische Universität.

Lamberty, P. (2020, 11. November). *Antisemitismus und Verschwörungsmythen.* Bundeszentrale für politische Bildung. https://www.bpb.de/izpb/318705/antisemitismus-und-versch woerungserzaehlungen.

Laplanche, J. & Pontalis, J.-B. (2002). *Das Vokabular der Psychoanalyse.* Frankfurt a. M: Suhrkamp. (Original erschienen 1973).

Laschyk, T. (2021, 27. Oktober). Das heimliche Ende von KenFM. Die Aluhut-Seite KenFM gibt es nicht mehr und keiner hat's gemerkt. *Der Volksverpetzer.* https://www.volksverp etzer.de/aktuelles/kenfm-ende/.

Lauer, S. (2021, 28. Mai). *KenFm wird vom Verfassungsschutz beobachtet.* Belltower.News. Amadeu Antonio Stiftung. https://www.belltower.news/alternative-medien-kenfm-wird-vom-verfassungsschutz-beobachtet-116357/.

Lelle, N. & Balsam, J. (2020, 9. Dezember). *[tacheles]: Struktureller Antisemitismus ist ein Antisemitismus (noch) ohne Juden.* Amadeu Antonio Stiftung. https://www.amadeu-antonio-stiftung.de/tacheles-struktureller-antisemitismus-ist-antisemitismus-noch-ohne-juden-66257/.

Lohl, J. (2010). *Gefühlserbschaft und Rechtsextremismus. Eine sozialpsychologische Studie zur Generationengeschichte des Nationalsozialismus.* Gießen: Psychosozial.

Lohl, J. (2017a). »Für die Zukunft unseres Volkes (...) bekämpfen.« Zur psychoanalytischen Sozialpsychologie rechtspopulistischer Propaganda. In Grünberg, K., Leuschner, W. & Initiative 9. November (Hrsg.), *Populismus Paranoia Progrom – Affekterbschaften des Nationalsozialismus* (S. 123–154). Frankfurt a. M: Brandes & Apsel.

Lohl, J. (2017b). »Hass gegen das eigene Volk«. Tiefenhermeneutische Analyse rechtsnationalistischer Propaganda. In *Psychologie und Gesellschaftskritik, 3/2017.*

Lohl, J. (2019). Hass und Destruktivität im Rechtspopulismus. Tiefenhermeneutische Analysen. In *Psychoanalyse im Mitschnitt.* Heidelberger Dienstag-Abend-Reihe. https://psy choanalyse-mitschnitt.podigee.io/3-hass2.

Lohl, J., Brunner, M. & Wirth, H.-J. (Hrsg.). (2019). Editorial. *Psychosozial 42*, H. 156, 5–9).

Lorenzer, A. (1981). Möglichkeiten qualitativer Inhaltsanalyse: Tiefenhermeneutische Interpretation zwischen Ideologiekritik und Psychoanalyse. *Argument, 126*, 170–180.

Löwenthal, L. (2017). *Falsche Propheten. Studien zum Autoritarismus*. Schriften 3. Frankfurt a. M.: Suhrkamp. (Original erschienen 1949).

Maier, T. (2010, 7. Februar). *Wolfgang Wodarg bei Alex Jones von Infowars*. Science Blogs. https://scienceblogs.de/weitergen/2010/02/wolfgang-wodarg-bei-alex-jones-von-infowars/.

Merkel, A. (2020, 18. März). *Fernsehansprache von Bundeskanzlerin Merkel*. Bundesregierung. https://www.bundesregierung.de/breg-de/aktuelles/fernsehansprache-von-bundeskanzlerin-angela-merkel-1732134.

Mitscherlich, M. & Mitscherlich, A. (2020). *Die Unfähigkeit zu trauern. Grundlagen kollektiven Verhaltens*. München & Berlin: Piper. (Original erschienen 1977).

Nachtwey, O., Schäfer, R. & Frei, N. (2020). *Politische Soziologie der Corona-Proteste*. (Grundauswertung Forschungsprojekt 17.12.2020). Basel: Universität Basel, Fachbereich Soziologie.

Neue deutsche Medienmacher:innen – Glossar. (2023). *weiß*. https://glossar.neuemedienmacher.de/glossar/prefix/w/.

Nocun, K. & Lamberty, P. (2020). *Fake Facts. Wie Verschwörungstheorien unser Denken bestimmen*. Köln: Quadriga.

Obst, W.-D. (2023, 24. März). *Querdenken-Gründer. Die Anklage gegen Ballweg lautet auch auf Geldwäsche*. Stuttgarter Zeitung. https://www.stuttgarter-zeitung.de/inhalt.querdenken-gruender-ballweg-anklage-beendet-geldwaesche-geruecht.89e73861-e73d-4719-b1cf-38ab56d377da.html.

Ott, G. (2021, 14. Juli). Der Antisemitische Zoo. Die Spinnen, die Schweine. *Belltower.News*. Amadeu Antonio Stiftung. https://www.belltower.news/die-spinnen-die-schweine-der-antisemitische-zoo-118583/

Ottomeyer, K. & Schöffmann, I. (1994). Die Haider-Inszenierung als »Schiefheilung« und faschistische Männerphantasie. *Journal für Psychologie, 2*(1), 16–27.

Pantenburg, J., Reichardt, S. & Sepp, B. (2021, 15. Januar). *Corona-Proteste und das (Gegen-)Wissen sozialer Bewegungen*. Aus Politik und Zeitgeschichte (APUZ 3–4/3021). Bundeszentrale für politische Bildung. https://www.bpb.de/apuz/wissen-2021/325605/corona-proteste-und-das-gegen-wissen-sozialer-bewegungen.

Pohl, R. (2004). *Feindbild der Frau. Männliche Sexualität, Gewalt und die Abwehr des Weiblichen*. Hannover: Offizin.

Pohl, R. (2009). Der antisemitische Wahn. Aktuelle Ansätze zur Psychoanalyse einer sozialen Pathologie. Vorabdruck aus: W. Stender, G. Follert, & M. Oezdogan (Hrsg.), *Konstellationen des Antisemitismus. Theorie – Forschung – Praxis* (S. 1–23). Wiesbaden: VS Verlag.

Psiram. (2021a, 15. August). *Heiko Schrang*. https://www.psiram.com/de/index.php/Heiko_Schrang.

Psiram. (2021b, 7. September). *Truther*. https://www.psiram.com/de/index.php?title=Truther&action=history.

Psiram. (2021c, 30. September). *Ken Jebsen*. https://www.psiram.com/de/index.php/Ken_Jebsen.

Psiram. (2021d, 25. Oktober). *Wolfgang Wodarg.* https://www.psiram.com/de/index.php? title=Wolfgang_Wodarg&action=history.

Quent, M (2019, 29. November). *(Nicht Mehr) Warten auf den »Tag X«. Ziele und Gefahrenpotenzial des Rechtsterrorismus.* Bundeszentrale für politische Bildung. https://www.bpb.de/apuz/301136/nicht-mehr-warten-auf-den-tag-x-ziele-und-gefahrenpotenzial-des-rechtsterrorismus.

Rafael, S. (2020, 5. August). *Wie Heiko Schrang sich als »friedlicher Kämpfer« der rechten Esoterik inszeniert. Rechtsalternative Medien.* Belltower.News. Amadeu Antonio Stiftung. https://www.belltower.news/rechtsalternative-medien-wie-heiko-schrang-sich-als-friedlicher-kaempfer-der-rechten-esoterik-inszeniert-102187/.

Rahner, J. (2020). *Gefährliche Allianzen.* an.schläge. Das feministische Magazin. https://anschlaege.at/gefaehrliche-allianzen/.

Reichart, J., Brack, G. & Kramliszek, P. (2020, 13. November). *Protest gegen Corona-Politik: Wer sind die »Querdenker«?.* BR24. https://www.br.de/nachrichten/bayern/protest-gegen-corona-politik-wer-sind-die-querdenker,SGE81PF.

Resch, F. (1994). Magisches Denken und Selbstentwicklung. *Praxis der Kinderpsychologie und Kinderpsychiatrie, 43,* S. 153–156.

Richter, F. & Hoffmann, B. (2020, 18. März). *Coronavirus: Warum die Aussagen von Wolfgang Wodarg wenig mit Wissenschaft zu tun haben.* Correctiv. Recherchen für die Gesellschaft. https://correctiv.org/faktencheck/hintergrund/2020/03/18/coronavirus-warum-die-aussagen-von-wolfgang-wodarg-wenig-mit-wissenschaft-zu-tun-haben/.

Sagatz, K. (2021, 6. Mai 2021). *Medienanstalt Berlin-Brandenburg leitet Verfahren gegen KenFM ein.* Der Tagesspiegel. https://www.tagesspiegel.de/gesellschaft/medien/neuer-aerger-fuer-ken-jebsen-medienanstalt-berlin-brandenburg-leitet-verfahren-gegen-kenfm-ein/27165098.html.

Salzborn, S. (2010a). *Antisemitismus als negative Leitidee der Moderne. Sozialwissenschaftliche Theorien im Vergleich.* Frankfurt a. M.: Campus.

Salzborn, S. (2010b, 11. Februar). *Ungeziefer muss vernichtet werden. Zum antisemitischen Gehalt von Ungeziefer-Metaphern.* Jungle World. https://jungle.world/artikel/2010/06/ungeziefer-muss-vernichtet-werden.

Salzborn, S. (2017). *Angriff der Antidemokraten. Die völkische Rebellion der Neuen Rechten.* Weinheim & Basel: Beltz Juventa.

Salzborn, S. (2018). *Globaler Antisemitismus. Eine Spurensuche in den Abgründen der Moderne.* Weinheim und Basel: Beltz Juventa.

Salzborn, S. (2020a). *Rechtsextremismus. Erscheinungsformen und Erklärungsansätze.* Baden-Baden: Nomos.

Schließler, C., Hellweg, N. & Decker, O. (2020). Aberglaube, Esoterik und Verschwörungsmentalität in Zeiten der Pandemie. In O. Decker & E. Brähler (Hrsg.), *Autoritäre Dynamiken. Neue Radikalität – alte Ressentiments. Leipziger Autoritarismus Studie 2020* (S. 283–308). Gießen: Psychosozial.

SPD-Geschichtswerkstatt. (2021, 22. Juli). *Wolfgang Wodarg.* https://www.spd-geschichtswerkstatt.de/wiki/Wolfgang_Wodarg#cite_note-1.

Schwarz, J. V. (2005). *Antisemitische Karikaturen und Cartoons. Fremdbilder – Selbstbilder.* [Aus der Didaktikmappe zur Ausstellung: Antijüdischer Nippes, populäre Judenbilder und aktuelle Verschwörungstheorien, JMH]. https://www.politik-lernen.at/dl/msLpJKJKoLnNoJqx4KJK/504_karikaturen.pdf.

Schwarz-Friesel, M. (2019). *Judenhass im Internet. Antisemitismus als kulturelle Konstante und kollektives Gefühl.* Berlin: Hentrich & Hentrich.

Stögner, K. (2008). Zum Verhältnis von Antisemitismus und Geschlecht im Nationalsozialismus. In Dokumentationsarchiv des österreichischen Widerstandes (Hrsg.), *Jahrbuch 2008. Schwerpunkt Antisemitismus* (S. 70–85). Wien: LIT.

Stögner, K. (2014). *Antisemitismus und Sexismus. Historisch-gesellschaftliche Konstellationen.* Baden-Baden: Nomos.

Storz, W. (2015). *»... und meine Zielgruppe ist das Volk«. »Querfront« – Karriere eines politisch-publizistischen Netzwerks.* Frankfurt a. M.: Otto Brenner Stiftung.

Verfassungsschutz Baden-Württemberg. (2021, 30. April). *Reaktion von »Querdenken« auf die Beobachtung durch den Verfassungsschutz.* https://www.verfassungsschutz-bw. de/,Lde/Reaktion+von+_Querdenken_+auf+die+Beobachtung+durch+den+Verfassun gsschutz.

Winter, S. (2017). Ehre und Schande Deutschlands. Zum Umgang der Afd mit der nationalsozialistischen Vergangenheit. *Psychologie und Gesellschaftskritik,* (3/4).

## Quellen

Antizensurkoalition (2018, 21. September). *15. AZK: Vortrag von Heiko Schrang: »Im Zeichen der Wahrheit«* [Video]. YouTube. https://www.youtube.com/watch?v=s6U9522i_ GM. Zugegriffen: 30.08.2023.

Celleheute (2020, 17. März). *»»Stoppt die Corona-Panik«- Ex-Gesundheitsamtleiter Dr. Wolfgang Wodarg (Interview, Dokumentation)«* [Video]. YouTube. https://www.youtube.com/ watch?v=XnlT3rPNUp0. Zugegriffen: 30.08.2023.

Cibis, R., & Ehgartner, B. (Regie). (2021). *Corona.Film – Prologue* [Dokumentation]. OVAL media.

Jebsen, K. (2020a, 22. April). *Gesicht zeigen!* [Video]. PeerTube. https://tube.kenfm.de/w/ 11f4cce2-c7ee-4b41-9e8e-145edf983165?start=3s. Zugegriffen: 30.08.2023.

Jebsen, K. (2020b, 10. Mai). *Ken Jebsens Rede anläßlich der Demonstration für Grundrechte auf dem Cannstatter Wasen am 9. Mai 2020* [Video]. apolut. das denk' ich auch. https://apolut.net/ken-jebsens-rede-anlaesslich-der-demonstration-fuer-grundr echte-auf-den-cannstatter-wasen-am-9-mai-2020/. Zugegriffen: 30.08.2023.

Jebsen, K. (2020c, 20. November). *Dr. Wolfgang Wodarg (Corona und der PCR-Test)* [Video]. apolut. das denk' ich auch. https://apolut.net/kenfm-am-set-dr-wolfgang-wodarg-corona-und-der-pcr-test/. Zugegriffen: 01.11.2021.

Schrang, H. (2012). *Die Jahrhundertlüge, die nur Insider kennen. Erkennen, erwachen, verändern.* Oranienburg: Macht-steuert-Wissen.

Schrang, H. (2016). *Die Jahrhundertlüge, die nur Insider kennen 2.0. Erkennen, erwachen, verändern.* Oranienburg: Macht-steuert-Wissen.

Schrang, H. (2017). *Im Zeichen der Wahrheit. Erkennen, erwachen, verändern.* Oranienburg: Macht-steuert-Wissen.

Schrang, H. (2019, 24. Oktober). *Löst euch von der Schuld* [Video]. https://www.bitchute. com/video/YrHNaepSImo/. Zugegriffen: 30.08.2023.

Schrang, H. (2020, 31. August) *Die ganze Wahrheit über die Demo am 29.08.* [Video]. https://www.heikoschrang.de/de/neuigkeiten/2020/08/31/die-ganze-wahrheit-ueber-die-demo-am-29-08/. Zugegriffen: 30.08.2023.

schrang.de (2021). *Schutzamulett schwarz »Im Zeichen der Wahrheit« mit Halsband (Leder oder Kautschuk)* [Online-Shop]. https://www.schrang.de/de/buecher-undmehr/sch utzamulett_schwarz-9915106_7/. Zugegriffen: 30.08.2023.

Wodarg, W. (2020, 29. Februar). Lösung des Corona-Problems: Panikmacher isolieren. Der Lungenarzt und Gesundheitspolitiker in einem Meinungsbeitrag. *Flensburger Tagesblatt.* http://zeitung.shz.de/flensburgertageblatt/2332/article/1094358/29/1/render/?token=d21 c25e0d9812d4a58df107989b641a2&fbclid=IwAR1ZgpTj0MbtnKb5D7J2lSTCP89F SmfgY-qT9sUy4DIhexnvscvUdKnjCjU. Zugegriffen: 01.11.2021.

Wodarg, W. (2021a). *Falsche Pandemien: Argumente gegen die Herrschaft der Angst.* München: Rubikon.

Wodarg, W. (2021b, 23. August). *Zeit der Entscheidung* [Rubrik: Kandidatur BTW 21]. https://www.wodarg.com/kandidatur-btw-21/. Zugegriffen: 01.11.2021.

Wodarg, W. (2021c). *Video/Audio.* https://www.wodarg.com/video-audio/. Zugegriffen: 01.11.2021.

**Nicola Graage** absolvierte ihren Bachelor in Psychologie (B.Sc.) an der Universität Potsdam (UP) und ihren Master mit Klinischem Fokus (M.A.) an der International Psychoanalytic University (IPU). Derzeit arbeitet sie mit psychisch erkrankten Erwachsenen im Bereich der Eingliederungshilfe und ist Ausbildungskandidatin am Institut für Psychotherapie Potsdam (TP/AP).

# »Wählen Sie diese Regierung ab, solange Sie noch können«. Inszenierung und Wirken der Bundestagsreden der AfD in Bezug auf die COVID-19-Pandemie

Dustin Henze

### Zusammenfassung

Im Verlauf der Corona-Pandemie hat sich die AfD zunehmend als parlamentarischer Arm der Corona-Proteste inszeniert. In dieser Studie wird untersucht, wie die AfD diese Positionierung in ihren Bundestagsreden rhetorisch umsetzt und welche psychologischen Wirkungen sie damit bei ihrem Publikum möglicherweise erzielt. Dazu werden drei Reden von führenden AfD-PolitikerInnen (Alexander Gauland, Sebastian Münzenmeier und Beatrix von Storch) mit der Methode der Tiefenhermeneutischen Kulturanalyse analysiert. Die Ergebnisse zeigen, dass die AfD eine dramatische Bilderwelt konstruiert, die um die Vorstellung einer ›Coronadiktatur‹ kreist. Die RednerInnen greifen dabei einerseits pandemiespezifische Gefühlslagen, wie körperzentrierte Ansteckungsängste und mit der Einhaltung der Coronamaßnahmen verbundene Scham- und Schuldgefühle auf, für die sie passende Schiefheilungsangebote bereithalten. Andererseits setzen die RednerInnen an mögliche psychische Konflikte an, die sich ohnehin aus der immanenten Widersprüchlichkeit aktueller Vergesellschaftung ergeben, sich jedoch in der Krisensituation zu verstärken drohen. Die RednerInnen machen dabei ein weltanschauliches Angebot, das der Vereinfachung hochkomplexer und mitunter überfordernder Zusammenhänge dient. Die individuelle Regression ihrer

D. Henze (✉)
Sigmund Freud PrivatUniversität Wien, Wien, Österreich
E-Mail: dustin.henze@sfu.ac.at

M. Brunner et al. (Hrsg.), *Autoritäre Dynamiken in der Krise,* Kritische Sozialpsychologie, https://doi.org/10.1007/978-3-658-43282-9_4

Anhänger:innen, die Flucht ins Autoritäre in Form der Unterwerfung unter
das kollektive Wahngebilde, verspricht – unter Preisgabe der eigenen Reflexionsfähigkeit – die scheinbare Lösung aller Konflikte und Ambivalenzen und
die Aufrechterhaltung der prekären psychischen Stabilität. Die AfD zielt dabei
insgesamt auf eine autoritäre Massenbildung, indem sie eine apokalyptische
Verfallsgeschichte der Demokratie inszeniert, die nur durch die Ermächtigung
der AfD aufzuhalten wäre.

## 1    Einleitung

Mord ist immer der reale Fluchtpunkt rechtsextremen und verschwörungstheo-
retischen Denkens, dennoch hatte ich – als ich mit der Arbeit an diesem
Forschungsprojekt begann – nicht erwartet, was am 18. September 2021 in Idar-
Oberstein passieren sollte. Ein 49-jähriger Mann hatte einen 20 Jahre jungen
Tankstellenmitarbeiter gezielt ermordet, weil dieser sich im Vorfeld weigerte,
ihn ohne das vorgeschriebene Tragen eines Mund-Nasen-Schutzes zu bedienen.
Auch wenn solche Taten in dieser extremen Form glücklicherweise die Ausnahme
bilden, lässt sich doch beobachten, dass über den Verlauf der Pandemie eine
Radikalisierung der sich als ›Corona-Rebellen:innen‹[1] oder ›Querdenker:innen‹
bezeichnenden Szene stattgefunden hat. Neben durchaus berechtigten Sorgen und
Ängsten von Personengruppen, die persönlich in besonderem Maße von den Einschränkungen im Zuge der Pandemie betroffen waren oder nachvollziehbarer (und
aus demokratietheoretischer Perspektive durchaus wünschenswerter) Sachkritik
an den politischen Entscheidungen, bildeten sich auf und abseits der Demonstrationen Narrative, die über die sachliche Kritik an politischen Entscheidungen
hinaus gingen. Zunehmend deutlich wurde, dass es den Protestierenden nicht
um den vernunftgeleiteten Austausch von Sachargumenten ging, die sich an der
Realität messen lassen müssen, sondern um *gefühlte* Wahrheiten. Das eigene
(affektive) Erleben wurde dabei absolut und als einzig legitime ›Wahrheit‹ gesetzt
und Gegenpositionen grundsätzlich delegitimiert. Verschwörungsideologeme bis

---

[1] Mit dieser gendergerechten Schreibweise des Doppelpunkts (z. B. Wähler:innen) soll in
dieser Studie die geschlechtliche Vielfalt berücksichtigt und auch nicht-binäre Menschen
sprachlich inkludiert werden. Da die AfD sich jedoch explizit positiv auf das heteronorme,
binäre Geschlechtersystem bezieht und Abweichung hiervon politisch bekämpft, wird in
Bezug auf die hier untersuchten RednerInnen im Folgenden auf das Gender-Gap verzichtet
und die lediglich die männliche und weibliche Geschlechtsidentität inkludierende Schreibweise des Binnen-Is verwendet (z. B. RednerInnen).

hin zu offenem Antisemitismus verbreiteten sich in dieser Gemengelage und finden sich massenhaft auf den bis heute stattfindenden Demonstrationen. Dabei
war im Kontext der Corona-Pandemie eines der tragenden Narrative eine – wahlweise von Bill Gates oder Angela Merkel – angestrebte ›Corona-Diktatur‹ und
ein damit verbundener, vermeintlicher Verrat der Demokratie und grundlegender
Freiheitsrechte durch die Bundesregierung.

Auch wenn es sich bei den Demonstrationen der ›Querdenker:innen‹-Szene
um ein heterogenes Teilnehmer:innenfeld handelt, das sich nicht nur aus klassisch autoritärem Milieu rekrutiert (vgl. Nachtwey et al. 2020, S. 52) – wird
das Demonstrationsgeschehen von der extremen Rechten nicht nur als Agita-
tionsfeld genutzt, sondern auch zunehmend von rechten Akteur:innen geprägt.
Bemerkenswert ist, dass die AfD bei den durch Nachtwey et al. (2020) befragten
Demonstrationsteilnehmer:innen durch die Pandemie an Zustimmung gewonnen
zu haben scheint. Während nur 15 % angaben, bei der letzten Bundestagswahl die
AfD gewählt zu haben, nannten nun 27 % die AfD als ihre präferierte Partei (vgl.
ebd., S. 10). Diesbezüglich zeigen auch die Daten der CeMAS-Studie zum Pro-
testpotenzial der COVID-19-Pandemie, dass »während die große Mehrheit der
Wähler:innen (mindestens 67,7 %) aller demokratischer Parteien nicht an den
Protesten teilnehmen würden, […] knapp sechzig Prozent der AfD-Wähler:innen
eine hohe Protestbereitschaft« (Lamberty et al. 2022, S. 5) zeigen und an den
Demonstrationen teilnehmen würden. Bezüglich der Einstellungen der Protestierenden stellen Nachtwey et al. (2020, S. 38–44) eine hohe Unzufriedenheit
mit der Demokratie und geringes Vertrauen in zentrale politische Institutionen
und Prozesse fest. In diesem Punkt gibt es auch eine Überschneidung mit den
Befunden über die antidemokratischen Einstellungen der AfD-Wähler:innen, die
sich der aktuellen Leipziger Autoritarismusstudie zufolge ebenfalls »durch eine
starke Demokratieskepsis und geringes Institutionenvertrauen« (Pickel et al. 2022,
S. 191) auszeichnen. Vor diesem Hintergrund beunruhigend sind die von Lamberty et al. (2022, S. 5) gefundenen hohen Zustimmungswerte von 28,6 %
der befragten AfD-Wähler:innen zu der Aussage, dass angesichts der Corona-
Maßnahmen die Zeit des friedlichen Widerstandes vorbei sei, und der Bereitschaft
von 16,6 % der befragten AfD-Wähler:innen auch an illegalen Aktionen teilzunehmen. Dies verdeutlicht noch einmal das gefährliche Potenzial dieses Milieus,
dem auch der Täter aus Idar-Oberstein zugeordnet werden kann (vgl. Amadeu
Antonio Stiftung 2021).

Bereits in der Vergangenheit gelang es der AfD, gesellschaftliche Krisensituationen agitativ auszunutzen. Der Aufschwung und die Etablierung der AfD
als Sammelpartei verschiedener rechter Strömungen ist dabei wesentlich mit
zwei großen gesellschaftlichen Krisen, der Finanz- und Eurokrise 2008 und

der als ›Flüchtlingskrise‹ geframten Flucht- und Migrationsbewegungen 2015/
2016 in Verbindung zu sehen. Diese gesellschaftlichen Krisensituationen scheinen große Ängste und Ohnmachtsgefühle bei Teilen der Bevölkerung ausgelöst
oder verstärkt zu haben, die vor dem Hintergrund der eigenen Sozialisation- und
Lebensgeschichte nicht nur Wünsche nach politischer Veränderung, sondern auch
die innere Bereitschaft beziehungsweise das Bedürfnis nach »schiefheilender
Massenbildung« (Brunner 2016, S. 30) geschaffen haben könnten. Nahelie-
gend ist daher die Vermutung, dass auch die aktuelle ›Coronakrise‹ mit all
ihren Begleiterscheinungen einen ähnlichen Effekt gehabt haben könnte, denn
»traumatische Lebensereignisse, aber auch Bedrohungen oder – wie eben jetzt –
Pandemien [können] regressive Prozesse auslösen« (Klug 2021, S. 214), die
von Rechtspopulist:innen aufgegriffen werden könnten. Auch wenn die AfD
von ihrer Coronapolitik bei der Bundestagswahl 2021 anscheinend (noch) nicht
profitieren konnte, gehe ich davon aus, dass sie nicht nur das gesellschaftliche Klima wesentlich beeinflussten und ihre Wähler:innen noch enger binden
konnten, sondern möglicherweise auch neue Wähler:innen aus dem Spektrum
der Coronaproteste für zukünftige Wahlen gewinnen konnten. Der Aufschwung
der AfD im Nachgang der Pandemie ist daher auch nicht isoliert von dieser zu
verstehen. Angesichts dessen drängen sich die Fragen auf, wie genau sich die
AfD in dieser Debatte positioniert und inszeniert hat, welche Themen und Narrative aufgegriffen und auf welche Art und Weise diese vorgetragen wurden und
schließlich, welche Wirkung sie damit bei den Rezipient:innen möglicherweise
erzielen konnten.

Vor dem Hintergrund dieser Fragestellung rückt die politische Kommunikation
der AfD in den Blick meiner Untersuchung. Politische Kommunikation verstehe
ich dabei in Anschluss an Jürgen Erfurt (1988, zit. nach Burkhardt 2003, S. 119)
als »historischen Veränderungen« unterworfenes »verhältnisbezogenes soziales
Handeln«, das »thematisch und interaktional« gebunden ist und sich aus dem
»Zusammenwirken von sprachlichen und nichtsprachlichen Handlungen« ergibt.
Dabei ist sie vornehmlich »intentional und überwiegend auf die Organisation
politischer Bewußtseinsinhalte und gesellschaftlicher Praxis gerichtet« (ebd.).
Die politische Rede, zielt in der Gesamtintention darauf ab »bei den Adressa-
ten eine Bestätigung oder Veränderung (politisch relevanter) Verhaltensweisen zu
bewirken« (Volmert 1989, S. 29). Politische Akteure, so Ulrich Sarcinelli (1987,
S. 241), konzentrieren sich dabei generell »zur eigenen Rechtfertigung oder zur
Infragestellung der Rechtfertigung des politischen Gegners« auf den »Aufbau
einer sprachlichen und optischen Symbolwelt«, die jedoch weniger an »rationale
Wählerkalküle als an diffuse Loyalitätsmotive und -gefühle adressiert scheint«.

Politische Diskurse finden gerade nicht ausschließlich auf kognitiver Ebene vollständiger Rationalität und dem sachlichen Abwägen verschiedener Interessen und Argumente statt. In diesem Sinne ist politische Kommunikation als Agitation stets rückgebunden und abhängig nicht nur von den bewussten, sondern auch von den unbewussten kognitiven und affektiven Prädispositionen der Rezipient:innen. »Denn Politik, das wesentlich von der Sozialstruktur her bestimmte praktische Verhältnis der Menschen zueinander, erschöpft sich eben gerade nicht in der Form, wie es sich in höchst verschiedener Weise bewußt in den Köpfen der Menschen darstellt« (Horn 1975/1989, S. 103). Die:der Einzelne selbst ist nicht »Herr […] in seinem eigenen Haus«, wie Freud (1917/1966a, S. 11) einst treffend formulierte, sondern ebenso geleitet von unbewussten und oft irrationalen Wünschen und Ängsten, die ihrerseits im Verhältnis zu den gesellschaftlichen Verkehrsformen stehen. Das Politische, so Schmid Noerr (2022, S. 127 f.), erschöpft sich daher nicht in der »organische[n] Lösung realer Aufgaben des Erhalts oder der Steigerung von Macht«, sondern ist stets auch »als Regulation von psychischen Affekt- und Abwehrkonflikten« zu betrachten.

Frank Gadinger und Elena Simon (2019, S. 26) zufolge zeichnet sich Populismus, wie er etwa von der AfD betrieben wird, im Speziellen dadurch aus, dass fast ausschließlich auf dieser affektiven Ebene operiert und eine Ebene rationaler Argumentation geradezu vermieden wird. Aus diesem Grund ist Populismus vorwiegend als eine Form politischer Propaganda beziehungsweise, so Adorno (1967/2019, S. 41), als »massenpsychologische Technik« zu verstehen, bei der es im Wesentlichen um die Affektmobilisierung, die Bearbeitung diffuser Ängste und Ohnmachtsgefühle und nicht um die vernunftgeleitete Abwägung divergierender Interessen geht. Die Agitator:innen zielen stattdessen vornehmlich darauf, die oft unbewussten seelischen Bedürfnisse, Wünsche und Ängste ihres Publikums effektiv propagandistisch zu bedienen (vgl. Adorno 1951/2013, S. 335 f.). So stellten bereits Leo Löwenthal und Norbert Guterman (1949/2017) in ihrer Auseinandersetzung mit rechter Propaganda fest, dass die Agitator:innen mit ihrer Erzählstrategie oftmals an das emotionale Erleben gesellschaftlichen Leids oder sozialen Unbehagens, verstanden als Symptome einer »gesellschaftlichen Malaise« (ebd., S. 25), anzuknüpfen versuchen. Die Agitator:innen bringen dabei auch zum Ausdruck, was in einer politischen Kultur als »mental und habituell verankertes Set von Prinzipien und Regeln« (Rohe 1994, S. 6), die »das politische Denken und Handeln« (ebd.) maßgeblich beeinflussen, objektiv sozial und politisch verpönt sein mag und doch auf individueller Ebene auf resonanten Boden fällt. Die Propagandareden sind so mitunter auch als »Zwischenstationen der Äußerung sozialer verpönter Praxisentwürfe« (Lorenzer 1986, S. 85) zu verstehen, in denen auch der »privat unbewußte Gehalt« in ein »kulturell allgemeines Symbolsystem so eingefügt, daß er mit transportiert und – wenn auch verhüllt – ›objektiviert‹ wird« (ebd., S. 38). Diese »sozial verpönten Lebensentwürfe« (König 2020, S. 49) können sich dabei sowohl bewusst intendiert als auch hinter dem Rücken der RednerInnen »im Zusammenspiel mit den präsentativen Angeboten kultureller Objektivation einen sinnlich-symbolischen Ausdruck verschaffen« (König 2008, S. 23) und damit auf einer latenten Ebene den Reden dennoch beigelegt sein. Diese latente Bedeutungsebene, die »unter und neben dem verbalen Begreifen« (Lorenzer 1984, S. 31) liegt und deren Besonderheit ist, »dass sie den Emotionen und dem Unbewussten näher [steht] als ein nüchternes diskursives Sprechen« (König et al. 2020, S. 112), eröffnet damit einen Weg zu Gefühlen, Fantasien, Wünschen und Vorstellungen, die außerhalb des diskursiven Sagbarkeitsraums liegen und/oder während der Sozialisation unbewusst gemacht wurden oder verblieben und damit eigentlich nicht-sagbar sind, zu denen die Adressat:innen der Reden jedoch sehr wohl in Beziehung treten. Die rechtspopulistische Propagandareden der AfD stellen vor diesem Hintergrund ein Angebot weltanschaulicher Deutungs-, Sinnstiftungs- oder Interpretationsmuster für bewusste und unbewusste Konflikte dar, die sich einerseits aus der Spannung zwischen Individuum und Gesellschaft bzw. individueller Triebmatrix und symbolischer Ordnung und andererseits aus aktuellen Krisen und Problemlagen ergeben können und deren scheinbare Lösung sie versprechen. Das Erkenntnisinteresse dieser Studie liegt in der Analyse dieser »psychologischen Stoßrichtung« (Lohl 2017a, S. 127) der Propagandareden der AfD. Um die psychische Wirkung politischer Reden zu untersuchen, hat sich die Methode der Tiefenhermeneutischen Kulturanalyse bewährt (vgl. König 2008, 2019b, 2020; Lohl 2017a, 2017b; Brunner et al. 2021), die in der methodischen Einleitung dieses Bandes näher beschrieben ist. Ziel dieser Untersuchung ist es dabei nicht, ein Psychogramm der Abgeordneten der AfD oder ihrer Wähler:innen zu erstellen. Auch geht es primär nicht darum herauszufinden, wie die Bundestagsreden das persönliche Unbewusste der:des konkreten Einzelnen möglicherweise erreichen. Stattdessen sollen verallgemeinerbare Erkenntnisse über die gesellschaftlichen Bedingungen erlangt werden, die den objektiven und subjektiven Nährboden rechtspopulistischer Agitation im Kontext der Corona-Pandemie bildeten und damit die Fragestellung zu beantworten, ob und wie die Reden gesellschaftlich induzierte Konfliktlagen und damit verknüpfte Ängste, Wünsche und Fantasien, generell und speziell in Bezug auf die ›Corona-Krise‹ aufgriffen und möglicherweise politisierten. Hierfür wird zunächst der szenische Gehalt der für diese Untersuchung ausgewählten Bundestagsreden der AfD rekonstruiert, um diesen anschließend aus Perspektive der psychoanalytischen Persönlichkeits- und Kulturtheorie sowie der kritischen Gesellschaftstheorie zu diskutieren und theoretisch zu Rahmen.

## 2  Szenische Rekonstruktionen der Bundestagsreden

Das Datenmaterial für diese Studie liefern drei Bundestagsreden aus der Plenarsitzung 186 am 29.10.2020. In dieser Sitzung gab Bundeskanzlerin Angela Merkel eine Regierungserklärung, in der sie die am Vortag durch die Bund-Länder-Konferenz beschlossenen Maßnahmen weitreichender Kontaktbeschränkungen und die neuerliche Schließung von Kultur- und Unterhaltungsstätten und des Hotel- und Gastronomiegewerbes zur Eindämmung des Pandemiegeschehens rechtfertigte – den sogenannten zweiten ›Lockdown‹. Die Sitzung ist zudem im Kontext der geplanten Änderung des Infektionsschutzgesetzes im dritten Bevölkerungsschutzgesetz am 18.11.2020 zu sehen. Die Reden fallen damit in eine Phase der neuerlichen Intensivierung der Debatte bezüglich des Umgangs der Bundesregierung mit der Pandemie und einer Verschärfung der Kritik seitens der AfD. Die erste ausgewählte Rede wurde von Alexander Gauland (2020) gehalten und fand im direkten Anschluss an die Regierungserklärung zur Bewältigung der Covid-19 Pandemie durch Bundeskanzlerin Angela Merkel statt. Als Fraktionsvorsitzendem der größten Oppositionsfraktion kam Gauland dabei das Recht zu, als erster Redner auf die Regierungserklärung zu reagieren. Die zweite ausgewählte Rede stammt von Sebastian Münzenmeier (2020), der einige Semester Rechtswissenschaften studierte und seit 2019 einer der stellvertretenden Fraktionsvorsitzenden der AfD-Bundestagsfraktion ist. Er war nach Gauland der zweite AfD-Abgeordnete, der sich zu der abgegebenen Regierungserklärung der Bundeskanzlerin äußerte. Als dritte Rede wurde der Beitrag von Beatrix von Storch (2020) aus jener Sitzung ausgewählt. Sie gehört ebenfalls zu dem fünfköpfigen Vorstand der AfD-Bundestagsfraktion. Zudem ist sie die Antisemitismusbeauftragte ihrer Partei. Ihre Rede bezieht sich auf einen Antrag der FDP mit dem Titel ›Infektionsschutzmaßnahmen auf eine klare gesetzliche Grundlage stellen – Demokratie und Parlamentarismus stärken‹, den die FDP-Fraktion in dieser Sitzung zur Disposition stellte. Die Wahl fiel auf diese drei Reden, da sie von hohen Parteifunktionären gehalten wurden, den Umgang mit der Pandemie im Generellen adressieren und nicht ausschließlich Sachfragen zur Höhe der Überbrückungshilfen oder Ähnlichem diskutieren. Zudem erzeugten sie auf dem YouTube-Kanal der AfD-Bundestagsfraktion besondere Resonanz und erhielten

verhältnismäßig viele Klickzahlen (Stand 24.02.2021). Es ist daher davon auszugehen, dass sie damit wahrscheinlich auch über diese Plattform hinaus eine
große Reichweite hatten, weil sie entweder als besonders kontrovers wahrgenommen wurden oder besonders hohe Zustimmung beim Zielpublikum erreichten und
sich dadurch weiter verbreiteten. Der Interpretationsgruppe, die sich für die einzelnen Interpretationssitzungen online für jeweils etwa zwei Stunden in einer
Videokonferenz traf, wurden die Reden sowohl als Videoausschnitt (Deutscher
Bundestag 2020a, b) aus der Bundestagssitzung wie auch als Transkript zur Verfügung gestellt. Die Zeilenangaben bei Verweisen auf die Reden im Folgenden
beziehen sich auf eben jene Transkripte und dienen zur Veranschaulichung des
zeitlichen Ablaufs der einzelnen Reden.

## 2.1    Alexander Gauland

### 2.1.1    Szenische Rekonstruktion

Alexander Gauland leitet seine Rede mit einem irritierenden »Gleichnis« (Z.
16) ein, in dem er dem vermeintlich fehlgeschlagenen Umgang der Regierung
mit dem Coronavirus den gängigen Umgang mit Verkehrstoten im Straßenverkehr entgegenstellt. So wie im Bereich der Verkehrssicherheit müsse bezüglich
staatlicher Maßnahmen im Kontext der Pandemie abgewogen werden »welchen
Preis wir bereit sind zu zahlen« (Z. 62), notfalls »**auch** um den Preis, dass Menschen sterben« (Z. 75). Gauland wendet sich mit einem deutlichen Vorwurf an
die Bundesregierung: Ihr Versuch, den Schutz einzelner Menschenleben in den
Vordergrund zu stellen, sei gegen das Interesse der breiten Bevölkerung gerichtet.
Auch in anderen Bereichen (wie dem Straßenverkehr) gelte diese Maxime nicht.
»Menschen sterben auch an Krankheiten – **jeden Tag**. […] Das ist leider so« (Z.
6 f.) und dies wäre deshalb auch im Falle von Corona zu akzeptieren. Die vermeintliche Notwendigkeit, »abwägen« (ebd. Z. 62) zu müssen, zieht sich dabei
als zentrales Motiv durch die gesamte Rede. Schließlich müssten die Maßnahmen
und ihr infektiologischer Nutzen gegen die mögliche Gefahr eines nur für wenige
Menschen »hochgefährlich[en] oder gar tödlich[en]« (Z. 15) Virus abgewogen
werden. Im Verlauf der Rede zeigt sich Gauland dabei dennoch empathisch denjenigen gegenüber, für die das Virus tatsächlich eine Gefahr darstellen würde
und die er als Risikogruppen »definieren und schützen« (Z. 22) möchte. Gleichzeitig richtet sich seine besorgte und mitfühlende Haltung auch auf diejenigen
Menschen, die von den als »maßlos und unangemessen« (Z. 54 f.) beschriebenen
Infektionsschutzmaßnahmen betroffen wären und die er als dessen »Kollateralopfer« (Z. 25) bezeichnet. Dabei spricht Gauland auch eine Warnung aus, denn

durch diese neuerlichen Maßnahmen würde schließlich der »Mittelstand« (Z. 64) und die gesamte deutsche Wirtschaft ruiniert, obwohl es die objektive Situation keineswegs erfordere. Die Einschränkungen der Grund- und Freiheitsrechte der Menschen stünden zudem in keinem Verhältnis zu der pandemischen Lage und widersprächen dem Grundgesetz und dem demokratischen Verfahren, wenn die Entscheidung über diesen »Ausnahmezustand« (Z. 47) nicht vom deutschen Volk als eigentlichem Souverän, sondern am Parlament vorbei »von einer Art **Kriegs-kabinett**« (Z. 36), getroffen würde. Die Bundesregierung handle insofern wie eine »Coronadiktatur« (ebd. Z. 68 und 74), die den Menschen mit ihrem »tägli-che[n] Infektionszahlenbombardement« (Z. 31 f.) Angst zu machen versuche, um ihre irrationale, illegale und illegitime Politik zu rechtfertigen, und die die Frei-heit und Demokratie und damit letztlich die Nation in Gänze zugrunde richte. Dabei wird die Regierungspolitik eingebettet in eine Kritik eines insgesamt zu beobachtbaren weltweiten Wertewandels (vgl. Z. 70 ff.). Dieser ›Politik mit der Angst‹, die die Einzelnen selbst noch in ihrer Wohnung drangsaliert, wenn »die **Unverletzlichkeit der Wohnung** zur Disposition« (Z. 40) gestellt würde, hält Gauland eine Politik der Vernunft und Abwägung, sowie Recht- und Verhält-nismäßigkeit, für die er und seine Partei ständen, entgegen. Insofern inszeniert er sich als Wahrer von Freiheit und Demokratie. Dabei wirkt er besonnen, da er mehrfach darauf hinweist, auch in der derzeitigen Situation nicht panisch zu reagieren, sondern stets rational abzuwägen, wie ein geeigneter Umgang mit der Pandemie aussehen könnte.

Auffallend schon zu Beginn der Gruppeninterpretation war die divergierende Wahrnehmung der Rede insgesamt. Einige Interpretierende zeigten sich über-rascht über das »moderate« und »gemäßigte« Auftreten Gaulands, hatten sie doch angesichts ihrer Vorannahmen von einer AfD-Rede eine »schlimme« und »ag-gressive« Rede erwartet. Sie empfanden Gauland zwar nicht als »sympathisch, aber ok«, konnten seinen Ausführungen als »weisen alten Mann« durchaus fol-gen, fanden seine Argumentation größtenteils »schlüssig« und fühlten sich durch die Rede beruhigt. Andere Interpretierende wiederum reagierten von Beginn an mit starker Abwehr, empfanden Gauland als »abstoßend«, »furchtbar« und nah-men ihm »gar nichts ab« und reagierten beim Anschauen der Rede mit Ungeduld und suchten sich ablenkende Nebentätigkeiten. In der Folge fanden sie die Argu-mentation vor allem widersprüchlich und hatten mitunter das starke Bedürfnis ihm zu widersprechen. Gauland wirkte auf sie, wie ein »zorniger, verbitterter Mann« und »Oberlehrer«. Zudem gab es Differenzen im Erleben der Rede zwi-schen dem Anschauen des Videos und dem Lesen des Transkripts. Auch jene, die sich zunächst affirmativ auf Gauland bezogen, stellten beim intensiven Lesen des Transkripts und im Laufe der Diskussion zunehmend fest, dass sie »eigentlich gar nicht mitgehen« bei dem, was Gauland sage, da es »eigentlich ziemlich brutal« sei. Im Verlauf der Diskussion wurde dabei von den Interpretierenden eine zunehmende, starke Aggressivität in Bezug auf das Material erlebt. Die im Gruppenprozess zunehmend zutage tretende Aggressivität und diese Widersprüchlichkeit zu der Selbstinszenierung und Ansprache Gaulands als beruhigend und besonnen verweist möglicherweise bereits auf eine Doppelbödigkeit der Rede selbst und kann Hinweise liefern für ein Spannungsverhältnis, das sich zwischen dem manifesten und latenten Sinn entfaltet. Um dem nachzugehen, können wir uns nun entlang einiger besonders irritierender Szenen dem latenten Inhalt der Rede nähern. Wo liegt der Ursprung dieser Aggressivität? Lassen sich Hinweise dafür in der Rede wiederfinden?

> Wenn wir auf die aktuelle Coronalage blicken, lassen sich zwei Feststellungen treffen. Ja::, Erstens das Infektionsgeschehen ist nicht mehr kontrollierbar. Zweitens. Es gibt dennoch vergleichsweise wenige Tote. (Z. 7ff.)

Wenn etwas als »nicht mehr kontrollierbar« bezeichnet wird, hat dies normalerweise eine bedrohliche Konnotation. Es droht das Chaos, dem man mitunter hilflos gegenübersteht. So verstanden wirkt es, als würde Gauland hier gegenüber der Pandemie resignieren und für eine scheinbar ohnehin unausweichliche Durchseuchung der Gesellschaft plädieren. Gleichzeitig stellt er jedoch fest, dass es angesichts dieses Kontrollverlustes nur »vergleichsweise wenige Tote« (ebd.) gäbe. Die Feststellung, dass das Infektionsgeschehen nicht mehr kontrollierbar sei, wird durch diese zweite Feststellung also entschärft, denn die große Befürchtung, ähnlich wie in Italien oder andernorts massenhaft Tote betrauern zu müssen, scheint nicht einzutreffen. Irritierenderweise betont Gauland im Folgenden jedoch, dass das Virus sehr wohl »hochgefährlich oder gar tödlich« (Z. 15) sein kann und spricht sich dafür aus, besonders gefährdete Bevölkerungsgruppen gezielt zu schützen. Das bedrohliche Gefühl, das er mit dem Verweis auf die Unkontrollierbarkeit des Virus erzeugt, kann er auf diese Weise zwar von dem konkreten Infektionsgeschehen entkoppeln, aber nicht glaubhaft verbannen. Diese Passage gleich zu Beginn der Rede lässt die Zuschauer:innen daher irritiert zurück, denn es wird eine Widersprüchlichkeit zwischen Dramatisierung und Entdramatisierung deutlich. Sind das Virus und das Infektionsgeschehen nun kontrollierbar oder nicht? Ist die aktuelle Lage bedrohlich oder nicht? Sind die Toten zwangsläufig in Kauf zu nehmen? Wo liegt in den Augen Gaulands der tatsächliche Kontrollverlust? Hinweise hierauf ergeben sich möglicherweise aus dem folgenden Zitat:

Wo im Grundgesetz aber steht geschrieben, dass die Regierungschefin zusammen mit den Ministerpräsidenten **am Parlament vorbei** solche Entscheidungen treffen darf? {Beifall bei der AfD – Carsten Schneider [Erfurt] [SPD]: Das machen wir gerade nicht! Wir diskutieren doch, oder nicht?} ›Souverän ist, wer über den **Ausnahmezustand** befindet‹, heißt es bei Carl Schmitt. Darf ich Sie daran erinnern, dass der Souverän dieses Landes **das deutsche Volk** ist, repräsentiert durch den **Bundestag**? {Beifall bei der AfD} **Und allein dieses Haus hat über Grundrechtseinschränkungen zu befinden und sonst niemand. Sonst sind wir exakt wieder bei Carl Schmitt.** (Z. 46ff.)

Analog zu dem oben benannten Kontrollverlust spricht Gauland hier von einem »Ausnahmezustand« (Z. 47). Dieser bezieht sich jedoch darauf, dass die Bundesregierung mit der Bund-Länder-Konferenz ein Gremium geschaffen habe, das eigentlich nicht über die demokratisch legitimierte Kompetenz verfüge, grundrechtseinschränkende Maßnahmen zu verordnen. Dem Ausnahmezustand gegenüber steht dabei der Normalzustand, ein Zustand gesellschaftlicher Ordnung. Der Ausnahmezustand ist etwas Besonderes, eine Zeit der Krise, hat etwas Chaotisches und auch Bedrohliches. Ursächlich für diesen ist jedoch Gauland folgend nicht die pandemische Lage, sondern das Regierungshandeln. Liegt der eigentliche Kontrollverlust für Gauland also vielmehr im politischen Bereich? Ist es das Volk als eigentlicher Souverän des Landes, das die (demokratische) Kontrolle über ihre Regierung verloren hat, die ohne Mandat den Ausnahmezustand erklärt und die Freiheit des Volkes damit einschränkt? Eine solche Lesart entspräche der manifesten Erzählung Gaulands Rede.

Auffallend ist zudem, dass Gauland in dieser Passage in Bezug auf den Bundestag von ›Haus‹ spricht. Zwar wird das Parlament eines Landes durchaus im normalen Sprachgebrauch des Öfteren als das ›hohe Haus‹ bezeichnet, im Kontext der Rede eröffnet die Metapher allerdings den Raum für unterschiedliche Lesarten und vielfältige Assoziationen. Mit einem Haus werden gemeinhin eine besondere Stabilität, Beständigkeit und Sicherheit verbunden. Dabei verfügt ein Haus immer über ein eindeutiges ›Innen‹ und ›Außen‹. Die Funktion des Hauses ist es, durch das Gemäuer eine eindeutige Begrenzung nach Außen darzustellen und als Schutzraum nach Innen zu dienen. In der Interpretationsgruppe entstand das Bild, dass das Volk als Souverän dieses Landes eigentlich die Kontrolle über dieses ›Haus‹ haben sollte und somit ›Herr des Hauses‹ sein müsste. Das Volk allein kann über den Ausnahmezustand befinden. Solange das Volk dies mit »individueller Entscheidung« (Z. 71) tut, kann der Ausnahmezustand nicht rechtmäßig erklärt werden.

Eine in Bezug auf die Metapher des Hauses interessante Dynamik ist zudem, dass jegliches Konfliktpotenzial im Inneren des Hauses von Gauland in seiner

Rede ausgeschlossen wird. Die Bedrohung durch das Virus etwa wird manifest
heruntergespielt und damit verknüpfte Ängste in die Latenz verbannt. Dies wird
deutlich, wenn Gauland davon spricht, dass das Virus »für die meisten **Menschen** nicht besonders gefährlich« (Z. 13) sei. Die verharmlosende Position im
Hinblick auf die Gefahr des Virus überträgt sich auch auf die Wahrnehmung Gaulands; dieser wird – obwohl er altersbedingt Teil der Risikogruppe wäre – von der
Interpretationsgruppe nicht als potenziell gefährdet wahrgenommen. Und auch ein
real durchaus vorhandener Interessenspluralismus wird suggestiv verneint, wenn
die von ihm ausgemachten Bedürfnisse und Interessen ganzer Bevölkerungsgruppen zu einem einheitlichen und der Regierungspolitik entgegenstehenden
Interesse etwa des »Mittelstandes« (Z. 64) amalgamiert werden. Außerdem wird
eine Vielfältigkeit möglicher Umgangsweisen mit der Pandemie durch die dichotome Gegenüberstellung von vermeintlich rationaler Abwägung und einer Politik,
die den Menschen »offenbar **Angst machen**« (Z. 32) soll, ausgeschlossen. All
dies steht jedoch der Realität vergleichsweise hoher Zustimmungswerte für die
Corona-Schutzmaßnahmen entgegen. Vor diesem Hintergrund symbolisiert das
›Haus‹ möglicherweise nicht nur den Bundestag, sondern die Nation in Gänze,
als homogenes, angst- und konfliktfreies Kollektiv, samt eines von Gauland
a priori angenommenen Gemeinwohls. Unterschiedliche Interessensgruppen als
Teilglieder der Gesellschaft verschmelzen so scheinbar zu einem einheitlichen
Ganzen, zum singulären Souverän als einheitlichen politischen Akteur, dessen
Vitalität – symbolisiert durch die von Gauland mehrfach betonte nationale Wirtschaftskraft – durch die Corona-Maßnahmen bedroht würde. Eine solche Lesart
könnte auch erklären, weshalb Gauland gleich zu Beginn seiner Rede auf irritierende Weise betonen muss, dass das Virus für »für die meisten **Menschen** nicht
besonders gefährlich« (Z. 13) sei. Wo liegt nun die Gefahr, wenn das Virus für
*Menschen* nicht besonders gefährlich ist? Nicht das Virus bedroht unmittelbar
die Gesundheit, sondern die gesellschaftliche Ordnung, symbolisiert als ›Haus‹,
ist gefährdet. Als Gegenbild zur Normalität und Ordnung und dem ausgemachten Gemeinwohl dienen die als chaotisch beschriebenen Corona-Maßnahmen, der
Ausnahmezustand, der das Leben der Menschen in Unordnung bringt und zur
Einschränkung geltenden Rechts führt. Verantwortlich für dieses Chaos ist in
den Augen Gaulands die Bundesregierung. Wenn Gauland nun an anderer Stelle
sagt, dass »**Hier in diesem Hause** […] und nirgendwo sonst« (Z. 66 f.) über
die Infektionsschutzmaßnahmen entschieden werden darf, suggeriert dies, dass
die Entscheidungsträger:innen die Entscheidung außerhalb des ›Hauses‹ getroffen
haben oder aber angesichts dessen, dass sie de facto die Regierung des ›Hauses‹
sind, von außen als (volks-)fremde ›Diktator:innen‹ und ›Kriegstreiber:innen‹ in
das ›Haus‹ eingedrungen sind, um es zu beherrschen, obwohl sie eigentlich gar

nicht in dieses ›Haus‹ gehören. Das so entstehende Bild ist eines der bedrohlichen Penetration von Fremdkörpern in ein bestehendes und funktionierendes
System. Die Invasoren drohen, sind sie erst einmal eingedrungen und haben ihre
»Coronadiktatur« (Z. 68 und 74) vollends eingerichtet, Unordnung zu stiften und
schwere, nachhaltige Schäden anzurichten. Die Nähe dieser Bilder zu Bildern eines in den Körper eindringenden Virus
sind dabei augenscheinlich. So wie das Virus ›parasitär‹ in den gesunden Körper
einzudringen versucht und im Falle der Erkrankung Schäden verursacht, scheint
die Regierung in das sonst so stabile ›Haus‹ eingedrungen zu sein und mit ihrer
›Politik der Angst‹ die Grund- und Freiheitsrechte zu suspendieren und nachhalti-
gen Schaden anzurichten. In dieses Bild der Bedrohung fügt sich die von Gauland
verwendete Kriegsmetaphorik des »Infektionszahlenbombardement« (Z. 32) gut
ein. Das Bombardement der Regierung ängstigt die Bevölkerung und zerstört
letztlich die Gemäuer des Hauses, die gesellschaftliche Ordnung. Auch Gaulands
Verweis auf die vermeintliche Missachtung der »Unverletzlichkeit der Wohnung«
(Z. 40) passt zu dieser Lesart. Auch in diesem Bild versucht die Regierung einzudringen, dieses Mal in den privaten Schutzraum der:des Einzelne:n. Dieses
Szenario verdeutlicht die mögliche individuelle Betroffenheit der:des Einzelne:n
durch die Maßnahmen und erzeugt mitunter ein beklemmendes Gefühl drohender Schutzlosigkeit und des Ausgeliefertseins. Vor dem Hintergrund der Nähe der
Bilder liegt eine assoziative Verkettung mit Vorstellungen eines reinen und gesunden ›Volkskörpers‹, der durch die vermeintlich äußerlichen, fremden ›Schädlinge‹
bedroht wird, nicht mehr fern. Angesichts des realen pandemischen Gesche-
hens und damit der Aktualität ängstigender Bedrohung durch eine mögliche
Erkrankung mit dem Virus, sind die Analogien hier durchaus bemerkenswert.

Aber worauf will Alexander Gauland angesichts dessen, dass in seinen Augen
offensichtlich nicht das Volk über den Ausnahmezustand befunden hat, hinaus,
wenn er schlussfolgert, dass man nun »**exakt wieder bei Carl Schmitt**« (Z. 51)
sei? Hinweise hierauf kann uns möglicherweise eine andere irritierende Szene
der Rede liefern:

> **Eine Coronadiktatur auf Widerruf ist keine Lösung.** Wir müssen abwägen, **auch**
> um den Preis, dass Menschen sterben. (3) ›Das Leben ist der Güter höchstes nicht‹,
> sagt Schiller in ›Die Braut von Messina‹. (.) Er hat recht. (.) Der Güter höchstes ist die
> Freiheit. Freiheit in Würde, ((dreht sich zu Wolfgang Schäuble um)) würde der Herr
> Bundestagspräsident hinzufügen. (Z. 74ff.)

Irritierend in dieser Passage ist zunächst, dass er den gegenwärtigen Zustand zwar
als »Coronadiktatur« (Z. 74) beschreibt, aber »auf Widerruf« (ebd.) hinzufügt,

womit er auf manifester Ebene eigentlich die Bedrohlichkeit seiner eigenen Aussage konterkariert. Warum also ›auf Widerruf‹ und wer kann es widerrufen? Etwa das Volk, sofern jene Mächte, die die Diktatur eingerichtet haben, als ›Volksfeinde‹ erkannt und bekämpft werden? Denn auch bei Carl Schmitt, auf den Gauland hier verweist, nimmt die Feindbildung eine zentrale Stellung ein. Das darauffolgende Zitat von Schiller wurde dabei von den Interpret:innen in besonderem Maße als irritierend, widersprüchlich und unpassend wahrgenommen. Gleichzeitig regte es bildreiche Assoziationen an. Einen Interpreten erinnerten Gaulands Worte an eine Szene aus dem Spielfilm Braveheart, der sehr lose auf historischen Ereignissen rund um den schottischen Unabhängigkeitskrieg basiert. In der entsprechenden Szene führt der Protagonist William Wallace, gespielt von Mel Gibson, bei der Schlacht von Stirling Bridge die schottische Armee in die Schlacht gegen übermächtige englische Truppen. Dabei hält er auf dem Schlachtfeld eine flammende Rede, um die schottische Armee auf den Kampf für die Freiheit und nationale Unabhängigkeit einzuschwören. Dabei fällt der für den Film ikonische Satz, der der szenischen Konstellation der Rede in gewisser Weise ähnelt:

> Aye, fight and you may die. Run and you'll live – at least a while. And dying in your beds many years from now, would you be willing to trade all the days from this day to that for one chance, just one chance to come back here and tell our enemies that they may take our lives, but they'll never take our freedom!!! (American Rhetoric 2011)

Auf die Bundestagsrede übertragen wird Gauland in dieser Lesart als William Wallace imaginiert, der den Deutschen sagt, sie würden es bereuen, nicht jetzt für ihre Freiheit zu kämpfen, »auch um den Preis, dass Menschen sterben« (Z. 75), denn das Leben sei schließlich »der Güter höchstes nicht« (Z. 76), sondern die Freiheit. Indem er sich am Ende seiner Rede zur Regierungsbank umdreht, nutzt er ebenso wie der Filmheld die Chance, dem Feind ins Auge zu sehen und Schäuble ins Gesicht zu sagen, dass er wie in dem Blockbuster zurückschlagen werde. So gelesen bekommt das Schiller-Zitat den Charakter eines Appells, sich einem existenziellen Freiheitskampf gegen die Volksfeind:innen der Bundesregierung anzuschließen. Angesichts dessen wirkt seine Wendung an den Bundestagspräsidenten Schäuble wie eine Drohung. Womöglich sogar eine Todesdrohung, denn im blutigen Freiheitskampf gibt es nicht nur Opfer in den eigenen Reihen, sondern vor allem soll es den angeblichen Diktator:innen als erklärte Feind:innen an den Kragen gehen. Eine solche These unterstützt, dass sich aggressive Impulse insbesondere in dieser Szene auf die Interpretierenden übertrugen, auch wenn der manifeste Inhalt dies nicht direkt offenbart.

Bemerkenswert hierbei ist, dass anders als in tatsächlichen Freiheitskämpfen, in denen die Kämpfer:innen selbst entscheiden den eigenen Tod im Kampf aufs Spiel zu setzen, es sich angesichts der Pandemie viel eher um ein unfreiwilliges oder fremdbestimmtes Sterben handeln würde, wenn Gauland betont, man müsse eigentlich die Anzahl der Corona-Toten gegen die »Kollateralopfer« (Z. 25) und ökonomischen Schäden abwägen. Vor diesem Hintergrund erscheint das Schiller-Zitat in einem anderen Licht und es entsteht das Bild, dass nicht nur die Kämpfer:innen sich bereit erklären sollen im Kampf notfalls ihr Leben zu lassen, sondern vielmehr sei für den Erhalt der Ordnung, der Freiheit und des Wirtschaftssystems der Tod der Menschen in den Risikogruppen in Kauf zu nehmen. Gauland tritt insofern als ›Richter über Leben und Tod‹ auf, der »irgendwie auf dem Pferd da lang reitet und sozusagen das deutsche Volk dazu bewegen möchte freiwillig zu sterben«, wie es eine Interpretin beschrieb. Wenn der eigene Tod jedoch einem höheren Zweck dient, nimmt Gauland ihm gleichzeitig auch seinen Schrecken. Dennoch wird die manifest zur Schau gestellte Empathie gegenüber den ›kleinen Leuten‹ brüchig, wenn der Tod der Menschen billigend in Kauf genommen werden soll.

Inszeniert sich Gauland hier also als rechtmäßiger und authentischer politischer Führer, der das deutsche Volk in den Kampf gegen die Volksfeind:innen der Bundesregierung anführt und die Souveränität des Volkes restauriert? Dieser Frage können wir uns anhand einer während der Diskussion in der Interpretationsgruppe sich abspielenden Dynamik in Bezug auf das folgende Zitat nähern:

> Nach Auskunft des Präsidenten des Deutschen Bühnenvereins gibt es **keinen einzigen** nachgewiesenen Fall einer Coronainfektion nach Veranstaltungsbesuchen auf deutschen Bühnen. {Beifall bei der AfD} Und auch ein **normaler** Restaurantbesuch unter Einhaltung der AHA-Regeln **gebiert keinen neuen Hotspot.** (Z. 56 ff.)

Dieses Zitat führte in der Gruppeninterpretation zu mehreren Irritationen. Zunächst spricht Gauland explizit von *deutschen* Bühnen. Mag dies zunächst verständlich sein, beruft er sich doch auf eine Auskunft des Präsidenten des Deutschen Bühnenvereins, erscheint es vor dem Hintergrund des Gesamtkontext seiner Rede auch als ein weiterer Appell an ein deutsch-nationales Kollektiv, das er zu vertreten vorgibt. Demgegenüber wurde die merkwürdige Formulierung, dass es keinen nachgewiesenen Fall *auf* den Bühnen gegeben habe, von der Gruppe so gedeutet, dass es ihm eigentlich nicht »um die Riesenanzahl normaler Bürger, die im Publikum sitzen« ginge, sondern darum, dass »derjenige, der gerade auf der Bühne steht, auf der großen Bühne steht, wie er es tut« sich nicht ansteckt. Dies wurde als latente Selbstentlarvung eines vornehmlich egoistischen Interesses wahrgenommen, welches der manifest geäußerten Anteilnahme entgegenstehe. Ebenfalls als irritierend wurde die Formulierung eines normalen Restaurantbesuchs wahrgenommen. Was ist schon ein *normaler* Restaurantbesuch? Und wer kann sich so etwas leisten? Dabei setzte sich – auch angesichts einer empfundenen Kälte seiner Aussagen – in der Gruppe ein Narrativ durch, dass es ihm eigentlich noch nicht mal um die Freiheit als Wert für sich, sondern um seine ganz persönlichen Freiheiten und egoistischen Interessen ginge und seine Unzufriedenheit, derzeit nicht das tun zu können, was *er* will. Dabei wurde zunehmend ein Bild Gaulands als reiches und abgehobenes Mitglied einer elitären High Society, der »so gar nicht Mittelstand« sei und »in seiner Bobo-Villa mit seiner privaten Zusatzversicherung« sitze, fernab von der realen Bedrohung durch das Virus, dem sich einfache Arbeiter:innen etwa an der SupermarktKasse ausgesetzt sehen würden, gezeichnet. Möglicherweise kommt hier eine Wut zum Ausdruck, die sich auf eine Elite richtet, die aufgrund ihrer privilegierten gesellschaftlichen Position gesund bleiben und weiterhin ins Restaurant gehen kann, und die Gauland eigentlich auf die politischen Funktionsträger:innen lenken möchte. Darüber hinaus entwickelte sich eine fast schon ausschweifende Diskussion darüber, welche Bevölkerungsgruppen zum Mittelstand zu zählen seien und wen Gauland eigentlich anzusprechen versucht. Interessanterweise wurde in der Diskussion darüber oftmals die Authentizität von Gaulands Anteilnahme und die Legitimität seines Führungs- und Repräsentationsanspruches in Bezug auf die Interessen des Mittelstands (beziehungsweise was sich darunter vorgestellt wurde) und der Risikogruppen in Zweifel gezogen und abwertend über ihn gesprochen. Ich möchte dies deuten als eine Reinszenierung einer Frage, die in etwas anderer Form von Gauland selbst in der Rede angesprochen wird. Gauland inszeniert sich durch die Konstruktion eines Gegensatzes von Volk und einer elitären Regierung, die demokratische Normen missachten würde, als authentischer Vertreter eines als homogen dargestellten Volkswillens, den Gauland im Gegensatz zu der Regierung erkenne. Diese ›Stimme des Volkes‹, die er auf diese Weise zu verkörpern vorgibt, erhebt dabei im Kontext der Rede einen Absolutheitsanspruch, wenn eine Abweichung davon als undemokratisch und kriegerisch geframt und so delegitimiert wird. Da andere Parteien offensichtlich scheiterten, diesen Volkswillen wahrzunehmen und umzusetzen, oder gar in fundamentaler Opposition zu diesem ständen, ergibt sich so auch ein Alleinvertretungsanspruch, den Gauland implizit für sich und seine Partei reklamiert. Damit induziert er offenbar in der Interpretationsgruppe darüber nachzudenken, was legitime Repräsentationsansprüche überhaupt sind. Dies spiegelt sich in der Diskussion über die Authentizität und Legitimität von Gaulands Ausführungen. In der Gruppeninterpretation kristallisierte sich dabei heraus, dass der Anspruch, den die Gruppe an Repräsentationsfähigkeit anlegt und an das Material heranträgt, von Gauland offenbar nicht erfüllt wird. Hierbei wird jedoch eine Figur von Nähe und Distanz beziehungsweise Volksnähe (Gauland) und Äußerlichkeit, Elitismus, Volksfremde (Regierung) von der Gruppe reproduziert und reinszeniert in einem Vorwurf der sozio-ökonomischen Distanz zwischen Gauland und denjenigen, deren Interessen er zu vertreten vorgibt und auf dieser Basis für illegitim und unauthentisch erklärt.

Auffallend in diesem Zusammenhang ist auch die Ambivalenz, mit der die Zwischenrufe aus dem Plenarsaal während der Rede wahrgenommen wurden. Einige Interpretierende, insbesondere jene, die von vornherein aversiv auf die Rede reagierten, empfanden die Zwischenrufe als »gut«, auf eine Art »befreiend« und hatten das Bedürfnis »mitzuschreien«, um Gaulands Rede nicht unwidersprochen zu lassen. Andere wiederum, vornehmlich jene, die Gauland initial durchaus zusprachen zum Teil »ordentliche Punkte« anzusprechen oder die Rede zumindest punktuell für »gut« und »schlüssig« befanden, wiederum empfanden die Zwischenrufe als »irritierend«, »störend« und »unangebracht«. Insbesondere ein Interpret zeigte sich verärgert über die generelle Atmosphäre, die Zwischenrufe und Unaufmerksamkeit der anderen Abgeordneten und meinte, er hätte »keinen Bock da zu arbeiten, dann da zu reden, und manche hören dir zu, andere nicht, andere schreien da rein. Ich glaube, egal wer da vorne steht, fände ich das irgendwie, ja, irgendwie ist das Zirkus«. Dabei offenbart er eine interessante Assoziationskette, wenn er im Folgenden in Bezug auf das angebrachte Schiller-Zitat davon spricht »Hoffnung« gehabt zu haben, dass Gauland hier das »Thema« anspreche, »was unsere Zivilisation auch so ein Stück weit auszeichnet vielleicht, also, so eine gewisse Freiheit und die Möglichkeit über Dinge zu sprechen, Entscheidungen zu treffen. Auch zu akzeptieren, wenn Andere andere treffen«, wird jedoch enttäuscht, dass Gauland dies gerade nicht tut. Ich möchte dies im Kontext der Rede insofern deuten, dass der Bruch mit der Inszenierung und kollektiven Vorstellung des Parlaments als vermeintliches Redeparlament und Ort der Deliberation, in dem produktive Diskussionen geführt, Argumente ausgetauscht und letztlich abgewogen wird – wie es Gauland auf manifester Ebene ja selbst auch einfordert – als irritierend und enttäuschend beziehungsweise als »Zirkus« wahrgenommen wird. Der Begriff ›Zirkus‹ verweist dabei womöglich darauf, die passiv und abwesend wirkenden, sowie aktiv störenden Abgeordneten in ihrer Rolle als seriöse Volksvertreter:innen nicht ernst nehmen zu können. Demgegenüber wirkt Gauland als Redner so, als ginge es ihm tatsächlich um logisch-rationale Auseinandersetzung und demokratische Werte – im Gegensatz zu jenen, die am »Smartphone, Handy, was auch immer beschäftigt« scheinen. Dieses Bild wird durch den latenten Sinngehalt der Rede von Alexander Gauland jedoch konterkariert. Er inszeniert sich zwar als Wahrer der Demokratie und authentischer Volksvertreter, verspricht damit seinen Anhänger:innen politische Anerkennung und Selbstwirksamkeit und betont die Notwendigkeit des Abwägens. Dahinter verbirgt sich jedoch eigentlich die Vorstellung eines einheitlichen Volkswillens, den es nur zu erfassen und umzusetzen bedürfe und ein Alleinvertretungsanspruch, den Gauland für sich und seine Partei reklamiert. Offenbar wird so ein antipluralistisches und antiliberales Demokratieverständnis, das zwar politische Konfliktfreiheit, aber eben auch de facto politische Unwirksamkeit der:des Einzelnen verheißt. Ein Abwägen zwischen pluralen Interessen ist hierbei eigentlich nicht vorgesehen.

### 2.1.2 Zusammenfassung

Welches szenische Arrangement ergibt sich vor diesem Hintergrund? Die Rede ruft ein Bild eines homogenen und konfliktfreien Volkes hervor, das mehrheitlich nicht von Corona bedroht ist, jedoch als eigentlicher Souverän des Landes die politische Kontrolle verloren hat und kollektiv Opfer »unangemessener« (Z. 55) und »maßloser« (Z. 54) Maßnahmen einer »Coronadiktatur« (Z. 68 und 74) wird. Die Bedrohung geht dabei konkret von einer feindlichen, parasitären, fremden und penetrierenden Macht aus, personifiziert durch die ›Volksverräter‹ der Regierung, die Krieg gegen das eigene Volk führen. Dieser Krieg als akute Krisensituation wird von Gauland eingebettet in ein Bild einer grundlegenden zivilisatorischen Zerfallsgeschichte eines globalen Wertewandels. Gauland inszeniert sich und seine Partei angesichts dessen als Wahrer von Demokratie und Volkssouveränität und als Speerspitze eines Kampfes für die Freiheit. Die Rede enthält somit den Appell, sich in diesem Konflikt zu positionieren und einem Freiheitskampf gegen die ausgemachten Feind:innen anzuschließen. Für den Erhalt der Ordnung und Freiheit wird das Volk aufgerufen, sowohl den eigenen Tod im Kampf als auch den Tod durch das Virus in Kauf zu nehmen.

Insgesamt tritt Gauland dabei als gut situierter Intellektueller auf, der aufgrund seiner Weisheit und (Lebens-)Erfahrung wie ein Prophet den Menschen in verunsichernden Zeiten Halt gibt und mithilfe eines »Gleichnis[ses]« (Z. 16) auf simplifizierte und bildhafte Weise versucht, jenen Menschen, die nicht über seine Weisheit verfügen, über die in seinen Augen *tatsächlichen* beziehungsweise *wahrhaften* Sachverhalte in Bezug auf die Covid-19-Pandemie aufzuklären. Dabei offenbaren sich jedoch Brüche und Spannungen zwischen dem manifesten und latenten Sinn. Während auf manifester Ebene die Bedrohung durch das Virus – entsprechend der hegemonialen Diskurse und wissenschaftlichen

Erkenntnisse – bis zu einem gewissen Grad zunächst anerkannt wird, wird diese Anerkennung jedoch sofort wieder relativiert und die ängstigende Bedrohung in die Latenz verbannt. Dem entgegen steht ein von Gaulands Rede hervorgerufenes Bedrohungsszenario, das von der Regierung, ihrem »Infektionszahlenbombardement« (Z. 32) und den verordneten Maßnahmen ausgeht. Manifest bringt Gauland dabei vor allem gängige verfahrens- und verfassungsrechtliche Bedenken und Sorgen um sogenannte »Kollateralopfer« (Z. 25) vor, während auf latenter Ebene diffusere Bilder einer unheimlichen Bedrohung von nicht greifbaren Mächten erzeugt werden. Durch die Verantwortungszuweisung an die Bundes- und Landesregierungen auf manifester Ebene bieten sich diese jedoch als Projektionsfläche der entstehenden Affekte an. Ähnlich verhält es sich hinsichtlich der manifest dargestellten Anteilnahme gegenüber den besonders vulnerablen Bevölkerungsgruppen. Gauland zeigt sich mitfühlend, besorgt und damit nahbar. Er kann auf diese Weise sympathisch wirken und immunisiert sich gegen Vorwürfe, den Toten gegenüber gleichgültig zu sein oder die Gefahren durch das Virus nicht ernst zu nehmen. Nicht verbalisiert werden dabei mögliche egoistische Motive und eine zwischenmenschliche Kälte, die spürbar wird, wenn Menschenleben gegenüber einem höheren Zweck abgewogen werden sollen. Der latente Sinn widerspricht insofern dem während der Pandemie besonders verbreiteten Grundsatz eines aktuellen Vorranges des Gesundheitsschutzes gegenüber anderen Grundrechten und Diskursen über den hohen Wert des Lebens und der Notwendigkeit durch solidarisches Handeln und den Verzicht auf bestimmte Freiheitsrechte Menschenleben zu schützen. Ebenso verhält es sich mit der Inszenierung als Wahrer der Demokratie und authentischer Volksvertreter, die der Bevölkerung die Anerkennung und Repräsentation ihrer Sorgen und Interessen und damit eine gewisse politische Selbstwirksamkeit verspricht. Unausgesprochen bleiben die eigentlich antipluralistischen und antiliberalen Implikationen, die das von Gauland offenbar werdende Demokratieverständnis enthält und die der individuellen Freiheit und Autonomie und damit dem manifest inszenierten Lebensentwürfen de facto entgegenstehen. Statt eines Abwägens, das er manifest fordert, geht es ihm eigentlich um den Vollzug eines vorpolitischen Mehrheitswillens. Verschwiegen wird die eigentliche Ablehnung bestehender Formen demokratischer Willensbildung, Partizipation und Repräsentation, die diese Vorstellungen beinhalten.

Welches affektive Angebot macht Gauland nun auf diese Weise vor dem Hintergrund des herausgearbeiteten szenischen Gehalts? Angst macht in dieser Konstellation nicht das Virus, das ohnehin nicht gefährlich und im Alltag ohnehin nicht zu sehen sei. Die (tödliche) Bedrohung durch das unheimliche Virus muss von Gauland daher latent gehalten werden, da es möglicherweise archaische Ängste (Todesangst, Ohnmacht, Hilflosigkeit) auslöst. Angst macht jedoch die Regierung mit ihrer ›kriegerischen‹ Informationspolitik. Die Botschaft lautet: Man muss vor dem Virus keine Angst haben, sondern nur vor der Regierung. Dies wirkt angesichts der realen, unkontrollierbaren und mitunter tödlichen Gefahr, die von dem Virus ausgeht, entlastend und beruhigend. Denn eine Regierung kann demgegenüber prinzipiell abgewählt und/oder bekämpft werden. Mit dem Tod und der eigenen Hilflosigkeit verbundene Ängste können in der Tat sehr belastend sein und zu psychischen Abwehrreaktionen führen. Eine Verdrängung der belastenden Ängste wird jedoch prekär durch die permanente mediale Präsenz der Pandemie und die Informationspolitik der Bund- und Landesregierungen, die das Virus und die damit verbundenen Ängste täglich wieder ins Bewusstsein bringen. Schuld an der Angst hat nun nicht mehr das Virus, sondern die Regierung mit ihrer Informationspolitik. Die inneren Ängste werden auf diese Weise zu einer von außen kommenden Bedrohung. Hieran kann Gauland womöglich anschließen, wenn er in der Rede nun eine Verschiebung der konkreten Bedrohung des eigenen Körpers durch das Virus auf eine abstrakte Bedrohung des ›Volkskörpers‹ durch die Regierung anbietet. Gauland zeichnet dabei womöglich nicht zufällig ein Bild der Regierung, das den Eigenschaften des Virus stark ähnelt. So wie das Virus besonders bedrohlich und unheimlich ist, weil es die Körpergrenzen transzendiert, sowohl innen als auch außen ist und den Organismus schädigt, entsteht ein Bild der Regierung mit den gleichen Eigenschaften. Auf manifester Ebene wird die Bedrohlichkeit des Virus dethematisiert und damit verbundene Ängste der diskursiven Ebene der Rede entzogen. Diese Bedrohung und die Ängste sind jedoch nicht gebannt, sondern kehren verschoben unter falschem Namen, personifiziert durch Merkel und ihr Kriegskabinett, als von außen kommende, ›parasitäre‹ und ›(volks-)fremde‹ Macht, die versucht, in das Haus des Volkes, den ›Volkskörper‹, einzudringen, wieder. Die Rede ist dabei generell geprägt von entlastenden Spaltungsmechanismen. Für Gauland scheint es keine Uneindeutigkeiten zu geben. Stattdessen werden immer wieder eindeutige Dichotomien hergestellt: Innen-Außen, Demokratie-Diktatur, Normalität-Ausnahmezustand, bedrohlich-harmlos, Ordnung-Chaos, Freund-Feind. Dies kann Bedürfnisse nach Orientierung, Klarheit und Ordnung bedienen, die sich vor dem Hintergrund der Komplexität der pandemischen Situation und der oft unklaren Regelungen und Maßnahmen womöglich ergeben. Zudem ergibt sich daraus auch eine besondere Bedrohlichkeit, sowohl des Virus' als auch der Regierung, die die von Gauland gezogenen Dichotomien zu transzendieren scheinen und die so hergestellte Ordnung stets wieder in eine ängstigende Unordnung zu verwandeln drohen und so erneut Spaltungsdynamiken befördern.

Gauland bettet dieses Bedrohungsszenario nun in bestehende Narrative seiner Partei ein, die die Gefühlslagen sortieren sollen und über die Gauland die Kontrolle hat: Die Regierung als Teil einer globalen Verfallsgeschichte, dem Entstehen einer neuen »Wertehierarchie« (Z. 71) und vor allem eine populistische Elitenkritik einer vermeintlich undemokratischen Regierung, die die Stimme des Volkes nicht erhört. Dies führt Gauland zu dem Bild der »Coronadiktatur« (Z. 68 und 74). Diesbezüglich kann Gauland womöglich an bestehende Gefühlslagen der Entfremdung und Ohnmacht in Bezug auf die gesellschaftlichen und politischen Verhältnisse anknüpfen. Dadurch können sich mitunter die Ängste und Ohnmachtserfahrungen gegenüber dem Virus mit ähnlichen Gefühlslagen gegenüber den gesellschaftlichen und politischen Verhältnissen vermischen, was zu einer bedrohlichen Gleichzeitigkeit und wechselseitigen Verstärkung führen kann. Doch selbst diese verschobenen Ängste werden auf manifester Ebene eher klein gehalten und vor allem verfahrens- und verfassungsrechtliche Bedenken geäußert. Auf latenter Ebene setzen sich jedoch die ängstigenden Bilder eines herrschenden Chaos und der unheimlichen und parasitären Bedrohung durch. Sinnbild für dieses politische Chaos ist dabei der Ausnahmezustand. Dementgegen inszeniert sich Gauland nun als besorgter und außerordentlich weiser Mann sowie authentischer und rechtmäßiger politischer Führer und derjenige, der den Weg heraus aus dem Chaos des Ausnahmezustands kennt, die Kontrolle über die Politik zurückerobern und letztlich die Ordnung und Normalität wiederherstellen kann – als (groß-)väterliche Autorität, die die Bürger:innen zu Autonomie und Freiheit führt.

Anhand des von Gauland in Szene gesetzten, konkreten und besonders bedrohlich erscheinenden Feindbilds der Regierung, können negative Eigenanteile und Affekte in ihrer vermeintlichen Ursächlichkeit projektiv bekämpft werden. Wenn das Volk einen Kampf für die Freiheit führt, die Regierung aus dem Haus wirft und damit ihre Politik der Angst beendet – beziehungsweise die Regierung als Virus aus dem Volkskörper verbannt wird – ist das Selbst und das Haus wieder gereinigt und der entlastende Manichäismus wiederhergestellt, in dem die Angst externalisiert ist. Denn wenn die Regierung besiegt ist, gibt es, diesem Narrativ folgend, auch keinen Konflikt, keine Angst und keine Ohnmacht mehr, sondern die Demokratie ist restauriert und das Volk kann wieder in Frieden, Freiheit und Autonomie leben. Übrig bleibt ein homogenes und konfliktfreies Selbst und Volk als Nation. Das Fremde, Bedrohliche, Ängstigende wird projektiv aus dem Innern, dem (Volks-)Körper, ausgestoßen. Merkel und die Regierung werden im Zuge dieser Homogenisierung des Volkes als Volksfeind:innen erkannt und benannt und aus dem Volk ›ausgebürgert‹. Auf latenter Ebene spricht Gauland insofern mögliche Verschmelzungswünsche mit dem konfliktfreien Kollektiv und nach ambivalenzfreier Existenz an. Der Appell, Teil des Widerstands- und

Freiheitskampfes zu werden, kann so als Anrufung zur Teilhabe an einem ›kollektiven Narzissmus‹ des gereinigten Volkes verstanden werden, in dem Ängste und Wut, die aufgrund realer Ohnmachtserfahrungen gegenüber dem Virus und der Pandemie, sowie der womöglich leidvoll erlebten Corona-Maßnahmen, aggressiv als vermeintliche Notwehr an diesem kollektiven Feindbild ausgelebt werden können. Diese Aggressivität, die womöglich bis zur Tötungsbereitschaft beziehungsweise der Vernichtung des Feindes reicht, übertrug sich so auch auf die Interpretierenden, für die diese Aggressivität zunehmend spürbar wurde und sich in aggressiven Äußerungen gegen Gauland selbst und dem Bedürfnis Distanz zur Rede herzustellen äußerte. Zudem verspricht diese Konstellation eine vermeintliche Wiedererlangung von Handlungsfähigkeit und befriedigt Größenphantasien. Die politische Theorie Carl Schmitts, auf die Gauland hier rekurriert, dient dabei möglicherweise der Legitimation dieser pathischen Projektion.

Darüber hinaus fordert Gauland seine Zuhörer:innen zur Positionierung entlang der Freund-Feind-Trennlinie auf, wenn er die rhetorische Frage stellt »**schnappen wir allmählich über?**« (Z. 42). Für Gauland scheint klar: Wer solche Maßnahmen einfach kritiklos hinnimmt oder sie gar gutheißt, ist in seinen Augen übergeschnappt, also dabei den Verstand zu verlieren. Eine Identifizierung mit Gauland ist damit innerhalb dieser Logik gleichbedeutend mit einer Identifikation mit Vernunft und Rationalität und auch mit Empathie, denn Gauland zeigt sich manifest durchaus empathisch und besorgt gegenüber den gefährdeten Alten, benachteiligten Kindern und drangsalierten, fleißigen Mittelständler:innen. Er scheint sich um die ganz persönlichen Ängste und Nöte der ›kleinen Leute‹ zu sorgen. Nicht thematisiert wird jedoch die Rolle der:des Einzelnen in dem entstehenden Bild eines ›utopischen‹ Zustand vermeintlicher Normalität. Individuelle Interessen und letztlich sogar das Leben der:des Einzelnen tritt hier gegenüber dem Volk als Nation und homogenen Kollektivs zurück. Latent bleiben müssen mögliche Ängste, die mit dieser Massendynamik selbst möglicherweise verbunden werden: Die Spaltungs- und Projektionsprozesse bergen für die:den Einzelne:n stets die Gefahr selbst zum verfolgten Objekt und vom Kollektiv ausgestoßen zu werden. Die Aggression, die mit der Feindbildung verknüpft ist, setzt sich in Gaulands Rede auf manifester Ebene nicht verhaltenswirksam durch, sondern wird nur auf latenter Ebene spürbar. Die reale tödliche Gefahr, die vom Virus ausgeht und von Gauland zunächst heruntergespielt und dethematisiert wird, kehrt so letztlich in Gaulands ›Utopie‹ einerseits als nach außen gerichtete Tötungsbereitschaft gegenüber dem Feind und nach innen gerichtet als tödliche Aufopferung für das Kollektiv und den Erhalt der Nation in Gänze wieder.

## 2.2 Sebastian Münzenmeier

### 2.2.1 Szenische Rekonstruktion

> Sehr geehrter Herr Präsident. Meine Damen und Herren. Die **größte** Gefahr von Covid-19 liegt im wirtschaftlichen und politischen Bereich. (Z. 1 f.)

Mit diesen Worten leitet Sebastian Münzenmeier seine Rede ein. Gleich zu Beginn macht er damit deutlich, dass die Bundesregierung in seinen Augen mit ihren neuerlich ergriffenen Maßnahmen über das Ziel des Infektionsschutzes hinausschießen würde, denn die Maßnahmen gegen die pandemische Ausbreitung des Virus seien schließlich gefährlicher als die Ausbreitung des Virus selbst. Die Regierungspolitik widerspräche damit – anders als Merkel dies behaupte – eindeutig dem »Grundsatz der Verhältnismäßigkeit« (Z. 8 f.), denn die aktuellen Maßnahmen wären ungeeignet, weil genau jene Bereiche Ziel der Maßnahmen würden, für die sich »kein erhöhter Anteil am Infektionsgeschehen« (Z. 14 f.) feststellen ließe; nicht erforderlich, weil mit »Masken und Abstand« (Z. 27) geeignete mildere Mittel zur Verfügung stünden; und schließlich unangemessen und unverhältnismäßig »im engeren Sinne« (Z. 37), da »der **beabsichtigte Zweck**« (Z. 38) nicht im »Verhältnis zu der **Schwere** des Eingriffes« (ebd.) stünde, denn die Beschlüsse beruhten »fast ausnahmslos auf **Annahmen und Ängsten**« (Z. 41 f.) und eben nicht auf statistischer Evidenz. »**Führende** Virologen und Medizinerfachverbände« hielten daher »einen Lockdown für **unnötig**« (Z. 44 f.). In sachlicher Art und Weise und mit zur Schau gestellter juristischer Fachkenntnis, konnte Münzenmeier so in kürzester Zeit mit seiner Rede die vermeintliche Rechtswidrigkeit der Regierungspolitik, vor dem Hintergrund keiner besonderen Gefahr, die von dem Virus ausginge, entlarven. Statt wie er die Dinge nüchtern und sachlich zu betrachten und im Interesse der Bürger:innen zu handeln, würden Bundeskanzlerin Merkel und der Rest der Regierung ihre Macht ausnutzen und dabei wäre es ihnen völlig egal, dass sie sich ›schuldig‹ machten, indem sie »**offensichtlich rechtswidrig**« (Z. 51) agierten, und dass die Menschen unter ihrer »**Panikpolitik**« (Z. 47) erheblich zu leiden hätten. Mit dem Verweis auf einen »der bekanntesten Menschheitshistoriker unserer Zeit« (Z. 6), den »israelischen Professor Harari« (Z. 6), befürchtet Münzenmeier die Pandemie markiere möglicherweise den »Beginn der totalen Überwachung« (Z. 73), denn die »**Einschränkungen** (,) von **fundamentalen** Freiheitsrechten« (Z. 67) hätten ein »sehr bedenkliches Ausmaß« (Z. 68) angenommen. Besonders bedenklich sei angesichts dessen jedoch die Gleichgültigkeit, mit der die Bundesregierung und insbesondere Merkel zur Kenntnis nehme, dass durch die Infektionsschutzmaßnahmen die wirtschaftliche Existenzgrundlage zahlreicher Menschen – insbesondere der Beschäftigten im Hotel- und Gastgewerbe, für die sich Münzenmeier als Vorsitzender des Tourismusausschusses des Bundestages möglicherweise in besonderer Weise verantwortlich sieht – zerstört würden. Dies sei Ausdruck einer »**Arroganz der Macht**« (Z. 65), für die man sich eigentlich schämen müsse und ein Anzeichen dafür, dass die parlamentarische Demokratie bereits »erste Anwandlungen von totalitären Systemen« (Z. 69) zeige. Daher wendet er sich zum Schluss der Rede in ernstem Tonfall mahnend an die Zuschauer:innen und appelliert an diese, die Regierung abzuwählen, »solange Sie noch können« (Z. 77). Hiermit suggeriert er, dass sich die Bundesrepublik auf dem Weg in eine Diktatur befinde, in denen künftig das Wählen nicht mehr möglich sei und bedient sich ebenso wie Alexander Gauland des Narrativs einer bestehenden oder drohenden ›Coronadiktatur‹, auch wenn er dies nicht auf den Begriff bringt.

Sebastian Münzenmeier inszeniert sich auf manifester Bedeutungsebene in seiner Rede durch seine gewählte Ausdrucksweise und saubere Vortragsweise zunächst als eloquenter Redner und informierter Jurist, der sich angesichts der Covid-19-Pandemie, wie seine gesamte Partei, in besonderem Maße um die Grundrechte, die Freiheit, den Rechtsstaat und die Demokratie sowie all jene Menschen sorgen würde, die von den – in seinen Augen rechtswidrigen – Infektionsschutzmaßnahmen betroffen wären. Die Interpretierenden der Interpretationsgruppe reagierten initial auf die Rede gleichfalls verhalten positiv, empfanden die Rede durchaus als »seriös«, »vernünftig« und »weniger kontrovers als erwartet«, aber gleichzeitig auch als »eher langweilig«, »öde« und »ermüdend«. Es wurde von den Interpretierenden eine Diskrepanz festgestellt zwischen der inhaltlichen Wahrnehmung der Rede als durchaus vernünftig und der Wahrnehmung Sebastian Münzenmeiers als teils relativ emotionalem und ebenso unpassendem Redner. Münzenmeier wurde dabei als eine Art »Heizdeckenverkäufer« beschrieben, der Verkaufsgeschick beweist, indem er eine Fassade vermeintlicher Redegewandtheit aufrichtet, hinter der eigentlich keine tatsächliche Sachkompetenz stünde. Durch diese Abwertung des Redners versuchte die Interpretationsgruppe möglicherweise eine Distanz zu der ursprünglich als vernünftig wahrgenommenen Rede herzustellen. Eine positive Bezugnahme auf die Rede wird auf diese Weise abgewehrt als ein bloßes ›hereinfallen‹ auf die hinterhältigen Verkaufstricks des Redners.

Entgegen der manifesten Seriosität wirkte Münzenmeier auf die Interpretationsgruppe zudem, auch aufgrund seines jungen Alters (er ist 32 Jahre alt) und des teils belächelnden Untertons der Rede, unauthentisch und wie ein »schelmischer Wicht« oder »trotziges Kind«, der seine Empörung – in einer trotz der formalen

Argumentation doch recht emotionalen Rede – Luft mache. Besonders auffällig bei der Rede ist, dass – obwohl er die Corona-Schutzmaßnahmen thematisiert – das Virus selbst komplett außen vor bleibt. Lediglich in Zusammenhang mit den in seinen Augen negativen Erscheinungen der Regierungspolitik taucht das Wort ›Corona‹ als Anhängsel auf. Selbst bei der Betrachtung der Verhältnismäßigkeit der Maßnahmen werden diese nicht gegen reale Gefahren, die vom Virus ausgehen, abgewogen, sondern der Blick einseitig auf die vermeintlich negative Seite des Regierungshandelns beschränkt. Stattdessen stand in der Wahrnehmung der Interpretierenden Bundeskanzlerin Merkel in besonderem Maße im Zentrum der Rede. Hierauf wurde von einigen Interpretierenden mitunter stark affektiv reagiert und Einzelne identifizierten sich mit Merkel, hatten Mitleid mit ihr oder hatten das Bedürfnis, ihr zur Seite zu stehen. Andererseits rief die Rede sadistische Fantasien Merkel gegenüber hervor. Umso bemerkenswerter vor diesem Hintergrund ist, dass es sich bei der Rede von Sebastian Münzenmeier um eine in den sozialen Netzwerken besonders beliebte und oft geteilte Rede handelt. Auf der Videoplattform YouTube wurde auf dem Kanal der AfD-Bundestagsfraktion die Rede unter dem Titel »Sebastian Münzenmeier liest Merkel die Leviten wegen ihrer fatalen Corona-Lockdown-Politik« (AfD-Fraktion Bundestag 2020) hochgeladen. Die Kommentare unter dem Video fallen dabei (auch im Vergleich mit den anderen Videos) durch ihre besonders überschwängliche Begeisterung auf. Münzenmeiers Rede sei wahlweise »brillant«, »grandios« oder »absolut genial« (vgl. AfD-Fraktion Bundestag 2020).

Warum kommt gerade diese Rede im Kontext Corona bei den Zuschauer:innen offenbar besonders gut an, obwohl das eigentliche Thema der Pandemie nahezu nicht vorkommt? Wie ist der deutliche Kontrast zwischen erlebter Langeweile und starker affektiver Reaktion zu verstehen? Warum stand stattdessen Merkel für einige Interpretierende von Beginn an so im Zentrum des Erlebens und löste derart starke Affekte aus? Welche Bilder werden möglicherweise von der Rede in Bezug auf die Bundeskanzlerin hervorgerufen? Um diesen Fragen nachzugehen, sollen im Folgenden einige besonders markante oder irritierende Passagen der Rede näher beleuchtet werden:

> Und Sie etablieren ein **Coronaregime,** das aus den Ministerpräsidenten und Ihnen besteht, das sich im Kanzleramt verschanzen und dann via Verordnung und Pressekonferenz die Bürger dieses Landes knechten. {Beifall bei der AfD – Michael Grosse-Brömer [CDU/CSU]: Die Erde ist eine Scheibe!} Das Parlament. (2) Das Parlament dient doch bestenfalls noch als Bühne zur Verkündung der getroffenen Maßnahmen. (Z. 52 ff.)

Irritierend an dieser Passage ist, dass sich das »Coronaregime« (Z. 52) angeblich im Kanzleramt verschanze. Sich zu verschanzen ist eigentlich eine defensive Haltung, die durch eine Befestigung vor dem angreifenden Feind schützen soll. Gleichzeitig käme das Regime jedoch aus dieser Verschanzung hervor, um die Bürger zu »knechten« (Z. 54) und sogar das Parlament als »Bühne« (Z. 56) zu nutzen. Die Ausführungen sind insofern zunächst widersprüchlich. Vor dem Hintergrund der Funktion des Parlaments als Kontrollorgan der Regierung lässt sich dies jedoch auch anders verstehen: Womöglich verschanzen sich die Bundeskanzlerin und die Ministerpräsident:innen jenseits des Parlaments im Sitz der Bundeskanzlerin, um sich der Kontrolle und der Kritik der AfD »als größte Oppositionsfraktion« (Z. 17 f.) zu entziehen und um auf diese Weise notwendige Debatten über die Corona-Maßnahmen zu verhindern. Dies suggeriert auch eine Distanz zu den Interessen der Bevölkerung, die normalerweise durch ihre gewählten Repräsentant:innen im Bundestag in die Politik transmittiert würden. Das so entstehende Bild wäre weniger ein sich Verschanzen in einem Bunker als im ›Elfenbeinturm‹ fernab von Kritik, Widerspruch und der gesellschaftlichen Wirklichkeit. Hierfür spricht auch, dass Münzenmeier betont, dass er sich freue, »wenn Sie [Merkel] uns zuhören als größte Oppositionsfraktion« (Z. 17 f.). Dies impliziert eine Exzeptionalität der Bereitschaft, der Opposition im Bundestag zuzuhören. Merkel erscheint vor diesem Hintergrund als eine distanzierte Herrscherin – distanziert vom Volk und den Sorgen und Nöten, der von ihr geknechteten Bevölkerung. Die Bundeskanzlerin und die Ministerpräsident:innen würden jedoch nicht nur die Bevölkerung knechten, sondern sie »zertrümmern Existenzen« (Z. 29), indem durch die Corona-Maßnahmen Menschen in den finanziellen Ruin getrieben würden. Die Brutalität dieser Wortwahl führt zu dem Gefühl, dass es weniger allein um den wirtschaftlichen Ruin als um die Zerstörung der gesamten Existenz beziehungsweise Lebens ginge. Aus dem Bild Merkels als lediglich distanzierte Herrscherin, die sich wenig um die Menschen sorge, wird auf diese Weise ein bedrohliches Bild einer Tyrannin, die *aktiv* Leben zerstört. Offen bleibt jedoch, ob Merkel dies aus Aggression und Böswilligkeit gegenüber dem Volk tut, oder aus Versehen, Unfähigkeit und Unachtsamkeit in ihrem »Wellenbrecherwahn« (Z. 16). »Offenkundig« (Z. 50) wäre jedoch, dass ihr die Konsequenzen ihres Handelns, die sie als distanzierte Herrscherin wahrscheinlich ohnehin nur spärlich mitbekäme, »völlig egal« (ebd.) wären. Ist Merkel also eine böse Tyrannin oder lediglich eine distanzierte, unfähige und ignorante Herrscherin, die sich angesichts der zu erwartenden Gegenwehr verschanzen muss?

Bemerkenswert ist ferner, dass Münzenmeier davon spricht, dass nicht irgendwelche Menschen Opfer der Maßnahmen würden, sondern gerade jene, die

»unglaublich gekämpft« (Z. 30) hätten, »Vorbilder« (Z. 31) gewesen wären »im Bereich Hygiene« (ebd.), also diejenigen, die sich eigentlich an alle Regeln und Vorgaben der Regierung gehalten hätten. Deutlicher wird dieses Bild des ›kleinen Mannes‹, der fleißig gewesen sei, unglaublich gekämpft und alles richtig gemacht hätte, auch noch einmal in der folgenden Passage:

> Dann erklären Sie doch dem Gastronomen, der nach dem letzten sinnlosen Lockdown im März seine **letzten** Reserven im Vertrauen auf **diese Regierung** in Heizpilze, Umbaumaßnahmen oder sogar neue Lüftungen investiert hat, erklären Sie ihm, dass am Ende alles umsonst war. {Beifall bei der AfD} Und wenn Sie schon dabei sind, dann können Sie diesem Mann auch noch erklären, wie man als Betroffener, dessen Existenz gerade mit dem Holzhammer vernichtet wird, jemals wieder Vertrauen in diese Politik haben soll, meine Damen und Herren. (Z. 19 ff.)

Welche Funktion im szenischen Gefüge nimmt dieses Gegenbild des ›fleißigen kleinen Mannes‹ zur ›distanzierten Herrscherin‹ oder ›bösen Tyrannin‹ Merkel ein? Auffällig in dieser Passage ist der Rekurs auf ›Vertrauen‹. Einerseits hätten die Menschen bzw. hier beispielhaft die Gastronomen die Corona-Maßnahmen »im Vertrauen auf **diese Regierung**« (Z. 20) umgesetzt, also weniger aus eigener Einsicht als aus einer autoritativen Folgsamkeit der Regierung gegenüber. Dieses Vertrauen wäre nun jedoch zerstört worden, da die Regierung, der die Menschen ihre Existenz anvertraut haben, diese nun »mit dem Holzhammer« (Z. 23 f.) vernichteten. Das Bild des Holzhammers und das Wort ›vernichten‹ rief bei den Interpretierenden Fantasien einer riesenhaften Merkel hervor, die als Gigantin wütet und den Holzhammer schwingt, Häuser und Menschen damit zertrümmert. Zudem entstand vor dem Hintergrund dieser Passage der Eindruck eines gebrochenen Versprechens. Hat das deutsche Volk, symbolisiert unter anderem durch die ehrlichen und fleißigen Beschäftigten in der Gastronomie, mit dem Regierungsauftrag seine Existenz in die Hände von Bundeskanzlerin Merkel und ihrem Regierungskabinett gelegt? Hat diese im Gegenzug in Bezug auf die Pandemie versprochen, die Bedürfnisse und Interessen der Bürger:innen wahrzunehmen und ihre Existenzen zu schützen? Und mehr noch: Hat sie versprochen, dass wenn die Menschen alles richtig machen und sich an die Regierungsauflagen der Infektionsschutzmaßnahmen halten, die Einschränkungen des öffentlichen und privaten Lebens und »von fundamentalen Freiheitsrechten« (Z. 67) nur vorübergehend sein und das Leid der Menschen so gering wie möglich gehalten werde? Eine solche Lesart plausibilisiert sich vor dem Hintergrund einer anderen Passage der Rede:

> Hat diese Regierung nicht uns allen erklärt, dass dank Masken und Abstand weitere Einschränkungen vermieden werden können? Hat das RKI nicht mitgeteilt, dass die

Corona-Hotspots eben **nicht** in Bars, Restaurants oder Kinos entstanden sind? (Z. 26 ff.)

Offensichtlich gab es eine solche Art Versprechen. Weil dieses Versprechen aber nun gebrochen wurde, indem eine Verlängerung der Corona-Maßnahmen und die weitreichende Schließung unter anderem des Kultur- und Gastronomiebetriebs am Vortag verkündet wurde, wäre nun letztlich das Vertrauen, das die Bürger:innen der Regierung entgegengebracht hätten, unwiederbringlich zerstört worden. Dabei schien es im Sommer noch, als würde das Versprechen tatsächlich eingelöst, denn die Lockerungen und der damit möglich gewordene »Deutschlandurlaub« (Z. 32) hätte den Bürger:innen »ein kleines Lächeln in schweren Zeiten ins Gesicht gezaubert« (Z. 33) und der Urlaub hätte vor allem »den 3 Mio. Beschäftigten in dieser Branche, den vielen fleißigen Menschen etwas Hoffnung gemacht, dass sie **überhaupt** wirtschaftlich überleben können« (Z. 33 ff.). Die Lockerung der Corona-Maßnahmen über den Sommer scheint also noch einmal Hoffnung gemacht zu haben, dass die Existenz der fleißigen Bürger:innen tatsächlich geschützt und nicht gänzlich zerstört würde. Doch diese Hoffnung hätte Bundeskanzlerin Merkel »gestern Abend zerstört« (Z. 36). Auf latenter Bedeutungsebene übertragen sich auf diese Weise Gefühle der Enttäuschung. Bemerkenswert ist auch hier die Drastik der Formulierung, wenn es in der Debatte um die Corona-Schutzmaßnahmen um das blanke Überleben geht, nicht jedoch in Bezug auf das potenziell tödliche Virus, sondern in Bezug auf die von der Regierung verordneten Maßnahmen.

Vor dem Hintergrund der bisher entwickelten Lesarten erscheint Merkel einmal mehr als eine sehr ambivalente Mutterfigur: Einerseits nimmt sie die Rolle einer der gesellschaftlich stereotypisierten ›guten Mutter‹ ein, die einst Hoffnungen machte, die die Kinder zu beschützen vorgab und betonte, man müsse sich keine Sorgen machen und die Einschränkungen wären bald vorbei, sofern sich nur brav an die aufgestellten Regeln gehalten würde. Auf der anderen Seite wird sie jedoch zu der ›bösen Mutter‹, die willkürlich Regeln aufstellt, versagt und verbietet, die Versprechen bricht und die Bedürfnisse und Wünsche ihrer Kinder nicht ernst zu nehmen scheint« und vor dem Zubettgehen »gestern Abend« (Z. 36) noch die letzten Hoffnungen und Träume der Kinder zerstört hat. Auf diese Weise erscheinen auch die Menschen nicht als mündige Bürger:innen, sondern infantilisiert als passiv-orale, von den Weisungen der Regierung als Autoritätsinstanz abhängige Kinder, denen ihr Urlaub, ihr Konsum und ihr Restaurantbesuch versagt wird. Dass die Regierungsmaßnahmen »fast **ausnahmslos** auf **Annahmen und Ängsten**« (Z. 41 f.) basierten und Ausdruck von »Panik« (Z. 42) wären, ergänzt die Wahrnehmung Merkels um die Komponenten der Emotionalität und Irrationalität und auch einer vermeintlichen Überversorgung, einer bis zum Wahn (»Wellenbrecherwahn« (Z. 16)) gesteigerten irrationalen ›Bemutterung‹ durch Kanzlerin Merkel mit übertriebenen und unnötigen Maßnahmen, die jedes gesunde Maß vermissen ließen. Dies führe letztlich – durch Unterstützung der Ministerpräsident:innen und andere Politiker:innen der Regierungsparteien – zur »totalen Überwachung« (Z. 73), wenn die Bürger:innen selbst noch in ihrer eigenen Wohnung, (vorgeblich) zu ihrer eigenen Sicherheit, von den »Corona schleierfahnder [n]« (Z. 71) verfolgt und überwacht würden. Statt dem bedrohlichen Virus ist es in diesem Bild der Überwachungsstaat von Merkel, der überall lauert und die Menschen in ihrem Leben einschränkt oder dieses gar bedroht. Das Bild der ›bösen Mutter‹ verdichtet sich so auch zu dem einer verschlingenden und dadurch ebenso zerstörerischen Mutter, die die Kinder mit ihrer Fürsorge zu Erdrücken scheint und auf diese Weise ihrer Autonomie und Freiheit im Wege steht. Merkel wirkt in der Inszenierung Münzenmeiers somit höchst ambivalent. Einerseits als distanzierte, abwesende und nicht versorgende Anti-Mutter und gleichzeitig als überbesorgte und der Emanzipation der ›Kinder‹ im Wege stehende Über-Mutter und vereint damit alle negativen gesellschaftlichen Stereotype schlechter Mutterschaft. Beiden Bildern gemein ist jedoch ihre Konnotation als böse und auf je spezifische Weise zerstörerisch.

Von den Interpretierenden wurde Münzenmeier demgegenüber von Beginn an als »kleiner Wicht« und »enttäuschtes und trotziges Kind« wahrgenommen und damit mit der Enttäuschung der Menschen und so mit der Position eines Kindes in dieser Konstellation identifiziert, das in dieser Rede seiner Enttäuschung und Wut Luft macht und sich über die ›böse Mutter‹ erhebt. Was ist aber die Konsequenz, die Sebastian Münzenmeier aus diesem vermeintlichen Fehlverhalten der bösen ›Mutti-Merkel‹ zieht?

> Und ehrlich gesagt, meine Damen und Herren, spätestens an dieser Stelle müssten Sie auf der Regierungsbank die eigenen Beschlüsse zerreißen, um Verzeihung bitten und sofort zurücktreten. (Z. 38 ff.)

Durch die Formulierung, dass Merkel eigentlich »um Verzeihung bitten« (Z. 40) *müsste*, lässt sich Münzenmeiers Aufforderung so verstehen, dass es moralisch geboten sei, um Entschuldigung zu bitten und zurückzutreten. So wie Merkel eine »möchtegern-**moralische**« (Z. 11) Politik vertrete und die AfD und alle als »**Coronaleugner**« (Z. 61 f.) Verunglimpften ansonsten womöglich in moralisierender Weise tadelt, spiegelt Münzenmeier hier unter Umständen diese

Maßregelung. So wie das Kind, das vor dem Hintergrund der eigenen Enttäu-schung über das vermeintliche Fehlverhalten der Mutter, diese an ihren eigenen moralischen Maßstäben misst. Auch einige Assoziationen und Fantasien, die sich in der Interpretationsgruppe in Bezug auf das Material ergaben, stützen eine sol-che Deutung. Auf die Interpretierenden wirkte die Rede in ihrem Stil und Duktus wie eine »Mimikry einer ›guten‹ Rede«, wie sie sonst von etablierten Politi-ker:innen der anderen Bundestagsparteien zu erwarten gewesen wäre. Gleichzeitig wirkte es jedoch unauthentisch und als würde sich Münzenmeier hier mit einem Habitus kleiden, »der ihm eigentlich gar nicht passe«.

Auch der Titel der Rede auf dem YouTube Kanal der AfD-Bundestagsfraktion geht in eine ähnliche Richtung. Jemandem die Leviten zu lesen, ist im allge-meinen Sprachgebrauch ein Ausdruck, jemanden zu tadeln oder zu ermahnen. Dieser Ausdruck geht jedoch zurück das dritte Buch Mose, den Leviticus, das unter anderem die priesterlichen Verhaltensregeln beinhaltet und dessen Ver-lesung in der Vergangenheit eine gängige Bußübung für christliche Geistliche darstellte. Erhebt sich Münzenmeier also hier moralisch über Merkel, um diese kleinzumachen? Soll Merkel letztlich büßen für ihre Regierungspolitik?

> **Diese Arroganz der Macht,** Frau Bundeskanzlerin, die Sie an den Tag legen, die hätte selbst Marie-Antoinette noch die Schamesröte ins Gesicht getrieben, meine Damen und Herren. (Z. 64 ff.)

Für ihre moralischen und gesetzlichen Übertretungen müsse sich die Bundes-kanzlerin, so Münzenmeier, eigentlich schämen. Dass Merkel in dieser Passage in eine Linie mit Marie-Antoinette gestellt wird, unterstützt das Bild der Distanz in Bezug auf die Bundeskanzlerin. Die französische Königin steht sinnbildlich für überschwängliche Dekadenz, Ignoranz und Volksferne – und auch für das Ende der absolutistischen Herrschaft durch ihren Tod an der Guillotine. Auf die Gruppe übertrug sich in der Folge eine Dynamik auf besonders lustvoll-sadistische Weise rituelle Zeremonien der Beschämung und sogar Tötung der Kanzlerin durch Sebastian Münzenmeier zu fantasieren. Die »Regierungsbank« (Z. 40) wurde auf diese Weise assoziativ zur »Schlachtbank« und Guillotine, zu der Münzenmeier die flehende und um Verzeihung bittende Merkel führt, damit sie enthauptet werden könne. Hier wird eine Diskrepanz deutlich; die anfänglich erlebte Langeweile in der Interpretationsgruppe wird durch einen lustvollen und lebendigen Zustand ersetzt; Emotionen brechen sich Bahn, die in die Latenz ver-schoben wurden. Womöglich ist dies auch ein Grund, weshalb Münzenmeier als unauthentisch wahrgenommen wird, da sich die ›Authentizität‹ erst in der Aufde-ckung der latenten Ebene, der verdrängten aggressiven Dimension, zeigt, die sich hinter der manifesten, rationalen und juristischen Argumentation verbirgt. Das entsprechende Bild einer hieran anschließenden Lesart, ist eines der Rache für die grandiose Enttäuschung, den Bruch des Versprechens, die zerstörte Hoffnung und das verlorene Vertrauen und möglicherweise auch der eigenen Beschämung und Kränkung durch die Bundesregierung und die Corona-Schutzmaßnahmen. Fantasiert das Kind hier also die Rache an der übermächtigen Mutter?

Obwohl die Interpretationsgruppe solch sadistische Fantasien entwickelte, identifizierte sie sich andererseits teilweise stark mit Angela Merkel. Einige Interpretierende fühlten sich ebenso beschämt wie Merkel und wünschten sich, sie bliebe stark und standhaft und ließe sich von dem Redner Münzenmeier eben nicht kleinmachen. Sie hatten das Bedürfnis ihr »den Rücken zu stärken«, damit sie wieder aufrecht gehen könne. Dies spricht auch für die bisher entwickelten Lesarten, da dieses Bedürfnis möglicherweise eine Gegenbewegung zu den von der Rede hervorgerufenen Bildern einer kleingemachten und vor der Guillotine knienden Merkel darstellt, die zum Ende der Rede der Rache von Münzenmeier ausgesetzt ist. Die Rede und die von ihr in der Diskussion hervorgerufenen Fantasien decken sich mit den Ersteindrücken der Interpretierenden, die das Gefühl hatten, Merkel stehe im Spotlight der Rede und im Mittelpunkt einer Inszenierung oder Show. So erscheint es, als zerre Münzenmeier mit seiner Rede die Bundeskanzlerin auf die Bühne des Bundestags, um sie vor versammeltem Publikum zu beschämen und zu demütigen, da sie sich schuldig gemacht habe mit ihrer vermeintlich rechtswidrigen Corona-Politik. Auffällig oft dreht er sich während der Rede zur Kanzlerin um und deutet einige Male sogar direkt mit dem Finger auf sie. Auch handelt es sich um ein Spektakel, an dem die Zuschauer:innen selbst aktiv teilnehmen können, wenn Münzenmeier sich zum Schluss an sein Publikum wendet:

> Und an dieser Stelle möchte ich mich zum Schluss noch an Sie, meine Damen und Herren da draußen an den Bildschirmen, wenden: Wählen Sie diese Regierung ab, solange Sie noch können. (Z. 75 ff.)

Auf diese Weise holt er die Zuschauer:innen mit in die Manege, lässt sie teilhaben an der Rache und auf gewisser Weise auch entscheiden, was mit der ›bösen Mutter‹, der gestürzten Tyrannin und kleingemachten Gigantin nun geschehen soll: Die Zuschauer:innen als ›Volksgerichtshof‹. Möglicherweise soll Merkel nicht einfach abgewählt werden, wie es Münzenmeier manifest fordert, sondern die latent gehaltene Aggression hier zielgerichtet ausgelebt werden – Merkel soll leiden. Der Zusatz, dass dies möglichst bald zu geschehen habe, weil ansonsten ein Verhindern der Diktatur nicht mehr möglich sei, erinnert dabei szenisch an

Hollywood-Endzeit-Filme, in denen sich der US-Präsident angesichts des drohenden Untergangs per dramatischer Fernsehansprache an die Bürger:innen wendet.
Hierdurch erzeugt Münzenmeier ein Gefühl einer ausweglosen, fast schon apokalyptischen Krisensituation, die sofortiges Handeln erfordert – egal mit welchen
Mitteln und zu welchem Preis. Verstärkt wird dieses beklemmende Gefühl durch
das zuvor gezeichnete Bild vermeintlicher Handlungsunfähigkeit des Parlaments
angesichts der sich verschanzenden Regierung. Wenn die zentrale demokratische
Institution schon keinen Zugriff mehr auf die Regierung hat, wäre es schon fast
töricht, die Hoffnung in einen geordneten Machtwechsel durch die anstehende
Bundestagswahl zu legen. Vielmehr wirkt es vor diesem Hintergrund wie ein
Aufruf den Aufstand zu proben, die Festung des Bundeskanzleramts zu stürmen
und die Bundeskanzlerin hinzurichten.

### 2.2.2 Zusammenfassung

Welches szenische Arrangement ergibt sich vor diesem Hintergrund? Zwischen
dem herausgearbeiteten manifesten und latenten Sinn der Rede ergeben sich
einige Widersprüche: Manifest handelt es sich um eine formal gelungene Rede
mit teils stimmiger Argumentation, ohne große logische Brüche und Inkonsistenzen. Hinter dieser scheinbar rationalen und formaljuristischen Kritik, die
Sebastian Münzenmeier als informiert und gebildet erscheinen lässt, wird jedoch
latent der apokalyptische Charakter und enorme emotionale Gehalt der Anrufungen spürbar. Wut und starke Aggressionen, die von Münzenmeier latent gehalten
wurden, womöglich um den manifesten Schein der Seriosität zu wahren, setzen
sich dabei schließlich auf latenter Bedeutungsebene durch die hervorgerufenen,
gewaltvollen Bilder verhaltenswirksam durch und lassen Münzenmeier statt als
Autorität, eher als wütendes und enttäuschtes Kind erscheinen, das manifest
zwar lediglich fordert, Merkel abzuwählen, latent jedoch den Wunsch zum Ausdruck bringt, die Bundeskanzlerin beschämen und erniedrigen zu wollen und die
Zuschauer:innen auffordert an diesem Spektakel der öffentlichen ›Abrechnung‹
teilzunehmen.

Merkel erscheint hierbei einerseits als gigantische, omnipotente und deka-
dente Herrscherin, die distanziert vom Volk dessen Bedürfnisse missachtet und
Existenzen und damit Leben vernichtet und sich im Kanzleramt verschanzt, um
sich der demokratischen Kontrolle und letztlich den Konsequenzen ihres Handelns zu entziehen. Dieses Bild entspricht dabei einer bösen, weil abwesenden
und ihrer versorgenden und schützenden Funktion nicht nachkommenden Mutter. Andererseits jedoch erscheint sie ebenso als übereifrige und von Angst und
Panik getriebene, unangemessene und unverhältnismäßige Maßnahmen verord-
nende, verbietende Mutter, die in ihrer Emotionalität und Irrationalität – man

könnte auch sagen in ihrem Wahn (»Wellenbrecherwahn« (Z. 16)) – ihren Schutz-
befohlen, den Bürger:innen, mehr schadet als hilft, sie zu erdrücken scheint und
letztlich ihrer Autonomie und Freiheit beraubt. Alles in allem ein Bild einer zu
stark bindenden und dadurch bösen, weil verschlingenden Mutter. Eint diese Bilder, dass Merkel hierin als böse erscheint, ist ihr Gehalt doch höchst ambivalent.
Einerseits scheint es, als würde auf latenter Ebene ein Wunsch nach tatsächlicher
Bindung, Geborgenheit und symbiotischer Beziehung zum Ausdruck kommen,
andererseits wird die bestehende Bindung an Merkel als ›Mutter der Nation‹
als erdrückend, zerstörerisch und der Autonomie entgegenstehend wahrgenommen. Ich möchte dies insofern deuten, als dass die Kehrseite dieser Ambivalenz
die Sehnsucht nach einer ›väterlichen‹ Autorität ist, die die Ordnung (wieder-)
herstellt und die ›Kinder‹, beziehungsweise das Volk aus den Fängen der ›Mutter‹ befreit und es zu einer Entwicklung hin zu Autonomie und Freiheit befähigt.
Auf manifester Bedeutungsebene versucht Münzenmeier sich selbst mittels seiner juristischen Argumentation und seines gebildeten und mahnenden Habitus
als jene Autorität zu inszenieren. Aufgrund der latent zum Ausdruck kommenden Enttäuschung, Wut und Aggression gelingt ihm dies jedoch nicht vollends
und er wird von den Interpretierenden eher mit der Position des Kindes, als des
Vaters identifiziert. Seine Bemühungen selbst die Autorität zu verkörpern, wirken daher unpassend und lediglich wie ein »Mimikry«. Er inszeniert sich nicht
als autoritärer Herrscher, sondern ist selbst der von Löwenthal und Guterman
(1949/2017, S. 128) beschriebene »große ›kleine Mann‹« – so stellt er sowohl
eine geeignete Identifikationsgrundlage für sein Publikum dar, da dieses sich als
ähnlich zu ihm erleben kann und befriedigt gleichzeitig den Wunsch nach Größe
und Macht. Auf diese Weise gelingt es ihm zumindest, sich als kleinen Rebellen,
als David, darzustellen, der mit seiner Rede den Goliath, die Gigantin Merkel,
die ansonsten zerstörerisch den Holzhammer schwingt und Existenzen zerstört,
zu Fall bringen könnte. Mit seiner Hilfe können die Kinder beziehungsweise das
Volk in einem gemeinsamen Akt der Wahl, sich von ihrer Mutter emanzipieren
und in ein neues Zeitalter der Autonomie und Freiheit eintreten. Angesichts dessen erscheint es auch weniger verwirrend, weshalb der »Menschheitshistoriker«
(Z. 6) Harari in der Rede zu dieser historischen Stunde anwesend ist. Bemerkenswert darüber hinaus ist die Betonung seiner israelischen Herkunft: Wird er hier
möglicherweise von Münzenmeier als Jude stereotypisiert und qua seiner Herkunft zum jüdischen Gewährsmann und Kronzeugen des Kampfes David gegen
Goliath? Das Bild von Münzenmeier selbst wird dadurch auch ambivalent, changiert zwischen dem kleinen Kind und demjenigen, der Merkel mit seiner Rede
ja tatsächlich die Stirn bietet, sie vor den Augen des versammelten Volkes zur
Guillotine zerrt. Vom »kleinen Wicht« wird er stellvertretend für die Bürger:innen

zum ›Volkshelden‹ David aufgewertet, der gegen die Gigantin zum Kampf tritt. Dies traut er sich jedoch nur – so selbstsicher tritt er auf – weil er sich der Unterstützung des Volkes sicher ist. Insgesamt wirkt seine Bewertung der Maßnahmen nach juristischen Maßstäben auch eher so, als würde er eigentlich abwägen, ob es juristisch und moralisch geboten ist die Regierung zu stürzen. So bringt er die Gigantin mit seiner Rede zwar zu Fall, aber benötigt die Hilfe des Volkes ihm sein Schwert zu reichen, um sie zu enthaupten, wie dies einst der Held David mit Goliaths Kopf tat. Oder alternativ: Wie das französische Volk Marie-Antoinette zur Guillotine zu führen und mit ihrer Enthauptung die Demokratie zu begründen. Der Aufruf, die Regierung abzuwählen, ist vor dem Hintergrund nicht nur als ein Aufruf, die erdrückende Bindung des Volkes zur bösen Mutter zu lösen zu verstehen, sondern ihr schlussendlich sogar den Todesstoß zu versetzen.

Welches affektive Angebot macht Sebastian Münzenmeier seinen Zuhörer:innen nun auf diese Weise? Dadurch, dass das Corona*virus* im Prinzip nicht thematisiert wird und Münzenmeier Sympathie für jene, die »als **Coronaleugner** verunglimpft« (Z. 61 f.) werden zeigt, lässt er offen, ob es Corona überhaupt gibt, beziehungsweise stellt das Zweifeln daran als legitime Position dar. Auf jeden Fall aber spielt er eine mögliche Bedrohung durch das Virus manifest herunter. Für die Zuschauer:innen ist dies insofern attraktiv, als dass sie sich vermeintlich mit dem Virus und den Maßnahmen (kritisch) auseinandersetzen können, ohne tatsächlich auf das Virus Bezug zu nehmen. Auf diese Weise können direkt mit dem Virus verbundene Ängste verdrängt werden und/oder verschoben werden auf das von Münzenmeier stattdessen feilgebotene Feindbild der Gigantin Merkel. Nur dann, wenn Corona überhaupt nicht gefährlich ist oder gar nicht existiert, kann auch das Regierungshandeln einseitig als ausschließlich totalitär und antidemokratisch gesehen werden und ein Sturz der Regierung als gerechtfertigt und legitim erscheinen. Und auch Bundeskanzlerin Merkel kann lediglich dann ausschließlich als die ›böse Mutter‹ erscheinen, wenn die reale Bedrohung und daher durchaus vorhandene Sinnhaftigkeit der Corona-Maßnahmen dethematisiert und/oder gänzlich geleugnet wird. Eine solche ambivalenz- und ambiguitätsfreie Betrachtung der Pandemie kann für die:den Einzelne:n auch aus anderen Gründen ungemein entlastend sein, da in dem Narrativ vermeintlicher Harmlosigkeit des Virus' und vorgeblich unangemessener Hygienemaßnahmen, die:der Einzelne auch von ihrer:seiner persönlichen Verantwortung hinsichtlich des Infektionsschutzes entbunden wird. Diesen Aspekt gilt es im weiteren Verlauf der Arbeit, vor dem Hintergrund sehr individualistischer Anrufungen der Bundesregierung an die Bürger:innen auf persönliche Freiheitsrechte zu verzichten und sich unbedingt an die Verordnungen zu halten, weiter zu untersuchen. Brunner et al. (2021) konnten in einer tiefenhermeneutischen Analyse einer

Corona-Rede von Bundeskanzlerin Merkel herausarbeiten, dass solche Anrufungen mitunter Gefühle der Schuld, Kleinheit und Beschämung hervorrufen, wenn
Maßnahmen auf persönlicher Ebene eventuell nicht immer einhundertprozentig
eingehalten werden (können). An solche Gefühle kann Münzenmeier nun möglicherweise anschließen, indem er auf Beziehungsebene seinen Zuhörer:innen
anbietet gemeinsam mit ihm diese Schuld und die Beschämung an Merkel zurückzugeben, die sich anscheinend ebenso wenig um die Einhaltung geltenden Rechts
schere.

Die von der Rede hervorgerufen vergeschlechtlichten Bilder der Kanzlerin
als ›Mutter‹ berühren zudem wesentliche Konflikte des Politischen, die möglicherweise innerpsychische Entsprechungen haben: Konflikte von Autonomie und
Abhängigkeit, Freiheit und Bindung sowie Anerkennungskonflikte. Indem Merkel besonders gigantisch und omnipotent scheint, weil sie die Macht hat, die
Existenzen der Menschen zu zerstören, erscheint ihr Gegenüber, die kleinen
Leute umso kleiner und bedrohter durch die feindliche Übermacht. Münzenmeier reproduziert so zu einem gewissen Grad das Bild gegenüber der Regierung
abhängiger und ohnmächtiger Bürger:innen, die einer ihnen wohlgesonnen Autorität bedürften, der sie sich selbstbestimmt und in Freiheit unterwerfen können.
Dadurch, dass Münzenmeier in dieser Konstellation von den Interpretierenden
nicht mit dieser ersehnten ›väterlichen‹ Autorität, sondern mit den erzürnten
und nach Autonomie strebenden Kindern identifiziert wird, wird er für seine
Zuhörer:innen, die möglicherweise ähnliche Sehnsüchte teilen, nahbar und ein
mögliches Identifikationsobjekt. Stellvertretend durch ihn und somit auch mit
ihm können die Zuschauer:innen ebenfalls zum Helden werden: Zum David,
der den Goliath zu Fall bringt – gemeinsam kann Merkel beschämt, gestürzt
und vernichtet werden. Münzenmeier macht auf diese Weise das hochattraktive
Angebot sich aus der gefühlten Unmündigkeit und Abhängigkeit zu befreien und
eine Form von Handlungsmacht wiederzuerlangen. In der aktuellen Krisensituation womöglich entstehende Aggressionen können und sollen dabei zielgerichtet
ausagiert werden gegen die ›böse Mutter‹, die der Autonomie und Freiheit im
Wege stünde, die scheinbar omnipotente Autorität, gegen die rebelliert werden
kann und deren phallische Macht zerstört werden muss. Dieser Sturz Merkels
wird dabei als lustvolles Spektakel inszeniert, an dem alle teilhaben und ihre
Aggressionen, Rachegelüste und sadistische Fantasien ausleben können. Gleichzeitig kann man sich dabei jedoch, das macht Münzenmeier manifest deutlich,
auf der Seite der Vernunft, der angeblich »führenden Virologen« (Z. 44) und der
VerteidigerInnen der Demokratie von der AfD wähnen und sich zudem gleichzeitig empathisch gegenüber und solidarisch mit den persönlichen Schicksalen der

gescholtenen Opfer der vermeintlich irrationalen »Panikpolitik« (Z. 47) zeigen, deren Existenzen von Merkel und der Regierung zertrümmert würden.

## 2.3 Beatrix von Storch

### 2.3.1 Szenische Rekonstruktion

»Die Kritik der FDP« (Z. 13) am »**Merkel-Lockdown**« (Z. 24) und der »**Miss** achtung des Parlaments« (Z. 25) – befindet von Storch – sei grundsätzlich »richtig« (Z. 13), aber sie käme »natürlich (,) ganz schön spät« (Z. 13 f.), denn schließlich habe die AfD selbst bereits am 23. März 2020 beantragt, die »außer(.)gewöhnliche Notsituation« (Z. 16) auf einen Monat zu befristen und dann neu zu bewerten, nachzulesen sei dies in der »Drucksache 18.159« (Z. 17). Ebenso sei am 21. April schon beantragt worden, »die getroffen Maßnahmen wöchentlich zu überprüfen und den Bundestag dabei in angemessener Weise zu beteiligen – Drucksache 18.738 aus 19« (Z. 18 ff.). Und schließlich hätte die AfD am 30.6. bereits einen, im Vergleich zu dem in Frage stehenden Antrag der FDP, sehr ähnlichen Antrag »mit dem Titel ›Tiefe Grundrechtseingriffe bedürfen der parlamentarischen Kontrolle‹ – Drucksache 20.676 aus 19« (Z. 20 ff.) eingebracht. Nicht nur erscheint das Vorhaben der FDP vor diesem Hintergrund obsolet, so stellt von Storch zudem fest, dass die FDP all diese vorherigen Anträge abgelehnt hätte. Von Storch wirft der FDP damit nicht nur vor Trittbrettfahrer:innen der Kritik der AfD zu sein, die die Gefahr für »Demokratie und Parlamentarismus« (Z. 4) bereits frühzeitiger erkannt hätten, sondern zudem ihre Position scheinbar beliebig anzupassen. Die von der AfD und von Storch festgestellte »**Ver**(,)**achtung** des Parlaments« (Z. 25), die die Bundesregierung an den Tag legen würde, wäre dabei keineswegs eine neuartige Erscheinung oder Entwicklung, denn bereits in der »Euro-Krise« (Z. 6) und der »Asyl- und Migrationskrise« (Z. 7) hätte die Bundesregierung geltendes Recht gebrochen und ohne Parlamentsbeteiligung Entscheidungen getroffen. Und ebenso hätte schließlich auch die aktuelle Krise einen eindeutigen Namen: »Angela (,) Merkel« (Z. 6). In der aktuellen Phase regiere sie das Land »zusammen mit den Ministerpräsidenten« (Z. 10) schließlich »praktisch mit einem Notstandsregiment […], dem **Seuchen**(,)**regiment**« (Z. 9 ff.). Die, von diesem getroffenen, Maßnahmen wären dabei das Ergebnis des »zufälligen Diskussionsverlauf einer **Video** konferenz« (Z. 27 f.) und letztlich »reine Willkür« (Z. 29), da sie »ohne Debatte, […] **ohne** (,) **wissenschaftliche** (,) **Grundlage** und wieder **ohne** das Parlament« (Z. 11 ff.) getroffen worden wären. Folglich wären die Maßnahmen widersprüchlich und nicht nachvollziehbar und führten letztendlich dazu, dass die Arbeitsplätze von

»Millionen Beschäftigten alleine in Tourismus und Gastronomie« (Z. 45) bedroht wären, zahlreiche Unternehmen »jetzt vor dem **Ruin** und dem Ende« (Z. 46) und angesichts des Milliarden-Umsatzes dieser Branche nun auch die »Stabilität der deutschen Volkswirtschaft« (Z. 27) auf dem Spiel stünde. Angesichts dessen wäre es auch nicht verwunderlich, dass Menschen wütend auf die Regierung seien, denn schließlich wäre »das (,) was Sie [Angela Merkel] tun, **Willkür,** und **Willkür** ist **Unrecht, und** Unrecht **erzeugt Wut**« (Z. 42 f.). Daher appelliert von Storch an die Betroffenen, sich angesichts der im September 2021 bevorstehenden Bundestagswahl daran zu erinnern, »welche Parteien Ihnen das angetan haben« (Z. 47) und die AfD zu unterstützen, um den »Spuk« (Z. 48) zu beenden, denn das wäre »die einzige Sprache, die diese Regierung versteht« (Z. 48 f.).

Beatrix von Storch inszeniert sich auf manifester Ebene als authentische Stimme der Kritik an den Corona-Maßnahmen, als kompetente Politikerin, die alle Fakten kennt und in buchhalterischer Genauigkeit wiedergeben kann. Dabei wirkt sie auf die Interpretierenden kontrolliert und vernünftig und – entgegen dem der Rede vorausgehenden Zwischenruf des SPD-Bundestagsabgeordneten Ulli Nissen – gar nicht so »grausig« (Z. 3) wie erwartet. Tatsächlich erzielt das penible Verlesen zahlreicher Drucksachen die Wirkung von Seriosität. In der Gruppendiskussion werden zudem persönliche Anknüpfungspunkte an Teilaspekte der Rede deutlich: Insbesondere die vermeintlich fehlende Nachvollziehbarkeit der Entscheidungen scheint für Teile der Interpretationsgruppe ein gültiges Argument zu sein. Zudem wirkt von Storch aufgrund ihres Kleidungsstils und dem manifesten Inhalt ihrer Rede streng, bieder und vorwurfsvoll, und hebt zudem mehrfach mahnend den Finger. Die Rede erinnerte die Interpretierenden dabei im Stil und Aufbau an eine Predigt. Tritt Beatrix von Storch hier womöglich als Pfarrerin ans Rednerpult, um etwas zu lehren? Gleichzeitig wirkte von Storch jedoch genervt, verbittert und als wäre ihr die Rede eigentlich egal, was sie für die Interpretierenden assoziativ in die Nähe unliebsamer Lehrer:innen brachte. Insbesondere die teils kolloquiale und flapsige Ausdrucksweise schien die Interpretierenden vor diesem Hintergrund zu irritieren, zumal sie gleichzeitig eigentlich von ihrem Manuskript abzulesen schien. Diese hatten dadurch den Eindruck, es müsse sich um eine Art Performance oder gezielte Inszenierung handeln, mit dem Wunsch, besonders lässig und nahbar zu wirken, dies aber unbeabsichtigt zu überzeichnen. Diese Widersprüchlichkeit wirkte auf einige Interpretierende belustigend, aber gleichzeitig entstand auch ein als Spannung erlebtes Unbehagen und Gefühle der Wut in Bezug auf die Rede. Handelt es sich hierbei lediglich um einen Widerspruch von Sinn und Form oder spiegelt sich diese Ambivalenz auch in der Rede selbst? Gibt es auf bewusstseinsferner, latenter Bedeutungsebene Inhalte und Übertragungseffekte, die diese Reaktionen erklären können? Was genau löste möglicherweise das von den Interpretierenden erlebte Unbehagen und die aufkeimende Wut in der Rede aus? Werfen wir einen erneuten Blick auf die Rede:

> Demokratie und Parlamentarismus sind in Deutschland in einer tiefen Krise – nicht erst seit Corona –, und die Krise hat einen Namen: Angela (,) Merkel. {Beifall bei der AfD} In der Euro-Krise hat sie den Bürgern **Billionen**lasten aufgeladen – unter Bruch der europäischen Verträge. In der Asyl- und Migrationskrise hat sie Millionen Illegale ins Land gelassen – unter Bruch des Grundgesetzes **und** ohne das Parlament. Und seit Corona re-regiert sie Deutschland praktisch mit einem Notstandsregiment {Zuruf von der SPD: Bullshit-Bingo!} zusammen mit den Ministerpräsidenten, dem **Seuchen(,)regiment**. (Z. 4 ff.)

Beatrix von Storch bindet die aktuelle Anti-Corona-Maßnahmen in ein Narrativ einer fortdauernden Krise von »Demokratie und Parlamentarismus« (Z. 4) ein, dessen personifizierte Ursache die Regierungszeit Angela Merkels darstellen würde. Ihre demokratiefeindliche Politik hätte sich bereits in vergangenen Krisensituationen der letzten Jahre gezeigt. Die »**Ver(,)achtung** des Parlaments« (Z. 25) hätte folglich System. In der aktuellen Situation hätte Merkel nun die Ministerpräsident:innen zu einem »Notstandsregiment [...], dem **Seuchen(,)regiment**« (Z. 9 f.) zusammengezogen. Auffallend ist die hier verwendete Kriegsmetaphorik des ›Regiments‹. Von dieser scheinbar neu gebildeten Regierung geht dabei etwas Bedrohliches aus, denn durch das Zusammenziehen zu einem Regiment scheinen die, vermeintlich antidemokratischen Kräfte, nun zu einer einheitlichen und vergrößerten Kampfeinheit verbunden, die nun das Land mit autoritärer Härte führten. Dieses bedrohliche Szenario wird durch die Wortkomposition »**Seuchen(,)regiment**« (Z. 10) noch verstärkt. Beschreibt ›Seuche‹ umgangssprachlich zwar durchaus das pandemische Geschehen, ist es aber auf affektiver Ebene deutlich stärker mit dem Leid und Tod vergangener Epidemien verknüpft als vergleichbare Termini. Das Wort ›Seuche‹ wurde zudem von den Interpretierenden assoziativ eng verknüpft mit den biblischen Plagen, was vor dem Hintergrund der Wahrnehmung der Rede als Predigt bemerkenswert ist. Diese Wortneuschöpfung ist dennoch irritierend, denn die Grenze zwischen den Auswirkungen der Pandemie und der Regierungspolitik droht so zu verschwimmen. Wer oder was ist die Seuche? Ist das ›Regiment‹ die Folge einer tatsächlichen ›Seuche‹ oder ist das ›Regiment‹ selbst die bedrohliche Seuche? Hinweise hierauf kann womöglich die folgende Passage liefern:

> Man kann das Schicksal von Millionen Beschäftigten, Hunderttausenden von Unternehmen und die Stabilität der deutschen Volkswirtschaft **nicht** dem zufälligen Diskussionsverlauf einer **Video** konferenz überlassen oder den Eitelkeiten der Herren

Söder, Laschet und Ramelow. Das Ergebnis der Videodemokratie ist dann auch reine Willkür: Die neuen Maßnahmen sind **selbst und gerade dann absurd,** wenn es die epidemische Gefahr tatsächlich **gibt;** auch das wurde heute mehrfach schon gesagt. (Z. 26 ff.)

Auffällig ist, dass von Storch offenlässt, ob es die Corona-Pandemie – in der von der Bundesregierung dargestellten Form – überhaupt gibt. Und mehr noch: Angesichts der epidemiologischen Evidenz leugnet sie de facto die reale gesundheitliche Gefahr für die Menschen. Das Coronavirus ist für von Storch wohl nicht wirklich eine echte ›Seuche‹. Es erscheint vor diesem Hintergrund tatsächlich so, als wäre es nicht das Virus, das Menschen potenziell tötet, sondern lediglich Merkel »**tötet** das öffentliche Leben« (Z. 11), wie von Storch dies an anderer Stelle auf irritierende Weise formuliert. Ist die eigentliche Seuche also eine Regierung, die als Regiment einen potenziell tödlichen Krieg führt? Womöglich sogar mit einer bewussten politischen Agenda? Schließlich wäre die Verachtung von Parlament und Demokratie keine rein akute Krise, sondern hätte historische Kontinuität. Einer solchen Lesart entgegen steht die Rede davon, dass die Corona-Maßnahmen das Ergebnis eines »zufälligen Diskussionsverlauf[s]« (Z. 27 f.) wären. Wenn die Maßnahmen zufällig zustande kommen, dann spricht dies nicht unbedingt für einen teuflischen Plan, den die Regierung umzusetzen versucht. Schließlich stellt Beatrix von Storch selbst die Frage »Wissen Sie auf der Regierungsbank eigentlich, was Sie da tun, oder ist es Ihnen egal? {Dr. Alexander Gauland [AfD]: Nee, das wissen die nicht!}« (Z. 40 f.). Diese Frage erinnert stark an die biblische Szene der Kreuzigung, bei der Jesus an Gott appelliert: »Vater, vergib ihnen, denn sie wissen nicht, was sie tun!«. Auffallend ist, dass die Rede auch durch die Wortwahl von Storchs immer wieder religiöse Assoziationen hervorruft, die dem Ersteindruck, es handele sich um eine Predigt, entsprechen. In diesem Zusammenhang bemerkenswert ist die abfällige Sprache von vermeintlichen »Eitelkeiten der Herren Söder, Laschet und Ramelow« (Z. 28 f.), die in diesem Kontext deplatziert wirkt. Was ist mit diesen Eitelkeiten gemeint? In der christlichen Lehre zählt Eitelkeit tatsächlich als Form des Hochmuts, einem der sieben Hauptlaster, aus denen letztlich Todsünden begangen würden – so verstanden ein durchaus schwerer Vorwurf. Kann der Bundesregierung also vergeben werden für ihre Corona-Politik, weil sie, wie Gauland auf die Frage mit dem Zwischenruf antwortet, eben eigentlich nicht wissen, was sie tun? Schlägt von Storch hier also gar versöhnliche Töne an? Jedenfalls scheint es, würde es sich um einen Plan in vollem Bewusstsein handeln, getrieben von Eitelkeit und Hochmut, so könnte ihnen nicht vergeben werden. Vor diesem Hintergrund irritierend wirkt allerdings die Rede von dem »Schicksal« (Z. 26) der Menschen. Dies impliziert die Abhängigkeit der Menschen von der ›höheren Macht‹ der Bundesregierung und dem Leiden unter ihrer Politik. Geht es hier möglicherweise weniger darum der Regierung zu vergeben als um die Erlösung der Menschen von ihrem »Schicksal« (ebd.)? Will Beatrix von Storch in ihrer ›Predigt‹ letztendlich verheißen, wie das Volk von der Tyrannei der Bundesregierung erlöst werden kann?

Ebenfalls irritierend an diesem Abschnitt der Rede ist die seltsam abwertende Betonung des Wortes ›Video‹ in »**Video** konferenz« (Z. 28). Von Storch ist an dieser Stelle ihre Abneigung ins Gesicht geschrieben – ihre Miene verzieht sich zu einem Ausdruck des Ekels und des Hasses. In der Beschreibung der per Videoschaltung stattgefundenen Zusammenkünfte der Bundesregierung mit den Ministerpräsident:innen greift sie auf Begriffe wie ›Willkür‹ und ›Zufall‹ zurück. Dies erzeugt den Eindruck, es handele sich um besonders undurchschaubare Veranstaltungen, an denen nicht Fakten und Positionen gegeneinander abgewogen werden und politisch entschieden wird, sondern die Beteiligten aus einer Laune heraus tun und lassen was sie wollen. Sind nicht eigentlich alle Diskussionsverläufe zufällig, egal ob online oder offline? Von Storch umhüllt die Videokonferenzen hierdurch mit einem unheimlichen und bedrohlichen Schleier, der sich auch auf affektiver Ebene bei den Interpretierenden niederschlug. Die Interpretierenden erinnerte dies assoziativ auch an die potenzielle Manipulierbarkeit von digitalen Inhalten. Auf diese Weise erscheinen diese Zusammenkünfte noch unseriöser und ihre Ergebnisse absolut zweifelhaft. Zudem dethematisiert von Storch die epidemiologische Logik, der die Videokonferenz und die politischen Entscheidungen eigentlich folgen – schließlich stellt die Kontaktbeschränkung in der Tat ein effektives Mittel dar, eine Weitergabe des Virus' zu verhindern – und macht es zu einer rein willkürlichen Entscheidung Merkels. Eine solche Argumentation funktioniert dabei nur, wenn die Gefahr, die von der Pandemie ausgeht, gänzlich geleugnet wird. Auf latenter Sinnebene übertragen sich allerdings hier vor allem Unbehagen und die Wut auf die »Videodemokratie« (Z. 29), Gefühle, die über die manifest geäußerte Kritik hinausgehen. Die »Videodemokratie« (Z. 29) soll maximal delegitimiert werden. Ihr gegenüber erscheint auch die Eingangssequenz, in der sie die vormals von der AfD eingebrachten Anträge und die zugehörigen Drucksachen exakt benennt, in einem anderen Licht. Es scheint, als inszeniere von Storch die Politik der AfD geradezu im Gegensatz zu der abstrakten, ungreifbaren und undurchschaubaren »Videodemokratie« (ebd.). Die AfD mache eben gerade handfeste und öffentlich einsehbare Politik, deren Ergebnisse gemäß parlamentarischer Ordnung schwarz auf weiß festgehalten werden. Die AfD wirkt auf diese Weise besonders tätig, gerade auch in Abgrenzung zu den in der »**Video** konferenz« (Z. 28) in willkürlichen Diskussionen scheinbar nur ›labernden‹ Abgeordneten. Es scheint, als würde eine dichotome Trennung zwischen vermeintlich handfester Politik des ›normalen‹ Parlamentsbetriebs und der bösen, willkürlichen, diffusen und undurchschaubaren Politik der »Videodemokratie« (Z. 29) vollzogen. Bei der ›echten‹ Demokratie wären die Diskussionen prozesshaft und produktiv, es entstünden Drucksachen und Plenarprotokolle, während aktuell nur abstrakte, unkontrollierte (ohne die Kontrolle des Parlaments) und ziellose Diskussionen im Internet geführt würden, deren Inhalte sich im World Wide Web verflüchtigten. Lediglich die Ergebnisse dieser Blackbox »**Video** konferenz« (Z. 28) würden am Ende verkündet.

Insgesamt wird in Beatrix von Storchs Verweisen auf die »Videodemokratie« (Z. 29) jedoch auch eine persönliche Kränkung spürbar, nicht involviert und Teil eben jener »Videodemokratie« zu sein. Möglicherweise tritt hier Neid auf jene zutage, die – anders als sie selbst – Teil dieses elitären Entscheidungszirkels sind. Tatsächlich ist die AfD zu diesem Zeitpunkt gemeinsam mit der FDP die einzige Bundespartei, die keine:n Ministerpräsident:in stellt. Die FDP ist jedoch zumindest an einigen Landesregierungen beteiligt und hatte somit wenigstens indirekt Zugriff auf diese. Als Stellvertreterin ihrer Partei bietet sich von Storch dabei als Projektionsfläche von Gefühlen des Neides und des Ausgeschlossenseins für ihr Publikum an. Einer der Interpretierenden nahm von Storch hierbei als ein »enttäuschtes Kind, das nicht zur Zoom-Geburtstagsfeier eingeladen wurde« wahr. Diese Lesart wird auch plausibel durch von Storchs Anklage, sie würden »das alles, den ganzen **Merkel-Lockdown**« genau wie die Allgemeinbevölkerung nur »aus den Nachrichten« erfahren. (Z. 24) Vor diesem Hintergrund erscheint auch die irritierende Kompromisslosigkeit, mit der Beatrix von Storch den Antrag der FDP ›abkanzelt‹, in einem anderen Licht. Möglicherweise ist auch hier Neid ein treibender Faktor. Manifest macht sie deutlich, dass all dies, was die FDP fordert, bekannte Positionen der AfD wären – und das könne sie sogar schwarz auf weiß mit den Drucksachen belegen. Vergegenwärtigt man sich, dass zu dem Zeitpunkt der Rede die FDP tatsächlich im öffentlichen Diskurs – im Gegensatz zur AfD – als legitime kritische Stimme wahrgenommen und oft in Talkshows und öffentliche Diskussionsrunden eingeladen wurde, scheint es, als beklage Beatrix von Storch, dass die FDP mit ihren ›abgekupferten‹ Positionen nun auch noch die Position als einzige Stimme der Kritik an der Corona-Politik streitig zu machen versucht. In kindlicher, regressiv-trotziger Manier holt von Storch zum Rundumschlag gegen all jene aus, die die AfD ausschließen und für ihre politische Arbeit tatsächlich Anerkennung erfahren. Durch ihre Rede latent geschürter Neid soll möglicherweise auch die Zuschauenden motivieren ihre vermeintlichen Peiniger:innen ebenfalls ›abzukanzeln‹. Geht es von Storch also eigentlich gar nicht darum, den Parlamentarismus und die Demokratie zu stärken, sondern im Sinne politischer Grabenkämpfe um die Anerkennung für die von ihr und ihrer Fraktion geleistete politische Arbeit und die Abwertung ihrer politischen Gegner:innen? Sprechen hier die ganz persönlichen Kränkungen und der Neid, einerseits aufgrund der Nichtbeteiligung an Entscheidungen, der Nichtbeteiligung an der neuen ›Schaltstelle der Macht‹, und andererseits die Angst, nun auch noch die Position als einzige Opposition und vermeintlich einzig legitime Kritiker:innen an der Regierungspolitik zu verlieren? Die AfD jedenfalls, so inszeniert es Beatrix von Storch, stünde im Gegensatz zur FDP für eine geradlinige und im Gegensatz zur »Videodemokratie« (Z. 29) für eine handfeste Politik. Was ist aber nun für von Storch das Ergebnis dieser offenbar dysfunktionalen Demokratie?

> Wenn irgendjemand die Abstandsregeln usw. eingehalten war hat, dann waren das die Gastronomen. Und was tun Sie? Sie schließen die Gastronomie – 1,8 Millionen Beschäftigte, 65 **Milliarden** Euro Umsatz –, und das, **obwohl** das RKI, so lesen wir – das **heilige** RKI – ausdrücklich sagt: Die **sind** keine Infektionsherde. – Die Kantinen bleiben offen, aber die Restaurants sollen schließen. Echt jetzt? (,) Um meine Nachbarn zu treffen, muss ich jetzt U-Bahn fahren; denn bei mir zu Hause darf ich sie nicht sehen. Kitas und Schulen werden nicht geschlossen; das ist gut. Aber warum dann das Beherbergungsverbot? Wo geht denn ein Virus eher rum, in einem Klassenzimmer oder in einem **Hotel**zimmer oder in einer Ferienwohnung? Tourismus: 3 Millionen Beschäftigte, 290 Milliarden Euro Umsatz. (Z. 31 ff.)

In dieser Passage wendet sich von Storch den Anti-Corona-Maßnahmen zu. Dabei setzt sich das vormals bereits in Bezug auf die »Videodemokratie« (Z. 29) erzeugte Gefühl der Diffusität und Unklarheit in ihrer Argumentation fort. Sie scheint zwar in der Gesamtschau der Rede zu implizieren, dass alle Maßnahmen überflüssig wären, aber anstatt klare Verhältnisse zu schaffen und klare Positionen gegenüber der vermeintlich willkürlichen Politik zu formulieren, die »ohne (,) **wissenschaftliche** (,) **Grundlage**« (Z. 12) agiere, reproduziert sie die ambivalenten Gefühle, die sich aus den Ungewissheiten ergeben. Es scheint, als komme sie dabei selbst ins Schwimmen und wäre unsicher, wo denn nun Infektionsherde entstehen, wie damit umzugehen und was genau an den Regierungsmaßnahmen zu kritisieren wäre. Ihre kursorischen Ausführungen und rhetorischen Fragen wirken wie eine unsichere Suchbewegung. Wenn niemand – und auch von Storch selbst nicht – das Infektionsgeschehen zweifelsfrei einschätzen kann, müsste die Pandemie-Situation eigentlich umso bedrohlicher erscheinen. Doch das entstehende Unbehagen dieser undurchschaubaren Lage verlagert sich in eine andere Richtung. Denn das Infektionsgeschehen wirkt eben nicht bedrohlich, wenn es geleugnet wird, wie dies von Storch an anderer Stelle tut, indem sie infrage stellt, ob es die pandemische Gefahr tatsächlich gibt (vgl. Z. 29 ff.). Zudem suggeriert sie in Bezug auf den scheinbar willkürlichen Umgang der Regierung mit den Empfehlungen des von dieser eigentlich ›heilig‹ gesprochenen RKI, dass hinter den Regierungsmaßnahmen womöglich tatsächlich eine unbekannte Agenda steht – anders wären die widersprüchlichen Maßnahmen ja nicht zu erklären. Bedrohlich erscheint vor diesem Hintergrund lediglich die willkürliche Politik, die »Arbeitsplätze [...] bedroht« (Z. 45 f.), Menschen in den »**Ruin**« (Z. 46) treibt und ihnen wie Maria und Josef in der biblischen Erzählung die Herberge verweigert, wie dies eine Interpretin in Bezug auf das »Beherbergungsverbot« (Z. 38) assoziierte.

Die zur Schau gestellte Diffusität und Unklarheit in Bezug auf die Corona-Maßnahmen schlug sich nachdrücklich in der Interpretationsgruppe nieder. Die Interpretierenden wurden verunsichert, spürten Unruhe und Spannung und flüchteten sich in rationalisierende Diskussionen, ob von Storch mit ihrer Kritik nun recht habe oder nicht und welche Maßnahmen sinnvoll seien. Die Rede wurde dabei zusehends als wenig greifbar wahrgenommen. Ich möchte dies so deuten, dass die Rede hier auf diese Weise möglicherweise Bedürfnisse nach Eindeutigkeit und Klarheit anspricht und eventuell sogar verstärkt, die angesichts der dynamischen Entwicklungen und nur schwer zu verstehenden Zusammenhänge in Bezug auf das Infektionsgeschehen und den politischen Umgang damit entstehen. Gerade durch ihre teils kolloquiale Ausdrucksweise und aufgegriffenen Alltagsszenen kann von Storch dabei lebensweltliche Nähe suggerieren. Dies wird auch deutlich in ihrer rhetorischen Frage »Echt jetzt?« (Z. 35), die gerade deshalb in dieser Rede deplatziert erscheint, weil sie wie eine spontane Reaktion im privaten Bereich wirkt und solcherart mit dem formellen Charakter einer Bundestagsrede bricht.

Werden diese von der Rede evozierten Gefühlslagen und Bedürfnisse, die hier offenbar werden, von von Storch im weiteren Verlauf noch weiter bearbeitet? Löst sie die entstehende Spannung möglicherweise noch auf?

> Ich sage den Millionen Beschäftigten alleine in Tourismus und Gastronomie, deren Arbeitsplätze jetzt bedroht sind, und den Unternehmern, die jetzt vor dem **Ruin** und dem Ende stehen: Erinnern Sie sich im nächsten September daran, welche Parteien Ihnen das angetan haben. Wenn Sie diesen Spuk beenden wollen, dann unterstützen Sie die AfD. Das ist die einzige Sprache, die diese Regierung versteht. (Z. 44 ff.)

Auch in dieser Sequenz finden wir das Motiv des Schicksals, wenn Millionen Menschen von der höheren Macht der Regierungsparteien etwas »angetan« (Z. 47) wird. ›Angetan‹ wird üblicherweise besonderes Unheil, Leid und Gewalt. Der Tatvorwurf wird erneut erhärtet und affektiv aufgeladen. Dabei inszeniert es von Storch so, als würde sie für eben jene Millionen Betroffenen sprechen, die gleichsam alle unter den Maßnahmen litten und unzufrieden mit den getroffenen Maßnahmen wären. Angesichts der – zu diesem Zeitpunkt hohen Zustimmungswerte für die Regierungspolitik in diesem Zeitraum – ist jedoch keineswegs davon auszugehen, dass tatsächlich alle Beschäftigten im Gastgewerbe die Infektionsschutzmaßnahmen ablehnen. Dennoch positioniert sich Beatrix von Storch hier entlang einer vorgeblichen dichotomen Opposition von Volk und Regierung als Stimme eben jenes Volkes als einheitlichem Kollektiv, das von der undemokratischen Regierung und ihren willkürlichen Entscheidungen drangsaliert würde. Dies ist auch die mögliche Kehrseite der zuvor entwickelten Lesart, von Storch würde die Beteiligten der »**Video** konferenzen« (Z. 28) beneiden: In einem Narrativ, das eine fundamentale Opposition von Volk und Regierung postuliert und in dem die AfD die *wahre* und *einzige* legitime Stimme dieses Volkes ist, kann ein Gremium, an dem die AfD nicht beteiligt ist, grundsätzlich *nicht* demokratisch sein. Innerhalb einer solchen Erzählung ist diese Regierungspolitik zwangsläufig den von der AfD ausgemachten Interessen des Volkes entgegengesetzt und somit in einem solchem Demokratieverständnis, das ein solch homogenes Volksinteresse und a priori Gemeinwohl beinhaltet, genuin antidemokratisch. Nicht nur die AfD wäre also von den Regierungsparteien von Bund und Ländern bei ihrer Nicht-Beteiligung an der »Videodemokratie« (Z. 29) übergangen worden, sondern hierdurch indirekt auch das Volk selbst. Hier offenbart sich das identitäre Demokratieverständnis der Rednerin. Auf affektiver Ebene sind die Gefühle, übergangen worden zu sein und gleichzeitig die machtvolle Position zu beneiden, die sich von der Rede übertragen, besonders nahe an Gefühlen politischer Entfremdung, wie sie in der Bevölkerung möglicherweise vielfach erlebt werden. Beatrix von Storchs Folgerung hieraus ist daher nur logisch, wenn sie sagt, dass dieser »Spuk« (Z. 48) nur beendet werden könne, wenn die Bürger:innen »im nächsten September« (Z. 47) die AfD wählen und damit bemächtigen. In dieser Formulierung wird auch nochmals das inszenierte unheimliche, ungreifbare Moment manifest; alles ist ein »Spuk« – also unerklärlich, bedrohlich, geisterhaft. Irritierend an dieser Passage ist zudem die Formulierung in Bezug auf das institutionell gesicherte Wahlverfahren, dass dies »die einzige Sprache, die diese Regierung versteht« (Z. 48 f.) sei. Jener Ausdruck erinnert sehr stark an den sprichwörtlichen Ausspruch, Gewalt sei die einzige Sprache, die Gewalttäter und Straffällige verstünden. Dem unerklärlichen, diffusen Moment wird hier möglicherweise eine sehr konkrete Handlungsanweisung, ein ›Ausweg‹, entgegengesetzt, um sich von der unerklärlichen Bedrohung zu befreien. Fordert von Storch also eigentlich zum gewaltsamen Widerstand gegen Merkel und die Bundesregierung auf? Sollen das Leid und die Gewalt, die dem Volk »angetan« (Z.

47) wurde, zurückgegeben werden, da die Regierung andere Mittel als Gewalt nicht zu verstehen scheine? Aggressive Anteile, die ein solcher Aufruf beinhalten würde, werden auch an anderer Stelle der Rede spürbar. »Deswegen ist das (,) was Sie tun, **Willkür,** und **Willkür** ist **Unrecht,** und Unrecht **erzeugt Wut.**« Wut ist eine aggressionsgeladene Gefühlsregung, die Beatrix von Storch hier in Bezug auf die Regierungspolitik zu legitimieren versucht. Ihr scheint es dabei weniger darum zu gehen, Wut zu erzeugen, vielmehr leitet sie diese rational her und begründet kausal, warum es die Vernunft *gebieten* würde, wütend zu sein angesichts der willkürlich handelnden Regierung. Sie versucht somit an womöglich bereits bestehende aggressive Affekte in Bezug auf die derzeitige Lage anzuknüpfen und diese zu kanalisieren. Schließlich wäre Angela Merkel der Name der Krise, wie sie bereits eingangs feststellte. Gleichzeitig wirkt der vorgenommene Dreisatz Willkür – Unrecht – Wut auch mobilisierend und wie ein Aufruf, wütend zu sein. Bei der Aussprache des Wortes ›Wut‹ scheint diese förmlich aus ihr herauszusprudeln. Ein Interpret fragte sich angesichts dessen, ob sie denn in einer Bundestagsrede ohne Konsequenzen überhaupt so aktiv »mobilmachen« könne. Interessant ist hierbei, dass er nicht von ›mobilisieren‹ spricht, sondern einen militärischen Terminus verwendet. Will von Storch tatsächlich das Volk mobilmachen gegen die Bundesregierung? Von der Interpretationsgruppe wurde diese Passage als Klimax der ›Predigt‹ wahrgenommen, an dem sich die Spannung löst. Möglicherweise ist dies jene Spannung, die die Rede durch die an mehreren Stellen reproduzierte Unklarheit und Ambivalenz selbst erzeugt. Die Diffusität wird hier zu Klarheit, indem von Storch benennt, wo die Ursache allen Leids und unlustvoller Ambivalenz liegt, wo die Willkür stattfindet und worauf die Wut damit gerichtet gehört. Das Versprechen, das sie dabei entgegen ihrer manifesten Aussage eigentlich zu geben scheint, wirkt eindeutig: Wenn ihr die AfD wählt, dann werden die Schuldigen ordentlich bestraft! So wird, statt ein versöhnliches Ende zu finden und Vergebung zu predigen, die Rede in Bezug auf die ›Sünder:innen‹ unheimlich gewaltvoll. Die Wahl im September wird zum jüngsten Gericht, an dem die Regierung nicht nur abgewählt wird, sondern Buße tun wird für ihre Sünden, die von Storch hier in ihrer Predigt verliest. Das religiöse Motiv wird bis zum Ende aufrechterhalten: Die AfD gilt es zu unterstützen, denn die Partei wird von Beatrix von Storch als Erlöserin inszeniert, die das Schicksal abwenden und das Volk als abstraktes Kollektivum aus der Tyrannei befreien kann. Vergebung spielt dabei keine Rolle mehr. Für eine Interpretin wird von Storch hier sogar selbst zum Antipoden der ›Pfarrerin‹ – zum buchhalterischen Teufel.

Wie passen diese Wut und Aggression, die sich gegen Ende der Rede entlädt, mit dem einerseits biederen und andererseits lockeren Auftreten der Rednerin zusammen? Liegt hier der Ursprung der von den Interpretierenden wahrgenommenen Widersprüchlichkeit? Womöglich wurden durch dieses affekthafte und aggressive Ende die Erwartungen an die Rede enttäuscht, die durch den initialen Eindruck, es handele sich bei von Storch um eine Pfarrerin, die eine Predigt hält, entstanden waren. Die Wahrnehmung der Rede als Predigt und von Storchs als Pfarrerin aufgrund der genutzten religiösen Bilder, der Denotation und dem Duktus der Rede sowie von Storchs Erscheinung, löste offenbar assoziativ Erwartungen aus, es möge sich um eine vernünftige Rede handeln und als würde sie versuchen, im Gegensatz zu anderen RednerInnen der AfD, durchaus »einen Dialog zu eröffnen«, wie dies eine Interpretin äußerte. Diese Erwartung wird jedoch konterkariert durch die entgegenlaufenden Sinngehalte und sich latent übertragenden Gefühlsregungen, sodass es scheint, als würde von Storch uns hier etwas vorspielen, eine Performance geben. Dies vermischte sich womöglich mit Erwartungen an von Storch als explizit weibliche Rednerin. Bis zu dieser Interpretation wurden in der Gruppe nur die Reden männlicher AfD-Abgeordneter interpretiert. In den Erwartungen der Interpretierenden verschränkt sich gegebenenfalls die eigentlich mit einer christlichen Predigt verbundene Versöhnlichkeit und Barmherzigkeit – die auch die Sorge um andere einschließt – und auch kurz in der Rede aufscheint, mit gesellschaftlichen Normvorstellungen weiblicher Fürsorglichkeit. Beide Erwartungen werden jedoch von der Rede nicht erfüllt. Obwohl von Storch die vermeintlich Betroffenen der Regierungsmaßnahmen benennt und sich als ihre Stimme inszeniert, wirkt sie dabei gleichzeitig distanziert, kühl und wenig fürsorglich. Die Betroffenen werden in ihrer Erzählung nicht plastisch, sondern verschwinden hinter der Fassade der Beschäftigten- und Umsatzzahlen, die von Storch jongliert, und verschwimmen zu einem abstrakten Kollektiv. Diese nicht erfüllte geschlechtliche Rollenerwartung schien in der Interpretationsgruppe größere Irritationen hervorzurufen. Bereits bei der Schilderung ihrer Ersteindrücke äußerten mehrere Interpretierende, dass sie von einer Stofffalte in der Kleidung der Rednerin irritiert waren, da sie hinter dieser Stofffalte von Storchs hervorstehende »Nippel« fantasierten. Ein Interpret hatte dabei die Assoziation zu dem Film *Inspektor Clouseau, der ›beste‹ Mann bei Interpol*. In diesem werden dem Hauptcharakter mehrere Attentäter:innen auf den Hals gejagt. Eine der Attentäter:innen versteckte ihre Mordwaffe dabei im Büstenhalter. Auf Kommando stachen zwei spitze Nadeln als tödliche Gefahr an der Stelle der Brustwarzen durch die Kleidung. Dies wurde als »Brüste, die irgendwie töten« von dem Interpreten beschrieben. Auch hier spiegelt sich möglicherweise die Irritation und Enttäuschung über die fehlende Fürsorglichkeit von Storchs. Die weibliche Brust – Symbol für mütterliche Fürsorge – wird hier assoziativ zu einer bösen und bedrohlichen Gefahr, denn statt fürsorglicher Wärme schlug den Interpretierenden buchhalterische Kälte entgegen. Auch in der weiteren Gruppendiskussion schien ihre Weiblichkeit immer wieder in den Fokus zu rücken. Dabei wurde sie zum Teil sexualisiert und gleichzeitig abgewertet, sowohl für ihr Auftreten als auch für ihr Aussehen – für die Interpretationsgruppe war dies untypisch. Dies gipfelte in Diskussionen, ob es sich nicht gar um eine »Drag-Performance« handele, in der sich von Storch als Frau mit einem männlichen Habitus kleide, indem sie versuche sich wie ihre männlichen Kollegen betont lässig und distanziert zu geben und schließlich an die Wut der Leute zu appellieren. Ich möchte dies so deuten, dass dies eventuell erneut Ausdruck des von der Rede ausgelösten Bedürfnisses nach Eindeutigkeit ist. Gesellschaftlich ist das Geschlecht aufgrund der normativen Binarität eine der Kategorien, die im Alltagsbewusstsein der Menschen am stärksten nach Vereindeutigung verlangt. Die ohnehin immer wieder in der Rede aufscheinende Unklarheit, Diffusität und Ambivalenz, scheint auch die eben entfalteten Widersprüche aufgrund nicht erfüllter Erwartungen, bis ins Unerträgliche zu steigern, sodass sich die Interpretierenden womöglich gezwungen sehen, von Storch wenigstens geschlechtlich zu vereindeutigen oder an dieser Stelle zumindest die Uneindeutigkeit zu benennen, um etwas entlastende Klarheit zu schaffen.

### 2.3.2 Zusammenfassung

Welches szenische Arrangement ergibt sich vor diesem Hintergrund? Beatrix von Storch inszeniert sich und ihre Partei als seriös, tatkräftig und handfest. Demgegenüber vermittelt sie durch ihre saloppe Ausdrucksweise und teils lustlos wirkende Rede den Eindruck, dass das Gesagte zu einem gewissen Grad irrelevant wäre, da das Parlament sowieso nicht an den Entscheidungen beteiligt würde. Hierdurch wird der Vorwurf, Angela Merkel und die Ministerpräsident:innen träfen diese Entscheidungen willkürlich in einer undemokratischen Videokonferenz, untermauert. Zudem würde der AfD als genuine und authentische Stimme der Kritik ohnehin nie zugehört, obwohl sie – und das wäre schwarz auf weiß in den angeführten Drucksachen nachzulesen – schon immer alles besser wüsste. Von Storch inszeniert sich und ihre Partei dabei als einzige Stimme der Kritik, denn die FDP wäre nur Trittbrettfahrerin ihrer Positionen. Manifest versucht die Rednerin die Konkurrenz abzuwerten, denn diese droht der AfD den Platz als einzige Stimme der Kritik streitig zu machen. Auf latenter Bedeutungsebene übertragen sich dabei Gefühle des Neids gegenüber der FDP, deren Kritik an den Coronamaßnahmen in der Öffentlichkeit stärker wahrgenommen und anerkannt wird.

Auf manifester Bedeutungsebene kritisiert Beatrix von Storch in Bezug auf die beschlossenen Infektionsschutzmaßnahmen – neben der vermeintlichen Nichtbeteiligung des Parlaments – vor allem den Inhalt der Videokonferenzen beziehungsweise deren angeblich willkürliches Ergebnis. Dabei spiegelt von Storch auf subtile Weise den Umgang der Regierung mit dem Virus: Die Regierung hätte das RKI ›heilig‹ gesprochen und dessen Erkenntnisse als vermeintliche Sachzwänge inszeniert und zur alleinigen Grundlage ihrer Entscheidungen gemacht und damit die Entscheidungsfindung entpolitisiert. Angesichts dessen sei es willkürlich, wenn nun bei den neuen Kontaktbeschränkungen von den Weisungen des RKI abgewichen würde. Statt Ambiguität, die sich einerseits aus dem dynamischen Infektionsgeschehen und hinzugewonnen Erkenntnissen ergibt und andererseits gerade Ausdruck politischer Auseinandersetzung und dem Abwägungsprozesses zwischen den Interessen der gesellschaftlichen Teilsystem ist, zu moderieren, löst Beatrix von Storch das Problem jedoch einseitig auf, indem sie die pandemische Gefahr infrage stellt. Sie selbst nivelliert die Ambivalenzen in Bezug auf das Infektionsgeschehen und die Gegenmaßnahmen und entkoppelt die politischen Entscheidungen ihrerseits von den wissenschaftlichen Erkenntnissen. Es gibt kein gefährliches Virus, sondern nur die gefährliche Regierung. In diesem Narrativ sind die Sachzwänge, die das Virus möglicherweise aufzwingt, verschoben beziehungsweise spiegeln sich diese in den vermeintlich willkürlichen Entscheidungen der Videokonferenz, die natürlich gerade dann willkürlich erscheinen, wenn die Notwendigkeit des Infektionsschutzes geleugnet wird. In diesem Narrativ ist es nicht mehr das Virus, das scheinbar willkürlich Menschen befällt, dessen Wege undurchschaubar und unsichtbar sind, sondern die Regierung. Auf latenter Bedeutungsebene wird so auch ein Unbehagen gegenüber der Form der ›Videodemokratie‹ in ihrer vermeintlichen Diffusität und Unberechenbarkeit deutlich, gerade auch in Abgrenzung zu dem manifest inszenierten handfesten und geradlinigen Politikstil der AfD. Von Storch reproduziert ein Unbehagen mit derlei Diffusität in Bezug auf die Videokonferenz und die Regierungsentscheidungen und bearbeitet damit ähnliche Gefühlslagen beim Publikum, baut eine Spannung auf und erzeugt ein starkes Verlangen nach Eindeutigkeit. Dabei lässt sie ihre Zuhörer:innen zunächst hilflos zurück, da sie diese Spannung erst zum Ende der Rede auflöst. Auf latenter Ebene übertragen sich an dieser Stelle zudem Gefühle des Neids und der fehlenden Anerkennung. Die ›Videodemokratie‹ wäre gerade deshalb besonders undemokratisch, nicht nur weil das Parlament nicht beteiligt würde, wie sie dies manifest kritisiert, sondern vor allem auch, weil gerade die AfD als vermeintlich einzige authentische Stimme des Volkes und einzige legitime Opposition zur Regierung, außenvor gelassen würde. Die ›Videodemokratie‹ kann daher innerhalb dieser Vorstellungswelt nicht demokratisch sein, wenn das

Volk – repräsentiert durch die AfD – nicht beteiligt würde. Auf diese Weise inszeniert sie die maximale Distanz der Regierung zum Volk.

Hier liegt auch der Kern des affektiven Angebots dieser Rede. Beatrix von Storch wirkt einerseits sachlich und kompetent. Andererseits kann sie mit ihren teils umgangssprachlichen Formulierungen und der angesichts der Anti-Corona-Maßnahmen zur Schau gestellten Verunsicherung nah am Erleben der Bevölkerung anknüpfen. Dies verstärkt sich durch ihre Inszenierung, sie und die AfD seien besonders greifbar und handfest im Gegensatz zu der abgehobenen und undurchsichtigen Regierung der ›Videodemokratie‹. Die Videokonferenz und die politische Willkür spiegeln in dieser Inszenierung möglicherweise die Undurchschaubarkeit der Geschehnisse zu diesem Zeitpunkt in Gänze und insbesondere die Unheimlichkeit und Diffusität des Coronavirus. Entstehendes Unbehagen wird dabei jedoch kausal aus dem vermeintlichen Fehlverhalten der Bundesregierung beziehungsweise Merkel persönlich hergeleitet. Das Unbehagen soll aufgelöst werden in dem klar benannten Feindbild. Die Krise hätte schließlich einen Namen: Angela Merkel. Dadurch, dass von Storch die Bedrohlichkeit des Virus' dethematisiert und gar die Notwendigkeit der Gesundheitsprävention in diesem Kontext negiert, bietet sie einen Lebensentwurf an, in dem alle negativen Gefühle in ihrer Ursächlichkeit monokausal auf das ausgemachte Feindbild zurückgeführt werden können. Möglicherweise angesichts der sozialen Isolierung, der Todesangst oder der finanziellen Schwierigkeiten entstehende Gefühle der Trauer, Angst, Hilflosigkeit, Ohnmacht oder gar Schuld werden durch die von Beatrix von Storch angebotene Kausalkette zu Wut und Aggression gegenüber den als Schuldige Ausgemachten. Sie rationalisiert diese Wut sogar und macht sie zu einem scheinbaren Produkt objektiver Vernunft. Dass sich in Bezug auf die ›Videodemokratie‹ von der Rednerin zudem Gefühle des Neids, der fehlenden Anerkennung, des ausgeschlossen und übergangen worden Seins, auf die Zuschauer:innen übertragen, bringt die Rede womöglich ebenfalls nah an die Erlebniswelt von Menschen, die mitunter generell ähnliche Gefühle der Entfremdung von den politischen Institutionen hegen.

Darüber hinaus entsteht der Eindruck, es handele sich bei der Rede um eine Predigt. Mehrfach benutzt sie dem Christentum entlehnte Begriffe und öffnet die Rede hierdurch zu einer religiösen Bilderwelt. Auf diese Weise bekommt das Ende der Rede den Charakter des Höhepunktes einer apokalyptischen Erzählung. Am Wahltag im September drohe das Jüngste Gericht, an dem Merkel und die Ministerpräsident:innen büßen würden und das Volk mit ihrer Wahl als Richter die Gerechten von den Ungerechten scheide. Statt versöhnliche Töne der Vergebung für das vermeintliche Unwissen der Regierung anzuschlagen und Barmherzigkeit walten zu lassen, droht von Storch hier mit Gewalt, denn das sei die einzige Sprache, die die Regierung noch verstehen würde. Sowohl auf kognitiver als auch auf affektiver Ebene verspricht von Storch eine einfache Lösung für die ausgemachte Misere – das Abwählen der Regierung. Mehr noch: Sie macht mobil gegen die Bundeskanzlerin und ihre Gefolgschaft, die mit Gewalt aus dem Amt gefegt werden soll. Die AfD – so das Angebot – wird stellvertretend für das Volk die Regierung aus den bedeutungsvollen Hallen des Parlaments vertreiben, so wie Jesus in der biblischen Erzählung der Tempelreinigung die Händler und Geldwechsler aus dem Tempel vertrieben hat, weil sie diesen entweihen würden. Die ausgemachten Feind:innen werden damit jedoch nicht in die Opposition verbannt, sondern viel eher wirkt es, als würden diese hierdurch endgültig Geschichte. Erst damit – durch die wortwörtliche Beseitigung der aktuell machthabenden ›Volksfeinde‹ – würde die Demokratie wiederhergestellt und den Menschen die Wiedererlangung von Selbstwirksamkeit in Aussicht gestellt. Alles, was das Volk dafür tun müsse, ist die AfD bei der Wahl im September zu ›ermächtigen‹, damit sie den unheimlichen »Spuk« (Z. 48) ein für alle Mal beendet. Insofern handelt es sich um eine apokalyptische Erzählung der Errettung oder Erlösung des Volkes durch die AfD. Erlösung nicht nur von einer vermeintlich willkürlich entscheidenden und die Interessen des Volkes missachtenden Regierung, sondern Erlösung ebenso von allen aversiven Gefühlen.

## 3  Theoretische Diskussion der empirischen Ergebnisse

Der rekonstruierte szenische Gehalt der drei Bundestagsreden soll nun in ein theoretisches Begreifen überführt werden. Die folgenden Überlegungen müssen dabei notwendig spekulativ bleiben. Gemäß der Fragestellung ist an dieser Stelle noch einmal darauf hinzuweisen, dass es nicht darum geht, die Motivationslagen der Coronaleugner:innen und AfD-Anhänger:innen als konkrete Individuen herauszuarbeiten und zu belegen, sondern die folgenden theoretischen Überlegungen reflektieren – ausgehend von der inneren Logik der Reden und der Wirkung die sie auf affektiver Ebene bei den Rezipient:innen möglicherweise erzielen – mögliche gesellschaftliche Bedingungen, die auf individueller Ebene die Grundlage dafür schaffen, dass sich die von der AfD produzierten Bilder, induzierten und/ oder aufgegriffenen Affekte etc. verfangen können. Als zentral für die weitergehenden theoretischen Überlegungen scheinen mir zwei wiederkehrende Motive der drei Reden zu sein. Das *erste* Motiv dreht sich um die Gegenüberstellung einer gefährlichen, verbrecherischen Regierung und eines harmlosen Virus. Kern dieses Motivs ist die beruhigende Wirkung des wahlweise demonstrativen

Herunterspielens, der ohrenbetäubenden Dethematisierung oder der schlichten Leugnung der Gefahr, die eigentlich von dem Virus Covid-19 ausgeht (dessen Existenz mitunter sogar selbst infrage gestellt wird). Demgegenüber steht die auffallende Dramatisierung vermeintlicher Verletzung demokratischer Verfahrensregeln und des Bruchs des Grundgesetzes durch die Regierung und die hiermit verbundene Wut auf die Coronamaßnahmen sowie die politisch Verantwortlichen, die zum absoluten Feindbild stilisiert und als unheimlich, bedrohlich und zerstörerisch inszeniert werden. Das *zweite* Motiv dreht sich um die Begriffspaare Normalität und Ausnahmezustand beziehungsweise Demokratie und Diktatur. Zentral ist hier die Beschreibung einer unheilvollen Krise, eines verunsichernden und chaotischen nationalen Not- oder Ausnahmezustands, die jedoch nicht – wie eigentlich zu vermuten wäre – auf das Corona-Virus und die daraus resultierende, pandemische Lage zurückgeführt, sondern monokausal aus dem vermeintlichen Fehlverhalten der Regierungsverantwortlichen hergeleitet wird. Eingebettet in eine apokalyptische Metaerzählung inszeniert sich die AfD dabei als Retterin bzw. Erlöserin, die das Volk aus der Knechtschaft zu befreien vermag. Dabei erscheint die durch die ängstigende ›Coronadiktatur‹ korrumpierte Demokratie und Volkssouveränität als wiederherzustellender Sehnsuchtsort individueller und kollektiver Freiheit. Dies stellt den Kern des populistischen Narrativs dar.

## 3.1 Die verbrecherische Regierung und das harmlose Virus

In allen drei untersuchten Reden werden die Bund-Länder-Konferenz und insbesondere die Bundesregierung zum absoluten Feindbild stilisiert. Alle RednerInnen inszenieren diese als antidemokratisches und antifreiheitliches Regime, das das Parlament verachten, die Bedürfnisse und Interessen der Bevölkerung missachten und dadurch letztlich ›volksschädlich‹ agieren würde. Dies äußere sich insbesondere in den Einschränkungen der Grund- und Freiheitsrechte. Diese würden gerade nicht in einem abwägenden Prozess auf Basis epidemiologischer Erkenntnisse demokratisch beschlossen, sondern willkürlich aus nicht näher bestimmten Interessen der Regierung, die den Interessen des Volkes, der ›kleinen Leute‹, diametral entgegenstünden. Wie ist diese fundamentale Feindschaft gegenüber der Regierung vor dem Hintergrund der pandemischen Lage und den Corona-Schutzverordnungen zu verstehen?

Wer oder was in solchen Prozessen kollektiver Feindbildung als Feind wahrgenommen wird, ist Markus Brunner (2016) folgend zumeist selbst schon Produkt paranoid verklärter Wahrnehmung und zunächst ein Konstrukt, das mit eigenen

Vorstellungen, Fantasien und Affekten gefüllt wird. Diese verzerrte Wahrnehmung entsteht jedoch nicht im luftleeren Raum, sondern ist abhängig von bereits bestehenden Diskursen und »gesellschaftliche[n] Eigen- und Fremdgruppenbilder[n], die schon zuvor in die ›normale‹ Abwehrstruktur eingeschrieben und darin schon affektiv aufgeladen wurden« (ebd., S. 30). Rechte Agitation greift insofern gleichermaßen »schon vorhandenen Regressionsneigungen und Abwehrstrukturen« (ebd., S. 31) und ›normale‹ »›stumme‹ Massenprozesse« (Brunner 2019, S. 9) auf, die ohnehin »integrale[r] Bestandteil des Alltagslebens« (Claussen 2000, S. 125) sind. Auf den ersten Blick erscheint die Feindbildung so lediglich als Ausdruck einer populistischen Elitenkritik, doch hängt eine solche kollektive Feindbildung fast immer auch mit Effekten psychischer Abwehrmechanismen zusammen. Es liegt nahe, dass wir es in diesem Fall mit Projektionen von als negativ empfundener Eigenanteile zu tun haben. Jan Lohl (2017b) beschreibt den Abwehrmechanismus der Projektion dabei als einen psychischen

> Mechanismus, der die psychische Organisation von (bewussten) Wahrnehmungen zu Abwehrzwecken nutzt. Negative Selbstanteile werden aufgrund einer Projektion als Aspekte eines Objektes wahrgenommen: einer anderen Person, einer Gruppe oder einer imaginären Gemeinschaft (Nationen, Staaten, Religionsgemeinschaften usw.). Der psychische Effekt einer Projektion besteht darin, dass das Subjekt meint, seine/ ihre negativen Selbstanteile bekämpfen zu können, indem es sich emotional, verbal oder handgreiflich gegen das Objekt wendet. (ebd., S. 21 f.)

Doch was wird möglicherweise auf die von den RednerInnen angebotene Projektionsfläche der feindlichen Regierung projiziert? Anhand der in den szenischen Rekonstruktionen herausgearbeiteten Symbolwelten der Reden und der hierdurch hervorgerufenen Affekte lassen sich womöglich Hinweise finden, für welche Projektionen die AfD in ihren Propagandareden das passende Ziel liefert, über das die Zuhörer:innen sich diese, als negativ empfundenen, Eigenanteile nun in Form der »propagierten Feindbilder als Objekte des Hasses psychisch« (ebd., S. 21) aneignen können. Auffallend in allen Reden ist die polare Gegenüberstellung eines ›braven‹ und regelkonformen Volkes, das sich an alle Beschränkungen gehalten hätte (trotz des persönlichen Leids, das diese verursacht hätten), und einer Regierung, die »**offensichtlich rechtswidrig**« (Z. 51) handeln und das Grundgesetz brechen würde, wie es Sebastian Münzenmeier ausdrückt. Real haben wir es mit einem hochinfektiösen und potenziell tödlichen Virus zu tun, der sich pandemisch ausbreitet. Aufgrund der Übertragungswege über Tröpfcheninfektionen und Aerosole wurde von Wissenschaft und Politik die weitreichende Kontaktbeschränkung (insbesondere im Privatbereich) als wirksamste und am besten durchsetzbare Maßnahme identifiziert, um die Infektionsketten zu unterbrechen. Für die Bevölkerung bedeutete dies jedoch erhebliche Einschränkungen des Alltagslebens. Soziale Interaktion und körperliche Nähe wurden tabuisiert und mitunter verboten, da sie einen potenziell tödlichen Ausgang haben können, während die Selbstisolation zu einem solidarischen Akt idealisiert wurde:

> In der Corona-Krise wird die Vereinzelung zu einer existenziellen Überlebens-Notwendigkeit erhoben, mit all den psychisch destabilisierenden Folgen, die sich aus dem Bindungs- und Objektverlust ergeben und den gesellschaftlichen Zusammenhalt fragmentieren. (Klug 2021, S. 221)

Hierdurch wird dem Thanatosoziologen Ekkehard Coenen (2021, S. 236) zufolge »jede Akzeptanz und jede Ablehnung der Präventivmaßnahmen zugleich eine auf kommunikativem Handeln beruhende Positionierung gegenüber der Sterblichkeit des Menschen«. Gleichsam sind die Bedürfnisse nach lustvoller zwischenmenschlicher Interaktion jedoch nicht gebannt und erfordern große unlustvolle Verzichtsleistungen, denn »der Mensch ist als Beziehungswesen von Lebensbeginn an bis zum Lebensende existenziell auf soziale Kontakte angewiesen« (Auchter 2020, S. 91). Der nachvollziehbare Wunsch nach sozialem Kontakt und damit einer Übertretung geltender Bestimmungen und moralischer Werte gerät auf diese Weise in Konflikt mit der diskursiven Ordnung und der mitunter internalisierten Anrufung, sich und andere durch den Verzicht zu schützen. Die Vorstellung, die Realisierung eigener Wünsche könnte anderen Menschen schaden oder diese sogar töten, löst daher womöglich große Angst, Schuld und Schamgefühle aus und ist letztlich nicht mit dem eigenen Selbstbild vereinbar und muss daher, samt der damit verbundenen Affekte, abgewehrt werden. Diese Angst andere schuldhaft anzustecken, so Bernd Heimerl (2020), kann im Kontext der Pandemie daher im übertragenen Sinne auch als »psychische Ansteckung« (ebd., S. 326) betrachtet werden, die archaische Ängste aktiviert und die »über frühe Abwehrmechanismen wie Verleugnung, Spaltung im Sinne von Introjektion und Projektion abgewehrt werden« (ebd., S. 329).

Markus Brunner et al. (2021) verweisen angesichts einer ähnlichen innerpsychischen Dynamik, die sich in Bezug auf eine Corona-Rede Angela Merkels in der tiefenhermeneutischen Interpretation ergab, richtigerweise auf Freuds (Freud 1930/2018a) Arbeit zum Unbehagen in der Kultur: Freud weist darauf hin, »wie die Aggression, die sich gegen die Verzichtsleistungen fordernde Kultur richtet, in Form des Überichs nach innen gewendet wird und so ständig bedrückende

Schuldgefühle erzeugt, derer man sich zuweilen durch Auflehnungen zu entledigen sucht« (Brunner et al. 2021, S. 22). Dem Psychoanalytiker Markus Fäh
(2021) zufolge repräsentiert die »Aggression des Gewissens« (ebd., S. 232) dabei

> nicht primär die Grausamkeit der äußeren Autorität, sondern die Trieb-Aggression des
> Subjekts, die nun gegen es selbst gerichtet wird. Bereits willig akzeptierte Verzichts-
> leistungen führen somit zu zweierlei: Sie aggressivieren einerseits die Triebseite der
> Psyche durch die frustrane Erfahrung, und sie steigern damit auch die bereits in der
> Entwicklung angelegte Aggressivität des Über-Ichs. (ebd.)

Die Zuschauer:innen können sich nun mithilfe des von der AfD angebotenen
kollektiven Feindbildes dieser unerträglichen und auch aggressiven Eigenanteile,
die durch die »erdrückende Realität und die erdrückende Last des eigenen Gewissens« (Brunner et al. 2021, S. 21) entstehen, projektiv entledigen. »Der archaische
Abwehrmechanismus der Projektion dient letztlich der Entlastung des Ichs von
sozial induzierten, unerträglich gewordenen intrapsychischen Spannungen und
den mit ihnen verbundenen Unlusterfahrungen.« (Pohl 2010, S. 43) In der so
reorganisierten Wahrnehmung ist es nicht mehr das Selbst, das den Wunsch hegt
geltende Bestimmungen und Gesetze zu übertreten und sich damit gefährdend
zu verhalten, sondern die Regierung, die durch ihre rechtswidrige Politik Leben
ruinieren, Existenzen zerstören und schließlich Menschenleben kosten würde und
die sich gegenüber den RednerInnen und dem Volk für ihr Handeln verantwor-
ten soll, schuldig wäre, sich vor allem schämen müsse und bestraft gehöre, wie
dies insbesondere in den Rede von Münzenmeier und von Storch deutlich wird.
Sinnbildlich hierfür stehen auch – und das zeigt auch die Verbreitung dieses Bildes – die auf den ›Querdenker‹-Demos vielfach zu sehenden Schilder auf denen
Regierungsmitglieder, Wissenschaftler:innen und Journalist:innen in stereotyper
Sträflingsbekleidung mit dem Stempel ›schuldig‹ dargestellt werden (vgl. Deutsches Ärzteblatt 2020). Dass nun gerade die Regierung und insbesondere die
Bundeskanzlerin als scheinbar ›passendes‹ Feindbild von der AfD angeboten werden, ist nicht zufällig, denn als politische Entscheidungsträger:innen sind sie es,
die letztlich die geltenden Regeln aufstellen – auch wenn diese lediglich eine
Reaktion auf die pandemische Bedrohung sind. Zudem passt es schlicht in die
ohnehin bestehenden populistischen Narrative der AfD, die dieses Feindbild auch
in anderen Kontexten stets bemühen.

In Anschluss an Rolf Pohls (2010) Überlegungen zum antisemitischen Wahn
(vgl. auch Lohl 2017a) lässt sich diese projektive Abwehr mithilfe des von
Melanie Klein entwickelten Konzepts der Projektiven Identifizierung weiter spezifizieren. Der qualitative Unterschied dieses Abwehrmechanismus zur Projektion

liegt darin, dass die unerträglichen Eigenanteile in verdrängender Absicht nicht nur externalisiert und dem äußeren Objekt angeheftet werden (wie bei der Projektion), »sondern gleichsam in deren Inneres eingepflanzt« (Pohl 2010, S. 43) werden, sodass diese nicht nur situativ, sondern mehr oder weniger dauerhaft damit identifiziert werden (vgl. ebd., S. 44).[2] Horkheimer und Adorno (1969/ 2017, S. 196) folgend, wird »der als Feind Erwählte« auf diese Weise nun immer schon auch »als Feind wahrgenommen«. Insbesondere all jenen, die ohnehin schon an die AfD und ihre Narrative gebunden sind, liegt es in dieser entstellten Wahrnehmung nahe, dass es auch dieses Mal die feindliche Regierung ist, die das persönliche und kollektive Leid ausmacht. Verstärkt wird dies durch die Betonung der Kontinuität des vermeintlichen Versagens, etwa in der Rede von Storchs. Zudem bekommt bei der Projektiven Identifizierung das Verhältnis des projizierenden Subjekts zu seinem Feindbild einen beziehungsartigen Charakter, weil auch die projizierende Person mit den projizierten Anteilen identifiziert bleibt. »Die Störung liegt in der mangelnden Unterscheidung des Subjekts zwischen dem eigenen und fremden Anteil am projizierten Material.« (ebd.) Die:der Projizierende erkennt auf unbewusster Ebene assoziativ sich selbst in seinem Feindbild und muss dieses in der Folge umso schärfer verfolgen. Hierdurch können sich auch die eher diffusen, aggressiven Affekte verstetigen und zu Hass, einem »dauerhaften, strukturierten Affekt« (Kernberg 2002, S. 274 zit. nach Lohl 2017a, S. 135 f.), werden. Die projizierenden Subjekte werden so dauerhaft an ihr Feindbild gebunden und »können daher in ihrer Feindseligkeit und Gewaltbereitschaft nicht ohne psychische Arbeit von ihren Hassobjekten lassen, sondern neigen dazu, dieses auf eine fixierte und starre Weise zu verfolgen und zu bekämpfen« (Lohl 2017b, 22 f.), da sie dies für ihre, durch den Abwehrmechanismus prekär hergestellte, innerpsychische Stabilität benötigen.

> Erst diese unbewusste Identifizierung des Objekts mit den verpönten Selbstanteilen und den dazugehörenden Affekten (Aggression und Hass) schafft eine Verbindung, die ein zerstörerisches Eindringen in die nun als absolut feindlich empfundenen Objekte als Gegenmaßnahme gegen die ihnen supponierten gefährlichen Tendenzen nicht nur erlaubt, sondern geradezu erzwingt. Denn gerade weil der Projizierende mit dem Objekt seiner Projektion partial und auf Dauer identifiziert bleibt, muss er umso mehr dessen unerbittliche Rache fürchten. Der konstruierte äußere Verfolger

---

[2] Siegfried Zepf (2000, S. 290) betont überdies hinaus in Anschluss an T.H. Ogden den interpersonellen Gehalt der Projektiven Identifizierung: Auch jene Personen, auf die etwas projiziert wird, können sich mit den auf sie projizierten Inhalten identifizieren und sich diese anverwandeln. Im Kontext dieser Arbeit ließe sich auf diese Weise erklären, weshalb sich z. B. Angela Merkel wiederum in ihrer Regierungserklärung derart stark gezwungen sieht zu betonen, in Einklang mit den Gesetzen zu handeln.

wird durch diese projektive Verschiebung zum Träger der eigenen zerstörerischen Hassregungen. Erst durch diese unbewusste Identifizierung kann das Feindobjekt zur Inkarnation des absolut Bösen erhoben werden. (Pohl 2010, S. 44)

Markus Brunner (2016) zufolge entwickelt eine solche Abwehrkonstellation, die »die innere Wahrnehmung gegen die bedrohliche, Mangel und Unlust hervorbringende Realität« (ebd., S. 22) abschottet, eine spezifische Dynamik, denn das »ängstigende Eigene, sowohl die ›Es‹-Anteile, d. h. die eigenen Wünsche und Regungen, wie die ›Überich‹-Anteile, also die belastenden verinnerlichten Verbote, sind mit der Projektion nicht einfach verschwunden« (ebd.), sondern kehren nun in der verzerrten Wahrnehmung als bedrohliches äußeres Objekt wieder, in diesem Fall als bedrohliche Regierung, die einen vermeintlichen Krieg gegen das Volk führt und eine Diktatur einrichten möchte und gegen die nun in einem Akt vermeintlicher Notwehr eine »paranoide Abwehr-Kampf-Haltung« (Pohl 2003) eingenommen wird. »Diese paranoide Realitätsverkennung bringt in der Tat eine rasche Spannungsentlastung. [...] Was bisher ungreifbar und in einem selbst war, ist nun greifbar, sichtbar und draußen in der Welt.« (Mitscherlich 1968, S. 83) Das paranoide Moment wird deutlich, wenn in allen unlustbereitenden äußeren Realitätseinbrüchen nun ein Angriff des äußeren Feindes gesehen wird.

Von den Redner:innen werden die durch die enormen individuellen Herausforderungen der Pandemie induzierten innerpsychischen Konflikte gezielt adressiert, politisiert und für ihre Zwecke instrumentalisiert. Die AfD stellt mit der Regierung ein kollektives Feindbild als Projektionsfläche zur Verfügung, das scheinbar sozialkonform aggressiv verfolgt werden kann. Für Löwenthal und Guterman (1949/2017, S. 71) stellt die »Umwandlung des Feindes vom gefährlichen Verfolger zum verfolgten Opfer« ein zentrales Thema »aller Agitation« dar – so wie Alexander Gauland nach der Bundestagswahl 2017 bereits verkündete: »Wir werden sie jagen, wir werden Frau Merkel oder wen auch immer jagen« (Bayrischer Rundfunk 2017). Und auch in den untersuchten Reden wird dies deutlich: Der mobilisierende Charakter der Reden, sich aus der Deckung zu begeben und Handlungsmacht durch aktiven und notfalls gewaltsamen Widerstand zu erlangen, wurde für alle Reden in je unterschiedlicher Ausprägung herausgearbeitet. Mit dem psychischen Abwehrmechanismus der Projektiven Identifizierung ist auch eine Veränderung der zuvor ambivalenten Selbstrepräsentanz des ursprünglichen Wunsches verbunden. Dieser wird in diesem Prozess aufgespalten in ›gute‹ und ›böse‹ Anteile. Während die ›bösen‹ Anteile abgespalten und projektiv mit dem Feindbild identifiziert werden und es in der so umorganisierten Wahrnehmung die Regierung ist, die mit ihren Regelüberschreitungen und Gesetzesbrüchen

Menschenleben bedroht, bleiben die positiven Anteile im Selbst psychisch repräsentiert: Das eigene Handeln verliert angesichts dessen seine Bedrohlichkeit und steht nicht mehr in Konflikt mit den repressiven Anforderungen der Pandemiebekämpfung, sondern kann – selbst bei real gefährdendem Verhalten – als positiver Akt der Freiheit und Selbstbestimmung wahrgenommen werden.

Gestört wird eine solch reorganisierte Wahrnehmung jedoch vor allem durch Realitätseinbrüche, die die durch die Spaltungs- und Projektionsmechanismen hergestellten Eindeutigkeiten bedrohen, wie zum Beispiel die reale Gefährlichkeit des Virus. Es ist daher nicht verwunderlich, dass eben jene keinen Platz in den Reden findet. Neben dieser offensichtlichen Nützlichkeit der Verleugnung in Form einer ›coronafreien Coronarede‹ findet COVID-19 jedoch auch, so denke ich, aus anderen Gründen keinen Weg in die Reden. Die frappierende Bildernähe zwischen gesellschaftlichen Vorstellungen des Virus und dem von der AfD gezeichneten Bild einer unheimlichen, undurchschaubaren und potenziell tödlichen Diktatur, die in unser Parlament und unsere Wohnungen eindringt, sich dort einnistet und Schaden anrichtet, lassen vermuten, dass es sich hier möglicherweise um Prozesse der Verschiebung handelt. Der psychische Abwehrmechanismus der Verschiebung ermöglicht es, Fantasien oder Triebimpulse, die ursprünglich dem Virus gelten, auf ein besser geeignetes Ersatzobjekt zu verschieben, denn das Virus selbst ist ungreifbar. Hierfür wird von den RednerInnen abermals die Regierung als Ziel der Verschiebung in Stellung gebracht. Doch welche mit dem Virus verbundenen Bedeutungsinhalte müssen hier möglicherweise abgewehrt und auf das Feindbild der Regierung verschoben werden?

Der Psychoanalytiker Bernd Heimerl (2020, S. 330) weist darauf hin, dass sich das Coronavirus aufgrund seiner Erscheinung »psychoanalytisch als Metapher für Fremdheit und Unheimlichkeit lesen« ließe und uns »an die Begrenzung des Kontrollierbaren« erinnere. Ähnlich argumentiert sein Kollege Joachim Küchenhoff (2020), der in dem Virus ein »unheimliches Objekt« (ebd., S. 364) sieht, »das doch kein Gegenüber ist, das überall ist und zugleich nirgends, das so unsichtbar ist, dass es zum Hirngespinst im Rahmen von Verschwörungstheorien erklärt werden kann, so real zugleich, dass ihm enorm viele Menschen zum Opfer fallen« (ebd., S. 363). Eine Konfrontation mit solcherlei Objekten sei für die Subjekte nicht lange zu ertragen, weshalb mitunter versucht würde, dieses durch Abwehrprozesse der Externalisierung, Projektion oder Verschiebung irgendwie »dingfest zu machen« (ebd., S. 364). Doch was genau zeichnet das Unheimliche des Virus aus? Beide Autoren verweisen dabei auf Sigmund Freuds Überlegungen zum Unheimlichen (vgl. Freud 1919/1966b). Demnach kann das Virus nicht allein als unheimlich erlebt werden, weil es neu ist und uns vor bisher nie da gewesene Herausforderungen stellt, sondern muss eine darüber hinausgehende Qualität besitzen: »Zum Neuen und Nichtvertrauten muß erst etwas hinzukommen, was es zum Unheimlichen macht« (ebd., S. 231), denn »das Unheimliche sei etwas, was im Verborgenen hätte bleiben sollen und hervorgetreten ist« (ebd., S. 254). Freud bringt das Gefühl des Unheimlichen in Verbindung mit dem psychischen Abwehrprozess der Verdrängung. In Anschluss an Freud macht Heimerl (2020, S. 324) deutlich, dass das Virus uns offenbar »gegen die Absichten des Bewusstseins« mit einer »Ebene des seelisch Verdrängten« konfrontiert und dadurch Angst auslöst. Freud weiter folgend ist es alles »was mit dem Tod, mit Leichen und mit der Wiederkehr der Toten, mit Geistern und Gespenstern, zusammenhängt« (Freud 1919/1966b, S. 254), das den meisten Menschen unheimlich erscheint und er folgert hieraus, dass »die primitive Angst vor dem Toten bei uns noch so mächtig ist und bereit liegt, sich zu äußern, sowie irgend etwas ihr entgegen kommt« (ebd., S. 256). Angesichts der realen Letalität des Virus und der hiermit verbundenen Schreckensbilder von aufgetürmten Särgen, Massengräbern und nur durch Maschinen am Leben erhaltenen Erkrankten, liegt es nahe, dass genau diese Konfrontation mit dem Tod und letztlich auch unserer eigenen Sterblichkeit, das Erleben des Virus als unheimliches Objekt evozieren. Coenen (2021) zufolge liege der Tod »im Kern der Coronapandemie« (ebd., S. 236) und bilde ihren »thematischen Fluchtpunkt« (ebd., S. 235), werde jedoch stets, das zeige sich an den »zahlreichen Normenverstößen« (ebd., S. 239), auch »in den verschiedenen Sinndimensionen: als Sache, als gegenwärtiges Problem und als soziales Ereignis« (ebd.), verdrängt. Auch die RednerInnen der untersuchten Rede blenden die Letalität des Virus auf je unterschiedliche Weise aus.

Waren es vorzeitlich noch die Mythen und Religionen, die die Menschen die Angst vor dem Tode nahmen und einen beruhigenden Schleier über das Jenseits legten, veränderte sich das Verhältnis der Menschen zu ihrer eigenen Sterblichkeit mit der Aufklärung grundsätzlich, war doch »das Programm der Aufklärung […] die Entzauberung der Welt« (Horkheimer und Adorno 1969/2017, S. 9). Der Prozess der Aufklärung, darauf weisen Horkheimer und Adorno hin, war jedoch ein dialektischer. Samuel Salzborn (2019) zufolge führte die Säkularisierung und damit »die Erkenntnis, als leibliches Wesen im irdischen Leben frei von göttlichem Zwang zu existieren« (ebd., S. 208 f.) zu der schonungslosen Gewissheit der eigenen Sterblichkeit ohne Aussicht auf transzendente Erlösung. »Die Emanzipation zum Subjekt« (ebd., S. 205) habe demnach schon immer auch »das Potenzial der Selbstüberhöhung« (ebd.) und dem »Glauben an die menschliche Allmacht« (ebd.) in sich getragen, die der Erkenntnis eigener Vergänglichkeit entgegengesetzt wurde. »Der Glaube an Gott wurde im Prozess der Aufklärung von einem Glauben an Natur und Technik abgelöst« (ebd.) und dem

»Wunsch nach menschlicher Allmacht, nach vollständiger Natur- und Technik-
beherrschung, nach Kontrolle von Leben und Sterben, nach Überwachung und
Abweichung, nach narzisstisch ungezügelter Größe und Stärke« (ebd., S. 205 f.).
Die gattungsgeschichtliche Herrschaft über die äußere Natur, verdoppelte sich
nach innen in die Herrschaft über die eigene ›innere‹ Natur, die der Mensch ist.
Entlang neuer Dualismen von Natur-Kultur und Körper-Geist wurde zentral die
Instinktlosigkeit des Menschen postuliert und der Geist als »Apparat der Herr-
schaft und Selbstbeherrschung« (Horkheimer und Adorno 1969/2017, S. 42) in
Stellung gebracht:

> Rein natürliche Existenz, animalische und vegetative, bildete der Zivilisation die
> absolute Gefahr. Mimetische, mythische, metaphysische Verhaltensweisen galten
> nacheinander als überwundene Weltalter, auf die hinabzusinken mit dem Schrecken
> behaftet war, daß das Selbst in jene bloße Natur zurückverwandelt werde, der es sich
> mit unsäglicher Anstrengung entfremdet hatte, und die ihm eben darum unsägliches
> Grauen einflößte. (ebd., S. 37)

Dieses narzisstische Phantasma menschlicher Allmacht, Ganzheit und Kontrolle
und damit verbundener Unsterblichkeit, von der Freud schreibt, dass ein jeder
von uns im Unbewussten von ihr überzeugt sei (vgl. Freud 1915/2018b, S. 149),
wird jedoch bedroht durch die Konfrontation mit dem eigenen Naturhaften, der
eigenen Sterblichkeit, für die der Virus symbolisch steht.

> Das Spektrum der Erkrankung COVID-19 ist äußerst vielschichtig und unübersicht-
> lich. Das Unwissen, die Unberechenbarkeit und die Unbeherrschbarkeit erschüttern
> die narzisstische Fantasie omnipotenter Kontrolle. Die Bedrohung durch diese neue
> Erkrankung löst zunächst massive Angst und Unsicherheit aus. Der Mensch gerät aus
> seinem bisherigen seelischen Gleichgewicht. Wir hatten uns eingerichtet und lebten
> in einem Gefühl relativer Sicherheit. Dann kam die Pandemie. Keiner war vorberei-
> tet. Angst und Verunsicherung griffen um sich und verließen uns nicht wieder. Die
> Angst ließ auch ins Unbewusste verdrängte Ängste wieder an die Oberfläche treten
> und letztlich die Angst vor dem Sterben. […] Die Krise konfrontiert uns mit unserer
> Fragilität, mit Ohnmacht und Hilflosigkeit und unserer Sterblichkeit. (Auchter 2020,
> S. 88 f.)

Gerade weil sie das bisherige seelische ›Gleichgewicht‹ des narzisstischen Phan-
tasmas bedroht, muss diese äußere Realität so vehement verleugnet werden. Das
Paradoxe ist, dass der Mensch als Gattungssubjekt allerhand wissenschaftliche
und technische Instrumente zur Unterwerfung der Natur entwickelt hat, es nun
jedoch dieses kleine, unsichtbare Virus ist, dass die menschliche Unzulänglichkeit und den Trugschluss der omnipotenten Naturbeherrschung vor Augen führt.

Und vielleicht war es sogar die menschliche Naturbeherrschung selbst – durch den kapitalistischen Expansionismus –, die das Virus erschaffen hat, indem sie den Menschen tief in die Lebenswelten der Tiere hat eindringen lassen und so Zoonosen verursacht (vgl. BUND 2020).

Dadurch, dass das neuartige Coronavirus einerseits aufgrund »seiner unsichtbaren Winzigkeit« (Weimer 2020, S. 97) und schwer nachvollziehbaren Übertragungswegen als diffus und ungreifbar erscheint und andererseits seine tödlichen Folgen so unübersehbar sind und uns an unsere eigene Hilflosigkeit und Sterblichkeit erinnert, tendiere unsere Wahrnehmung »zu ebendieser unheimlichen, parasitär anmutenden Inkarnation des Todes« (ebd.), wie es Martin Weimer beschreibt. Dabei sei es gerade »die Bewegung des Eindringens in den Körper« (Heimerl 2020, S. 330), die uns »an die Begrenzung des Kontrollierbaren« (ebd.) erinnere. Gerade weil das Virus droht, sich als »unheimlicher und unsichtbarer Fremdkörper im eigenen Körper« (ebd., S. 321) einzunisten, weckt es »archaische Körperängste, einerseits Todesängste, aber auch solche vor der Auflösung der Körpergrenzen« (Brunner et al. 2021, S. 22), und offenbart uns »die Prekarität der Abgrenzbarkeit des eigenen Körpers« (ebd., S. 23). Das Virus scheint die Körpergrenzen ungehindert überqueren zu können und ist daher in einer bedrohlichen Gleichzeitigkeit nicht nur ›äußerer‹ Feind, die Bedrohung von außen, sondern er dringt in das Innere ein und wird so zum Feind im Innern. »Dieser bedrohliche Fremdkörper, der Angreifer, ist seinerseits höchst flexibel, kriegerisch, absichtsvoll; ein Ding, ein Element, ein Wesen; nicht lebendig, nicht tot […].« (Heimerl 2020, S. 328) Bernd Heimerl folgend, ist es diese Gleichzeitigkeit, die Form der Übertragungswege und schließlich die »Raumfrage im Kontext von Fremdheit« (ebd., S. 325), die in diesem Kontext »Fantasien und archaische Abwehrformationen in der Innen- und Außenwelt« (ebd., S. 321) speisen und von der AfD hier womöglich aufgegriffen werden. Denn das Virus bedroht nicht nur den individuellen Körper, sondern sorgt auch für eine »äußere Unordnung« (ebd., S. 326) im kollektiven beziehungsweise »gesellschaftlichen Körper« (ebd.), den »imaginären Volkskörper« (ebd., S. 325), in den das Virus ebenso einzudringen scheint. Das Virus werde auf diese Weise »zum Synonym einer allgegenwärtigen Bedrohung« (ebd., S. 328) und zum Sinnbild des absoluten und ungreifbaren Bösen. (vgl. Heimerl 2020, S. 328) Gerade weil dieses unheimliche Objekt jedoch so unsichtbar und ungreifbar erscheint, biete sich, so Küchenhoff »der Ausweg, es als Agenten einer feindlichen Macht, als chinesisches Virus etwa, projektiv zu verankern.« (Küchenhoff 2020, S. 364).

Meine These lautet nun, dass die entfalteten Charakteristika des unheimlichen Virus als bedrohlicher Fremdkörper von den RednerInnen der AfD auf das von ihnen feilgebotene Feindbild verschoben werden und sie dieses damit auch für ihre Zuhörer:innen als (Ziel-)Objekt der Verschiebung des Unheimlichen des Virus und der damit verbundenen Affekte anbieten. Sinnbildlich hierfür können die von den Reden hervorgerufenen Bilder angesehen werden: Bei Beatrix von Storch wurde die Regierung selbst zum »Spuk« (Z. 48) und zur eigentlichen Seuche als »**Seuchen(,)regiment**« (Z. 10) und die Entscheidungsgewalt einer unheimlichen »**Video** konferenz« (Z. 28) überlassen. Bei Alexander Gauland wiederum wurde ein unheimliches Bild einer den (Volks-)Körper penetrierenden Macht gezeichnet, die der Erscheinung des Virus' selbst bemerkenswert ähnelt. Bei Sebastian Münzenmeier hingegen rücken uns überall lauernde und unsichtbare »Corona**schleierfahnder**« (Z. 71) auf den Leib und versuchen in unsere Wohnungen einzudringen und dieses eigentlich private Herrschaftsgebiet auf diese Weise zu verletzen. Verstärkt wird diese Abwehrbewegung möglicherweise zusätzlich dadurch, dass die Regierung durch ihre Informationspolitik den durch die Verschiebung mühsam unbewusst gehaltenen Tod kommunikativ erneut aufdrängen (vgl. Coenen 2021, S. 237). Alexander Gauland spricht, so meine ich, nicht zufällig von einem »Infektionszahlenbombardement« (Z. 32). Die nüchternen Zahlen verkörpern die tödliche Bedrohung, die eigentlich vom Virus ausgeht, indem sie uns diese vor Augen führen und damit das ursprünglich abgewehrte stets aufs Neue ins Bewusstsein bringen. In allen drei Reden wird die Regierung also mit Eigenschaften des Virus und seinen tödlichen Folgen belegt: Sie ist unheimlich, durchdringt Grenzen, bringt den Tod, und tritt somit sinnbildlich an die Stelle des Virus und seiner Bedrohlichkeit.

Eine solche dehumanisierende Identifizierung der Regierung mit dem Virus hat Leo Löwenthal und Norbert Guterman zufolge zudem einen darüberhinausgehenden Effekt:

> Wenn er [der Agitator] den Feind als einen Kriminellen, einen Entarteten, ein widerliches Tier, eine Mikrobe kennzeichnet, trifft der Agitator bei seinen Zuhörern tiefe Schichten von Haß und Sich-betrogen-Fühlen; ihre Rachsucht und ihr Haß auf diesen unsichtbaren Feind werden unerträglich. (Löwenthal und Guterman 1949/2017, S. 64)

Ein solch außerordentlicher Hass auf die Regierungsverantwortlichen wird in allen Reden deutlich. Die Kehrseite dieser Dehumanisierung der Regierung als Virus ist die angestrebte Beseitigung der ›Seuche‹ durch Vernichtung der ›viralen‹ Regierung. Das Ziel ist schließlich die aggressiven Gefühlsregungen gegen die Regierung zu legitimieren und zu normalisieren und die moralische Schranke, die Gewalthandeln gegen das Feindbild verhindert, zum Fallen zu bringen, denn schließlich, so Löwenthal und Guterman, werde der »Feind als Bazillus oder Parasit [...] nur in dem Moment gefährlich, in dem moralische Tabus oder humane

Bedenken eine gründliche Antisepsis« (ebd., S. 68) verhindern. Auffallend bei allen drei RednerInnen ist die Rigidität mit der die Feindbildung erfolgt. Bei allen Reden entsteht der Eindruck, die Regierung müsse nicht nur einfach abgewählt, sondern gänzlich beseitigt werden – ein für alle Mal, denn schließlich würde sie Leben ruinieren, Existenzen zerstören und letztlich den leidvollen Tod bringen.

> Der Feind stellt sich nicht als Gruppe dar, die einem bestimmten objektiven Ziel im Wege steht, sondern als ein grausamer Erzteufel von absoluter Bosheit und Verderbtheit. Er ist unassimilierbar, ein Fremdkörper in der Gesellschaft, ohne jede nützliche und produktive Funktion. Nicht einmal theoretisch ist er zu überzeugen. Es gibt keine Brücke, die der Feind aus Reue begehen könnte. Er ist und bleibt böse um der Bosheit willen. (ebd., S. 53)

Deutlich wird dies etwa in der Rede von Beatrix von Storch. Wie im vorherigen Kapitel dargestellt, erweckt ihre Rede den Eindruck, als handele es sich bei den vermeintlichen Vergehen der Regierung um Todsünden, für die es keinesfalls Vergebung geben könne. Und auch Sebastian Münzenmeier übt nicht einfache Sachkritik, sondern essentialisiert diese und verknüpft sie mit einer moralischen Kritik der »**Arroganz**« (Z. 65) und somit mit einem von ihm ausgemachten Persönlichkeitsmerkmal Angela Merkels. Die Regierungspolitik wird so Ausdruck des scheinbar allgemeinen Wesens der Bundeskanzlerin.

Insgesamt lässt sich festhalten, dass einerseits die ambivalenten Gefühle, die sich in Bezug auf Corona ergeben, abstrahiert und zu einer abstrakteren Bedrohung der demokratischen Ordnung, der Nation oder des Volkskörpers werden. Andererseits wird die innerpsychische Ambiguität, die sich aus der Konfrontation und dem Umgang mit dem Virus ergibt, vereindeutigt und in einer »falschen Konkretheit« (Neumann 1954, S. 21) der vermeintlich bösen Regierung zugeschoben, die nun anstelle des ungreifbaren Virus verfolgt werden kann. Ist die Regierung schließlich vernichtet, ist alle Ambivalenz und spannungserzeugende Widersprüchlichkeit aufgelöst. Löwenthal und Guterman (1949/2017, S. 103) folgend, ist es für Agitator:innen typisch, alle ausgemachten »pathologischen Symptome« der gegenwärtigen gesellschaftlichen Malaise »auf den ›fremden‹ Erreger« zu beziehen. Auffallend dabei sei jedoch, dass bei aller Betonung des Pathologischen ihr »Konzept von der Normalität erstaunlich unbestimmt« (ebd.) bleibe. Die Agitatoren in Löwenthal und Gutermans Studie haben nichts zu bieten gehabt als »eine Wiederholung des Richtfestes für das institutionelle und ideologische Baugerüst der amerikanischen Republik, wie sie seit den Gründervätern besteht« (ebd.). Ähnliches sehen wir auch in den hier untersuchten

Reden der AfD-Bundestagsfraktion. Während die aktuelle Krisensituation bildhaft beschrieben und keine Möglichkeit ausgelassen wird, dies als Versagen der Regierungsverantwortlichen darzustellen, wird diesem inszenierten nationalen Notstand, dem Ausnahmezustand, kaum ein konkreter und ernst gemeinter politischer Gegenentwurf entgegengestellt, sondern lediglich affirmativ auf abstrakte gesellschaftliche Werte wie ›Freiheit‹, ›Grundrechte‹, ›Demokratie‹ und ›Volkssouveränität‹ verwiesen.

## 3.2　Der Ausnahmezustand und das souveräne Volk

Dieser abstrakte Rekurs auf zentrale Begriffe der Demokratie ist nicht zufällig, sondern für populistische Erzählstrategien typisch. Hierbei positionieren sich die Populist:innen nicht in konfrontativer Stellung gegen die liberale Demokratie, sondern arbeiten »mit einer kalkulierten Ambivalenz im Umgang mit normativen Kriterien« (Gadinger und Simon 2019, S. 26). Oftmals werden »liberale Elemente (Freiheit, Gleichheit) narrativ eingebunden [...] und Begriffe wie Volkssouveränität, Pressefreiheit oder Gleichstellung metaphorisch gedreht und in ihrer Bedeutung oft pervertiert« (ebd., S. 47). Wie bereits eingangs geschildert, wird dabei »zur Mobilisierung kollektiver Ängste primär auf einer affektiven Ebene« (ebd., S. 26) operiert, »mit Verschwörungsplots, moralisch abwertenden Rollenzuweisungen (Volksverräter) und furchteinflößenden Szenarien, die in ihrer Verbindung angstverstärkende Emotionen (Wut, Kontrollverlust, Ohnmacht) schüren und eine Verachtung gegenwärtiger Politik und ihrer Institutionen bestärken« (ebd., S. 47 f.). Begriffe wie Volk, Elite und Gemeinwille stellen dabei Schlüsselbegriffe des Populismus dar (vgl. Mudde und Kaltwasser 2017/2019). Kern solcher populistischen Rhetorik, wie sie auch in den untersuchten Reden der AfD zu finden sind, ist dabei die Konstruktion zweier sich dichotom gegenüberstehenden Gruppen. Auf der einen Seite stehen die politischen oder kulturellen ›Eliten‹ oder das ›Establishment‹, das korrupt oder parasitär wäre und dem vorgeworfen wird, das auf der anderen Seite stehende homogene und moralisch reine, wahre ›Volk‹ verraten zu haben oder ihm gar aktiv Schaden zuzufügen (vgl. Wodak 2020, S. 26 f.). Die Populist:innen selbst inszenieren sich dabei zumeist als alleinige, authentische Vertreter:innen des ›wahren‹ Volkswillens und – angesichts eines vermeintlichen gesellschaftlichen Zerfallsprozesses – als Retter:innen des Volkes. Das Volk und die Volkssouveränität sind damit zentrale Bezugspunkte der vermeintlichen politischen Legitimität der Populist:innen. Diese Motive wurden auch für die hier untersuchten Reden szenisch rekonstruiert. Unter welchen Bedingungen kann ein solches politisches Angebot Resonanz entfalten? Meine These ist, dass die Reden der AfD vor dem Hintergrund von spezifischen, systematischen Widersprüchen innerhalb des symbolisch vermittelten Sinn- und Legitimationssystems der politischen Kultur wirken. Hierbei bietet die AfD möglicherweise eine alternative Weltdeutung als Verarbeitungsmuster für krisenbedingte Verwerfungen an, die, in Anschluss an Gunzelin Schmid Noerr (2022, S. 128), in Hinblick auf die Identität und »Erhaltung des Selbstwertes von Einzelnen oder Gruppen« eine »subjektive Funktionalität« aufweisen. Um dies zu erörtern, werde ich nun folgend einige gesellschafts-, demokratie- und subjekttheoretische Überlegungen anstellen.

### 3.2.1 Dialektik von Freiheit und Souveränität im modernen Staat

Während in vormodernen Zeiten Herrschaft mit einem transzendenten Sinn versehen wurde, wurden im Zuge der zunehmenden und bis heute andauernden Säkularisierungs- und Rationalisierungsprozesse diese überlieferten »Sinn- und Legitimationssysteme weitgehend aufgelöst und entkräftet« (Horn und Schülein 1976b, S. 147). Treibender Faktor dieser Entwicklung war zweifellos das neu erlangte Selbstbewusstsein der Menschen und die »Idee des freien, zur Selbstbestimmung berufenen Individuums« (von Kielmansegg 1977, S. 157), die den Kern der Aufklärung ausmachte. Dieses neue Subjektverständnis wurde auch zur Keimform der Demokratisierungsbewegungen und ist bis heute eine »Zentralkategorie der Demokratie überhaupt« (Blühdorn 2013, S. 128). Herrschaftslegitimierender Sinn kann in der Folge nur hergestellt werden, indem der Mensch »bereit ist, sich seiner Potenziale als Individuum und Subjekt zu bedienen« (Salzborn 2019, S. 201). Insofern gründet das demokratische Projekt »auf der Vorstellung und zielt auf die Verwirklichung des freien, vernünftigen, mündigen, selbstwerthaften Subjekts« (Blühdorn 2013, S. 128), das sich ihre:seine gesellschaftliche Ordnung ohne Verweis auf höhere Legitimation selbst gibt – selbstbestimmt und autonom – und sich damit im kantischen Sinn aus der eigenen Unmündigkeit befreit (vgl. Salzborn 2012a, S. 28). Autonomie ist dabei zu verstehen »als das uneingeschränkte, allen gesellschaftlichen Abhängigkeiten vorausgehende Verfügungsrecht eines jeden Menschen über sich selbst« (von Kielmansegg 1977, S. 230). So könnte man davon sprechen, dass der Mensch mit der Aufklärung »vom Objekt der Politik zu deren Subjekt« (Salzborn 2012a, S. 28) wurde. Da es sich beim Menschen jedoch gattungsgeschichtlich um genuin soziale Wesen handelt, lässt sich menschliche Existenz »nur aus einer Gegenseitigkeit heraus begreifen, die auch ihren politischen Ausdruck zu finden hat« (Richter 2016, S. 23). Mit der Durchsetzung der bürgerlichen Subjektvorstellungen transformierte sich so auch das Konzept der Souveränität: Wurde diese bisher von dem

Monarchen wortwörtlich verkörpert, trat an deren Stelle das Volk als Kollektiv. »Die Idee der Volkssouveränität verwandelt [...] die ursprüngliche Autonomie der Individuen in die Souveränität der Gesamtheit.« (von Kielmansegg 1977, S. 231) Die Vorstellung der Autonomie des Individuums als individuelles Subjekt erweiterte sich zur politischen Selbstbestimmung des Volkes als kollektives Subjekt und Demos (vgl. Blühdorn 2013, S. 128 f.). Wie auch immer geartete Herrschaft bedurfte in der Folge der Legitimation durch das Volk. Insofern trat nach »der Erosion einer theozentrischen Erklärung der Welt [...] die Volkssouveränität an die Stelle der göttlichen Begründung politischer Macht und wurde zur symbolischen Matrix der Demokratie« (Diehl 2015, S. 350). Zentraler symbolischer Bezugspunkt der Legitimation von demokratischer Herrschaft wurde auf diese Weise die undifferenzierte Bezugnahme auf eine zunächst nicht näher spezifizierte Menge an Menschen sowie die potenzielle Verallgemeinerungsfähigkeit individueller Interessen (vgl. Richter 2016, S. 67).

### 3.2.2 Dialektik von Staat und Kapitalismus – Das Geheimnis der Staatsform

Diese Entwicklung ist eng verknüpft mit der (begrifflichen) Absonderung der Sphären von Öffentlichkeit und Privatheit.[3] Denn zur demokratischen Legitimationsbeschaffung bedurfte es einer »Vermittlungssphäre zwischen individueller und herrschaftlicher Dimension« (Salzborn 2012a, S. 29), einer »Kommunikation in einem nicht-privaten und nicht-geheimen Raum von Gesellschaft, der zu deren Öffentlichkeit wurde« (ebd.). Vor diesem Hintergrund können die politischen Modernisierungs- und Demokratisierungsprozesse als »›Entzauberung‹, der Durchdringung staatlich-feudaler Geheimheit mit dem Licht der Öffentlichkeit« (Sauer 2001, S. 179) betrachtet werden. Die demokratische Öffentlichkeit stellt sich dabei »als heterogener Raum dar, in dem konkurrierend um die Akzeptanz von Legitimations- und Rechtfertigungsmodellen von Herrschaft gestritten wird« (Salzborn 2012b, S. 260). In der Öffentlichkeit gelangt damit die für menschliche Existenz konstitutive Intersubjektivität »symbolisch zur Geltung in einem intersubjektiv unterschiedslosen, mithin gleichrangigen Anspruch aller auf Präsenz in der öffentlichen Sphäre« (Richter 2016, S. 23). Durch eben jene »gleichrangige Präsenz in der politischen Sphäre« (ebd.) soll die symbolische Selbstbeherrschung der Menschen gewährleistet werden.[4] Die Funktion der Öffentlichkeit im

---

[3] Auf den vergeschlechtlichten Charakter dieser Entwicklung kann hier leider nicht en détail eingegangen werden. Vgl. hierzu etwa Sauer (2001).

[4] Gleichrangige Präsenz ist hier das normative Ideal, jedoch realpolitisch lange Zeit nicht erfüllt gewesen und auch heute womöglich nicht erreicht. Mit der Schaffung der Institutionen Öffentlichkeit und ihrem Gegenstück des Privaten und Geheimen entstanden, so Birgit

demokratischen Staat besteht somit neben der »bilaterale[n] Kontrollfunktion« (Salzborn 2012a, S. 29) und der »Artikulation gesellschaftlicher Interessenpluralitäten« (ebd.) vor allem in der Legitimation der Herrschaft und damit der Sinnstiftung.

Mit der Demokratisierung der Herrschaft wurde jedoch keine »Totalöffentlichkeit« (Salzborn 2019, S. 199) hergestellt. Samuel Salzborn zufolge liegt hier gerade das Paradoxon demokratischer Herrschaft. Da unter der Prämisse einer Interessenspluralität der staatliche Souverän »der *einzige* Garant für die Etablierung von Öffentlichkeit« (ebd.) ist und über »das Monopol der Gewaltsamkeit« (ebd.) den Menschen »garantiert, uneins mit anderen sein zu dürfen« (ebd., S. 198), ohne ihr Leben zu riskieren, muss seine eigene Existenz vorausgesetzt sein. Insofern muss der bürgerliche Staat, will er diese Freiheit garantieren, ebenfalls »systematische Sphären des Nichtöffentlichen« (ebd.) inkorporieren. Das bedeutet Bereiche hervorbringen, die der öffentlichen Sphäre vorausgesetzt und damit der öffentlichen Debatte selbst entzogen sind. Mit der Etablierung demokratischer Öffentlichkeit wird auf diese Weise also auch ihr Komplement, das eigentlich überwunden geglaubte Geheimnis, konstitutiver Bestandteil staatlicher Souveränität.

> Insofern ist das Geheimnis unverzichtbar in einer gesellschaftlichen Ordnung, die auf pluralistischen Interessen und einem Begriff des Politischen basiert, der den öffentlichen Konflikt von individuellen, sich selbst bestimmenden Subjekten in den Mittelpunkt rückt. Anders gesagt: unter den Prämissen einer kapitalistischen Ökonomie muss jede Ordnung, will sie demokratisch verstanden werden, das Geheimnis zum Teil öffentlicher Konstituierung machen. (ebd., S. 199)

Das ist das grundlegende Dilemma zwischen Freiheit und Souveränität im bürgerlichen Staat: »Wer Freiheit will, braucht Sicherheit, auch wenn diese Freiheit einschränkt« (ebd., S. 199). Denn nur, wenn die Voraussetzung der staatlichen Souveränität gegenüber seinen Bürger:innen der öffentlichen Debatte entzogen ist und damit die Möglichkeit seiner Abschaffung verhindert wird, kann er als Gewaltmonopol die Existenz der öffentlichen Sphäre und damit der Demokratie selbst dauerhaft sichern. Nur dann kann er garantieren »partikulare Gewalten

---

Sauer (2001, S. 183), nämlich auch vergeschlechtlichte und hierarchische Bedingungen des Ein- und Ausschlusses, die zur männlichen Monopolisierung von politischer Macht führten. So waren etwa Frauen lange Zeit systematisch von der androzentrisch gebrochenen Öffentlichkeit ausgeschlossen. Und selbst mit den erkämpften gleichen Zugangsmöglichkeiten zur politischen Öffentlichkeit existiert eine »*strukturelle* androzentrische Selektivität des öffentlich-politischen Kommunikationsraums« (ebd., S. 198) fort. Eine solche Selektivität ist zudem auch für andere Dimensionen politischer Ungleichheit zu beobachten.

durch monopolisierende Souveränität einzuhegen und mit diesem als legitim anerkannten Monopol physischer Gewaltsamkeit (Max Weber) seine Bürger/innen
öffentlich wie privat vor physischer Gewalt durch Dritte zu schützen« (Salzborn
2009, S. 16). Dies gilt insbesondere unter Bedingungen kapitalistischer Ökonomie, in der sich die Menschen angesichts individualistischer Marktkonkurrenz
für ihren Selbsterhalt strukturell in einem Kampf aller gegen alle befinden und
die Privatinteressen durch sozio-ökonomische Ungleichheits- und Herrschaftsverhältnisse geprägt sind. Die Dialektik von Freiheit und Souveränität bildet damit
unter Voraussetzung kapitalistischer Ökonomie und der Pluralität von Interessen im demokratischen Staat eine Einheit und doch zugleich einen unauflösbaren
Widerspruch (vgl. ebd., S. 16). Gleichsam macht sich der Staat, obwohl von
den Menschen geschaffen, auf diese Weise unabhängig von diesen und erscheint
»im fetischisierten Alltagsbewußtsein [...] als anthropologische Konstante, als
eine Art nicht hinterfragbares Naturereignis« (Grigat 2007, S. 248) – er wird zur
›zweiten Natur‹.

Unter den Bedingungen kapitalistischer Produktion und Reproduktion erhält
das Geheimnis im Staat jedoch zudem einen zusätzlichen Charakter und wird,
so Samuel Salzborn, zum zentralen »Vermittlungszusammenhang in dem sich
moderne Vergesellschaftung überhaupt erst als solche erweist« (Salzborn 2019,
S. 199). Mit der Herausbildung der öffentlichen Sphäre ist nicht nur das Geheimnis entstanden, sondern hat sich als komplementärer Bereich auch die Privatheit
konstituiert. Während der Staat also als die »institutionelle Verkörperung von
Öffentlichkeit« (Benn und Gaus 1983, S. 25 zit. nach Sauer 2001, S. 179)
gilt und der öffentliche Raum normativ als »Sphäre bürgerlicher Deliberation«
(Sauer 2001, S. 179) gefasst wird, markiert ›Privatheit‹ das genaue Gegenteil,
den »Raum der ›Staatsfreiheit« (ebd., S. 184). In ihm werden dabei vor allem
die privaten Produktions- und Reproduktionsverhältnisse[5] der Menschen verortet
und die damit verbundenen gesellschaftlichen Institutionen der Ökonomie, des
Marktes, der Ehe und der Familie (vgl. ebd., S. 178). Dieses Trennungsdispositiv
ist jedoch nur fiktiv, denn obwohl der Staat »fetischhaft als autonom gegenüber
dem ökonomischen Prozeß« (Grigat 2007, S. 246) erscheint, ist diese »Souveränität gegenüber seiner eigenen ökonomischen Grundlage [...] nur Schein«
(ebd., S. 247). Stattdessen bilden »Privatsphäre und Öffentlichkeit eine dialektische Einheit« (Hörn und Schülein 1976b, S. 130). Staat und Kapitalverhältnis

---

[5] Die Dichotomisierung von demokratischer Öffentlichkeit und Privatsphäre verdoppelt
sich innerhalb der Privatsphäre zudem in eine geschlechterhierarchische Aufspaltung von
Produktions- und Reproduktionssphäre, die gleichbedeutend mit den bis heute bestehenden
Formen der geschlechtlichen Arbeitsteilung ist und die strukturelle Basis der patriarchalen
Verhältnisse bildet.

sind gleichursprünglich und untrennbar miteinander verwoben.[6] Der Warentausch erfordert »von vornherein staatliche Herrschaft, die sich positiv auf das Prinzip des Äquivalententauschs bezieht und die gegenseitige Respektierung der Menschen als freie Besitzer der Waren letztinstanzlich durch seine Gewalt garantiert« (Grigat 2007, S. 243). Es ist die Hauptaufgabe des Staates die Rechtsordnung zu stiften und notfalls mit Gewalt zu garantieren, die das Privateigentum und die alltägliche soziale Praxis des Äquivalenztauschs sichert (vgl. Sassmannshausen 2020, S. 111 f.). Recht und Staat bzw. der Rechtsstaat garantieren also die Grundbedingungen der gesellschaftlichen Verhältnisse von Warenproduktion und Kapitalakkumulation und fixieren die Menschen in ihrer Subjektform als identische, sich selbst verwertende Warenbesitzer:innen und Staatsbürger:innen. Das staatliche Gewaltmonopol agiert und reguliert daher letztlich im Sinne des Kapitals und hält die Selbstbewegung der kapitalistischen Realkategorien aufrecht. Auf diese Weise wird auch die in das Kapitalverhältnis eingelassene Macht und Gewalt aufgrund materieller Ungleichheit in die staatliche Struktur inkorporiert und festgeschrieben.

Der hierdurch entstehende abstrakte und strukturelle Herrschaftszusammenhang des Kapitals konstituiert sich dabei, so arbeitet Felix Sassmannshausen (2020) in Anschluss an Franz L. Neumann heraus, als »sachlich vermittelte ›Herrschaft über Menschen‹« (ebd., S. 117), vermittelt durch das Recht (vor allem Arbeits- und Eigentumsrecht), ist damit aber auch in der bürgerlichen Gesellschaft eine »an strukturell ungleiche Personen (genauer an Klassen und Machtgruppen) gebundene Herrschaft« (ebd., S. 116 f.) Die abstrakte Form des Rechts und des Staates verbirgt jedoch diese noch immer fortbestehende und nun durch das Kapital vermittelte sozial-konkrete Herrschaft von Menschen über Menschen. Der spezifische Doppelcharakter der Demokratie im Kapitalismus ist diese Gleichzeitigkeit von liberaler Form, der formalen Gleichheit und Freiheit durch die abstrakte Herrschaft des Gesetzes, und des sozial-konkreten Inhalts, der realen Herrschaft durch soziale Akteur:innen als Produkt der Auseinandersetzung von ungleich konkurrierenden Macht- und Interessengruppen (vgl. ebd., S. 253). Durch das Trennungsdispositiv verschwindet die hiermit verbundene Gewalt jedoch als Eigenschaft des Staates selbst, der wiederum als autonom gegenüber der ökonomischen Struktur erscheint. »Der Staat praktiziert Ausübung von Gewalt und deren Verschleierung in einem« (Grigat 2007, S. 248). Gleichzeitig wird jedoch durch die Abspaltung der Ökonomie als Privatsache

---

[6] Hier nicht weiter ausgeführt, muss darüber hinaus das moderne Geschlechterverhältnis als ebenso ursprüngliches und konstitutives Strukturprinzip für die bürgerlich-kapitalisitische Gesellschaft angesehen werden.

die öffentliche Debatte über die Ungleichheit und Herrschaft produzierenden gesellschaftlichen Reproduktionsbedingungen der Menschen ausgeschlossen. Der ursprüngliche Zusammenhang von Staat und Kapital ist stattdessen als Geheimnis verkapselt. Klaus Horn und Johann August Schülein (1976a) zufolge liegen darin die »wunden Punkte bürgerlicher Politik überhaupt: Weil in der Realität der Legitimationsbeschaffung der Sinnzusammenhang zwischen Ökonomie und Alltag zerrissen« (ebd., S. 89) wurde, muss dieses Geheimnis als irrationaler Kern der Herrschaft von staatlicher Seite umso vehementer vor seiner ›Entzauberung‹ bewahrt werden.

### 3.2.3 Selbstbestimmung und Selbsterhalt unter Bedingungen kapitalistischer Verwertung

Die Bedingungen der gesellschaftlichen Reproduktion werden zwar in ihrer abstrakten Form vom Staat als Souverän und seinem Gewaltmonopol gesichert, aber die konkrete Selbsterhaltung wird nicht kollektiv in einem öffentlichen und damit demokratischen Prozedere organisiert, sondern in die Privatheit des Marktes abgeschoben und die Verantwortung hierfür im Wesentlichen den Einzelnen überlassen, ohne dass diese aufgrund der apriorischen Form real über die Ausgestaltung dieser gesellschaftlichen Bedingungen verfügen könnten. Das bürgerliche Versprechen von Freiheit, Autonomie und Selbstbestimmung wird insofern real nur eingeschränkt erfüllt. Stattdessen ist das Subjekt kapitalistischer Gesellschaften durch die gesellschaftliche Einrichtung bereits strukturell in seiner Autonomie beschränkt. Die Demokratie und die kapitalistische (Re-)Produktionsweise löste zwar die personale Herrschaft – und damit die persönliche Abhängigkeit von anderen Menschen und transzendentaler Sinnstiftung – auf, überführte sie jedoch in eine »sachliche Abhängigkeit« (Marx 1986, S. 122), der Unterwerfung des Individuums unter die abstrakte Herrschaft des Kapitals, unter dessen Macht sich die Menschen als ›doppelt freie Lohnarbeiter:innen‹ (vgl. Marx 1986, S. 742) zum Selbsterhalt ständig selbst verwerten müssen. Die Verwirklichungsbedingungen der Selbsterhaltung sind also nicht gemeinschaftlich organisiert und an den Bedürfnissen der Menschen ausgerichtet, sondern der Kontrolle und Einflussmöglichkeit des Subjekts weitgehend entzogen und unterliegen ausschließlich dem Wertgesetz (vgl. Elbe 2000, S. 16 f.). Die Selbsterhaltung bleibt insofern prekär, als dass die Befriedigung der menschlichen Bedürfnisse »zum bloßen ›Nebenprodukt‹ der Akkumulation von Geldkapital« (Scholz 2000, S. 15) und nur »beiher, als Sekundäres befriedigt« (Adorno 1965/1972, S. 13) werden. Jan Weyand (2001) hält in Anschluss an Adorno fest, dass »dem einzelnen die gesellschaftlichen Bedingungen seiner Selbsterhaltung äußerlich, quasi als Schicksal, gegenübertreten« (ebd., S. 135) und der damit verbundene »gesellschaftliche

Zwang zur Verausgabung von Mehrarbeit« (ebd.) gar nicht »sinnlich erfahrbar« (ebd.) sei.

> Um unter solchen Bedingungen die individuelle Selbsterhaltung realisieren zu können, sind die einzelnen zu einer übermäßigen narzißtischen Besetzung der eigenen Person genötigt. Alle Selbsterhaltung, egal in welcher Gesellschaftsform, erfordert eine narzißtische Besetzung der eigenen Person – ohne den Trieb, sich selbst zu erhalten, stirbt der einzelne. Unter gesellschaftlichen Bedingungen, in denen die individuelle Selbsterhaltung dauernder Unsicherheit ausgesetzt ist, muß die narzißtische Besetzung der eigenen Person verstärkt werden. (ebd.)

Gleichzeitig ist dieser verstärkte Narzissmus fortwährend der strukturellen Beschädigung ausgesetzt, weil die Subjekte innerhalb der kapitalistischen Produktionsweise im Namen des Selbsterhalts letztlich ihnen äußere Zwecke realisieren müssen und als ›Ware Arbeitskraft‹ strukturell abhängig bleiben. Darin bestünde, so Weyand in Anschluss an Adorno, »die Dialektik des Narzißmus: die Irrationalität der gesellschaftlichen Bedingungen der Selbsterhaltung nötigt zur narzißtischen Besetzung der eigenen Person und beschädigt diese zugleich« (Weyand 2001, S. 136). Die Folge des prekären Selbsterhalts, dessen Realisierungsbedingungen unsicher und den Subjekten äußerlich sind, sind Gefühle der Hilflosigkeit und Ohnmacht:

> Die Subjekte fühlen sich ohnmächtig, weil sie die Gesellschaft, in der sie leben, und den Sinn der Rollenanforderungen im gesellschaftlichen Gesamtzusammenhang nicht verstehen können, und weil ihnen die Gratifikationen, die sie erhalten, insofern nicht sicher sind, als sie die Bedingungen, unter denen Gratifikationen gewährt werden, nicht beherrschen. (Horn 1968, S. 69)

Insofern wird das sinnstiftende Versprechen von Autonomie und Selbstbestimmung der Subjekte stetig konterkariert und die Individuen sind mit einer Realität konfrontiert, die eigentlich »den ideologischen Resten bürgerlich-idealistischen Selbstverständnisses Hohn [spricht], die besagen, die Menschen produzierten die Welt« (ebd.). Denn schließlich sind die wesentlichen Bedingungen ihrer Existenz im Sinne der Demokratie unverfügbar:

> Wenn sie leben wollen, bleibt ihnen nichts übrig, als dem Gegebenen sich anzupassen, sich zu fügen; sie müssen eben jene autonome Subjektivität durchstreichen, an welche die Idee von Demokratie appelliert, können sich selbst erhalten nur, wenn sie auf ihr Selbst verzichten. (Adorno 1950/1973, S. 139)

Die Gesellschaftliche Integration erfolgt nicht in Form einer (dem bürgerlichen ideal entsprechenden) Subjektivität, »welche gesellschaftliche Normen so verinnerlicht, wie sie ihre eigenen Wüsche öffentlich und vermittels Politik in einem ständig sich erneuernden Kreislauf zur Geltung zu bringen weiß« (Horn und Schülein 1976b, S. 148), sondern »Subjekt des Prozesses gesellschaftlicher Integration ist vielmehr der Kapitalverwertungszwang« (ebd.).

Da das sinnstiftende Versprechen der Autonomie und Selbstbestimmung sich nicht realisiert, ergibt sich für die Demokratie allerdings ein Legitimationsproblem. Da die an die Volkssouveränität gekoppelten Versprechen von »Freiheit und Gleichheit, Glück und Gerechtigkeit« (Mense 2016, S. 106) durch die »Einführung demokratischer Strukturen (Bürgerrechte, Nationalversammlung, freie Wahlen etc.)« (ebd., S. 102) nämlich real nur begrenzt eingelöst werden konnten, bedurfte es einer neuen Legitimation, die als Rechtfertigung für die tatsächliche Ungleichheit und Unverfügbarkeit dienen konnte und surrogathaft Sinn erschafft. Schließlich hatte das Leiden der Menschen nach der vermeintlichen Zerstörung der personalen Herrschaft und seiner religiösen Begründung »nicht aufgehört, es verlor nur seinen Sinn« (ebd., S. 106). Die heteronormen gesellschaftlichen Verhältnisse erfordern daher den eigentlich mit der Aufklärung überwunden geglaubten Mythos, der die reale Unverfügbarkeit mit neuem legitimatorischen Sinn versieht. Die Funktion dieses ›mystifizierenden Schleiers‹ wird dabei im Wesentlichen durch den Nationalismus erfüllt. Der eigentliche Sinn des demokratischen Versprechens entgleitet den Menschen auf diese Weise jedoch immer weiter:

> Der Sinn des Gesellschaftsprozesses als dessen Atome die Menschen fungieren, entgleitet in dem Maße, wie Teile dieses Prozesses sich verselbständigen, sich nicht mehr legitimieren und dann surrogathaft, durch mystifizierende Schleier hindurch trügerisch sinnfällig gemacht werden [...] (Horn und Schülein 1976b, S. 158 f.).

### 3.2.4 Auf der Suche nach Sinn: Volkssouveränität und Nationalismus

Thorsten Mense (2016) zufolge ist der Nationalismus als »politische Religion der Moderne« (ebd., S. 96) an die Stelle der Religion als »grundlegendes gesellschaftliches Ordnungsmuster« (ebd., S. 106) getreten und dient »im säkularen und rationalen Zeitalter der Sinnstiftung und Erklärung der fortwährenden Irrationalität der Verhältnisse« (ebd.). Auch Stephan Grigat (2007) betont die Gleichursprünglichkeit des Staates mit der modernen Idee der Nation: »Der Staat existiert nicht ohne die Nation. Nationalismus ist die unumwundene Identifizierung mit dem je eigenen Staat« (ebd., S. 249). Diese Identifizierung bleibt, so

Thorsten Mense (2016), jedoch ambivalent, denn Unterdrückung und Emanzipation seien aufgrund der engen Verbindung von Demokratie, Staat und Nation dialektisch miteinander verschränkt. Neben dem offensichtlichen Zusammenhang der Konstitution des Demos als räumlich und sozial begrenzte Masse, die durch die Schaffung der Nation mit seinen Inklusions- und Exklusionsmechanismen begründet wurde und »Demokratie im Sinne von ›Volkssouveränität‹« (ebd., S. 108) überhaupt erst möglich machte, diente der Nationalismus vor allem der Herrschaftsbegründung. Zwar ist die Nation im Sinne der Gesamtheit des Volkes tatsächlich »Trägerin der Souveränität [...] und stellt bis heute den Geltungsbereich der Bürgerrechte und den Rahmen der politischen Partizipation dar« (ebd.), jedoch hat sie auch die Funktion das systematische Fehlschlagen kollektiver Autonomie zu verschleiern. Zwar emanzipieren sich die Subjekte formal im politischen Sinne, indem sie sich dem Zwangskollektiv der Nation unterwerfen, verinnerlichen jedoch auf diese Weise die durch Recht, Staat und Nation fetischisierte Herrschaft. »Nationale Identität ist der Kitt, der die sozialen Risse in der Gesellschaft überdeckt. Durch die Vorstellung, dass wir alle in einem Boot säßen, wird die Herrschaft verinnerlicht.« (ebd., S. 233) Gebrochen durch die nationalistische Ideologie fallen die individuellen und gruppenspezifischen Interessen mit den vermeintlich nationalen Interessen scheinbar in eins. Auf diese Weise erscheint die Ungleichheit und Unfreiheit produzierende Herrschaft legitim, auch wenn die eigenen individuellen Interessen nur mangelhaft repräsentiert sind. Doch untergräbt eine solche Dynamik das Idealbild des bürgerlichen Subjekts ganz fundamental, das ja eigentlich imstande sein sollte, in einem rationalen und selbstbewussten Prozess das »Individualinteresse mit dem Allgemeinwohl zu vereinbaren« (Horn 1967/1996b, S. 30). Gesellschaftliche Rationalität und Mythos gehen hier ineinander über (vgl. Horn und Schülein 1976b, S. 158).

»Damit die Nation die Religion in ihrer Herrschaft legitimierenden Funktion ersetzen konnte, musste sie sich ethnisch und mythisch aufladen, bzw. aufgeladen werden [...].« (Mense 2016, S. 103) Hierzu etablierte sich die »Vorstellung der Nation als vorpolitische, überindividuelle Gemeinschaft, als natürliche Bindung« (ebd.), die den Menschen die Möglichkeit bietet »Teil von etwas Übergeordneten und Überzeitlichen zu sein« (ebd., S. 105). Auf diese Weise verbinden sich im Konzept der Nation »die irrationalen, quasi-religiöse[n] Elemente ethnischen Gemeinschaftsglaubens mit der Vorstellung einer historisch gewachsenen politischen Gemeinschaft« (ebd.). Gegenüber dem Markt als zentralem Vergesellschaftungsort und der abstrakten Herrschaft des Staates erscheint die Nation dabei als »positives Konkretum, auf das sich die Subjekte [...] kollektiv beziehen und mit dem sie sich gemeinschaftlich identifizieren können« (Grigat 2007, S. 252) und das die individuelle und kollektive Größenfantasie der Volkssouveränität zu verwirklichen verspricht. Die Vorstellung der Zugehörigkeit zur Nation ist somit genealogisch verknüpft mit der demokratischen Idee der Volkssouveränität. Allein durch die Zugehörigkeit zur Nation und jenseits tatsächlicher politischer Partizipation wird den Einzelnen Souveränität suggeriert. Auf diese Weise wird das eigentliche »Versagen des Staates als Interessensvertretung seiner BürgerInnen [...] kompensiert durch die Betonung der Nation als überindividuelle Schicksalsgemeinschaft, als politischer Ausdruck der ethnischen Zugehörigkeit« (Mense 2016, S. 101). Insofern kann der Nationalismus sozialpsychologisch »selbst schon als sozial hergestellte innerpsychische Abwehrformation« (Brunner 2019, S. 12) und »stumme Massendynamik« (ebd., S. 29) verstanden werden. Er ist »Ausdruck der unvollendeten Befreiung von Zwang und Unfreiheit, des nicht eingehaltenen Glücksversprechens der bürgerlichen Gesellschaft« (Mense 2016, S. 106). Der positive Bezug auf die Nation ist eine Möglichkeit der kollektiven ›Schiefheilung‹ gesellschaftlich produzierter narzisstischer Bedürftigkeit und strukturell vielfach auftretender Gefühle der Ohnmacht und Hilflosigkeit. Er verspricht die Teilhabe an einem ›kollektiven Narzissmus‹. Die Nation und das damit verbundene Nationalgefühl sind dabei jedoch nicht fiktiv oder einfach allein ›falsches Bewusstsein‹, sondern werden zur sozialen Realität. Sie manifestieren sich »ganz real in den Institutionen moderner Staatlichkeit« und erhalten durch »alltägliche, unbewusst wahrgenommene Manifestation des Nationalen, einen erfahrbaren und alltäglich sichtbaren Inhalt« (Mense 2016, S. 107).

### 3.2.5  Neoliberale Zuspitzungen – ambivalente Freiheiten

Die beschriebenen, ohnehin in der Dialektik der Demokratie und des bürgerlichen Staates strukturell enthaltenen Widersprüche scheinen sich in den vergangenen Jahrzehnten angesichts der Globalisierung und damit einhergehender wachsender internationaler Interdependenz, dem Bedeutungsverlust der Nationalstaaten, sowie sich verändernder Akkumulations- und Regulationsregime tendenziell verstärkt und zu weiteren Verwerfungen geführt zu haben. Aufseiten des politischen Systems lässt sich hierbei durchaus von einer Komplexitätskrise sprechen, die der Tendenz nach zu Entpolitisierungs- und Elitisierungseffekten geführt hat. (vgl. Blühdorn 2013, S. 164) Regierungen sind damit konfrontiert, dass angesichts der gestiegenen Komplexität der gesellschaftlichen Verhältnisse die etablierten demokratischen und subjektzentrierten, politischen Verfahren nicht mehr im Stande sind, die gesellschaftlichen Imperative der Handlungsfähigkeit und Effizienz sicherzustellen und die Politik unter dem Verweis auf systemische ›Sachzwänge‹ »immer mehr auf postdemokratische, objektivierende Verfahren« (ebd.) setzen muss. In der Folge werden politische Verantwortlichkeiten an externe private Dienstleister delegiert, auf die Expertise von Lobbygruppen zurückgegriffen und

Entscheidungen zunehmend in nicht-öffentlichen Arbeitsgremien getroffen. Der Staat inkorporierte im Zuge dieser Entwicklung immer mehr ökonomische Imperative, während entsprechend den neoliberalen Diskursen von Deregulierung und Privatisierung vor allem politische Bereiche der Daseinsvorsorge an private Dienstleister outgesourct und im Sinne eines ›schlanken Staates‹ gesellschaftliche Steuerungsprozesse der ›öffentlichen Hand‹ den Mechanismen der ›privaten‹, ›invisible hand‹ des Marktes überlassen wurden. Man könnte insofern davon sprechen, dass der Bruch demokratischer Versprechen zwar – wie zuvor beschrieben – strukturell in der Dialektik von Staat und Kapitalismus angelegt ist, sich jedoch in den vergangenen Jahrzehnten im Zuge der fortschreitenden Moderne unter dem Diktum des Neoliberalismus verschärfte. Aus demokratietheoretischer Perspektive kommt eine solche Entwicklung – die Argumentation zur demokratischen Funktion der Öffentlichkeit wieder aufgreifend – einer tendenziellen Vergrößerung des Geheimbereiches gleich, indem weitere Bereiche der demokratischen Öffentlichkeit und damit der gesellschaftlichen Verfügung entzogen werden. Zygmunt Baumann (2016, S. 65) spricht diesbezüglich von einer »Entleerung des öffentlichen Raums« und einer »Kolonialisierung des Öffentlichen durch das Private« und sieht hierin die tendenzielle Gefahr einer Wandlung von vormals »unvollständige[r] Freiheit« des Individuums hin zu seiner »praktische[n] Ohnmacht«.

Auf Subjektseite wiederum werden die Individuen heute dennoch mehr denn je diskursiv angerufen selbst die Verantwortung für das Gelingen des Autonomieversprechens zu übernehmen, indem sie ein »unternehmerisches Selbst« (Bröckling 2007) herstellen und sich als »Arbeitskraftunternehmer« (Voß und Pongratz 1998) eigenverantwortlich verdingen.

> Das eigene Selbst und das eigene Leben sollen wie ein Unternehmen mit marktlogischer Rationalität selbstverantwortlich und in jeder Hinsicht ökonomisch geführt werden. Damit gehen zwar neue Freiheiten, Chancen und Möglichkeiten einher, jedoch immer auch der Druck zur Selbstverantwortung, Selbstevaluierung und Selbstoptimierung. (Lohl 2017a, S. 145)

Wendy Brown zufolge führte das Hegemonialwerden der »Neoliberalen Rationalität« (Brown 2019, S. 545), die nicht nur den Staat durchdrungen habe und »zur Basis gesunden Menschenverstandes« (ebd.) geworden sei, sondern »alle Sphären menschlicher Bedürfnisse und Entscheidungen« (ebd.) durchsetze, auch zur nahezu kompletten Durchdringung aller Lebensbereiche mit marktwirtschaftlichen Logiken. Für die Individuen bedeutet dies entsprechend der Anforderung des modernen Arbeitsmarktes unter anderem die Notwendigkeit besonderer Flexibilität, Vielseitigkeit, Risiko- und Innovationsbereitschaft sowie Individualität (vgl. Bröckling 2011, S. 137). Das diskursive Versprechen ist dabei ein Zugewinn der individuellen Freiheit und die Möglichkeit der Selbstverwirklichung und vermeintlich authentischen Selbsterfahrung durch die individualisierte, autonome Lebensführung und selbstverantwortliche Verfügung über die eigene Verwertung als ›Ware Arbeitskraft‹. Notwendig hierfür sei lediglich die eigenverantwortliche (Selbst-)Optimierung der eigenen ›Employability‹. Der vermeintliche Zugewinn an individueller Freiheit entpuppt sich jedoch als trügerischer Schein und hat wenig gemein mit dem demokratischen Versprechen einer individuellen und kollektiven Verfügung der Menschen über ihr eigenes Schicksal innerhalb von ihnen geschaffener gesellschaftlicher Verhältnisse. Die scheinbar zugewonnene Freiheit bleibt systematisch eine ›falsche‹, da der irrationale Kern der kapitalistischen Verwertungslogik, die ihr inhärente Unfreiheit und Ungleichheit, nicht aufgelöst wird. Dennoch kann diese Transformation möglicherweise zunächst als Zugewinn von Freiheit erlebt werden. Die Subjekte übernehmen zwar abstrakt mehr Kontrolle über die Bedingungen ihres eigenen Selbsterhalts dadurch, dass sie mehr Verantwortung übernehmen und stärker über ihre eigene Erwerbsbiografie verfügen; letztlich bleiben die Menschen jedoch in einem Abhängigkeitsverhältnis gefangen, bloßes Anhängsel der Kapitalverwertung.

Angesichts des Rückbaus staatlicher Wohlfahrt und sozialstaatlicher Intervention, der systematischen Verkleinerung der öffentlichen Sphäre, sowie zunehmend komplexerer gesellschaftlicher Verhältnisse, nehmen die vielfältigen Ohnmachtserfahrungen der Menschen tendenziell sogar eher zu. Aufgrund dessen, dass »relevante Teile des alltäglichen Lebens nicht nur dem demokratischen Zugriff weitgehend entzogen, sondern hierarchisch und autoritär geprägt sind« (Huke 2021, S. 11), »stellen sich als biographischer Effekt iterativ wiederholter Ohnmachtserfahrungen in unterschiedlichen Lebensbereichen« (ebd.) empirisch nachweisbare Effekte der »Resignation, Apathie, Kapitulation und Demokratiedistanz« (ebd.) her. Die Kehrseite des scheinbaren Freiheitsgewinns ist die hierdurch ›hinzugewonnene‹ Mehrbelastung und Mehrverantwortung und die notwendigen Praktiken der Selbstoptimierung einerseits, und die fortdauernden frustrierenden Ohnmachtserfahrungen andererseits. Für die Subjekte gibt es in Folge der neoliberalen Transformation also scheinbar nie dagewesene Möglichkeiten der Selbstverwirklichung, die jedoch scheinhaft bleiben müssen, »weil die Realität jene Autonomie, schließlich jenes mögliche Glück nicht einlöst, das der Begriff von Demokratie eigentlich verspricht« (Adorno 1959/1963a, S. 139).

### 3.2.6 Politische Apathie und simulative Demokratie

Gleichförmig mit den gesteigerten Anrufungen in allen Lebensbereichen autonomes Subjekt zu sein, verlangen die Bürger:innen auch im politischen Sinne
scheinbar »immer selbstbewusster und kompromissloser nach Partizipation,
Repräsentation und Responsivität« (Blühdorn 2013, S. 162). Entsprechend der
neoliberalen Individualisierungsdiskurse verstärken sich auch die politischen
»Freiheits-, Selbstbestimmungs-, Selbstverwirklichungs- und Zentralitätsansprü-
che der Individuen« (ebd.), bleiben jedoch systematisch unerfüllt. Diese Diskre-
panzerfahrung kann mitunter zu diffusen Gefühlen der Irritation und Entfremdung
führen. Denn schlägt, so Adorno (1959/1973, S. 190), jede »wirkliche Erfahrung«
auf »politischem Gebiet« fehl, tendieren die meisten Menschen zur Regression
auf infantile Verarbeitungsweisen der ängstigenden und als chaotisch erlebten gesellschaftlichen Realität. Auch Klaus Horn vermutete als Hintergrund
einer »epidemiologisch« (Horn 1979, S. 66) auftretenden politischen Apathie
einen kollektiven Prozess, der auf individueller Ebene dem Prozess der ›Ich-
Einschränkung‹ entspricht – »im Sinne eines Abwehrmechanismus, welcher
sich nicht auf innere problematische Verhältnisse bezieht, sondern – im Sinn
einer Neurosenprophylaxe – auf die aktuelle Außenwelt« (Horn 1987/1996a,
S. 165). Formal sind die Subjekte zwar mit einem »Überangebot an psychischen Investitionsmöglichkeiten« (Horn 1979, S. 67) konfrontiert, »die jedoch
in Wirklichkeit aus psychoökonomischen Gründen so wenig entwicklungsfä-
hig sind wie aufgrund der spezifischen gesellschaftlichen Dynamik« (ebd.). Da
sich die Autonomiebedürfnisse im politischen Feld nicht realisieren lassen, wird
gewissermaßen präventiv, »der eigene Einflußbereich als beschränkter akzeptiert«
(Horn 1979, S. 68) und libidinöse Objektbeziehungen von vornherein vermieden,
um angesichts realer Ohnmacht Unlusterfahrungen abzuwehren. Auch Ingolfur Blühdorn weist darauf hin, dass unter »Bedingungen hoher Komplexität,
bisher unbekannter Turbulenzen und fundamentaler Unsicherheit in normativer
wie materieller Hinsicht« (Blühdorn 2013, S. 153) das Ideal demokratischer
Selbstverantwortung möglicherweise geradezu Angst auslöse.[7] Die Anforderung
politischer Partizipation übersteigt die Ressourcen der meisten Menschen, die

---

[7] Meiner Ansicht nach schätzt Blühdorn diese Entwicklung allerdings falsch ein, wenn er
sie überspitzt und einseitig als »Emanzipation zweiter Ordnung« (Blühdorn 2013, S. 144)
bezeichnet und von einem »Auszug aus der selbst erstrittenen Mündigkeit« (ebd., S. 144), der
»Befreiung von zuvor erstrittenen Verantwortlichkeiten« (ebd.) und »moralischen und intellektuellen Selbstüberforderungen« (ebd., S. 145) spricht. Zudem beschreibt er den Rückzug
der Subjekte als bewussten Prozess. Diese Perspektive versuche ich mithilfe der psychoanalytischen Ansätze zu erweitern und die unbewussten Anteile dieser Entwicklung, die meiner
Einschätzung nach zweifellos ebenfalls eine Rolle spielen, stärker in den Blick zu nehmen.

vom »immer anspruchsvolleren Management des persönlichen Lebens vollständig ausgeschöpft« (ebd.) werden. Diese Widersprüchlichkeit zeigt sich empirisch
nicht zuletzt in den Befunden, dass die Zustimmungswerte für die Demokratie als Idee mit 93,1 % nach wie vor sehr hoch sind, während nur etwas mehr
als die Hälfte, der in der Leipziger Mitte-Studie Befragten, mit ihrem derzeitigen Funktionieren in der Bundesrepublik zufrieden sind. Insbesondere Items zur
Bestimmung des Grades politischer Deprivation erhalten durchweg hohe bis sehr
hohe Zustimmungswerte. 72,9 % der Befragten stimmten der Aussage zu, keinen
realen Einfluss auf die politischen Geschehnisse zu haben und 59,1 % hielten
politisches Engagement daher für sinnlos. (vgl. Decker et al. 2020a, b, S. 60 ff.)
    Ingolfur Blühdorn geht angesichts dessen davon aus, dass wir es derzeit mit
einer »kollektiven Selbstillusionierung« (Blühdorn 2013, S. 184) zu tun haben –
eine Transformation hin zu einer »Simulativen Demokratie« (Blühdorn 2013),
einer »diskursiven Inszenierung demokratischer Verhältnisse« (ebd., S. 183), die
zur Stabilisierung der gesellschaftlichen Verhältnisse dient.[8]

> Nicht nur in Bezug auf das Volk und seine Souveränität, sondern im weiteren Sinne
> inszeniert die simulative Politik die Renaissance all dessen, was von der fortlaufen-
> den Moderne überholt und wegmodernisiert worden ist: erstens weil das postdemo-
> kratischen Bürger sich weiterhin als selbstbestimmte Subjekte und demokratischer
> Souverän verstehen und erleben wollen; zweitens weil das politische Geschehen und
> die gesellschaftliche Ordnung der Legitimation bedürfen; und drittens […] weil der
> hier als postdemokratische Wende beschriebene Werte- und Kulturwandel unvermeid-
> lich in sich verschärfende soziale Konflikte führt, die mithilfe postdemokratischer
> governance-Strukturen effektiv unter Kontrolle gehalten werden können. (ebd., S.
> 184)

Mittels fortdauernder theatralischer Inszenierung scheinbar funktionierender und
responsiver demokratischer Prozesse, der bedeutungsvollen Aufladung der Interessen der Bevölkerung und der politischen Steuerungskompetenz, soll das
»diskursiv reproduziert und erlebbar« (ebd., S. 176) gemacht werden, »was der

---

[8] Der Begriff ›simulativ‹ wird von Blühdorn in Anschluss an Baudrillard (1981) verwendet.
Blühdorn (2013, S. 177) rekurriert in Anschluss an Baudrillard darauf, dass im »Zeitalter
der Simulation […] traditionelle Sicherheiten erschüttert und alle authentische Wahrheit in
einer Vielheit flüchtiger Bilder, referenzloser Zeichen, austauschbarer Images und medialer Inszenierung aufgelöst« werde und daher »die Unterscheidung zwischen Zeichen und
Bezeichnetem, Original und Kopie, Realität und Imagination« verschwimme und »in einem
diskursiven Raum radikaler Kontingenz« nun die »massenmedial verbreiteten Bilder einer
Hyperrealität […] zum wesentlichen Bezugspunkt gesellschaftlicher Kommunikation und
politischen Handelns werde«. Auf diese Weise würden »Zeichen des Realen […] zum Ersatz
für das Reale selbst«.

fortlaufende Prozess der Modernisierung normativ ausgehöhlt hat« (ebd.). Auf diese Weise schafft die simulative Demokratie »Erlebnis- und Handlungsräume, in denen Individuen, kollektive Akteure und die Gesellschaft insgesamt« (ebd., S. 178) sich nach wie vor (simulativ) als »autonome bzw. souveräne Subjekte« (ebd.) gerieren und erleben können und wird damit den »radikalisierten Autonomiebedürfnissen« (ebd., S. 179) der Bürger:innen gerecht, »ohne diese in kantisch-modernistischer Weise in die Pflicht zu nehmen« (ebd.) und damit weiter zu belasten.

> Zeichen der Demokratie (regelmäßig abgehaltene Wahlen, der Protest der Wutbürger, Politikerbekenntnisse zum Wählerwillen etc.) werden zum Ersatz nicht nur für empirisch wirkliche politische Selbstbestimmung, sondern sie inszenieren die Gültigkeit demokratischer Normen und die Verpflichtung auf die schrittweise Umsetzung des demokratischen Versprechens von Autonomie, Souveränität und Integrität – auch wenn die Entpolitisierung zügig und willentlich vorangetrieben wird, die umfassende Fremdbestimmung allenthalben offensichtlich ist und zuweilen ganz unverblümt ausgesprochen wird, dass der Ausgang solcher demokratischen Rituale auf zentrale Fragen der gesellschaftlichen Zukunft [...] keinerlei Einfluss haben wird. (ebd., S. 178)

Wichtig dabei ist jedoch, dass es sich um kein Täuschungsmanöver vermeintlicher Eliten handelt, die auf diese Weise das ›Volk‹ unterdrücken, sondern um ein »gesamtgesellschaftliches Projekt« (ebd., S. 183). Blühdorn spricht diesbezüglich von einer »Art unausgesprochenen *neuen Gesellschaftsvertrag* zwischen den verschiedensten gesellschaftlichen Akteuren, die alle ein gemeinsames Interesse daran haben, ihr fortgesetztes *commitment* zu den demokratischen Idealen unter Beweis zu stellen« (ebd.). So verstanden haben wir es nicht mit einem einseitigen Schließungsprozess zu tun, sondern mit einem wechselseitigen gesellschaftlichen Arrangement, bei dem Formen klassischer politischer Partizipation abseits formaler Wahlbeteiligung sowohl von den Bürger:innen bewusst und unbewusst vermieden, als auch vonseiten der Politik und der politischen Institutionen als entbehrliche Mehrbelastung abgewehrt werden. Politische Partizipation hat sich daher gewandelt von einer »Mitverantwortung für die politischen Verhältnisse« (ebd., S. 195) und der »konstruktive[n] Mitgestaltung der Politik« (ebd.) hin zu spontanen, nicht verpflichtenden, individualisierten, projekthaften, erlebnisartigen und an der eigenen subjektiven Befindlichkeit orientierten Formen (vgl. ebd., S. 194).

### 3.2.7 Politische Entfremdung und konsumistische Ersatzbefriedigung

Diese den gegenwärtigen gesellschaftlichen Verhältnissen inhärente Widersprüchlichkeit führt darüber hinaus auf subjektiver Ebene zu dem Problem, dass der in der bürgerlich-demokratischen Gesellschaft sich in die Subjekte eingetragene Lebensentwurf sich als autonome:r Bürger:in zu verstehen, seinen authentischen individuellen Ausdruck scheinbar kaum in den etablierten politischen Praktiken findet. Diente politische Partizipation ursprünglich auch »der Aktualisierung der demokratischen Norm des autonomen Subjekts« (ebd., S. 197), hat diese Funktion angesichts simulativer Praktiken an Bedeutung verloren. Kommt es jedoch ohne eine wirklich »praxisbezogene Vermittlung« (Zepf 1993, S. 82) zu systematischen Brüchen zwischen den einsozialisierten Autonomiewünschen und den traditionellen und bisher etablierten, sozialen Verkehrsformen des politischen Felds, kann sich individuelles politisches Bewusstsein »nicht mehr aus individueller Interaktionserfahrung heraus entwickeln« (ebd.). Es kommt zur »Entfremdung zwischen politischer Sphäre und lebendiger Erfahrung« (Adorno 1950/1973, S. 199). In diesem Fall droht »der in den gesellschaftlichen und politischen Institutionen gespeicherte Sinn« (Sarcinelli 2009, S. 139) zu zerrinnen und ihre »Formensprache im Formelhaften und Rituellen« (ebd.) zu erstarren. Die kulturellen Objektivationen der politischen Kultur, die diskursiven und präsentativen Symbole, sind selbst ursprünglich »Produkte menschlicher Praxis, insoweit sie ›Bedeutungen‹ vermitteln« (Lorenzer 1984, S. 30). In ihnen hat sich die »Praxiserfahrung des Kollektivs im Laufe der Geschichte niedergeschlagen« (Lorenzer 1986, S. 51). Im Idealfall finden in ihnen somit die politischen Prinzipien, Ideen, Werte und Mythen etc. ihren symbolischen Ausdruck und es veräußert sich der Sinn, der die gesellschaftliche Einrichtung eigentlich legitimieren soll. Kommt es stattdessen zur Aufspaltung der sinnlichen Erfahrung, sich den gesellschaftlichen Diskursen entsprechend, auch im politischen Sinne als autonomes Subjekt zu erleben und dem Symbolsystem der politischen Kultur oder mitunter zu einer von vornherein fehlgeschlagener Verbindung von individueller und kollektiver Lebenspraxis, können die Symbole nicht der Repräsentation der inneren Wünsche der Menschen nach Autonomie und Anerkennung und hiermit verbundenen Interaktionsformen dienen. Auf diese Weise verkommen die politischen Bedeutungsträger, die die demokratische Lebenspraxis vermitteln sollten, zu »leeren Zeichen« (Lorenzer 1984, S. 174).[9] De facto führt dies zu einer »*Verkürzung von*

---

[9] Lorenzer verwendet hier den Begriff nicht im sprachwissenschaftlich engeren Sinne, sondern lediglich als Gegenbegriff zu den mit individuellem Sinn eigener Lebenspraxis angereicherten Symbolen. Die Zeichen haben im Gegensatz dazu keine lebensgeschichtliche

*Erlebnisbereichen«* (ebd., S. 168). Die simulativen Praktiken sind lediglich »Er-lebnisschablonen« (ebd.), die »das Leiden an der Reduktion des Erlebnisraums« (Busch 1985, S. 249) reduzieren und den »Widerspruch zwischen der konkreten Erfahrung« (Lorenzer 1984, S. 170) und den internalisierten Idealen illusionär aufheben sollen.

Doch die leeren Zeichen bleiben als kollektive Bedeutungsträger fortwährend wirksam und halten Interaktionsvorgaben bereit, sind weiter »handlungsan-weisend und regulieren damit soziale Prozesse« (Wollenhaupt 2018, S. 260). Ermöglicht das politische Feld allerdings keine autonomen Handlungsspielräume so erscheinen die, in den kulturellen Objektivationen der politischen Kultur sym-bolisch vermittelten, politischen Handlungsanweisungen den Subjekten als bloß heteronorme Praxis (vgl. ebd., S. 294). Siegfried Zepf (1993) bezeichnet eine solche Konstellation als »zeichenreguliertes Verhalten« (ebd., S. 71). Es sind die leblosen Zeichen, die nunmehr das politische Verhalten im Sinne gesell-schaftlicher Normalität vorgeben und nicht mehr der intrinsische Wunsch nach Selbstbestimmung, der die Demokratie mit Leben füllt. Die Menschen wissen, was Demokratie bedeutet und wie sie sich in bestimmten Situationen rollenkon-form als Staatsbürger zu verhalten haben (zum Beispiel zur Wahl zu gehen etc.), aber eine Verbindung zu ihrer alltäglichen, sinnlich erfahrbaren Lebenspraxis schlägt womöglich fehl. Die Objektivationen und Praxisweisen der Demokra-tie verlieren für die Subjekte ihren konnotativen Gehalt. In der Folge bleiben sie den Menschen äußerlich. »Die Betroffenen fühlen sich in der Welt dann indiffe-rent, sinnlos und fremdbestimmt.« (Wollenhaupt 2018, S. 325) Sinn und damit Legitimität der gesellschaftlichen Einrichtung erschließt sich den Menschen nicht mehr. Die einsozialisierten politikbezogenen Autonomiewünsche werden, da sie sich nicht erfüllen lassen, verdrängt. Sie drängen jedoch unbewusst und zum »Klischee« (Lorenzer 1972, S. 133) degradiert weiter nach Realisierung und sind weiterhin verhaltenswirksam, aber nicht mehr reflexiv zugänglich. Stattdessen kommt es zu Ersatzbildungen.

Anstelle ihrer Realisierung in der öffentlichen, politischen Sphäre, wie es das bürgerlich-demokratische Ideal vorsieht, scheinen sich die Autonomiewün-sche in die private Sphäre zu verlagern. Ingolfur Blühdorn (2016, S. 56) stellt diesbezüglich fest, dass die Ideale von »Selbstbestimmung und Selbstverwirkli-chung […] immer weniger jenseits und in bewusster Abgrenzung zum Markt« gedacht werden, sondern »Markt und Konsum längst der wichtigste Ort und

---

Bedeutung. »Zeichenhafte Beschreibungen (denen man ihre Zeichenhaftigkeit nicht lingu-istisch ansehen kann) erhalten ihre Bedeutung lediglich von der Position im Sinnsystem der Sprache, nicht aber vom Grund erlebter Interaktionen.« (Lorenzer 1974, S. 135).

Modus der Konstitution, Artikulation und Erfahrung von Identität« geworden sind. Auch Joachim Hirsch (1995, S. 148 f.) stellt fest, dass »je weniger die sozialen Verhältnisse als gestaltbar erscheinen, desto stärker prägt sich Individualität als Selbststilisierung aus, wird gesellschaftliche Praxis durch das konsumistische Erlebnis ersetzt«. Alfred Lorenzer (1984) zufolge gab es bereits vor der neoliberalen Verschärfung dieses Zusammenhangs die Tendenz, dass der Konsum geprägt ist von der »Verheißung einer totalen Wunscherfüllung und einer total willigen Welt« (ebd., S. 170). In der gegenwärtigen postdemokratischen Konsumgesellschaft können sich die Subjekte auf diese Weise selbst in Form der mit »Omnipotenzgefühlen aufgeladenen Kaufakten« (Naumann 2000, S. 242), »noch als das erscheinen, was sie längst nicht mehr sind: Subjekte des Handelns« (Zepf 1995, S. 50). Denn neben den tatsächlich schier unbegrenzt scheinenden Wahlmöglichkeiten und der individuellen Entscheidungsfreiheit im Kaufakt selbst, wird – transportiert durch die »Warenästhetik« (Haug 2017) und die Narrative der Werbung – stets auch ein ›Lebensgefühl‹ mit verkauft, das sich die Menschen zu eigen machen können. Konsum erhält so auch ein sinn- und identitätsstiftendes Moment, indem Subjekte mit ihrer Hilfe eine »Warenidentität« aufrichten können – insofern, dass »Waren als Statussymbole, […], sich zum Symbol für die gesamte Identität aufschwingen und die Verhältnisse der Menschen zueinander auch unmittelbar psychologisch zu bestimmen beginnen« (Horn 1967, S. 34).

> Die Subjekte können ihre innere Realität in der Fülle der Warenwelt deponieren, sie greifen die warenförmig verfügbaren Symbole auf und arrangieren sie im Hinblick auf ihre subjektive Funktionalität. Die real eingeschränkte Gestaltungsfähigkeit und gesellschaftliche Ohnmacht der Subjekte kann sich somit in die Imagination einer grenzenlosen Autonomie verwandeln, eine Größenfantasie, die sich durch Auswahl von Waren, Kaufentscheidungen und Kaufakte in einer scheinbar frei verfügbaren Warenwelt immer wieder selbst bestätigt. (Naumann 2022, S. 147)

Die ursprünglich politischen Autonomiewünsche können sich zwar in der Ersatzbefriedigung des Konsums in der privaten Sphäre erfüllen, aber eben nur scheinbar und in verstellter Form. Der Konsum fungiert als eine »Erlebnisschablone« (Lorenzer 1984, S. 168), die ein ersatzweises Erleben nicht realisierbarer Wünsche, Impulse und Erlebnisfiguren in gesellschaftlich akzeptierter Form ermöglicht. Ähnlich dem psychoanalytisch verstandenen Symptom darf sich der ›eigentliche‹ Wunsch jedoch nur »verstümmelt« (ebd., S. 111) und unter »falschem Namen« (ebd., S. 112) äußern. So etwas wie ›Politischer Konsum‹ ist lediglich die »Sprachschablone« (ebd. S. 113) mit der das stereotypisierte Verhalten rationalisiert wird und wieder diskursiv eingebunden werden kann. Durch das

Trennungsdispositiv von öffentlicher und privater Sphäre können diese Ersatz-
handlungen im vermeintlich privaten Raum zudem ohnehin keine politische
Qualität im engeren Sinne annehmen. Das sich in die Subjekte eintragende
Begehren nach individueller Freiheit, Selbstverwirklichung und Selbstverfügung,
das sich real jedoch nicht erfüllen lässt, wird aber in dieser Ersatzbildung
sozialkonform sublimiert. Das Spannungsverhältnis zwischen (gesellschaftlich
erforderten) gesteigerten Autonomieansprüchen und ihrem gleichzeitigen (systematischen) Fehlschlagen in den wesentlichen Lebensbereichen wird nicht
aufgelöst, sondern bloß stillgestellt. Die Einheit von Ersatzbefriedigung der
(weil real unerfüllten) und zu Klischees degradierten Lebensentwürfe und der
Schablonen, bleibt allerdings stets prekär, da sie lediglich im Dienste der individuellen Unlustvermeidung steht. Es ist das »neurotisch-repetitive Wiederholen der
*falschen* Praxen, die Befriedigung versprechen, aber nicht einlösen können« (Wollenhaupt 2018, S. 170). In dieser Konstellation wird der ursprüngliche Drang nach
Autonomie und Selbstverwirklichung jedoch im politischen Sinne ausgelöscht
(vgl. Lorenzer 1984, S. 117).

> Die vorgespielte Autonomie ist das unverhüllte Gegenbild zu den täglich erfahre-
> nen Freiheitsbeschränkungen. Als Gegenbild wird sie aber nicht wahrgenommen, so
> stabil funktioniert die Einheit von Ersatzbefriedigungen und versichernden Schablo-
> nen im Spektrum einer Weltdeutung, in der die Irritation durch Konsumbefriedigung
> beschwichtigt wird, statt zum Ausgangspunkt aktiver Auseinandersetzung zu werden.
> (ebd., S. 170)

Die Folge dieser Aufspaltung von subjektiven Wünschen und ihren objektiven
Verwirklichungsbedingungen und ihrer schlechten Reintegration in Form von
symptomatischen Ersatzbefriedigungen und rationalisierenden Sprachschablonen
führt letztlich zum Verlust von Mündigkeit und individueller Autonomie, da die
Reflexion des ursprünglichen Zusammenhangs und der bewusste Zugriff auf das
intrinsische Begehren verstellt bleibt.

### 3.2.8    Versorgungsbonapartismus und nationale Wirtschaft

Das Paradoxe an dieser gesellschaftlichen Konstellation ist, dass obwohl im
Zuge dieser gesellschaftlichen Entwicklung sich nicht nur die politische Sphäre
gegenüber dem Demos verschließt, sondern sich scheinbar auch die Subjekte in
die Privatsphäre zurückziehen, die Demokratie – wenn auch entleert von ihrem
partizipativen Kern – nicht nur formal weiter zu existieren, sondern auch ihre
Anziehungskraft nicht verloren zu haben scheint. Trotz der »marktwirtschaftlichen Durchdringung aller […] Lebensbereiche« (Blühdorn 2006, S. 79) und, dass

die »Identitätsbildung und Selbstverwirklichung weitestgehend auf die vom Markt angebotenen Möglichkeiten beschränkt« (ebd.) sind, die Subjekte daher »mit dem Markt identisch« (ebd.) zu werden drohen und sich im Ergebnis die »Norm des autonomen und identitären Subjekts« (Blühdorn 2013, S. 162) im demokratisch-partizipatorischen Sinne auflöse, erheben die Menschen weiterhin den Anspruch »gegenüber dem Markt Autonomie und Priorität zu haben« (Blühdorn 2006, S. 79). Dies kann verstanden werden als Ausdruck der tiefen Ambivalenz in den Subjekten selbst, die sich einerseits auch im politischen Sinne weiterhin als selbstbestimmte Bürger:innen verstehen sollen und wollen, andererseits jedoch die hiermit verbundenen Unlusterfahrungen abzuwehren versuchen.

Während sich das spätmoderne Individuum einerseits entspannt dem Konsum über-
lässt und im Markt auflöst, ist es doch andererseits nicht bereit, das Selbstverständnis
der traditionellen Moderne, also die idealistische Vorstellung vom autonomen Subjekt
als dem normativen Bezugspunkt aller gesellschaftlichen Teilsysteme, aufzugeben.
(Blühdorn 2006, S. 79)

Dies hat auch Auswirkungen auf die Legitimation des politischen Systems. Die Kombination aus politischer Abstinenz der Bürger:innen und dem Konsum als Ersatzbefriedigung der Wünsche nach Selbstbestimmung führt tendenziell zu dem Problem, dass die Demokratie sich weniger von der Input-Seite der Partizipation und Repräsentation legitimiert, sondern verstärkt über ihren Output. Somit haben wir es auch mit einer Bedeutungsverschiebung weg von Party Responsiveness hin zu Government Responsibility zu tun (vgl. Mair 2009), bei dem es für die Parteien nunmehr weniger um die politische Abbildung sozialer Machtverhältnisse geht, als um die Notwendigkeit ex post Zustimmung für die eigene Politik zu beschaf-fen, was populistische Agitationsformen begünstigt und der zuvor beschriebenen Entwicklungstendenz der Regierung als Verwaltung entspricht.

Etablierte westliche Demokratien erhalten ihre Legitimation bekanntlich immer weniger von der input-Seite, d. h. von demokratischer Beteiligung an der Gestaltung der
politischen Tagesordnung und an der Formulierung konkreter Politikvorschläge, und
auch immer weniger durch die etablierten politischen Institutionen und Prozesse.
Solange es nicht eklatante Verstöße gegen symbolisch gepflegte Grundprinzipien gibt,
ist es sekundär, auf welchem Wege es zu Entscheidungen kommt und mit welchen
Mitteln diese Entscheidungen umgesetzt werden. Wichtig ist zuallererst, dass am
Ende der output stimmt, was insbesondere bedeutet, dass Konsumgüter und Dienst-
leistungen in zufriedenstellender Qualität und wohlfeil zu haben sind. (Blühdorn
2006, S. 79 f.)

Klaus Horn nennt diese Art der Herrschaftslegitimation »d. h. der konsumtiven und symbolischen Pazifizierung der Subjekte« (Horn und Schülein 1976b, S. 169) etwas polemisch »*Versorgungsbonapartismus*« (Horn 1979, S. 36). Dieser sei »zugleich Folge und Voraussetzung des spezifisch spätkapitalistischen Verhältnisses von Ökonomie, Politik und soziokulturellem System« (Horn und Schülein 1976b, S. 135 f.). Eine solche Legitimationsweise verläuft jedoch zirkulär, denn es ist die gesellschaftliche Ordnung, die das massenhafte Auftreten der politischen Entfremdung, den Konsumismus als Ersatzbefriedigung und die rationalisierenden Sprachschablone erst hervorbringt, die gleichzeitig jedoch als Ausgangspunkt der Legitimität eben jener gesellschaftlichen Ordnung dienen sollen. Horn und Schülein sehen in dieser Art der Vergesellschaftung und der Legitimation über die »magische Phantasie des Versorgtwerdens« (Horn 1968, S. 79) einen gewissen Grad an »kollektiver Infantilisierung, an Retrogression gesellschaftlichen Bewußtseins« (Horn und Schülein 1976b, S. 158).

Die nationale Wirtschaft, die in allen hier untersuchten Reden der AfD von großer Bedeutung ist, nimmt in dieser Konstellation eine bedeutungsvolle Vermittlungsposition zwischen dem Nationalismus als Sinnsurrogat und den subjektiven Bedürfnissen der Menschen ein, insofern das individuelle Schicksal mit dem Wohlergehen der nationalen Wirtschaft scheinbar in eins fällt. »Für das zeichenregulierte Individuum sind ›subjektive‹ und die herrschenden, seine Subjektivität zerstörenden gesellschaftlichen Interessen identisch geworden« (Zepf 1993, S. 102) und »systemische (ökonomische) Effizienz« (Blühdorn 2013, S. 157) wird zur politischen »Referenznorm« (ebd.). Die Identifikation mit der nationalen Wirtschaft und die imaginierte oder tatsächliche Zugehörigkeit zur national bestimmten Volksgemeinschaft wird zu einem wichtigen Bezugspunkt der politisch-symbolischen Verankerung der Ersatzbefriedigung und vermittelt prothetische Sicherheit – auch in den hier untersuchten Reden. Der systematisch produzierte Widerspruch zwischen der erforderten Subjektivität und der politischen Wirklichkeit wird auf diese Weise nicht aufgelöst, aber auch nicht bewusst bearbeitet, sondern geht in den Mythen auf. Solange die nationale Wirtschaft floriert – und hierfür wird letztlich der Regierung die Verantwortung übertragen – ist das so prekär hergestellte intrapsychische Gleichgewicht im kollektiven Maßstab gewährleistet. Die Stabilität dieser Konstellation zieht sich offenbar daraus, dass »im Konsumbereich eine unmittelbare Korrespondenz zwischen dem Absatzbedürfnis der Industrie und chronischen präödipalen Bedürfnissen der Menschen herbeigeführt zu sein scheint« (Horn 1968, S. 76), weshalb mit Lorenzer (1984) auch von einer »Einkanalisierung« (ebd., S. 172) der Menschen in die gesellschaftliche Ordnung zu sprechen ist. »Den zeichenregulierten Individuen ist damit die Voraussetzung entzogen, sich selbst in Widerspruch zur Gesellschaft zu erfahren.« (Zepf 1993, S. 102).

Die geschilderte Konstellation hat jedoch in Verbindung mit den gesellschaftlichen Individualisierungstendenzen auch Auswirkungen auf das Vermittlungsverhältnis von individuellen Interessen im demokratischen Sinne. Die »kontinuierliche Aufwertung der individuellen Dimension von Subjektivität und Identität« (Blühdorn 2016, S. 56), wirkt einer Orientierung am Gemeinwohl entgegen, insbesondere dann, wenn wie in diesem Fall die »Vorstellung von Emanzipation, Freiheit und Glück [...] quasi entgesellschaftlicht und auf den Möglichkeits- und Wahrnehmungshorizont des kapitalistischen Markts zurückgeschnitten [wird], auf dem sich im Zweifel eben der oder die Stärkere durchsetzt« (Hirsch 1995, S. 148). Blühdorn sieht dabei, dass sich die vormals internalisierte »kategorische Gemeinwohlverpflichtung *(internalized authority)* aufweicht zugunsten sehr viel individualistischer verstandenen ›individuellen Rechten‹« (Blühdorn 2013, S. 147). Klaus Horn folgend könnte eine solche Entwicklung zu einem Zustand »selbstbezogener Rücksichtslosigkeit« (Horn 1998, S. 209) führen, in dem das Verhältnis zu anderen Menschen und Gegenständen instrumentell in den Dienst »narzisstischer Wunscherfüllung« (ebd.) im Warenkonsum gestellt wird (vgl. hierzu auch Naumann 2000, S. 242). Vor diesem Hintergrund erscheint der Appell der Bundesregierung an die individuelle Verantwortung für das Gemeinwohl und der Aufruf zu Solidarität höchst anachronistisch und wurde von Teilen der Bevölkerung anscheinend als unzumutbare Belastung und als Angriff auf die individuelle Freiheit und den Selbsterhalt betrachtet. Er stellte die Individuen vor die »paradoxe Aufgabe, das ›Unverständliche‹ zu verstehen« (Adorno 1950/1973, S. 188).

### 3.2.9 Pandemiebedingte Eruptionen und ihre rechtspopulistische Bearbeitung

Geraten nun die Formen der etablierten Ersatzbefriedigungen unter Druck, wie es auch in der Krisensituation der Pandemie der Fall ist, kann dies auf individueller Ebene einen destabilisierenden Effekt haben. Klaus Horn spricht von einer »äußerst geringe[n] Unlusttoleranz« (Horn 1968, S. 76) gegenüber Störungen in diesem Bereich: »Tritt dann eine Situation ein, in der die Versorgung abrupt unterbrochen und diese Unterbrechung interpretativ noch überhöht wird, dann werden massive Ängste und auch Schuldgefühle mobilisiert [...].« (Horn und Schülein 1976b, S. 169) Gerade weil der Konsum sowohl mit dem Selbsterhalt der Menschen und den grundsätzlichen menschlichen Bedürfnissen, die sich nahezu ausschließlich warenförmig befriedigen lassen, als auch mit Vorstellungen von Autonomie verknüpft sind, werden diesbezügliche Verwerfungen möglicherweise tatsächlich als potenziell existenzielle bzw. lebensbedrohliche Krise erlebt. Denn wird die Versorgung prekär, ist dies eine Gefahr sowohl für die eigene Identität, als auch für den individuellen Selbsterhalt. Tatsächlich ist festzustellen, dass die Coronamaßnahmen die individuelle Freiheit und die Konsummöglichkeiten der Menschen deutlich einschränkten. In diesem Zusammenhang betonen die RednerInnen der AfD jedoch vor allem den vermeintlichen Verlust der individuellen Freiheit, der mit dem Wegfall der Konsummöglichkeiten einhergeht. Sinnbildlich hierfür stehen nicht nur die leeren Innenstädte und verlassenen Einkaufshäuser zu Zeiten des sogenannten ›Lockdowns‹. Der Großteil des Konsums verlagerte sich ins Internet. Obwohl im Online-Handel die Auswahl noch umfänglicher und die Möglichkeiten noch unbegrenzter sind, geht dieser Form des Konsums der Erlebnischarakter verloren, den die Ladengeschäfte moderner Innenstädte, die großen Kaufhäuser versprechen (vgl. Naumann 2000, S. 222 ff.). Das Offline-Shopping wird unter normalen Bedingungen als »Akt individueller Potenz erlebt und zugleich als Akt der Teilhabe an einer Gemeinschaft, die zumindest ihre Leistungs-, Ordnungs- und Konsumvorstellungen teilt« (ebd., S. 223). Dies gilt auch für andere weniger offensichtlich mit Konsum verbundene Orte der konsumförmigen Freizeitgestaltung. Konsum beschränkt sich nicht allein auf Waren im herkömmlichen Sinn, sondern umfasst auch und gerade kulturindustrielle Waren beim Besuch von Kino, Konzerten, Theater etc., aber auch die warenförmige Freizeitgestaltung wie den Besuch von Bars, Clubs, Restaurants, Fitnessstudios, Sportplätzen, Bowlinghallen, Skipisten, Erlebnisreisen und so weiter. Dieses für die Subjekte hochbedeutsame Erleben, das mit dem Konsum dieser Waren verbunden wird, geht verloren, da es durch digitale Formate nicht ersetzt werden kann. So thematisieren Alexander Gauland und Sebastian Münzenmeier in ihren Reden vor allem den Wegfall von Formen des Konsums, bei denen in besonderer Form das Erlebnis und auch das Gemeinschaftliche im Zentrum stehen – der ›normale‹ Restaurant- und Theaterbesuch oder der Urlaub mit Familie und Freund:innen. Zu Hochzeiten der Coronapandemie war es nicht möglich, mit Hilfe der Konsumgüter die eigene Identität zu inszenieren und Anerkennung hierfür zu erlangen.

Flankiert wurden die, aus epidemiologischer Sicht größtenteils durchaus nachvollziehbaren Maßnahmen zudem durch individualistische Narrative der Regierung, die:der Einzelne sei letztlich verantwortlich und damit schuldig für das außer Kontrolle geratene Pandemiegeschehen und die notwendig gewordenen Infektionsschutzmaßnahmen (vgl. Brunner et al. 2021). Dies verstärkt möglicherweise die aversiven Gefühlslagen, die mit dieser Einschränkung der neoliberalen

›Privatautonomie‹ einhergehen. Es scheint als reagierten die allermeisten – »bei gleichzeitiger objektiver Schwierigkeit und subjektiver Unfähigkeit, rational politisch zu reagieren« (Horn und Schülein 1976b, S. 169) – hierauf mit »Überanpassung« (ebd.) oder sie lassen »sich lieber technisch verwalten […], als politische Alternativlösungen zu suchen, wozu größere, mit Unlust verbundene synthetische Ichleistungen notwendig wären« (Horn 1968, S. 77), denn sie versuchen »auf diese Weise wenigstens ein Rest der stark besetzten Versorgungssituation« (Horn und Schülein 1976b, S. 169) zu retten. Die autoritative Unterwerfung verspricht zumindest die Reduktion der Gefühle individueller Ohnmacht, ein Mindestmaß an Halt und Sicherheit und die Aussicht auf ein baldiges Ende der Einschränkungen und damit die Wiedererlangung der narzisstischen Ersatzbefriedigung (vgl. Schuler et al. 2021, S. 97). Dem entspricht auch die Inszenierung der Bundesregierung, wie Brunner et al. feststellen:

> Die Bundeskanzlerin als Eltern- und Autoritätsfigur soll uns beruhigen und betonen, dass alles gut wird, sie soll uns genaue Anweisungen geben, wie wir uns zu verhalten haben, sie soll die Gefahr in annehmbarer Weise benennen und bannen. Und sie kann dabei nur scheitern, erstens weil die einschränkenden Maßnahmen, die der Eindämmung gewisser Ängste und Sorgen dienen, zugleich die inneren Konfliktlagen auch schüren, zweitens aber auch, weil die Gefühlslagen gegenüber den Eltern oder späteren Autoritäten immer von Ambivalenzen geprägt sind, ist doch die schutzgebende Instanz auch immer eine versagende und disziplinierende. (Brunner et al. 2021, S. 30)

Dieses ambivalente Verhältnis zur Autorität wird in der Rede von Sebastian Münzenmeier besonders deutlich. Wie zuvor beschrieben, führt uns der Redner in eine Bilderwelt, in der Angela Merkel als ›böse Mutter‹ erscheint, die einerseits der ersehnten versorgenden und schützenden Funktion nicht nachkommen und andererseits die Menschen mit ihren ungerechtfertigten Sanktionen die Freiheit rauben würde. Spiegelt sich hier mit dem Konflikt zwischen ersehnter Autonomie und forcierter Abhängigkeit womöglich zum einen eine der Grundkonstellationen bürgerlicher Subjektivität wider, drückt sich daneben, so denke ich, ein wesentlicher Punkt der Coronakrise aus:

> Gerade in gesellschaftlichen Krisenzeiten, wo ökonomische und soziale Ängste und auch die Kluft zwischen den im Ichideal repräsentierten Aspirationen und den tatsächlichen Misserfolgen größer werden – und damit nachträglich natürlich auch frühere Konfliktlagen wieder größer werden (Ängste vor Arbeitslosigkeit wecken das infantile und adoleszente Ringen um Autonomie und Abhängigkeit, soziale Prekarität und Vereinzelung lassen Versorgungs- und Verschmelzungswünsche wieder aufleben, der gesellschaftliche Konkurrenzdruck reaktiviert Geschwisterrivalitäten etc.) –, wird der

Ruf nach Halt, Entlastung und Befreiung in Schiefheilungsprozessen stärker. (Brunner 2022, S. 97)

Die Störung in den Bedingungen des Konsums als Ersatzbefriedigung entzieht der aktuellen Gesellschaftsordnung den (noch verbliebenen) legitimatorischen Grund, weil der Versorgungsbonapartismus ebenfalls in eine Krise gerät. Der Staat als Nation kommt aus Perspektive der infantilisierten Bürger:innen seiner Funktion des Schutzes und der Versorgung beziehungsweise der Aufrechterhaltung des Marktes, über den vermittelt die Subjekte diese Fantasie verwirklichen, nicht nach. In Bezug auf die Pandemie scheint es dabei in Extremform zwei gängige Umgangsweisen zu geben, entstehende Konflikte zu lösen: Einerseits die autoritative Unterwerfung unter die Regierungsvorgaben und die totale soziale Isolierung, die wiederum von den RednerInnen der AfD als irrational und von unangebrachter Angst getrieben abgewertet wird, und andererseits die von der AfD selbst angebotene Verschmelzung in der (in Bezug auf das Virus) ›angstfreien‹ Masse und der projektive Hass auf die Regierung. Die RednerInnen der AfD versuchen die in dieser Gemengelage womöglich entstehenden Ängste und Gefühle der Angst, Ohnmacht, Hilflosigkeit und Schuld sowie Wut zu politisieren und zu kanalisieren. In den Reden werden auf die ohnehin bestehenden Gefühlslagen weitere Schrecken aufgeladen, indem apokalyptische Szenarien entworfen werden. Es wird die ultimative Bedrohung inszeniert: Der Zusammenbruch der nationalen Wirtschaft, der aktiv und willentlich von der Bundesregierung vorangetrieben würde. Zudem wird die Krise entzeitlicht und diskursiv verstetigt, indem das Bild einer ›Coronadiktatur‹ gezeichnet wird, bei der infrage steht, ob sie denn nun auf Widerruf oder doch auf ewig bestehen wird. Dies impliziert die Aussicht, dass die Wirtschaft und damit die Bedingungen des individuellen Selbsterhalts auf Dauer zerstört würden. In diesem Kontext kann auch eine Erzählung fruchten, in der die Regierungspolitik als zerstörerischer Übergriff der öffentlichen Sphäre in die vermeintlich getrennte und geschützte Sphäre der Privatheit erscheint, in der sich noch so etwas wie Autonomie, zumindest partiell, zu verwirklichen schien. Die AfD bedient hierbei mit ihrer Erzählung vom Niedergang der nationalen Wirtschaft und dem damit verbundenen antizipierten Zusammenbruch der Versorgungssituation mit Gütern des alltäglichen Gebrauchs, so könnte man an in Anschluss an Lutz Eichler (2019) sagen, die eigentliche Sehnsucht der deprivierten Subjekte nach einem restaurierten kollektiven Narzissmus, die »Sehnsucht nach der fantasierten Einheit mit dem Ganzen: nach dem Gefühl des Aufgehobenseins, der bedingungslosen Liebe, der symbiotischen Homöostase« (ebd., S. 144) und hiermit verbundenen »Fantasien über die nährende Mutterbrust und die intrauterine Geborgenheit« (ebd.) des ›Versorgungsbonapartismus‹.

Ziel dieses Narrativs, die gegenwärtige Krise als absoluten Ausnahmezustand und willentlich herbeigeführten wirtschaftlichen Zusammenbruch zu erklären, ist es, die Affektivität des Sachverhalts weiter zu steigern und die Verantwortung dafür allein dem Feindbild anzulasten.

> Es wird den Zuhörern des Agitators zu verstehen gegeben, daß in der Gegenüberstellung ihrer eigenen begrenzten Fähigkeiten und der ungeheuren, sie bedrohenden Kräfte ein unauslöschbares Mißverhältnis bestehe. Die Konsequenz davon: es ist alles erlaubt. Ein mit der Katastrophe konfrontierter Mensch ist in der Abwertung oder Übertretung der herrschenden Moralgesetze gerechtfertigt, wenn er damit sein Leben retten kann. Die Idee der Katastrophe enthält einen willkommenen Stimulus für den Zerstörungstrieb der Zuhörer. Auch der nächste Schritt, nämlich die Projektion der Katastrophe auf den imaginären Feind, fällt den Anhängern des Agitators nicht schwer. (Löwenthal und Guterman 1949/2017, S. 51)

Adorno (1950/1973) nennt eine solche Technik der Agitator:innen, deren »letztes Ziel [...] die Begünstigung und Unterstützung von Ausschreitung und Gewalttätigkeit« (ebd., S. 366) sei, »›Gefühls-Befreiungs‹-Trick« (ebd., S. 365). Dabei geht es im Kontext des Untersuchungsgegenstandes zunächst weniger darum, Gefühle der Angst und Wut entstehen zu lassen, denn diese entstehen angesichts der pandemischen Lage wahrscheinlich ohnehin, sondern diese zu legitimieren und zu kanalisieren, wie wir es am Beispiel der Rede von Storchs eindrücklich sahen. Gerade weil das Virus den Alltag der Menschen tatsächlich durcheinanderwirbelte, ist die Wahrnehmung der pandemischen Situation als Chaos und Ausnahmezustand nicht verwunderlich. Das Gefühl des Unnormalen, das von der AfD hier adressiert wird, erscheint mir vor allem ein Lebenspraktisches zu sein, das sich daraus ergibt, dass tradierte Alltagspraxen nun aus dem Takt geraten, wie dies Jürgen Link (2021, S. 18) bildhaft darstellt: »Rhythmen der Arbeit und der Feste, der Familienbildung und der Generationen, des Schlafens, Wohnens und Essens, der Wir- und der Ich-Bildung. Genau diese basalen Rhythmen sind nun durch die Corona-Notstände radikal gestört.« Die RednerInnen der AfD können die Menschen aber »zu irrationalen Verhalten nur bewegen, wenn er [sic] es für ihren psychologischen Haushalt als ›vernünftig‹ erscheinen läßt« (Adorno 1950/1973, S. 367). Auf rationalisierende Weise werden simplifizierte und konstruierte Kausalzusammenhänge zwischen dem individuellen Leiden und dem konkreten Handeln der Regierung behauptet, die nicht nur das Feindbild festigen, sondern auch die aggressive Verfolgung der als Feindgruppe Ausgemachten als angemessen und vernünftig erscheinen lässt.

Der Effekt des Tricks ist weniger, die aufgezeigten Reaktionen zu überwinden, als sie gesellschaftlich akzeptabel zu machen, ein schon wankendes Tabu aufzuheben und den Menschen das Gefühl zu geben, das sozial Richtige zu tun, wenn sie ihre Selbstbeherrschung fahren lassen. Die ›gesellschaftliche Bestätigung‹ von Verhaltensweisen, die in den Menschen bereits wirksam sind, die sie aber noch undeutlich als unvereinbar mit den in ihrer Jugend gelernten Geboten empfinden, ist ein wesentliches Element der faschistischen und antisemitischen Propaganda. (ebd., S. 369)

Der erlebte Ausnahmezustand kann für die Anhänger:innen der AfD als psychosozialer Möglichkeitsraum erscheinen, der ihnen verspricht, sich aller Unlusterfahrung projektiv ein für alle Mal zu entledigen. »Auch wenn ein Widerfahrnis die eingespielten Selbst- und Weltbilder infragestellt, so kann es die Hoffnung auf einen Neubeginn wecken, zumindest aber Angstlust generieren.« (Küchenhoff 2020, S. 365) Je stärker die aktuelle Situation als Krise affektiv aufgeladen wird, desto größer wird die populistische Verlockung, das hiermit verbundene Leiden durch einfachste Mittel aufzulösen. Durch die »Anhäufung von erfundenen Schrecken« (Löwenthal und Guterman 1949/2017, S. 50) auf die womöglich aufgrund der Pandemie ohnehin vorhandenen Ängste, Scham- und Schuldgefühle, wächst die Bereitschaft der Zuhörer:innen ihre Selbstbeherrschung tatsächlich fahren zu lassen und sich aggressiv gegen das kollektive Feindbild zu wenden. Schließlich kann man sich auf der moralisch Guten Seite wähnen, etwas gegen das Böse schlechthin unternommen zu haben.

Mit dem Narrativ einer Diktatur kann die AfD zudem möglicherweise an Irritationen anknüpfen, die sich daraus ergeben, dass auch der Bundestag und die Landesparlamente sich eine Kontaktsperre auferlegten und seltener und unter besonderen Auflagen tagten; auf einige parlamentarische Routinen konnte tatsächlich nicht mehr zurückgegriffen werden. Aufgrund der Unsicherheit der Maßnahmen und der Präzedenzlosigkeit der Pandemie waren die politischen Entscheidungsträger:innen nicht nur unter zeitlichem Zugzwang, sondern auch auf die externe Expertise von Fachleuten unterschiedlicher Bereiche angewiesen. Im parlamentarischen Notbetrieb verlor die, für die (simulative) Inszenierung demokratischer Prozesse hoch bedeutungsvolle, parlamentarische Debatte gegenüber Expertenkommissionen und Exekutivverfügungen an Bedeutung. Zudem schien selbst die Opposition – abgesehen von der AfD – die Regierungspolitik über weite Strecken zumindest grundsätzlich mitzutragen. Das Parlament hat formal betrachtet angesichts der pandemischen Notlage innerhalb des Infektionsschutzgesetzes Kompetenzen an die Exekutive abgetreten. Das Parlament als dem »zentralen Ort ästhetischer Symbolisierung des Volkes in der Demokratie« (Vorländer 2003, S. 23 zit. nach Manow 2016, S. 53) und »Herzstück moderner

Demokratien« (Sassmannshausen 2020, S. 280) hat in der öffentlichen Wahrnehmung während der Pandemie also zweifellos gelitten. Die Regierung handelte dabei im besten Sinne einer postpolitisch-technokratischen Krisenlösung (vgl. Blühdorn 2020, S. 236). Aber ihr gelang es im Verlauf der Pandemie offensichtlich immer weniger dies simulativ zu kompensieren. Die krisenbedingte politische Ausnahmesituation ist jedoch – anders als von der AfD behauptet – kein Resultat des Einflusses exogener Mächte, sondern viel eher Ausdruck einer pandemiebedingten Kräfteverschiebung zugunsten der Exekutive vor dem Hintergrund des dialektischen Verhältnisses von Souveränität und Freiheit und muss »keineswegs unmittelbar oder kausal in den autoritären Staat führen« (Sassmannshausen 2020, S. 282) Nicht unterschlagen werden darf hier zudem, dass es sich beim deutschen Bundestag ohnehin nicht um ein Redeparlament handelt und auch abseits der Coronakrise und unabhängig postdemokratischer Entwicklungen die Darstellung bzw. Inszenierung demokratischen Interessensausgleichs abseits der Bühne der Plenarsitzungen als genuine Aufgabe des Parlaments besteht und von besonderer Bedeutung ist. Es gibt daher in der Bundesrepublik eine grundlegende innere Spannung zwischen »nicht-öffentlicher Interessenaushandlungs- und Entscheidungskommunikation einerseits und außerparlamentarischer Darstellungskommunikation andererseits« (Sarcinelli 2009, S. 266). Die Tatsachen, dass auch in der ›Normalität‹ der Deutsche Bundestag eher Arbeits- als Redeparlament ist und Parlamentsdebatten seit ehedem vielmehr einem inszenierten Spektakel gleichen und die systemischen Sachzwänge auch immer schon den Horizont der (simulativen) Demokratie bilden, wird dabei von den RednerInnen der AfD in ihrem systematischen Zusammenhang verkannt.

Gleichzeitig rückten zu Zeiten der Pandemie das politische Geschehen, die komplexe Kompetenzverteilung und die prekäre Entscheidungsfindung, in besonderem Maße in den Fokus der (medialen) Aufmerksamkeit und führten zu einer »Diskrepanz zwischen der mangelnden Übung im politischen Denken und der Flut politischer Nachrichten« (Adorno 1950/1973, S. 186). In der Wahrnehmung vor allem von sonst möglicherweise weniger politisch interessierten und informierten Menschen führt die technokratische Krisenlösung daher womöglich zu Irritationen, wenn scheinbar antidemokratische Tendenzen in der Ausnahmesituation vor Augen geführt werden. Auch in den Gruppeninterpretationen zeigten sich die Interpretierenden teils wiederholt irritiert von dem als »Schauspiel« beschriebenen Inszenierungscharakter, den die parlamentarische Debatte in ihren Augen aufwies. Womöglich führt der durch die Krise ungewöhnlich geschärfte Blick auf die politischen Prozesse das »entzauberte Parlament« (Sarcinelli 2009, S. 245 f.) vor Augen, das lediglich »Schaufenster eines parlamentarischen Kommunikationsmanagements« (ebd., S. 248) ist, »in dem es nicht um Überzeugungskommunikation unter den Beteiligten geht, sondern um – nicht zuletzt medienadäquate – Darstellungskommunikation für das Publikum außerhalb des Parlaments« (ebd.). Diese Öffentlichkeitsarbeit steht jedoch »vor der schwierigen Aufgabe, eine vom Medienbild stark abweichende Realität mit politisch eher unübersichtlichen Verhältnissen zu vermitteln« (ebd., S. 245). Während der Coronakrise gelang es offenbar nicht »Einsicht in und Verständnis für den oft notwendigerweise unspektakulären arbeitsparlamentarischen Alltag zu vermitteln« (ebd., S. 247) und »die Argumente der intern bzw. anderswo getroffenen Entscheidungen« (ebd. S. 258), derart auszustellen, dass sie von der interessierten Bevölkerung hinreichend nachvollzogen werden konnte. Augenfällig wurden stattdessen die technokratische Krisenlösung und die fehlende Authentizität der Inszenierung der parlamentarischen Debatte, die nunmehr lediglich als ›Schauspiel‹ wahrgenommen wird. Das Verfolgen der politischen Debatte während der Coronakrise reaktiviert in diesem Kontext möglicherweise die eigenen, ursprünglich abgewehrten, aversiven Gefühle der politischen Entfremdung, die mit der eigenen Unwirksamkeit und Ohnmacht verbunden sind und nun erneut virulent werden. Bleiben diese Irritationen zunächst diffus, bilden sie doch den Nährboden für Stereotypie, Personalisierungen und Verschwörungsmythen unterschiedlicher Art.

> Die objektive Situation wird als *Konflikt* erlebt, dessen gesellschaftliche Bedingtheit in den Individuen verborgen bleibt. Dieser Konflikt findet Anschluß an »Persönlichkeitsdefekte«, Residuen unbewältigter Kindheitskonflikte, an falsche Lösungsformeln in der Einheit von »*Symptom und Schablone*«, diesem Zerrbild der Vermittlung von Wunsch und Realitätserfahrung. (Lorenzer 1984, S. 126)

Die Coronakrise wird als Konflikt erlebt, weil sie den postpolitisch-technokratischen Regierungsstil, der auf das uneingelöste bürgerliche Versprechen kollektiver Autonomie verweist, nicht nur erfordert, sondern diesen auch für alle Bürger:innen sichtbar macht und zugleich die simulative Demokratie und die falsche Lösungsformel des Konsums gefährdet, die unter Normalbedingungen stabilisierend wirken können, da sie entsprechend dem gesellschaftlichen Grundkonflikt von Autonomie und Abhängigkeit den Menschen Autonomie suggerieren, die sie unter den gesellschaftlichen Bedingungen real nicht haben. Der abstrakte Herrschaftszusammenhang, der sich hinter Waren-, Rechts- und Staatsform verbirgt und für das Fehlschlagen bürgerlich-demokratischer Ideale verantwortlich ist, wird aber zumeist nicht reflexiv durchdrungen. Der von der AfD feilgebotene Verschwörungsmythos zielt stattdessen darauf den sinnlos gewordenen Herrschaftszusammenhang mit neuem Sinn zu füllen, denn – folgt man Detlev

Claussens – ist den Verschwörungsgläubigen »der Gedanke nicht zugänglich, daß die Herrschaft des Allgemeinen die spezifische Herrschaftsform der bürgerlichen Gesellschaft ist. Er [sic] pocht auf das Gefühl, daß die Herrschaft des Allgemeinen, die Herrschaft der Gesetze, nur die Verschleierungsform für Herren ist, die nicht in Erscheinung treten wollen« (Claussen 1994, S. 61). Der Staat ist jedoch nicht bloßes Instrument einer wie auch immer gearteten herrschenden Klasse, die im Dunkeln operiert. Zwar bindest sich die abstrakte Herrschaft auf Ebene des sozialen Inhalts der konkreten Gesetze an politische Kräfte und die Entscheidungen z. B. über den Umgang mit der Pandemie werden letztlich von konkreten Personen getroffen, doch spiegeln sich hier lediglich die mit der abstrakten Herrschaft verbundenen sozialen Ungleichheitslagen. Die gewählten Repräsentant:innen sind selbst als »Personifikation[en] ökonomischer Kategorien [...], Träger von bestimmten Klassenverhältnissen und Interessen« (Marx 1986, S. 16), aber als Repräsentant:innen dieser divergierenden, auch öffentlich artikulierten Interessen und als politische Entscheidungsträger:innen sind sie demokratisch legitimiert. Erschwert wird die Einsicht es nicht mit geheimen Machenschaften zu tun zu haben sicherlich auch durch die aktuelle Konstellation, dass externe Expert:innen tatsächlich eine wichtige Rolle spielen und Entscheidungsprozesse über mögliche Maßnahmen tatsächlich zum Teil jenseits des Lichtes der Öffentlichkeit beziehungsweise außerhalb der Bundestags-Plenarsitzungen stattfanden. Das Spannungsverhältnis, das sich aus der Abstraktion und dem »Doppelcharakter der subjektlosen Gewalt« (Sassmannshausen 2020, S. 116) ergibt, ist offenbar nur schwerlich durchdring- und reflektierbar. Stattdessen wird nach konkreten Verantwortlichen gefahndet, die für die Misere der eigenen Ohnmacht haftbar gemacht werden können (vgl. Horn 1968, S. 76 f.).

Hier offenbart sich der strukturell antisemitische Gehalt der AfD Bundestagsreden. Das Unbehagen an der gegenwärtigen Gesellschaft, so meint Markus Brunner (2016, S. 28) in Bezug auf den Antisemitismus, »artikuliert sich im Hass dieses Abstrakte, das nicht als sachliche Beziehung, sondern wieder nur als personale Herrschaft, als verschwörerische Machenschaft der ‚Mächtigen‘ und ‚Besitzenden‘ erfasst werden kann«. Auch die hier untersuchten Reden der AfD zehren von dieser »Atmosphäre der Entlarvung, des Sichtbarmachens des Verborgenen« (Claussen 1994, S. 198). Die RednerInnen bieten die passende Sprachschablone hierfür. Sie liefern, so lässt sich in Anschluss an Alfred Lorenzer (1984, S. 126) sagen, die »weltanschauliche Idee«, die »die Lösung der aktuellen Konflikte verspricht« und damit »die Spannung innerhalb der Persönlichkeit« zu lösen. Sie bestätigt das diffuse Gefühl der Irritation, dass hier etwas nicht stimmen kann, geben vor, das Geheimnis, das hinter dem eigenen vermeintlichen Unglück steckt, zu lüften und die hierfür Schuldigen zu benennen: Es wäre die Regierung, die tatsächlich eine Diktatur eingerichtet hätte, die die Bürger:innen entmündigen und zu bloßen Objekten skrupelloser Herrschaft machen würde. Die Verschwörungsfantasie von einer Regierung, die unter dem Vorwand des Virus' eine Diktatur einrichten würde, ist dabei »in ihrer Verdinglichung auch Ausdruck der Ambivalenz moderner Vergesellschaftung und dem Wahn entlehnt, allwissend und allmächtig hinter das [von den Verschwörungsgläubigen] phantasierte Geheimnis (und damit: den Tod) blicken zu können« (Salzborn 2019, S. 203). Es wird die Frage nach der Souveränität gestellt und wer im geheimen über das Recht über Leben und Tod zu entscheiden verfügt. Auch in den hier untersuchten Reden bildet der Tode den negativen Fluchtpunkt: Nicht nur soll die unterdrückende Herrschaft entlarvt werden, sondern auch deren scheinbar tödlichen Folgen. In der Erzählung der AfD ist es die vermeintlich illegitime Regierung, die nicht nur herrschen, sondern Existenzen vernichten und Leben zerstören will. Insbesondere in der Rede Alexander Gaulands wird dabei auch die Frage verhandelt, wer dieser Souverän ist und wer auf welche Weise darüber entscheidet, welche Bevölkerungsgruppen das Recht auf Leben haben und welche Todesfälle andererseits in Kauf zu nehmen sind. Gauland inszeniert sich dabei als legitime Stimme des souveränen Volkes, das scheinbar lieber selbstbestimmt sterben als fremdbestimmt überleben möchte. Der tatsächliche, als Geheimnis verkapselte, irrationale Kern des Herrschaftszusammenhangs der bürgerlich-kapitalistischen Gesellschaft bleibt von diesen Narrativen jedoch unberührt. Womöglich drückt sich hier allerdings dennoch, wenn auch in verstellter bzw. symptomatischer Form, der eigentliche Wunsch nach Selbstbestimmung und Handlungsmacht »ohne alltäglich erfahrene (kränkende) Beschränkungen und entsprechende Ambivalenz« (Hessel 2020, S. 21) aus, der den Kern bürgerlicher Subjektivität ausmachen sollte. Es wird angeknüpft »an den ganzen Komplex Selbstständigkeit, auf die ja die Demokratie hinausläuft und die gleichzeitig doch in dem herrschenden System nicht voll realisiert wird« (Adorno 1967/2019, S. 39). Florian Hessel (2020) fasst dies folgendermaßen zusammen:

> Der Mythos von der allmächtigen Verschwörung gegen die Gesellschaft erscheint als Affirmation des Mythos von der Allmacht in der Gesellschaft. Keineswegs ein verstellter Impuls der Kritik gegenwärtiger Modi der Vergesellschaftung und Politik, ist er vielmehr – heute mehr denn je – Reflexion der Behauptung der unbeschränkten Handlungsmacht der vergesellschafteten Einzelnen einerseits und der Unhintergehbarkeit und Alternativlosigkeit der gesellschaftlichen Struktur andererseits – Behauptungen von Eindeutigkeit, die sich an der realen Ohnmacht der Einzelnen und der inhärenten Krisenhaftigkeit der Gesellschaft, an Erfahrungen von Ambivalenz, brechen. (ebd., S. 19)

Entlang des von der AfD in den Reden besonders inszenierten Kontrollverlustes und anhand der identifizierten »Struktur der Fremdbestimmung, Bedrohung und totalen Manipulation« (ebd.) und ihrer projektiven Verankerung in dem politischen Feindbild kann die:der Verschwörungsgläubige sein gefühltes soziales Unglück »in sich stimmig ›erklären‹ und rationalisieren, sich praktisch aneignen und einen Gewinn an Handlungsmacht und Kontrolle fühlen« (ebd.). In der vereinenden und die Vereinzelung aufhebenden Massenbewegung der ›Truther‹, kann »Macht und autoritäres Verlangen nach behaupteter Übermacht und Eindeutigkeit inszeniert und angeeignet« (ebd., S. 22) werden.

Das Aufbegehren der AfD und ihrer Anhänger:innen gegen die ›Diktatur‹ und die damit verbundenen Gefühle der Ohnmacht bleiben jedoch notgedrungen konformistisch. Statt den Modus gouvernementaler Verwaltung aktueller Politik fundamental infrage zu stellen und demokratische Teilhabe einzufordern werden stattdessen autoritäre Sehnsüchte nach restaurierter Macht des Volks als Souverän und einer den vermeintlichen Willen dieses Volkes verkörpernden Herrschaft genährt. Die RednerInnen inszenieren sich zwar als Verteidiger:innen der ›wahren‹ und ›authentischen‹ Demokratie, die von der herrschenden Elite verraten worden wäre, problematisieren den tatsächlichen Bedeutungsverlust des Demos und die Herrschaft der Sachzwänge, verbleiben aber dabei innerhalb der Logik der simulativen Demokratie verfangen und gelangen nicht an den Kern der Problematik. Die AfD politisiert und radikalisiert zwar diskursiv die Ideale der Autonomie und Volkssouveränität, entleert sie jedoch ebenso von ihrem prozessual-demokratischen Gehalt, nämlich von Verantwortung und Partizipation. Sie fordert lediglich die Ersetzung der derzeit vermeintlich herrschenden Elite durch eine andere Elite, die es angeblich besser vermag, den vermeintlichen ›Volkswillen‹ zu repräsentieren – sie werben für ihre eigene *unmittelbare* Herrschaft. Dieser ›Volkswille‹ wird dabei aber nicht als Ergebnis eines politischen Aushandlungsprozesses der divergierenden Einzelinteressen verstanden, sondern als vorpolitischer, der sich quasi-natürlich aus der imaginierten Homogenität des völkisch-biologistisch gefassten ›Volkes‹ ergibt. Auf diese Weise versprechen sie ihren Zuhörer:innen, solange sie zur ›In-Group‹ des nationalen, völkischen Kollektivs gehören, Selbstwirksamkeit und Anerkennung auch im Bereich der Politik, der öffentlichen Sphäre, gerade in Zeiten in denen die Schein-Autonomie im privaten Bereich durch die Krise eingeschränkt ist. Es wird hier der ideologische Kurzschluss vollzogen, die Ambivalenzen moderner Demokratien könnten durch die Identität von Herrschern und Beherrschten einseitig aufgelöst werden und damit an die antiliberalen Theorien Carl Schmitts angeknüpft (vgl. Sassmannshausen 2022), auf die sich Alexander Gauland in seiner Rede auch explizit bezieht. Die Demokratie wird dabei »an einem äußerlichen

Ideal, der ›wahren Demokratie‹, gemessen, ohne dass die Demokratie diesem Vergleich je standhalten könnte« (ebd.). Die enge, vom völkisch-nationalistischen Denken der Partei geprägte Fassung des ›Volkes‹ reproduziert dabei die negativ in den Institutionen aufgehobenen Gewaltverhältnisse und die damit verbundenen Exklusionsdiskurse des Rassismus, Sexismus, Klassismus und so weiter. Die im allgemeinen Gesetz eingehegte Herrschaft schlägt stattdessen um in offene Gewalt gegen die ausgemachten Feinde. Zudem werden die formelhaft erstarrten Zeichen der Demokratie mit den völkisch-nationalen Narrativen und strukturell antisemitischen Verschwörungsmythen verwoben. Auf diese Weise erhalten Konzepte wie etwa der Volkssouveränität und des Volkswillens einen scheinbar magischen Charakter und versprechen eine kollektive Potenz vermeintlich vergangener Zeiten, die es so jedoch nie gab. Hierfür müsse nur das Nichtidentische, diejenigen, die in der vermeintlichen Identität von Herrscher und Beherrschten des homogenen Volkes nicht aufgehen, jene scheinbar volksfremden oder volkschädlichen Personengruppen, ausgestoßen und vernichtet werden. Die AfD muss sich dabei allerdings nicht um die tatsächliche Demokratisierung von Entscheidungsprozessen scheren, denn für ihre Anhänger:innen schaffen sie ein Erlebnisangebot sich als anerkannte, selbstwirksame, autonome, politische Subjekte zu erleben, die Teil einer großen, historischen und nationalen Bewegung für Freiheit und Demokratie sind, ohne diese selbst auch in die Pflicht zu nehmen, ihre demokratischen Rechte abseits der Ermächtigung der AfD wahrzunehmen und ohne die tatsächlichen Strukturbedingungen des individuellen Leidens an der Gesellschaft anzugreifen. Insofern radikalisieren sie eigentlich den simulativen Charakter der Demokratie nur weiter – unter autoritärem Vorzeichen. Die der Vergesellschaftung in kapitalistischen Demokratien inhärenten und sich in den Subjekten niederschlagende Widersprüche zwischen demokratischem Ideal und ökonomischen Systemimperativen auf Ebene objektiver Struktur und zwischen dem Ich-Ideal autonomes Subjekt zu sein und der realen Ohnmacht auf subjektiver Ebene – sollen durch die individuellen und kollektiv geteilten Omnipotenzfantasien magisch aufgelöst werden.

Die hier untersuchten RednerInnen bedienen sich dabei einer quasi-apokalyptischen Krisenhermeneutik, wie sie trotz aller Säkularisierung noch immer, wenn auch in modernisierter Form, gesellschaftlich verankert zu sein scheint und die »nicht unbedingt inhaltlich, aber doch strukturell in der Tradition biblischer Apokalyptik steht« (Nagel 2021, S. 8). Dies könnte auch erklären warum die Reden assoziativ so viele religiöse Bilder bei den Interpretierenden hervorrief. Laut Alexander-Kenneth Nagel dienen »apokalyptische Deutungsmuster in der Moderne der Kontingenzbewältigung [...], indem sie die Komplexität der unübersichtlichen, funktional bis ins Kleinste ausdifferenzierten Gesellschaft in einfache Dualismen übersetzen« (ebd., S. 22). Auf manifester Bedeutungsebene finden wir in allen Reden eine Erzählung, die ausgehend von einem früheren Zeitraum angeblich funktionierender Demokratie und des nationalen Wohlstands durch eine florierende Wirtschaft, den zunehmenden Zerfall der Wirtschaft und der gesellschaftlichen Werte der Freiheit und Demokratie zeichnet. Diese Erzählung entspricht in ihrem Stil jener Form moderner Apokalyptik, die Claudia Gerhards (1999) als »inverse Apokalypse« (ebd. S. 38) bezeichnet:

> Die inverse Apokalypse orientiert sich an einem in der Vergangenheit liegenden, vollkommenen Zustand. Die geschichtliche Entwicklung stellt sich in diesem Konzept als Niedergangsprozeß dar, der sich von einer vollkommenen Ausgangssituation entfernt. […] Sollte eine fehlgeleitete Entwicklung, so lautet etwa der Tenor der inversen Apokalypse, fortgesetzt werden, dann müßte der Niedergang zu seinem Ende kommen und in den Untergang umschlagen. (ebd.)

Die RednerInnen wenden sich angesichts dessen aktivistisch an ihr Publikum, um dieses zu mobilisieren: Die Zuhörer:innen sollen alle Mittel ergreifen, den Untergang abzuwenden, denn »das Ziel der inversen Apokalypse ist es, den Untergang zu verhindern, dafür zu sorgen, daß er nicht stattfindet« (ebd., S. 41). Die PolitikerInnen der AfD dramatisieren die aktuelle Krisensituation, versehen sie mit einem spezifischen Zeitfaktor und beschwören den drohenden Untergang, um ihn schlussendlich jedoch heroisch abzuwenden. Dabei positionieren sie sich selbst und ihre Partei als messianische HeilsbringerInnen, die die drohende Katastrophe gerade noch verhindern könnten, sofern sie nur genug Unterstützung in Form von Wähler:innenstimmen erhielten.

Um diese Wähler:innenstimmen zu erhalten, inszenieren sie darüber hinaus »persönliche Wärme, Nähe, Vertrautheit« (Adorno 1950/1973, S. 380) gegenüber ihrem Publikum und vergessen nie ihre »eigene Rechtschaffenheit, Selbstlosigkeit und Hingabe« (ebd., S. 271) zu betonen. Den identifizierten Leidtragenden wird Mitgefühl bekundet (Gauland) und versprochen sich durch zahlreiche Drucksachen durchzuarbeiten (von Storch) und sich in den Worten Münzenmeiers »mit aller Entschiedenheit für unsere Freiheit, für unseren Rechtsstaat und für unsere Demokratie« (Z. 73 f.) einzusetzen. Dass diese zur Schau gestellte Anteilnahme und Fürsorglichkeit jedoch nicht authentisch ist und von den eigenen politischen Inhalten unterlaufen wird, wurde nicht zuletzt in den Reden Gaulands und von Storchs deutlich. Insgesamt inszenieren sich die RednerInnen als diejenigen, die die wahlweise böse, korrupte, unfähige oder wahnsinnige Elite in einem gemeinsamen Akt zusammen mit ihren Apologet:innen vernichten, die Krise beenden und eine ›Normalität‹ herstellen können, in der die Versorgung mit Erlebnis- und Konsumgütern sichergestellt wäre. »Deutschland. Aber normal« – So wie es sich die AfD im April 2021 für die damals kommende Bundestagswahl auf die Fahnen geschrieben hatte (vgl. Alternative für Deutschland 2021). Auf diese Weise bietet die AfD den Zuhörer:innen eine Weltdeutung an, in der die zuvor beschriebenen, ambivalenten Gefühle gegenüber der staatlichen Autorität aufgespalten werden. Der negativen Anteile, die mit ihrer versagenden und sanktionierenden Funktion verbundenen Gefühle der Ohnmacht und Hilflosigkeit, können sich die Zuhörer:innen projektiv entledigen in dem Feindbild der willkürlich drangsalierenden und wirtschaftsschädigenden Regierung. Gleichzeitig kann der Staat als Nation, ist er erst einmal von dieser – entsprechend den nationalistischen Exklusionsnarrativen – ›volksfremden‹ Macht befreit, als ›gereinigtes‹ gutes Objekt verbleiben, mit dem man sich nun ambivalenzfrei identifizieren kann. Abhängig und ohnmächtig erscheinen in diesem Sinne nunmehr diejenigen ›Schlafschafe‹, die der Regierung scheinbar blindlings in die heraufbeschworene ›Diktatur‹ folgen, während man sich selbst zum freiheitsliebenden ›Querdenker‹ erheben kann. Das Narrativ der ›Coronadiktatur‹ kann dabei also möglicherweise an die Gefühle fehlender Freiheit und Selbstbestimmung anknüpfen, die entstehen, weil sich die Subjekte aufgrund der Coronamaßnahmen auch im Privaten ohne die Ersatzbefriedigungen nicht mehr als autonom erleben können.

Der Dualismus von Normalität und Ordnung auf der einen Seite und dem Ausnahmezustand auf der anderen Seite erinnert zudem an die Politische Theologie Carl Schmitts, »Kronzeuge der Neuen Rechten im Kampf gegen die Demokratie« (vgl. Salzborn 2017), auf dessen Theorie sich Alexander Gauland auch explizit bezieht (Z. 46 ff.). Das übergreifende Narrativ folgt Schmitt in seiner Konzeption des Ausnahmezustandes. Demzufolge würde die Bundesregierung den Ausnahmezustand herstellen, indem sie die bestehende normative Rechtsordnung für die Coronamaßnahmen suspendiere, unter dem Vorwand, die gesellschaftliche Ordnung, die durch die Pandemie gefährdet würde, zu sichern. Diese Entscheidung wird nun jedoch in zweierlei Hinsicht von den RednerInnen kritisiert: Erstens wird die politische Notwendigkeit des Ausnahmezustands negiert, da entweder die Existenz des Virus' selbst oder zumindest seine Bedrohlichkeit infrage gestellt oder negiert wird. Problematisch wird die unterstellte Willkür der Entscheidung über den Ausnahmezustand jedoch erst, da zweitens über diesen nicht der eigentliche Souverän (das deutsche Volk), sondern die hierzu angeblich nicht befugten Bund- und Landesregierungen entschieden hätten. Die somit vermeintlich korrumpierte ›Volkssouveränität‹ spielt in den Reden generell eine zentrale Rolle. Für Carl Schmitt sind in einer Demokratie diejenigen Souverän, »die qua Volk eine bestimmte Lebensform teilen« (Raimondi 2014, S. 45). Das Schmitt'sche Konzept der Lebensform beinhaltet »Vorstellungen gemeinsamer Rasse, Glauben, gemeinsames Schicksal und Tradition« (Schmitt 1928/2017b, S. 227). Daraus folgt für Schmitt auch die Notwendigkeit »erstens [der] Homogenität und zweitens – nötigenfalls – die Ausscheidung oder Vernichtung des Heterogenen« (Schmitt 1923/2017a, S. 14). Umgekehrt gelte, so Francesca Raimondi (2014), für Schmitt entsprechend auch: »Souverän ist oder wird ein Volk, weil es eine Lebensform teilt und diese autonom behaupten möchte« (ebd., S. 45) und in einem willkürlichen Akt sich selbst eine Verfassung und Rechtsordnung verleiht. Weil das Volk als ethnisiertes politisches Kollektivsubjekt die Rechtsordnung selbst hervorbringt, könne es als Souverän auch über die Suspendierung ebendieser und damit den Ausnahmezustand entscheiden. Der Ausnahmezustand habe dabei nicht nur die Funktion der »Aufrechterhaltung einer geltenden rechtlich-politischen Ordnung« (ebd., S. 37) in Krisensituationen, die die Anwendung des geltenden Rechts herausfordern, sondern mitunter auch einen produktiven Charakter der Transformation des Rechts. Dies könne zum Beispiel notwendig werden, wenn sich die »konkreten Lebensverhältnisse [...] so entwickeln, dass sie mit der der Rechtsordnung zugrunde gelegten Normalitätsvorstellung in Kontrast geraten« (ebd., S. 34). Dieses Moment der Theorie Schmitts wird in den Reden der AfD-Abgeordneten jedoch insofern verdreht, als dass sich hier nicht die spezifische ›Lebensform‹ des Volkes von der Rechtsordnung entfernt, sondern die Rechtsordnung von der Regierung in böswilliger Absicht geändert würde, um das Volk systematisch zu unterdrücken. In allen untersuchten Reden wird das Volk entsprechend Schmitts Homogenitätspostulat als ein weitgehend homogenes Kollektiv inszeniert, dessen einzelne Glieder gleichermaßen allesamt von der Regierung drangsaliert, bespitzelt und in ihrer Freiheit beschränkt würden. Dabei würde es sich um besonderes Unrecht handeln, da sich die Menschen gerade nichts zu Schulden hätten kommen lassen. In einem solchen homogenisierten Kollektiv kann es folglich auch keine abweichende Meinung von der kollektiven Ablehnung der Regierungspolitik geben. Ihre ›Lebensform‹ im Sinne ihrer alltäglichen ›normalen‹ Praxis gerate viel eher in Konflikt mit dem Recht, weil die Bundesregierung dieses in eine Richtung ändern würde, die die tatsächliche Lebensrealität der Menschen nicht mehr verallgemeinere, sondern sich gewaltsam gegen diese richte. Die von der AfD imaginierte neue undemokratische Ordnung der Unfreiheit würde so in Widerspruch treten mit den vermeintlichen ›Lebensformen‹ des homogenisierten und ethnisierten Volks. Obwohl das Volk eigentlich der verfassungsgebende Souverän wäre und daher eigentlich nur dieses die normative Ordnung legitimerweise suspendieren könne, wäre es die konstituierte Gewalt in Form der Regierung, die sich, so der Vorwurf, offensichtlich von der nun suspendierten Verfassung gelöst habe und eine »Coronadiktatur« (Gauland, Z. 68) eingerichtet hätte, von der noch nicht abzusehen sei, ob sie nur »auf Widerruf« (ebd.) oder dauerhafter Natur wäre. Die RednerInnen suggerieren jedoch, dass die

Bundesregierung – so zeige es der Umgang mit den Krisen der jüngsten Vergangenheit (vgl. von Storch) und der allgemein beobachtbare weltweite Wertewandel (vgl. Gauland, Z. 70 ff.) – das Volk seiner Souveränität und Autonomie dauerhaft beraubt. Innerhalb des Schmitt'schen Theoriegebäudes wäre eine Diktatur für sich genommen noch kein Problem, denn diese wird »nicht als antagonistischer Widerspruch zur Demokratie konzipiert« (Salzborn 2017, S. 70), sondern wird unter bestimmten Umständen als ›demokratisch‹ und legitim betrachtet, wenn die:der Diktator:in von dem souveränen Volk beauftragt wird. In den hier untersuchten Reden wird jedoch ein substanzieller Antagonismus zwischen der derzeitigen Regierung und dem Volk postuliert, welcher der nach Schmitt notwendigen Identität von Herrschenden und Beherrschten widerspricht (vgl. Schmitt 1928/2017b, S. 235 f.). Die Errichtung der Diktatur verlaufe eben nicht demokratisch, da sie gerade entgegen dem von der AfD identifizierten, angeblichen Volkswillen geschieht. Hieraus wird von den RednerInnen eine Widerstandspflicht gegen die scheinbar ›volksfeindliche‹ Regierung abgeleitet. Denn anders als die AfD ist diese eben gerade nicht identisch mit dem Volk.

Stellt für Carl Schmitt (1932/1963, S. 26) der existenzielle Konflikt zwischen Freund und Feind ohnehin den Kern des Politischen dar, wird dieser Antagonismus im Ausnahmezustand noch zugespitzt, denn die:der Feind:in werde »im Ausnahmezustand nicht einfach nur (wieder-)erkannt, die Entscheidung über den Ausnahmezustand bringt vielmehr die Unterscheidung von Freund und Feind überhaupt erst hervor« (Raimondi 2014, S. 42). In diesem Kontext sind auch die hier untersuchten Reden zu verstehen. Die RednerInnen zielen darauf, den politischen Konflikt zu eskalieren und ihre Widersacher:innen von den demokratischen Parteien als die absoluten Feind:innen zu inszenieren, ohne deren Beseitigung der gesellschaftliche Verfall nicht aufzuhalten und keine stabile Ordnung wiederherzustellen wäre. Die von der AfD in Aussicht gestellte politische Veränderung erhält damit die »Dynamik eines radikalen Exklusionsaktes« (ebd., S. 40), dessen Fluchtpunkt die tatsächliche kriegerische Auseinandersetzung auch gegen den »inneren Feind« (Schmitt 1932/1963, S. 46) darstellt. Dabei wird von »Angehörigen des eigenen Volkes Todesbereitschaft und Tötungsbereitschaft« (ebd.) vorausgesetzt und ganz konkret »auf der Feindesseite stehende Menschen zu töten« (ebd.). Dieser extrem gewaltvolle Gehalt der Reden übertrug sich als affektive Reaktion bei allen Reden auf die Interpretierenden. So lassen sich die Reden eindeutig als »innerstaatliche Finderklärung« (ebd., S. 47) verstehen, die, »je nach dem Verhalten des zum Staatsfeind Erklärten, das Zeichen des Bürgerkrieges, d. h. der Auflösung des Staates als einer in sich befriedeten, territorial in sich geschlossenen und für Fremde undurchdringlichen, organisierten politischen Einheit« (ebd.), ist. Die RednerInnen rufen das Volk dazu auf, sich ihrer absoluten Feindin (der Regierung) – die wahlweise als unfähig oder unwillig inszeniert wird den ›Volkswillen‹ umzusetzen – bewusst zu werden und diese schlussendlich zu vernichten, um den Weg frei zu machen für den von der AfD angestrebten politischen und rechtlichen Transformationsprozess. Dieser soll die Ordnung wiederherstellen und den Staat als Symbol des Volkskörpers wieder zu einer stabilen Einheit zusammenschweißen, die weder von ›fremden‹ oder ›volksfeindlichen‹ Menschen noch von Viren durchdringbar ist. Insofern nähert sich die zunächst ›invers‹ erscheinende Apokalyptik den Mustern klassischer apokalyptischer Erzählung an: Die Reden folgen hier einer Trias von Krise – Gericht – Erlösung (vgl. Nagel 2021, S. 38). Die aktuelle endzeitliche Krise könne beendet werden, wenn die AfD bei der nächsten Bundestagswahl, die in der Rede von Storchs auch als Jüngstes (Volks-)Gericht inszeniert wird, den messianischen Auftrag erhalte, den Kampf ›Gut‹ gegen ›Böse‹ anzuführen und die Regierung – sei es sprichwörtlich oder tatsächlich – zu vernichten, das deutsche Volk zu erlösen und einen Zustand der vollkommenen Autonomie und ›Volkssouveränität‹ (wieder-)herzustellen. Der so erstrebte paradiesische Endzustand kann dabei psychoanalytisch wohl als das verstanden werden, was Adorno (1959, S. 185) einen »kollektiven Narzissmus« nannte. Der positive Bezug auf diese Widerstandsbewegung, die Wiederherstellung der Volkssouveränität und die Nation als solche, ist so gesehen eine Möglichkeit der kollektiven ›Schiefheilung‹ gesellschaftlich produzierter narzisstischer Bedürftigkeit und strukturell vielfach auftretender Gefühle der Ohnmacht und Hilflosigkeit, die das demokratische System aus sich heraus nicht simulativ zu überbrücken vermag und welche sich in der aktuellen Krise verschärfen.

Bei aller religiösen Bildhaftigkeit handelt es sich bei den Reden der AfD jedoch nicht um beruhigende und trostspendende Worte, die das gegenwärtige Leid mit der Aussicht auf die ohnehin kommende Erlösung mildern sollen, sondern im Kern steht eine aktivistisch-mobilisierendes Moment. Hierzu trägt auch eine bestimmte Dynamik innerhalb der Reden bei. In Anschluss an Jan Lohls Analysen einer Rede von Björn Höcke lässt sich auch für die hier untersuchten Reden vermuten, dass die RednerInnen einen Ambivalenzkonflikt in Hinblick auf das völkische Kollektiv und die Demokratie forcieren (vgl. Lohl 2017a, 141 f.; vgl. Lohl 2017b, S. 25 ff.). Einerseits werden das völkische Kollektiv und die damit verbundene Omnipotenzfantasie der ›Volkssouveränität‹ auf latenter Ebene als »ein narzisstisch begehrenswertes kollektives Objekt« (Lohl 2017b, S. 26) angeboten, das die Rückkehr zur Normalität, Freiheit, Autonomie und das Ende allen persönlichen Leids verspricht. Dieses Bild wird jedoch andererseits durch die gegenläufige Erzählung, der aktuellen Krise und der fatalen Abhängigkeit,

Unfreiheit und Bedrohung des Volkes unterlaufen. Die ersehnte ›Volkssouveränität‹ erhält dadurch den Charakter eines schambehafteten und verschwindenden Objekts:

> Auf diesem Weg *zielt* die Rede auf die Mobilisierung oder Verstärkung eines narzisstischen Konfliktes um die Größe und Bedeutung des deutschen Volkes beim Publikum. Dieser Konflikt lässt sich aus einer psychoanalytischen Perspektive als Ambivalenzkonflikt beschreiben, bei dem »einander entgegengesetzte Strebungen, Haltungen, Gefühle (...) in der Beziehung zu ein- und demselben Objekt« *gleichzeitig* anwesend sind (Laplanche und Pontalis 1967, S. 55). (Lohl 2017a, S. 140)

Lohl (2017b) weiter folgend, erzeugt und verstärkt eine solche »Desorientierung vermutlich einen Wunsch nach einer ambivalenzfreien Beziehung zu dem Objekt [...] und nach dessen psychischer Konstanz« (ebd., S. 27), sofern sich die Zuhörer:innen »psychisch auf die kollektiv-narzisstische Anrufung« (ebd.) einlassen. Die AfD inszeniert den politischen Kontrollverlust, der wiederum bei den Zuhörer:innen das Bedürfnis nach Kontrolle und kognitiver Geschlossenheit nur verstärkt. Wird die Ambivalenz als übergroß empfunden, »kann dies zu einer Regression auf die archaischen Abwehrmechanismen der Idealisierung, Spaltung und Projektion führen, mit denen narzisstische Beziehungen stabilisiert und geschützt werden« (ebd.). Eine »verleugnende Aufspaltung ambivalenterer Wahrnehmungen und Gefühle« (Brunner 2016, S. 19) ist dabei für solcherlei Vermassungsprozesse von Kollektiven ohnehin typisch. Aufseiten des Bedürfnisses nach Autonomie, Macht und Stärke steht demnach die Identifizierung mit und »Idealisierung des Kollektivs selbst, symbolisiert im Massenführer, der Fahne, Traditionen etc. und die aus dieser miteinander geteilten ›Verliebtheit‹ resultierende Kameradschaft der Gleichen« (Winter 2017). Adorno zufolge handelt es sich dabei um einen unter rechten Agitatoren verbreiteten Trick: Das Kleine, Partikulare soll zu einem großen Ganzen vereinheitlicht werden, um diesem den Anschein von Einheit und Größe zu verleihen (vgl. Adorno 1950/ 1973, S. 400 ff.). Dabei wird diese Gemeinschaft in besonderem Maße idealisiert: Bei Gauland etwa wird sie zum Träger der Freiheit und Autonomie, die sie einst selbst mühsam erkämpft hätten. In diesem Kontext wird betont, dass die Bürger:innen nicht nur fleißig und produktiv, sondern auch überaus gehorsam gewesen wären, denn schließlich hätten sie sich alle stets brav an die verordneten Regeln gehalten, wie es besonders Sebastian Münzenmeier deutlich zu machen versuchte. Eine solche »Beteuerung der eigenen Unschuld« (Adorno 1950/1973, S. 370) kann, Adorno weiter folgend, ebenso dazu dienen die Feindbildung weiter zu legitimieren. Die Kehrseite dieser Massendynamik ist jedoch die Abwehr aller dieses narzisstische Hochgefühl störenden Eigenanteile und ängstigender Gefühle, für die nach geeigneten Projektionsflächen gesucht wird, welche die AfD sodann anbietet. Aggressive Eigenanteile werden auf die Regierung projiziert, die in dem kollektiven Wahn als todbringende Angreiferin imaginiert wird. Die eigene Aggressivität wird als Reaktion hierauf »unter der Maske der Selbstverteidigung (ebd.) rationalisiert. Die RednerInnen versuchen zu vermitteln, dass die kollektiv imaginierten, angreifenden Feind:innen das Einzige wären, das dem ›kollektiven Narzissmus‹ noch im Wege stünde. Die AfD beschwört eine Massenbewegung herauf, die sich in einem epochalen Kampf von ›Gut‹ gegen ›Böse‹ gegen die ›Coronadiktatur‹ befindet und an deren imaginierter Macht und Stärke die Zuhörer:innen identifikatorisch teilhaben können. Durch diese Wahrnehmungsschablone erhalten »Omnipotenzphantasien eine durchaus reale Grundlage, können sich narzisstische Verschmelzungsphantasien breit machen und die Aggressionen – gegen den gemeinsam festgelegten Feind – auf gesellschaftlich akzeptierte Weise ausagiert werden« (Brunner 2016, S. 25).

Doch auch die Masse selbst kann einen »regressiven Sog« (Brunner 2016, S. 25) entwickeln. Insbesondere mit Verschmelzungsfantasien gehen dabei häufig Ängste und entgegenläufige Abgrenzungswünsche einher, denn die »verführerische Phantasie der Verschmelzung mit der Masse weckt zugleich Ängste davor, voll und ganz verschlungen zu werden« (ebd.) oder ebenso wie die Feinde »aus der Masse ausgestoßen und selbst zum verfolgten Objekt zu werden« (ebd.). Wie bereits zuvor beschrieben, kann diese Einheit von Sehnsucht nach und Angst vor Nähe und Intimität oder gar Verschmelzung und Symbiose vor dem Hintergrund der neuen Logiken der Pandemiebekämpfung eine eigene Dynamik entwickeln. Bedürfnisse von und Wünsche nach Nähe und Geborgenheit, die sich aus den großen Ängsten in Bezug auf die Pandemie ergeben, laufen den Diskursen des social-distancing entgegen. Körperliche Nähe wird selbst wiederum angstbesetzt, da sie gleichzeitig die tödliche Gefahr der Ansteckung birgt. Die Ambivalenz, die die Massendynamik ohnehin auszeichnet, wird durch die beschriebene pandemische Wirklichkeit so möglicherweise ins Extreme gesteigert und mitunter unaushaltbar, weshalb wiederum mit jenen archaischen Abwehrmechanismen der Spaltung und Projektion reagiert wird, die bereits im vorhergehenden Kapitel beschrieben wurden. Nur so kann die die Regierungspolitik als irrational und von unangebrachter Angst getrieben abgewertet werden und die von der AfD angebotene Verschmelzung in der ›angstfreien‹ Masse ihre verlockende Wirkung erzielen.

# 4    Fazit

Die in dieser Studie untersuchten Reden laden die Zuhörer:innen in eine Bilderwelt ein, die in der Vorstellung einer ›Coronadiktatur‹ kulminiert. Die RednerInnen der AfD arbeiten dabei im Kern mit der Gegenüberstellung zweier Gegensatzpaare: Erstens dem vermeintlich harmlosen Virus und einer stattdessen unheimlich bedrohlichen und zerstörerischen Regierung. Die Regierung wird zweitens als diktatorisches Regime dargestellt, dem die Vorstellung einer wahrhaften Demokratie und Volkssouveränität und damit die Ermächtigung der Einzelnen im Kollektiv entgegengesetzt wird. Stellt letzteres im Stile einer apokalyptischen Zerfallsgeschichte zunächst einen angeblich vergangenen Zustand dar, der durch die Regierung und andere böse Mächte zerstört worden wäre, wird er gleichzeitig jedoch auch als erstrebenswerte Utopie inszeniert, die nur durch Vernichtung der Regierung und Ermächtigung der AfD zu verwirklichen sei. Über das Leitthema der heraufbeschworenen ›Coronadiktatur‹ versucht die AfD auf diese Weise nicht nur ihre bisherige Wähler:innenschaft in der aktuellen Krise stärker an ihre Partei zu binden, sondern insbesondere das Protestspektrum der ›Querdenker:innen‹ gezielt anzusprechen und massenpsychologisch für ihren politischen Kampf zu mobilisieren.

Die RednerInnen adressieren mit diesen Narrativen möglicherweise reale Ängste und intrapsychische Konflikte, die in der pandemischen Situation salient werden und das Bedürfnis nach schiefheilender Abwehr hervorrufen, für die die AfD ein kollektives Angebot bereitstellt. Wie dargestellt, erzeugen das Virus und die erforderlichen Schutzmaßnahmen Ambivalenzen, da sie einerseits die individuelle Verantwortungsübernahme und soziale Isolation erfordern, aber dennoch auf die ontogenetische Interpersonalität und strukturelle Abhängigkeit der:des Einzelnen verweisen. Vor dem Hintergrund der Pandemie entstehen dabei – gerade vor dem Hintergrund der vielseitig bemühten Solidaritätsdiskurse – möglicherweise mit Ansteckungsangst verbundene Schuld- und Schamgefühle, die abgewehrt werden müssen. Denn das Virus verweist auch auf die Letalität der Menschen und löst dadurch archaische Körperängste aus, die unter ›normalen‹ Umständen sonst stillgestellt und/oder kompensiert werden. Mit dem Bild der zerstörerischen und unheimlichen Regierung bieten die Reden passende Schablonen, um solcherlei Konflikte abzuwehren und bewusstseinsfern zu halten. Tödlich ist so nicht mehr das Virus, sondern allein das Handeln der Regierung. Die Teilhabe an der virtuellen wie realen Masse des vermeintlich demokratischen Widerstandes, als deren Speerspitze die AfD sich inszeniert, bekommt auf diese Weise seinen schiefheilenden Charakter: Die Teilhabe an dem »kollektiven

›Symptom‹« (Brunner 2016, S. 22) der paranoiden Abwehrkampfhaltung gegenüber der Regierung »kann gerade der möglichen individuellen Symptombildung« (ebd.), dem Aufbrechen etwa depressiver Symptomatik im Kontext der Pandemie entgegenwirken.

Die Pandemie hat zudem die etablierten demokratischen Verfahren an ihre Grenzen gebracht. Sie erforderte einerseits schnelles Handeln, das der Zeitlogik demokratischer Verfahren widersprach und machte andererseits aus Infektionsschutzgründen Kontaktbeschränkungen und den hiermit verbundenen parlamentarischen Notbetrieb notwendig. Effiziente technokratische Krisenlösungen erwiesen sich angesichts dessen als probates Mittel, mit den akuten Anforderungen umzugehen. Gleichzeitig standen die politischen Entscheidungsträger:innen und der Entstehungsprozess politischer Entscheidungen im Kontext der Pandemie stärker als sonst im allgemeinen medialen Fokus. Angesichts der pandemischen Ausnahmesituation verständliche Wünsche nach Eindeutigkeit und Ordnung wurden dabei von der Regierung jedoch enttäuscht, denn so unübersichtlich und uneindeutig wie die pandemische Lage selbst waren auch die politischen Lösungsstrategien. Die Menschen waren gleichzeitig in hohem Maße abhängig von den politischen Entscheidungen, die ihren Alltag massiv beeinflussten. Auf diese Weise verwies die pandemische Situation auch auf Herrschaftsbeziehungen und Abhängigkeitsverhältnisse in einer Gesellschaft deren Kern eigentlich selbstwerte, autonome Subjekte sind, die die Kontrolle über ihr Leben und durch das demokratische System (indirekt) auch über die politischen Entscheidungen haben sollten. Eine solche Konstellation erzeugt mitunter ambivalente Wünsche und Gefühle und evoziert Konflikte. In diesem Kontext werden möglicherweise ohnehin bestehende Gefühle der politischen Entfremdung verstärkt, die sich aus der ambivalenten Subjektkonstitution aufgrund einsozialisierter aber real nicht erfüllbarer Kontroll- und Autonomiewünsche ergeben, die sonst unter Normalbedingungen durch geteilte gesellschaftliche Praxen weitgehend stillgestellt sind. Die Pandemie lässt die tradierten Formen simulativer demokratischer Praxisweisen und ersatzbefriedigenden Konsums jedoch prekär werden. Hier bieten die Reden mit ihrer Gegenüberstellung von unterdrückender Diktatur und einer scheinbar verlorengegangenen, wahren Demokratie ein verschwörungsideologisches Deutungsmuster an, welches es erlaubt, aufkommende Wut zielgerichtet auszuleben. Hierzu trägt auch die quasi-apokalyptische Krisenrhetorik bei, in der es nur die Option Tod oder Errettung durch die AfD in der Massenbewegung gibt. Der inszenierte Dualismus von apokalyptischem Untergangspathos und der in Aussicht gestellten Rückkehr zur ›Normalität‹ dient insgesamt neben der Affizierung der Zuschauer:innen vor allem auch dazu eine Form von Ordnung in eine als chaotisch und unverfügbar erlebte Außenwelt zu bringen und das Chaos innerpsychischer Ambivalenzen scheinbar aufzulösen und damit erträglicher zu machen.

Insgesamt lässt sich feststellen, dass die hier untersuchten Reden an allgemeine Symptome spätkapitalistischer Subjektivität anknüpfen, die sich durch die Pandemie möglicherweise verstärken und/oder durch diese zu Tage treten. Nicht jedoch, um die gesellschaftlichen Entstehungsbedingungen dieser subjektiven Beschädigungen zu bearbeiten und Lösungsvorschläge in den politischen Prozess einzubringen, sondern um die Symptome zu fixieren, zu intensivieren und zu mobilisieren. Auf diese Weise werden bestehende Affekt- und Abwehrkonstellationen, die angesichts widersprüchlicher gesellschaftlicher Verhältnisse zur Normalpathologie gehören, verhärtet. In Anschluss an Alfred Lorenzer und Hans-Dieter König lässt sich diese Form der Agitation als »pathologische Massenbildung« (Lorenzer 1984, S. 118) verstehen. Die RednerInnen setzen an die »defekte Persönlichkeitsstruktur« (ebd.), der »Symptom-Schablone-Einheit« (ebd., S. 119) aktueller Vergesellschaftung an, die unter der Pandemie in mehrfacher Hinsicht unter Druck gerät. Der »Leidensdruck der persönlichen Irritation« (ebd., S. 130), der sich aus dieser als Krise erlebten Situation ergibt, wird jedoch nicht in Einklang mit der normativen Demokratievorstellungen als Prozess rationaler und argumentativer Abwägung, der gemeinsamen Beratschlagung und Verständigung über öffentliche Angelegenheiten zu einem sozialen Interesse verdichtet und so ein »Weg zu einer kreativen Debatte und einer kreativen Neugestaltung des Verhältnisses von Individuum und gesellschaftlichem Zustand« (ebd.) eröffnet. Stattdessen werden durch eine »Dramatisierung politischer Ereignisse Ängste« (König 2019b, S. 406) geschürt und »irrationale Emotionen« (ebd.) geweckt. Dabei stilisiert sich die AfD »selbst zum Retter in der Not« (ebd.) und verspricht mit der individuellen und kollektiven Autonomie und Souveränität »das Himmelreich auf Erden« (ebd.). Die RednerInnen wenden sich »an infantile Ängste und Sehnsüchte sowie an narzisstische Größenphantasien« (ebd.). Dementsprechend verbleibt die Propaganda auf der Bedeutungsebene eines symptomatischen Agierens, denn anstatt den »zum Symptom geronnenen Persönlichkeitsdefekt« (Lorenzer 1984, S. 119) zu lösen, wird er fixiert und zum Ankerpunkt der von der AfD angestrebten (autoritären) Massenbildung. Zwar ist, wie zu Beginn dieser Studie dargestellt, das Politische immer auch im Kontext der Bearbeitung von psychischen Affekt- und Konfliktstrukturen zu betrachten, wird diese aber zum wesentlichen Kern der politischen Mobilisierung in Form einer solchen pathologischen Massenbildung, dann fallen Selbstreflexivität, Mündigkeit und vernünftiges kommunikatives Handeln im kollektiven Maßstab gänzlich aus.

Hier liegt der subjektive Sinn des Rechtspopulismus: Mit seinen Deutungsmustern bietet er eine Vereinfachung hochkomplexer Zusammenhänge an, die die

Individuen ansonsten ohnmächtig zurücklassen. Aufkommende, durchaus reale und nachvollziehbare überwältigende negative Affektlagen sind dabei das Einfallstor für die rechte Propaganda. Die individuelle Regression, die Flucht ins Autoritäre in Form der autoritativen Unterwerfung unter das kollektive Wahngebilde, verspricht – unter Preisgabe der eigenen Reflexionsfähigkeit – die prekäre psychische Stabilität weitgehend aufrecht erhalten zu können. Im kollektiven Maßstab ist dies jedoch ein großes Problem für eine demokratische Gesellschaft, denn »kein Kollektiv wird ein Problem der Realität bewältigen können, wenn es zu Mitteln greift, die hinter den schon erreichten Stand der Vernunft zurückfallen« (Horn 1976/1996c, S. 58). Indem bewusstlos symptomatisches Agieren fixiert wird und/oder Wahnbilder kultiviert werden, können Individuen, die den Propagandatricks anheimfallen, ihre Rolle als aufgeklärte, selbstwerte und selbstbestimmte Bürger:innen erst recht nicht verwirklichen. Statt die Widersprüche und Ambivalenzen, die die Gesellschaft hervorbringt und durch die Krise zugespitzt werden, auszuhalten oder durchzuarbeiten, werden diese durch Spaltungs- und Projektionsmechanismen simplifiziert und vereindeutigt. Affektivität und Denken werden nicht zu einem Bewusstsein integriert, sondern das Fühlen wird konkretistisch verengt, verweist aber noch auf den ursprünglichen Zusammenhang, der als irritatives Moment der bewussten Reflexion aber nur mehr schwer zugänglich ist, da dazu höhere kognitive Abstraktionen notwendig wären. Die hier angestellten Überlegungen müssen sich jedoch vor dem Hintergrund der Erkenntnisse konkreter Analysen individueller Lebensentwürfe und Biografien bewähren. Die in dieser Studie aufgezeigten gesamtgesellschaftlichen Tendenzen, die den Nährboden für die rechtspopulistische Propaganda bereiten, unterliegen ontogenetischen Brechungen. Insbesondere ist zu erwarten, dass es schicht- und geschlechtsspezifische Unterschiede in den Anforderungen und Umgangsweisen mit den beschriebenen gegenwärtigen Verhältnissen gibt, die auch die Empfänglichkeit für bestimmte autoritäre Krisenbewältigungsstrategien maßgeblich beeinflussen, hier aber nicht näher beleuchtet werden konnten.

Was bedeuten diese Erkenntnisse für den Umgang mit Rechtspopulismus? Die potenziellen Wähler:innen der AfD werden in der Regel weder erst von den politischen Inhalten der Reden überzeugt, noch werden sie allein als passive ›Opfer‹ der Propaganda ›verführt‹. Viel eher zielt die Propaganda auf eine Bekräftigung und Verstärkung vielfach bereits bestehender Überzeugungen und (krisenbedingter) autoritärer Sehnsüchte. Zwar handelt es sich bei dem Erstarken der extremen Rechten tatsächlich vor allem um ein »höchst reales und politisches« (Adorno 2019, S. 54) Problem, doch gerade weil sie sich dabei »propagandistischer Mittel« (ebd.) bedienen und das »sachlich Falsche, Unwahre« (ebd.) die Propaganda ausmacht, muss ihr auch auf der psychologischen und ideologischen

Ebene begegnet werden. Zentral für das Verständnis ist gerade die Verflechtung beziehungsweise Dynamik von propagandistischer ›Verlockung‹ und den subjektiven ›seelischen‹ Bedürfnissen auf Empfänger:innenseite (vgl. Löwenthal und Guterman 1949/2017, S. 18 f.). Es reicht daher nicht aus, die vermeintlichen Propagandatricks lediglich zu ›entlarven‹. Jan Weyand zufolge (2001), der sich diesbezüglich auf Adorno bezieht, beinhaltet eine gelungene Form der Auseinandersetzung mit dem faschistischen Potenzial der Gesellschaft daher letztlich vor allem eine doppelte Bewusstmachung: »Aufklärung der psychischen Voraussetzungen der Empfänglichkeit für Propaganda aufseiten des Subjekts und Aufklärung der gesellschaftlichen Bedingungen, die solcher Empfänglichkeit vorausgesetzt sind« (ebd., S. 156). Diese Studie unternahm einen Versuch der Erhellung dieser Zusammenhänge im Kontext der Coronapandemie. Damit eine solche Analyse jedoch auch ihr Potenzial als »eine Art von Schutzimpfung« (Adorno 1959/1963a, S. 144) gegenüber den Propagandatricks der extremen Rechten vollziehen kann, muss sie letztlich in eine konkrete Bildungspraxis subjektiver Aufklärung übergehen, die auch eine Stärkung der Selbstreflexionsfähigkeit und damit des Selbstbewusstseins innerhalb der Gesellschaft vollzieht und damit auf Mündigkeit und Autonomie zielt – ohne dabei bestehende Omnipotenzfantasien zu perpetuieren. »Arbeit an Mündigkeit heißt in dieser Hinsicht, die symbolischen Leerstellen auszufüllen bzw. das aus der allgemeinen Kommunikation Ausgeschlossene zu ›resymbolisieren‹ (Lorenzer)« (Schmid Noerr 2022, S. 133) und damit bewusstseins- und reflexionsfähig zu machen. Daher bleibt, Hans-Joachim Busch (1985) folgend, der »Grad symbolisch adäquat vermittelter Sinnlichkeit« (ebd., S. 255) der Maßstab für gelungene Sozialisation. Denn nur dann lassen sich »objektive Verhältnisse herstellen und erhalten, die so zurückwirken, dass die Menschen darin stimmige Selbstnarrative und darauf aufbauend Identitäten ausbilden, in denen sie sich aufgehoben fühlen und die ihrer Einzigartigkeit entsprechen« (Wollenhaupt 2018, S. 328). Denn bereits Adorno (1961/1963b, S. 164) hielt fest: »Unterm Bann der zähen Irrationalität des Ganzen ist normal auch die Irrationalität der Menschen.« Sowohl Alltags- als auch (emanzipatorische) politische Praxis muss daher als Ziel sowohl die Herstellung »sinnlich-unmittelbarer und sinnlich-symbolischer Lebensentwürfe« (Busch 1985, S. 255) als auch die Auflösung »deformativer sozialer Strukturen« (ebd.) haben, die einer Verbindung von Sinnlichkeit und kollektivem Symbolsystem im Wege stehen und damit die reflexive Bezugnahme auf das eigene Begehren und den gesellschaftlichen Praxiszusammenhang erschweren. Die »Etablierung sinnlichkeitsadäquater Lebensformen« (ebd., S. 263) würde regressiven, autoritären Sehnsüchten entgegenwirken und so auch die Resilienz gegenüber der rechtspopulistischen Verlockung symptomzentrierter Massenbildung erhöhen.

# Literatur

Adorno, T. W. (1959). Theorie der Halbbildung. In: A. Busch (Hrsg.). *Soziologie und moderne Gesellschaft. Verhandlungen des 14. Deutschen Soziologentages vom 20. bis 24. Mai 1959 in Berlin. Deutscher Soziologentag. Berlin, 20.-24. Mai 1959. Deutsche Gesellschaft für Soziologie (DGS)* (S. 169–191). Stuttgart: Ferdinand Enke.

Adorno, T. W. (1963a). Was bedeutet: Aufarbeitung der Vergangenheit. In: T. W. Adorno. *Eingriffe. Neun kritische Modelle* (S. 125–146). Frankfurt a. M.: Suhrkamp. (Original erschienen 1959).

Adorno, T. W. (1963b). Meinung Wahn Gesellschaft. In: T. W. Adorno. *Eingriffe. Neun kritische Modelle* (S. 147–172). Frankfurt a. M.: Suhrkamp. (Original erschienen 1961).

Adorno, T. W. (1966). *Negative Dialektik.* Frankfurt a. M.: Suhrkamp.

Adorno, T. W. (1972). Gesellschaft. In: *Gesammelte Schriften. Band 8* (S. 9–19). Frankfurt a. M.: Suhrkamp. (Original erschienen 1965).

Adorno, T. W. (1973). *Studien zum autoritären Charakter.* Frankfurt a. M.: Suhrkamp. (Original erschienen 1950).

Adorno, T. W. (2013). Die Freudsche Theorie und die Struktur der faschistischen Propaganda. In: H. Dahmer (Hrsg.). *Analytische Sozialpsychologie Band 1. Texte aus den Jahren 1910–1980* (S. 318–342). Gießen: Psychosozial-Verlag. (Original erschienen 1951).

Adorno, T. W. (2019). *Aspekte des neuen Rechtsradikalismus. Ein Vortrag.* Berlin: Suhrkamp. (Vortrag gehalten am 06.04.1967).

Auchter, T. (2020). Zur Psychoanalyse der Corona-Krise. In: psychosozial 43 (2), 87–94.

Bauman, Z. (2016). *Flüchtige Moderne.* Frankfurt a. M.: Suhrkamp.

Benn, S. I., & Gaus, G. F. (1983). The public and the private: Concepts and action. In: Stanley I. Benn und Gerald F. Gaus (Hrsg.). *Public and private in social life* (S. 3–27). London: Croom Helm.

Blühdorn, I. (2006). billig will ich. Post-demokratische Wende und simulative Demokratie. *Forschungsjournal NSB* 19 (4), 72–83.

Blühdorn, I. (2013). *Simulative Demokratie. Neue Politik nach der postdemokratischen Wende.* Berlin: Suhrkamp.

Blühdorn, I. (2016). Das Postdemokratische Dikursquartett. Kommunikative Praxis in der simulativen Demokratie. In: *psychosozial* 39 (1), 51–68.

Blühdorn, I. (2020). Das Virus der Nicht-Nachhaltigkeit. SARS-CoV-2 und die postdemokratische Wende. In: M. Volkmer & K. Werner (Hrsg.). *Die Corona-Gesellschaft. Analysen zur Lage und Perspektiven für die Zukunft* (S. 229–240). Bielefeld: transcript Verlag.

Blühdorn, I., & Butzlaff, F. (2019). Rethinking Populism. Peak democracy, liquid identity and the performance of sovereignty. *European Journal of Social Theory* 22 (2), 191–211.

Bröckling, U. (2007). *Das unternehmerische Selbst. Soziologie einer Subjektivierungsform.* Frankfurt a. M.: Suhrkamp.

Bröckling, U. (2011). Der Ruf des Polizisten. Die Regierung des Selbst und ihre Widerstände. In: R. Keller, W. Schneider & W. Viehöver (Hrsg.). *Diskurs – Macht – Subjekt. Theorie und Empirie von Subjektivierung in der Diskursforschung* (S. 131–144). Wiesbaden: Springer VS.

Brown, W. (2019). Das Monster des Neoliberalismus. Autoritäre Freiheit in den ›Demokratien‹ des 21. Jahrhundert. In: U. Bohmann & P. Sörensen (Hrsg.). *Kritische Theorie der Politik* (S. 539–576). Berlin: Suhrkamp.

Brunner, M. (2016). Vom Ressentiment zum Massenwahn. In: C. Busch, M. Gehrlein & T.D. Uhlig (Hrsg.). *Schiefheilungen. Zeitgenössische Betrachtungen über Antisemitismus* (S. 13–35). Wiesbaden: Springer VS.

Brunner, M. (2019). Enthemmte Männer. Psychoanalytisch-sozialpsychologische Überlegungen zur Freudschen Massenpsychologie und zum Antifeminismus in der «Neuen» Rechten. In: *Journal für Psychoanalyse* 60, 7–32.

Brunner, M. (2022). Von stummen und lärmenden Massen. Zu einigen Widersprüchen in Freuds Massenpsychologie und Ich-Analyse. In: M. Brunner, H.-D. König, J. König & J. Lohl (Hrsg.). *Sozialpsychologie der Massenbildung. 100 Jahre Sigmund Freuds Massenpsychologie und Ich-Analyse* (87–108). Wiesbaden: Springer VS.

Brunner, M., Burgermeister, N., König, J., & Uhlig, T.D. (2021).»Jaja, wir sind halt Scheiße« – Reaktionen auf die Covid-19-Krise. Tiefenhermeneutische Annäherung an Merkels Corona-Rede an die Nation. *Freie Assoziation. Zeitschrift für psychoanalytische Sozialpsychologie* 24 (1), 11–35.

Burkhardt, A. (2003). *Das Parlament und seine Sprache. Studien zu Theorie und Geschichte parlamentarischer Kommunikation.* Tübingen: Niemeyer.

Busch, H.-J. (1985). *Interaktion und innere Natur. Sozialisationstheoretische Reflexionen.* Frankfurt a. M.: Campus Verlag.

Claussen, D. (1994). *Grenzen der Aufklärung. Die gesellschaftliche Genese des modernen Antisemitismus.* Frankfurt a. M.: Fischer Taschenbuch Verlag.

Claussen, D. (2000). *Aspekte der Alltagsreligion. Ideologiekritik unter veränderten gesellschaftlichen Verhältnissen.* Frankfurt a. M.: Verlag Neue Kritik.

Coenen, E. (2021). Die Verdrängungen des Coronatodes. In: S. Lenz & M. Hasenfratz (Hrsg.). *Gesellschaft als Risiko. Soziologische Situationsanalysen zur Coronapandemie* (S. 235–240). Frankfurt a. M.: Campus Verlag.

Decker, O., Kiess, J., Schuler, J., Handke, B., Pickel, G., Brähler, E. (2020). Die Leipziger Autoritarismus Studie 2020: Methode, Ergebnisse und Langzeitverlauf. In: O. Decker & E. Brähler (Hrsg.). *Autoritäre Dynamiken. Neue Radikalität – alte Ressentiments. Leipziger Autoritarismus Studie 2020* (S. 27–87). Gießen: Psychosozial-Verlag.

Decker, O., Schuler, J., Yendell, A., Schließler, C., Brähler, E. (2020). Das autoritäre Syndrom: Dimensionen und Verbreitung der Demokratie-Feindlichkeit. In: O. Decker & E. Brähler (Hrsg.). *Autoritäre Dynamiken. Neue Radikalität – alte Ressentiments. Leipziger Autoritarismus Studie 2020* (S. 179–209). Gießen: Psychosozial-Verlag.

Deichmann, C. (2016). *Symbolische Politik und politische Symbolik. Dimensionen politischer Kultur.* Schwalbach: Wochenschau Verlag.

Diehl, P. (2015). *Das Symbolische, das Imaginäre und die Demokratie. Eine Theorie politischer Repräsentation.* Baden-Baden: Nomos.

Eichler, L. (2019). Vater Staat und Mutterland. Autoritarismus als gescheiterte adoleszente Triangulierung. In: Oliver D. & C. Türcke (Hrsg.). *Autoritarismus. Kritische Theorie und psychoanalytische Praxis* (S. 123–152). Gießen: Psychosozial-Verlag.

Elbe, I. (2000). Kritische Theorie und Psychoanalyse. Zum Programm einer analytischen Sozialpsychologie in der frühen Kritischen Theorie. https://www.rote-ruhr-uni.com/texte/elbe_psychoanalyse.pdf. Zugegriffen: 03.11.2021.

Erfurt, Jürgen (1988): Diskursanalyse und Sprache in der Politik. In: H.E.H. Lenk (Hg.): *Der Ginkgo Baum. Germanistisches Jahrbuch für Nordeuropa.* Unter Mitarbeit von Carola Opitz-Wiemers, Michael Opitz und Sabine Krause. Deutschlektoraten bei den DDR-Kulturzentren in Helsinki und Stockholm. Helsinki (8), S. 106–109.

Fäh, M. (2021). Bedrohung, Angst und Macht. Psychoanalytische Überlegungen zur Coronakrise und deren individueller und gesellschaftlicher Bewältigung. In: H. Klug, M. Brunner & J. Skip-Schrötter (Hrsg.), *Zum Unbehagen in der Kultur. Psychoanalytische Erkundungen der Gegenwart* (S. 225–241). Gießen: Psychosozial-Verlag.

Freud, S. (1966a). Eine Schwierigkeit der Psychoanalyse. In: S. Freud: *Gesammelte Werke. Zwölfter Band. Werke aus den Jahren 1917–1920* (S. 3–12). Hrsg. v. A. Freud, E. Bibring, W. Hoffer, E. Kris und O. Isakower. Frankfurt a. M.: S. Fischer Verlag. (Original erschienen 1917).

Freud, S. (1966b). Das Unheimliche. In: S. Freud. *Gesammelte Werke. Zwölfter Band. Werke aus den Jahren 1917–1920* (S. 229–268). Hrsg. v. Anna Freud, E. Bibring, W. Hoffer, E. Kris und O. Isakower. Frankfurt a. M.: S. Fischer Verlag. (Original erschienen 1919).

Freud, S. (2018a). Das Unbehagen in der Kultur. In: S. Freud. *Das Unbehagen in der Kultur. Und andere kulturtheoretische Schriften* (S. 29–108). Frankfurt a. M.: Fischer Taschenbuch Verlag. (Original erschienen 1930).

Freud, S. (2018b). Zeitgemäßes über Krieg und Tod. In: S. Freud. *Das Unbehagen in der Kultur. Und andere kulturtheoretische Schriften* (S. 133–161). Frankfurt a. M.: Fischer Taschenbuch Verlag. (Original erschienen 1915).

Gadinger, F. & Simon, E. (2019). Kalkulierte Ambivalenz, mobilisierte Ängste und volksnahe Inszenierung: Rechtspopulistische Erzählstrategien in Wahlkampagnen und Regierungspraxis. Zeitschrift für Politikwissenschaft 29 (1), 23–52. DOI: https://doi.org/10.1007/s41358-019-00176-5.

Gerhards, C. (1999). *Apokalypse und Moderne. Alfred Kubins „Die andere Seite" und Ernst Jüngers Frühwerk.* Würzburg: Königshausen & Neumann.

Grigat, S. (2007). *Fetisch und Freiheit. Über die Rezeption der Marxschen Fetischkritik, die Emanzipation von Staat und Kapital und die Kritik des Antisemitismus.* Freiburg: ça-ira-Verlag.

Haug, W.F. (2017). *Kritik der Warenästhetik. Gefolgt von Warenästhetik im High-Tech-Kapitalismus.* Frankfurt a. M.: Suhrkamp.

Heimerl, B. (2020). Das Coronavirus. Überlegungen zu einem bedrohlichen Fremdkörper. *Forum Psychoanal* 36 (3), 319–331.

Hessel, F. (2020). Elemente des Verschwörungsdenkens. Ein Essay. psychosozial 43 (1), 15–26.

Hirsch, J. (1995). *Der nationale Wettbewerbsstaat. Staat, Demokratie und Politik im globalen Kapitalismus.* Berlin: Edition ID-Archiv.

Horkheimer, M. & Adorno, T. W. (2017). *Dialektik der Aufklärung. Philosophische Fragmente.* Frankfurt a. M.: Fischer Taschenbuch Verlag. (Original erschienen 1969).

Horn, K. (1967). Formierte Demokratie als kollektive Infantilität. *Das Argument* 9 (42), 26–41.

Horn, K. (1968). Über den Zusammenhang zwischen Angst und politischer Apathie. In: H. Marcuse, A. Rapaport, K. Horn, A. Mitscherlich, D. Senghaas und M. Markovic (Hrsg.). *Aggression und Anpassung in der Industriegesellschaft* (S. 59–79). Frankfurt a. M.: Suhrkamp.

Horn, K. (1979). Einleitung: Bemerkungen zur Situation des ›subjektiven Faktors‹ in der hochindustrialisierten Gesellschaft kapitalistischer Struktur. In: K. Horn (Hrsg.). *Gruppendynamik und der ›subjektive Faktor‹. Repressive Entsublimierung oder politisierende Praxis* (S. 17–116). Hrsg. v. H.-J. Busch. Frankfurt a. M.: Suhrkamp.

Horn, K. (1989). Sozialpsychologie versus Politische Psychologie. In: K. Horn: *Politische Psychologie. Schriften zur kritischen Theorie des Subjekts Band 1* (S. 89–105). Hrsg. v. H.-J. Busch. Frankfurt am Main: Nexus-Verlag. (Original erschienen 1975).

Horn, K (1996a). Subjektivität und Gesellschaft. Entwicklungen eines neuen Persönlichkeitstyps. In: K. Horn. *Subjektivität, Demokratie und Gesellschaft. Schriften zur kritischen Theorie des Subjekts Band 2* (S. 157–177). Hrsg. v. Hans-Joachim Busch. Gießen: Psychosozial-Verlag. (Original erschienen 1987).

Horn, K. (1996b). Zur Formierung der Innerlichkeit. Demokratie als psychologisches Problem. In: K. Horn. *Subjektivität, Demokratie und Gesellschaft. Schriften zur kritischen Theorie des Subjekts Band 2* (S. 21–41). Hrsg. v. Hans-Joachim Busch. Gießen: Psychosozial-Verlag. (Original erschienen 1967).

Horn, K. (1996c). Zur Sozialpsychologie des Faschismus. In: K. Horn. *Subjektivität, Demokratie und Gesellschaft. Schriften zur kritischen Theorie des Subjekts Band 2* (S. 43–62). Hrsg. v. H.-J. Busch. Gießen: Psychosozial-Verlag. (Original erschienen 1972).

Horn, K. (1998). Psychoanalyse und gesellschaftliche Widersprüche. In: K. Horn. *Psychoanalyse und gesellschaftliche Widersprüche. Schriften zur kritischen Theorie des Subjekts Band 4* (S. 189–212). Hrsg. v. H.-J. Busch. Gießen: Psychosozial-Verlag.

Horn, K. & Schülein, J.A. (1976a). Interaktionsformen im organisierten Kapitalismus und ihre politische Bedeutung. In: T. Leithäuser und W.R. Heinz (Hrsg.). *Produktion, Arbeit, Sozialisation* (S. 82–104). Frankfurt a. M.: Suhrkamp.

Horn, K. & Schülein, J.A. (1976b). Politpsychologische Bemerkungen zur Legitimationskrise. In: P. Graf von Kielmansegg (Hrsg.). Legitimationsprobleme politischer Systeme. *Politische Vierteljahresschrift* 17 (7). Opladen: Westdeutscher Verlag, 123–178.

Huke, N. (2021). *Ohnmacht in der Demokratie. Das gebrochene Versprechen politischer Teilhabe.* Bielefeld: transcript.

Kernberg, O. (2002). Haß. In: W. Mertens & B. Waldvogel (Hrsg.). *Handbuch psychoanalytischer Grundbegriffe* (S. 274–277). Stuttgart: Kohlhammer.

von Kielmansegg, P. (1977). *Volkssouveränität. Eine Untersuchung der Bedingungen demokratischer Legitimität.* Stuttgart: Klett-Cotta.

Klug, H. (2021). Und wo bleibt der Eros? Psychoanalytische Betrachtungen über das Unbehagen in der Kultur in Zeiten der Finanz- und Corona-Krise. In: H. Klug, M. Brunner & J. Skip-Schrötter (Hrsg.). *Zum Unbehagen in der Kultur. Psychoanalytische Erkundungen der Gegenwart.* Gießen: Psychosozial-Verlag, S. 203–223.

König, H.-D. (2008). *George W. Bush und der fanatische Krieg gegen den Terrorismus. Eine psychoanalytische Studie zum Autoritarismus in Amerika.* Gießen: Psychosozial-Verlag.

König, H.-D. (2019a). Dichte Interpretation. zur Methodologie und Methode der Tiefenhermeneutik. In: J. König, N. Burgermeister, M. Brunner, P. Berg & H.-D. König (Hrsg.). *Dichte Interpretation. Tiefenhermeneutik als Methode qualitativer Forschung* (S. 13–86). Wiesbaden: Springer VS.

König, H.-D. (2019b). Die frohe Botschaft der guten Mutter. Tiefenhermeneutische Rekonstruktion einer Rede von Angela Merkel. In: H.-D. König: *Die Welt als Bühne mit doppeltem Boden. Tiefenhermeneutische Rekonstruktion kultureller Inszenierungen* (S. 385–416). Wiesbaden: Springer VS.

König, H.-D. (2020). Der Wolf im Schafspelz. Tiefenhermeneutische Rekonstruktion von Gaulands Selbstinszenierung im ARD-Sommerinterview mit Tina Hassel. *Freie Assoziation. Zeitschrift für psychoanalytische Sozialpsychologie* 23 (1+2), 47–66.

König, H.-D., König, J., Lohl, J. & Winter, S. (2020). *Alfred Lorenzer zur Einführung. Psychoanalyse, Sozialisationstheorie und Tiefenhermeneutik.* Leverkusen: UTB; Verlag Barbara Budrich.

Küchenhoff, J. (2020). Die Arbeit im und am Unheimlichen. Die Coronakrise und die psychoanalytische Kur. *Forum Psychoanal* 36 (4), 361–373. https://doi.org/10.1007/s00451-020-00407-4.

Lamberty, P., Holnburger, J., Goedecke Tort, M. (2022). Zwischen „Spaziergängen" und Aufmärschen: Das Protestpotential während der COVID-19-Pandemie. *CeMAS Policy Brief*. https://cemas.io/publikationen/zwischenspaziergaengen-und-aufmaerschen-das-protestpotential-waehrend-der-covid-19-pandemie/2022-05-09_PolicyBriefProtestpotential.pdf. Zugegriffen: 24.03.2023.

Laplanche, J. & Pontalis, J.B. (1967). *Das Vokabular der Psychoanalyse.* Frankfurt a. M.: Suhrkamp.

Link, J. (2021). »Deutschland – aber normal« (AfD). WAS HEISST HIER »ABER«? *DISS-Journal* (41), 18–19.

Lohl, J. (2017a). »Für die Zukunft unseres Volkes [...] bekämpfen.«. Zur psychoanalytischen Sozialpsychologie rechtspopulistischer Propaganda. In: K. Grünberg, W. Leuschner & Initiative 9. November (Hrsg.). *Populismus, Paranoia, Pogrom. Affekterbschaften des Nationalsozialismus* (S. 123–154). Frankfurt a. M.: Brandes & Apsel.

Lohl, J. (2017b). »Hass gegen das eigene Volk. Tiefenhermeneutische Analysen rechtspopulistischer Propaganda. In: *Psychologie und Gesellschaftskritik* 41 (3/4), 9–40.

Lorenzer, A. (1972). *Zur Begründung einer materialistischen Sozialisationstheorie.* Frankfurt a. M.: Suhrkamp.

Lorenzer, A. (1974). *Die Wahrheit der psychoanalytischen Erkenntnis. Ein historisch-materialistischer Entwurf.* Frankfurt a. M.: Suhrkamp.

Lorenzer, A. (1976). Zur Dialektik von Individuum und Gesellschaft. In: T. Leithäuser und W.R. Heinz (Hrsg.). *Produktion, Arbeit, Sozialisation* (S. 13–47). Frankfurt a. M.: Suhrkamp.

Lorenzer, A. (1984). *Das Konzil der Buchhalter. Die Zerstörung der Sinnlichkeit. Eine Religionskritik.* Frankfurt a. M.: Fischer.

Lorenzer, A. (1986). Tiefenhermeneutische Kulturanalyse. In: H. D. König, Lorenzer, A. et. al. *Kultur-Analysen. Psychoanalytische Studien zur Kultur* (S. 11–98), Frankfurt a. M.: Fischer

Lorenzer, A. (2002). *Die Sprache, der Sinn, das Unbewußte. Psychoanalytisches Grundverständnis und Neurowissenschaften.* Hrsg. v. U. Prokop. Stuttgart: Klett-Cotta.

Löwenthal, L. & Guterman, N. (2017). Falsche Propheten. Studien zur faschistischen Agitation. In: L. Löwenthal. *Falsche Propheten. Studien zum Autoritarismus. Schriften Band 3* (S. 11–159). Hrsg. v. H. Dubiel. Frankfurt a. M.: Suhrkamp. (Original erschienen 1949).

Mair, P. (2009). Representative versus Responsible Government. *MPIfG Working Paper* 9 (8). https://www.mpifg.de/pu/workpap/wp09-8.pdf. Zugegriffen: 28.05.2021.

Manow, P. (2016). *Im Schatten des Königs: Die politische Anatomie demokratischer Repräsentation.* Frankfurt a. M.: Suhrkamp.

Marx, K. (1986). *Das Kapital. Kritik der politischen Ökonomie. Erster Band. Der Produktionsprozeß des Kapitals.* Berlin: Dietz.

Mense, T. (2016). Nationalismus als Ideologie ethnischer Identifikation. Peripherer Nationalismus und Nationale Befreiungsbewegungen in Spanien. Dissertation. Wilhelm Leibniz Universität Hannover. Philosophische Fakultät. https://www.repo.uni-hannover.de/handle/123456789/8792. Zugegriffen: 03.11.2021.

Mense, T. (2018). „Jugendliche ohne Migrationshintergrund". Ethnische Identität und völkischer Nationalismus bei den ‚Identitären'. In: J. Goetz, J.M. Sedlacek und A. Winkler (Hrsg.). *Untergangster des Abendlandes. Ideologie und Rezeption der rechtsextreme ‚Identitären'* (S. 227–251). Hamburg: Marta Press.

Mitscherlich, A. (1968). Aggression und Anpassung. In: H. Marcuse, A. Rapaport, K. Horn, A. Mitscherlich, D. Senghaas & M. Markovic (Hrsg.). *Aggression und Anpassung in der Industriegesellschaft* (S. 80–127). Frankfurt a. M.: Suhrkamp

Mudde, C. & Kaltwasser, C. R. (2019). *Populismus. Eine sehr kurze Einführung.* Bonn: Bundeszentrale für politische Bildung. (Original erschienen 2017).

Nachtwey, O., Schäfer, R., & Frei, N. (2020). Politische Soziologie der Corona-Proteste. https://doi.org/10.31235/osf.io/zyp3f.

Nagel, A.-K. (2021). *Corona und andere Weltuntergänge. Apokalyptische Krisenhermeneutik in der modernen Gesellschaft.* Bielefeld: transcript Verlag.

Naumann, T.M. (2000). *Das umkämpfte Subjekt. Subjektivität, Hegemonie und Emanzipation im Postfordismus.* Tübingen: edition diskord.

Naumann, T.M. (2022). *Subjektbildung und Gesellschaft. Beiträge zu Gruppenanalyse, Psychoanalytischer Pädagogik und Kritischer Theorie.* Gießen: Psychosozial-Verlag.

Neumann, F.L. (1954). *Angst und Politik. Vortrag gehalten an der Freien Universität Berlin aus Anlaß der Verleihung der Würde eines Ehrendoktors der Philosophischen Fakultät.* Tübingen: J.C.B Mohr.

Pickel, S., Pickel, G., Gittner, N., Celik, K., Kiess, J. (2022). Demokratie und politische Kultur. In: O. Decker, J. Kiess, A. Heller, E. Brähler (2022). *Autoritäre Dynamiken in unsicheren Zeiten. Neue Herausforderungen – alte Reaktionen?* / Leipziger Autoritarismus Studie 2022 (S. 185–207). Gießen: Psychosozial-Verlag. https://doi.org/10.30820/9783837979190.

Pohl, R. (2003). Paranoide Kampfhaltung. Über Fremdenhass und Gewaltbereitschaft bei männlichen Jugendlichen. In: F. Koher und K. Pühl (Hrsg.). *Gewalt und Geschlecht. Konstruktionen, Positionen, Praxen* (S. 161–186). Opladen: Leske + Budrich.

Pohl, R. (2010). Der antisemitische Wahn. Aktuelle Ansätze zur Psychoanalyse einer sozialen Pathologie. In: W. Stender, G. Follert und M. Özdogan (Hrsg.). *Konstellationen des Antisemitismus. Antisemitismusforschung und sozialpädagogische Praxis* (S. 41–68). Wiesbaden: Springer VS.

Raimondi, Francesca (2014). *Die Zeit der Demokratie. Politische Freiheit nach Carl Schmitt und Hannah Arendt.* Konstanz: Konstanz Univ. Press.

Rohe, K. (1994). Politische Kultur. Zum Verständnis eines theoretischen Konzepts. In: O. Niedermayer, K. v. Beyme (Hrsg.). *Politische Kultur in Ost- und Westdeutschland* (S. 1–21). Berlin: Akademie Verlag.

Richter, E. (2016). *Demokratischer Symbolismus. Eine Theorie der Demokratie.* Berlin: Suhrkamp.

Salzborn, S. (2009). Eine Kritische Theorie des Staates. Franz L. Neumanns Staatstheorie im Kontext der Kritischen Theorie. In: S. Salzborn (Hrsg.). *Kritische Theorie des Staates. Staat und Recht bei Franz L. Neumann* (S. 11–31). Baden-Baden: Nomos-Verlag.

Salzborn, S. (2012a). *Demokratie. Theorien, Formen, Entwicklungen.* Baden-Baden: Nomos-Verlag.

Salzborn, S. (2012b). Zur Dialektik von Freiheit und Sicherheit. In: R. Voigt (Hrsg.). *Sicherheit versus Freiheit. Verteidigung der staatlichen Ordnung um jeden Preis?* (S. 253–268). Wiesbaden: Springer VS.

Salzborn, S. (2015). *Rechtsextremismus. Erscheinungsformen und Erklärungsansätze.* Bonn: Bundeszentrale für Politische Bildung.

Salzborn, S. (2017). *Angriff der Antidemokraten. Die völkische Rebellion der Neuen Rechten.* Weinheim, Basel: Beltz Juventa.

Salzborn, S. (2019). *Globaler Antisemitismus. Eine Spurensuche in den Abgründen der Moderne.* Weinheim und Basel: Beltz Juventa.

Sarcinelli, U. (1987). *Symbolische Politik. Zur Bedeutung symbolischen Handelns in der Wahlkampfkommunikation der Bundesrepublik Deutschland.* Wiesbaden: VS Verlag für Sozialwissenschaften.

Sarcinelli, U. (2009). *Politische Kommunikation in Deutschland. Zur Politikvermittlung im demokratischen System.* Wiesbaden: VS Verl. für Sozialwissenschaften.

Sassmannshausen, F. (2020). *Doppelcharakter der Demokratie. Zur Aktualität der politischen Theorie von Franz L. Neumann in der Krise.* Dissertation. Technische Universität Berlin; Metropol Verlag.

Sassmannshausen, F. (2022). Das ganze Unwahre. In: nd – Journalismus von links, 23.12.2022. https://www.nd-aktuell.de/artikel/1169581.carl-schmitt-das-ganze-unwahre. html. Zugegriffen: 06.03.2023.

Sauer, B. (2001). *Die Asche des Souveräns. Staat und Demokratie in der Geschlechterdebatte.* Frankfurt a. M.: Campus-Verl.

Schmid Noerr, G. (2022). Politische Bildung zur Mündigkeit. In: M. Günther, J. Heilmann und A. Kerschgens (Hrsg.). *Psychoanalytische Pädagogik und Soziale Arbeit* (S. 111–136). Gießen: Psychosozial-Verlag.

Schmitt, C. (1963). *Der Begriff des Politischen.* Berlin: Duncker & Humblot. (Original erschienen 1932).

Schmitt, C. (2017a). *Die geistesgeschichtliche Lage des heutigen Parlamentarismus.* Berlin: Duncker & Humblot. (Original erschienen 1923).

Schmitt, C. (2017b). *Verfassungslehre.* Berlin: Duncker & Humblot. (Original erschienen 1928).

Scholz, R. (2000). *Das Geschlecht des Kapitalismus. Feministische Theorien und die postmoderne Metamorphose des Patriarchats.* Bad Honnef: Horlemann.

Schuler, J., Schließler, C., Decker, O. (2021). Das Autoritäre Syndrom – Wiederkehr des Verdrängten? In: *Jahrbuch der Psychoanalyse* 62 (2), 79–103. https://doi.org/10.30820/0075-2363-2021-2-79.

Volmert, J. (1989). *Politikerrede als kommunikatives Handlungsspiel. Ein integriertes Modell zur semantisch-pragmatischen Beschreibung öffentlicher Rede.* München: Fink.

Vorländer, H. (2003). Demokratie und Ästhetik. Zur Rehabilitierung eines problematischen Zusammenhangs. In: H. Vorländer (Hrsg.). *Zur Ästhetik der Demokratie. Formen der politischen Selbstdarstellung.* Stuttgart, München: Deutsche Verl.-Ans.

Voß, G.-G. & Pongratz, H.J. (1998). Der Arbeitskraftunternehmer. Eine neue Grundform der ,Ware Arbeitskraft'? In: *Kölner Zeitschrift für Soziologie und Sozialpsychologie* 60 (1).

Weimar, M. (2020). Eine Corona-Figuration. In: *psychosozial* 43 (2), S. 95–101. https://doi.org/10.30820/0171-3434-2020-2-95.

Weyand, J. (2001). *Adornos kritische Theorie des Subjekts.* Lüneburg: zu Klampen.

Winter, S. (2017). Ehre und Schande Deutschlands. Zum Umgang der AfD mit der nationalsozialistischen Vergangenheit. http://www.agpolpsy.de/wp-content/uploads/2021/02/Winter-Ehre-und-Schande-Deutschlands.pdf. Zugegriffen: 28.05.2021.

Wodak, R. (2020). *Politik mit der Angst. Die schamlose Normalisierung rechtspopulistischer und rechtsextremer Diskurse.* Wien, Hamburg: Edition Konturen.

Wollenhaupt, J. (2018). *Die Entfremdung des Subjekts. Zur kritischen Theorie des Subjekts nach Pierre Bourdieu und Alfred Lorenzer.* Bielefeld: transcript.

Zepf, S. (1993). Bemerkungen zur gesellschaftlichen Produktion und Funktion zeichenregulierten Verhaltens. In: S. Zepf (Hrsg.). *Die Erkundung des Irrationalen. Bausteine einer analytischen Sozialpsychologie nebst einigen Kulturanalysen* (S. 71–113). Göttingen: Vandenhoeck & Ruprecht.

Zepf, S. (1995). Bedürfnisstrukturen und gesellschaftliche Produktionsweise. Über die reelle Subsumtion der Menschen unter den Selbstverwertungsprozeß des Kapitals. In: S. Zepf (Hrsg.). *Diskrete Botschaften des Rationalen. Psychoanalyse jenseits des Commonsense* (S. 29–56). Göttingen: Vandenhoeck & Ruprecht.

Zepf, S. (2000). *Allgemeine psychoanalytische Neurosenlehre, Psychosomatik und Sozialpsychologie. Ein kritisches Lehrbuch.* Gießen: Psychosozial-Verlag.

## Quellen

AfD-Fraktion Bundestag (2020). Sebastian Münzenmaier liest Merkel die Leviten wegen ihrer fatalen Corona-Lockdown-Politik! – AfD. https://www.youtube.com/watch?v=zWzwOGwmskc. Zugegriffen: 07.11.2021.

Alternative für Deutschland (2021). Deutschland. Aber normal. Programm der Alternative für Deutschland für die Wahl zum 20. Deutschen Bundestag. https://www.afd.de/wp-content/uploads/2021/06/20210611_AfD_Programm_2021.pdf. Zugegriffen: 21.07.2023.

Amadeu Antonio Stiftung (2021): Mord in Idar-Oberstein: Online zeigt sich der Täter rechtsalternativ radikalisiert. https://www.amadeu-antoniostiftung.de/mord-in-idar-oberstein-online-zeigt-sich-der-taeter-rechtsalternativradikalisiert-75413/. Zugegriffen: 06.11.2021.

American Rhetoric (2011). American Rhetoric: Movie Speech „Braveheart" (1995). William Wallace: Address to Scottish Army at Stirling. https://www.americanrhetoric.com/MovieSpeeches/specialengagements/moviespeechbraveheart.html. Zugegriffen: 24.03.2023.

Bayrischer Rundfunk (2017). Kampfansage nach Bundestagswahl: AfD-Politiker Gauland über Merkel: „Wir werden sie jagen". https://www.br.de/bundestagswahl/afd-politiker-gauland-ueber-merkel-wir-werden-sie-jagen-100.html, zuletzt aktualisiert am 24.09.2017, Zugegriffen: 20.09.2021.

BUND (2020). Was das Corona-Virus mit dem Verlust von Lebensräumen zu tun hat. BUND für Naturschutz und Umwelt in Deutschland. https://www.bund.net/themen/aktuelles/det ail-aktuelles/news/was-das-corona-virus-mit-dem-verlust-von-lebensraeumen-zu-tun-hat/, zuletzt aktualisiert am 20.04.2020, Zugegriffen: 06.11.2021.

Deutsches Ärzteblatt (2020). Wut auf Gesundheitspolitik, Krawall vor dem Reichstag. Hrsg. v. Deutscher Ärzteverlag GmbH. https://www.aerzteblatt.de/nachrichten/116071/Wut-auf-Gesundheitspolitik-Krawall-vor-dem-Reichstag, zuletzt aktualisiert am 05.11.2021, Zugegriffen: 05.11.2021.

Deutscher Bundestag (2020). 186. Sitzung vom 29.10.2020. Mediathek. https://dbtg.tv/cvid/ 7480371. Zugegriffen: 24.03.2023.

Gauland, A. (2020). *Deutscher Bundestag stenografischer Bericht, 19* (186), 23357B-23358D. https://dserver.bundestag.de/btp/19/19186.pdf. Zugegriffen: 24.03.2023.

Münzenmeier, S. (2020). *Deutscher Bundestag stenografischer Bericht, 19* (186), 23370C-23371D. https://dserver.bundestag.de/btp/19/19186.pdf. Zugegriffen: 24.03.2023.

von Storch, B. (2020). *Deutscher Bundestag stenografischer Bericht, 19* (186), 23382A-23382D. https://dserver.bundestag.de/btp/19/19186.pdf. Zugegriffen: 24.03.2023.

# »und ansonsten gehen wir vor zum Deich und schießen zwei Hasen. Wir sehen das wirklich sehr entspannt« Autoritäre Verarbeitungsweisen der Corona-Pandemie in der ›Mitte‹ der Gesellschaft

Anna Domdey

**Zusammenfassung**

Ausgehend von der These, dass Autoritarismus eine historisch übergreifende Größe darstellt (Horkheimer 1963), die unter gegebenen gesellschaftlichen Verhältnissen von einer Mehrzahl der Subjekte ausgebildet wird, untersucht der Beitrag autoritäre Reaktionen zu Beginn der Covid-19-Pandemie. Dazu wurden biografische Interviews mit unterschiedlichen Bewohner:innen eines norddeutschen Urlaubsortes geführt, der Anfang 2020 in die Schlagzeilen geraten war

Die Ergebnisse einer tiefenhermeneutischen Untersuchung der Interviews veranschaulichen, dass trotz ihrer unterschiedlichen Biografien die vier Interviewten sich im Hinblick auf ihren Umgang mit der Pandemie ähneln: Einerseits zogen sie sich stark zurück, andererseits richteten sich ihre Handlungen an ihrem Eigeninteresse aus. Die individuellen Gründe waren jeweils unterschiedlich. Dass es dennoch zu ähnlichen Reaktionen auf die Krise kommt, deutet daraufhin, dass es überindividuelle Aspekte gibt, die die Einzelnen prägen. Die Analyse veranschaulicht, dass beispielsweise Geschlecht eine strukturierende Kategorie darstellt, die den Interviewten einen Orientierungspunkt für ihr Verhalten lieferte und vermittelte und somit auch maßgeblich

A. Domdey (✉)
Göttingen, Deutschland

© Der/die Autor(en), exklusiv lizenziert an Springer Fachmedien Wiesbaden GmbH, ein Teil von Springer Nature 2024
M. Brunner et al. (Hrsg.), *Autoritäre Dynamiken in der Krise*, Kritische Sozialpsychologie, https://doi.org/10.1007/978-3-658-43282-9_5

293

die Art der Covid-Krisenbewältigung bestimmte. Außerdem wird gezeigt, dass der Widerspruch zwischen gesellschaftlichen Anforderungen und eigenen Triebzielen durch Identifikation mit einer imaginären Gruppe einseitig aufgelöst wird und damit in den Individuen die psychische Grundlage für die Empfänglichkeit autoritärer Meinungen schafft. Die dahinterliegenden Wünsche – beispielsweise nach Zugehörigkeit oder individueller Freiheit – sind den Einzelnen dabei nicht bewusst. Dieser Widerspruch tritt auch in der Krise zutage und aktiviert autoritäre Verarbeitungsweisen wie Aggressionen gegen eine projektiv bestimmte Fremdgruppe.

# 1 Einleitung

Ausgangspunkt dieser Untersuchung war die Feststellung zu Beginn der Corona-Pandemie, dass sich mit der Einrichtung verschiedener die Pandemie eindämmenden Maßnahmen zunehmend Aspekte autoritärer Reaktionen beobachten ließen. Zu Beginn noch weniger im medialen Fokus und weniger gut organisiert, waren diejenigen, die mit Verschwörungsmythen auf die Krisenerfahrung reagierten. Wenig überraschend wurden schnell ›mächtige Eliten‹ hinter der Herkunft des Virus vermutet. Die Phantasie der Etablierung einer neuen Weltordnung kam wie in vorherigen Krisenzeiten strukturell antisemitisch daher.[1] Ein zu Beginn heftig auftretendes Phänomen waren rassistische Anfeindungen gegenüber asiatisch gelesenen Menschen, die als vermeintliche Träger:innen des Virus ›identifiziert‹ wurden. Eine weitere beobachtete Verhaltensweise waren schließlich die individuellen Angriffe auf Personen, die sich im ersten Lockdown im Frühjahr 2020 (vermeintlich) nicht an die verordneten Regeln hielten. In Regionalzeitungen, überregionaler Presse, Social Media und privaten Gesprächen wurde berichtet, dass Mütter, die mit ihren Kindern das Haus verließen, mit »stay the fuck at home« vom Balkon beschimpft wurden; (nicht nur) in Küsten- und Urlaubsregionen wurden Autofahrer:innen mit auswärtigen Kennzeichen bestenfalls bepöbelt und bespuckt, schlechtestenfalls wurden ihre Autos mit Wandfarbe übergossen.[2]

---

[1] Beispiele für antisemitische Reaktionen auf gesellschaftliche Krisen gibt es unzählige. So gab es während der großen Pest 1948 im Deutschen Reich allein im Januar 1349 über zehn Pogrome, obwohl die Pest noch nicht einmal im Reich angekommen war (Graus 1987). Oder aber die Entstehung des modernen Antisemitismus als Reaktion auf den Börsenkrach 1973, wirtschaftlichem Liberalismus und der Judenemanzipation (Volkov 2010), um nur zwei Beispiele zu nennen.

[2] https://www.rnd.de/panorama/angst-vor-corona-einheimische-machen-jagd-auf-autos-mit-fremden-kennzeichen-DGPMDT3JJNET3CRNH6ZHQMBU3I.html?

Deutschlandweit und darüber hinaus wurden Gruppen von mehr als zwei Personen so häufig bei der Polizei gemeldet, dass diese, wie beispielsweise in Freiburg geschehen, sogar in der Lokalzeitung inserierte, um zu bitten, nicht jede Dreiergruppe direkt zu melden – sie kämen mit der Arbeit nicht hinterher.[3]Letzteres weckte das Forschungsinteresse, die autoritären Reaktionen der Individuen, die durch die Pandemie hervorgerufen wurden, näher in den Blick zu nehmen. Damit soll weder die Sinnhaftigkeit, noch die Wichtigkeit der verordneten Maßnahmen infrage gestellt werden. Die Heftigkeit der Reaktionen deutet jedoch auf eine Konflikthaftigkeit hin, die sich aus der gesamtgesellschaftlichen Notlage individueller und kollektiver Verantwortung speist.

Die »Studien zum autoritären Charakter« (Adorno, 2017 [1995]) der Berkeley-Gruppe um Theodor W. Adorno sind die bis heute wohl berühmtesten Studien, die sich empirisch mit der Genese autoritärer Charakterstrukturen befassen. Dabei stand bekanntlich das potenziell faschistische Individuum im Mittelpunkt des Interesses: »Wir sagen ›potenziell‹, denn wir haben uns nicht mit Personen befaßt, die erklärtermaßen Faschisten waren oder bekannten faschistischen Organisationen angehörten« (Adorno 2017 [1995], S. 1). Weiterhin lautete die Annahme, dass potenziell faschistische Individuen ähnliche Charakteristika aufweisen, die sich zu einem Syndrom verbinden, was bei antifaschistisch eingestellten Individuen eher nicht der Fall sei. Folgt man dieser These, so würde dies bedeuten, dass der autoritäre Charakter kein (rechtes) Randphänomen ist, sondern Ergebnis von Erziehung, Sozialisation und Bildung und entsprechend jede:r Charakterstrukturen ausbildet, die für Autoritarismus empfänglich machen. Entsprechend wurde in dieser Arbeit das Forschungsinteresse verfolgt, herauszufinden, wie Individuen auf die Verhaltensregeln sowie kontrollierende und überwachende Corona-eindämmende Maßnahmen reagieren und wie autoritäre Reaktionen in diesem Zusammenhang hervorgerufen werden. Was für innerpsychische Mechanismen werden hierbei aktiviert und wie stehen sie in Zusammenhang mit kulturellen und gesellschaftlichen Strukturen? Dabei wird von der Annahme ausgegangen, dass die Reaktionen einem biographischen Muster folgen, das wiederum durch individuelle Sozialisationserfahrungen erklärt werden kann.

Zu Beginn stellten sich zwei methodische Fragen: Wen befragt man, wenn potenziell jede:r autoritäre Charakterstrukturen ausbildet, und wie befragt man diese Personen, wenn man davon ausgeht, dass gewaltvolles Verhalten den Mitmenschen gegenüber (wie es beispielsweise die Variable »autoritäre Aggression« abfragt) gesellschaftlich verpönt ist? Ersteres wurde dadurch gelöst, dass eine Stichprobe an Interviewpartner:innen aus einem gemeinsamen Wohnort ausgewählt wurde, um zumindest eine räumliche Vergleichbarkeit zu schaffen. Die Wahl fiel auf eine Kleinstadt an der norddeutschen Küste, für die wirtschaftlich der Tourismus eine bedeutende Rolle spielt und die Anfang 2020 überregional in der Presse erwähnt wurde, weil unter anderem Autos mit ortsfremden Kennzeichen angegriffen wurden. Dieser Ort trägt im Folgenden den fiktiven Namen »Nordstadt«. Um dem zweiten Problem zu begegnen, die unbewussten autoritären Sehnsüchten der Nordstädter:innen aufzudecken, wurden biographisch-narrative Interviews geführt und diese tiefenhermeneutisch ausgewertet.

Bei der Erhebung wurde die von Fritz Schütz entworfene und von Gabriele Rosenthal weiterentwickelte Technik des narrativen Interviews genutzt. Eine ihrer grundlagentheoretische Annahme lautet:

> [...] dass bei sozialwissenschaftlichen oder historischen Fragestellungen, die sich auf soziale Phänomene beziehen, die an Erfahrungen von Menschen gebunden sind und für diese eine biographische Bedeutung haben, die Bedeutung dieser Phänomene im Gesamtzusammenhang der Lebensgeschichte interpretiert wird. (Rosenthal 2002, S. 134)

Die Methode bietet also die Möglichkeit danach zu fragen, in welchen Zusammenhang die Interviewten ihre Erlebnisse selbst stellen, Gegenwarts- und Zukunftsperspektiven aus dem Gesamtzusammenhang der Lebensgeschichte zu verstehen und das Wechselverhältnis zwischen Sozialem und Individuellem in den Blick zu nehmen. Das biographisch-narrative Interview gliedert sich in vier Phasen. Die erste Phase besteht aus der Erzählaufforderung. In der offensten Form, in der keine Beschränkung auf bestimmte Themen, Lebensbereiche oder Lebensphasen vorgegeben werden, wird die Aufforderung etwa wie folgt formuliert:

> Ich möchte Sie bitten, mir Ihre (Familien- und) Ihre Lebensgeschichte zu erzählen, all die Erlebnisse, die Ihnen einfallen. Sie können sich dazu so viel Zeit nehmen, wie Sie möchten. Ich werde Sie ersteinmal nicht unterbrechen, mir nur einige Notizen machen, und später noch darauf zurückkommen [...]. (Rosenthal 2014, S. 159)

In Phase 2 werden erzählgenerierende interne Nachfragen gestellt, die anhand der in Phase 1 notierten Stichpunkte ausgemacht werden. In Phase 3 folgen externe Nachfragen zu Themen, die nicht angesprochen wurden, sich aber aus dem Lebenslauf ergeben, oder zu vorab formulierten Themen, die mit der Forschungsfrage zusammenhängen. In Phase 4 können weitere Instrumente wie Genogramme, Skizzen oder Ähnliches eingesetzt werden. Hier findet auch der Interviewabschluss mit einer Gesprächsevaluation statt (vgl. ebd., S. 139–173). Normalerweise erfolgt die Auswertung des Interviews durch das von Rosenthal vorgestellte Verfahren der Fallrekonstruktion (vgl. Witte und Rosenthal 2007,

S. 7). Die Auswertung der biographischen Interviews wurde aufgrund des formulierten Erkenntnisinteresses sowie der forschungstheoretischen Vorannahmen für diese Arbeit jedoch tiefenhermeneutisch interpretiert und ausgewertet. Sich über die Tiefenhermeneutik den Interviews zu nähern, ist insofern vielversprechend, als dass deren Grundannahme, dass soziale Interaktionen eine »Doppelbödigkeit« aufweisen, die ein Spannungsverhältnis aus manifestem und latentem Sinn aufspannt (König 2000, S. 556 f.) und darüber auch Aussagen über das Verhältnis von Individuum und Gesellschaft getroffen werden können (König et al. 2020, S. 117), für die Frage nach unbewussten Mechanismen prädestiniert ist. Das biographische Interview zielt in erster Linie auf die Narration der bewusst zugänglichen Lebensgeschichte. Solcherlei Erzählungen sind jedoch stets auch beeinflusst und mitunter strukturiert durch Lebensentwürfe, die den Interviewten unbewusst sind und die ihrerseits durch bestimmte Triebregungen und Affekte konstituiert werden. Dabei können es gerade diese unbewussten Eigenanteile sein, die beeinflussen, wie ein Individuum auf die pandemische Situation reagiert. Der Spannung aus bewussten wie unbewussten Sinndimensionen mittels szenischem Verstehen nachzugehen und das Interpretierte im Anschluss an kritische Gesellschaftstheorien rückzubinden, scheint fruchtbar für die Beantwortung der Fragestellung zu sein, die nicht zuletzt einen kulturanalytischen Beitrag zur aktuellen empirischen Forschung zum autoritären Charakter leistet.

Einen ausführlichen Beitrag zur Ideen- und Forschungsgeschichte des autoritären Charakters leistet Markus Brunner in der Einleitung dieses Bandes. Deswegen soll an dieser Stelle nur kurz auf jene eingegangen werden, um auch denen einen Überblick zu verschaffen, die lediglich diesen Beitrag lesen wollen.

Ausgangspunkt der Studien autoritärer Charakterstrukturen sind die Studien über Autorität und Familie des Instituts für Sozialforschung (IfS) in Frankfurt, die unter der Leitung Max Horkheimers erstmals die »Familie als die primäre Sozialisationsinstanz für die empirisch festgestellten Autoritätsverhältnisse genauer zu verstehen« versuchten (Schwandt 2010, S. 74). Das IfS hatte es als seine Aufgabe gesehen, den Zusammenhang zwischen der materiellen und geistigen Kultur zu erforschen, wobei Autorität zunehmend als relevanter Faktor aufgefallen sei. Weil die Familie als gesellschaftliche Instanz die Individuen für Autorität empfänglich mache, habe sich das Forschungsinteresse »Autorität und Familie« ergeben (ebd.). Der erste Band der Studien ist aufgeteilt in einen allgemeinen Teil, geschrieben von Horkheimer, worauf ein sozialpsychologischer Teil folgt, der von Fromm beigesteuert wurde, sowie einen ideengeschichtlichen Teil von Marcuse. Einleitend konstatiert Horkheimer, dass die zeitgenössische Gliederung historischer Epochen nicht bloß als Summen beliebiger Ereignisse dargestellt werden könne, sondern alle voneinander abhängig seien, also »eigentümliche Strukturmomente« zeigen

(Horkheimer 1936, S. 4). Aus der Veränderung der materiellen Lebensprozesse einer Gesellschaft ergeben sich »Veränderungen in der seelischen Verfassung« (ebd., S. 6 f.); Gesellschaftliche Prozesse müssen also auf Grundlage des ökonomischen Prozesses betrachtet werden. Der Familie fällt die zentrale Rolle zu, die gesellschaftlichen Verhältnisse umfassend und bejahend zu vermitteln (Maiwald 2006, S. 256). »Die möglichst vollständige Anpassung des Subjekts an die verdinglichte Autorität der Ökonomie ist zugleich die Gestalt der Vernunft in der bürgerlichen Wirklichkeit« (Horkheimer 1936, S. 35). Der Weg zur unkritischen Haltung gegenüber der Welt funktioniert Horkheimer zufolge über die autoritäre Macht des Vaters. Er schließt daraus:

> Die Totalität der Verhältnisse im gegenwärtigen Zeitalter, dieses Allgemeine, war durch ein Besonderes in ihm, die Autorität, gestärkt und gefestigt worden, und dieser Prozess hat sich wesentlich in dem Einzelnen und Konkreten, der Familie abgespielt. Sie bildet die »Keimzelle« der bürgerlichen Kultur. (ebd., S. 75)

Die zentrale Bedeutung des Über-Ichs für die Entstehung und Aufrechterhaltung der autoritären Verhältnisse wurde von Erich Fromm im sozialpsychologischen Teil herausgearbeitet. Die psychische Entwicklung stellt sich als dialektisches Verhältnis von Verinnerlichung (Über-Ich-Bildung durch Identifizierung mit dem Vater) und Projektion (des Über-Ichs auf Autoritätsträger) dar, wodurch letztere »weitgehend der rationalen Kritik entzogen« werden (Fromm 1936, S. 84). Auf Grund von gesellschaftlich notwendiger Triebunterdrückung, die sich daraus ergibt, wie stark die Bedürfnisse der Individuen in einer Gesellschaft befriedigt werden können (je mehr Triebunterdrückung, desto weniger Bedürfnisse können befriedigt werden), konstatiert Fromm starke Über-Ich-Bildungen (und daraus resultierende Ich-Schwäche), die in der Gegenwartsgesellschaft zu häufiger Ausbildung eines autoritär-masochistischen Charakters führe. Im Einklang mit den von Horkheimer vorgestellten Thesen ist der autoritäre Charakter einer, der Aggressionen gegen Wehrlose und Sympathien für Mächtige hegt. Neben Liebesgefühlen hegt er jedoch auch Neid und verdrängte Hassgefühle gegenüber dem Stärkeren. Darin, den masochistischen Charakter zu erforschen, stehe die Wissenschaft noch am Anfang. Ihre besondere Schwierigkeit ergebe sich zusätzlich daraus, dass die »Mehrzahl der Menschen unserer Gesellschaft« masochistische Charakterstrukturen aufweisen, sodass diese für normal und natürlich gehalten und somit gar nicht erst zum wissenschaftlichen Problem würden (ebd., S. 113).

Fünf Bände und fast tausend Seiten umfassen die *Studies in Prejudice,* aus denen *The Authoritarian Personality* von Adorno, Else Frenkel-Brunswik, Daniel

J. Levinson und R. Nevitt Sanford 1950 hervorging. Was die Wissenschaft-ler:innen verband, war das gemeinsame Forschungsinteresse: »Im Mittelpunkt dieses Interesses stand das *potenziell faschistische* Individuum, dessen Struktur es besonders empfänglich für antidemokratische Propaganda macht« (Adorno 2017[1995], S. 1, kursiv i. O.). Der Arbeitshypothese folgend, dass »zwi-schen individueller Charakterstruktur, Vorurteil und der Rezeptionsbereitschaft für faschistische Propaganda ein Zusammenhang besteht« (Ziege 2019, S. 16), liegt der Studie eine enorme Menge empirischen Materials sowie Methodenvielfalt zugrunde: mehrere standardisierte Fragebögen die einige Testrunden durchliefen, leitfadengestützte Interviews und projektive Tests. Vor allem, weil dadurch die Verbindung vorbewusster psychischer Dispositionen und manifesten politischen Orientierungen erstmals empirisch zugänglich gemacht wurden, ist die Studie bis heute ein Klassiker (vgl. Sutterlüty 2016, S. 103 ff.). Das Forschungsdesign wurde von Adorno und Sanford erstellt, Levinson war für die Methodik zustän-dig (Ziege 2019, S. 16). Den qualitativen Teil schrieb Adorno allein. Darin wird der autoritäre Charakter als »eine Typologie, eine Gerinnungsform der verstehen-den Sozialforschung, […] ein Typus, der Funktion und Sinn eines psychosozialen Phänomens beschreibt« (Decker und Türcke 2019, S. 9), entworfen. Die Charak-termerkmale die diesen potenziell faschistischen Typus ausmachen, »verdichten sich in den neun Variablen der F-Skala« (Sutterlüty 2006, S. 104): 1. Konventionalismus; 2. autoritäre Unterwürfigkeit; 3. autoritäre Aggression; 4. Anti-Intrazeption; 5. Aberglaube und Stereotypie; 6. Machtdenken und ›Ro-bustheit; 7. Destruktivität und Zynismus; 8. Projektivität; 9. Sexualität (vgl. Adorno 2017[1995], S. 46–61). Nach ihrer Veröffentlichung erhielten die Studien viel Aufmerksamkeit, Kritik und Revision. Trotz der oben erwähnten theo-retischen Auslassung gesellschaftskritischer Bedingungen bei der Entstehung autoritärer Charakterstrukturen wurden Kritiker:innen auf den Plan gerufen, die eine angebliche Voreingenommenheit der Autor:innen gegenüber rechten und konservativen Kräften unterstellten und eine F-Skala für das politisch Linke Spektrum forderten (vgl. Oesterreich 1974, S. 21).

## 1.1　Vom Denkmuster zur Reaktion: Altemeyer und Oesterreich

Die zentrale Frage, an der sich bis heute die Diskussionen um die *Studies in Pre-judice* entspinnt, ist die nach den Entstehungsbedingungen des Autoritarismus (Rippl et al. 2000, S. 27). Zwei Autoren, die sich früh von den psychoanaly-tischen Annahmen der Berkley Gruppe verabschiedeten, waren Bob Altemeyer und Detlef Oesterreich. Beide vertraten einen lerntheoretischen Ansatz, in dem laut Oesterreich autoritäre Reaktionen als natürlicher psychologischer Grundmechanismus in Gefahrensituationen charakterisiert werden, weil Menschen in überfordernden Situationen Schutz und Sicherheit bei »Autoritäten« suchen würden (ebd., S. 24).

Oesterreich bezieht sich zwar weiterhin auf Reich und Fromm, kommt aufgrund eines zunächst »vagen Unbehagens an der tradierten Konzeption« der F-Skala (ebd., S. 54) jedoch dazu, situationalen Faktoren im Sozialisationsprozess mehr Gewicht beizumessen, das Erlernen von Selbstständigkeit also wichtiger sei, als emotionale Erfahrungen in der Kindheit (Rippl et al. 2000, S. 24). In seinen empirischen Studien konnte Oesterreich nachweisen, dass autoritäre Persönlichkeitsmerkmale mit mangelnder emotionaler Unterstützung und einer für das Kind überfordernden Sozialisation (Einschränkungen in den Entwicklungsmöglichkeiten) korrelieren (Oesterreich 2000, S. 69). Ebenfalls lerntheoretisch argumentiert Bob Altemeyer, der in verschiedenen Phasen der Entwicklung die Ausbildung autoritärer Dispositionen für möglich hält. In seinem 1988 erschienen Buch »Enemies of Freedom« schreibt er:

> I have proposed instead that although some authoritarian attitudes are formed during early childhood, the process is hardly complete then. The most dramatic change in the organization of submissive, aggressive and conventional attitudes is expected to occur during adolescence. But I have also argued that neither the organization nor the level of authoritarianism is ever ›finally established‹. (Altemeyer, zit. nach Rippl et al. 2000, S. 24)

Von Altemeyer ist vor allem seine RWA-Skala (right-wing-authoritarianism) bekannt und in Benutzung. Er entwickelte sie in den 1980er-Jahren als Reaktion auf die häufig geäußerte Kritik, die F-Skala sei ideologieanfällig, wie sie zum Beispiel von Rokeach vertreten wurde (Oesterreich 1974, S. 23 f.). Rokeach versuchte mit dem ›Dogmatismus‹ (D-Skala) ein allgemeines, »neutrales« Konzept zu entwickeln, das er unter anderem an Collegeschüler:innen verschiedener politischer Gruppierungen testete. Statt seine neue Skala vom rechtskonservativen Bias, den er der F-Skala unterstellte, zu befreien, fügte er jedoch lediglich neue, auf die Erfassung links-autoritärer Dispositionen ausgerichtete Items hinzu. Das Ergebnis war eine ideologisch verzerrte Skala, die keine brauchbaren Ergebnisse lieferte (ebd.).

## 1.2 Hopf und Erdheim: Von der Bindung zur Peer Group

Mit den Arbeiten von Christel Hopf (und Wulf Hopf) ist eine Rückkehr zur psychoanalytischen Annäherung an die Erforschung des autoritären Charakters zu verzeichnen. Sie plädiert für einen eher integrativen Ansatz, indem psychodynamische Interpretationen politischer Sozialisation auch in lerntheoretischen Ansätzen berücksichtigt werden (vgl. Hopf 2000, S. 49). In ihren eigenen, in den 1990er-Jahren im Raum Hildesheim-Hannover durchgeführten Studien zur autoritären Persönlichkeit, befragten sie einerseits Auszubildende, junge Facharbeiter und Handwerker und andererseits junge Frauen, »die als Auszubildende oder als Beschäftigte im Dienstleistungsbereich, in Verkaufsberufen, im Verwaltungsbereich oder in anderen Bereichen tätig waren« (ebd., S. 41). Durch letztere wurde außerdem erstmals eine geschlechtsspezifische Sozialisation in den Blick genommen (vgl. auch Projektgruppe 1996; Hopf und Hopf 1997).

Hopf et al. versuchen rechtsextreme Orientierungen sozialisationstheoretisch über die frühkindliche Entwicklung, insbesondere die Mutter-Kind-Beziehung zu erklären.

> Die Qualität der familiären Beziehungserfahrungen entscheidet demnach über den Aufbau eigener Bindungsrepräsentationen, wobei »sicher-autonome« Erfahrungen einen Schutz vor späteren rechtsextremen Orientierungen zu bieten scheinen, während Probanden, deren Bindungsrepräsentation als »abwehrend-bagatellisierend« oder »verstrickt« klassifiziert wurde, zu einer deutlichen Aggressionsbereitschaft oder zu autoritärunterwürfigen Einstellungen tendierten. (Aumüller 2014, S. 21)

Seipel et al. benennen als eines der größten Desiderate der empirischen Forschung die Frage nach dem Zusammenhang von Charakterstruktur und Gesellschaft (Seipel et al. 2000, S. 264). Einer der Wenigen, der sich explizit dieser Thematik widmete, ist der Ethnopsychoanalytiker Mario Erdheim. In seinem 1983 erstmals erschienenen Aufsatz »Adoleszenz zwischen Familie und Kultur. Ethnopsychoanalytische Überlegungen zur Funktion der Jugend in der Kultur« arbeitet er die Adoleszenz als entscheidende Phase des Enkulturationsprozesses heraus. Angefangen im 17. Jahrhundert und dem distanzierten Verhältnis zwischen Eltern und Kindern, sei Kindheit für letztere vor allem traumatisierend gewesen, weshalb die Pubertät als »zweite Chance« zur Wiedergutmachung frühkindlicher Störungen gesehen werden könne (Erdheim 1988, S. 194 f.). Des Weiteren stützt Erdheim sich auf Freud, der das Verhältnis zwischen Familie und Gesellschaft als antagonistisches ansah, weil es das Ziel der Kultur sei »die Menschen zu großen Einheiten zusammenzuballen« (Freud. zit. nach ebd., S. 196), wohingegen die Familie nach innigem Zusammenhalt strebe. Je enger das Zusammenleben in der

Kindheit, desto schwerer falle die spätere kulturelle Ablösung. Für diese stünden Pubertäts- und Aufnahmeriten unterstützend zur Verfügung. Angenommen wird eine Zweizeitigkeit der sexuellen Entwicklung, wobei die erste der ödipalen Situation zugerechnet wird, die eine Anpassung an die hierarchische Familienstruktur hervorbringt. Die zweite Phase, die in der Pubertät beginnt, führe hingegen zu einer Anpassung an die »dynamische, expansive Kulturstruktur« (ebd., S. 197). Geht es zunächst um Anpassung an vorgegebene Strukturen, zielt die zweite Phase also auf innovative Momente ab, in denen das Individuum unter dem Druck des Antagonismus zwischen Familie und Kultur die Fähigkeit entwickelt, sich »an den sich verändernden Strukturen der Gesellschaft« (ebd.) zu beteiligen, wodurch die Adoleszenz kulturgeschichtliche Relevanz bekommt. Die pubertären Triebschübe erschütterten die Ich-Funktionen und das familiäre Realitätsprinzip, was durch eine narzisstische Besetzung des Selbst kompensiert werden müsse (ebd., S. 199). Der Ausgang der Adoleszenz ginge mit dem Widerspruch zwischen narzisstischen Größenphantasien und der Realität der (Lohn-)Arbeit einher (ebd.).

## 1.3    Sekundäre Autoritäten: Autoritärer Charakter heute

»Entscheidend für diese Diskussion ist wohl die noch ausstehende Beantwortung der Frage, ob bedrohliche Situationen Ursache autoritärer Orientierungen sind oder ob die Bedrohungssituation bereits existierende Charakterstrukturen aktiviert« (Rippl et al. 2000, S. 27). Eben Letzteres würde Oliver Decker, aktuell prominentester Vertreter neuerer und neuster empirischer Forschungen zu Autoritarismus im deutschsprachigen Raum, mit ja beantworten. Mit den »Leipziger Studien zu autoritären und rechtsextremen Einstellungen in Deutschland« (häufig kurz »Leipziger Mitte-Studie« genannt, seit 2018 »Leipziger Autoritarismus-Studie«), in deren Rahmen repräsentative Erhebungen stattfinden, werden seit 2002 alle zwei Jahre neue Analyseergebnisse präsentiert. Zuletzt erschien 2022 »Autoritäre Dynamiken in unsicheren Zeiten. Neue Herausforderungen – alte Reaktionen?«, herausgegeben von Johannes Kiess, Ayline Heller, Elmar Brähler und Oliver Decker. Der Begriff der »Mitte« spielt in den Studien insofern eine wichtige Rolle, als dass sie als »Unwesen der Gesellschaft, die das antidemokratische Potenzial hervorbringt« (Decker et al. 2018a, S. 21) bezeichnet wird. Im Gegensatz zu der langen Tradition der Theoretisierung des Mitte-Begriffs gehen die Autor:innen nicht wie gängig davon aus, dass die gesellschaftliche Mitte »auf Mäßigung, Freiheitssicherung und Machtkontrolle zielendes Institutionsgefüge des Verfassungsstaates« (Barkes/Jesse zit. nach ebd.) ist, sondern eher als wechselhaft sowie akzeptierend gegenüber rechtsextremen Positionen (ebd., S. 25) beschrieben werden kann.

Zentral für die Arbeiten von Decker et al. ist das Theorem der Sekundären Autoritäten. Die Autor:innen sehen darin eine aktuelle Form des Autoritarismus in der Unterwerfung der Menschen als sekundäre Masse unter das Primat der Wirtschaft. Die Unterscheidung zwischen primären und sekundären Massen geht auf Sigmund Freuds (1972 [1921]) Arbeiten zu »Massenpsychologie und Ich-Analyse« zurück. Während primäre Massen sich auf einen Führer bezögen, seien »sekundäre Massen« durch ein geteiltes Ideal aneinander gebunden. Auch wenn die auf diese Weise autoritär gebundenen Individuen nichts vom wirtschaftlichen Aufschwung merkten, fungiere dieser als »narzisstische Plombe« (ebd., S. 45), entsprechend gehe eine wirtschaftliche Rezession mit psychischer Regression einher.

Zu nennen sind an dieser Stelle außerdem neuere Arbeiten wie die Sammel-bände »Autoritarismus. Kritische Theorie und Psychoanalytische Praxis« (2019), herausgegeben von Oliver Decker und Christoph Türcke und »Konformistische Rebellen. Zur Aktualität des autoritären Charakters« (2020), herausgegeben von Katrin Henkelmann und Anderen, auf die weiter unten Bezug genommen wird.

## 2    Tiefenhermeneutische Interviewrekonstruktionen

Von den sechs geführten biographisch-narrativen Interviews wurden vier tie-fenhermeneutisch ausgewertet. Zwei der szenischen Rekonstruktionen werden im Folgenden in Gänze vorgestellt, zwei weitere als gekürzte Version. Entlang der Forschungsfrage folgt eine anschließende theoretische Rückbindung und Diskussion der empirischen Ergebnisse.

### 2.1    Benjamin, 43

Benjamin wurde 1978 geboren und wuchs in Süddeutschland auf. Die familiä-ren Verhältnisse beschrieb er als beengt. Gemeinsam mit einem jüngeren Bruder und den Eltern wohnte er in einer 3-Zimmer-Wohnung. Der Vater habe einen sicheren Job in einem Technik-Unternehmen gehabt, versuchte aber »das Geld immer zusammen zu halten« (Z. 79.[3]). In seiner Sparsamkeit sei er seinem Vater,

---

[3] In den nun folgenden Interpretationen stammen alle Zitate, sofern nicht anders gekenn-zeichnet, aus den jeweiligen Interviewtranskripten.

Benjamins Großvater, ähnlich gewesen, der in den 1950er und 1960er-Jahren durch Infrastrukturprojekte reich geworden sei. Benjamin erwähnte außerdem eine Großmutter, die Frau des Großvaters väterlicherseits. Über sie erzählte Benjamin nur wenig, sie sei für den nach Prestige eifernden Großvater nur »Beiwerk« gewesen. Der Großvater, zeitlebens sehr auf sich und sein Image bedacht, sei als Kind auf eine NAPOLA, also eine nationalsozialistische Eliteschule, gegangen und später in der Wehrmacht gewesen. In Bezug auf Status-Fragen sei ihm der Sohn (also Benjamins Vater) »in einigen Sachen […] sehr […] verbunden« (Z. 276 f.), zum Beispiel in der Haltung, dass verheiratete Frauen nicht arbeiten gehen sollten. Entgegen dem Willen ihres Mannes arbeitete Benjamins Mutter jedoch als Texterin in einer Werbeagentur und war als SPD-Mitglied einige Jahre Gemeinderätin.

1989 wurde bei Benjamins Vater Krebs diagnostiziert, an dem er 1999 starb. Dies löste eine Kette von Reaktionen aus, deren genaue Abfolge nicht genau rekonstruierbar ist. Während des Tods des Vaters war Benjamin in der 12. Klasse, brach aber das Abitur ab und leistete Zivildienst, wo er »leider Gottes Mobbing erlebt« (Z. 329) hat. Im Jahr 2000 brach bei seiner Mutter Rheuma aus, was Benjamin auf die unverarbeitete Trauer um den Vater zurückführt. Gleichzeitig hat sie auch Arthrose in den Knien bekommen. Durch das Mobbing sei er »emotional instabil« (ebd.) geworden, woraufhin die Mutter erstmals anmerkte, er solle eine Therapie machen, was bei Benjamin Unverständnis auslöste.

Nach dem Zivildienst absolvierte Benjamin eine Ausbildung zum Mediengestalter und arbeitete anschließend zwei Jahre im Ausland. 2003 starb der Großvater, was einen Erbschaftsstreit um ein Haus in G. (Stadt in Schleswig–Holstein) auslöste. 2006 bekam die Mutter zwei neue Kniegelenke, was in der Folge zu einigen Auseinandersetzungen zwischen sowohl ihr und Benjamin, als auch ihm und der ganzen Familie führte. Sie warf ihm vor, sie zu Hause festzuhalten, er warf ihr wiederum Fahrlässigkeit vor, weil sie trotz OP und Medikation Auto fahren wollte.

2008 zog Benjamin nach Norddeutschland, auch um Distanz zwischen sich und die Familie zu bringen. Dort lernte er über gemeinsame Bekannte seine heutige Frau kennen. Die beiden heirateten im Dezember 2019 und zogen im Frühjahr 2020 in ein Dorf in der Nähe von Nordstadt. Benjamin arbeitet als Selbstständiger, die Hauptverdienerin ist seine Frau, die für ein großes ausländisches Unternehmen arbeitet.

Das schwierige Verhältnis zur Mutter hat sich seit 2000 nicht gebessert, weshalb Benjamin 2011 erstmals darüber nachdachte, den Kontakt zu ihr abzubrechen. Dies tat er schließlich nach einem Streit an Silvester 2014. Während des ganzen Interviews ist spürbar, wie sehr er unter der Situation leidet, auch wenn er immer wieder versucht, sich dies nicht anmerken zu lassen.

Die Ernsthaftigkeit der Corona-Pandemie sei ihm nicht sofort bewusst geworden, man sei »eher so rein gewachsen in die Situation« (Z. 586 f.). Dadurch, dass er und seine Frau im Home Office arbeiten und durch die Wohnsituation relativ wenig Kontakt zu Menschen haben, würde die Pandemie im Alltag eine eher geringe Rolle spielen. Benjamin gab zwar an, sich über aktuelle Fallzahlen und Verhaltensanweisungen zu informieren, schien aber weder besonders interessiert, noch genau informiert an aktuellen Entwicklungen rund um die Pandemie zu sein.

### 2.1.1 Vorbemerkung

Benjamins Eintritt in den gemeinsamen Zoom-Raum, löste auf meiner Seite zunächst Überraschung und leichte Bestürzung aus. Er sah kränklich aus, hatte strubbelige Haare und ein schlichtes weißes T-Shirt, was insgesamt einen eher ungepflegten Eindruck weckte, so als wäre er gerade erst aufgestanden. Er saß in einem Raum, der sich später als sein »Atelier«, ein gegenüber des Haupthauses gelegenes kleineres Häuschen, herausstellte. Der Kameraausschnitt zeigte ein Sofa, einen Fernseher, einen Umzugskarton und alte Werbe-Blechschilder. Insgesamt vermittelte der Raum den Eindruck, es mit einem Junggesellen zu tun zu haben. Der anfängliche Schreck und meine Sorge um ihn, ob es ihm gut geht, legte sich schnell. Vor allem, weil Benjamin viel und bereitwillig erzählte, wobei mein Gefühl ihm gegenüber indifferent blieb. Das Erleben meinerseits einer spannenden und vielschichtigen Familiengeschichte vor allem während und nach dem Interview verändert sich im Laufe des Interpretations- und Schreibprozesses; zunehmend wurde deutlich, dass Benjamin nicht viel seiner Familiengeschichte preisgab. Vielmehr zeigte sich, dass für Benjamin vor allem der Konflikt zu seiner Mutter von Bedeutung ist, die er konsequenterweise als seine »Erzeugerin« bezeichnete. So wie Benjamin sich um den Konflikt dreht und wiederholt an diesen zurückkehrte, so geriet dieser auch in den Fokus der Aufmerksamkeit der Interpretationsgruppe. Im szenischen Erleben eröffnete die Thematisierung des Konfliktes divergierende Lesarten mit einem Potenzial, die Gruppe zu spalten. Um die Bedeutung des Konfliktes tiefer zu ergründen, lohnt sich ein Blick in das Material und auf die Gruppendynamik.

### 2.1.2 Die Beziehung zur Mutter

Benjamin schwankte in seiner Erzählung zwischen dem Wunsch nach Mütterlichkeit und bemühter Abgrenzung zu ihr, die er auch sprachlich dadurch herstellte, dass er seine Mutter konsequent seine »Erzeugerin« nannte.

Als Ausgangspunkt für den Konflikt mit ihr deutete Benjamin den Ausbruch des Rheumas bei der Mutter im Jahr 2000. Nachdem der Vater 1999 in Folge einer Krebserkrankung gestorben war, habe die Mutter ein Jahr lang mit der Trauer zu kämpfen gehabt – Benjamin bringt den Rheuma-Ausbruch damit in Verbindung. Zusätzlich habe sie Arthrose in den Knien bekommen und sei durch die Schmerzen belastet gewesen:

> Und das, ich kann mir das schon vorstellen, dass es halt schwierig ist den ganzen Tag immer irgendwie auch mit dem nach außen irgendwie zu zeigen mir geht's gut. Kein Problem. Das war ja ihr Anspruch. Ich habe derzeit im Zivildienst, habe ich leider Gottes Mobbing erlebt. [hmh] Ähm ähm, da bin ich emotional instabil geworden. Leider Gottes. [hmh] Von der psychologischen Seite her. Und ähm das ähm (Pause) da kam (Pause) das war für sie dann irgendwie der Anfangspunkt zu sagen ach guck mal, der hat irgendwas psychisches also äh muss er irgendwo hin und machen und tun. Und er muss irgendwie in Therapie und er muss dieses und muss jenes er muss sonst was. (Z. 326–334)

Benjamin zeigte Verständnis für die schwierige Lage seiner Mutter. Dasselbe Verständnis forderte er für sich selbst ein und reagierte irritiert, als er dies nicht bekam. Stattdessen schlug ihm seine Mutter vor, in therapeutische Behandlung zu gehen, woraufhin Benjamin abwehrend reagierte. Er führte weiter aus: »Mir geholfen hätte einfach nur wenn jemand sich wirklich manchmal hingesetzt hätte und mit mir gesprochen hätte. Zugehört hätte. So hey wie sieht's aus, wie fühlst du dich?« (Z. 334–336). Was Benjamin sich hier vorstellt, könnte durch eine Psychotherapie geleistet werden. Darauf kann er sich aber scheinbar nicht einlassen. Die einzige Person, mit der er reden will, ist seine Mutter.

In den Folgejahren gab es immer wieder ähnliche Konfliktsituationen, deren zeitliche Abfolge nicht gänzlich rekonstruierbar ist, von denen Benjamin aber eine ganz besonders in Erinnerung geblieben ist. 2006 bekam seine Mutter zwei neue Kniegelenke. In der Zeit danach wohnte er anscheinend bei ihr, während sie auf Krücken ging und viele Medikamente nahm.

> Und dann irgendwann ist ihr die Decke auf den Kopf gefallen. Logischerweise. Und sie meinte dann irgendwann, es war November, draußen war Schneeregen. Ähm, so Temperaturen um den Gefrierpunkt. Und sie meinte dann irgendwann: So, jetzt fahre ich aber Auto. (Z. 345–348)

Nach einiger Diskussion habe er sie davon abbringen können:

> Ich habe mich dann durchgesetzt. Ähm, am nächsten Tag hat sie leider Gottes in der ganzen Familie rum erzählt ich würde sie zu Hause einsperren. [hmh] Jooo, genau.

Und das war genau in dieser Zeit wo Kampusch und Fritzl da unterwegs waren. [hmh]
Ähm und äh (Pause) also 6 Monate später stand auf einmal jemand vom Sozialverband vor der Tür und meinte: ja wir sind hier und möchten wissen, ob sie noch normal
im Kopf ticken. (Z. 352–357)

In dieser Szene finden sich gleich mehrere irritierende Momente, an denen sich
die Gruppe besonders abarbeitete. Die Interpretationen bewegten sich vor allem
zwischen drei Polen: Die einen empfanden Angst vor Benjamin und malten sich
aus, wie er sich körperlich-bedrohlich in den Weg der Mutter stellen könnte.
Die anderen zeigten Verständnis für die Mutter und stellten sich Benjamin eher
als ungezogenen und unselbstständigen Jungen vor, der seiner Mutter auf die
Nerven ginge, obwohl sie durch ihre Krankheit selbst stark belastet ist. Wieder
andere sahen Benjamin als Opfer einer gefühllosen Mutter. Gemein ist allen,
dass niemand sich vorstellen konnte, dass sich die Szene wirklich so abgespielt
hatte, beziehungsweise, dass große Teile in der Erzählung von Benjamin ausgelassen wurden. Schließlich kam der Sozialverband erst sechs Monate nach dem
beschriebenen Vorfall, was ist in der Zwischenzeit passiert? Wie reagierte die
Familie, warum übernahmen sie scheinbar unkritisch die Deutung der Mutter?
Und (warum) wohnte Benjamin zu der Zeit bei der Mutter? Immerhin war er
2006 bereits 28 Jahre alt, hatte eine abgeschlossene Ausbildung und einige Jahre
im Ausland gearbeitet.

Befremdlich ist zudem der Vergleich mit den Fällen Natascha Kampusch und
Josef Fritzl, der vor allem durch Letzteren eine inzestuöse Konnotation nahelegte
und auf die konfusen zeitlichen Abfolgen deutet, denn die Taten Fritzls wurden
erst zwei Jahre später bekannt. Der vermeintliche Auftrag des Sozialverbandes
herauszufinden, ob Benjamin noch »normal im Kopf tickt«, ist ein erneutes Zeichen für die Abwehr von Psychotherapie und zeigt vor allem, wie sehr er die
Ereignisse als einen Angriff auf sich selbst wahrnimmt.

2008 zog Benjamin nach Bremen, um Distanz zwischen sich und die Familie zu bringen. Zu Beginn habe sich das Verhältnis zu seiner Mutter gebessert,
obwohl sie immer noch eine »Flip-Flop-Beziehung« gehabt hätten:

Ähm, es war ähm mal war sie super nett und auch in der Zeit wo ich nach Bremen
gekommen war. (enthusiastisch:) **Ja** wir sind natürlich Familie und ich hab dich lieb
und bla. Und wir sind **immer** zusammen und du kannst mich **jeder Zeit** anrufen und
dieses und jenes. (Z. 363–366)

Das Abtun der mütterlichen Liebesbekundungen durch ein »und bla« und seine
zynischen Betonungen, deuten schon an, dass den Beteuerungen der Mutter Enttäuschungen folgten: »Und dann habe ich sie mal angerufen und dann hat sie

einfach aufgelegt« (Z. 366 f.). Kurz darauf fragte sie ihn eine als Vorwurf verstandene Frage:»sag mal, warum rufst du eigentlich die ganze Zeit an, kannst du
alleine nicht leben?« (Z. 368). Benjamin negiert den Vorwurf:

> Und ich habe mir dann gedacht ja klar, ich habe zwei Jahre allein [im Ausland] gelebt,
> ich lebe seit drei vier Jahren irgendwie allein in Bremen und die erklärst mir, nur weil
> ich dich ab und an mal anrufe und mit dir reden möchte, dass ich allein nicht leben
> kann. Schon klar. (Z. 369–372)

Warum sagte die Mutter zunächst, Benjamin könne jederzeit anrufen und legte
dann einfach auf? Beachtlich ist, dass mehrere Jahre zwischen den verschiedenen
Aussagen liegen. Schließlich berichtete Benjamin zunächst vom Anfang seiner
Norddeutschland-Zeit und lebte dann plötzlich bereits seit »drei vier« Jahren dort.
Die letzte Aussage muss sich also auf die Zeit um 2012 beziehen. Es ist auffällig,
dass Benjamin betonte, er habe mehrere Jahre allein im Ausland und in Bremen
gelebt, was für einen Dreißigjährigen keine besondere Leistung ist. Die Ambivalenz im Nähe-Distanz-Verhältnis zur Mutter bleibt bestehen; einerseits will er als
autonom wahrgenommen werden, andererseits ist es ihm wichtig, jederzeit anrufen und die Beteuerungen der Mutter, dass die beiden **immer** zusammen sein
werden, ernst nehmen zu können.

Der Kontaktabbruch erfolgte schließlich nach Silvester 2014:

> Und ich habe so wie es üblich ist, so zwischen den Jahren, macht man sich immer
> irgendwelche Gedanken [hmh], habe ich mir gedacht okay ähm dann ich brauche mal
> jemanden zum Sprechen, zum Reden, irgend jemanden zum Aufmuntern. Und ähm
> daraufhin hat sie gesagt: es ist mir eigentlich so ziemlich egal. Wenn es dir schlecht
> geht, geh ins Krankenhaus, viel Spaß. (Z. 384–388)

Die Mutter erscheint kaltherzig und verwies mit der Erwähnung des Kran-
kenhauses wieder darauf, Benjamin möge sich psychotherapeutisch behandeln
lassen. Dieser erlebte das Gespräch als eine finale Kränkung und brach daraufhin den Kontakt ab. Etwas später im Interview stellte sich jedoch heraus,
dass der von Benjamin skizzierte Beziehungsabbruch nicht vollständig vonstat-
tenging. Denn obwohl Benjamin in Bremen wohnte, zahlte seine Mutter »über
ein halbes Jahrzehnt« weiterhin Benjamins Miete. Seine Vermieterin habe ihm
schließlich mitgeteilt, dass die Mutter nicht mehr zahlen könne, weil sie in ein
Pflegeheim müsse, woraufhin Benjamin »in Hartz IV gefallen« (Z. 449 f.) sei.
Zwei Aspekte sind hier besonders bemerkenswert. Erstens, dass Benjamin nach
eigenen Angaben »zugegebenermaßen auch ziemlichen Druck auf sie [die Mutter,

AD] ausgeübt« habe, damit sie seine Miete bezahle. Und zweitens, dass Benjamin zu diesem Zeitpunkt mindestens 36 Jahre alt war. Obwohl sie keinen Kontakt mehr miteinander hatten, sich »seit 13, 14 Jahren nicht mehr« gesehen haben (Z. 457), übte Benjamin einen solchen Druck auf seine Mutter aus, dass sie ihm mit weit über 30 Jahren trotzdem noch die Miete bezahlte, weil er sich nicht allein finanzieren konnte.

Während sich Benjamin manifest als jemand präsentierte, der sich von seiner »Erzeugerin« losgelöst und emanzipiert habe, zeigte er sich in seinen Erzählungen als über weite Strecken extrem abhängig von ihr, sowohl finanziell als auch emotional. Sie ist die Einzige, die ihm in schwierigen Situationen helfen kann, auch im Erwachsenenalter ist es ihm wichtig zu wissen, dass sie »immer zusammen« sein werden und er »immer anrufen« kann. Auffällig ist dabei die Abwesenheit von Freund:innen oder sonstigen sozialen Beziehungen (abseits der Freundin/Frau), weshalb er seine Mutter anrief, als er Silvester 2014 über sein Leben sinnierte. Der Hilflosigkeit, die er ausstrahlt, stehen die Situationen gegenüber, in denen er starken Druck auf die Mutter ausübte, damit sie bei ihm bleibt. Einerseits symbolisch darüber, dass sie ihm weiter die Miete zahlt, andererseits womöglich auch physisch nach der Knie-OP, denn Benjamins Schilderung dieser Szene wurde von einem Teil der Interpretationsgruppe als äußerst gewaltvoll empfunden. Immer wieder zeigten sich Benjamins unterschiedliche Positionen in der Beziehung zur Mutter auch in der Gruppe. Während die Einen Benjamin weiterhin als potenziell gefährlich und die Mutter einsperrend wahrnahmen, bezeichneten andere die Mutter als »Psychotante«, die ihren Sohn misshandelt hat. Für beides gibt es keine konkreten Hinweise, sie verweisen jedoch auf Benjamins kindliche Bedürftigkeit und die Verzweiflung, die er spürt, als die Mutter sich seiner Meinung nach nicht genügend um ihn kümmert ebenso wie das Unvermögen Benjamins sich erwachsen und eigenständig zu verhalten, was Wut, Unverständnis und Trauer auslöst.

In Anbetracht dieser Fixierung des Sohnes auf die Mutter scheint es durchaus denkbar, dass die Mutter von den Forderungen nach Zuwendung und emotionaler Unterstützung durch den erwachsenen Sohn überfordert war. Dies würde zumindest eine Erklärung bieten, warum sie Telefonate einfach beendete oder das Haus verlassen wollte, wenn sie dort allein mit ihm war. Gleichzeitig gibt es Hinweise darauf, dass die Mutter versuchte ihm zu helfen, indem sie auf externe psychologische Behandlung verwies, was Benjamin jedoch nie ernsthaft in Betracht gezogen hat, sondern eher als Forderung begriff, deren Sinn er nicht versteht, und auf die er angegriffen reagiert.

Da die Probleme zwischen Sohn und Mutter zeitlich mit dem Tod des
Vaters zusammenfielen, liegt außerdem die Interpretation nahe, dass dieser eine
besondere Rolle einnimmt.

### 2.1.3  Die Beziehung zum Rest der Familie

Der Fixierung auf die Mutter, dem Widerspruch aus versuchter Trennung und
dem Wunsch nach Verschmelzung, steht der Vater, beziehungsweise der männliche Teil der Familie, gegenüber. Der Vater wurde vor allem als »Ergebnis« der
Erziehung des Großvaters präsentiert:

> Mein Vater hat [...] einen bombensicheren Job. Hat aber das Geld immer zusam-
> mengehalten. Also da war irgendwie, ich glaube, sein Vater, der irgendwie in den
> 50er, 60er Jahren bei Infrastruktur Projekten äh wirklich stein reich geworden ist.
> Der ist Millionär irgendwann dann auch mal gewesen. Ähm der, das war für ihn so
> der Ansatzpunkt, da wollte er auch mal hin. Er hat es dann am Ende zu einer halben
> Million geschafft. (Z. 78–83)

Der Großvater wird hier nur als Vater des Vaters benannt, für den er als
»Ansatzpunkt«, also als Vorbild, fungiert habe.

Auf den Großvater angesprochen, beschrieb Benjamin ihn als jemanden, der
»nach außen hin [...] was darstellt« (Z. 157 f.). Er habe immer einen Anzug
getragen, einen »dicken Mercedes« gefahren, Ledercouchen und dicke Teppiche
gehabt. Zum Essen sei man manchmal an den Starnberger See in höherklassige
Restaurants gefahren oder habe mit dem Auto Spazierfahrten unternommen:

> Und das war für ihn immer total wichtig so nach außen immer so darzustellen. Ich bin
> wer. Ich komme, ich ich ich, ich kann nur, ich habe was erreicht im Leben. Und ähm
> seine Frau, das war eher so eine dünne. Die war eher Beiwerk sage ich mal so. Nach
> außen, sie waren schon freundlich. Und der der, ihr ihr Sohn, der hatte – eben, der
> hatte eine Frau. Ähm, die auch, also meine Erzeugerin, die auch nicht ganz so wahr-
> genommen wurde. Ähm, das die finden sie auch nicht so standesgemäß. Irgendwie
> so ein bisschen komisch. Und ähm aber die Enkel. Also meine Wenigkeit und mein –
> meine Geschwister. Die waren irgendwann so: oh ganz großartig. Hey, wir haben eine
> perfekte Familie irgendwo dann doch. Und wir haben einen Sohn und der ist bei Sie-
> mens und der verdient viel Geld und der kann sich Dinge leisten und das ist toll. Und
> ähm nach außen wurde halt immer nach, eigentlich geposed. (Z.180–189).

Noch mehr als im ersten Zitat wird hier eine sprachliche Distanzierung auch
zum männlichen Teil der Familie deutlich. Den Lebensstil des »L.A. Statesman«-
Großvater (Z. 172) lehnt Benjamin ab, weil es sich dabei nur um den Schein
einer perfekten Welt und Familie handelte, nach innen seien Probleme jedoch

nicht besprochen worden und auch er als Enkel wurde eher als prestigeträchtiger Gegenstand behandelt. Die geschilderte Entwertung durch den Großvater spiegelt sich in Benjamins Wortwahl wieder, indem er die Frau des Großvaters, also seine Großmutter, als »so eine Dünne« und »Beiwerk« bezeichnet. Die umständliche Formulierung »ihr Sohn, der hatte eine Frau« lenkt davon ab, dass es sich dabei um seine eigenen Eltern handelt. Den Schein der perfekten Familie aufrecht zu halten, habe sehr viel offenen Druck erzeugt, weshalb der Vater es ihnen gleich tun wollte und »denen irgendwie genügen in irgendeiner Weise« (Z. 199).

Offen sei nie über die Vergangenheit des Großvaters geredet worden, aber aus seiner Autobiographie habe Benjamin erfahren, dass er auf eine NAPOLA ging (Nationalpolitische Erziehungsanstalt) und in der Wehrmacht war. Außerdem berichtete der Großvater darin, in der Nachkriegszeit einen Russen erschossen zu haben. Als 1997 bei einer Familienfeier die Wehrmachtsausstellung thematisiert wurde, »...ist der völlig hochgegangen. Also, die Wehrmacht, das sind ordentliche Leute gewesen und bla« (Z. 265 f.). Danach sei nie wieder über das Thema gesprochen worden, wobei sich Benjamin seine eigenen Gedanken zu dem Thema macht:

> Und äh mein Vater hat sich von dieser Welt [des Großvaters] auch schon ein bisschen los gesagt gehabt. Also in in Teilen. Fand er das alles ziemlich überkommen. Wäre natürlich auch logisch gewesen, wenn der Vater in der Wehrmacht gewesen ist, dann hätte ähm mein Vater logischerweise zur Bundeswehr **kommen müssen.** [hmh] Das war aber nicht so. Der hat ähm sich einen Sitz mehr oder weniger durch, am Zivildienst vorbei gemogelt. War aber auch nicht bei der Bundeswehr und der hat sich da schon ein bisschen losgeeist bei der ganzen Geschichte. Ähm und ähm war aber in einigen Sachen auch noch sehr sehr mit dem Vater verbunden. (Z.270–277)

Benjamin sieht eine familiäre Tradierung von Werten und Verhalten als gegeben an, mit denen der Vater zumindest in Bezug auf den Militarismus (»der ganzen Geschichte«) gebrochen habe. Die »Verbundenheit« jedoch bestand – wie ebenfalls an anderer Stelle deutlich wird – darin, dass auch der Vater Wert darauf legte, die Familie zu ernähren, und es gern gesehen hätte, wenn seine Frau nicht arbeiten gegangen wäre. Als sie jedoch bei einer Werbeagentur anfing, war das »für ihn eigentlich das Schlimmste überhaupt [...] da kam er gar nicht wirklich zurecht mit« (Z. 291 f.).

Benjamin, für den es schrecklich war, in dieser Familie aufzuwachsen, in der er selbst für die Großeltern nur Schmuck war, brach vollständig mit diesem Teil der Familie. Da beide Männer bereits tot sind, tut er dies vor allem über symbolische Akte. Seine Frau ist die Hauptverdienerin, wie er mehrfach betont. Es ist vor allem sie, die das gemeinsame neue Haus finanziert, was in der patriarchalen

Welt des Vaters und Großvaters nicht denkbar gewesen wäre. Außerdem erzählt Benjamin von einer Situation als er gerade geboren worden war und der Großvater seinen 60. Geburtstag feierte: »Und ähm dann hatte er mich als Baby auf dem Arm und unter dieses Foto hatte er dann geschrieben [spricht feierlich]: endlich ist der Stammhalter geboren« (Z. 303 f.). Als Reaktion darauf nahm Benjamin bei seiner Hochzeit den Nachnamen seiner Frau an.

Es drängt sich die Frage auf, ob gerade die Abwendung vom Vater (bzw. der väterlichen Seite der Familie) – und dem Druck, den die Rolle als »Stammhalter« mit sich gebracht hätte – die Fixierung auf die Mutter mit bedingt hat. Beide litten unter dem autoritären Vater, wodurch sich Benjamin mit der Mutter identifiziert haben könnte. Als der Vater starb, war der Weg eigentlich frei, ohne den ödipalen Rivalen mit der Mutter zusammen zu leben. Die Mutter wies ihn in ihrer Trauer aber zurück und verhinderte die totale Verschmelzung, auch durch die Anschuldigung an Benjamin psychisch krank zu sein und die dadurch erlittene Kränkung.

Dass die Trennung von der Mutter im Besonderen und der Familie im Allgemeinen aber nicht frei von Widersprüchen ist, wurde bereits deutlich, soll an dieser Stelle aber anhand einer Szene genauer beleuchtet werden.

### 2.1.4    Häuser in Schleswig-Holstein

Benjamin hatte bereits zu Beginn des Interviews erzählt, dass seine Großeltern ein Haus in einer schleswig-holsteinischen Kreisstadt besaßen. Der ursprünglich als Erbe eingetragene Vater wurde noch auf dem Sterbebett vom Großvater enterbt, damit das Haus nicht der Frau (Benjamins Mutter) zufällt, sondern in der Familie bleibt. Daraufhin erbte es Benjamins Tante, die es erst verfallen ließ und dann verkaufte. Benjamin hing sehr an diesem Haus, weil er dort als Kind jeden Sommer sechs Wochen verbrachte. Im Laufe des Interviews sprach er über die Situation, dass er jetzt neben seinem Haus mit Reetdach auch noch ein eigenes, freistehendes Atelier hat:

> Das ist hier drüben, da gehe ich 20 Meter rüber. Und das ist eigentlich eine ziemlich großartige Angelegenheit. Und kann hier ähm für mich tun und lassen was ich will. Und das ist eigentlich eine ziemlich schöne Geschichte. Und ähm so gut ging es mir ehrlich gesagt noch nie. [hmh] Muss ich **wirklich** zugeben. Und das kann's mir eigentlich fast besser gar nicht wirklich vorstellen. Joa. (Pause). (Z. 130–134)

Er spricht hier einerseits davon, dass es eine »großartige Angelegenheit« für ihn ist, sein Atelier zu haben. Das ist deswegen bemerkenswert, weil er das Wort »Angelegenheit« im Gespräch rund 15 Mal verwendet. Der Duden definiert eine Angelegenheit als einen »Sachverhalt, dessen Lösung oder Erledigung für jemanden von [großer] Bedeutung ist; Sache, Problem«[4]. An anderer Stelle wird es als »etwas, womit sich jemand befasst, befassen muss« definiert. Die daraus resultierende mögliche negative Konnotation steht im Widerspruch zu Benjamins Verwendung des Begriffs, der primär für in seinen Augen positive Dinge genutzt wird. Zum Beispiel sei es eine »sehr sehr schöne Angelegenheit«, wieder in Schleswig–Holstein zu wohnen (Z. 97).[5] Dass er in seinem Atelier Freiheiten hat, zu tun und zu lassen, was er will, bezeichnet er anschließend als eine »ziemlich schöne Geschichte«; ein sprachlicher Ausdruck, der ebenfalls häufig auftaucht. Das Wort »Geschichte« fällt im Interview ganze 44 Mal, meistens verweist er auf etwas negatives, zuvorderst familiäre Konflikte: Es gab »beim Tod meines Vaters Geschichten« (Z. 203), »wechselhafte Geschichte[n]« (Z. 417) im Verhalten der Mutter und eine »klinische Geschichte« (Z. 336), in die er sich begeben solle, obwohl er nur möchte, dass ihm einfach jemand zuhört. Die ganzen negativen Geschichten werden sprachlich zu einer Nebensache erklärt, damit er sich nicht weiter damit befassen muss.

Dass die »großartige Angelegenheit« des eigenen Ateliers sowie das Haus in der schleswig-holsteinischen Einöde positiv besetzt ist, ergibt sich also neben der manifesten Sinnebene auch aus dem Sprachgebrauch. Der Begriff »Geschichte« wurde hingegen eher für die Familienstreitereien verwendet. Die Erwähnung beider Häuser folgt knapp aufeinander, weil sie in ihrer Bedeutung für Benjamins Leben unmittelbar zusammenhängen. Er betrachtet das Reetdach-Haus als eine Art Rache an der Familie. Einerseits kommt er damit zurück in das Schleswig–Holstein seiner Kindheit:

Und für mich persönlich war es irgendwie auch dementsprechend ein bisschen hart [als das Haus verkauft wurde, AD]. Weil das war ein, nachdem ich die Familie in München quasi schon verloren hatte, war das noch so ein Ankerpunkt. Und der wurde dann auch mehr oder weniger freundlichst weggerissen. Ähm und ähm so gesehen finde ich es ganz lustig, dass ich jetzt gerade in einem Haus, in meinem eigenen, also

---

[4] https://www.duden.de/rechtschreibung/angelegenheit

[5] Weitere Beispiele: Dreimal (Z. 43, 70 und 401) bezeichnet er es als eine »sehr schöne Angelegenheit« mitten im Nichts zu wohnen wo Corona praktisch keine Rolle spielt; Es sei außerdem »eine recht schöne Angelegenheit« (Z. 567) gewesen, in der SPD zu sein, als diese zum ersten Mal einen Kanzler stellte (Schröder). Wenn eine Freundin zu Besuch kommt ist das eine »safe Angelegenheit« (Z. 739) und ihr deutsch beizubringen ist eine »lustige Angelegenheit« (Z. 799). Meine Masterarbeit sei eine »spannende Angelegenheit« (Z. 890). Dass er seinen Nachnamen abgelegt hat, bezeichnet er als eine »ganz gute Angelegenheit« (Z. 857). Eine Ausnahme bildet die Abweisung von seiner Mutter mit dem Verweis, er möge mit einem Therapeuten sprechen. Das war für ihn die »härteste Angelegenheit« (Z. 899).

es ist zwar eigentlich gehört es meiner Frau. [hmh] Aber grundsätzlich bin ich bis jetzt, bis das Ende aller Tage leben können. Ist es hier dann wirklich, dass ich jetzt hier wieder meine eigene Geschichte habe. (Z. 218–224)

Er hat jetzt seine »eigene Geschichte« in Schleswig–Holstein, nachdem mit dem Haus sein letzter Verbindungspunkt zur Familie verkauft worden war. Und andererseits hat er es geschafft dort ein Haus zu haben, wo die Familie an der Stelle versagt hat:

> Und ähm er [der Großvater, AD] derjenige der immer gesagt hat Familie ist so wichtig hat sich durch seine **eigene** Entscheidung, hat er sich im Endeffekt ähm so aus dem dermaßen in in ins Knie geschossen. Das hat er alles nicht mehr erlebt. Ist 2003 gestorben. Ähm aber ähm und das Haus wurde glaube ich verkauft 2016 oder so. Weiß ich auch nicht mehr (räuspern) genau. Und ähm so gesehen öh sitze ich hier so und grinse mir so ein bisschen und denke mir naja (atmet ein). Schöne Geschichte. Und so was wie Gerechtigkeit gibt es dann halt doch noch (Lachen). (Z. 224–230)

Die Geschichte um Häuser in Schleswig–Holstein ist also eine Zwiespältige. Das neue Haus (das er als Gerechtigkeit für sich selbst empfindet), in dem er bis zum Rest seines Lebens wohnen kann, verweist auf das ehemalige Haus der Familie und muss deswegen immer an die Familie erinnern, die er verloren hat. Tatsächlich gehört dieses Haus jedoch nicht ihm selbst, sondern seiner Frau, weshalb sein Wohnrecht dort an die Beziehung zu ihr geknüpft ist. Dies ist ihm auch bewusst, wenn er sagt: »Ähm und ähm so gesehen finde ich es ganz lustig, dass ich jetzt gerade in einem Haus, in meinem eigenen, also es ist zwar eigentlich gehört es meiner Frau. [hmh] Aber grundsätzlich bin ich bis jetzt, bis das Ende aller Tage leben können.« (Z. 221–223) Dass es jetzt wirklich schön ist, muss er deswegen nicht nur mir glaubhaft machen, sondern auch sich selbst, indem er es »**wirklich** zugibt« und es sich »fast nicht« besser vorstellen kann. Die Wortkombination »schöne Geschichte« verweist außerdem auf die inhärente Ambivalenz, denn die Geschichten bezeichnen bei Benjamin eigentlich etwas Negatives.

Das spannungsvolle Verhältnis zwischen den oft nur angedeuteten negativen Geschichten und den schönen Angelegenheiten (die er ja aber doch irgendwie lösen muss) verweist auf Benjamins gespaltenes Verhältnis zu seiner Situation. Egal wie gut es ihm aktuell geht, kann es nie perfekt sein, denn er hat keine Familie (Mutter) mehr.

### 2.1.5 Von der Mutter zur Ehefrau

Benjamin sagte über das Verhältnis zu seiner Familie: »das was sie von mir kennen ist eigentlich nur ein altes Ich. Das gibt's gar nicht. Und ich möchte mich eigentlich auch nie mehr in diese Situation irgendwie rein, rein schicken« (Z. 458 f.). Sein neues Leben besteht aus Allem worauf er stolz ist:

> Also erst mal würde ich nicht mit dem was ich hier habe irgendwie angeben und sagen okay guckt her. Ha ha, ich habe eine tolle Frau geheiratet und ich habe ein Reetdach Haus und bla bla bla und dieses und jenes. Und hier die Elbe sind 3 Kilometer und bla sonst wo. Und ich habe hier meine eigene Agentur und whatever. (Z. 459–463)

Während er in früheren Erzählungen – vor allem geprägt durch die Perspektive der Mutter – als unselbständig, (finanziell) abhängig und durch psychische Probleme belastet erscheint, so stellte Benjamin im Hinblick auf sein aktuelles Leben vor allem Dinge heraus, die er unabhängig von seiner Mutter geschafft hat. Tatsächlich hat er davon aber wenig sich selbst zu verdanken, schließlich stemmt seine Frau die »hauptsächlichen Geschichten« mit dem Haus sowie die »finanziellen Geschichten«. In seiner Firma scheint er keine Angestellten zu haben und er hat weiterhin große Probleme allein zu sein, was dadurch deutlich wird, dass er immer wieder betonte, wie wichtig es ihm ist, seine Frau zu haben und er sie sogar begleitet, wenn sie für eine Woche beruflich ins Ausland reist. Auch wenn sich die Rahmenbedingungen seiner Wohn- und Lebenssituation geändert haben, so ist keine umfassende Persönlichkeits- und Verhaltensänderung zu erkennen. Die Bezugsperson Mutter wurde durch die Ehefrau ersetzt, was sich besonders deutlich an einer Stelle im Interview zeigt. Vorher hat er von dem Kontaktabbruch zur Mutter berichtet:

> *Und ähm das war irgendwie so der Endpunkt wo ich gesagt habe also kein Bock mehr. Und das war auch richtig so. Seitdem fühle ich mich deutlich, also nicht nur seitdem, also eigentlich jetzt auch dass ich ihren Namen auch noch angenommen habe und dass ich ihr auch mein ähm Haus jetzt habe.* Nicht mehr irgendwie getrennte Wohnungen oder auch meine eigene Wohnung. So wie mit dem Vermieter, ständig wird von oben rein geguckt und oh Gott oh Gott da waren Sie aber wieder laut. Und da hat sich xyz irgendein Nachbar wieder beschwert (unv.) Und dementsprechend ist das einfach eine sehr schöne Angelegenheit. Und da glaube ich zumindest, dass ich den richtigen Weg gemacht habe, auch wenn es mich psychisch höchstwahrscheinlich, meine Seele etwas eingedellt hat (Lachen). (Z. 394–403, Herv. AD)

Der Kontaktabbruch bzw. die Trennung von der Mutter wurde mit dem Hauskauf verbunden. Plötzlich ging es um »ihren« Namen, also den der Frau, obwohl vorher über die Mutter geredet wurde. Mutter und Ehefrau verschwimmen zu einer Person, denn die beiden geschilderten Situationen sind eigentlich unabhängig voneinander passiert. Zwischen Kontaktabbruch 2014 und Hauskauf 2020 liegen 6 Jahre.

Im Grunde wiederholt Benjamin die familiäre Aufgabe, nach Außen hin etwas zu präsentieren. Er ist genauso stolz auf Frau, Haus und Job wie der Großvater und Vater es gewesen wären, nur der Umgang damit ist ein anderer. Dafür spricht auch, dass er sich gerne mit Menschen umgibt, die größer und wichtiger sind als er selbst. Dazu zählt seine Frau, die einen internationalen Job hat, die irische Freundin H., von der er immer wieder über ihren wichtigen regierungsnahen Job und nahender Beförderung erzählt, und die SPD, weil er »ein Mal« in einer Partei sein wollte, die einen Bundeskanzler stellt. Dafür hätte er auch in die CDU/CSU gehen können, aber seine Mutter war SPD-Mitglied und so entschied auch er sich für diese Partei. Im Interview kann und muss er das Erreichte präsentieren, nur vor der Familie nicht, »weil dann kommen die wieder hier her und sagen: Ha, wir haben damals ja doch alles richtig gemacht« (Z. 463 f.). Die Vorstellung, dass seine Familie ihn irgendwie finden und seine persönlichen Erfolge zu eigen machen könnte, äußerte Benjamin mehrfach, wobei die Frage offen bleibt, wer genau ihn finden wollen würde; schließlich sind der Vater und Großvater tot, die als nach Prestige heischend vorgestellt wurden. Sonstige Familienmitglieder, ein Bruder und eine Tante, werden nur einmal erwähnt und sind an dieser Stelle vermutlich nicht gemeint. Die Phantasie, dass seine Familie zu Hause in Süddeutschland sitzt und nach ihm sucht, kann also eher als Wunsch nach Kontakt zur Familie verstanden werden. Ebenso quälten ihn Gedanken, ob die Mutter nun bereits gestorben ist oder noch lebt: »Muss allerdings zugeben, es interessiert mich schon ein bisschen. Also da bin ich dann doch neugierig (Lachen). Leider Gottes sollte ich es vielleicht nicht, weil es mir echt egal ist« (Z. 454–456).

Der Bruch mit der Familie bleibt also an der Oberfläche. Er orientiert sich zwar unbewusst an denselben traditionellen und prestigeorientierten Werten (Haus, Frau, Job), aber lehnt diese auf bewusstseinsnaher Ebene gleichzeitig ab, wodurch sein ungepflegtes Auftreten in der Interviewsituation erklärt werden kann.

### 2.1.6 Corona

Benjamins Erzählstrategien und Deutungsmuster in Hinblick auf die Corona-Pandemie ähneln den Narrativen seines sonstigen Lebens. Dass es sich bei Covid-19 um etwas Ernsthaftes handelt, sei ihm eher nach und nach bewusst geworden. Er hätte nicht das gehabt, was er einen »Batman-Moment« nennt:

zum Beispiel als der äh, als hier 9/11, World Trade Center. Als es dann hieß da sind irgendwie Flugzeuge rein geflogen, da habe ich gesagt, ja und ich: Batman. Das war

so mein erster Gedanke, das ist vollkommen irre. Kann ich mir gar nicht vorstellen. So einen Moment gab es bei Corona nicht. Das war eher so (schleichende?)
Angelegenheit. (Z. 578–582)

Besonders auffällig ist, dass Benjamin als erstes der Vergleich zu einem Terror-
anschlag einfiel. Angeknüpft werden kann an seine bereits vorher verwendete
Kriegsmetaphorik; über seinen Vater erzählte Benjamin, er habe einen »bombensicheren Job« (Z. 79) bei Siemens gehabt und als bei einer Familienfeier
über die Wehrmachtausstellung gesprochen wurde, sei sein Großvater »völlig
hochgegangen« (Z. 265). Diese beiden Begriffe, die an detonierende Bomben
erinnern, schienen zunächst nicht besonders ungewöhnlich. Die Kriegsmetaphorik
irritierte jedoch zunehmend im Verlauf des Gesprächs. Dass er den Nachnamen
der Familie abgelegt hatte, bezeichnete er als seinen »persönliche[n] Reichspar-
teitag sozusagen« (Z. 307). Mit der Namensänderung sagte Benjamin sich von
seinem Großvater los, dem es – wie bereits beschrieben – sehr wichtig war, den
Familiennamen weiterzugeben. Gleichzeitig formulierte er dies mit einem Vokabular, das für den Großvater wahrscheinlich eine positive Konnotation hatte: für
diesen werden Reichsparteitage positive Ereignisse gewesen sein, für Benjamin
aber nicht, der die NS-Verherrlichung des Großvaters an anderer Stelle verurteilte.
    Benjamin malte sich aus, was passieren würde, wenn während der Pandemie
plötzlich Krieg ausbrechen würde:

Also so lange jetzt nicht irgendwie eine Bombe einschlägt, äh hier ein Fliegerangriff
kommt und Bomben fallen und der Weg zwischen hier und dem Edeka in zwei Kilo-
metern [Lachen] irgendwie (unv.) wird. Alles easy, passt, kein Thema. Und ähm, und
ansonsten gehen wir vor zum Deich und schießen zwei Hasen. Also (Lachen) ja ich
meine es ist wirklich so (Pause) wir sehen das wirklich sehr entspannt. (Z. 655–660)

Könnte man zunächst noch denken, dass eine metaphorische Bombe einschlägt
(vielleicht im Sinne eines erneuten Lockdowns) wird direkt klar, dass diese
Interpretation nicht passt, denn Benjamin stellte sich explizit vor, wie er damit
umgehen würde, wenn ein Fliegerangriff den Zugang zu Lebensmitteln abschnei-
den würde. In dem Fall hätte er kein Problem damit, zur Waffe zu greifen und
»zwei Hasen« zu schießen. Insgesamt malte er damit ein Szenario, das nicht
»wirklich sehr entspannt« klingt, wie er behauptete. Später sagte er noch, dass
eine »Armada an Wissenschaftlern dabei« sei, an einem Impfstoff zu forschen,
wobei Armada ebenfalls ein militärischer Begriff ist. Was auffällt, ist, dass die
explosive Sprache nur in Situationen genutzt wird, die sich auf Männer beziehen. Der Großvater »geht hoch«, der Vater hat den »bombensicheren Job« und er
selbst geht die Hasen schießen, obwohl seine Frau sonst die Brotverdienerin ist.

Die scheinbar entspannte Haltung, die Benjamin im Interview bemüht, aufrecht zu erhalten[6], weil er und seine Frau im Home Office arbeiten und nicht raus gehen müssen, wird durch das von ihm entworfene apokalyptische Szenario kontrastiert. Der oben zitierte »Batman-Moment«[7] verdeutlicht, wie surreal 09/11 sich damals für ihn angefühlt hat. Während der Corona-Pandemie gab es diesen spezifischen Moment jedoch nicht. Im Gegenteil betonte er ermüdend häufig, wie gut es ihm mit seiner Frau im gemeinsamen abgeschiedenen Haus geht, zum Beispiel auch deswegen, weil die lokalen Fallzahlen relativ niedrig seien: »Also Landkreis wo es 220.000 Einwohner gibt, ist es sensationell niedrig. Und das, dementsprechend sehen wir das Ganze auch sehr relaxed, easy« (Z. 728 f.). Trotzdem oder vielleicht gerade deswegen entsteht der Eindruck, dass er keine realistische Vorstellung von der Corona-Pandemie hat. So überlegte er beispielsweise, ob er sich neben seinem »08/15«-Mund-Nasen-Schutz einen besseren besorgen soll:

> Und ich dachte mir ich könnte mir vielleicht mal so eine aus Baumwolle besorgen. [...] Oder ich mache es so wie meine Frau. Die hat ein Halstuch. Äh so (unv.) Und äh, tritt äh, wenn sie unterwegs ist, hat halt ein Halstuch entweder, das sieht ja auch halbwegs schick aus. So. Und ein bisschen ähm ist man dann doch sodass man sagt man möchte zumindest halbwegs ordentlich ausschauen. Und im Fall der Faälle wenn sie dann eben irgendwie in den Supermarkt geht, dann zack. Hoch gesetzt, dann hat man im Endeffekt auch ein face covering. Äh halte ich eigentlich für die bessere Angelegenheit. Ob das Ganze dann wirklich dem FFP2 whatever Schutz dann da auch bietet, das weiß ich nicht, keine Ahnung. (Z. 714–722)

Was seine Frau tut, hält er für die bessere Angelegenheit, weil es schick aussieht. Dass ein Halstuch keinen umfassenden FFP2-Schutz bietet, war auch Ende Juli 2020, als das Interview stattfand, bereits bekannt, weshalb die Szene auch als ein erneutes Verlassen auf seine Frau interpretiert werden kann. Er gibt sich vertrauensvoll in die Hände seiner Frau, die für ihn einen zentralen Orientierungspunkt für Verhalten in Bezug auf und Umgang mit Pandemie liefert. Benjamin stellte weder eigene Überlegungen über Schutz und Wirksamkeit verschiedener »face coverings« an, noch informierte er sich über die Abstandsregeln: »Dass ich diese

---

[6] Die scheinbare Lässigkeit wird stark sprachlich vermittelt. Neben den oben beschriebenen häufig genannten Begriffen fällt außerdem 11 Mal das Wort »lustig« und 17 Mal »logisch« oder »logischerweise«.

[7] Zumindest erwähnenswert ist, dass Benjamin sich selbst während des Terroranschlags 2001 mit Batman vergleicht (»Und ich Batman«), dessen Eltern ja gestorben sind. Zwei Jahre zuvor, 1999 war Benjamins Vater gestorben, woraufhin 2000 die Krise mit der Mutter begann. Seinem Gefühl nach war er selbst also auch ohne Eltern. Würde man diesen fiktiven Vergleich zu Ende spinnen, würde der Platz des sorgenden Butlers (und Ersatzvaters) Alfred von Benjamins Frau eingenommen werden.

1,5 m irgendwie oder 2, wie das auch immer ist, 1,8. Ähm, dass ich die dann noch irgendwie einhalten kann« (Z. 756 f.). Zum Rückzug auf die häusliche Welt und der Uninformiertheit kommt die Verurteilung anderer hinzu:

> ansonsten habe ich eher ab und an ein bisschen Stirnrunzeln wenn sich gerade Jugendliche irgendwie ähm zusammen ballen (Lachen) sage ich ma. Äh mit mehreren. Und dann denke ich mir auch nur so: naja, nicht ganz so cool. [hmh] Auf der anderen Seite, so viele sieht man hier nicht. Maximal habe ich hier ähm noch drei vier Radler die hier vorbei kommen« (Z. 757–761).

Benjamin echauffierte sich über Jugendliche, die es bei ihm aber eigentlich gar nicht gab. Lediglich ein paar Radfahrer kämen ab und an vorbei, was er nicht verurteilte. Eine andere Gefahrenquelle sah er bei der Nachbarin in Bremen, die überspitzt gesagt, »die oberste Hausmeisterin gewesen ist« (Z. 764 f.) und beispielsweise sehr akkurat auf Ruhezeiten geachtet habe.

> Und ähm sie hat sich auch immer mit der Enkelin getroffen. Und das war irgendwie so ein kleines Kind. Und die tollte dann immer so um das Haus rum. Und da habe ich mir dann auch gedacht: naja, da wird dann schon mit zweierlei Maß gemessen, ne. Auf der einen Seite wird dann exakt dieses und jenes und wenn es um Abstandsgeschichten geht und so. Und man muss ja leider Gottes sagen eben Kinder sind halt super spreader **teilweise**. (Z. 766–770)

Den Vorwurf, dass die Nachbarin das Enkelkind mit in das Haus bringt, schwächt er hier leicht ab, in dem er das »teilweise« betont. Der Vorwurf wird danach jedoch weiter ausgeführt:

> Aber gerade weil sie symptomfrei sind, oder asymptomatisch, merkt man es nicht. (Hauptsache?) Gott oh Gott, es ist ein kleiner Schnupfen. Aber die sind dann zwei Wochen trotzdem infektiös [hmh] und da habe ich mir auch gedacht ja wenn du irgendwie, wir hatten da 16 Parteien mit in diesem Ding. Und dann doch sehr eng beieinander. Und eben das. Dann werden eben Handgriffe angefasst oder irgendwelche Treppengeländer und solche Geschichten. Und dann wird es eher uncool. (Z. 771–776)

Die Nachbarin wurde von ihm als verantwortungslos dargestellt, indem sie die 16 Parteien durch die (potenzielle) Superspreader-Enkelin bedrohte. Gleichzeitig reflektierte er, was das eigentliche Problem ist:

> Und dann wird es eher uncool. [hmh] Da habe ich dann Sorge gehabt, lag aber auch definitiv an dieser Frau. Weil sie eben also wirklich wenn wir irgendwo eigentlich

nur eine Tür ausgehängt haben und das umgefallen ist, dann stand die da und hat geklingelt. [...] sie hat ein Lärmprotokoll geführt gehabt. (Z. 776–780)

Seine Sorge ist also mit der Nachbarin verknüpft, von der er genervt ist, weil sie penibel auf die Lautstärke achtete. Dabei war es in der Vergangenheit zu einem Zwischenfall gekommen, wo er sich persönlich angegriffen fühlte:

> Und ähm wir hatten dann irgendwie Besuch an unserem Hochzeitstag. Da war eben unsere irische Freundin war dann da. Und wir waren zu dritt im Wohnzimmer und haben uns angekleidet und alles Mögliche. Und sonstwie. Und da war es logischerweise ein bisschen lauter, es wurde geredet und alles und sonstwo. Und ähm später konnte man im Lärmprotokoll lesen, am 28.12 hätte ich äh meine Frau geschlagen. [...] Und es hätte ganz wilde Schreie gegeben und alles. (Z. 780–786)

Das eigentliche Problem ist also nicht, dass die Nachbarin die Enkelin mit nach Hause brachte, sondern, dass sie Benjamin unterstellte, seine Frau geschlagen zu haben. Die Situation erinnert an die Szene, in der Benjamins Mutter ihm vorwarf, sie zu Hause gefangen zu halten. Durch seinen Umzug nach Bremen konnte er sich von dem Vorwurf und der Familie lösen. Durch das Zusammenziehen mit der Frau auf dem Dorf bei Nordstadt konnte er sich gleichsam der beobachtenden Nachbarin entziehen. Er entgeht so den Konflikten und sucht die Erlösung im Rückzug in die Einöde. Die Corona-Pandemie kam also fast gelegen, denn Benjamin wiederholt fast Mantra-artig, wie gut es ihnen allein im Home Office ginge und wie weit sie sich zur Not noch abschotten könnten.

### 2.1.7 Zusammenfassung

Auf der manifesten Ebene betonte Benjamin die Wichtigkeit, sich von seiner Familie getrennt zu haben, einerseits um sich nicht ständiger Entwertung ausgesetzt zu sehen und andererseits um ein eigenständiges Leben führen zu können.

Die latente Ebene zeigt, dass er sich trotz gegenteiliger Beteuerung nicht wirklich von der Familie hat lösen können, wofür das symbolisch aufgeladene Haus in Schleswig–Holstein steht. Hier wird die Verbindung zur gesamten Familie in München weiter gelebt, wobei die Gefühle zwischen Stolz, Wut und Trauer hin und her schwanken.

Die Trennung von der Mutter wurde nie richtig vollzogen und hat sich in der Gegenwart auf die Beziehung mit der Ehefrau verlagert, die sich finanziell, emotional und mit Rat und Tat um Benjamin kümmert. Während der Verlust der Mutter mit Verletzung, Trauer und Unverständnis verbunden ist, besteht zum Rest, beziehungsweise dem männlichen Teil der Familie, eine aggressive Abwehr, die sich in der Kriegsrhetorik ausdrückt. Sie ist damit an den Großvater geknüpft, der in der Wehrmacht war und durch seine NS-Erziehung den Vater und damit auch Benjamin selbst stark (negativ) geprägt hat. Die Familie führt gewissermaßen Krieg gegen Benjamin, gegen deren Angriffe er sich durch Zurückziehen schützen musste. Und so wie er sich von seiner Familie distanziert, distanziert er sich während der Corona-Pandemie von der Außenwelt. Womöglich empfindet er das Virus als einen Angriff gegen seinen gefunden geglaubten Frieden, den er nun verteidigen muss. Für die Ausbreitung der Viren trägt er in seiner Wahrnehmung genauso wenig Verantwortung wie für die als schrecklich empfundene Nachbarin oder die Vorwürfe der Mutter. In der kindlich-trotzigen Haltung, die er einnimmt, verteidigt er seine Errungenschaften gegenüber den im Außen wahrgenommenen feindlichen Angriffen. Die sich über die Luft übertragenen Viren werden zu feindlichen Fliegern, denen Benjamin trotzt.

## 2.2    Carola, 55

Carola wurde 1966 in eine Arbeiterfamilie im Ruhrgebiet geboren. Ihre Mutter war Verkäuferin, zunächst hat sie weniger gearbeitet, dann sukzessive mehr. Ihr Vater ist Frührentner, der im Schichtdienst in der Logistik eines großen Chemiewerks tätig war. Als Säugling litt sie an einer Gelenkerkrankung, weshalb sie teils Wochen am Stück im Krankenhaus und nur selten zu Hause war. Sie hat außerdem eine drei Jahre ältere Schwester, zu der sie heute aber kaum Kontakt hat.

Das Elternhaus beschrieb sie als positiv, auch wenn der Vater als autoritär beschrieben wurde. Nach der Realschule begann sie mit 17 eine Ausbildung zur medizinischen Fachangestellten. Mit 21 wurde sie von ihrem Jugendfreund schwanger, woraufhin die beiden heirateten, sich aber nach drei Jahren wieder scheiden ließen. Kurzzeitig wohnte sie deswegen nach der Trennung wieder bei den Eltern. Das Leben als alleinerziehende, berufstätige Mutter charakterisierte sie als sehr anstrengend.

Mit 27 wollte sie das erste Mal in den Norden ziehen, mit dem Kind zu einem neuen Partner, der aber überraschend an einem Aneurysma starb, woraufhin sie wieder zu ihren Eltern zog.

Mit dem Wunsch eine neue Beziehung zu führen, gab sie mit 31 eine Zeitungsannonce auf, wodurch sie ihren heutigen Mann kennenlernte. Sie blieben mehrere Jahre in getrennten Teilen Deutschlands wohnen; der Mann als Seefahrer in Nordstadt war häufig mehrere Monate auf See, sodass sie sich nur jeweils für einige Wochen am Stück sahen. Als absehbar wurde, dass ihr Mann einen

Job an Land bekommen könnte, bei dem er genug verdienen würde, dass Carola nicht mehr arbeiten müsste, beschloss sie, zu ihm zu ziehen. Diesen Plan setzten sie schließlich 2011 um.

Seit Februar 2020 befindet Carola sich in einem Zustand, den sie als ihren »persönlichen Lockdown« bezeichnete. Wie bereits zuvor verkaufte sie »ökologisch wertvolle Kosmetikartikel« über das Internet für eine Firma.

Auffällig ist Carolas starke Betonung von Arbeit und Konventionalität im Interview. Diese Punkte werden im Folgenden vorgestellt. Im Anschluss werden Überlegungen zu Carolas Selbstbild (in Bezug auf ihre soziale Position) angestellt und ihr Umgang mit der Corona-Pandemie erläutert.

Das Interview mit Carola wurde in zwei verschiedenen Gruppen interpretiert, da die erste Gruppe aus nur drei Personen bestand, die zudem alle weiblich waren. Um die Interpretationsergebnisse zu überprüfen, wurde das Interview erneut in einer größeren, gemischtgeschlechtlichen Gruppe interpretiert. Die vorliegende Interviewrekonstruktion basiert auf der Interpretation von Gruppe 1, wenn Aussagen aus Gruppe 2 wiedergegeben werden, wird dies im Folgenden explizit benannt. Die Ergebnisse waren jedoch nahezu dieselben, lediglich die Diskussionsschwerpunkte waren unterschiedlich, was auch daran lag, dass die Teilnehmenden von Gruppe 2 sich nicht oder nicht gut kannten und teilweise Hemmungen hatten, offen vor einander zu sprechen. Dies wurde während der Sitzung deutlich spürbar und im Anschluss auch so geäußert. Beispielhaft wird darauf im letzten Abschnitt eingegangen, weshalb die Gruppen in der Rekonstruktion auseinandergehalten werden.

## 2.2.1 Arbeit und Konventionalität

Bereits in der Haupterzählung spielen die Aspekte Arbeit und Konventionalität eine große Rolle und sind miteinander verbunden. Carola erzählte, dass sie in einer »bürgerlichen Familie aufgewachsen« sei (Z. 51), ihre Eltern seien Arbeiter gewesen. Sie beschrieb das Aufwachsen als »recht behütet« (Z. 52). Mit 17 habe sie eine Ausbildung als medizinische Fachangestellte begonnen, obwohl sie sich den Beruf nicht gewünscht habe. Als sie mit 21 Jahren schwanger wurde, haben sie und ihr damaliger Freund geheiratet und sich drei Jahre später wieder scheiden lassen. Als Alleinerziehende habe sie trotzdem voll gearbeitet und sei von den Eltern unterstützt worden. Finanzielle Nöte habe sie nie erlebt, weil sie immer fleißig gewesen sei. 2011 zog sie schließlich nach Norddeutschland, ihr Sohn blieb in Nordrhein-Westfalen wohnen. Er sei damals mit 21 zwar bereits erwachsen gewesen, »aber wir haben ihn quasi verlassen und nicht er uns. So wie das eigentlich üblich ist. Kinder gehen dann ja eigentlich, purzeln aus dem Nest. Und bei uns war das halt umgekehrt« (Z. 92–94).

Ihr Aufwachsen beschrieb sie als behütet und legte Wert darauf, die Familie als funktionstüchtig zu beschreiben (sowohl das eigene Elternhaus, als auch die Familie mit dem eigenen Kind). Außerdem betonte sie, fleißig und finanziell gut abgesichert zu sein. Diese Punkte wurden im Interviewverlauf häufig genannt, jedoch nicht ohne Brüche. Ihre Mutter war beispielsweise Verkäuferin, die im Verlauf von Carolas Kindheit sukzessive mehr gearbeitet hätte:

> Und allerdings in den 70er Jahren, da war das ja so, da haben die Frauen noch ein bisschen weniger gearbeitet [...] Später wurde das dann so, da hat meine Mutter auch häufiger gearbeitet. Ähm das war da war ich so Teenager. Und dann hat das halt zugenommen und dann waren wir irgendwie so mit dem Schlüssel, früher sagte man Schlüsselkind [...]. Wenn du Schlüsselkind warst, warst du nicht ganz so, äh, warst du, warst du nicht mehr ganz so behütet. (Z. 106–117)

Zumindest in der Außenwahrnehmung, die Carola auch als Stigma bezeichnete, sind sie und ihre Schwester doch nicht so behütet, weil die Mutter sich den gesellschaftlichen Entwicklungen anpasste (oder anpassen musste) und begann mehr zu arbeiten. Dies hatte jedoch auch Vorteile: »Und dann wurde ein Häuschen gebaut dadurch und halt – klar, wenn du mehr Geld verdienst, dann konnte man sich halt auch mehr erlauben« (Z. 129 f.). Auch der Vater wird als konventioneller Typ beschrieben: »mein Vater war schon der äh der Ton angebende Herr in der Familie. Ne, das war schon so, ne. Und ähm, das war ja damals auch noch ein bisschen anders« (Z. 111 f.). Dass er von Carola sogar distanziert als Herr bezeichnet wurde, deutet darauf hin, dass er eine herrschende Position innerhalb der Familie einnahm: »der war halt dominant und was er sagte, das zählte« (Z. 112). Carola legitimiert das autoritäre Verhalten des Vaters, indem sie sagt, dass es damals »halt so« gewesen sei.

Der Wunsch, einer »normalen Familie« zu entsprechen, wird vor allem in Bezug auf die eigene Familie deutlich. Als sie schwanger wurde, heiratete sie ihren Freund:

> Und der hat gesagt ja dann heiraten wir jetzt, das ist doch total fantastisch. Der war also total glücklich, der fand das toll. Und dann habe ich gedacht, naja dann sollte das wohl so sein, dann gehen wir jetzt mal den gutbürgerlichen Weg und geben dem Kind hier in dem Bauch mal einen guten Rahmen. (Z. 370–373)

Wie sich in diesem Zitat bereits andeutet, war sie nicht vollends begeistert von der Idee:

Aber es war jetzt halt nicht so auf meiner Wunschliste ganz oben irgendwie erst mal, (Lachen) ein Kind zu bekommen. Ich habe damit ja überhaupt nicht gerechnet, ne [Ja]. Und aber ja gut, er fand das dann halt okay und naja dann habe ich gesagt, gut, dann machen wir das jetzt mal [hmh]. So war das, nicht mehr und nicht weniger, ne. (Z. 374–378)

Drei Jahre später erfolgte dann die Trennung, weil sich beide scheinbar unterschiedlich stark mit ihren Rollen identifiziert hatten:

ich bin vor allem direkt in diese Mutterrolle geschlüpft. Also mit quasi mit Empfängnis (Lachen) [Ja]. Und dann, also mir war das dann wichtig dem Kind dann auch einen guten äh, ein gutes Leben und – äh, ich wollte einfach eine schöne kleine Familie haben. Und irgendwie hatte er aber ganz andere Vorstellungen von diesem Familienleben. Und äh ja gut der war 25, der wollte einfach noch mit seinen Freunden unterwegs sein und auch die alten Freundschaften sehr pflegen. (Z. 383–389)

Während Carola »mit Empfängnis« in die Mutterrolle geschlüpft sei, erfüllte ihr Mann diese Erwartung eines Lebens in der Kleinfamilie nicht und es kam zum Konflikt. Dass er seine alten Freundschaften pflegen wollte, »entsprach jetzt nicht so meinen Vorstellungen« (Z. 389). Daraufhin sei sie irgendwann ausgezogen und mit dem Kind zu ihren Eltern gegangen. Ein wichtiger Begriff in diesem Zusammenhang ist der des »Rahmens«:

Ich wollte nicht, dass das Kind irgendwie darunter leidet. Das war mir irgendwie, dass – man selber kann das vielleicht noch irgendwie aushalten, aber ich habe gedacht, das ist kein Rahmen, so möchte ich nicht leben. Ich möchte nicht, dass mein Kind so lebt und wir machen das anders. (Z. 397–401)

Was genau sie mit Rahmen meint, erklärte sie kurz darauf:

Und ja, da saßen wir [Carola und ihr Mann, AD] halt in unserem kleinen, äh in dieser schönen Oase [die Eigentumswohnung mit neuen Möbeln, AD] quasi. Und es hat halt nicht gereicht. Das Materielle reicht halt nicht, ne. Das ist einfach so. Wenn der Rahmen stimmt und der Inhalt nicht, das nützt ja nichts. (Z. 413–415)

Der Rahmen ist das Materielle, oder auch der Schein der perfekten Kleinfamilie[8]. Form und Inhalt fielen jedoch auseinander, die Konflikte innerhalb des vordergründig perfekten Rahmens waren zu groß. Als alleinerziehende Mutter war sie nur noch mit den eigenen Konflikten konfrontiert. Auf diese Zeit angesprochen,

---

[8] Als es um die Entscheidung ging zu heiraten, hieß es auch schon »dann gehen wir jetzt mal den gutbürgerlichen Weg und geben dem Kind hier in dem Bauch mal einen guten Rahmen«.

sagte sie, es sei ein straffes Programm gewesen, für das sie um fünf oder halb 6 morgens aufstehen musste:

> Ich habe dann irgendwie meinen Haushalt gemacht, ich habe vorgekocht (Lachen). Ähm ja das Kind ging dann in den Kindergarten oder in die Schule später. Und ähm dann, ja, das war, und dann abends irgendwie um zehn oder so bin ich dann erschöpft irgendwie ins Bett. Dann hast du hinterher nochmal was gemacht. Du musstest mit dem Kind Hausaufgaben machen, soziale Kontakte pflegen. Der Sportverein stand auch nochmal an. Dann gab es Kinder, die zu Besuch kamen und auch – also du musstest ja irgendwie ein soziales Leben führen. Heißt ich habe alles das gemacht, das heißt für mich halt so ähm dem Bild einer Familie, eines Familienbildes entsprach irgendwie. Das war schon auch anstrengend, ne. Aber das war halt so. (Z. 213–221)

Der Alltag stellte sich vor allem als eine Reihe von Verpflichtungen dar. Der Großteil der anfallenden Aufgaben betraf dabei »das Kind«, über das hier eher distanziert gesprochen wurde. Man *musste* Hausaufgaben machen, man *musste* andere Kinder empfangen und ein soziales Leben haben. Wie bei der Entscheidung für die Ehe, nahm Carola alles klaglos hin, weil es »dem Bild einer Familie, eines Familienbildes entsprach«. Es entsteht der Eindruck einer Situation, die zwar anstrengend, aber unabänderlich erscheint.

Ähnlich verlief es bei der Wahl des Ausbildungsplatzes. Ihre Tante erzählte ihr, dass ihr Arzt jemanden suche, worauf Carola sich dort persönlich vorgestellt habe: »Und ähm bin da also direkt ins kalte Wasser geworfen worden, habe ganz viel arbeiten müssen, hatte direkt viel Verantwortung. Und ähm hab diesen Beruf mir nicht gewünscht, aber habe ihn dann zu schätzen gelernt. So kann man das sagen« (Z. 57–60). Auf den Vorschlag eines Familienmitglieds hin, stellte sich Carola in der neu eröffneten Arztpraxis vor und wurde direkt eingestellt. Und obwohl sie sich den Beruf weder ausgesucht noch gewünscht hatte, lernte sie ihn schätzen, ebenso wie das Leben in der Kleinfamilie: Der Arzt »hat nicht aufs Arbeitsrecht geschaut, der hat nicht auf das Jugendrecht geschaut. Sondern der brauchte einfach eine fleißige Arbeitskraft. [hmh] (Lachen) Und dem entsprach das halt, ne. Und dann war das aber okay« (Z. 182–185). Dass der Arzt arbeits- und jugendrechtliche Bestimmungen missachtet, ging zu Lasten Carolas, die die Strapazen aber auf sich nahm (»dann war das okay«). Gemäß dem Motto: Man muss seine Arbeit nicht lieben, man muss sie machen, fügte Carola sich der Situation.

Die Aussage über Arbeits- und Jugendrecht wirft Fragen auf, denn es ist unklar, ob Carola nicht schon volljährig war: »Und ähm ach eigentlich ähm fand ich mich mit 16 auch eigentlich noch – ne, gar nicht wahr, ich war nämlich nicht 16. Ich war 17 wurde 18. Ich fand mich eigentlich auch noch gar nicht reif genug

für die Berufswelt« (Z. 167–168). Dass sie sich nicht reif genug und überfordert
in der neuen Rolle als Auszubildende fühlte, ist nachvollziehbar. Die letzte Aussage macht deutlich, dass sie sich sehr jung fühlte, obwohl sie bei Beginn der
Ausbildung fast volljährig war. Dies und zwei weitere Aussagen über den Arzt,
eröffnen jedoch eine neue Lesart der Szene:

> Der hatte die Praxis gerade eröffnet. Und ähm das war ein polnischer Arzt und der
> suchte halt jemanden. Ja und dann bin ich da halt hin, ganz ganz unkonventionell«
> (Z. 188–190). Und kurz darauf:»Und der hat, ähm, das war ein Pole, der hatte halt
> auch keine, wie soll ich sagen. Nicht wie das heute ist. Der hat nicht aufs Arbeitsrecht
> geschaut, der hat nicht auf das Jugendrecht geschaut. (Z. 181–183)

Die doppelte Betonung, es handele sich um einen polnischen Arzt, weckt den
Anschein von Vorurteilen gegenüber Pol:innen; durch die Erzählung werden
Zweifel am Charakter des Arztes geweckt und seine Handlungen delegitimiert.
Carola wurde direkt eingestellt, trotz ihrer Unreife, weil der neue polnische Arzt
eben dringend jemanden brauchte. Außerdem achtete er nicht auf die gesetzlichen
Bestimmungen, *weil* er Pole war und Gesetze zum Arbeitsschutz ihm deswegen –
so der aufkommende Eindruck – unbekannt oder egal waren. Carolas jugendliche
Unsicherheit wurde ihrer Meinung nach anscheinend ausgenutzt, aber sie hat sich
trotz der Ungerechtigkeit, mit der sie behandelt wurde, auf den Beruf eingelassen
und einen guten Job gemacht.

Wichtig erscheint nicht zuletzt der autoritäre Erziehungsstil der Eltern. Dabei
fallen vor allem zwei geschilderte Situationen aus Carolas Erwachsenenleben auf.
In der ersten Situation geht es darum, als Alleinerziehende von den Eltern unterstützt zu werden. Auf meine Nachfrage, wie die Unterstützung ausgesehen hat,
sagt sie, dass ihre Eltern ihr Kind gelegentlich von der Schule abgeholt hätten:

> Klar finanziell äh gab es dann auch mal was, wenn Anschaffungen anstanden. Oder
> so größere und ich das gerade das nicht hin kriegte in voller voller, in vollem Umfang.
> Dann wurde ich da halt unterstützt, ne. [...] also ich habe es nicht **komplett bekom-**
> **men.** Also mein Anteil war immer dabei [hmh]. Aber ich habe was dazu bekommen.
> (Z. 274–279)

Ihre Erzählung stockt, es ist ihr offenbar unangenehm, etwas nicht »in vollem
Umfang« zahlen zu können. Dass die Eltern immer nur etwas zur Unterstützung
dazu gegeben haben, deutet darauf hin, dass finanzielle Unabhängigkeit und für
sich selbst sorgen zu können, wichtige Tugenden für sie waren. Entsprechend ist
Carola stolz darauf, sagen zu können, dass ihr Anteil »immer dabei« war.

In der zweiten, sehr einschneidenden Situation in Carolas Leben starb ihr Lebensgefährte an einem Aneurysma. Sie war zu dem Zeitpunkt 27 und einen Tag zuvor zu ihm nach Norddeutschland gezogen. Daraufhin zog sie mit ihrem Sohn zum zweiten Mal zurück zu ihren Eltern. Die Zeit dort beschrieb sie wie folgt:

> Und dann ähm, dann ging das auch wieder ganz schnell. Meine Eltern waren nicht zimperlich mit mir, das haben sie gut gemacht. Äh, die haben, also ich sollte mich da auch nicht in meiner Traurigkeit da (Lachen), da sollte ich nicht weiter verharren. Sondern die haben irgendwie gesagt: ja, dann gehst du jetzt mal zum Arbeitsamt, suchst dir eine andere Arbeit. Wobei mein alter Chef mich auch **gerne** genommen hätte. Der hat gesagt du kannst gerne wieder anfangen. Das wollte ich aber nicht. Weil dann die Leute gefragt hätten: was ist passiert, warum sind Sie wieder da? [hmh] Und das hätte mich so traurig gemacht. Da habe ich gedacht, das kann ich ja gar nicht aushalten irgendwie (Lachen). (Z. 746–753)

Arbeiten gehen wurde von den Eltern als Möglichkeit gesehen, nicht in Trauer zu verharren. Die Härte dieses Vorgehens wird deutlich, wenn man sich vor Augen führt, dass Carola ihr ganzes Leben aufgegeben hatte und hunderte Kilometer weit weg gezogen war und der Mann, in den sie verliebt war, dann plötzlich starb. Die Eltern verhinderten, dass die Tochter aktiv trauert und diese übernahm den Modus der Eltern mit der Einschränkung, dass es eine neue Arbeitsstelle sein solle, damit sie nicht täglich mit dem Geschehenen konfrontiert wurde. Dass ihr das Sprechen über diese Zeit heute noch schwerfällt, wird von den Lachern angedeutet. Abgewehrt wird eine nicht auszuhaltende und vermutlich unverarbeitete Trauer. Dass sie das Erlebte nicht richtig verarbeiten konnte, lässt die Abschließende Bemerkung zu diesem Thema vermuten:

> Jo. So ist das. Und irgendwann ist dann auch mal gut, ne. Irgendwann dann **reicht es** auch mal. Dann musst du dich auch mal irgendwie mit, weiß ich nicht, 47 mal ausruhen und mal ein paar Jahre Arbeitspause machen. Das habe ich dann auch als wohlverdient angesehen, ne (Lachen). (Z. 759–762)

Mit der Pause ist der Umzug nach Nordstadt zu ihrem neuen Mann gemeint. Sie schien hier keine Veränderung zwischen ihrem Leben mit 27 und mit 47 zu sehen, so als hätte es keine Pause gegeben, auch nicht, um zu trauern. Dass sie hinzufügte, es als verdient angesehen zu haben, eine Pause zu machen (wohlgemerkt nicht einfach früher aufzuhören zu arbeiten), klingt wie eine Rechtfertigung für diese Entscheidung.

## 2.2.2   Sozialer Aufstieg und Selbstbild

Bereits in der eingangs zitierten Aussage Carolas zu ihrer sozialen Herkunft wird
ein irritierender Widerspruch deutlich, der sich durch das Interview zieht: »Und
äh bin in einer bürgerlichen Familie aufgewachsen. Meine Eltern waren also
Arbeiter« (Z. 50 f.). Die Frage drängt sich auf, ob Carolas Eltern Bürgerliche oder
der arbeitenden Klasse zugehörig waren? Carolas Wunsch nach Konventionalität
entspricht womöglich der Verortung im Bürgertum, obwohl ihre Eltern klassische
Arbeiter:innenberufe ausübten. Die Norm des »guten bürgerlichen Lebens« ist
wie das bürgerliche Leben selbst nicht frei von Widersprüchen, weshalb Carola
sich direkt selbst korrigierte, weil sie eigentlich weiß, dass ihre Eltern Arbei-
ter:innen sind, dies aber mit Scham besetzt ist. Ein Hinweis darauf, findet sich
in der Erzählung darüber, ein »Schlüsselkind« zu sein. Die Eltern konnten zwar
ein Haus bauen, Carola und ihrer Schwester haftete aber das Stigma an, dass
sie kein behütetes zu Hause hätten. Die latente Wut darauf, dass die Mutter sich
»emanzipiert«[10] hatte, kann jedoch nicht offen geäußert werden, weil dies die
finanzielle Situation der Familie verbesserte und möglicherweise den sozialen
Aufstieg ermöglichte. Dieselbe Konstellation von latenter Schuldzuweisung findet sich in Bezug auf die Hochzeit mit dem ersten Mann sowie den Umgang
mit dem Sohn. Es war der Mann, der heiraten wollte, aber sich schließlich so
wenig kleinfamiliär verhielt, dass Carola ihn verlassen musste. Carolas Narrativ
ist also, dass es eigentlich seine Schuld war, dass sie alleinerziehend wurde. Auch
über den Sohn, der bis auf eine einmalige Benennung nie beim Namen genannt
wurde, wird vielmehr als Belastung und Verpflichtung, denn als Bereicherung
gesprochen. Markiert wurde dies in den häufigen Formulierungen von »müssen«,
»sollen« etc., die Carola stets im Hinblick auf die Erziehungsaufgaben des Sohnes
verwendete.

Eine mögliche Lesart ist, dass der Mann und der Sohn sie an dem sozialen
Aufstieg hinderten, den sie anstrebt. In der manifesten Erzählung wird dies an
einer Stelle besonders deutlich, als sie darüber nachdachte, nach Nordstadt zu
ihrem Mann zu ziehen:

> Das war wie ein schicksals- ein Geschenk des Schicksals, dass das jetzt so kommt.
> Und das passte. Also meine Verfassung und dieser Zeitpunkt und das, das passte alles.
> Da habe ich mir auch keine Gedanken gemacht, dass ich irgendwie, nein doch, nicht
> so groß. Dass ich mein Kind verlasse. Und das war einfach nur von Freude geprägt
> (Lachen) und dass ich einfach mit meinem Mann mehr Zeit habe. (Z. 463–467)

Sie machte sich keine Gedanken darüber, ihr Kind zu verlassen. Im Gegenteil
könnte man die Situation auch so lesen, dass sie sich freute, den Sohn endlich los

zu sein, der sie bisher in ihren Plänen ausgebremst hatte (»Dass ich mein Kind verlasse. Das war einfach nur von Freude geprägt«). Uneindeutig ist auch die Aussage über den schwierigsten Moment ihres Lebens. Dies sei der Tod des früheren Partners gewesen:»Ich glaube, das war das Schlimmste. Und die Trennung von meinem Sohn. Doch, das muss ich auch sagen. Die räumliche Trennung« (Z. 790 f.). Hier drängt sich eine wortwörtliche Lesart des Gesagten auf: Sie *muss* sagen, dass die Trennung vom Sohn schlimm war, weil es dem Mutterbild entspricht, dem sie, wie bereits gezeigt, auf manifester Ebene nachhängt. Dass sie hinzufügte, es handele sich um die räumliche Trennung, deutet darauf hin, dass sie emotional bereits losgelöst ist, wenn nicht gar negative Gefühle dem Sohn gegenüber hegt. Tatsächlich ist die Situation wesentlich ambivalenter, da sie auch den Zwiespalt deutlich macht, als Alleinerziehende enormem Stress ausgesetzt gewesen zu sein und trotzdem nicht als Rabenmutter angesehen zu werden. Mit ihrem Umzug nach Nordstadt beginnt das, was in der Fantasie der Gruppe als Carolas »neues Leben« bezeichnet wird. Die Zweiteilung in das alte und neue Leben wird dabei von Carola selbst betont. Die Zeit bis zum Umzug wird voller Strapazen beschrieben, während das neue Leben nahezu sakralisiert und mit Worten wie »Bonbon«, »Geschenk des Schicksals« und »Segen« beschrieben wird. Damit wird die emotionale Ambivalenz in Bezug auf das bisherige Berufs- und Familienleben auch sprachlich eingeebnet und in ein vorher (schlecht) – nachher (gut) gespalten.

Schließlich schaffte Carola mit dem Umzug zu ihrem Mann den sozialen Aufstieg. Dort muss sie nicht mehr arbeiten und ist finanziell abgesichert. Ihrer eigenen Aussage zufolge arbeitet sie nur noch, weil es ihr Spaß macht und sie von den von ihr vermarkteten Produkten überzeugt sei. Dass sie hierin einen Statusgewinn sieht, zeigt ein Streit mit ihrer Schwester. Bereits zu Beginn erzählte sie, dass sie eine zwei Jahre ältere Schwester habe, mit der sie allerdings nicht in Kontakt stehe. Als Grund nennt sie die »hochgradig narzisstische Störung« (Z. 477 f.), die sie ihrer Schwester bescheinigte und deren Ursprung sie in der gemeinsamen Kindheit vermutete:

> Und ähm jaa, ich glaube meine Schwester die war, also die war zwei Jahre lang wohl auch also sehr geschätzt worden bei meinen Eltern. Und ähm natürlich hat alle Liebe, wurde wahrscheinlich überschüttet mit Liebe und Zuwendung. Und dann kam ich. Und ich hatte ähm, ich hatte so ein Gelenkleiden. Ich musste ins Krankenhaus und weil und hatte irgendwie so ein, wurde dann also immer behandelt. Und ich, also ich bekam dann vielleicht mehr Aufmerksamkeit. [...] Ich glaube das macht was mit einem Kind. (Z. 479–524)

Ihre Schwester wird im Kontrast zu ihr selbst dargestellt: »Und dann wurde sie natürlich auch so ein bisschen bockig und sie war dann halt nicht charmant. Sondern sie hat sich natürlich ihre Rechte auf ihre Art geholt [hmh]. Wo ich immer lieb und zurückhaltend und immer fröhlich« (Z. 490–592). Carola, die nicht für ihre Krankheit verantwortlich und zudem immer fröhlich und nett sei, war mit der »bockigen« Schwester konfrontiert. Aber auch in der Gegenwart gibt es Konfliktpotenzial:

> Und auch jetzt natürlich. Ich lebe jetzt in einer anderen Situation als sie. Und anstatt mich als Schwester zu sehen und sich mit mir zu freuen und mit mir eine gute Zeit zu haben, ich glaube da spielt das wieder eine Rolle, dass ich halt ähm ein angenehmeres Leben führen kann. Und ich glaube irgendwie, irgendwie mag sie mich nicht so. Ja das ist irgendwie, ja oder oder sie hat dann einfach auch ein anderes Bild dann, sie denkt glaube ich, dass ich vermute ich, hm meine einen anderen Status zu haben als sie, gesellschaftlich oder so. Und damit kann sie halt nicht umgehen. (Z. 493–499)

Zwei Dinge fallen hier auf: Zum einen attestierte Carola ihrer Schwester zunächst eine »narzisstische Störung«, im Verlauf der Erzählung ist es nur noch eine Antipathie (»Ich glaube sie mag mich nicht so«). Außerdem wird die Ursache erst in der Kindheit vermutet und dann in der Gegenwart und unterschiedlichen Lebensentwürfen, verbunden mit Neid. Mögliche eigene Anteile an der Situation sieht Carola nicht. Im Gegenteil. Auf die Frage, ob sie mal mit ihrer Schwester darüber geredet habe, antwortete sie:

> Ähm, ja. Gab es mal. Und ähm sie weist es dann aber ab und sagt das ist ja gar nicht so. Und ähm oder ich mache zum Beispiel auch ja so ein paar Sachen dann halt bei Facebook oder Instagram oder so. Und dann haben sie das halt gesehen, weil sie mir halt gefolgt sind. Und (Lachen) waren stink sauer und haben gesagt, weil, natürlich weil ich nicht mehr arbeite und so, ja. Also ich wäre gar nicht mehr im Leben, ich wäre gar nicht mehr auf dem Boden der Tatsachen. Völlig abstrus. Und äh ja, da hagelt es nur Vorwürfe, da kommst du nicht weiter. Das ist, das reicht dann auch kognitiv einfach nicht. (511–517)

Carolas Schwester warf ihr vor, für sie nutzlose Dinge auf Facebook zu machen. Carola, die Kosmetikartikel im Internet verkauft, entgegnete, dass man das im Online-Verkauf eben so machen müsse. Gerade das sei für die Schwester aber zu abgehoben und mache sie »stink sauer«. Carola wies diesen Vorwurf zurück und argumentierte, dass ihre Schwester »kognitiv« nicht in der Lage, also zu dumm sei, ihre Argumente zu verstehen. Die pathologisierende Sprache (sie habe eine narzisstische Störung, sei kognitiv nicht in der Lage sowie ein an anderer Stelle beschriebenes »herummagieren« in der Familie) unterstreicht Carolas

Selbstbeschreibung, sie sei »immer lieb, immer freundlich« und fleißig gewesen, außerdem intelligenter, da sie das Verhalten der Schwester durchschaut habe
und daher nichts für die Wut der Schwester könne. Carola scheint über diese
Wut selbst wütend zu werden, denn sie empfindet die Situation jetzt nicht mehr
arbeiten zu müssen, als verdiente Entschädigung für die Strapazen ihres bisherigen »ersten« Lebens und versteht nicht, dass ihre Schwester sich nicht für sie
freut. Ein Teil von Gruppe 2 teilte Carolas Wut auf die Schwester, der andere
empfand Mitleid mit Carola und nahm sie eher als traurig darüber war, dass
sich ihre Schwester nicht für sie freuen kann. Vermutlich kann Carola – wie in
anderen Situationen – die Trauer und die Verletzung nicht zulassen, weshalb sie
mit Rationalisierungen und Entwertung der Schwester (Situationen in der Kindheit, heutiger Neid auf ihren Erfolg) reagierte. Als ein Gruppenteilnehmer sagte,
er könne die Situation verstehen, wir hätten doch alle Familienkonflikte, aber
keine adäquaten Aushandlungsmöglichkeiten für diese, erntete er zustimmendes
Nicken.

Die Konflikte mit der Schwester, dem Sohn, den Eltern, dem ersten Ehemann
und dem polnischen Arzt zeigen, dass Carola sich immer wieder in Situationen
befand, in denen sie sich ungerecht behandelt fühlte. Sie übernahm selbst kaum
Verantwortung in den Situationen, sondern präsentierte ein Selbstbild, das geprägt
ist von Ungerechtigkeiten ihrer Person gegenüber. Wie gezeigt wurde, ist dieses
(Un-)Gerechtigkeitsdenken verknüpft mit dem Glauben daran, etwas Besseres zu
verdienen, also sozial aufzusteigen – auch durch die Tugenden Arbeit und Fleiß.

Wie die vorangegangene Analyse zeigt, ist Carolas Denken geprägt von gesell-
schaftlichen Konventionen und orientiert an einem Zugewinn an sozialem Status.
Abfällig redete sie – neben ihrer Schwester – ebenfalls über das eher provinzielle
Nordstadt. Auf die Frage, wie sie sich über die Corona-Lage informiert, antwortete sie: »Zeitung, aber wir haben hier nur unsere regionale Zeitung. Das ist ein
bisschen, das ist hier alles ein bisschen retardierter dann [lachen]« (Z. 704 f.).
Nicht nur die Zeitung, sondern alles ist etwas »retardierter« in Nordstadt. Den
Ort als »in der körperlichen oder geistigen Entwicklung zurückgeblieben«[9] zu
bezeichnen, deutet auf eine Abwertung aus dem Gefühl heraus, etwas Besseres
zu sein. Deutlich wird, dass Carolas Selbstverortung stets mit einer Hierarchisie-
rung einhergeht, die ihr selbst gar nicht bewusst zu sein scheint, sich latent jedoch
in ihren Narrativen Ausdruck verschafft. Auf dieses latente Hierarchiedenken soll
nun letzten Punkt des Abschnittes näher eingegangen werden.

---

[9] https://www.duden.de/rechtschreibung/retardiert?amp

## 2.2.3   Hierarchiedenken, zugleich Reflexionen über die Interviewsituation

Die Affinität zum hierarchischen Denken zeigte sich bereits vor Interviewbeginn. Aufgrund der Umstände, die die Corona-Pandemie mit sich brachten, führte ich das Online-Interview in meinem kleinen WG-Zimmer, in das ich einen Klapptisch stellte. Der einzige Platz, der mir dafür zur Verfügung stand, führte dazu, dass mein breites und recht gut gefülltes Bücherregal meinen Hintergrund des Videoausschnittes ausfüllte. Carola sagte mit Blick auf das Regal sinngemäß: »Ach, das ist ja schon Mal schön, die ganzen Bücher«. Dass es für mich eher unbequem und beengt war, konnte Carola nicht wissen, für sie war in diesem Moment nur relevant, dass ich mein kulturelles Kapital zur Schau stellen konnte, was mich in meiner Forscherinnenrolle legitimierte. Ich selbst nahm die Anerkennung in dem Moment nicht wahr und antwortete, dass ich wegen der Pandemie eben leider in meinem Zimmer sitzen müsse. Auch am Ende des Interviews, als ich sie darum bat etwas zu erzählen, was ihr abseits meiner Fragen noch einfällt, entstand eine ähnliche Situation. Sie nannte ein Stichwort und fragte dann »Weiß ich nicht, ob du das wissen musst?« (Z. 796 f.). Die Frage irritierte mich, weil Carola bis dahin (vermeintlich) einfach erzählte, was sie erzählen wollte und eine auf unseren Altersunterschied abzielende belehrende Haltung einnahm (zum Beispiel erkenntlich in Formulierungen wie: »früher sagte man dies«, »damals machte man das so«, »das hört sich vielleicht alt an, aber…«). Ich habe ungefähr dasselbe Alter wie ihr Sohn. Und weil sie mich vom Aussehen, Alter und Beruf an meine Mutter erinnerte und mir sonst auch sehr sympathisch war, konnte ich mich gut auf die Rollenaufteilung einlassen. Dass sie sich lebenspraktisch mir überlegen fühlte und ich keine Widerstände zeigte, führte zu einem angenehmen Gesprächsverlauf. Dieser Eindruck wurde von den Teilnehmerinnen der Interpretationssitzung geteilt. Gleichzeitig schien Carola in mir auch eine forschende Autorität zu sehen, deren Urteil sie sich unterordnete. Auf die ersten Nachfragen während des Interviews, ob sie mir mehr über ihre Kindheit, ihren Vater usw. erzählen könne, antwortete sie jeweils mit einem überrascht klingenden »Ja« oder »Ja, klar«, als wäre sie verwundert, dass ich mich so sehr für ihr Leben interessiere. Ich bekam den Eindruck, dass sie gewissenhaft antwortete und sich rückversicherte, ob das, was sie sagte, überhaupt relevant für meine Forschung ist. Nachdem das Interview beendet war, zeigte sie sich außerdem sehr interessiert an meinen beruflichen Plänen nach dem Studium. Auf meine Frage, warum sie sich bei mir gemeldet habe, sagte sie, sie wollte gerne wissen, was ich für Fragen stellen würde, sie wolle so etwas gerne einmal mitmachen. Außerdem sei ihr auch langweilig im »persönlichen Lockdown«. Anschließend bedankte sie sich bei mir, dass ich das Interview mit ihr geführt habe. Einerseits sah sie sich also in lebenspraktischen Fragen mir überlegen, was sich auch darin zeigte, dass sie behauptete, ich könne nicht nachvollziehen, dass es für »ältere« Leute in der Pandemie sehr viel schwieriger sei als für Jüngere, weil diese gar nicht wüssten, was sie gerade alles verpassten. Auf mein Gegenargument erwiderte sie: »Aber das ist, aber ich, also **ich** behaupte mal, also leg mal 20, 25 Jahre drauf [...] Ja also ähm, vielleicht erinnerst du dich mal an dieses Gespräch [hmh] und ähm, das ist echt interessant zu wissen« (Z. 975–982) und brachte damit womöglich zum Ausdruck, sich vorstellen zu können, dass meine Begegnung mit ihr sich retrospektiv als ein prägendes Ereignis herausstellen könnte. Andererseits fühlte sie sich mir intellektuell unterlegen, weshalb sie sich bedankte, Teil meiner Forschung sein zu dürfen.

### 2.2.4 Corona

Von den von mir interviewten Personen war Carola in Bezug auf die Corona-Pandemie die strengste sich selbst gegenüber. Seit Februar 2020 befand sie sich in ihrem »persönlichen Lockdown«. Zu diesem Zeitpunkt seien die Fallzahlen vor allem in Österreich und Italien sehr hoch gewesen:

> Und da war für mich klar: das ist jetzt der Punkt, das wird richtig ernst. [hmh] Und ab dann bin ich auch nicht mehr in mein Fitness Club gegangen. Ab dem Tag genau, weil zwei Fitnesstrainerinnen die wissen, das wusste ich, die waren in der Lombardei zu einem Event. Und dann habe ich gesagt: alles klar, die kommen jetzt zurück und dem setzte ich mich nicht mehr aus. Das war für mich klar. Ab da war mein persönlicher Lockdown gestartet. Das war echt so. (Z. 604–609)

Sie habe seitdem (Interviewtermin 19.08.20) außer zum Joggen das Haus nicht verlassen und habe sich auch mit Lebensmitteln beliefern lassen. Sie und ihr Mann »haben das ganz stringent gelebt« (Z. 864) und für sich »die Möglichkeit des online Lebens so entdeckt« (Z. 868 f.). Sie gingen zwar mittlerweile wieder einkaufen, aber sähen Freund:innen nur per Video Chat und gingen in keine Restaurants oder ähnliches. Lediglich zum Sohn und den Eltern seien sie ein Mal gefahren und hätten sich auf der Terrasse zusammengesetzt.

An den Maßnahmen zu Pandemiebekämpfung hat sie keine Kritik, im Gegenteil:

> B: Ja, die Maßnahmen fand ich alle gut. Also ich habe mir die auch herbei gesehnt schon. Das muss ich sagen. Ähm ich habe hab vorher, mir war das vorher nicht konsequent genug. [hmh] Und das war mir auch ein bisschen zu spät alles [hmh]. Also ich habe gehofft, dass da früher reagiert wird. Und als es dann direkt zum Lockdown kam war ich erleichtert [hmh]. Und ähm ja, da fand ich hat überhaupt so eine Stille

eingesetzt, ne, so generell ne (Lachen). Aber das fand ich wichtig und richtig. Genau.
[hmh]

A: Und gab es irgendwas wo du gedacht hast, das ist eine schlechte Maßnahme?

B: Nein. Überhaupt nicht. Also ich finde jetzt diese Maßnahmen, die sind jetzt nicht
strukturiert genug. [...] ne also für mich müsste das alles strukturierten und konsequenter sein. (Z. 618–637)

Carola war erleichtert, als endlich der Lockdown kam. Da sie selbst frühzeitig
extreme Maßnahmen ergriffen hatte, war jede weitere einschränkende, staatlich
angeordnete Maßnahme in ihren Augen prinzipiell gut, diese müssten sogar noch
konsequenter sein. Nicht nur bundesweit, sondern auch innerhalb von Nordstadt
fehlte ihr die Konsequenz. Die Hausärz:innen fühlten sich nicht in die Pflicht
genommen zu testen, auch weil es eine Kostenfrage sei. Es hätte zwar Abstandsregeln gegeben und Sicherheitspersonal zur Durchsetzung in den Supermärkten,
aber die »Einsicht war nicht so gegeben, weil die Fallzahlen halt niedrig waren«
(Z. 650 f.). Außerdem sei die Stelle beim Ordnungsamt entfallen, die für die
Kontrollen zuständig gewesen sei, weshalb die Abstände am Strand und in der
Gastronomie nicht eingehalten worden seien. Auf die Fälle von Sachbeschädigun-
gen angesprochen, sagt sie, das sei in ihrem Kreis nicht kommuniziert worden,
sie könne sich aber durchaus vorstellen, dass dies geschehen sei.

Ähm, ich muss auch selber sagen, ähm, ich bin auch in Panik geraten, wenn ich
auswärtige Kennzeichen am Anfang gesehen habe [hmh]. So, oder in der Zeit des
Lockdowns, da habe ich gedacht: was will der hier. [...] Aber ich bin ja nicht die
Corona-Polizei. (Z. 686–691)

Ihr selbst fehlte die Konsequenz nicht, sie hatte im August sogar schon einen
Winterurlaub im Januar 2021 abgesagt, war dabei jedoch nicht frei von Zweifeln:

Ich weiß nicht, ob es richtig ist, aber wir machen es halt so, ne [hmh]. Und das ist
eigentlich auch schon ganz schön, da kommt, also da kommen wir jetzt auch so lang-
sam ein bisschen auch an unsere Grenzen. Ne, das reicht. Aber es muss halt weiter
gehen, es geht halt nicht so. Und wir finden es auch unsinnig jetzt irgendwie zu sagen,
ja komm jetzt ist auch egal, lass mal trotzdem irgendwie anders machen. Weil ähm
ja, dann hätte ich ja diese Monate der Entbehrung zuvor, das wäre dann ja irgendwie
völlig überflüssig gewesen [hmh, ja], ne. (Z. 817–823)

Ihre Argumentation ist damit dieselbe, wie in den vorher beschriebenen einschneidenden Lebenssituationen: Eine Entscheidung ist gefällt worden (wie die
Hochzeit, der Job oder das Kleinfamilienleben) und muss jetzt gewissenhaft

durchgezogen werden. Sie kann von ihrem Kurs nicht abweichen, obwohl sie Gegenteiliges behauptet: »Aber dass wir jetzt so Fahne hoch und [verstellt die Stimme:] nö wir machen das jetzt so, aber bis zum Ende.' Oder so. So ist es nicht. Sondern wir passen uns dann einfach an. Keine Ahnung« (Z. 877–879). In der Tat passte sie sich eigentlich nicht an. Denn zum Zeitpunkt des Interviews waren die Fallzahlen relativ gering und alle vorherigen Restriktionen gelockert. Meine Nachfrage, ob sie mit Leuten über ihren strikten Umgang spreche, bejahte sie. Sie äußerte die Vermutung, dass sie schräg gefunden wird. Sie fügte aber hinzu:

Aber ich sage immer, ich bin nicht alleine. Weil ich höre auch irgendwie von anderer Stelle, dass die Leute kennen, die wiederum wieder welche kennen, die es irgendwie so machen wie wir [lachen, ja]. Und das sind gar nicht so dumme Köpfe die das dann machen irgendwie. Und (unv.) die passen auch gut auf sich auf irgendwie. (Z. 885–888)

Sie sagt, dass sie sich sehr schlau verhalten – womöglich im Gegensatz zu allen, die es anders machen. Erst auf meinen Kommentar hin, dass es schwierig sei, egal in welche Richtung man argumentiere (kann man jetzt seine Sozialkontakte wieder vermehrt treffen, oder nicht?), gab es eine Wendung in ihrer Erzählung. Sie stimmte mir zu und begann eine längere Geschichte aus ihrem Alltag zu erzählen, die aufschlussreich ist, um ihre latenten Wünsche während der Pandemie nachzuvollziehen:

Ich bin äh, ich bin, ich habe gedacht, jetzt, wo die Fallzahlen so niedrig sind, gehe ich mal in die Stadt. Ich war ja gar nicht in der Stadt. So, also so, ähm. Und habe mich auch nichts gekauft, zum Anziehen oder so. Sonst, ich bin **gerne** in die Stadt und kaufe mir auch mal irgendwie was. So einfach, weil ich denke, frau braucht was Neues. Aber das Bedürfnis habe ich überhaupt nicht. Ich **will** gar nichts haben, ich denke ich habe auch alles. Also ich habe, materiell habe ich mich auch total runter gefahren. Das finde ich total toll, das gefällt mir [hmh]. (Z. 916–921)

Vor der Pandemie hatte sie sich gerne neue Sachen gekauft und hat dann, weil die Fallzahlen so niedrig waren, überlegt, mal wieder in die Stadt zu gehen, obwohl sie gleichzeitig sagt, das Bedürfnis nach materiellen Dingen nicht mehr zu haben. Sie ist nun aber in die Stadt gegangen:

Und dann war ich bei H&M. Und ich hatte, boa, totale Hitze. Und mit meiner Maske [ja], natürlich. Und ich habe das wie so eine Challenge betrachtet. Und bin dann wie so ein Kaninchen rein und habe mir so zwei drei Sachen gekauft, ich habe die aber auch nicht anprobiert [hmh]. Aber ich habe gedacht (wie sich selbst motivierend:)

mach das jetzt! Weil hinterher bereu- so wie du das auch sagst. Äh, mach es lieber
jetzt! [ja]. Ne, das habe ich auch gemacht, genau. (Z. 923–928)

Ihre Schilderung bezog sich auf einen Einwand meinerseits, dass ich im Rahmen
der aktuell niedrigen Fallzahlen Freund:innen treffe, da es möglicherweise in
Zukunft wieder einen Lockdown geben könnte. Sie nahm hier auf diese Aussage
Bezug und sagte, das sei der Grund, warum sie zu H&M gegangen ist, auch um es
später nicht zu bereuen. Das Shoppingerlebnis wird als ernüchternde Erfahrung
beschrieben. Sie beeilte sich, probierte nichts an und ihr war warm unter der
Maske. Dass sie es bereuen würde, dies nicht gemacht zu haben, kann sie nicht
aussprechen, sie bricht mitten im Wort ab. Warum dies so ist, deutet sich oben
schon an, wird aber vor allem im nächsten Abschnitt deutlich:

> Und das ist auch interessant, dass wir materiell, also sowohl mein Mann als auch ich,
> wir beschränken uns echt aufs Nötigste. Und ich denke immer so: boa, ich habe alles,
> was ich brauche. Ich habe, es gibt nix, was ich brauche. Das ist ein cooles Gefühl
> irgendwie (Lachen). Das finde ich sehr sehr positiv. Und ich habe auch nicht das
> Gefühl, dass ich das möchte. Also da habe ich auch wenig, da bin ich intolerant fällt
> mir gerade auf, [hmh] wenn jemand sagt: oh, ich muss unbedingt mal in den Urlaub
> fahren. (Z. 928–934)

Entgegen der eben erzählten Situation, in der sie sich Kleidung gekauft hat,
betonte sie das *Gefühl,* keine materiellen Dinge haben zu wollen. Über die Vorstellung, nichts zu brauchen und mit dem, was man hat glücklich zu sein, bekam
sie ein gutes Gefühl und konnte der Situation sogar etwas Positives abgewinnen.
In dieser asketischen oder genügsamen Selbstinszenierung scheint es offenbar
schwer auszusprechen, dass sie es bereuen könnte, nicht shoppen zu gehen. Dies
würde dem Materiellen zu viel Wert beimessen. Hier drückt sich eine starke
Ambivalenz aus, die aus dem bewusstseinsnahen Wunsch besteht, enthaltsam zu
Leben und der latenten Sinnebene, diesen Lebensstil abzulehnen. Ihre Lösung
scheint, den Wunsch nach unbeschwertem Shopping an denen zu verhandeln, die
gerne in den Urlaub fahren wollen – hier fällt ihr ihre Intoleranz selbst auf. Sie
fährt fort:

> Gut ich meine nun bin ich ja nicht so ausgebrannt oder so und habe nicht dieses
> Bedürfnis nach Urlaub. Aber ich finde das irgendwie so egoistisch zu sagen, ich brau-
> che jetzt Urlaub oder möchte mal schön Essen gehen. Da denke ich immer so: was soll
> denn das? Als ob es keine größeren Sorgen gibt [hmh]. Mir so banal halt, ne. Ja. (Z.
> 934–938)

Sie trat also einen Schritt zurück und reflektierte, dass sie in einer privilegierteren Lage ist als andere, wirft unbekannten Dritten jedoch Egoismus vor, sodass
sie assoziativ selbst die Rolle der »Corona Polizei« einnimmt. Zum Ende des
Interviews resümierte sie, dass die Pandemie auch Positives hat:
»Zum einen, dass ich überhaupt, dass ich ähm, dass ich diesen Konsum, äh,
dass ich weniger konsumieren möchte. Dass ich mich auf das total besinne äh
was für mich wichtig ist. Das sind drei Dinge: Ein Dach über dem Kopf, etwas
zu Essen und Gesundheit in der Familie« (Z. 994–997).
    Sie gab den Entbehrungen, die sie sich größtenteils selbst auferlegt hatte,
dadurch im Nachhinein einen Sinn, dass sie sich auf die ›wirklich wichtigen‹
Dinge ›besinnt‹. Nämlich »ein Dach über dem Kopf, etwas zu Essen und Gesundheit in der Familie«, was für die Interpretationsgruppe wie ein Klischee klingt.
Carola und ihren Mann habe die Situation näher zueinander gebracht. »Ja, darum
geht's uns im Leben. [hmh] Eigentlich ist es auch ein kleiner Segen, ganz
ehrlich« (Z. 1001). Wo sie kurz vorher noch berichtete, dass sie in der Selbstisolation an ihre Grenzen stießen, stellte sie die Pandemie nun sogar als Segen
dar. Ihr Wunsch, weniger konsumieren zu wollen (manifest), kollidiert mit dem
Bedürfnis, sich dem Konsum hinzugeben (latent) und die Rechtfertigung für die
Selbstisolation wird an die vermeintliche Erkenntnis geknüpft, die bescheide-
nen Werte würden im Leben ausreichen. Dass die Besinnung auf Konventionen
Abhilfe leistet, überrascht in Anbetracht der Interviewrekonstruktion nicht, da sie
sich in schwierigen Lebenssituationen bisher oft an gesellschaftliche Konventionen hielt, zu denen auch Bescheidenheit zu zählen ist. Die Frage bleibt jedoch
zu klären, warum Carola überhaupt (und schon so früh) die starke Reaktion der
Selbstisolation zeigt.
    Einen Erklärungsansatz bieten die unterschiedlichen Erzählungen über das
Leben vor und nach dem Umzug nach Nordstadt. Mehrfach beschreibt sie den
Umzug und die Pause vom vielen Arbeiten als notwendig, weil sie kurz vor
dem Burn-Out gestanden habe[10]. Wie gezeigt wurde, sieht sie das nicht-arbeiten-
müssen als verdiente Entschädigung für die Strapazen, die sie auf sich nehmen
musste, seit sie mit 17 die Ausbildung anfing. Diese reichen bis weit in ihre
Persönlichkeit:

---

[10] »Und ähm seit dem arbeite ich nicht mehr (Lachen). Also ich habe mich ein bisschen
erholt. Und äh von meinen Strapazen als alleinerziehende (Lachen), arbeitende Frau sozusagen« (Z. 84–86); »Und das war für uns wie gesagt ein Bonbon weil ich wusste ich kann
dann aufhören zu arbeiten, weil es finanziell möglich ist (erzählt den letzten Teil lachend).
Ich war einfach zu dem Zeitpunkt war ich so leer. Ich war **so** kaputt« (Z. 291–293).

Aber für mich selber war es halt **nie** viel Freiraum. Und ähm das heißt, also mein Leben zu leben und auch meinen Interessen nachzugehen und zu gucken, wo sind denn überhaupt meine Interessen? Das hat erst hier begonnen [hmh]. Kann ich so sagen, ja genau. (Z. 308–311)

Mit dem Umzug begann eine Selbstfindungsphase, weil für Selbstentfaltung vorher nie Zeit war. Selbst in der Kindheit und Jugend mussten sie und ihre Schwester im Vergleich mit Gleichaltrigen besonders früh zu Hause sein. Bis sie 18 war, sei ihr Leben durch den (autoritären) Vater stark strukturiert worden. In der Adoleszenz blieb also wenig Spielraum, sich selbst auszuprobieren. Es folgten viel Arbeit und eine frühe Mutterschaft, die wie beschrieben ebenfalls wenig Platz für eigene Bedürfnisse ließen.

Die verlorene Zeit, in der sie selbst zu kurz gekommen ist, will sie nun nachholen und das ›wahre, authentische Leben‹ abseits von Arbeit und familiären Verpflichtungen für sich finden. Die Pandemie kommt ihr dabei in die Quere, so konnte sie beispielsweise nicht mehr ins Fitnessstudio oder zum Shoppen in die Stadt gehen. Entsprechend hält sie sich nun an das, was ihr früher schon Freude bereitete, nämlich der Verkauf »ökologisch wertvolle[r] Kosmetikartikel« (Z. 539 f.). Begeistert erzählte sie aus der Zeit, in der ein bestimmtes Produkt noch nicht bekannt war:

Und ähm das kenne ich schon seit 30 Jahren [hmh] und ich habe das schon mal gemacht, als ich ganz jung war. Sehr erfolgreich. Und ähm habe damit gutes Geld verdient, weil wir die ersten waren, die das vertrieben haben. Damals gab es nämlich noch keine [Produkt] (Lachen). Das war nämlich noch in den 80ern, ja es ist so. (Z. 561–565)

Sie lachte und steckte mich damit an, bis sie erzählte, wie sie die Arbeit wieder aufgegeben hat:

Aber das war mir dann halt zu viel, ich habe das halt nicht mehr geschafft. Ähm und damals äh dann habe ich das einfach sein lassen. Und weil mir dann mein Kind vorging und auch mein regulärer Beruf. Ich dachte, das ist vielleicht langfristig sinnvoller [hmh]. Weiß nicht, ob das die richtige Entscheidung war [hmh]. Auf jeden Fall, ja, und dann habe ich mir gesagt ich mache das wieder. (Z. 568–572)

Hobby und Arbeit fallen hier zusammen und sind eine explizite Reaktion auf die Pandemie, um nicht (mit sich selbst) allein zu sein. Gleichzeitig wird das gelernte Muster ›Arbeit als Coping-Strategie‹ bedient:

B: [...] Und ähm, also jetzt habe ich auch wieder das Gefühl ich arbeite, ne. [hmh] Auf angenehme Art und Weise. Das ist schon ganz gut. [...]

A: Hmh, spannend. Also doch gar nicht **gar nicht** arbeiten.

B: Genau. Weil und dann kam Corona. Das mache ich jetzt seit Corona. (Z. 546–553)

Carolas strenge Reaktion auf die Corona-Maßnahmen ist aus ihrer Biografie heraus erklärbar. In ihrer Tendenz zum Konventionalismus übernahm sie fraglos auch die Maßnahmen und hielt an ihnen sehr konsequent bis rigide im »persönlichen Lockdown« fest. Was sie dabei in sich an Wünschen niederkämpfen musste, zeigte sich zuweilen in Verhaltensweisen, die an die von ihr sogenannte »Corona-Polizei« gemahnt.

## 2.2.5 Zusammenfassung

Carolas Reaktion auf die Corona-Pandemie entspricht einem biographischen Muster. Sie reagierte hier ebenso konsequent wie in allen anderen Lebenslagen. Hatte sie sich früher von ihrem Mann getrennt und ist mit dem Kind einfach wieder zu ihren Eltern gezogen, schottete sie sich nun mit ihrem Mann komplett nach außen ab. Mit den vielfachen Entsagungen machte sie es sich dabei schwerer, indem sie bereits im Frühjahr den Winterurlaub im nächsten Jahr absagte[11] (und somit keine positiven Zukunftsaussichten blieben) oder schon im Februar nicht mehr ins Fitnessstudio ging, weil zwei Trainerinnen in der Lombardei waren. Die Entscheidung wurde von ihr als unwiderruflich dargestellt, weil die Mühen, die die Entsagungen sie kosteten und bereits gekostet hatten, in ihrem Erleben als umsonst erscheinen könnten. Entsprechend verurteilte sie alle anderen, die nicht so konsequent handelten wie sie. In der Aussage »Ich muss ja wissen, wie ich es mache. Die rechtfertigen sich ja auch nicht dafür, ob sie vielleicht einen Cappuccino irgendwo trinken wollen, ne« (Z. 891–893) oder »Aber ich finde das irgendwie so egoistisch zu sagen, ich brauche jetzt Urlaub oder möchte mal schön Essen gehen. Da denke ich immer so: was soll denn das? Als ob es keine größeren Sorgen gibt [hmh]« (Z. 935–937) zeigten sich Aggressionen gegen die, die sich scheinbar leichter damit tun, trotz der Pandemie und auftretenden Ambivalenzen Wünschen nachzugehen, die in den Wiederspruch zu Schutzmaßnahmen geraten können. Carola hingegen verdrängte etwaige Wünsche und reagierte damit, dass sie mir und sich selbst wiederholt rückversicherte, aktuell zufrieden zu sein und nichts von dem zu brauchen, was sie vor der Pandemie hatte, wie zum Beispiel den Spaß am Shopping: »Aber das Bedürfnis habe ich überhaupt nicht. Ich

---

[11] Was sich im Nachhinein natürlich als richtig erwies.

**will** gar nichts haben, ich denke, ich habe auch alles« (Z. 919 f.). Umso stärker betonte sie ihren eigenen Lockdown und ihre Willensstärke. Sie antwortete zwar auf meine Fragen, stellte jedoch selbst schnell Bezüge zum Thema Pandemie her, womöglich, weil sie sich darüber Anerkennung erhoffte, oder, wie es eine Teilnehmende der Interpretationsgruppe formulierte: »Sie verhält sich so vorbildlich, dass sie damit in einer wissenschaftlichen Arbeit landet«. Wie auch schon über die prä-Corona-Zeit herausgearbeitet wurde, geht die positive Selbstpräsentation mit der Verleugnung eigener negativer Gefühle und der Abwertung anderer einher, die nicht der Eigengruppe angehören: der polnische Arzt trägt die Verantwortung für ihre harte Zeit zu Ausbildungsbeginn, die Schwester gönnt ihr den Erfolg nicht, die Fitnesstrainerinnen waren in der Lombardei und brachten potenziell das Virus mit nach Nordstadt, ebenso wie die Tourist:innen, über die sie insgeheim weiß, dass sie trotz Verbot da waren.

Carola war stolz auf sich und sah die Möglichkeit wegen des Verdienstes ihres Mannes, nicht mehr arbeiten zu müssen, als Entschädigung dafür, dass sie ihr Leben lang pflichtbewusst gearbeitet hatte. Die Interpretationsgruppe konnte dieses Gefühl nicht nachvollziehen und begann nach einer Weile, entwertende Kommentare zu äußern. Eine Teilnehmerin sagte ironisch: »Ihr Leben ist eine Erfolgsgeschichte« und fügte hinzu: »Aber es hat etwas Tragisches«. Die Tragik liegt vermutlich in der spürbaren latenten Wut Carolas auf ihre Lebensumstände. Der autoritäre Vater und die Verluste, die sie erlitt. Sie wollte nie so früh eine Ausbildung beginnen, sie wollte kein Kind und auch keine Pandemie, die sie daran hinderte, endlich ihr Leben zu leben. Eine andere Teilnehmerin stellte fest: »Sie hätte abtreiben sollen«, weil spürbar war, dass Carola unzufrieden ist, dass sie die Freiheit, die sie in ihrer Kindheit verspürte, zu Gunsten des Familienideals aufgeben musste. Gleich darauf schämte sich die Teilnehmerin, weil sie es nicht abwertend gemeint hatte.

Und dennoch stellte Carola ihre Lebensgeschichte so dar, als sei alles ihre eigene Entscheidung gewesen und verhält sich besonders tugendhaft. Ich hatte Carola zu Beginn der Interpretationssitzung als sehr sympathisch beschrieben und geriet während der Sitzung zunehmend in die Dynamik der Abwertung. Zu diesem Zeitpunkt plagten mich außerdem seit Wochen Schuldgefühle Carola gegenüber, weil ich zu wenig nach ihrem »persönlichen Lockdown« gefragt hatte, wie sie am Ende des Interviews kritisch anmerkte. Während der Interpretationssitzung wurde ich schließlich darauf angesprochen, dass ich eigentlich behauptet hatte, Carola sei mir sehr sympathisch und nun eher abfällig über sie redete. Meine Grundsympathie war auch weiterhin vorhanden, wurde aber überlagert von einer zynischen Abwehr ihr gegenüber. Nicht nur erinnerte sie mich an meine Mutter, gleichzeitig konnte ich mich mit ihr identifizieren. Unsere Väter haben einen ähnlichen Job in einer großen Firma, unsere Mütter arbeiteten ähnlich prekär, aber kümmerten sich um die Kinder, häufig gegen den Willen autoritär auftretender Väter. Wäre ich nicht eine Generation jünger als sie, wäre es mir womöglich ergangen wie ihr. Stattdessen gelang mir der Schritt an die Universität, als erste in der Familie. Carola musste sich hingegen in dem einrichten, was sie vorfand. Dass sie sich damit abfand, rief meine Abwehr hervor und steht damit gleichzeitig für das Gesellschaftliche dieser Biografie, nämlich als Frau zu einer bestimmten Zeit in einem bestimmten Milieu vergesellschaftet zu werden. Carola und ich funktionierten als alternatives Spiegelbild der jeweils anderen, was wiederum an die Mutter-Tochter-Beziehung erinnert, die auch von Konkurrenz geprägt ist.

Mein schlechtes Gewissen noch Wochen nach dem Interview stammt entsprechend aus zwei Punkten: Einerseits bin ich mir bei allen Interviews darüber bewusst gewesen und haderte damit, dass ich von meinen Interviewpartner:innen abhängig war. Ohne sie wäre diese Studie nicht zustande gekommen. Dafür bin ich allen sehr dankbar, aber habe es dennoch nicht geschafft, darauf einzugehen, worüber Carola dringend erzählen wollte – nicht mal das konnte ich also zurückgeben, indem ich eine wertschätzende Interviewpartnerin war. Der zweite Punkt hängt damit zusammen, dass ich sie in ihrer (bürgerlichen, konventionellen) Rolle abwertete, statt solidarisch mit ihr zu sein. Dass die Teilnehmerin sich schämt, von der Abtreibung gesprochen zu haben, berührt einen ähnlichen Punkt. Sympathien für Carola provozierten die Aussage, wurden aber direkt von dem Bewusstsein überlagert, dass keine Kinder haben oder diesen gar negativ gegenüber eingestellt zu sein, gesellschaftlich sanktioniert ist und so die Scham evozierte.

Gruppe 2 kam fast eine Stunde lang nicht auf die Beziehung zum Sohn zu sprechen. Dann sprach eine Teilnehmerin Carolas Aussage an, die Trennung von ihrem Sohn sei ihr sehr schwer gefallen und die Gruppe entschied sich, nach einer kurzen Pause, um sich die Beine zu vertreten, als nächstes dieses Thema zu diskutieren. Während der Pause entwickelte sich dann bereits ein Gespräch, als ich meine Irritation darüber äußerte, dass niemand die Mutter-Sohn-Beziehung bisher angesprochen hatte, woraufhin die beiden anwesenden Frauen demonstrativ ihre Mitschriften hoch hielten. Eine der Beiden sagte, dass mit der Trennung klinge wie in einer Liebesbeziehung, woraufhin die andere erwiderte: »Oder wie im Krieg, auf der Flucht«. Eine weitere Teilnehmerin war ebenfalls vom Vokabular irritiert, konnte Carolas Gefühle jedoch nachvollziehen. Den Männern hingegen war in Bezug auf die Mutter-Kind-Beziehung während des Lesens nichts Besonderes aufgefallen und sie begannen glorifizierend über Muttergefühle und Aufopferung für das Kind zu sprechen. Insgesamt setzte sich bei der Mehrheit die Deutung durch, dass die schmerzhafte Trennung der Eltern von ihren Kindern ein »gängiges Narrativ aus Elternperspektive« darstellt und es wurde auf die eigenen Eltern verwiesen. Dies ist insofern interessant, als dass zwar alle Teilnehmer:innen zumindest ansatzweise in feministische Theorien zum Thema Mutterschaft eingelesen waren und nachvollziehen konnten, dass Carolas Aussagen »irgendwie komisch sind«, aber sie die Aussagen dennoch immer wieder normalisierten und eine kritische Distanz zum Material nur eingeschränkt möglich war[12]. Einzig die Teilnehmerin, die den Kriegsvergleich angesprochen hatte, versuchte immer wieder auf eine zurückhaltende Art, Carolas negativen Gefühle der Mutterschaft, mütterlichen Pflichten und ihrem Sohn gegenüber anzuführen. Als ich am Ende der Sitzung aus Gruppe 1 und der Aussage »sie hätte abtreiben sollen« erzählte, stimmte sie umgehend zu und sagte, sie habe es nur nicht so sagen wollen, obwohl ich sie in anderen Kontexten auch beim Thema Schwangerschaft als sehr direkt kennengelernt habe. Erkennbar wird die Schwierigkeit, sich dem ideologisch und gesellschaftlich aufgeladenen Thema Mutterschaft anzunähern, was zusätzlich durch ein möglicherweise fehlendes Vertrauensverhältnis der Gruppenteilnehmenden erschwert wird.

Die Gruppe 2 bestätigte also die Ergebnisse aus der Reflektion über Gruppe 1. Dass die teilnehmenden Männer zunächst keine Irritationen über die besprochenen Szenen zeigten, deutet einmal mehr auf die vergeschlechtlichte Wahrnehmung des Themas.

## 2.3    Jan, 33

Jan, 1988 geboren, ist im Landkreis Nordstadt aufgewachsen. Seine Kindheit bezeichnet er als behütet, was in deutlichem Kontrast zu der Aussage steht, dass sein Vater ihm und der Mutter gegenüber gewalttätig gewesen sei. Jans Vater verließ seine Mutter als er drei oder vier Jahre alt war, woraufhin Mutter und Sohn auszogen. Wenige Zeit später, als Jan 5 Jahre alt war, lernte die Mutter einen neuen Mann kennen, den er im Interview als seinen »wirklichen Papa« (Z. 108) bezeichnet.

Die Schulzeit habe er »ganz normal durchlebt«, obwohl er »sehr faul aber auch sehr rebellisch« (Z. 49) gewesen sei, weshalb er nach dem Hauptschulabschluss mit 16 Jahren zunächst eine Ausbildung zum Schiffsbetriebstechniker begann. Als er zum ersten Mal von der Reederei abgeholt wurde, habe seine Mutter geweint,

---

[12] SO sagte eine Teilnehmerin beispielsweise: »Ich habe das Gefühl, dass sie super vernarrt in ihren Sohn ist, so wie das im Regelfall so ist«.

aber er selbst sei vor allem froh gewesen, den »heimatlichen Zwängen« (Z. 311) zu entfliehen. Vorfreude und Abenteuerlust hätten überwogen.

Anschließend holte er seinen Realschulabschluss sowie den erweiterten Realschulabschluss nach, welcher ihn, zusätzlich zu einiger Zeit auf See, für ein Studium der Nautik an einer Staatlichen Seefahrtsschule qualifizierte, das er mit Offiziers- und Seemannspatent abschloss. Noch während des Studiums habe die maritime Wirtschaftskrise eingesetzt, weshalb er im Anschluss für ein halbes Jahr zunächst nur Stellen als Urlaubs- und Krankheitsvertretung finden konnte. Aus dieser beruflichen Unsicherheit heraus, folgte die Entscheidung, eine Umschulung zum Lokführer zu machen. Hier bildete er sich ebenfalls weiter und war zum Zeitpunkt des Interviews Fahrdienstleiter.

Über seine familiären Verhältnisse erzählt Jan auffällig wenig. Nach seiner Lebensgeschichte gefragt, beginnt er mit dem sechzehnten Lebensjahr und der beginnenden Ausbildung. Es folgen die genannten Erzählungen über Studium und Berufswechsel. Die Haupterzählung endet mit einem kurzen Exkurs über eine Quarantäne-Situation auf einem Dampfer einige Jahre zuvor.

Als Teil seiner Kernfamilie sieht Jan hauptsächlich sich und seine Mutter, die als Kassiererin arbeitet. Sie habe es nicht einfach gehabt, sei auf einem Ohr komplett taub, auf dem anderen habe sie auch mit Hörgerät nur 30 % Hörvermögen. Was der leibliche Vater beruflich machte, bleibt unklar, der Stiefvater ist Elektroinstallateur. Eine weitere wichtige Person in Jans Leben war der Großvater, ebenfalls Seefahrer, der 2015 verstarb. Circa ein Jahr später wurde Jans Sohn Karl geboren. Mit seinem leiblichen Vater habe Jan mittlerweile wieder guten Kontakt. Nach einer Nahtoderfahrung habe der alkoholkranke Vater sein Leben reflektiert und sich mit Jan ausgesprochen. Im Hinblick auf seine Beziehung zu seinem Vater beschreibt Jan, dass ihn die Abwesenheit des Vaters in seiner Kindheit zwar noch beschäftige, er aber gleichzeitig sehe, dass dieser nun versuche, ein gutes Verhältnis zu seinem Sohn Karl zu haben und seine Rolle als Großvater ernst zu nehmen.

In Bezug auf die Forschungsfrage nach dem Umgang mit den Corona-Maßnahmen äußert sich Jan besonnen. Er äußert primär Sorgen darum, wie die Situation seinem vierjährigen Sohn zusetzt, weil dieser nicht in den Kindergarten gehen und seinen besten Freund treffen könne. Außerdem habe es ihm »den Boden unter den Füßen weg gerissen« (Z. 455), dass die Menschen »sterben wie die Fliegen« (Z. 505). Warum Menschen davor die Augen verschließen, könne er nicht verstehen.

## 2.3.1 Interpretation

In der Interpretationsgruppe wurden lebhafte Bilder von Jan gezeichnet. Insgesamt hatten alle ein positives Gefühl ihm gegenüber, begleitet von Gefühlen des Mitleids und des Mitgefühls. Viele stellten sich einen älteren Seemann nach Vorbild des Käpt´n Iglo vor und waren irritiert zu erfahren, dass Jan erst 1989 geboren wurde (wodurch er ähnlich alt war wie die Interpret:innen). Dass Jan älter sein müsse, leiteten die Teilnehmer:innen daraus ab, dass er bereits so viel erlebt habe. Als starker Kontrast erscheint die wiederholt aufkommende Assoziation, dass Jan sich kindlich verhalte, beispielsweise wenn er sagt »Ich habe meine Mama ganz doll lieb« (Z. 312 f.).

Die vielfältigen Bilder, die zu Jans Erzählung in der Interpretation auftauchen, korrespondieren mit den vielen eindrücklichen Szenen, die er schildert. Sein souveräner Erzählstil bezieht sich sowohl auf seine Lebensgeschichte, aber auch auf die gesamte Interviewsituation, was sich nicht zuletzt in seinem flüssigen und wenig unterbrochenen Reden äußert. Mit seinem norddeutschen Dialekt und der tiefen, ruhigen Stimme erinnert er mich an meinen Vater oder zumindest Männer in seinem Alter und aufwärts. Verstärkt wird die Assoziation, als Jan bei unserem ersten Telefonat bemerkt, er müsse gleich zum Schichtdienst bei der Eisenbahn. Er müsse einspringen, weil wegen der sommerlichen Hitze etwas nicht funktioniere. Hier deutet sich zum ersten Mal seine Übung im Erzählen an: wenn ich mal im Norden und ein Zug zu spät sei, wäre das seine Schuld, sagt er, worauf hin wir beide lachen.

Drei Tage später im Interview sagt er in der Haupterzählung genau das selbe: »Und wenn du irgendwann mal zu spät kommst, dann bin sicherlich ich daran Schuld (Lachen)« (Z. 30 f.).

Die als routiniert wahrgenommene Redeart wirkt gleichzeitig übermäßig kontrolliert. Verstärkt wird dieser Effekt dadurch, dass er über die Geschichten, die er erzählt, die Kontrolle über die Interviewsituation behält; er gerät nicht ins freie Erzählen wie für biographisch-narrative Interviews üblich und kann so das Interview mitstrukturieren.

Ich selbst bin durch Jans Erzählungen emotional so affiziert, dass es mich mehrfach zu Tränen rührt. Dies steht im starken Kontrast zu seiner eigenen Erzählung, die eher nüchtern wirkt und in der er seine Erfolge nur wenig anerkennt. Die geschilderte Lebensgeschichte wird von mir als sehr beeindruckend erfahren. Gleichzeitig macht er sich im Anschluss an jeden Erzählabschnitt selbst klein und schmälert seine Erfolge im Nachgang. Während die Geschichten, die er erzählt, Souveränität/Kontrolle schaffen, folgt zum Schluss der jeweiligen Erzählung etwas Abwertendes gegen sich selbst. So erzählt er beispielsweise von in der Vergangenheit erlebten Abenteuern auf der See, wohingegen er heute den vergleichsweise langweiligen Beruf des Lokführers habe; bei der Arbeit auf See habe er viel erlebt und gelernt, aber zu Hause in Nordstadt täte man das als Seemannsgarn ab, weswegen er nicht darüber rede. Ins Auge sticht hier auch der Vergleich mit seiner Frau (die ansonsten nicht erwähnt wird). Jan betont, dass sie und ein Großteil ihrer Familie studiert und gute Jobs habe:

> Vor allem weil, meine Frau ist auch studiert, die ist Lehrerin. Und ihre Brüder und ihre Schwestern sind auch alle studiert. Unter anderem bei [Firma] sind die am arbeiten. Und dann hatte ich immer das Problem, dass ich mir gedacht habe, warum hast du das nicht geschafft? (Z. 88–92)

Interessant ist, dass er es ja eigentlich geschafft hat. Trotz Hauptschulabschluss studierte er erfolgreich Nautik und steht damit seiner Frau in nichts nach. Der Verweis auf ihre Brüder und Schwestern zeigt jedoch, dass er die ganzen Familien miteinander vergleicht. Jan stellt die Familie seiner Frau hier als Gegenteil seiner eigenen Familie dar. Er selbst ist Einzelkind:»Ne, Geschwister gar nicht. Ich bin Einzelkind. Oder Alleinerbe, wie ich ab und zu mal scherzhaft sage (Lachen). Und, ja, meine Mama, die ist Kassiererin« (Z. 102 f.). Dass er hier von»Alleinerbe« spricht und dann nach einem kurzen Lacher von dem Beruf seiner Mutter erzählt, verändert die Wirkung seiner Erzählung. Deutlich wird, dass vonseiten seiner Familie wenig Erbe erwartbar ist. Seine eigene soziale Herkunft scheint ihn also zu beschäftigen. Auf diese Aussage folgt zusätzlich eine Schilderung der Behinderung seiner Mutter:

> Und, ja, meine Mama, die ist Kassiererin. Meine Mama, die ist auch, ja, behindert. In dem Sinne, dass sie auf einem Ohr komplett taub ist. Auf dem anderen hört sie nur 30% und auch mit einem Hörgerät. Hat es daher im Leben auch nicht einfach gehabt. (Z. 103–106)

Zu den schwierigen finanziellen Verhältnissen kommt also vermutlich eine zusätzliche Abhängigkeit der Mutter: Es ist denkbar, dass Jans Mutter auf ihn angewiesen war, denn wie einleitend beschrieben, war der leibliche Vater beiden gegenüber gewalttätig und hat die Mutter wohl kaum mit ihrer Behinderung unterstützt. Von der Gewalt berichtet Jan jedoch nur beiläufig. Auf die Frage nach der Trennung der Eltern antwortet er:

> Äh, ich kann mich schwer oder fast gar nicht dran erinnern. Ich weiß, dass mein Vater, ähm, ja gewalttätig war. Er hat meine Mutter geschlagen und mich geschlagen. Da sind noch so einzelne Szenen, haben sich eingebrannt. Die Trennung an sich weiß ich so nicht. (Z. 128–130)

Dass Jan nur flüchtig von der Gewalt berichtet und sonst nicht weiter darauf eingeht, spiegelt sich auch in der Interpretationsgruppe wider. Als eine Person erwähnt, der Vater sei gewalttätig gewesen, reagiert der Rest der Gruppe erleichtert; deutlich wird, dass die aufkommenden negativen Gefühle dem Vater gegenüber mit Scham- und Schuldgefühlen besetzt waren und bis dahin nicht geäußert werden konnten.

Zusätzlich äußert eine Interpretin wenig später, der Vater sei Arzt an der prestigeträchtigen Berliner Charité gewesen. Anscheinend gibt es nicht nur das Bedürfnis den Vater zu entschuldigen, sondern auch zu glorifizieren. Denn er war keineswegs Arzt, sondern wurde alkoholabhängig und mit einer seltenen Tropenkrankheit in die Charité eingeliefert, was Jan zufolge dazu führte, dass der Vater sein Leben überdachte und beide seitdem wieder Kontakt miteinander haben.

An die Trennung der Eltern kann Jan sich nicht wirklich erinnern, außer an eine Szene:

> Eine Szene hat sich eingebrannt, da sind wir, mussten wir aus der gemeinsamen Wohnung raus. Das war ein hoher Ziegelbau, irgendwie aus den 30ern. Und unten war eine, ja, eine recht viel befahrene Straße mit einem Zebrastreifen. Da sind wir rüber gegangen. Meine Mama, ich und noch irgendeine Person hat uns beim Tragen geholfen. Und als wir drüben waren habe ich ich mich gewundert, als kleiner Butscher, warum die Autos denn nicht los fahren. Weil wir die Straßenseite ja gewechselt haben. Und dann haben wir uns umgedreht und dann lag ein Teddybär von mir auf dem Zebra Streifen. Und deswegen sind die Autos nicht losgefahren. Und da ist meine Mama zurück und hat den da aufgesammelt. Das hat sich so […] mir unauslöschlich eingebrannt. (Z. 130–139)

Die Dramatik der Szene liegt darin, dass Jan und seine Mutter die gemeinsame Wohnung mit dem Vater verlassen müssen, obwohl dieser der Gewalttätige war. Zusätzlich halten alle Autos an, als würden sie inne halten und auf den kleinen Jan Acht geben. Die Mutter ist schließlich diejenige die zurück geht und dem Kind den verlorenen Teddybären zurückbringt und erscheint dadurch fürsorglich. Auch im Gesprächsmemo habe ich vermerkt, dass die Mutter als »kümmernd« beschrieben wird. Wirkliche Anhaltspunkte gibt es dafür jedoch nicht. So verhält es sich auch mit den Erzählungen über die behütete Kindheit. Zumindest bis zum vierten Lebensjahr kann dies kaum der Fall gewesen sein. Es gibt auch an keiner Stelle im Interview ein Positivbeispiel aus der Kindheit. Stattdessen streut Jan scheinbar wahllos die Aussage ein, er habe eine gute Kindheit gehabt. Kurz vor Schluss, nach der schwierigsten Phase seines Lebens gefragt, fällt folgende Aussage:

Und schwer war, als mein Opa gestorben ist. Das war 2015 und das hat mir so ein bisschen den Boden unter den Füßen weggerissen. Und da habe ich lange mit zu kämpfen gehabt. Also das war auch so schwere Zeit. Ansonsten hatte ich echt das Glück, behütet aufzuwachsen. (Z. 685–688)

Was veranlasst Jan dazu, in diesem Zusammenhang von einer behüteten Kindheit zu sprechen? Er redet vom Tod seines Großvaters im Jahr 2015, damals war Jan 27 Jahre alt. Die Situation kann also eigentlich nichts mit der eigenen Kindheit zu tun zu haben. Der Großvater scheint aber irgendwie mit der (nicht?) behüteten Kindheit verknüpft zu sein. Trotzdem wird er vorher nur ein einziges Mal erwähnt – im Zusammenhang mit der Entscheidung, eine Ausbildung auf See zu beginnen, weil der Opa ebenfalls Seefahrer war. Möglicherweise war der Großvater die einzige Person, die Jan als Vorbild dienen konnte und so etwas wie Sicherheit geschaffen hat. Die Mutter war durch ihre Behinderung eingeschränkt und ein Opfer des Vaters, der Opa hingegen erlebte vermutlich spannende Abenteuergeschichten auf See. Vielleicht hat er Jan sogar von diesen Abenteuern erzählt. Vom Tod des Großvaters zu berichten, macht Jan vulnerabel und wieder reagiert er mit der beschwichtigenden Aussage, eine behütete Kindheit gehabt zu haben. Damit kann er subjektiv ein Gefühl von Kontrolle aufrechterhalten, egal ob die Kindheit nun wirklich behütet war oder nicht.

Die Beziehung zur Mutter beschreibt Jan immer als positiv, auch wenn wiederholte Formulierungen wie »Meine Mama ist ...« (Z. 319 f.) oder »Ich habe meine Mama ganz doll lieb« (Zeile 312 f.) infantil und dadurch irritierend wirken. Gleichzeitig lässt er heraushängen, dass er zeitweise genervt war, weil die Mutter ihn immer sehr eingenommen habe. Die Situation als er mit 16 das erste Mal zur See fuhr, beschreibt er wie folgt:

Da wurde ich abgeholt mit einem Auto von der Reederei und (Lachen) meine Mama hat Rotz und Wasser geheult. War dann aber auch um so fröhlicher, dass ich wieder da war. Was ich nur gemerkt habe ist, dass meine Mama schwer los lassen konnte von mir. Also dass sie mich teilweise, ich bin jetzt 32, aber teilweise echt noch bis, bis ich 30 war irgendwie noch so behandelt hat, als wäre ich halt noch ein kleines Kind manchmal, ne. (Z. 115–119)

Eben dass die Mutter ihn so in Beschlag genommen habe (und das Vorbild des Großvaters), sei dann auch der Grund gewesen, sich für diesen Beruf zu entscheiden:

Ich habe mich gefreut als es los ging. Auch um den heimatlichen Zwängen ein bisschen zu entfliehen. Immer betüdelt werden von Muddern, das ging mir auch irgendwann tierisch auf die Senkel. Ich habe meine Mama ganz doll lieb. Aber ich wollte
auch mal raus. Und dann dachte ich, weil ich mit Schiffen groß geworden bin und
mein Opa ist auch zur See gefahren. Dachte ich, dann machst du das auch. Und dann
bist du auch am weitesten Weg von zu Hause und erlebst mal was. (Z. 310- 315)

Trotz positiver Gefühle gegenüber der Mutter (hier nur flapsig »Muddern«
genannt) will sich Jan mit 16 von ihr lösen und dabei so weit weg kommen
wie nur möglich. Sie habe »Rotz und Wasser geheult« (Z. 116) und er gemerkt,
dass sie schwer loslassen kann, was sich bis ins Erwachsenenalter fortgesetzt
habe.

Es scheint als hätte nicht nur die nervige »Muddern« den Ablösungspro-
zess vom Sohn nicht geschafft, sondern auch der Sohn weiterhin ein kindliches
Verhältnis zur Mutter, was vor allem sprachlich vermittelt wird. Dies könnte
einerseits an der Beeinträchtigung der Mutter liegen, die Jan dazu gezwungen haben könnte, sich schon als Kind verstärkt um sie zu kümmern (»Hat es
daher im Leben auch nicht einfach gehabt« (Z. 106)). Wahrscheinlich war die
Mutter auf Jan angewiesen, insbesondere weil der gewalttätige leibliche Vater
keine Hilfe gewesen sein wird. Die gemeinsame Gewalterfahrung und damit
verbundene Ohnmachtsgefühle führten zu einer starken Bindung an die Mutter aber auch zu einem großen Wunsch bei Jan, der Situation zu entkommen,
was ihm mit der Ausbildung auch gelang. Während ich persönlich im Interview immer wieder sehr emotional werde, bleibt Jan weitestgehend emotionslos.
In Bezug auf die Mutter oder den Vater, wo man Trauer oder Wut erwarten könnte[13], ist vordergründig keine Emotionalität spürbar. Stattdessen lacht er
immer wieder in Situationen, die teilweise unpassend erscheinen und daher als
Coping-Mechanismus gelesen werden können. Beispielsweise am Ende einer für
ihn besonders traumatischen Geschichte, als er auf einem Dampfer in der Nähe
der Westafrikanischen Küste arbeitete und bei der Reise der erste Offizier in
einem Sturm durch eine Monsterwelle getötet wurde. Kurz darauf kam Ersatz für
den Verstorbenen:

Und das hat keine 24 Stunden gedauert, da war der neue erste Offizier da. Der wurde
dann eingeflogen. Ne, also ganz makaber in dem Sinne als wenn man eine Schublade
auf macht und man holt sich einen neuen Offizier da raus. (Z. 195–198)

---

[13] Oder Verständnislosigkeit: Warum ist die Mutter beim Vater geblieben?

Der neue erste Offizier brachte die Grippe mit an Bord, weshalb das Schiff 10–14 Tage in Quarantäne lag: »Und das, ja genau. Weswegen wir in Quarantäne waren, war halt der neue erste Offizier. Und der kam halt, weil der andere leider ums Leben kam (Lachen)« (Z. 229 f.). Nach eigener Erzählung, habe er dieses Erlebnis lange Zeit verdrängt, bis er schließlich zusammengebrochen sei und sich Hilfe geholt habe: »Es ist natürlich immer noch ähm belastend. Aber [hmh] ich kann, sage ich mal die Schublade auf machen, die Bilder raus holen, drüber erzählen, die Bilder wieder weg packen und dann ist es gut« (Z. 226–229). Die metaphorische Schublade steht sowohl für das Trauma (der neue Offizier wird aus einer Schublade geholt) als auch den Umgang damit (ich kann die Bilder aus der Schublade holen) und verweist damit auf die Widersprüchlichkeit innerhalb von Jans Erzählungen, die sich in den von ihm genutzten Metaphern ausdrücken. Eine zweite Metapher, die die Gruppe als irritierend und widersprüchlich erlebt, ist die des »mit dem Rücken zur Wand kommen« zu müssen. Das erste Mal taucht sie bereits in der Eingangserzählung des Interviews auf:

> Und leider hat dann schon während des Studiums die maritime Wirtschaftskrise eingesetzt. [hmh] Weswegen es unglaublich schwer war, nach dem Studium einen Job zu bekommen, eine Heuerstelle. Ich konnte dann ein knappes halbes Jahr als Offizier fahren, aber auch nur als Krankheits- und Urlaubsvertretung, aber nichts Festes. Und musste irgendwie mit dem Rücken an der Wand kommen. Und dann bin ich zur Eisenbahn gekommen. Habe dann also [...] joa den Beruf gewechselt. (Z. 22–27)

Die sonst negativ konnotierte Metapher »mit dem Rücken zur Wand stehen« ist hier positiv umgedeutet als: klar kommen, eine Entscheidung treffen, weiter machen. Dass die Umdeutung der Metapher eine große Bedeutung für Jans Erzählung hat, zeigt sich in ihrer mehrfachen Verwendung. Auch an in der zweiten Interviewhälfte wird sie erneut verwendet:

> Ja, und als ich dann irgendwie zu Hause saß, ich wohnte zu dem Zeitpunkt noch bei meinen Eltern. Weil ich ja nur unregelmäßiges Einkommen hatte. Und dachte irgendwas musst du jetzt machen. Du musst mit dem Rücken an der Wand kommen. Habe mir mehrere Alternativen überlegt, was ich machen kann. (Z. 376-380)

Deutlich wird aus der Erzählung, dass Jan mit dem Rücken an die Wand kommen muss. Die Wand im Rücken zu haben, gibt ihm Sicherheit. Von dort kann er sich wieder orientieren, von dort geht es nur gerade aus (»linear«[14]) weiter. Vielleicht deshalb, weil er sich an beängstigende Situationen nicht gern erinnert

---

[14] »Ja, meine Lebensgeschichte ist eigentlich, ja, relativ linear.« (Z. 16)

oder sie als Ausgangspunkt nimmt, sich neu zu orientieren. Die traumatischen
Kindheitserfahrungen sind verdrängt und der traumatische Tod des Kollegen in
eine Schublade gepackt. Beides sind Strategien, um mit den möglicherweise
zugrunde liegenden Ohnmachtsgefühlen umgehen zu können. Ebenso hat er sich
mit dem gewalttätigen Vater ausgesöhnt und der Berufswechsel zum langweiligen
Lokführer schafft zumindest Sicherheit:

> Die Seefahrt und das Studium waren ein Kapitel meines Lebens. Und bei der Eisen-
> bahn ist man ja auch nicht schlecht aufgehoben. Vor allem in der jetzigen Zeit hat man
> echt gemerkt, was für ein Luxus das ist [...] Da ist man echt ziemlich safe. (Z. 94–97)

Die Metaphern mit dem Rücken an die Wand kommen und Schubladen beliebig auf und zu machen zu können, zeigen bildlich wie Jan in vulnerablen
Momenten die Kontrolle wiedererlangt. Von hinten kann niemand angreifen und
negative Emotionen können wieder weg geräumt werden. Genauso verhält es
sich mit der Metapher »festen Boden unter den Füßen« zu haben. In schwieri-
gen/traumatischen Situationen wird dieser Jan nämlich wiederholt weggerissen
und verhindert dadurch, dass Jan sich sicher und orientiert fühlen kann.

Souverän hat er sich durch die schweren Zeiten manövriert. Kontrastiert wird
seine scheinbare emotionale Anteilnahmslosigkeit durch zwei Erzählungen, bei
denen bei ihm tatsächlich Tränen flossen. In beiden geschilderten Situationen geht
es um Kinder. Die erste Situation bezieht sich auf den Tod des ersten Offiziers
und dass er Jahre lang nicht darüber gesprochen hat, bis zu einem bestimmten
Erlebnis:

> Da ist der Sohn von einer Freundin von uns, der war zu dem Zeitpunkt glaube ich vier.
> Vom Klettergerüst, vom Spielplatz gefallen und hat sich den Kopf angeschlagen so ein
> bisschen. Das war auch ein bisschen am Bluten. Und da, ja, bin ich, ja, kollabiert, ne.
> Hab ich auch angefangen zu heulen. Und und und bin dann, also mehrere Jahre danach
> dann wirklich erst, habe mir dann erst mal Hilfe gesucht und habe drüber gesprochen.
> (Z. 221–225)

Warum es genau diese Situation auf dem Spielplatz war, die Jan an das Erlebnis
mit der Monsterwelle erinnerte, ist unklar. Es ist aber ebenfalls eine Situation
beim Spielen, bei der zum zweiten Mal Tränen flossen:

> Den einen Tag saß er [Karl, der Sohn] hier in der Stube auf dem Fußboden und hat
> mit seiner Holzeisenbahn gespielt. Und auf einmal hält er inne und fängt ganz doll an
> zu weinen und sagt er möchte seinen Louis sehen. Seinen besten Freund. [hmh] Und
> da bin ich auch zu Pudding geworden, habe auch gleich mit geheult, weil einem das
> so das Herz zerrissen hat. (Z. 479–482)

Jans Auffassung zufolge haben Kinder besonders sensible, feinfühlige Antennen, weshalb sie genau mitbekommen, was um sie herum passiert. Dass er seinem Kind hier nicht helfen kann, bringt ihn zum Weinen. Letztendlich ist auch der Sohn der Auslöser dafür, dass sich das Verhältnis zur Mutter und zum leiblichen Vater wieder bessert, denn Jans Mutter kann sich jetzt statt auf den Sohn auf den Enkel fixieren:

> Und ich glaube sie musste selber lernen, loszulassen. Weil ein einzelnes Kind und, fiel ihr wohl schwer. Aber hat sie jetzt wohl auch glaube ich gelernt. Vor allem weil sie jetzt auch einen Enkel hat. Mein Sohn, der ist jetzt vier geworden. Und da ist sie total happy mit. (Z. 120–122)

Und der Vater kann wieder gut machen, was er bei dem eigenen Kind versäumt hat:

> Natürlich immer noch mit dem Hinterkopf, dass er jetzt nicht der beste Vater war und Jahre lang nicht für mich da war. Ähm, aber dafür versucht er glaube ich jetzt – sondern nicht mit Geschenken oder so, aber versucht für meinen Sohn ein guter Opa zu sein. Erzählt viele Geschichten, wenn er hier ist, zu Besuch, beschäftigt er sich viel mit ihm. Und doch, das versucht er so ein bisschen wieder gut zu machen. (Z. 150–154)

Für Karl ist möglich, was Jan nicht möglich war. Die Versöhnung mit dem Vater findet statt, damit der Sohn (wie Jan selbst) einen Geschichten-erzählenden Opa haben kann. Die Mutter, die ihn stets vereinnahmt hat, kann ihre Aufmerksamkeit auf jemand anderen richten und die Tränen, die in der Erzählung seiner eigenen Kindheit nicht geflossen sind, können jetzt fließen.

Die schutz- und hilflose Situation dem prügelnden Vater gegenüber mit dem Rücken zur Wand zu stehen, wird möglicherweise positiv gewendet: Mit dem Rücken zur Wand ist er gefordert sich selbstständig und aktiv der Situation anzunehmen. Die hilflose Mutter war scheinbar nicht in der Lage sich selbst und das Kind zu schützen, bis sie schließlich aus der gemeinsamen Wohnung herausgeschmissen wurden. Die erste große Erinnerung aus dieser Zeit ist die vom Teddybären, in der andere und vor allem die Mutter Jan gegenüber fürsorglich agieren. Der Teddybär ist vermutlich sowohl Erinnerung als auch Wunschbild oder Phantasie. Wie Jan betont, haben Kinder besonders feinfühlige Antennen. Diese beansprucht er jedoch nicht für sich selbst, sondern wiederholt, dass er eine schöne Kindheit gehabt habe. Die Ko-Dependenz mit der Mutter zwang ihn vermutlich, Gefühle von Angst und Ohnmacht zu verdrängen und schnell erwachsen zu werden. In der Teddy-Szene wird das Schöne an einer schrecklichen Situation herausgestellt, eine Tendenz, die Jan bis heute nicht aufgegeben hat. Etwas ins Positive zu wenden ist schließlich auch eine Möglichkeit, die Situation für sich umzudeuten und dadurch Kontrolle über sie auszuüben. Deswegen muss er uns beiden immer wieder versichern, dass er eine behütete Kindheit hatte, obwohl nichts dafür spricht. Im Gegenteil deuten die gewaltvollen Äußerungen über die Mutter eher auf negative Gefühle, die sich aber nicht eingestanden werden können. Vielleicht, weil der Mechanismus, Dinge positiv zu sehen schon damals entstanden ist. Besonders weil die eigene Mutter aufgrund ihrer Hörschädigung als verletzlich wahrgenommen wurde, muss Jan sie bis heute beschützen und negative Gefühle ihr gegenüber abwehren. Die zwanghaft positive Identifizierung sowie das Verantwortungsgefühl gegenüber der Mutter sind womöglich auch der Grund, warum Jan nie aus Nordstadt weggezogen ist, obwohl er die Mentalität dort ablehnt.

### 2.3.2 Corona

Was die Corona-Pandemie betrifft, so erzählt Jan, die Entwicklungen von Anfang an verfolgt zu haben. Wie rasant sich das Virus ausbreitet, hat er bei den ersten Fällen in Deutschland gemerkt. Als Wuhan abgeriegelt wurde, habe er das noch als chinesische »Resolutheit« abgetan:

> Und dann, ja, ging es ja weiter mit Italien. Und das war ja der der, ich sage mal der Super Gau in Europa mit Italien, was da passiert ist. Das hat einem ja echt den Boden unter den Füßen weg gerissen. Dass man gesehen hat, dass da Militärkonvois da die Toten abtransportiert hat. (Z. 453–456)

Corona-Leugner:innen kann er vor allem in Anbetracht der vielen Toten nicht verstehen. Er wurde »tierisch sauer« (Z. 490), weil er nicht verstehen konnte »wie Menschen ihre Augen verschießen konnten. Vor dem was in Spanien und Italien passiert ist. Und auch in Amerika. Dass die da vor New York auf so einer Insel Massengräber ausgehoben haben [hmh], das – wie man das nicht verstehen kann« (Z. 490–493). Er habe sich deswegen auch mit einer Arbeitskollegin gestritten, die sagte, sie glaube an Chemtrails, die Juden seien an der Pandemie Schuld und den Holocaust müsste man eben ebenfalls neu überdenken, es sei gar nicht so passiert, wie es in den Geschichtsbüchern stehe:

> Und da bin ich echt ausgerastet. Da habe ich sie echt angeschrien. Ich sag, wie kann man denn das so verharmlosen. Dass da einerseits im Holocaust da über sechs Millionen Juden bestialisch ermordet wurden. Und du erzählst ne, das war vielleicht gar nicht so. Und jetzt fängst du an von wegen den Virus gibt es nicht obwohl in Italien die Leute sterben wie die Fliegen. (Z. 501–505)

Jan erzählt, dass er sich seit diesem Zwischenfall den Kontakt zu Corona-
Leugner:innen vermeidet und die Situation verlässt, wenn er Pandemie leugnende
Aussagen hört. Der Streit sei »neben den ganzen Toten« (Z. 512) sein »Corona
Moment« (ebd.) gewesen, der ihn am meisten geprägt habe. Dass das menschliche
Leid, das ihm »den Boden unter den Füßen wegreißt«, nicht gesehen wird, ist für
ihn unverständlich. Die vielen Toten erwähnt er immer wieder, und nutzt dafür
eindrückliche Bilder wie »Supergau« (Z. 454), Leichentransporte, »Massengräber« (Z. 492) oder sterbende Fliegen. Erkennbar wird eine Parallele hinsichtlich
des Todes des Großvaters, denn auch dieser hat ihm den Boden unter den Füßen
weggerissen. Der Tod scheint für Jan also eine Situation zu sein, die sich nicht
kontrollieren lässt und bei der nicht so einfach ein fester Stand (mit dem Rücken
an der Wand und Boden unter den Füßen) zurückerlangt werden kann.

An den verordneten Maßnahmen hat er entsprechend wenig Kritik. Schlechtes
könne »man ja immer nur auf sich persönlich runter brechen. Wenn man persönlich im Alltag eingeschränkt wird, sage ich mal. Das ist dann ja für einen
persönlich schlecht« (Z. 521–523). Darunter fällt für Jan, dass die Kindergärten
geschlossen wurden und »man persönlich auf einmal vor vollendeten Tatsachen
stand« (Z. 525 f.). Lebensmittelläden geöffnet zu lassen und Kultureinrichtungen
zu schließen sei in Ordnung, um die Infektionsketten zu durchbrechen. Eine Einschränkung führt er allerdings an: »Man muss aber auch immer, ich sage mal, das
in Waage halten. [...]. Viele Kinos haben jetzt ja schon den Punkt überschritten,
dass sie sagen: wir können nicht mehr öffnen« (Z. 534–537). Ein Freund von
ihm, der an einem Theater beschäftigt sei, könne etwa nicht mehr lang von seinen Rücklagen leben. Die wirtschaftlichen Hilfen der Bundesregierung müssten
da anders priorisiert werden:

> Und das war dann ein Punkt, den ich nicht verstehen konnte. Das gesagt wird, wir
> unterstützen Lufthansa und wir machen dies. Und Rettungsfonds für die Autoindus-
> trie. Aber äh, Kunst- und Kulturschaffende sollen dann ein bisschen zusehen? Oder
> kriegen irgendwie, ich glaube 3000 € waren das irgendwie. Und dann friss oder
> stirb. Und das war was mich so ein bisschen, ja, doch aufgeregt hat. Dass man Kunst
> und Kultur doch ein bisschen runter geschraubt hat in den Prioritäten. Und große
> Konzerne wie VW und Lufthansa dann doch eher rettet. (Zeile 545–551)

Für Jan werden Menschen sich selbst überlassen während »große Konzerne«
gerettet würden. Persönlich ist es hingegen bloß eine »Umgewöhnung, ne. [hmh]
Halt dann anders begrüßt. Entweder mit dem Ellenbogen oder mit dem Fuß
(Lachen)« (Z. 581 f.). Für Pöbeleien gegen Leute, die sich vermeintlich nicht
an die Regeln halten, habe er allerdings kein Verständnis:

Da hatten wir, das war auch wieder so ein Punkt wo ich mir echt wieder gefragt habe, Leute was macht ihr denn da? Da wurden teilweise Leute beleidigt, angeschrien, weil sie ein auswärtiges Kennzeichen hatten. [...] Und andere Autos mit auswärtigem Kennzeichen wurden mit Farbe beschmiert und zerkratzt und – Hassbotschaften unter die Fensterwischer geklemmt. Wo ich mich denn frage: Leute, was ist denn falsch mit euch? [...] Und dieses unreflektierte, dieser dieser blinde Hass, der hat mich echt traurig, aber auch wütend gemacht. (Z. 587–600)

Jan macht es traurig und wütend, wenn sich Menschen Hasserfüllt begegnen. Zusätzlich ärgert es ihn, weil Nordstadt ein großer Touristenstandort ist und Negativschlagzeilen schlecht für das Image des Ortes sind. Eigentlich sei es in Nordstadt ruhig gewesen, obwohl er direkt anfügt, dass es ab der Öffnung zu Pfingsten und Ostern eine »Fackel-Mistgabel-Mentalität« (Z. 610) gab und alle argwöhnisch betrachtet wurden, die zu Besuch kamen: »Und diese oft erwähnte Blockwartmentalität hat sich dann doch bei einzelnen breit gemacht« (Z. 613 f.).

Zusammenfassend kann man sagen, dass Jan in Bezug auf die Pandemie persönlich alles ertragen zu können scheint, sofern er sein Schicksal selbst in die Hand nehmen kann. Zum Beispiel setzt er sich mit dem Chef zusammen, um seinen Dienstplan so zu verändern, dass er hauptsächlich nachts und am Wochenende arbeitet, während seine Frau tagsüber arbeitet, um die Kinderbetreuung sicherstellen zu können. Bei allem, was über den eigenen Handlungsspielraum hinausgeht, wird dies jedoch schwieriger; wenn die Menschen »sterben wie die Fliegen«, reißt ihm das den Boden unter den Füßen weg, wie der Tod des Großvaters. Jans Handlungsmacht ist hier nahezu komplett eingeschränkt, die Situation kontrollieren kann er nur, indem er seinen Schichtplan ändert, auf den Sohn aufpasst und die Regeln einhält. Gegen die Regeln zu verstoßen, ist dementsprechend mit Schuldgefühlen und einem schlechten Gewissen verbunden, so auch ein Besuch bei den Schwiegereltern:

> Als es meiner Schwiegermutter, die hatte dann Geburtstag und es war ihr wichtig. Und dann sage ich zu meiner Frau, ich sage, wir können gerne hin fahren. Ich bin jetzt kein Freund davon da hin zu fahren. Aber wenn du möchtest, machen wir das. Und die Autobahn habe ich noch nie so frei erlebt. [...] also ich hatte immer so ein, so ein Gefühl von wegen wir machen irgendwas verbotenes, irgendwas falsches. Jetzt nach [Stadt] zu fahren. Wir sind ja nur bei meinen Schwiegereltern für einen Tag gewesen und wieder zurück. Aber es war dann für mich persönlich doch ein beklemmendes Gefühl [hmh]. (Z. 626–633)

Gerade weil er sieht, dass sein persönliches Verhalten einen Einfluss auf die Pandemie- Entwicklung haben kann, überlegt Jan, wie er sich weiter verhalten soll. Wie beschrieben, ist ihm jedoch auch klar, dass auch wirtschaftliche Überlegungen eine Rolle bei der Pandemiebekämpfung spielen, möchte dazu aber keine Prognosen treffen [»Also ich bin da echt kein Experte« (Z. 645)]. Der Zwiespalt in den ihn das bringt, soll an einer letzten längeren Textstelle aufgezeigt werden:

> Aber ich hoffe mal, dass es dann jetzt nicht zu einer zweiten Welle kommt aufgrund der Lockerungen. Aufgrund der voreiligen Lockerungen teilweise auch. Teilweise war die R-Zahl ja irgendwie auch schon über 1 gestiegen, was das RKI da gesagt hat. Und ich bin aber sehr vorsichtig und ich bin zwar kein Pessimist, aber ich habe mit ein paar Freunden geschnackt und wir wollen gucken wie es im Herbst ist. Und nicht, dass uns da alles wieder auf die Füße fällt und wir in den zweiten Lockdown rasseln, weil jetzt alle wieder alle quer durch die Republik fahren und Urlaub machen. [hmh] Andererseits muss man aber auch gucken, es hängen wirtschaftliche Existenzen halt an dem Tourismus, ne. Und das ist halt so diese Waagschale die man hat, ne. Lässt man jetzt mehrere Konzerne oder mehrere Firmen oder Selbstständige den Bach runter gehen? Und oder oder lockert man zu früh und hat halt dann wieder, ja, den Virus der hier rum geht, ne. Also ich bin auch echt froh, dass ich nicht diese Entscheidungen treffen müsste. [hmh] Das wäre mir echt zu viel. (Z. 654–666)

### 2.3.3 Zusammenfassung

Die Corona-Pandemie reaktiviert möglicherweise Gefühle fehlender Handlungsmacht, Schutz- und Hilflosigkeit und gesteigerter (körperlicher) Vulnerabilität, die Jan vor dem Hintergrund eigener biographischer Erfahrungen (der väterlichen Gewalt und dem traumatischen Todesfall auf See mit anschließender Quarantäne) besonders vehement abwehren muss. Auch ambivalente Gefühle werden spürbar. Gegensätzliche Bedürfnisse nach Abenteuerlust und (Job-)Sicherheit, werden von Jan zugunsten der beruflichen und finanziellen Sicherheit aufgelöst, weshalb er den eher langweiligen Job bei der Eisenbahn annimmt, statt bei einer Zukunft beim aufregenden, aber finanziell unsicheren Beruf des Seefahrers zu bleiben.

Da in Jans Leben die Figur des Großvaters eine bedeutsame und haltgebende Rolle einnimmt, versöhnt auch er sich mit seinem Vater, um seinem Sohn eine ähnlich wichtige Beziehung zu dessen Großvater zu ermöglichen. Als besonders einschneidend erlebt Jan den Lockdown insofern, als dass er seine ansonsten schutz- und haltgebende Rolle als Vater zumindest kurzzeitig nicht aufrechterhalten kann, sodass er sich vom Weinen und der Hilflosigkeit seines Kindes anstecken lässt.

Die pandemische Situation selbst ist bei ihm mit dem Tod verbunden, was die Geschichte mit der Grippe an Bord des Schiffs deutlich machte. Dass die Menschen sterben (»wie die Fliegen«), kann er nicht ertragen, weil traumatische

Erlebnisse der Vergangenheit sowie die Ohnmachtsgefühle gegenüber der Monsterwelle und letztlich auch gegenüber dem gewalttätigen Vater affektiv wieder erlebbar werden, die Jan sonst zu verdrängen versucht.

Gleichzeitig ist er in der Lage, die Ambivalenzen der Situation zu verstehen und auszuhalten. Er zeigt sich solidarisch mit den Erkrankten, Sterbenden und ökonomisch von der Krise Betroffenen. Die Maßnahmen, die getroffen wurden und werden, kann er auch kritisch dahingehend hinterfragen, ob sie einzelne Gruppen und Personen besser hätten schützen können. Ebenso kann er zwischen seinen eigenen Bedürfnissen und solchen trennen, die zum Schutz der Bevölkerung getroffen werden.

In Anbetracht der realen Gefahr die von dem Virus ausgeht, und dem damit verbundenen Leid, bricht er mit der verschwörungsgläubigen Arbeitskollegin, die sich menschenverachtend und antisemitisch äußert.

## 2.4 Luzie, 30

Luzie ist 30 Jahre alt, wurde in einem Ort bei Kassel geboren und lebte dort bis zu ihrem siebten Lebensjahr, als sich ihre Eltern trennten. Sie zog mit der Mutter für anderthalb Jahre in einen nahegelegenen anderen Ort, wo die (nun alleinerziehende) Mutter mit Mühe für die beiden sorgte. Ihre Mutter wollte kein Geld vom Staat annehmen, weshalb sie im Schichtdienst arbeitete. Schließlich zogen beide zusammen nach Nordstadt, weil die Großeltern mütterlicherseits dort ein Haus besaßen. Kontakt zum Vater gab es in der Zeit nur spärlich. Erst mit 16 oder 17 Jahren habe sie den Kontakt von sich aus wieder aufgenommen.

Während der Realschule wurde sie für vier bis fünf Jahre Teil der Punker-Szene. Sie machte ihren Realschulabschluss und absolvierte eine Ausbildung zur Pflegerin. In diesem Beruf arbeitete sie für siebeneinhalb Jahre, bis sie 2020 kündigte, weil der Beruf nichts für sie gewesen sei. Sie habe psychosomatische Symptome entwickelt und sei mit der Kündigung ein neuer, glücklicherer Mensch geworden. Zum Zeitpunkt des Interviews war sie krankgeschrieben, suchte aber händeringend nach einer neuen Ausbildungsstelle im Norden. Sie beschreibt sich als kopflastigen Menschen, für den Hartz IV keine Option darstelle.

Seitdem Luzie sich erinnern kann, leidet ihre Großmutter mütterlicherseits an Multipler Sklerose (MS) und vor fünf Jahren bekam ihre Mutter dieselbe Diagnose. Zwei Jahre lang fragte sich Luzie, aufgrund ihrer psychosomatischen Beschwerden, ob sie ebenfalls MS habe, dies sei jedoch diagnostisch ausgeschlossen worden. Der Vater habe drei weitere Kinder aus einer späteren Beziehung,

von denen eines autistisch sei. Ihren Vater beschrieb sie zunächst als einen »speziellen« Menschen (Z. 103), dem es schwer gefallen sei Kontakt zu halten und
Emotionen zu zeigen. Erst später während der Ausbildung, als sie verschiedene
Krankheitsbilder kennenlernte, sei ihr aufgefallen, »wie viel er gemein hat mit
den ganzen Symptomen von Autismus« (Z. 284 f.). Auch wenn Autismus nicht
vererbbar sei, müsse es da dennoch etwas geben, schließlich sei der Halbbru-
der Autist und auch der Großvater väterlicherseits habe autistische Züge gehabt.
Auch sich selbst schrieb Luzie autistische Züge, beziehungsweise »Ticks« oder
»Neurosen« zu, die sich zum Beispiel in sozialer Distanziertheit äußerten.

Luzie lebt allein in einer Wohnung. Im gleichen Haus wohnt die Mutter, um die sie sich ebenso kümmert wie um die Großmutter, die mittlerweile
pflegebedürftig geworden ist.

Während der Interpretation des Materials fiel vor allem die Menge an Auslas-
sungen ins Auge. Während Luzie in ihren Erzählungen viel andeutete, wurde sie
selten konkret. Dennoch durchziehen drei Topoi das ganze Interview: Krankheit,
Arbeit und die Zugehörigkeit zu einer Gemeinschaft. Diese drei Aspekte sollen
hier vorgestellt werden.

### 2.4.1 Das Krankheitsnarrativ

Luzies Leben ist geprägt von verschiedenen Krankheitsbildern. Seit sie sich erinnern kann, leidet ihre Großmutter an Multipler Sklerose. Auch bei deren Tochter,
also Luzies Mutter, wurde die Krankheit vor einigen Jahren diagnostiziert, der
Vater hingegen hat nie eine offizielle Diagnose bekommen:

> Ja. Ähm mein Vater ist (zögernd) ein spezieller Mensch sage ich mal. Ich glaube nicht,
> dass irgendwas jemals diagnostiziert wurde oder so. Aber er hat ähm meiner Meinung
> nach autistische Züge. Er ist ein sehr sehr intelligenter Mensch. Und wirkt im ersten
> Moment glaube ich auch recht sozial. Aber das ist er eigentlich nicht so wirklich. (Z.
> 103–106)

Sein fehlendes soziales Interesse äußerte sich zum Beispiel darin, dass er sich
aus eigenem Antrieb nach der Trennung nie bei Luzie gemeldet habe. Nur nach
Aufforderung der Mutter meldete er sich: »Und ich als Kind mit 8, 9 Jahren
habe natürlich immer gedacht, okay mein Papa hat mich nicht mehr lieb« (Z.
108 f.). Später habe sie begriffen, dass das einfach seine Art sei und sich ab
ihrem 16ten Lebensjahr selbstständig bei ihm gemeldet: »Aber ich als Kind äh
fand das natürlich ganz grausam. Das hat sich dann erst wieder so eingependelt
als ich 16, 17 wurde und ich mich von mir aus gemeldet habe« (Z. 112–114).
Auf die Idee, dass ihr Vater autistisch sein könnte, kam sie dann während der

Ausbildung, als sie verschiedene Krankheitsbilder kennenlernte. Sie überlegte, ob Autismus womöglich vererbbar ist:

> Und da dämmerte mir erst wie viel er gemein hat mit den ganzen Symptomen von Autismus und so. Und äh auch da war sehr überraschend, mein Bruder ist Autist. Das steht fest, ist auch diagnostiziert. Und selbst ich habe so ein paar verschiedene Ticks nenne ich es jetzt mal lieb. Wie mein Vater auch. So leichte manche Zwangsneurosen kommen da auch manchmal durch. Und man sagt immer, es ist nicht vererbbar. Aber ich denke schon, dass ähm, er quasi der Überträger dafür in irgendeiner Form war. Weil wenn mein Bruder da definitiv schon Autist ist. Ich habe da auch immer so meine verschiedenen Problemchen, auch im Sozialen manchmal. Ja ich denke mal, es muss wohl von meinem Vater, vielleicht meinem Opa irgendwie kommen. Ich weiß es nicht [hmh]. Also er ist hoch intelligent und sozial ist er eine absolute Niete. (Z. 284–293)

Auf den Großvater angesprochen, erzählte sie, dass sie selbst nur wenige Erinnerungen an ihn habe. Sie habe ihn als Kind wegen seiner Intelligenz aber immer sehr bewundert, obwohl er aufgrund eines Hirntumors kein Kurzzeitgedächtnis mehr besessen hätte:

> Und eigentlich kenne ich ihn so wirklich nur als verwirrten alten Mann (Lachen) [hmh]. Also so ganz ganz vage Erinnerungen an damals wo wo es ihm noch gut geht, dass er immer auf jede Frage eine Antwort hatte. Dass jeder immer zu ihm gekommen ist, wenn er was wissen wollte. Dass man mit ihm nie etwas spielen konnte, weil er immer gewonnen hat. Das sind so Kleinigkeiten, an die ich mich erinnere. Also ich weiß auch nur von Erzählungen, dass er wohl auch ein ähm recht intelligenter Mensch gewesen ist. (Z. 302–307)

In Luzies Narration verschwimmen eigene Erinnerungen mit familiären Erzählungen über den Großvater. Außer der Wiederholung, dass er intelligent gewesen sei, gibt es aber in ihren Ausführungen keine Hinweise darauf, dass er wirklich autistisch gewesen sein könnte. Wie aus den Zitaten herauszulesen ist, identifiziert sich Luzie teilweise mit den angenommenen autistischen Zügen der Familie. Sie erzählte von ihren »Ticks«, »Zwangsneurosen« und »Problemchen im Sozialen«. Später erzählte sie außerdem, dass sie es gut findet, sich wegen der Abstandsregelung jetzt nicht mehr umarmen zu müssen oder Hände zu schütteln und sich dafür rechtfertigen zu müssen. Auch die MS mütterlicherseits hat für sie persönliche Konsequenzen: Nachdem die Mutter diagnostiziert wurde, fragte sie sich, ob sie wohl auch MS bekommen wird (obwohl es eigentlich nicht vererbbar ist). Zwei Jahre lang ließ sie sich daraufhin untersuchen, bis die MS schließlich ausgeschlossen wurde. Dies sei erleichternd, aber auch frustrierend gewesen: »Aber es ist immer blöd nicht zu wissen was man hat. Und deshalb äh wäre es mir in dem Moment glaube ich sogar lieb gewesen, sie hätten gesagt, dass ich auch MS habe. Weil dann hätte sich alles äh auf einmal erklärt« (Z. 209–211). Luzies Erzählung über ihre Familie ist dominiert von Krankengeschichten, ansonsten erfahren wir sehr wenig über sie. Es gibt noch einen Großvater mütterlicherseits, der aus den USA stammt und die Großmutter kennengelernt hat, weil er als Marinesoldat in Nordstadt stationiert war. Nach Nordstadt zurückgekehrt sind sie vor einigen Jahren aufgrund der MS seiner Frau. Darüber werde in der Familie aber nicht gesprochen, weil es ihn »etwas wehleidig« (Z. 92) mache. Über Luzies Vater wurde nur gesagt, dass er in der Kindheit abwesend war und drei weitere Kinder hat. Über die Mutter wurde erzählt, dass sie hart gearbeitet hat und es ablehnte, vom Staat zu leben.

## 2.4.2    Arbeitsethos und normative Lebensführung

Nach der Realschule begann Luzie eine Ausbildung zur Pflegerin und arbeitete im Anschluss acht Jahre lang in dem Beruf, bis sie herausgefunden habe, dass dieser die Ursache ihrer psychischen/körperlichen Symptome war. Eigentlich habe sie jedoch bereits seit Ausbildungsbeginn gewusst, dass die Arbeit nicht wirklich das ist, was sie machen möchte. Sie beschreibt, warum sie dennoch in dem Beruf weiter gearbeitet hat:

> Ich bin auch groß geworden mit: du musst deinen Beruf nicht lieben, du musst ihn nur machen. Hauptsache du hast etwas. Arbeitslos sein war absolut äh keine Möglichkeit. Und dann habe ich durchgezogen und das immer wieder wohl verdrängt. (Z. 246–249)

Auf Nachfrage sagte sie, dass es zwar nie direkt ausgesprochen wurde, aber »meine Familie lebt schon nach dem Motto arbeitslos sein äh, das äh ist nur was für faule Menschen« (Z. 264 f.). Entsprechend habe ihre Mutter als Alleinerziehende lieber in Schichtarbeit gearbeitet, als Hartz IV zu beziehen: »Weil, ähm das einfach nicht so die Lebensweise meiner Familie war. Bei mir wird immer hart gearbeitet. Und äh ja, das eigene Wohl wird immer so ein bisschen zurückgestellt« (Z. 268–270). Außerdem vermutet sie: »das habe ich mir dann einfach wohl so abgeschaut« (Z. 270 f.). Entsprechend schlecht kann sie mit der Situation umgehen, arbeitslos beziehungsweise auf der Suche nach einem Ausbildungsplatz zu sein. Weil es aber schon Ende Juli war, waren fast alle Ausbildungsplätze vergeben. Entsprechend berichtete sie »jeden Tag in gesamt Norddeutschland alle möglichen Firmen« (Z. 338 f.) anzurufen, um nach freien Stellen zu fragen. Zum Zeitpunkt des Interviews wartete sie noch auf die Rückmeldung zweier Betriebe, bei denen sie sich beworben hatte. Eine der beiden Stellen würde sie lieber antreten, als die andere. Über letztere sagt sie:

Und ja, es ist jetzt nicht meine erste, auch nicht meine zweite Wahl. Aber irgendwas brauche ich ja, weil Hartz IV ist für mich äh keine Option. Das will ich nicht. [...] Also außer Verkäufer glaube ich, bin ich jetzt alles durch was es so gibt. In soziale Berufe darf ich vom Arbeitsamt ja nicht mehr. (Z. 355–361)

Obwohl ihr letzter Beruf ihr so zuwider war, dass sie starke, nicht weiter spezifizierte, psychosomatische Reaktionen darauf hatte, ist sie bereit, die nächstbeste Ausbildungsstelle anzunehmen. Außerdem hätte sie ein Jahr krankgeschrieben werden sollen, aber dagegen wehrte sie sich. Der internalisierte familiäre Druck, nicht zu ›faulenzen‹ oder ›dem Staat auf der Tasche zu liegen‹, ist scheinbar stärker als die Erinnerung an die nur wenige Monate zurückliegende Erfahrung, unter dem Beruf zu leiden. Nur als Verkäuferin will sie nicht arbeiten. Sogar ein sozialer Beruf scheint besser als arbeitslos oder krankgeschrieben zu sein, wäre es ihr denn möglich.

In der Interpretationsgruppe äußerte eine Person immer wieder starke Zweifel an Luzies Erzählung über die Suche nach dem Ausbildungsplatz, »irgendetwas stimmt da nicht«. Dass sie sich nicht um einen Ausbildungsplatz kümmern konnte, bis es zu spät sei, sei irritierend. Ebenso die Vorstellung, dass Luzie nun wieder »irgendeinen« Beruf ausüben würde, anstatt ein Jahr krankgeschrieben zu sein und im nächsten Jahr die favorisierte Ausbildung zu beginnen, von denen es jedes Jahr genug gebe. Wirklich nachvollziehen konnte Luzies Situation kein:e Gruppenteilnehmer:in, aber außer der einen reagierte niemand mit Skepsis. Auf eine spätere Textstelle reagierten die Interpret:innen dennoch emotional mitfühlend:

Sollte ich tatsächlich diese eine freie Stelle kriegen, ich glaube ich würde Luftsprünge machen. Ah, einfach weil das meine erste Wahl war. Und ich weiß nicht. Ich glaube ich würde mich fragen womit ich das denn jetzt verdient habe. (Z. 389–392)

Die an sich selbst gerichtete Frage, womit sie das verdient habe, evoziert bei den Teilnehmenden den Eindruck, erstmals »echte Emotionen« wahrnehmen zu können, wodurch Mitleid ihr gegenüber entsteht. Wird die anfängliche Skepsis gegenüber Luzies Wunsch nach Arbeit hinzugezogen, vertrat die einzelne Teilnehmerin womöglich den latenten Wunsch in Luzie, tatsächlich nicht mehr arbeiten zu müssen oder zumindest so lange zu warten, bis sie eine Stelle bekommt, in der sie wirklich arbeiten möchte. Denn in ihrer emotionalen Reaktion auf die Vorstellung, in ihrem Traumberuf zu arbeiten, schien sie authentisch zu sein. Davor und danach stellte sich das Gefühl nicht wieder ein und die Teilnehmer:innen schilderten, nicht wirklich etwas über Luzie erfahren zu haben, oder dazu wie es ihr tatsächlich geht, auch wenn sie viel über sich erzählte.

Auch nachdem das Interview offiziell beendet war, blieb sie bei ihren Phrasen über Tüchtigkeit und betonte, dass sie immer etwas zu tun brauche und gerade sehr viel Zeit habe. Als ich ihr am Ende Glück für die Ausbildungssuche wünschte, antwortete sie: »Wenn man fleißig ist, schafft man schon was«. Mit dieser Einstellung entspricht sie einerseits dem neoliberalen Leistungsethos. Wer etwas erreichen will, muss auch dafür arbeiten. Man muss es nur genug wollen und hart arbeiten, dann wird alles gut, auch wenn es (wie in Luzies Fall) gegen die eigene Gesundheit geht. Die Norm der fleißigen Bürgerin bringt Luzie dazu, sich auch in Zeiten der Arbeitslosigkeit etwas zu tun zu suchen. Dies nannte sie als einen der Gründe, warum sie auf meine Interviewanfrage reagierte. Außerdem pflegte sie ihre Mutter und ging für sie und die Großeltern während der Pandemie einkaufen. Zieht man jedoch die andere Deutung hinzu, so scheint es auch plausibel, dass Luzie sich kaum eine Pause gönnen kann und immer weiter arbeiten muss, um sich gar nicht erst an den Gedanken zu gewöhnen, frei zu haben und das Leben zu genießen. Eine Abweichung bzw. Entlastung von der Arbeits- und Care-Moral ist für Luzie nur durch Krankheit möglich. So beschrieb sie ihren Vater als unzureichend in dieser Rolle. Der Konflikt lässt sich erst lösen, als sie alt genug ist, um sich selbst um Kontakt zu kümmern und ihn schließlich als Autisten diagnostiziert. Dadurch kann er nicht mehr für seine mangelhafte Väterlichkeit zur Verantwortung gezogen, aber seine Intelligenz hervorgehoben werden. Weil sie heute wieder »eine gute Beziehung« (Z. 322) haben, ist damit auch die normative heile Familie aufrechterhalten. Während die Eltern und Großeltern in der Erzählung nur als Krankheiten auftauchen und somit Arbeitsunfähigkeit und Vernachlässigung der elterlichen Pflichten legitimiert werden, gilt dies nicht für Luzie selbst. Sie sieht zwar Anteile des vermuteten Autismus väterlicherseits in sich und lässt sich auf die matrilineare MS testen, hat letztendlich aber keine Diagnose in eine der Richtungen. Die eigentlich nicht vererbbaren Krankheiten auch bei sich zu vermuten, kann darauf hindeuten, dass sie sich über die Krankheit zur Familie zugehörig fühlen könnte. Sie erwähnte immer wieder, dass sie eine andere Diagnose bekommen hat, die mit ihrem Beruf als Pflegerin zusammenhängt, erläutert aber nicht, welche genau und steht damit der Familie vereinzelt gegenüber. Im Vergleich zum (Groß-)Vater hält sie sich auch nicht für sehr intelligent. Im Gegenteil betonte sie immer wieder ihre Durchschnittlichkeit: »Also ich war immer eher so der gute Durchschnitt würde ich sagen« (Z. 120), »Ich war auf der Realschule, also auch Mittelmaß (belustigt) quasi« (Z. 130). Das familiäre Mantra des hart arbeiten müssens trifft hier auf wiederhergestellte Arbeitsfähigkeit. Nur ihr Beruf macht sie krank, weshalb sie nach der Kündigung direkt weiterarbeiten könnte, hätte sie denn eine Stelle. Als letzte Arbeitsfähige in der Familie ist der Druck womöglich noch höher als sowieso schon. Immerhin kann sie in dieser Logik

den Beruf einfach wechseln und ist damit geheilt – Mutter und Vater ist das
nicht vergönnt. Entsprechend würde sie jeden Job annehmen, der sich böte. Auf
meine Frage, was passieren würde, wenn sie ihre erste Wahl bekommen würde,
antwortete sie:

> ich glaube, ich würde Luftsprünge machen. Ah, einfach weil das meine erste Wahl
> war. Und ich weiß nicht. Ich glaube, ich würde mich fragen, womit ich das denn
> jetzt verdient habe. (...) Also ich wäre ein bisschen stolz auf mich einerseits. Weil
> ich mich ja wirklich unendlich bemüht habe die letzten Wochen irgendwas zu finden.
> Und andererseits, weiß ich gar nicht. Bräuchte wahrscheinlich ein zwei Tage, um das
> wirklich zu verdauen, dass ich dann diese Stelle tatsächlich habe. (Z. 389–397)

An dieser Stelle wird sie besonders emotional. Sie wäre stolz auf sich, wenn sie
den Ausbildungsplatz bekommen würde, weil sie sich so angestrengt hat. Wichtig
ist außerdem, dass es ihre erste Wahl ist. Sie ist es offensichtlich nicht gewohnt
etwas zu tun, was sie mag, denn das Argument »Hauptsache Arbeit" überwiegt
normalerweise. Sie als Auszubildende zu wollen, würde ihr scheinbar eine Anerkennung geben, die Luzie sich wünscht (»Womit habe ich das verdient?«), denn
die Anerkennung der Person funktioniert in der Familie über das Arbeitsvermö-
gen, konkret über die Lohnarbeit. Für die unbezahlte Care-Arbeit für die Familie
gibt es vermutlich nicht dieselbe Anerkennung. Das scheinbar einzige Mal, dass
Luzie sich aus der familiären Rolle gelöst hat, war einige Jahre während der
Realschule, als sie in »die Punker Szene mit rein gerutscht« (Z. 32) ist.

### 2.4.3   Der Wunsch nach Gemeinschaft(-sgefühl)

Ihre Zeit in der Punker-Szene erwähnte Luzie direkt in der Eingangserzählung
mit den Worten:»So wirklich spannend wurde es eigentlich erst die letzten zwei
Klassen in der Realschule« (Z. 30 f.). Trotzdem war es ihr wichtig zu betonen,
dass sie »eine von den wenigen [war], die trotz dem ganzen Kram noch eine
Ausbildung angefangen hat. Und super Noten geschrieben hat« (Z. 33 f.). Was
genau sie mit »dem ganzen Kram« meint, erklärt sie später im Interview:

> Wir haben wirklich das typische Punker-Leben durchgemacht. Ich habe kurzzeitig
> auf'm Bauwagenplatz gewohnt. Ich habe in verschiedensten Städten in Deutschland
> geschnorrt über Wochen. Äh, Drogen waren dabei natürlich, Schlägereien waren
> dabei, Demonstrationen. [...] Es ist alles so viel gewesen, dass ich jede Situation
> eigentlich erzählen könnte, weil alles irgendwie besonders war. (Z. 143–148)

Augenfällig ist das von Luzie beschriebene »Schnorren«; das Fragen nach Geld erzeugt im Hinblick auf Luzies ablehnende Haltung gegenüber Hartz IV und Arbeitslosigkeit große Irritation.

Auf die Frage nach ihrem schönsten Lebensabschnitt, antwortete Luzie mit der Zeit bei den Punks, weil ihr das für ihr Leben am meisten gebracht habe. Als ich sie nach einer bestimmten Situation fragte, wo das deutlich geworden sei, antwortete sie wie folgt:

> Hm. Ja. Äh es ist eine ganz perfide Situation. Ich war in, och, [Stadt in Thüringen] hieß das glaube ich. Und äh kein Mensch kannte mich dort. Ich kannte keinen Menschen, der dort gelebt hat. Aber sobald ein äh Skinhead, Punker wie auch immer, irgendwo lang lief, man hat sich gegrüßt, man kam sofort ins Gespräch. Und das sind diese kleinen Momente, nicht nur dort in Thüringen, sondern überall in Deutschland gewesen,wo du das Gefühl von einer absoluten Gemeinschaft hast. Du kennst dich überhaupt nicht. Und das könnte vielleicht das größte Arschloch der Welt sein, was dir da gegenüber steht. Aber du bist in derselben Gemeinschaft. Und du grüßt dich und du bist füreinander da. So oder so, komme was wolle. Und die- dieses Begreifen davon war wirklich schön (lacht). (Z. 573–581)

Das Begreifen und Erleben einer »absoluten Gemeinschaft« ist das Wichtigste, was Luzie aus der Zeit mitnimmt. Ob es sich bei den Mitgliedern der Gemeinschaft um »Arschlöcher« handelt, ist dabei nur Nebensache. Die Tendenz, sich nach Gemeinschaft(-lichkeit) zu sehnen, taucht auch an anderen Stellen im Interview auf. Sie ist in einem Dorf in der Nähe von Kassel aufgewachsen, was sie ebenfalls als die »schönste Zeit« bezeichnete:

> Und [Dorf 1] war ja auch, ja man kann es ja nicht mal mehr Dorf nennen. Es waren ja eigentlich nur ein paar Straßen da und jeder kannte jeden. Ich hatte Glück, dass ich in der Zeit aufgewachsen bin, wo Kinder noch alleine draußen spielen durften, ohne dass man Angst haben musste. Wenn die Laternen angingen, musste ich zu Hause sein (Schmunzeln) so in der Art. Ja, es war total schön. (Z. 54–59)

Die Gemeinschaft besteht darin, dass jeder jeden kennt und man deswegen keine Angst haben muss. Ähnlich idyllisch wird die Situation in Nordstadt während des Lockdowns beschrieben. Da habe man sich sicher sein können, dass alle Leute, die man auf der Straße trifft, wirklich aus Nordstadt kommen und alle hätten sich immer gegenseitig gegrüßt. Sobald aber wieder Tourist:innen kommen durften, habe das Grüßen aufgehört.

Die Feststellung, dass die Aufhebung des Lockdowns nur negative Folgen gehabt hätte, verpackte Luzie in eine aggressive Rhetorik:

Da gab es ganz am Anfang mal einen kleinen Aufschrei. Ähm, das war das Pfingst-
wochenende glaube ich. Das war (Pause) war glaube ich kurz nach der Zeit wo es hieß
man darf eben auch wieder Urlaub machen und *ausreisen*. Und die kamen in *Massen*
hier an. Es (kurze Pause) wir kennen es ja schon. Aber dadurch dass man eben auch
im Ausland keinen Urlaub machen kann und in Deutschland bleiben **muss**, äh waren
es nochmal mehr, als wir gedacht haben. [...] Und die sind jetzt auch der nette Grund,
warum wir ohne Maske jetzt nicht mehr an unsere Wahrzeichen dürfen [hmh]. Weil
die sich da wie die *Tiere* zusammengepfercht haben. Wie die Irren, das ist unfassbar.
Abstandsregelung, Masken, nichts gab es da. [hmh] Und dann beschweren die sich
noch, dass es äh zu überfüllt ist. (Z. 523–535, Herv. AD)

Luzie spricht hier über zwei Gruppen – wir und die –, die sich unvereinbar
gegenüberstehen. *Wir* kennen das schon, und *wir* können *deretwegen* nicht mehr
an unser Wahrzeichen. Gleichzeitig verhalten *die* sich wie die *Tiere* oder wie
*Irre*, die irgendwo *zusammengepfercht* sind. So sehr auch verständlich ist, dass
Tourist:innen den Bewohner:innen eines Ortes zu viel werden können, erinnert
diese Sprache doch auch an rechtspopulistische Erzählungen über Flüchtlings-
camps oder migrantische Großfamilien. Diese Interpretation liegt auch wegen
des Versprechers zu Beginn nahe, dass man wieder ausreisen dürfe: Gerade aus
dem Land »ausreisen« – und nur in diesem Kontext macht dieser Begriff Sinn –
durfte man, wie sie danach betont, gerade nicht. Hier schwingt womöglich der
Wunsch mit, die Tourist:innen mögen aus ihrer (Luzies) Gemeinschaft Nordstadt
wieder ausreisen und dorthin zurückkehren, wo sie herkommen.

Dennoch sind auch ihre Aussagen über die Nordstädter:innen nicht wider-
spruchsfrei, was an einer längeren Textpassage dargestellt werden soll:

A: (Pause) Was ist denn dein Gefühl zu dem Umgang mit der Situation in Nordstadt?

L: (lacht) Ja. Auf die Frage habe ich mich gefreut.

A: (Lachen) Ja?

L: Ja, mittlerweile könnte man sagen, ich glaube die Leute die wirklich in Nordstadt
wohnen, äh das tut ja hier gerade nur die Hälfte. Die andere Hälfte sind Touristen
[hmh]. Ähm, die Leute die hier wohnen, ich glaube für die gab es Corona nie
wirklich und wird es wahrscheinlich auch jetzt gerade nicht mehr geben. Die halten
sich zwar an alle Regeln, weil das halt so ist. Aber (schnaubt) ich weiß auch nicht.
Die, wie gesagt, selbst die älteren Menschen haben trotzdem immer noch alles selber gemacht. Niemand hat groß irgendwelche Hilfe in Anspruch genommen. Obwohl
es mehr als genug Helfer gab. Äh es ging ziemlich schnell los, dass wie gesagt auch
in meinem Freundeskreis ähm viele sich dann doch wieder getroffen haben privat
im Keller. Ähm. Als unsere Bars und Restaurants wieder aufgemacht haben, wobei
Restaurants muss ich raus nehmen, die halten sich an die Regeln. Aber sobald du eine
Bar hier in Nordstadt betrittst, gibt es kein Corona mehr. Du unterschreibst da zwar

am Anfang einen Zettel, aber das war es dann auch. Dann wird sich wieder gedrückt, geknutscht, gesoffen. Alles [hmh]. (Z. 498–517).

Zu Beginn lachte Luzie und sagte, sie habe sich auf die Frage gefreut. Die folgende Aussage muss ihr also ein Anliegen sein. Sie begann mit einem Seitenhieb gegen die Tourist:innen, die nicht wirklich zu Nordstadt gehören. Sie fuhr fort, dass sich alle an die Regeln halten, weil man das eben so mache. Mit Verweis auf die norddeutsche Mentalität erklärte sie vorher schon, dass gerade die älteren Menschen sich nicht helfen lassen wollten und wiederholte dies an dieser Stelle. Schließlich gehe alles ganz schnell und alle drücken sich, knutschen und saufen wieder. Man hält sich also mal an die Regeln, mal doch nicht. Schwierig ist die Situation auch im eigenen Freundeskreis. Zum Zeitpunkt des Interviews hatte sich Luzie nur mit ihrer besten Freundin zum Spazierengehen getroffen, aber als der gesamte Freundeskreis sich wieder traf, musste sie mit Verweis auf die gefährdete Familie immer wieder absagen. Sie beschwerte sich hier jedoch nur implizit. Sie erwähnte nur beiläufig, dass der Freundeskreis sich wieder trifft und äußert ihr Unverständnis, dass die älteren Personen sich nicht helfen lassen wollen. Besonders in Bezug auf die Bars wurde deutlich, dass sie das Verhalten dort nicht gutheißt, denn dort wird »gedrückt, geknutscht, gesoffen«.

Das Bedürfnis, die Gemeinschaft, in der sie sich befindet, zu überhöhen, ist an mehreren Stellen deutlich geworden. Neben der frühen Kindheit auf dem Dorf wird die Punker-Zeit wiederholt als die beste ihres Lebens bezeichnet. Wie bereits weiter oben beschrieben, liegt dies unter anderem daran, dass sie für ihr Leben viel gelernt hat, nämlich »absolute Gemeinschaft« zu spüren. Die Erzählung von der absoluten Gemeinschaft wird jedoch äußerst irritierend eingeleitet:

A: Kannst du da dich an eine Situation erinnern, wo das [viel gelernt für das Leben, AD] so besonders deutlich wird, vielleicht?

Luzie: Hm. Ja. Äh es ist eine ganz perfide Situation. Ich war in, och, Thüringen [Kleinstadt] hieß das glaube ich. Und äh kein Mensch kannte mich dort. Ich kannte keinen Menschen der dort gelebt hat. (Z. 570–575)

Warum es perfide ist, allein in einer thüringischen Kleinstadt unterwegs zu sein, erschließt sich zunächst nicht. Sie erzählt weiter:

Aber sobald ein äh Skinhead, Punker wie auch immer, irgendwo lang lief, man hat sich gegrüßt, man kam sofort ins Gespräch. Und das sind diese kleinen Momente, nicht nur dort in Thüringen, sondern überall in Deutschland gewesen, wo du das Gefühl von einer absoluten Gemeinschaft hast. (Z. 575–578)

Auch das ins-Gespräch-kommen kann kaum als perfide bezeichnet werden. Was damit gemeint sein könnte, deutet sich im letzten Abschnitt der Erzählung an:

> Du kennst dich überhaupt nicht. Und das könnte vielleicht das größte Arschloch der Welt sein, was dir da gegenüber steht. Aber du bist in derselben Gemeinschaft. Und du grüßt dich und du bist füreinander da. So oder so, komme was wolle. Und die, dieses Begreifen davon war wirklich schön (lacht). (Z. 578–581)

Das Arschloch in der Gemeinschaft ist trotzdem Teil der Gemeinschaft und das findet Luzie auch gut. Vielleicht ist das das Perfide an der Gemeinschaft: dass sie nicht unterscheidet zwischen gut und schlecht, sondern alle gleich macht. Im Interview ging es wie folgt weiter:

> A: Kannst du nochmal ganz kurz erzählen, wie das kam, dass du dann davon dich so entfernt hast vielleicht? Oder nicht mehr so –
>
> L: Au! Ja. Ähm, hm (lachend) ich sage immer gerne im Gegensatz zu den anderen bin ich erwachsen geworden. (Z. 583–587)

Nachdem ich die Frage gestellt habe, antwortete Luzie mit einem aufgeweckten »Au!« und gibt mir den Eindruck eine richtige Frage gestellt zu haben. Das »Au« lässt sich hier mehrdeutig interpretieren. Einerseits als ein ›Au ja! Gut, dass du fragst‹, andererseits als ein wortwörtliches ›Aua‹, weil die Erinnerung daran auch schmerzt. Schließlich war es die beste Zeit ihres Lebens, so viel Spaß hatte sie vielleicht danach nie wieder. Die Antwort auf die Frage lautete dann, dass sie Erwachsen geworden sei. Vielleicht ist auch das der schmerzhafte Punkt, nicht mehr rebellieren zu können und sich dem Erwachsensein zu fügen.

> Ähm, (kurze Pause) es hat über viele Jahre echt Spaß gemacht und ich habe wenig hinterfragt. Einfach weil es uns gut ging und es sehr lustig war. Aber irgendwann kommt man an den Punkt, wo das ähm, ja, wo man so ein paar Dinge anfängt, infrage zu stellen. (Z. 587–590)

Es ist tatsächlich nicht abwegig, infrage zu stellen, ob es sinnvoll ist Reifenlager anzuzünden[15], Luzie machte sich aber über Folgendes Gedanken:

---

[15] »Von Steinen schmeißen zu Mülltonnen anzünden. Ich glaube äh ein Kumpel von mir hat das Reifenlager da angezündet. Also es war wirklich wirklich abgefahren (Lachen)« (Z. 151 f.).

Äh zum Beispiel habe ich dann die Frage gestellt, inwiefern wir denn jetzt nun besser sind als die Rechtsextremen. Weil wir alles ausgrenzen, was nicht Punk oder Skinhead ist. [hmh] Also komplett was ich so erlebt habe so von den anderen. Hip Hopper, Emos waren ja damals auch so eine bekannte Gruppe [hmh]. Normale Leute, Bundeswehr, Polizei, eigentlich ja wie gesagt alles was nicht Punk oder Skinhead war, gehörte einfach nicht dazu. Und wurde teilweise auch wirklich niedergemacht. [hmh] Und da habe ich mich eben gefragt, wo sind wir dann überhaupt besser? Wenn wir nicht sogar noch schlimmer sind. Weil die Rechtsextremen äh nur gegen Ausländer und Religion und so sind und nicht gegen alles was Rechtsextrem ist. (Z. 590–598)

Luzie beginnt sich Gedanken über die Gemeinschaft der Punks zu machen und stellt deren ausschließendes Verhalten fest. Als sie ihre »Erkenntnisse« mit ihren Punker-Freund:innen teilte, reagierten diese verständnislos und Luzie realisiert, »dass diese Menschen in meinem scheinbar Freundeskreis scheinbar äh wirklich überhaupt nicht auf die Idee kommen, mal sich Gedanken drum zu machen äh, ob das eigentlich richtig ist, was man hier gerade tut« (Z. 599–601). Dies bewegt Luzie dazu, sich von ihnen zu distanzieren. Das Perfide an der Situation ist, dass es die Gemeinschaft auf einmal doch nicht mehr so gibt wie gedacht. Eine inhaltliche Auseinandersetzung, in der die Differenzen auch angesprochen werden, hat dies deutlich gemacht. Oben wurde bereits zitiert, dass auch das größte Arschloch Teil der Gruppe sein könnte – dies ist jedoch kein Widerspruch, solange dies nicht offen thematisiert wird.

Chronologisch fällt das Abwenden von der Punker-Gemeinschaft mit der von ihr initiierten Kontaktaufnahme mit dem Vater zusammen. Dies leuchtet durchaus ein, ist der Vater doch das fehlende Verbindungsstück zu der ursprünglichen Gemeinschaft in Luzies Leben: der heilen Kleinfamilie, bevor die Eltern sich getrennt haben, die in dem Dorf wohnt, wo jeder jeden kennt und man sich keine Sorgen machen muss. Zusätzlich scheint sie hier die Wünsche nach Schnorren, Faulenzen und durch die Gegend ziehen mit den Punker-Freund:innen hinter sich lassen zu müssen. Als die heile neue Gemeinschaft gescheitert ist, wendet sie sich der Ursprungsfamilie wieder zu. Dadurch, dass sie sich beim Vater meldet und sich um regelmäßigen Kontakt kümmert, nimmt sie seine elterliche Position ein und wird dadurch tatsächlich erwachsen. Das Gute an der Zeit bei den Punks muss sie nun verdrängen und als Jugendsünde abtun: »Im Nachhinein bereue ich es, muss ich dazu noch sagen. Es ist absoluter jugendlicher Leichtsinn gewesen. Ich würde das nie wieder machen« (Z. 153 f.). Den Hedonismus, den sie heute verdrängt, muss sie möglicherweise aus jedem Lebensbereich heraushalten, weshalb sie sich auch keine Ruhepause gönnt. Arbeitslos zu sein wäre dann ebenso wie das Schnorren auf der Straße der verbotene Müßiggang.

## 2.4.4   Schluss

Luzies Bereitschaft, ein Interview zu geben, ist direkt an ihr Anliegen geknüpft, Tourist:innen aus Nordstadt fernzuhalten. Auf meine letzte Frage, ob sie noch irgendwas sagen, betonen oder loswerden möchte, antwortete sie: »Hm (überlegt). Mir fällt jetzt nichts ein, außer: bitte macht woanders Urlaub (Lachen). Es gibt so viele andere schöne Küsten an der Ostsee« (Z. 614 f.). Es geht explizit nicht darum, die Menschen allgemein dafür zu kritisieren, dass sie in den Urlaub fahren (zum Beispiel um das Infektionsrisiko in ganz Deutschland gering zu halten), sondern nur um den eigenen Nahbereich, die Familie und die Gemeinschaft Nordstadt, die geschützt werden sollen. Andere Orte an der Ostsee spielen scheinbar keine Rolle.

Sie bezeichnete sich als Nordlicht, sagte, sie liebe die norddeutsche Mentalität und sprach von »unseren Wahrzeichen« und »unseren Bars und Restaurants«. Durch die Corona-Pandemie tauchen jedoch Konflikte innerhalb dieser neu gewählten Gemeinschaft auf. An dieser Phase ihres Lebens in der Punker-Szene lassen sich die beiden großen Konfliktlagen nachzeichnen, die in der Analyse herausgearbeitet werden konnten: Erstens die Relevanz des Gemeinschaftsgefühls, das ihr Sicherheit bietet und zweitens die ambivalenten Gefühle gegenüber Arbeit und Müßiggang. Am Ende der Punker-Zeit entschied sie sich gegen den Hedonismus und für eine ›vernünftige‹ Lebensführung. Die oben zitierte Passage über die Nordstädter Bars macht deutlich, wie fragil die nordstädter Gemeinschaft ist, denn die Bewohner:innen halten sich an die Regeln, gleichzeitig aber auch nicht. In ihren Anschuldigungen, dass diese sich rücksichtslos verhalten und Luzies Freund:innen keine Rücksicht auf ihre familiäre Situation nehmen, muss sie deshalb vage bleiben, um das Bild von der guten Gemeinschaft nicht zu zerstören. Das Aufgehen in der Gemeinschaft bleibt notwendigerweise fragil, wie die Kindheit, die Zeit bei den Punkern und in Nordstadt während der Pandemie gezeigt haben. Denn das Gefühl, das mit der Gemeinschaft verbunden ist, ist das der Sicherheit (»als man noch draußen rum laufen konnte«, also eine ursprüngliche Sicherheit spürt), die jedoch jeder Zeit durch die Trennung der Eltern, Wegzug oder kritisches Hinterfragen der gemeinsamen Werte zerstört werden könnte. Um diese Sicherheit während der Pandemie durch kritisches Hinterfragen nicht erneut zu verlieren, richten sich Wut und Aggression projektiv gegen alle, die nicht als Teil der Gemeinschaft betrachtet werden –, in diesem Fall die Tourist:innen. Diese werden gleichzeitig – wie Tiere – als völlig enthemmt überzeichnet und stehen damit auch für die hedonistischen Eigenanteile, die sie seit dem Ende ihrer Punker-Zeit verdrängen musste.

Der manifesten Angst, keine Arbeit zu finden, und der Wut auf die Tourist:innen stehen also latente Gefühle der Wut auf die Einheimischen gegenüber, die mit der Angst vor dem Verlust der Gemeinschaft und damit des sicheren Zuhauses verbunden sind.

## 2.5    Zusammenfassung

Die tiefenhermeneutischen Interpretationen der biografisch-narrativen Interviews konnten zeigen, wie die Reaktionen auf die Pandemie biographisch begründet sind. Überraschend war, dass alle Interviewpartner:innen mit einem jeweils unterschiedlich starken Rückzug reagierten und nur wenige Kontaktpersonen hatten, die wiederum meistens aus dem engsten Familienkreis bestanden. Obwohl die Reaktionen zunächst ähnlich erscheinen, ist der biographische Grund jeweils unterschiedlich. Benjamin handelte aus einer Mischung aus Angst und Hilflosigkeit sowie einer generellen Tendenz, sich sozial zu distanzieren. Carola reagierte mit autoritärer Rationalisierung und einer vollständigen Unterwerfung unter die staatlich angeordneten Maßnahmen. Während der Pandemie wieder anzufangen zu arbeiten entsprach der erlernten Coping-Strategie. Luzie besann sich auf die Familie sowie eine größere Gemeinschaft, in diesem Fall Nordstadt und seine Einwohner:innen, während Jan aus Selbst- und Familienschutzgründen heraus handelte und so weit wie möglich aktiv wurde.

Gemeinsam war allen, dass das Corona-Virus einen Angriff auf sie und ihr Leben darstellte. Bis auf Jan, der viel an andere Menschen sowie teilweise auch an gesamtgesellschaftliche Solidarität dachte, waren alle Interviewpartner:innen eher selbstbezogen und an ihren unmittelbaren Interessen orientiert. Bei der persönlichen Einhaltung der Maßnahmen argumentierten sie kaum mit einer solidarischen Perspektive auf die Gesamtgesellschaft und vom Virus besonders Gefährdete. Besonders auffällig war außerdem, dass alle vier eine geschlechterstereotype Reaktionsformen zeigten, die ebenfalls biographisch erklärt werden können. Jedoch war es wieder Jan, bei dem dies am wenigsten ausgeprägt war. Interessant ist, dass es die interviewten Frauen sind, deren Reaktionen vordergründig autoritärere Züge annahmen, als die Männer. Wie dies zustande gekommen sein könnte und welche Implikationen die bisherigen Ergebnisse im Sinne der Forschungsfrage beinhalten, soll nun im abschließenden Kapitel geklärt werden.

# 3 Diskussion der Ergebnisse

Anschließend an die Zusammenfassung der Interviewrekonstruktionen sollen nun einige der herausgearbeiteten Themen gesellschaftstheoretisch reflektiert werden. Zunächst wird Geschlecht als Aspekt von Vergesellschaftung in den Blick genommen. Es folgen Überlegungen zum Thema Angst und die Ergebnisse werden mit neueren Forschungen zum autoritären Charakter ins Gespräch gebracht. Bevor ein kurzes Fazit gezogen wird, befasst sich ein letzter Abschnitt mit der Beziehung der Subjekte zum Staat.

## 3.1 Geschlecht als Aspekt von Vergesellschaftung

Die Analyse der Interviews hat gezeigt, dass die Interviewten mit vergeschlecht-lichtem Verhalten auf die Pandemie reagierten. Luzie beispielsweise verhält sich sorgend, nicht nur der Familie, sondern auch mir und den Nordstädter:innen gegenüber, die (online) nach Hilfe fragen. Damit entspricht sie dem Bild der empathischen, fürsorglichen Frau, während Benjamin mit kulturell männlich kodierter Aggression und sogar mit Mordphantasien reagiert. Um eine Essen-zialisierung der angestellen Beobachtungen/Ergebnisse der tiefenhermeneutischen Untersuchung zu verhindern, wird im Folgenden Adornos Theorie der Vergesell-schaftung herangezogen, respektive deren Weiterentwicklung von feministischen Theoretikerinnen wie Regina Becker-Schmidt. Im zweiten Teil wird auf Rolf Pohls Theorie der paranoiden Abwehr-Kampf-Haltung Bezug genommen, die sich mit männlicher Subjektivierung auseinandersetzt.

### 3.1.1 Doppelte Vergesellschaftung und normative Geschlechterordnung

Adorno und Horkheimer begreifen Subjektivierung als einen Prozess innerer und äußerer Vergesellschaftung (vgl. Becker-Schmidt 2017, S. 11). Sie voll-zieht sich in bewusster und unbewusster Auseinandersetzung mit sich selbst sowie mit überindividuellen Strukturen. Die überindividuellen Strukturen, die die objektive ›Seite‹ in diesem Prozess darstellen, meinen »die Tendenz des sich ent-faltenden Kapitalismus, alle denkbaren Lebensbereiche« der gesellschaftlichen Reproduktion zu durchdringen, wohingegen die subjektive Seite die Integra-tion der Subjekte in die kapitalistischen Agenturen umfasst (Becker-Schmidt 2017[1991], S. 38). Konkret geht es bei der inneren Vergesellschaftung um die Modellierung der psychischen und mentalen Persönlichkeitsstrukturen in kollektivem Ausmaß (Vergesellschaftung der Trieb- und Affektstruktur, der Denk- und Wahrnehmungsweisen, der Handlungsmuster und Erfahrungsweisen, ja: des Unbewussten). (ebd., S. 42)

Durch das Begriffspaar »äußere Vergesellschaftung – innere Vergesellschaftung« lassen sich soziale Phänomene in ihrer gesellschaftlichen Vermitteltheit begreifen. Becker-Schmidt schreibt, dass Frauen und Männer in den theoretischen Überlegungen von Horkheimer und Adorno in je unterschiedlicher Weise vergesellschaftet sind und unterzieht diesen Ansatz gleichzeitig einer grundlegenden Kritik, weil die Position von Frauen ihrer Ansicht nach in der Kritischen Theorie in den häuslichen Kontext degradiert und die Rolle von Frauen in der Erwerbsarbeit verkannt worden war (vgl. ebd., S. 44; Becker-Schmidt 1989, S. 60). Da die historische Unterdrückung der Frau durch das Patriarchat nicht abzuweisen ist (siehe beispielsweise die Untersuchung von Ursula Beer 1990), entwickelte Becker-Schmidt ausgehend von Horkheimer und Adorno weitere theoretische Überlegungen zur Organisation des Geschlechterverhältnisses und der Vergesellschaftung der Individuen unter dem Aspekt des weiblichen oder männlichen Geschlechts. Weil die Zugehörigkeit zu einem Geschlecht über soziale Chancen und das gesellschaftliche Niveau der Lebensqualität bestimmt und Geschlecht gesellschaftliche Strukturen mit konstituiert, spricht sie von Geschlecht als Strukturkategorie (vgl. Becker-Schmidt 2017[1991], S. 47). Aus der empirischen Forschung heraus entwickelte sie gemeinsam mit Gudrun Axeli-Knapp das Theorem der doppelten Vergesellschaftung der Frau. Zentrale Grundlage der doppelten Vergesellschaftung ist, dass auch die gesellschaftliche Arbeitsteilung anhand der Trennlinie Geschlecht organisiert ist. Erwerbstätige Frauen seien demnach sowohl von der privaten Sphäre der Reproduktion, als auch von der öffentlichen Sphäre der Produktion geprägt, obwohl diese Bereiche der Gesellschaft sich grundlegend widersprechen (Becker-Schmidt 2017 [2004], S. 81). Während die Motive, sich der doppelten Belastung[16] auszusetzen, vielseitig sind, stehen die Frauen unter einem erhöhten psychischen Druck. Andererseits erhoffen sie sich Anerkennung aus der öffentlichen Sphäre, weshalb sie die Doppelbelastung hinnehmen (vgl. ebd., S. 78; siehe hierzu auch Abschn. 3.3.1).

Eben jene doppelte Vergesellschaftung ließ sich gut bei Carola beobachten. Als alleinerziehende Mutter war sie dazu gezwungen, sich selbst und ihr Kind zu versorgen. Sie war alleine für Erziehungs- und Reproduktionsarbeiten wie

---

[16] Also aus den Ansprüchen der Erwerbstätigkeit als auch der Sorge- und Reproduktionstätigkeiten.

Kochen und Saubermachen verantwortlich, ebenso wie in einer leitenden Funktion in der Lohnarbeit. Zu recht betont sie deswegen ihre Willensstärke, denn beide Sphären (die reproduktive und die produktive) lassen sich eigentlich nicht miteinander vereinbaren. Bereits als Kind spürte sie den daraus erwachsenen Zwiespalt, indem sie als »Schlüsselkind« stigmatisiert wurde, weil die mütterliche Fürsorge, wie sie gesellschaftlich erwartet wurde, vermeintlich nicht genug geleistet werden konnte. Gleichzeitig war die Lohnarbeit der emanzipationsbestrebten Mutter – und das erkennt Carola an – der Grund für materiellen Wohlstand und Anerkennung der Mutter als tätiges Subjekt in der Gesellschaft. Ebenso schildert es Benjamin in Bezug auf seine Mutter, die sich über den Wunsch des patriarchalen Ehemannes hinwegsetzt, einen Beruf erlernt und politisch aktiv wird. Carolas Tendenz schwierigen Lebensereignissen und Lebensphasen mit verstärkter Zuwendung zu ihrer (Lohn-)Arbeit und einer Mentalität des »immer weiter machen« zu begegnen, lässt sich als Coping-Mechanismus verstehen. Spannungsverhältnisse und negative Gefühle werden dabei durch Rationalisierungen und übermäßige Geschäftigkeit abgewehrt.

Egal ob Carola ihr Kind tatsächlich lieber nicht bekommen hätte oder nicht, versucht sie, ihm das Bestmögliche zu geben und sich immer richtig zu verhalten (bei den Hausaufgaben helfen, soziale Kontakte pflegen usw.). Dies muss aufgrund der Unvereinbarkeit von Familie und Beruf notwendig scheitern, weil sie wegen der enormen Belastungen ihren eigenen (gesellschaftlich vermittelten) Ansprüchen eines guten Familienbildes nicht gerecht werden kann. Nebenbei steigt sie in dieser Zeit beruflich in eine Leitungsebene auf. Das Ergebnis ist ein drohender Burn-Out. Entsprechend wird die Situation, durch den gut verdienenden neuen Ehemann nicht mehr arbeiten zu müssen, als »Geschenk« und »Bonbon« empfunden. Da Arbeit jedoch grundlegend für die Positionierung und Wertschätzung der Subjekte in der Gesellschaft ist, beginnt Carola nach kurzer Zeit wieder zu arbeiten. Analog wird der Corona-Lockdown einerseits als »Segen« empfunden, sich zurückziehen zu können und nichts machen zu *dürfen.* Gleichzeitig wird eine starke Ambivalenz und daraus resultierende Spannung/ Belastung spürbar; Carolas Selbstanspruch »das Richtige« im Hinblick auf die Einhaltung der Infektionsschutzmaßnahmen zu tun, kollidiert mit den Bedürfnissen »shoppen« zu gehen und die Familie zu treffen. Andererseits lassen, wie Becker-Schmidt zeigt, die gesellschaftlichen Verhältnisse es nicht zu, sich »richtig« zu verhalten. Gemeint ist die doppelte Vergesellschaftung in private und öffentliche Sphäre, die durch ihre gegensätzlichen Anforderungen nicht miteinander vereinbar sind und das einzelne Subjekt Frau an der Aufgabe scheitern muss, sie in Einklang zu bringen. Werden die konflikthaften psychischen Spannungen beispielsweise auf die Schwester projiziert, die Carola vermeintlich den

Erfolg nicht gönnt, richtet sich im Lockdown die latent gemachte Wut dann gegen alle, die trotzdem Cappuccino trinken gehen. In ihrer manifesten Erzählung muss Carola entsprechend betonen, dass alles gut ist und sich auf die Werte »Gesundheit in der Familie, Dach über dem Kopf« beziehen, weil die Auseinandersetzung mit den konfligierenden Wünschen zu schmerzhaft wäre.

Auch Luzie geht selbstverständlich einer Lohnarbeit nach und bewältigt gleichzeitig die Aufgabe, sich um die (kranken) Familienmitglieder zu kümmern. In diesem Fall scheint es jedoch nicht der Doppelbelastung per se geschuldet zu sein, sondern der Art der Tätigkeit, die zur Arbeitsunfähigkeit führt. Der Wunsch, wertschaffend in der Gesellschaft tätig zu sein, ist jedoch mindestens ebenso stark vorhanden.

Mit dem Theorem der Doppelten Vergesellschaftung allein kann jedoch nicht geklärt werden, warum sich Carola in erster Linie »mit Empfängnis« in die Mutterrolle einfühlt und ihre Aufgaben klaglos hinnimmt oder warum Luzie wie selbstverständlich kommunikative und pflegende Aufgaben innerhalb der Familie übernimmt. Lisa Haller hat über die Marxsche Formanalyse das Wechselverhältnis von Handeln und Struktur in Bezug auf Geschlechterungleichheiten und staatliche Rahmenbedingungen untersucht (Haller 2018). Sie zeigt zum Beispiel, dass Menschen durch ihre Tätigkeit in Beziehung zu sich selbst treten und dabei eine Subjektivität ausbilden, die nicht zuletzt geschlechtlich konnotiert ist: »Denn wenn einzelne Subjekte eine Tätigkeit mit einem bestimmten Sinn anreichern, vermögen sie den Tätigkeitsbereich auszugestalten und geschlechtlich zu konnotieren« (73). Als Beispiel nennt sie, dass Männer in typischen Männerberufen (Ingenieur, Informatiker usw.) nur wenig mit Fürsorgetätigkeiten konfrontiert werden, wohingegen typische Frauenberufe (Erzieherin, Pflegerin usw.) einen fürsorglichen Umgang verlangen, was wiederum auf die ausübende Person zurückwirke. Unter der Verallgemeinerung der geschlechtlichen Zuordnung, versteht Haller nicht nur die Wechselwirkung zwischen Tätigkeit und Subjekt, sondern die Tätigkeit

verselbstständigt sich darüber hinaus als vermeintliche Wesenseigenschaft und wird damit zu einem strukturierenden Geschlechtsmerkmal. Fürsorge gilt dann nicht nur als weibliche Eigenschaft – Weiblichkeit konstituiert sich durch Fürsorge. (ebd., S. 74)

Ursula Beer hat in ihrer historischen Analyse *Geschlecht, Struktur, Geschichte* (1990) herausgearbeitet, dass Rechtskomplexe wie das Familienrecht als »Ausdruck der Struktur von Produktionsverhältnissen« (S. 165) sind, in der die bürgerliche Gesetzgebung erstens das Ziel verfolgte »Frauen für die Regeneration der Ware Arbeitskraft« (Becker-Schmidt und Knapp 2000, S. 43), also für Reproduktion der Bevölkerung und für unbezahlte Hausarbeit verfügbar zu halten. Gleichzeitig wurde dadurch zweitens sichergestellt, dass Männerarbeit Erwerbsarbeit bleibt, also die männliche Superiorität auf dem Arbeitsmarkt garantiert (vgl. Haller 2018, S. 74). Haller spricht diesbezüglich von einer Verallgemeinerung, deren Ursprung in der Vergangenheit liegt und die von materiellen Interessen geprägt ist. Eben durch ihre Verallgemeinerung wirkt das Geschlechterverhältnis jedoch ahistorisch und erscheint als immer schon gegeben.

Die Subjekte bewegen sich in normativen Ordnungen, die sie als solche vorfinden. Oder, wie Gildemeister und andere es beschreiben, wirkt die Verpflichtung entweder Frau oder Mann zu sein »subtil als ein […] Hintergrund in der handlungspraktischen Realisierung sozialer Situationen« (Gildemeister et al., zit. nach Haller 2018, S. 85). Diese Analyse, die eine historisch-materialistische Genese der Geschlechterverhältnisse, wie sie Becker-Schmidt und Beer vorgeschlagen haben, nicht zu Gunsten einer sozialkonstruktivistischen oder interaktionstheoretischen vernachlässigt, kann also erklären, warum Luzie sich in die Rolle als fürsorgliche Tochter einfügt und Carola klaglos hinnimmt, was man von ihr erwartet, »weil« – und das hat sie richtig erkannt – »man das eben so macht«. Else Frenkel-Brunswik spricht in den *Studies in Prejudice* in diesem Zusammenhang von Pseudo-Weiblichkeit, die keinen Raum für Aushandlungen von Geschlecht(lichkeit) zulässt, sondern in der sich starr mit den Idealen des weiblichen Geschlechts identifiziert wird:

An analogous trend — although statistically not significant — toward what may be called pseudo-femininity is found in evaluating the self-estimates given by high-scoring women. These women tend to think of themselves as feminine and soft; no masculine trends are being admitted (»being a house-wife is definitely my career«). (Frenkel-Brunswik 1950, S. 428)

Vor diesem theoretischen Hintergrund könnte analog Jans Berufswechsel als Reaktion auf die gesellschaftlich immer noch gültige Anforderung an den Mann, die Rolle des »Ernährers« auszufüllen, gedeutet werden. Darauf deutet hin, dass es ihm wichtig war, in diesem Zusammenhang die Job-Sicherheit zu betonen und dass er trotz der Corona-Pandemie die Kontrolle über das Funktionieren des Familienlebens behalte. Diesem recht normativen Verständnis von Geschlecht das Frenkel-Brunswik anlegt, möchte ich noch einen Gedanken von Roswitha Scholz (2011) entgegenhalten, die von einer »Verwilderung des warenproduzierenden Patriarchats« (S. 13) in der Postmoderne spricht. Damit wendet sich

Scholz gegen die vorherrschenden Pole zeitgenössischer feministischer Theorien, die ihr zufolge wahlweise das Ende des Patriarchats postulieren oder konstatieren, dass sich in den letzten 30 Jahren nichts Grundlegendes geändert habe. Sie spricht von »Flexi-Zwangsidentitäten« (ebd.) in denen Geschlecht scheinbar keine Rolle mehr spielt, weil die doppelt vergesellschaftete Frau heute in High-Tech Berufen an der Spitze stehen kann, während nun auch Männer zum Teil zunehmend ungesicherten Beschäftigungsverhältnissen ausgesetzt sind. Das warenproduzierende Patriarchat löse sich aus seinen institutionellen Halterungen, aber die geschlechtlichen Identitäten, die schon immer konstruiert waren, werden dadurch nicht aufgelöst, sondern bestehen weiter als »Nicht-Aufgehobene in ihrer bloßen Auflösung« (148). So können wir erklären, warum Luzie den männlich konnotierten Beruf der Fachinformatikerin einschlagen kann und sie selbstverständlich die Familie pflegt, ohne dass die Kategorie Geschlecht vordergründig eine Rolle spielt, aber in der Interpretation augenscheinlich wurde. Und auch Jans Situation kann dadurch mit mehr Komplexität analysiert werden, weil er eben nicht nur in die Funktion des Familienernährers sondern auch emotionale Arbeit und Aufgaben im Haushalt und der Kindererziehung übernimmt.

Im Gegensatz zu Jan und Luzie thematisiert Benjamin die normative Geschlechterordnung und scheint diese zunächst abzulehnen. Die Aufdeckung der latenten Ebene kann jedoch auch widersprüchliche Dimensionen aufdecken.

### 3.1.2 Das Männlichkeitsdilemma

Der Sozialpsychologe Rolf Pohl beschreibt, dass es zu der »Grundausstattung von Normalmännlichkeit unter den gegebenen kulturellen Bedingungen« gehört, in Krisenzeiten[17] mit einem paranoiden Abwehrmechanismus zu reagieren (Pohl 2003, S. 176). Die Ursache hierfür sieht er in der zweizeitigen (Sexual-) Entwicklung, wie sie von Freud und Erdheim beschrieben wurde, in der sich frühkindliche Konflikte von Sexualität, Aggression und Narzissmus während der Adoleszenz wieder Bahn brechen und integriert werden müssen. Pohl zufolge stellt die Adoleszenz »generell eine labile Suche nach sozialer und persönlicher Identität dar«, die durch innere und äußere Erfahrungen ständig bedroht wird (ebd., S. 170). Typische Gefühle, die damit verbunden seien, sind Intoleranz und Gewaltbereitschaft, worin ein geschlechtsspezifischer Unterschied deutlich wird: Die Neigung zu gewaltsamen, »mit dem Notwehrargument legitimierten Lösungsversuch von Identitätskrisen« gilt als Monopol männlicher Jugendlicher und junger Männer (ebd, S. 171).

---

[17] Gemeint sind vor allem Krisen des Selbst und Momente in denen die eigene Männlichkeit unter Beweis gestellt werden muss.

Resultierend aus dem Zwang in einer männlich hegemonialen Kultur[18], sich als zugehörig zum vermeintlich überlegenen Geschlecht zu beweisen, entsteht eine paranoide Abwehr- und Kampfbereitschaft gegen alles Bedrohliche, was mit Weiblichkeit assoziiert wird (ebd., S. 172). Pohl bezieht sich hier auf Regina Becker-Schmidt, die in der Abhängigkeit von der Mutter die Ursache männlicher Unsicherheit vermutet. Der Mann schuldet der Frau sein Dasein und ist gleichzeitig in den ersten Lebensjahren von ihr abhängig. Diese Abhängigkeit könne scheinbar vom Bewusstsein nicht zugelassen werden (Regina Becker-Schmidt 2000, S. 75; Pohl 2003, S. 172).

> Die Folge dieser Anfälligkeit [gemeint ist die Kampfbereitschaft, AD] besteht in dem erhöhten Druck, Männlichkeit immer dann unter Beweis zu stellen, wenn es zur Abwehr existentieller Gefahren für die Autonomie und Integrität erforderlich scheint. Im Männlichkeitsbild werden bestimmte Mittel entwickelt und bereitgehalten, um die narzisstischen Risse, die mit solchen, häufig durch vollkommen banale Anlässe ausgelösten Krisensituationen verbunden sind, zu kitten. (Pohl 2003, S. 175)

Das Resultat der Fragilität mühsam erworbener Männlichkeit bezeichnet Pohl mit Gilmore als »Männlichkeitsdilemma«, auf das durch die vorherrschenden Männlichkeitsbilder und gesellschaftlichen Rollenerwartungen mit Abwehr- und Kampfmechanismen reagiert wird. Das Resultat ist die Bereitschaft, in Krisenzeiten mit »geschlechtsbezogenen Varianten des paranoiden Abwehrmechanismus zu reagieren« (ebd., S. 176).

Die Interpretation des Interviews mit Benjamin hat gezeigt, dass er gerade während der Adoleszenz einige heftige Konflikte zu bewältigen hatte. Er wünschte sich Unterstützung von der Mutter, die er nicht bekam. Auffällig war der Wunsch, ausschließlich von der Mutter Hilfe zu bekommen. Benjamins Vater war vor seinem Tod zehn Jahre lang krank – gut möglich, dass dies Benjamin mehr an die Familie und vor allem an die Mutter band, vielleicht wurde er von der Mutter auch mehr gebraucht. Der Vater steht dabei wohl auch immer weniger als unabhängiges triangulierendes Objekt zur Verfügung. In dieser Nähe zur und Abhängigkeit von der Mutter fällt eine Ablösung von ihr und von der Familie in die Außenwelt schwer, zugleich ist die Mutter nach dem Tod des Vaters nicht mehr in der Lage, diese Nähe herzustellen, was zu massiven Kränkungen führt. Benjamin schwankt nun zwischen Symbiose-/Versorgungswünschen und einer Überbetonung von Autonomie. In der Folge scheitert seine Loslösung von

---

[18] Pohl übernimmt das von Connell entwickelte Konzept der »hegemonialen Männlichkeit« (Connell 1999).

der Familie, insbesondere der Mutter und es kommt zu keiner integrierenden Konfliktlösung. Benjamin verbleibt in einer kindlichen Abhängigkeit von der Mutter. Das begehrte weibliche Objekt muss jedoch gleichzeitig abgewehrt und die eigene Männlichkeit überbetont werden. So chargiert Benjamin zwischen Anklammern an und Abwehr von der Mutter, es kann nur das gänzlich gute oder schlechte Objekt geben. Die seit der frühen Kindheit als schmerzhaft empfundene streng patriarchal organisierte Familie, bietet ebenfalls kaum Identifikationsmöglichkeit, sodass das Männlichkeitsdilemma bei Benjamin besonders stark ausgeprägt ist. In der Interviewsituation inszeniert er sich als unabhängigen Kleinunternehmer und betont wiederholt seine persönliche und ökonomische Autonomie. Dies steht in einem Missverhältnis zur Realität, in der seine Frau die Hauptverdienende ist und Benjamin emotional stark von ihr abhängt.

Entsprechend reaktiviert die Krise der Corona-Pandemie die paranoide Abwehr-Kampf-Haltung, die sich in Folge der wiederholten Kränkungen ausgebildet hat und die sich konkret darin äußert, vermeintlich ruhig und von der Situation untangiert zu bleiben und gleichzeitig ein Kriegsszenario zu imaginieren, in dem er bewaffnet Hasen schießen geht. Orientierung, wie er sich in der Krise verhalten soll, gibt auch hier wieder seine Frau, die nicht nur klug, sondern auch chic mit der Mund-Nasen-Bedeckungspflicht umgeht und von Benjamin explizit als Vorbild bezeichnet wird. Womöglich zeigt sich hier wieder die Prägung durch den Großvater, für den Erscheinungsbild und Außenwirkung als hoher Wert galt, was Benjamin eigentlich verurteilt und was auch im Widerspruch zu seinem ungepflegten Auftreten steht. Nach außen hin, kann er durch ein schickes »face covering« Ordnung und Souveränität darstellen, die die inneren Kriegszustände verbergen.

Bei Jan scheinen die adoleszenten Konflikte wesentlich besser integriert. Auch er zeigt männlich-aktives Verhalten im Sinne Pohls, aber weniger rigide als Benjamin. Jan hat ebenfalls ein ambivalentes Verhältnis zur Mutter, wobei in diesem Fall die Mutter aufgrund ihrer Behinderung von Benjamin abhängig zu sein scheint und nicht andersherum. Jan berichtet, in der Jugend Schwierigkeiten gehabt zu haben, bezeichnet sich als »rebellisch« und beschreibt, dass er Erwachsenen auf die Nerven gegangen sei (Z. 51). Er löst den Konflikt, indem er sich (räumlich) von der Mutter entfernt und eine Ausbildung auf See beginnt. Mit Erdheim kann dies als ein geglückter Ausgang aus der Adoleszenz beschrieben werden, indem die narzisstischen Allmachtsphantasien der Adoleszenz abgespalten werden und die Anpassung an die bestehenden gesellschaftlichen Strukturen gefördert wird (Erdheim 1988, S. 201).

Auffällig ist, dass beide Männer wenig über die Frauen in ihrem Leben sprechen. Mütter werden vor allem in ihrer Funktion benannt und mit ihnen zusammenhängende Probleme beschrieben. Ähnlich verhält es sich bei den Ehefrauen, die kaum erwähnt werden, und wenn doch, dann als Kontrastfolie für das eigene Fühlen und Handeln.

## 3.2   Überlegungen zu Gefahr, Angst und Sicherheit

Ulrich Beck hat in seinem Klassiker über die *Risikogesellschaft* (1986) herausgearbeitet, dass Gefahr in der Moderne im Gegensatz zu vergangenen Epochen nicht wahrnehmbar ist. Seien Risiken früher sinnlich erfahrbar gewesen, entzögen sie sich heute der Wahrnehmbarkeit. Eindrücklich zeigen dies auch die Ergebnisse der Forschungsgruppe um Bernd Jürgen Warneken, die nach dem Reaktorunfall von Tschernobyl Interviews zur Gefahrenwahrnehmung im Tübinger Umland führte. Von den Interviewpartner:innen wurde immer wieder geäußert, dass, wenn man nichts sehe, auch nichts sei, die Gefahr der Verstrahlung also geleugnet wurde (Warnecken 1987, S. 21). Die Vergleichbarkeit mit der Corona-Pandemie ist im Hinblick auf die situative und allumfassende Ohnmacht gegeben. Sowohl radioaktive Strahlen als auch das Corona-Virus sind nicht sichtbar und schwer zu begreifen, sofern sie einen nicht selbst direkt betreffen oder einem die unmittelbaren Auswirkungen vor Augen geführt werden. Die Gefahr für Leib und Leben ist jedoch in beiden Fällen real. Beck führt weiterhin aus, dass Risiken früher von einer Unterversorgung mit Hygienetechnologien ausgingen, während heute häufig die industrielle Überproduktion der Grund ist (Beck 1986, S. 29). Das Wissen um Risiken erhält aus diesem Grund eine neue politische Bedeutung. Gleichzeitig führt Beck zufolge die differenzierte Arbeitsteilung zu einer »allgemeine[n] Komplizenschaft«, weil jede:r nur ein Glied in der Kette zum Beispiel der Düngemitttelproduktion ist, die die Böden verseucht. So ist jede:r Ursache und Wirkung zugleich, aber niemand trägt die direkte Verantwortung:

> *Man kann etwas tun und weitertun, ohne es persönlich verantworten zu müssen.*
> Man handelt sozusagen in eigener Abwesenheit. Man handelt physisch, ohne moralisch und politisch zu handeln. Der generalisierte Andere – das System – handelt in einem und durch einen selbst hindurch: Dies ist die zivilisatorische Sklavenmoral, in der gesellschaftlich und persönlich so gehandelt wird, als stünde man unter einem Naturschicksal, dem »Fallgesetz« des Systems« (ebd., S. 43, Herv. i. O.).

Becks Überlegungen bieten einen interessanten Anknüpfungspunkt, um darüber nachzudenken, warum sich einige Personen während der Pandemie womöglich ignorant gegenüber der Gefahr und ihren Mitmenschen verhielten, oder andersherum. Wie genau »das System« jedoch »in einem und durch einen selbst hindurch« handelt, kann Beck nicht erklären. Hier lohnt sich ein Blick auf die Überlegungen des Sozialpsychologen Peter Brückner zu sozialen Ängsten und Gehorsam. Brückner hat darauf hingewiesen, dass Angst, insbesondere jene Angst bei non-konformen Verhalten dem gesellschaftlichen Verband nicht mehr anzugehören, ein häufig geäußertes Gefühl in der psychoanalytischen Praxis sei. Diese Angst habe sich dabei mit der Angst vor der leiblichen Vernichtung verschmolzen, sodass Nonkonformität geradezu Todesängste auslöse (Brückner 1966, S. 23 f.). Die Erziehung zur Anpassung an sozial erwünschte Verhaltensweisen oder einem »Lehrgehorsam« vollziehe sich dabei über die Ablösung vom Triebgehorsam. Dies geschehe vor allem über die Einpflanzung von Schuldgefühlen über die Androhung von Liebesentzug durch die Eltern. In der Folge verhält sich das Kind so, dass es angstvolle Situationen vermeidet, also sozial spannungsreiche Situationen konfliktvermeidend löst. Mit Mitscherlich weist Brückner daraufhin, dass Individuen, die eine rigorose, auf Gehorsam ausgelegte Erziehung durchlebten, auch als Erwachsene zur Passivität neigen und erwarten, dass omnipotente Figuren für sie sorgen:

[W]o diese Omnipotenz der Autoritäten epochaltypisch oder zum Stil einer Nation wird, mag sich das so dressierte Kind später auch unter den neuen Bedingungen demokratischer Freiheit wie ein Säugling verhalten, der vom Staat nur noch erwartet, dass Milch und Honig fließe; der nicht mehr leistungsverpflichtete, sondern anspruchsberechtigte Bürger opfert dem Konsumwohlstand jedes soziale oder politische Experiment. (ebd., S. 25)

Dieses Bild wird ebenfalls von Ina-Maria Greverus verwendet, um den »Moloch Moderne« zu beschreiben. Den Begriff entwickelte sie in ihrer 1990 erschienen Monographie *Neues Zeitalter oder Verkehrte Welt,* das den sozialen und kulturellen Tod der Menschen behandelt: Der Moloch Moderne mache den Staat zum Synonym von Gesellschaft und verhindere, dass sich die Individuen zu einer »reifen, konkrete Gesellschaft gestaltenden und für sie sorgenden Persönlichkeit« entwickeln können, sondern Kind-ähnlich als Bürger:in dem abstrakten (Wohlfahrts-) Staat gegenübertreten (Greverus 1990, S. 122). Die institutionelle Ordnung bietet Schutz und wenn diese wegfalle, fühle sich der oder die Einzelne ebenso im Stich gelassen wie »unnormal«, also nicht zugehörig. Sinnhaftes menschliches Dasein sei also an Strukturen gekoppelt, wobei in der Moderne die »Fähigkeit des Menschen, seine Umwelt für seine Bedürfnisse zu gestalten« verloren gehe (ebd., S. 65/73). Angst ist also mit Leiblichkeit und Staatlichkeit beziehungsweise Herrschaft verbunden. Klaus Theweleit schreibt entsprechend: »Herrschaft wird als Mangel im Überfluss (als Verbot, zu benutzen, was man *hat*) im Körper der Beherrschten installiert«, der Leib spürt die gesellschaftliche Ohnmacht, ist »Gegenstand und Quelle der Furcht« (Theweleit 2020 [1978], S. 508, kursiv. i.O.). Was Brückner beschreibt, ist uns in den Interviews insbesondere bei Benjamin begegnet, dessen Erziehung stark an sozialer Erwünschtheit und Prestige ausgelegt war. Als Erwachsener neigt er zur Passivität und verhält sich konfliktvermeidend, indem er sich nicht mit der Pandemie beschäftigt, sich aus dem (gesellschaftlichen) Leben zurückzieht und Verhaltensanweisungen seiner Frau folgt. Der »Mangel im Überfluss« nach Theweleit äußert sich womöglich auch durch die Gewaltphantasien, Hasen zu schießen, obwohl er – wie er immer wieder betont – »alles hat, was sie brauchen«. Auch Carola, die eine sehr autoritäre Erziehung durchlief, betont, wie wichtig ihr Konformität ist und wie davon abweichendes Verhalten einerseits zu Ausschlüssen führt – beispielsweise als Schlüsselkind stigmatisiert zu werden – und andererseits Ausschlüsse produziert – indem sie Menschen abwertet, die sich nicht in die Regeln halten. Ihr Wunsch nach weiteren und strengen Regeln lässt sich ebenfalls in diesem Kontext interpretieren.

Brunner et al. (2021) haben auf Basis zweier tiefenhermeneutischer Interpretationen von Angela Merkels Fernseh-Ansprache zu Corona-Pandemie vom 18. März 2020 herausgearbeitet, dass »sowohl die reale Bedrohungslage durch Covid-19 wie auch der Umgang staatlicher Organe mit der Pandemie starke Gefühle der Angst, Schuld, Wut und Trauer auslösen […] und angesichts derer Ambivalenzen immer schwerer auszuhalten sind« (S. 11). Während Merkels Rede manifest den Ernst der Lage deutlich machen möchte und gleichzeitig beruhigend wirken will, löste sie vielfältige heftige Reaktionen in den Interpretationsgruppen aus. Gefühle von Schuld, Angst, Trauer, Unsicherheit und Ohnmacht traten bei den Interpret:innen auf und waren damit gleichsam ein Spiegel der gesamtgesellschaftlichen Debatten, in denen ein Umgang mit diesen Gefühlen sowohl auf individueller als auch politischer Ebene gesucht wurde (vgl. ebd., S. 30). Auf diese Ängste folgt den Autor:innen zufolge »der Wunsch nach Halt, Sicherheit und Entlastung versprechenden Ritualen und Autoritäten« (ebd.). Diese Autoritäten müssen dabei zwangsläufig enttäuschen, weil sie angesichts der pandemischen Lage einerseits versagen müssen und andererseits disziplinierend auftreten. Die daraus entstehenden ambivalenten Gefühle werden in den Individuen zugunsten von Feindbildungen aufgelöst. Auf die Feinde werden eigene Anteile projiziert, wodurch Ängste einerseits gebunden werden, andererseits wieder geschürt werden, weil das innere Bedrohliche als äußere Bedrohung zurückkehrt. Gegen den äußeren Feind kann dann (zumindest rhetorisch) gemeinschaftlich vorgegangen werden, die Eigengruppe wird aufgewertet: »So werden durch gesellschaftliche Widersprüche und Krisen produzierte innerpsychische Konfliktlagen im politischen Diskurs aufgefangen und in neue Bahnen gelenkt, wodurch das Individuum entlastet wird« (ebd., S. 31). Brunner et al. bezeichnen dies als Prozess der Schiefheilung (ebd.).

Solche Mechanismen der Krisenbewältigung sind vor allem bei Carola deutlich zu beobachten, die noch vor dem Einsetzen irgendwelcher Maßnahmen in Deutschland selbst entschied, sich zurückzuziehen und dabei sehr individualistisch argumentiert (»Ich mache das eben so«). Die Bedrohung wird als von denjenigen ausgehend konzipiert, die sich den gesellschaftlich geforderten Selbstregulierungen (vermeintlich) nicht genug unterwerfen. Sich selbst zeichnet sie als sehr vorbildlich handelnd und bemängelt die Aktivität des lokalen Ordnungsamtes. Eigene Zweifel kann sie erst äußern, als die Interviewerin dies auch tut und ihr dadurch Entlastung bietet, sich non-konform äußern zu können ohne negative Konsequenzen fürchten zu müssen. Bildhaft konstruiert auch Luzie mit »den Touristenmassen« ein äußeres Feindbild, das den inneren Frieden der Dorfgemeinschaft und vor allem die eigene Sicherheit bedroht.

Während die Pandemie bei Jan zwar als Katalysator für alle möglichen negativen Gefühle wirkt, sind ihm doch »Fairness« und Solidarität ein Anliegen. Er kann den Konflikt zwischen Eigenverantwortung und notwendigen staatlichen Maßnahmen am besten äußern und betont, froh zu sein, keine Entscheidungen treffen zu müssen. Regelverstöße wie Ausflüge zur Familie plagen sein Gewissen, die Verantwortung – insbesondere für ökonomische Entscheidungen – sieht er jedoch bei der Regierung. Die Ohnmacht, die er empfindet[19], entspringt auch der politischen Bedeutung der Gefahr, wie sie Beck beschreibt und derer Jan sich bewusst ist. Merkels Rede steht hierfür symbolisch. Die eigene Lebensrealität wird jedoch viel unmittelbarer erlebt als abstrakte politische oder gesellschaftliche Gefahren und äußert sich in jenem schlechten Gewissen bei Jan, das womöglich auch diejenigen empfinden, die Carola für ihr vermeintlich unbeschwertes Cappuccino-Trinken verurteilt.

Die Bürger:innen beziehungsweise die vergesellschafteten Subjekte befinden sich also in einer strukturellen, aber auch psychisch bedingten Abhängigkeit vom Staat (während sie gleichzeitig von diesem in eine vermeintliche Eigenverantwortung genommen werden) oder anderen Autoritäten. Wie gezeigt, bedeutet das, dass es an den Individuen liegt, wie sie mit diesem Spannungsverhältnis aus Eigenverantwortung und Indienstnahme umgehen.

---

[19] »Andererseits muss man aber auch gucken, es hängen wirtschaftliche Existenzen halt an dem Tourismus, ne. Und das ist halt so diese Waagschale die man hat, ne. Lässt man jetzt mehrere Konzerne oder mehrere Firmen oder Selbstständige den Bach runter gehen? Und oder oder lockert man zu früh und hat halt dann wieder, ja, den Virus der hier rum geht, ne. Also ich bin auch echt froh, dass ich nicht diese Entscheidungen treffen müsste« (Z. 661–665).

# 4    Das Primat der Wirtschaft? Autoritärer Charakter in der Mitte der Gesellschaft

Wie eingangs geschildert, geht es bei der Forschung zum Autoritären Charakter nicht darum,»autoritäre Dynamiken nur dort am Werk zu sehen, wo mächtige Führer Unterwerfung fordern und den Ihren Schutz versprechen« (Decker und Türcke 2019, S. 9), sondern im Sinne Horkheimers Autoritarismus als historisch übergreifende Größe zu verstehen.

## 4.1    Autoritäre Dynamiken und die Nicht-Identität der Individuen

Decker et al. arbeiteten im Rahmen ihrer Forschung eine unter den Befragten eine Diskrepanz zwischen Anerkennung der Demokratie und Aberkennung von Grundrechten für Fremdgruppen heraus, was sie auf den Widerspruch zwischen dem Ideal der demokratischen Anerkennung und der Konkurrenzrealität der Marktgesellschaft zurückführen (Decker et al. 2018b, S. 117–119). Um diesen Widerspruch soll es im Folgenden gehen.

Lutz Eichler hat in diesem Zusammenhang die These formuliert, dass sich das autoritäre Individuum mit einem Kollektiv identifiziert, das als Urheber eines durch Arbeit erzielten Reichtums definiert wird (Eichler 2019, S. 143). Die Ursache sieht er in einer gescheiterten Über-Ich-Bildung, bei der eine Introjektion des väterlichen Gesetzes stattfindet (anstatt einer vermeintlich gesunden Identifikation mit dem Vater, wie bei der gelungenen Über-Ich-Bildung), das als globales, undifferenziertes und allmächtiges Über-Ich funktioniert. Durch die mangelnde Integration ins Ich kommt es zu einer unveränderlichen innerlichen Autoritätsstruktur, die mit einer konventionalistischen, unreflexiven Normanwendung einhergeht. Normen und Regeln können also nicht geprüft und gegeneinander abgewogen werden. In der Folge kommt es zu einer blinden Unterwerfung unter jede soziale Macht und einen Hass auf die Ohnmächtigen.[20] Weiterhin definiert er mit Mentzos Autoritarismus als einen Modus der Konfliktverarbeitung, der drei Charakteristika aufweist: 1. Externalisierung innerer Konflikte, 2. Leid wird im Kontext einer Wir-Gruppe wahrgenommen, der:die Autoritäre bildet keine individuellen Symptome aus und 3. die Wir-Gruppe ist keine konkrete Gruppe, sondern

---

[20] Dies entspricht dem von Fromm beschriebenen autoritär-masochistischen Charakter. Das Verhältnis ist dabei nicht ohne Ambivalenzen, denn der Autoritäre hasst die Mächtigen auch. Deswegen muss eine Spaltung in nur gute Mächtige und nur böse Mächtige vorgenommen werden (Eichler 2019, S. 132).

eine imaginäre Einheit (wie die Nation, Ethnie oder ggf. Nordstadt). Der autoritär-masochistische Charakter ist anfällig für die Unterwerfung unter einen Führer. Dieser wird als Objekt an die Stelle des Ich-Ideals gesetzt, was dazu führt, dass bei einer Massenbildung dasselbe Objekt, eine »sekundäre Autorität«, als Ich-Ideal eingesetzt wird[21] Wie beschrieben, ist Decker et al. zufolge die Gewalt des Marktes an die Stelle der Autorität gerückt. Die Wirtschaftskraft ist das zentrale Objekt der Identifizierung und die Imago der deutschen Wirtschaft fungiert als narzisstische Plombe. Um das schwache Selbstwertgefühl nun ausgleichen und an der wirtschaftlichen Macht teilhaben zu können, muss sich der:die Einzelne auf dem Markt behaupten. Das Selbst muss als Arbeitskraft libidinös besetzt werden, gleichzeitig bekommt er:sie Anerkennung über die Beschäftigung. Es entsteht eine Identifizierung mit dem Leistungsprinzip innerhalb der widersprüchlichen Einheit von Individualität (auf sich selbst bezogen sein im Kampf um Jobs) und Kollektivität (dem kollektiven Arbeitszusammenhang, in dem man sich jedoch dauerhaft selbst beschneiden muss). Um dieser Widersprüchlichkeit zu entgehen, kommt es zur Identifikation mit dem eingangs beschriebenen Kollektiv der Arbeitenden. Der deutsche Autoritäre imaginiert sich als immer schon zugehörig, unabhängig davon, ob und auf welche Weise seine:ihre Arbeitskraft gebraucht wird oder nicht (ebd., S. 132–143).

Die Psychoanalytikerin und Kulturtheoretikerin Christine Kirchhoff kommt zu einer ähnlichen Einschätzung, wenn sie schreibt, dass autoritäre Einstellungen und Verhaltensweisen gar nicht erst verstanden werden könnten, wenn die zugrunde liegenden Identifizierungen unverstanden bleiben. Dabei seien vor allem die Interessen der Individuen relevant, bei denen ein Verhältnis des Nicht-Identischen eine Rolle spiele, also wenn entgegen der eigenen Interessen gehandelt wird oder Ideologien vertreten werden, »die vernünftigerweise nicht die eigenen sein sollten«, aber die trotzdem kollektiv oder als Einzelne vertreten werden (Kirchhoff 2020, S. 215). Als Beispiel nennt sie die Cum-Ex-Geschäfte, bei denen ein Steuerschaden von 31,8 Mrd. Euro kein Aufsehen erregte, während das Gerücht, es würden gratis Smartphones an Geflüchtete verteilt werden, zu einem Aufschrei führte.[22] Die empfundene Ungerechtigkeit im Vergleich mit den Geflüchteten habe die Funktion der Legitimation des eigenen Hasses, weil er als eine gerechte Reaktion auf ungerechte Verhältnisse verstanden werde, die gegebenenfalls auch Gewalt (um sich zu verteidigen) legitimiert (ebd.,

---

[21] Dieses Phänomen beschreibt Adorno im letzten Teil der Studien zum autoritären Charakter »Die psychologische Technik in Martin Luther Thomas Rundfunkreden« und »Die Freudsche Theorie und die Struktur der faschistischen Propaganda« (1980).

[22] Bei Eichler ist es die beschriebene Nicht-Identität mit der nationalen Wirtschaft.

S. 215 f.). Ähnlich wird das Verhältnis der Nicht-Identität bereits in den Studien zum autoritären Charakter beschrieben:

> In den Untersuchungen, die dem Problem politischer Typen nachgehen, sind zwei wesentliche Konzeptionen zu unterscheiden: die der Ideologie und die der ihr zugrunde liegenden menschlichen Bedürfnisse. Obwohl beide im Individuum als ein organisiertes Ganzes zu denken sind, lassen sie sich dennoch getrennt untersuchen. Gleiche ideologische Trends können in verschiedenen Individuen verschiedene Ursachen haben, und gleiche persönliche Bedürfnisse können sich in unterschiedliche Ideologische Trends ausdrücken. (Adorno zit. nach Kirchhoff, S. 216)

Die Ideologiewahl der Einzelnen lässt sich also nicht direkt aus ihren Bedürfnissen und Wünschen ableiten. Vielmehr verbergen sich hinter dem Festhalten an der Arbeit als Wert verschiedene Konfliktlagen, die dadurch abgewehrt werden.[23] Die Tendenz, Zugehörigkeit über Arbeit zu vermitteln, begegnet uns in den Interviews wie schon oben beschrieben, hauptsächlich bei Luzie und Carola. Für erstere ist dies eine Tatsache, die so unumstößlich ist, dass sie im elterlichen Haushalt nicht einmal konkret ausgesprochen werden musste: »Weil, ähm das einfach nicht so die Lebensweise meiner Familie war. Bei mir wird immer hart gearbeitet. Und äh ja, das eigene Wohl wird immer so ein bisschen zurück gestellt« (Z. 268–270). Sichtlich zieht sie Stolz aus diesem Verhältnis, auch wenn die libidinöse Besetzung der Arbeitskraft in offensichtlichem Widerspruch zur eigenen psychischen Gesundheit steht. Arbeitslos zu sein, belastet sie deutlich und ist in der pandemischen Situation für sie nur deshalb zu ertragen, weil sie sich um ihre kranke Familie kümmern kann. Dem Kollektiv der Arbeitenden fühlt sich auch Carola zugehörig. Wird ihr dies abgesprochen – zum Beispiel im familiären Rahmen – führt dies zu Konflikten. Die Analyse konnte zeigen, dass ihr Bedürfnis jedoch eher eine Auseinandersetzung mit sich selbst wäre, sie sich die Frage stellt, wer sie eigentlich ist, wenn sie nicht durch (Lohn- und Sorge-)Arbeit definiert wird. Beides macht erneut die vergeschlechtlichte Subjektivierung und damit spezifische Formierung autoritärer Verhaltensweisen deutlich.

## 4.2 Die Rolle des Staates

Was Eichler mit der Erwähnung des Leistungsprinzips nur anreißt, macht die Soziologin Karin Stögner explizit, wenn sie vom Neoliberalismus als einer Wirtschaftsform spricht, die mit Foucault die »Führung zur Selbstführung«

---

[23] Siehe dazu auch das folgende Unterkapitel.

beinhaltet (vgl. Stögner 2020, S. 269). Das neoliberale Individuum soll in einem unternehmerischen Verhältnis zu sich selbst stehen, während der Staat auf die Maximierung der Nutzbarmachung jener selbstoptimierten Individuen ausgerichtet ist. Die Individuen, so Stögner, werden zur Verlängerung der gesellschaftlichen Institutionen und verlieren darüber das Potenzial, zu eben diesen in Opposition zu treten:»War das Individuum von Beginn an Ausdruck der kapitalistischen und patriarchal organisierten Gesellschaft, so wird es nun zum Inbegriff des Systemerhalts schlechthin« (ebd., S. 270). Unter diesen Vorzeichen lässt sich der Begriff »systemrelevant«, der in der Pandemie in aller Munde war, präziser denken. So wurde die Kassiererin bei Aldi zwar medial als Heldin gefeiert[24], real änderte sich aber nichts an ihren prekären Arbeitsbedingungen. Und auch die Krankenschwester, die trotz nachgewiesener Infektion weiter arbeiten musste[25], konnte sich von dem Applaus aus der Nachbarschaft keine besseren Arbeitsbedingungen kaufen oder gar mehr Lohn erstreiten. Systemrelevant ist, dass die Individuen sich zurichten und bis zur totalen Erschöpfung arbeiten, während der herrschende neoliberale Individualismus eine Besinnung auf ein gemeinsames Ziel verhindert. Das Klatschen vom Balkon kann deswegen eher als selbstbezogene Krisenbewältigung betrachtet werden denn als Akt der gesellschaftlichen Solidarität. Jene verstreuten Individuen versuchen Stögner zufolge »den Bruch mit dem Ganzen durch Identifikation mit dem Kollektiv autoritär [zu] kitten« (ebd.). Stärkere Individualisierung[26] führe also zu stärker werdendem Bedürfnis nach Kollektivierung und dem Ruf nach einem starken Führer – so wünscht sich Carola in ihrer Isolation ein durchsetzungsfähiges Ordnungsamt und einen starken Staat, der klare (Verhaltens-)Regeln vorgibt.

---

[24] Der Radio-Sender mdr rief beispielsweise die Suche nach den »Alltagshelden« aus, bei dem die »Mitarbeiter von Lidl und Netto in Arnsdorf bei Dresden« nominiert wurden, weil diese immer »gut gelaunt und höflich« seien. https://www.mdr.de/sachsenradio/einsendun gen-alltagshelden-miteinander-stark-corona-100.html Ähnlich die Main Post: https://www. mainpost.de/dossier/alltagshelden/, um nur einige zu nennen.

[25] Seit Pandemiebeginn gab es immer wieder Berichte über solche Fälle, nicht nur in Krankenhäusern und Pflegeeinrichtungen. Ein Artikel, der laufend weiter bearbeitet wird, findet sich hier: https://www.pflegen-online.de/immer-mehr-pflegekraefte-arbeiten-trotz-qua rantaene

[26] Gemeint ist eine »falsche« Individualisierung im Sinne einer gesellschaftlichen Disposition, die zwar Individualismus propagiert, aber das »antiindividualistische Bedürfnis nach voller Identifizierung mit einer Gruppe« produziert (Stögner 2020, S. 270). Demgegenüber steht in der Kritischen Theorie das aufgeklärte Subjekt als Träger der Vernunft, die also autonom statt automatisch handeln (vgl. Schmid Noerr 1990, S. 26).

Dies bietet einen interessanten Anknüpfungspunkt für ein weiteres Theorem Adornos, nämlich dem der »bürgerlichen Kälte« als Grundprinzip der bürgerlichen Subjektivität (vgl. Adorno 1966). Kälte ist zunächst, was aus »der Verarbeitung von vielfältigen Widerspruchserfahrungen zwischen Sein und Sollen« entsteht (Gruschka 2019, S. 85). Dabei gibt es eine objektive und eine subjektive Seite der Kälte, wobei letztere rollenförmig von den Menschen erworben wird und seine objektive Grundlage in den »harten Logiken des gesellschaftlich-ökonomischen Austausches« begründet liegt (ebd.). Diese Hörigkeit muss Gruschka zufolge jedoch schmerzhaft erlernt werden. Als Resultat entwickeln die Menschen soziomoralische Orientierungen, die es nicht verlangen, Widersprüche aufzuheben oder zu bearbeiten, sondern als moralisch gerechtfertigt zu erleben (ebd., S. 93). Weyand beschreibt die Kälte in Anschluss an Adorno als universell, weil sie Resultat des universellen Zwangs, Triebenergie auf sich und nicht auf andere zu richten, ist, da individuelle Selbsterhaltung unter gesellschaftlichen Bedingungen dauernder Unsicherheit ausgesetzt sei. Mit dem universellen Zwang sei ein »zweckrationales oder instrumentelles Verhältnis zu Gegenständen und Lebewesen« verbunden (Weyand 2001, S. 135 f.). Mit der Unsicherheit gehe Angst, also »die *reale* Erfahrung der Ohnmacht einher, die sich in das Gefühl der Ohnmacht übersetzt und so in Widerspruch zur narzißtischen Besetzung der eigenen Person tritt« (ebd., S. 136). Der Widerspruch wird, wie bei Stögner beschrieben, im kollektiven Narzissmus [Weyand schreibt von der »nationalen Glaubensgemeinschaft« (ebd.)] aufgelöst und schafft in den Individuen die psychische Grundlage für die Empfänglichkeit autoritärer Meinungen.

Dies entspricht dem in der *Dialektik der Aufklärung* entfalteten Begriff der »Standardisierung« als Resultat der Wirkmechanismen der Kulturindustrie innerhalb des gesellschaftlichen Zusammenhangs. In der warenförmigen Gesellschaft funktioniert Horkheimer und Adorno zufolge die Kulturindustrie als Vermittlerin zwischen Industrie und Masse (des Volkes) und verhindert die Ausbildung von kritischem Bewusstsein im Subjekt. Dabei spielen Marktinteressen ebenso eine Rolle wie die Bedürfnisse der Menschen nach Zerstreuung, Unterhaltung und Entspannung und dass der »Verblendungszusammenhang« der Kulturindustrie alles gleichartig erscheinen lässt. In der Dialektik der Aufklärung heißt es, die »augenfällige Einheit von Makrokosmos und Mikrokosmos demonstriert den Menschen das Modell ihrer Kultur: die falsche Identität von Allgemeinem und Besonderem« (Horkheimer und Adorno 2013 [1969], S. 128). Und in den *Studien zum autoritären Charakter* schreibt Adorno, die Menschen bilden psychologische Klassen, weil sie von gesellschaftlichen Prozessen geprägt sind, insbesondere innerhalb der standardisierten Massenkultur (Adorno 2017 [1995], S. 307). Kramer zufolge realisiert der Kapitalismus erstmals eine gesamtgesellschaftliche Kultur (Kramer

1986, S. 39). Das neoliberale Subjekt als »bislang letzte Inkarnation des autoritären Charakters im 21. Jahrhundert« (Stögner 2020, S. 271) unterliegt also entgegen des individuellen Freiheitsversprechens Standardisierungstendenzen, die sich in psychischen sowie empirisch feststellbaren Kollektivierungstendenzen äußern und ist dadurch mit inneren Widersprüchlichkeiten konfrontiert.

Was bedeutet dies nun für die Interpretation der vier Interviews? Die Analyse hat vor allem bei Carola und Luzie eine deutliche Unterwerfung unter das Primat der Wirtschaft gezeigt. Bei beiden scheint eine strenge, auf Arbeit und Gehorsam gerichtete Erziehung zu einer starken Über-Ich Bildung mit einer Autoritätsstruktur geführt zu haben, die sich durch eine konventionalistische, unreflexive Normanwendung äußert. Das universelle Moment der bürgerlichen Kälte zeigt sich einerseits darin, dass beide keinen oder kaum Handlungsspielraum für eine freiere oder autonomere Entwicklung sahen. So fügt sich Carola jedem Schicksalsschlag unter Berufung auf bürgerliche Konventionen, die sie an den Rand eines Burn-Outs treiben. Sie bräuchte dringend eine Pause, aber sieht keinen Weg, diese zu bekommen. Auch Luzie, die mit der Prämisse »Hauptsache nicht arbeitslos und dem Staat auf der Tasche liegen« aufgewachsen ist, wird in der Folge so krank, dass sie für arbeitsunfähig erklärt wird. Dennoch will sie weiterhin arbeiten, auch wenn ihr die Stelle nicht komplett zusagt – und dies trotz der leidvollen Erfahrung im ersten Beruf. Beide sind außerdem nicht dazu in der Lage, während der Pandemie empathisch gegenüber ihren Mitmenschen zu reagieren. Im Gegenteil überhöht Carola die eigenen Entbehrungen und verurteilt pauschal unbekannte Dritte als Virus-Bringer:innen und egoistische Regelbrecher:innen. Darin kommt ein Strafbedürfnis zur Geltung, wie es von Stögner beschrieben wurde und das sich gegen die Fremdgruppe richtet, die sich insbesondere bei Luzie konstruiert zeigt. Diese möchte die Tourist:innen am liebsten aus ihrer »nationalen Glaubensgemeinschaft« (Weyand) Nordstadt ausweisen, damit sie sich wieder ungestört positiv auf die Eigengruppe beziehen kann. Obwohl auch diese, wie gezeigt, Risse aufweist, die Luzie jedoch nicht eingestehen kann, da diese Ambivalenzen in der von Brunner beschriebenen Schiefheilung umgangen werden.

Benjamin erlebte in seiner Kindheit die Bürgerliche Kälte im wahrsten Sinne des Wortes. Er ist kaum dazu in der Lage, empathisch über das Pandemie-Erleben anderer nachzudenken, sondern zieht sich stattdessen immer weiter zurück, sodass sich die Realität ausblenden lässt. Die eigene Gruppe, auf die er sich bezieht, ist zwar klein, aber nicht ohne ein ambivalentes Verhältnis zu Status und ökonomischer Sicherheit seinerseits: Verharrt er aktuell, wie in vielen anderen Lebenssituationen auch, eigentlich in einer Position infantiler Abhängigkeit, kann sich Benjamin möglicherweise dennoch als mächtig erleben, weil seine Bezugspersonen, mit denen er sehr stark identifiziert ist, erfolgreich sind und ›wichtige‹ Jobs haben. Eine Ausnahme im empirischen Material stellt Jan dar, dem die Ungerechtigkeit der pandemischen Gesellschaft schmerzhaft bewusst zu sein scheint, aber der den Verhältnissen auch ohnmächtig gegenübersteht. So ist er froh darüber, angesichts komplexer äußerer Realität selbst keine Entscheidungen treffen zu müssen. Dennoch macht er sich Gedanken zu den gesellschaftlichen Folgen politisch-wirtschaftlicher Entscheidungen und appelliert an ein solidarisches Miteinander, das er bei seiner verschwörungsideologischen Arbeitskollegin vermisst und sich von ihr abwendet. Zuvor hatte er bereits kritisiert, dass die Lufthansa und große Autokonzerne Rettungspakete bekommen, während (befreundete) Kulturschaffende weitestgehend auf sich gestellt bleiben.

## 5    Schluss

In den Studien zum autoritären Charakter wurden die Befragten in N (niedrig auf der Ethnozentrismus-Skala), H (hohe Werte auf der E-Skala) oder M (mittlere Werte) eingeordnet, um schließlich die beiden Extremgruppen miteinander vergleichen zu können. Bekanntlich sollte die Struktur hinter antidemokratischen Neigungen erfasst werden, das Ziel sollte es jedoch zudem sein, zukünftig die M genau zu untersuchen (vgl. Adorno 2017 [1995], S. 34 ff.). Basierend auf der Typenbildung in der Authoritarian Personality haben auch Decker et al. aus dem Sample der Befragten der Leipziger Mitte-Studie politische Syndrome (mit Untertypen) herausgearbeitet: I. die Demokraten, II. die Ambivalenten und III. die Autoritären.

Eine Einordnung der für diese Arbeit Interviewten in die Entwickelten Idealtypen wäre wohl möglich, aber kaum zusätzlich erkenntnisbringend. Die herausgearbeiteten Gemeinsamkeiten, dass alle vier Interviewten das Corona-Virus als einen Angriff auf ihr Leben empfanden, sie vergeschlechtlicht reagierten und sie im Sinne ihrer eigenen unmittelbaren Interessen handelten, konnte im letzten Kapitel in Bezug zu den gesellschaftlichen Verhältnissen gesetzt werden, wodurch sich Deutungsmöglichkeiten für überindividuelle Gründe eröffnen. Sich über die Tiefenhermeneutik den latenten Inhalten eines biographischen Interviews zu nähern, hat sein Ziel nicht verfehlt, die gesellschaftlich verpönten Wünsche und Gefühle herausarbeiten zu können und das Spannungsverhältnis mit manifesten Inhalten nachzuvollziehen. Die individuellen biographischen Schicksale an gesellschaftliche Strukturen rückzubinden, half dabei, die Einzelnen in ihrer Lebensgeschichte zu verstehen und gleichzeitig die strukturelle Dimension, wie beispielsweise eine spezifisch weibliche Vergeschlechtlichung sichtbar zu machen. Dass trotz unterschiedlicher biographischer Ausgangslagen alle Befragten ähnlich reagierten, konnte mit Theoremen wie den Standardisierungstendenzen des neoliberalen Subjekts (Stögner) gedeutet werden[27]. Mit Blick auf die individuellen Biographien und Konfliktlösungsstategien können wir verfolgen, wie sich Individuelles und Gesellschaftliches dialektisch miteinander verzahnen. Für diesen Vermittlungsprozess brauchen wir ein qualitatives Forschungsdesign – die bloße Kategorisierung autoritärer Typen kann ihn nicht erfassen. Die Leipziger Autoritarismus-Studie kann gesellschaftliche Tendenzen aufzeigen, einzelne Variablen in Korrelation betrachten und so auch Rückschlüsse auf den Zusammenhang zwischen Einstellungen und »Position im gesellschaftlichen Betrieb« (Decker 2018, S. 50) ziehen. Eine Feinanalyse sozialpsychologischer Dynamiken der Individuen kann mit einem solchen Zugang jedoch nicht geleistet werden.

Dass Carola, Benjamin und Luzie teilweise autoritär reagierten, bestätigt Horkheimers These des Autoritarismus als historisch übergreifende Größe. Dass die Tendenzen zu autoritärem Verhalten durch die Pandemie verstärkt wurden, entspricht wiederum der mehrfach geäußerten These, dass die Menschen nicht durch autoritäre Angebote verführt werden, sondern sie sich diesen zuwenden, weil sie Bedürfnisse befriedigen (vgl. Decker 2018, S. 154). Welche dies sein können, konnte die Analyse zeigen. Auch in den Studien zum autoritären Charakter werden hinter autoritärem Verhalten kulturelles Klima und Charakter vermutet (und letzteres untersucht). Die Relevanz von Charakterstrukturen konnte von Adorno und nachfolgenden Forscher:innen aufgezeigt werden, während diese Arbeit einen Beitrag dazu leisten kann, am Einzelfall das Zusammenspiel zwischen Individuellem und Überindividuellem in einem spezifischen historischen Moment, einem besonderen kulturellen Klima, aufzuzeigen.

## Literatur

Adorno, T. W. (1966). *Negative Dialektik.* Frankfurt: Suhrkamp.
Adorno, T. W, (1980). Die Freudsche Theorie und die Struktur der faschistischen Propaganda. In Dahmer, H. (Hrsg.). *Analytische Sozialpsychologie,* Bd. 1, Frankfurt: Suhrkamp.
Adorno, T. W. (2017 [1995]). *Studien zum autoritären Charakter.* Frankfurt: Suhrkamp.

---

[27] Die zugrunde liegenden individuellen Freiheitsversprechen können im Kontext der Pandemie auch als Zwang zur Freiheit die richtige Entscheidung zu treffen (sich impfen lassen, social distancing usw.), gedeutet werden, was wie gezeigt zu Konflikten führt, die aggressiv nach außen ausagiert werden können.

Aumüller, J. (2014). Forschung zu rechtsextrem orientierten Jugendlichen. Eine Bestands-
aufnahme von Ursachen, Gefährdungsfaktoren und pädagogischen Interventionen.
BIKnetz (Hrsg.). o.O. https://www.vielfalt-mediathek.de/data/biknetz_langfassung_expe
rtise_forschung_aumller.pdf
Beck, U. (1986). Risikogesellschaft. Auf dem Weg in eine andere Moderne. Frankfurt:
Suhrkamp.
Becker-Schmidt, R. (1989). Identitätslogik und Gewalt – Zum Verhältnis Kritischer Theo-
rie und Feminismus. In Sozialwissenschaftliche Forschung und Praxis für Frauen e.V.
(Hrsg), Beiträge zur feministischen Theorie und Praxis, Bd. 24. Köln: Eigenverlag.
Becker-Schmidt, R. (2017). Einleitung. In ebd., Pendelbewegungen – Annäherungen an eine
feministische Gesellschafts- und Subjekttheorie. Aufsätze aus den Jahren 1992 bis 2015.
Opladen/Berlin/Toronto: Barbara Budrich.
Becker-Schmidt, R. (2017[2004]). Zur doppelten Vergesellschaftung von Frauen. Divergenzen und Brückenschläge zwischen Privat- und Erwerbssphäre. In ebd., Pendelbewegun-
gen – Annäherungen an eine feministische Gesellschafts- und Subjekttheorie. Aufsätze aus
den Jahren 1992 bis 2015. Opladen/Berlin/Toronto: Barbara Budrich.
Becker-Schmidt, R. (2017[1991]). Vergesellschaftung und Geschlecht. Soziologische Kon-
zepte. In ebd.,Pendelbewegungen – Annäherungen an eine feministische Gesellschafts-
und Subjekttheorie. Aufsätze aus den Jahren 1992 bis 2015. Opladen/Berlin/Toronto:
Barbara Budrich.
Becker-Schmidt, R. (2000). Sozialkritische und subjekttheoretische Überlegungen zum Sys-
tem der Zweigeschlechtlichkeit und seiner gesellschaftlichen Organisation. In E. Timm,
E. Katschnig-Fasch (Hrsg), Kulturanalyse – Psychoanalyse – Sozialforschung. Positionen,
Verbindungen. Perspektiven. Wien: ÖZfV, Band LXI/110.
Becker-Schmidt, R./G. Axeli Knapp (2000). Feministische Theorien zur Einführung. Ham-
burg: Junius.
Beer, U. (1990). Geschlecht, Struktur, Geschichte. Soziale Konstruktion des Geschlechterver-
hältnisses. Frankfurt/New York: Campus.
Brunner, M., Burgermeister, N., König, J. & Uhlig, T.D. (2021). «Jaja, wir sind halt Scheiße»
–Tiefenhermeneutische Annäherung an Merkels Corona-Rede an die Nation. In M. Brun-
ner, C. Kirchhoff, F. Knasmüller, J. König, J. Lohl, J. Niendorf, T. Uhlig & S. Winter
(Hrsg.), Abstand halten. Freie Assoziation, 24. Jg. (1) (S. 11–35). Gießen: Psychosozial.
Brückner, P. (1966). Zur Pathologie des Gehorsams. In ebd., Zerstörung des Gehorsams.
Ansätze zur politischen Psychologie. Berlin. Wagenbach 1983.
Connell, Raewyn (1999).
Decker, O. (2018). Flucht ins Autoritäre. In Decker, O./Brähler, E. (Hrsg.), Flucht ins Auto-
ritäre. Rechtsextreme Dynamiken in der Mitte der Gesellschaft. Gießen: Psychosozial.
Decker et al. (2018a). Die Leipziger Autoritarismus-Studie 2018: Methoden, Ergebnisse und
Langzeitverlauf. In Decker, Oliver/Elmar Brähler (Hrsg), Flucht ins Autoritäre. Rechts-
extreme Dynamiken in der Mitte der Gesellschaft. Die Leipziger Autoritarismus-Studie
2018. Gießen: Psychosozial.
Decker et al. (2018b). Das autoritäre Syndrom heute. In Decker, Oliver/Elmar Brähler (Hrsg),
Flucht ins Autoritäre. Rechtsextreme Dynamiken in der Mitte der Gesellschaft. Die
Leipziger Autoritarismus-Studie 2018. Gießen: Psychosozial.

Decker et al. (2018c). Anerkennung und autoritäre Staatlichkeit. In O. Decker/E. Brähler (Hrsg), *Flucht ins Autoritäre. Rechtsextreme Dynamiken in der Mitte der Gesellschaft. Die Leipziger Autoritarismus-Studie 2018.* Gießen: Psychosozial.

Decker et al. (2022). *Autoritäre Dynamiken in unsicheren Zeiten. Neue Herausforderungen – alte Reaktionen?. Leipziger Autoritarismus Studie 2022.* Gießen: Psychosozial.

Decker, O./C. Türcke (2019). *Autoritarismus. Kritische Theorie und Psychoanalytische Praxis.* Gießen: Psychosozial.

Decker, O./C. Türcke (2019). Vorwort In ebd. (Hrsg), *Autoritarismus. Kritische Theorie und Psychoanalytische Praxis.* Gießen: Psychosozial.

Eichler, L. (2019). Vater Staat und Mutterland. Autoritarismus als gescheiterte adoleszente Triangulierung. In O. Decker/Christoph Türcke (Hrsg), *Autoritarismus. Kritische Theorie und Psychoanalytische Praxis.* Gießen: Psychosozial.

Erdheim, M. (1988 [1983]). Adoleszenz zwischen Familie und Kultur. Ethnopsychoanalytische Überlegungen zur Funktion der Jugend in der Kultur. In ebd., *Psychoanalyse und Unbewußtheit in der Kultur.* Frankfurt: Suhrkamp.

Frenkel-Brunswik, E. (1950). Sex, people, and self as seen through the interviews. In T. W. Adorno/Frenkel-Brunswik/Levinson/Nevitt Sanford (Hrsg), *The Authoritarian Personality.* New York: Harper & Brothers (Studies in Prejudice Series, Volume 1).

Freud, S. (1972 [1921]). Massenpsychologie und Ich-Analyse in: (ebd.) *Gesammelte Werke.* Band XIII. Frankfurt: S. Fischer Verlag.

Fromm, E. (1936). Sozialpsychologischer Teil. In M. Horkheimer (Hrsg), *Studien über Autorität und Familie: Forschungsbericht aus dem Institut für Sozialforschung.*, Bd. 1. Paris: Alcan.

Graus, F. (1987) Pest – Geissler – Judenmorde: das 14. Jahrhundert als Krisenzeit. Goettingen: Vandenhoeck und Ruprecht.

Greverus, I.-M. (1990). *Neues Zeitalter oder verkehrte Welt. Anthropologie als Kritik.* Darmstadt: Wissenschaftliche Buchgesellschaft.

Gruschka, A. (2019).»Bürgerliche Kälte«. Eine Zentralkategorie einer kritischen Pädagogik im Anschluss an T. W. Adorno – zugleich ein Rückblick auf 30 Jahre ihrer Erforschung. In S. Andresen/Nittel/Thompson (Hrsg), *Erziehung nach Auschwitz bis heute. Aufklärungsanspruch und Gesellschftsanalyse. Frankfurter Beiträge zur Erziehungswissenschaft* Bd. 22. Frankfurt: Goethe-Universität.

Haller, L. Yashodhara (2018). Kapital – Staat – Geschlecht. Eine theoretische Analyse der Vermittlungszusammenhänge. In F. Beier/Haller/Haneberg (Hrsg), *materializing FEMINISM. Positionierungen zu Ökonomie, Staat und Identität.* Münster: Unrast.

Herkommer, S. (2004). *Metamorphosen der Ideologie: zur Analyse des Neoliberalismus durch Pierre Bourdieu aus marxistischer Perspektive.* Hamburg: VAS,

Horkheimer, M. (1936). Allgemeiner Teil. In ebd. (Hrsg.), *Studien über Autorität und Familie: Forschungsbericht aus dem Institut für Sozialforschung*, Bd. 1. Paris: Alcan.

Horkheimer, M./T. W. Adorno (2013 [1969]). *Dialektik der Aufklärung. Philosophische Fragmente.* Frankfurt: Fischer. 21. Auflage.

Hopf, C./ W. Hopf (1997). *Familie, Persönlichkeit, Politik. Eine Einführung in die politische Sozialisation.* Weinheim, München: Juventa.

Hopf, C. (2000). Familie und Autoritarismus – zur politischen Bedeutung sozialer Erfahrungen in der Familie. I: Rippl et al. (Hrsg), *Autoritarismus. Kontroversen und Ansätze der aktuellen Autoritarismusforschung.* Opladen: Leske + Budrich.

Joswig, Gareth: Vorsätzlich herumlungern verboten. In: taz 26.03.2020 https://taz.de/Cor
ona-Polizei-in-Berlin/!5670869/ (letzter Zugriff 27.02.2023)

Kirchhoff, C. (2020). Gefühlsbefreiung by proxy. Zur Aktualität des autoritären Charakters.
In Henkelmann K./Jäckel/Stahl/Wünsch/Zopes (Hrsg.), *Konformistische Rebellen. Zur
Aktualität des autoritären Charakters.* Berlin: Verbrecher.

König, H.-D. (2000). Tiefenhermeneutik. In: Flick et al.: *Qualitative Forschung. Ein Handbuch.* Hamburg: Rohwolt.

König, H.-D./Julia König/Jan Lohl/Sebastian Winter (2020). *Alfred Lorenzer zur Einführung.*
Opladen/Toronto: Barbara Budrich.

Kramer, D. (1986). Marktstruktur und Kulturprozeß. Zum Verhältnis von Kultur und kapitalistischer Gesellschaft. In U. Jeggle/G. Korff/M. Scharfe/B. J. Warneken (Hrsg), *Volks-
kultur in der Moderne. Probleme und Perspektiven der empirischen Kulturforschung.*
Hamburg: Rohwolt.

Lehm, Britta v./Melanie Klimmer: Immer mehr Pflegekräfte arbeiten trotz Quarantäne. In:
pflegen-online.de 25.01.2021 https://www.pflegen-online.de/immer-mehr-pflegekraefte-
arbeiten-trotz-quarantaene (letzter Zugriff 08.04.2021)

Maiwald, K.-O. (2006). Studien über Autorität und Familie. Forschungsberichte aus dem
Institut für Sozialforschung. In A. Honneth (Hg.) *Schlüsseltexte der Kritischen Theorie.*
Wiesbaden: VS.

Milbrand, B. (2020). Was begreift der Begriff »Autoritarismus«? Elemente einer Soziologie
autoritärer Verhältnisse. In K. Henkelmann/Jäckel/Stahl/Wünsch/Zopes (Hrsg), *Konformistische Rebellen. Zur Aktualität des autoritären Charakters.* Berlin: Verbrecher.

N.N.: Nachbarn bei Corona-Verstößen verpetzen. In Essen geht das jetzt per Mausklick. In:
RTL.de 14.10.2020 https://www.rtl.de/cms/nachbarn-bei-corona-verstoessen-verpetzen-
in-essen-geht-das-jetzt-per-mausklick-4630218.html(letzter Zugriff 09.04.2021)

N.N.: Alltagshelden. Gemeinsam stark. In: mdr. https://www.mdr.de/sachsenradio/einsendun
gen-alltagshelden-miteinander-stark-corona-100.html (letzter Zugriff 01.03.2021)

Oesterreich, D. (1974). *Autoritarismus und Autonomie.* Stuttgart: Klett.

Oesterreich, D. (2000). Autoritäre Persönlichkeit und Sozialisation im Elternhaus. Theore-
tische Überlegungen und emoirische Ergebnisse. In Rippl et al. (Hrsg), *Autoritarismus.
Kontroversen und Ansätze der aktuellen Autoritarismusforschung.* Opladen: Leske +
Budrich.

Pohl, R. (2003). Paranoide Kampfhaltung. Über Fremdenhass und Gewaltbereitschaft bei
männlichen Jugendlichen. In F. Koher/Pühl (Hrsg), *Gewalt und Geschlecht. Konstruktionen, Positionen Praxen.* Wiesbaden: Springer.

Projektgruppe (1996). *"Soziale Beziehung in der Familie, geschlechtsspezifische Sozialisation
und die Herausbildung rechtsextremer Orientierung" Dokumentation und Erläute-
rungen des methodischen Vorgehens.* Hildesheim: Institut für Sozialwissenschaften der
Universität Hildesheim.

Rippl, S./C. Seipel/A. Kindervater (2000). Die autoritäre Persönlichkeit: Konzept, Kritik und
neuere Forschungsansätze. In ebd. (Hrsg), *Autoritarismus. Kontroversen und Ansätze der
aktuellen Autoritarismusforschung.* Opladen: Leske + Budrich.

Rosenthal, G. (2002). Biographische Forschung. In: Schaeffer/Müller-Mund: Qualitative
Gesundheits- und Pflegeforschung.

Rosenthal, G. (2014). *Interpretative Sozialforschung.* Weinheim: Juventa. 4. Auflage.

Schmid Noerr, G. (1990). *Das Eingedenken der Natur im Subjekt. Zur Dialektik von Vernunft und Natur in der Kritischen Theorie Horkheimers, Adornos und Marcuses.* Darmstadt: Wissenschaftliche Buchgesellschaft.

Scholz, R. (2011). *Das Geschlecht des Kapitalismus. Feministische Theorien und die postmoderne Metamorphose des Kapitals.* Bad Honnef: Horlemann.

Schwandt, M. (2010). *Kritische Theorie. Eine Einführung.* Stuttgart: Schmetterling. 2. Auflage.

Schwarzer, Mathias: Angst vor Corona: Einheimische machen Jagd auf Autos mit fremden Kennzeichen. In: rnd 21.04.2020

https://www.rnd.de/panorama/angst-vor-corona-einheimische-machen-jagd-auf-autos-mit-fremden-kennzeichen-DGPMDT3JJNET3CRNH6ZHQMBU3I.html? (letzter Zugriff 27.02.2023)

Seipel, C./S. Rippl/Angelika Kindervater (2000). Probleme der empirischen Autoritarismusforschung. In ebd. (Hrsg), *Autoritarismus. Kontroversen und Ansätze der aktuellen Autoritarismusforschung.* Opladen: Leske + Budrich.

Stögner, K. (2020) Autoritärer Charakter und Identitätspolitik. Vom Hass auf Differenz zum Identitätszwang. In K. Henkelmann/Jäckel/Stahl/Wünsch/Zopes (Hrsg), *Konformistische Rebellen. Zur Aktualität des autoritären Charakters.* Berlin: Verbrecher.

Sutterlüty, F. (2006): Studien zum autoritären Charakter. In A. Honneth (Hrsg), *Schlüsseltexte der Kritischen Theorie.* Wiesbaden: VS.

Theweleit, K.(2020[1978]). *Männerphantasien.* Berlin: Matthes&Seitz.

Volkov, S. (2010). *Die Juden in Deutschland 1780-1918.* München: Oldenbourg Wissenschaftsverlag.

Warnecken, B. J. (1987). Umgang mit Gefahr. Reaktionen auf Tschernobyl (S. 1–85) In *Tübinger Korrespondenzblatt 32.*

Weyand, J. (2001). *Adornos kritische Theorie des Subjekts.* Lüneburg: zu Klampen.

Witte, N./Rosenthal, G. (2007). Biographische Fallrekonstruktionen und Sequenzanalysen videographierter Interaktionen: zur Verknüpfung von Daten und Methoden. *Sozialer Sinn, 8*(1).

Ziege, E.-M. (2019). Einleitung. In Ebd. (Hrsg), *Theodor W. Adorno. Bemerkungen zu ,The Authoritarian Personality' und weitere Texte.* Berlin: Suhrkamp.

**Anna Domdey, M.A.,** studierte Kulturanthropologie/Europäische Ethnologie und Geschlechterforschung in Göttingen. Sie ist Mitglied in der Gesellschaft für psychoanalytische Sozialpsychologie und einer tiefenhermeneutischen Interpretationsgruppe. Ihre Schwerpunkte liegen in historisch-materialistischer Geschlechterforschung, Kritischer Theorie und Antisemitismusforschung. Außerdem interessiert sie sich theoretisch wie praktisch für Geschichtspolitik und arbeitet derzeit in der Gedenkstätte Breitenau.

# Autoritäre Dynamiken in der Pandemie. Abschließende Reflexionen und Ausblick

Markus Brunner, Anna Domdey, Nicola Graage, Dustin Henze und Julia König

**Zusammenfassung**

In dem diesen Band abschließenden Kapitel werden die drei veröffentlichten Studien zu autoritären Dynamiken in der Pandemie vor dem Hintergrund von aktueller Literatur zum Thema miteinander ins Gespräch gebracht. Erstens werden Gemeinsamkeiten und Differenzen zwischen den von Graage analysierten verschwörungsideologischen YouTubern und den von Henze untersuchten AgitatorInnen der AfD diskutiert, zweitens werden die von Domdey und Henze aufgemachten theoretischen Perspektiven auf die Herausforderungen, die die Pandemie den Subjekten stellt, zueinander ins Verhältnis gesetzt und Domdeys Erkenntnisse über die autoritären »maßnahmengehorsamen« Personen mit der Forschung über die Coronaprotestierenden konfrontiert, drittens verschiedene, unterwürfigere oder rebellischere Spielarten des Autoritären

M. Brunner · D. Henze (✉)
Sigmund Freud PrivatUniversität Wien, Wien, Österreich
E-Mail: dustin.henze@sfu.ac.at

A. Domdey
Göttingen, Deutschland

N. Graage
Potsdam, Deutschland

J. König
Bergische Universität Wuppertal, Wuppertal, Deutschland
E-Mail: jkoenig@uni-wuppertal.de

© Der/die Autor(en), exklusiv lizenziert an Springer Fachmedien Wiesbaden GmbH, ein Teil von Springer Nature 2024
M. Brunner et al. (Hrsg.), *Autoritäre Dynamiken in der Krise*, Kritische Sozialpsychologie, https://doi.org/10.1007/978-3-658-43282-9_6

diskutiert. Den Abschluss bilden Reflexionen über das gesellschaftlich präformierte Ticketdenken, das auch und gerade in gesellschaftlichen Krisensituationen eine angemessene, auch Ambivalenzen aushaltende und Widersprüche reflektierbare Reaktion verunmöglicht

Die in diesem Band vorgestellten Studien betrachten autoritäre Dynamiken in der Corona-Pandemie empirisch sowie theoretisch aus unterschiedlichen Perspektiven. Empirisches Material wird vor dem Hintergrund der jeweiligen Fragestellungen und anhand von verschiedenen theoretischen Rahmenkonzepten beleuchtet. Berücksichtigt werden verschiedene Dimensionen des Verhältnisses von Individuum und Gesellschaft. Während Nicola Graage und Dustin Henze analysieren, wie die AgitatorInnen[1] in ihren Reden an die subjektive Struktur anzubinden und diese für ihre Zwecke zu mobilisieren versuchen, folgt Anna Domdey einem biographischen Forschungsansatz und arbeitet heraus, wie sich bewusste und unbewusste Lebensentwürfe, die für (autoritäre) Reaktionsweisen während der Pandemie relevant sind, lebensgeschichtlich entwickeln. Sie konzentriert sich dabei nicht auf die sog.»Querdenker:innen« oder Rechtsautoritäre, sondern vielmehr auf autoritäre Dispositionen bei denjenigen, die die Pandemie und die Maßnahmen zu ihrer Eindämmung ernst nehmen. Im Sinne eines Horkheimer'schen interdisziplinären Materialismus versucht dieser Band, verschiedene Blickwinkel auf eine gesellschaftliche Gesamtsituation, die Corona-Pandemie, einzufangen, um in dieser Konstellation Aspekte der gesellschaftlichen Totalität aufscheinen zu lassen. Im Folgenden werden schlaglichtartig Schnittstellen, Gemeinsamkeiten, aber auch Unterschiede der drei Fallstudien und ihrer theoretischen Überlegungen dargestellt.

## 1    Gefühlslagen in der Pandemie

Die Pandemie produzierte als Krisensituation (wie auch andere gesellschaftliche Krisendynamiken) notwendig Momente des Nichtwissens, Aporien und damit Ambivalenzen auf der Handlungs- sowie Affektebene und verstärkte bestehende

---

[1] Aufgrund des Datenmaterials werden wir im Folgenden, wenn es um die AgitatorInnen geht, deren Inszenierungen in den in diesem Band versammelten Studien analysiert werden – mit Ausnahme von Beatrix von Storch sind das allesamt Männer –, das die männliche und weibliche Form verbindende Binnen-I verwenden. Bei den von den Reden möglicherweise angesprochenen Subjekten verwenden wir hingegen mit dem Doppelpunkt eine geschlechterbewusste Schreibweise, die auch nicht binär verortete Personen inkludiert.

gesellschaftliche Widersprüche. Sehr unterschiedliche Logiken und Perspektiven standen sich gegenüber: Der epidemiologischen Blick auf die Verbreitungszahlen und die Zahl der freien Betten auf Intensivstationen, der Gedanke an die Risikopersonen, zugleich die Sorge über die psychische Situation der in Altenheimen und Krankenhäuser abgeschotteten Menschen oder der isolierten Jugendlichen und Kinder im *Homeschooling* oder über die größeren Belastungen der Erziehungsberechtigten angesichts der geschlossenen Schulen und Kindergärten, dann die Interessen verschiedener Wirtschaftszweige, aber auch diejenigen der von Prekarisierung und Arbeitslosigkeit bedrohten Angestellten und Freiberufler:innen, der Blick auf die Belastungen des Personals in den Krankenhäusern, zugleich die Bedürfnisse der Allgemeinbevölkerung nach sozialer Nähe, Mobilität und Freizeitaktivitäten. Und all dies bei einer sich immer wieder veränderten Datenlage, die stets auch unterschiedlich interpretiert und gewichtet wurde. Der Zwang immer wieder zwischen verschiedenen Perspektiven abzuwägen, aber auch überhaupt die bedrohliche Pandemie und die zuweilen den Alltag stark einschränkenden Maßnahmen gegen deren Ausbreitung waren von starken und widersprüchlichen Emotionen begleitet: Je nach Klassenlage, Wohn- und Familiensituation, Geschlecht, Beruf, Alter oder körperlicher Konstitution waren Menschen mehr von Isolation, Enge, ökonomischen Ängsten, den Mehrfachbelastungen durch Berufs- und Carearbeit, von verschärften Grenzregimes oder totaler werdenden Institutionen betroffen, die von Begrenzungs-, Entgrenzungs-, Beschleunigungs- oder Entschleunigungprozessen begleitet waren. Diese widersprüchlichen, plötzlichen und unabsehbaren Dynamiken lösten starke Gefühlslagen aus: Stress, Ängste davor, selbst angesteckt zu werden oder andere anzustecken, oder die Angst davor, zur Überträger:in des Virus zu werden, Körperängste und Ekelgefühle angesichts des unsichtbaren Virus, das über Körperflüssigkeiten übertragen wurde, ökonomische Ängste, Gefühle des Autonomieverlusts, Schuldgefühle, Trauer, Ohnmacht und die Angst, für bestimmte Handlungen bestraft zu werden, zugleich starke Wünsche nach Nähe, Übertretungslust und Erlösungssehnsüchte, vor allem aber auch sehr viel Frust, Wut und Aggression (vgl. Forschungswerkstatt Corona-Proteste, 2021; Brunner und Knasmüller, im Erscheinen). In einer solchen Situation, die immer auch nachträglich frühe Ängste und Konfliktlagen virulenter werden lässt (vgl. zum Begriff der Nachträglichkeit die theoretische Einführung zu diesem Band), wird das Bedürfnis, die Spannung erzeugenden widersprüchlichen Gefühlslagen loszuwerden und die Aporien in eine Richtung einseitig aufzulösen, groß. Was dabei innerpsychisch verdrängt oder verleugnet wird, muss jedoch projektiv verhandelt werden oder zeigt sich symptomatisch. Die drei Untersuchungen in diesem Band vereint, dass sie diese gesellschaftlich produzierten Konfliktlagen des Individuums als Ausgangspunkt ihrer Analysen nehmen und beleuchten, wie sie in autoritären Formen be- und verarbeitet werden. Die Studien üben damit eine immanente Kritik an den Verhältnissen, die die Subjekte beschädigen und es ihnen verunmöglichen, auf Krisensituationen rational zu reagieren.

Anna Domdey unternimmt den Versuch, die biographischen Niederschläge dieser Beschädigungen und der aktuellen Konfliktlagen herauszuarbeiten, die das individuelle Potenzial autoritärer Umgangsweisen mit den objektiven Anforderungen bilden. Die von Nicola Graage und Dustin Henze untersuchten Propagandavideos wiederum können als autoritäre Anrufungen betrachtet werden, die ihrerseits die bestehenden und pandemiebedingten Spannungen und Widersprüche als gesellschaftliche »Malaise« (Löwenthal und Guterman 1949/2017) aufgreifen, aber zudem auch neue Konfliktlagen und Spannungen bei den Zuschauer:innen herstellen.

## 2    Die »Querdenker« und die AfD

Die RednerInnen der Propagandavideos bearbeiten diese Spannungen aktiv, um ihre autoritäre Anrufung zu verstärken. Sie appellieren an die Ängste, Wut und Frustrationen ihrer Zuschauer:innen und bieten ihnen einfache Feindbilder und Schuldzuweisungen an. Sie erzeugen eine Spaltung zwischen »wir« und den »anderen«, zwischen »Opfern« und »Tätern« bzw. »gut« und »böse«, zwischen »Wahrheit« und »Lüge«. Die untersuchten Propagandavideos zeichnen lustvolle Apokalypse-Bilder und zielen auf die Bildung einer (verschwörerischen) Gemeinschaft. Sie forcieren psychische Spaltungs- und Projektionsmechanismen in ihrem Publikum und bieten affektive Schiefheilungsangebote in Form von Massenbildung und Verschwörungstheorien an, um das Unbehagen und die Aggressionen der Zuschauer:innen zu kanalisieren. Sie fördern damit eine Regression auf infantile Bewältigungsmechanismen, die es den Zuschauer:innen ersparen, die Komplexität und Ambivalenz der inneren und äußeren Realität aushalten oder bearbeiten zu müssen. Die Propagandavideos schaffen eine illusorische Gemeinschaft, die sich gegen die vermeintlichen Feinde zusammenschließt. Ermöglicht wird den Zuschauer:innen, sich als Teil eines auserwählten und überlegenen Kollektivs zu fühlen. Die Dynamik zwischen der autoritären Anrufung durch die RednerInnen und der individuellen autoritären Potenzialität der Zuschauer:innen ist dabei entscheidend. Die Zuschauer:innen sind nicht nur passive Empfänger:innen der Propaganda, sondern auch aktiv Mitwirkende an ihrer Verbreitung und Verstärkung. Sie identifizieren sich mit den RednerInnen, übernehmen ihre Argumente und Affekte, teilen ihre Videos in sozialen Medien und treten in

Konflikt mit Andersdenkenden. Sie zeigen damit eine Bereitschaft, sich einer autoritären Führung zu unterwerfen und ihre eigene Autonomie aufzugeben. Auf affektiver Ebene finden sich sowohl bei den untersuchten AfD-RednerInnen, als auch bei den untersuchten »Querdenkern« ähnliche Dynamiken, wie sie bereits von Löwenthal und Guterman (1949/2017) und Adorno (1951/2013) bei den faschistischen Rednern in den USA der 1940er Jahre festgestellt wurden. Diese Parallelen verdeutlichen die anhaltende Relevanz dieser Arbeiten und unterstreichen die Relevanz einer kritischen Auseinandersetzung mit autoritärer Agitation und Propaganda (vgl. hierzu auch die theoretische Einführung in diesen Band).

Gleichwohl werden auch Unterschiede zwischen den rechtspopulistischen Bundestagsreden der AfD und den Videos der mehr oder weniger explizit verschwörungstheoretischen »Querdenker« deutlich wie auch innerhalb der untersuchten »Querdenken«-Akteure selbst. Auffällig ist, dass insbesondere Wolfgang Wodarg und Heiko Schrang in ihrer »Kritik« an gesellschaftspolitischen Diskursen und Institutionen eher vage bleiben. Auch Ken Jebsen verwendet zwar bedeutsame Schlagworte im Hinblick auf komplexe, politisch-gesellschaftliche Themen (z. B. Kapitalismus, Rüstungsindustrie, Sparmaßnahmen im Gesundheitswesen, etc.) und appelliert damit vordergründig an eine kritische Haltung bei den Zuschauenden, seine Ausführungen bleiben jedoch eher diffus und unverständlich. Eine kontext- und themenbezogene Skepsis wird vom konkreten Gegenstand abgelöst und in ein destruktives und gegen gesellschaftspolitische Diskurse und Institutionen gerichtetes allgemeines Misstrauen transformiert, wodurch der Nährböden für Verschwörungsdenken und autoritäre Massenbildung geschaffen wird. Gemeinsam ist den YouTubern, dass sie ein mehr oder weniger konkretes Feindbild einer international agierenden »Elite« entwerfen. Die als weltumfassend inszenierte Bedrohung weist immer zwei Richtungen auf: einerseits ausgehend von einem elitären »Oben«, Teil einer großen Verschwörung, andererseits ausgehend von den Mitbürger:innen, den der Manipulation erlegenen, nicht-wissenden oder ignoranten »Schlafschafen«, gegen die gleichermaßen angekämpft wird. Dabei unterscheiden sich die »Querdenker« voneinander hinsichtlich ihres Aggressionspotenzials, ihrer Auslegung einer Eigengruppe sowie der Feindbildkonstruktion. Jebsen und Schrang heizen eher zu einer gewaltaffinen, autoritären Rebellion an, bei der sich ein blinder, euphorisierender Hass gegen etablierte Autoritäten mit dem unbewussten Wunsch nach autoritärer Unterwerfung paart. Wodarg hingegen intensiviert die Sehnsucht nach autoritärer Beruhigung, die als lähmende und passive Unterwerfung erlebbar wird. Doch auch hier ist ein Potenzial für den Übergang zu »heißeren« Formen der Massenagitation angelegt. Auf der Seite der autoritären Rebellen benötigt es konkrete Aggressionsobjekte, da direkte, vernichtende Gewalt ausgeübt werden soll.

So werden von Schrang und Jebsen – neben einem geschürten verallgemeiner-
ten Misstrauen und Hass gegen Politik, Wissenschaft und Medien – abstrakte
Verhältnisse personifiziert und konkrete Schuldige benannt: Angela Merkel als
diktatorische Herrscherin (Jebsen, Schrang); Angela Merkel, Bill Gates und die
WHO als vermeintliche Betreiber:innen des kapitalistischen Systems bzw. einer
»Weltregierung« (Jebsen) paaren sich mit antisemitisch chiffrierten Feindbildkonstruktion, z. B. »Hochfinanz« (Schrang) oder »Israel« (Jebsen). Bei Schrang steht
eine mit rechtsextremen Positionen vereinbare Faszination für Gewalt und Kampf,
ein autoritärer Führungsstil, ein Hass gegen das Schwache, spiritueller Aberglaube sowie die Etablierung von regressiven Endzeitszenarien als Sehnsuchtsorte
im Vordergrund. In Jebsens Agitation hingegen ist ein deutlich fortgeschrittener, antisemitischer Verschwörungswahn erkennbar. Verschwörungsideologien
werden mit Figuren des Schuld-Abwehr-Antisemitismus sowie geschichtsrevisionistischen Vergleichsziehungen im Hinblick auf die Verbrechen des NS gepaart,
sodass er insbesondere für ein deutsch-nationales Publikum Anküpfungspunkte
bietet. Im Kontrast dazu benennt Wodarg manifest keine konkreten Feindbilder, was ihn als liberalen Wissenschaftler erscheinen lässt. Gleichwohl zeigen
die tiefenhermeneutischen Analysen, dass auch in seinem Videopost ein dualistisches Weltbild präsentiert und die Bereitschaft zur projektiven Feindbildung
erhöht wird sowie (strukturell antisemitische) Verschwörungsnarrative Anschluss
finden können.

Im Unterschied zu den YouTubern liefert die AfD durchweg konkretere und
vor allem national bestimmte Aggressionsobjekte, indem sie mit Angela Merkel
und dem Rest der Bundesregierung ein klares Feindbild benennt und zum Widerstand gegen die vermeintliche »Coronadiktatur« aufruft. Aufgegriffen wird das
diffuse und generalisierte Bedrohungsempfinden und die Entrüstung, das allgemeine Misstrauen und die autoritäre Gestimmtheit des Publikums, aber auch ein
mehr oder weniger explizit geschürter Hass gegen die Bundesregierung sowie ihre
Vertreter:innen. Auf diese Weise kann sich die AfD mit ihren Reden als mögliche
attraktive politische Alternative für so agitierte und affizierte Menschen präsentieren. Die Vorstellung einer »Coronadiktatur« und das geteilte Feindbild Angela
Merkel stellen dabei ein identitätsstiftendes Moment dar. Auch wenn die AfD auf
affektiver Ebene und im Hinblick auf die agitierten Feindbilder Schnittmengen
mit und Anknüpfungspunkte an die auf den Coronademonstrationen präsentierten
Inhalte aufweist, kann nicht von einer kausalen Verbindungslinie von »Querden-
ker:innen« zu AfD-Wähler:innenschaft ausgegangen werden. So wie sich auch
die verschiedenen mobilisierenden »Querdenker:innen« als heterogene Zusam-
menschau ohne einheitliche Ideologie darstellen, findet sich auch unter den

Demonstrationsteilnehmenden und Corona-Leugner:innen ein heterogenes Spektrum im Hinblick auf politische Einstellungen und konkretes Wahlverhalten. So zeigt die empirische Forschung zu den Coronaprotesten zwar eine Vorliebe für rechtspopulistische Parteien wie die AfD oder die FPÖ, aber in Teilen durchaus auch politische Zugehörigkeitsgefühle zum eher linksalternativen oder esoterischen Milieu. Die allgemeine Unzufriedenheit sowie ein fortgeschrittenes Misstrauen gegenüber der Demokratie sowie eine Parteien- und Politikverdrossenheit führen nicht nur zu einer Hinwendung zu rechten Parteien, sondern auch zu einer zu Kleinstparteien oder zu einer Absage an das politische System überhaupt (vgl. Nachtwey et al. 2020; Forschungswerkstatt Corona-Proteste 2023).

Neben einer psychologisch ähnlichen Funktionsweise der Agitation zeigen sich zwischen den AfD-DemagogInnen und den »Querdenkern« Unterschiede im Hinblick auf eine gegen das politische System gerichtete Destruktivität und Aggression: Während die AfD einen realen parteipolitischen Machtkampf ausfechten muss und auf Wähler:innenstimmen innerhalb des parlamentarischen Bezugsrahmens angewiesen ist, mobilisieren die »Querdenker« Schrang und Jebsen zu einem gewaltförmigen, militanten Widerstand, der das parlamentarische System überhaupt sprengen soll. In ihrer Fundamentalkritik scheinen die YouTuber nihilistischer zu sein. Die Aggression richtet sich in ihren Videos folglich sehr dezidiert gegen das politische System selbst, während die AfD einen projektiv bereinigten nationalen Bezugsrahmen schafft, auf den sich positiv (zurück)bezogen werden soll. Statt in radikale Opposition zum politischen System zu treten, propagieren sie einen vermeintlichen Verfall der Demokratie, der nur durch ihre eigene Ermächtigung aufzuhalten wäre. In beiden Fällen operieren die AgitatorInnen jedoch mit einer Gegenüberstellung eines geknechteten Volkes und einer wahlweise korrupten, bösen oder unfähigen Elite. Auch hier ist zu beobachten, dass die YouTuber die Elite abstrakter zeichnen und an verschiedenen gesellschaftlichen Orten ausmachen, während die AfD hauptsächlich die Bundesregierung als Projektionsfläche für ihre Anhänger:innen in Stellung bringt und sich als alternative Autorität und Speerspitze des vermeintlich demokratischen Widerstands gegenüber der »Coronadiktatur« inszeniert. Die Partei erscheint dabei als messianische Heilsbringerin, die dem geknechteten Volk ihre vermeintlich verlorene Freiheit und Selbstbestimmung zurückgeben kann.

Interessant ist eine Überschneidung der von den Reden von Ken Jebsen und der AfD eröffneten psycho-sozialen Möglichkeitsräume, obwohl sich Jebsen auf manifester Ebene von jeglichen politischen Parteien, aber auch explizit von der AfD, abzugrenzen versucht. Auch Jebsen ruft zu einem Scheinprotest gegen ein elitäres »Oben« auf. Dabei bedient er sich jedoch einer propagandistischen Rhetorik der permanenten autoritären Herabsetzungen des Publikums, die gerade in konflikthafter Beziehung zum Wunsch nach Handlungsfähigkeit steht und so die Sehnsucht nach autoritärer Führung weiter verstärkt. Jebsen tritt seinem Publikum gegenüber bestrafend und beschämend auf, was die evozierte intrapsychische Spannung weiter erhöht. Gleichzeitig wird den Anhänger:innen einer potenziell gewalttätigen Widerstandsbewegung die Aussicht auf Rache und Beschämung Anderer gegeben. Dieses Motiv findet sich auch in den Reden der AfD, insbesondere in der Rede von Sebastian Münzenmeier. Dieser tritt jedoch nicht selbst beschämend auf, sondern antizipiert solche Gefühlslagen bei seinem Publikum, stellt sie in einen Zusammenhang mit den als repressiv erlebten Coronamaßnahmen und regt Fantasien an, Gefühle der Beschämung an das elitäre »Oben« zurückzugeben und strafend Rache an Merkel zu üben. Voraussetzung hierfür sei lediglich, sich der kollektiven Massenbewegung anzuschließen und der AfD die Wahlstimme zu geben. Bei Jebsen, bei Schrang wie auch bei Münzenmeier wird ein sich-zur-Wehr-Setzen als vermeintliche Notwehr rationalisiert, wobei die zugrunde liegende und durch die Agitation verstärkte Aggression latent gemacht, auf Feindbilder projiziert und dort stellvertretend bearbeitet werden soll. Auch in Bezug auf die angerufene Gemeinschaft tun sich Differenzen zwischen den YouTubern und den RednerInnen der AfD auf. Ein wichtiger Aspekt ist dabei die Art und Weise, wie das Kollektiv oder die Gemeinschaft angesprochen werden. Während die Youtuber wie Schrang, Wodarg oder Jebsen ein diffuses »Wir« verwenden, das mal die »Menschheitsfamilie«, mal das deutsche Kollektiv meint, aber selten explizit rassistisch oder völkisch wird, sind die RednerInnen der AfD deutlich klarer und auch nationalistischer in ihrer Ansprache. Sie appellieren an das »deutsche Volk« und greifen auf völkische und identitäre Demokratievorstellungen zurück, die ein homogenes Volk voraussetzen. Die Differenz kommt wohl auch dadurch zustande, dass wir es bei den YouTubern nicht mit explizit rechten Rednern zu tun haben, auch wenn ihre Ausführungen Anschlussstellen zur extremen Rechten liefern.

Zu beobachten ist, dass sowohl die YouTuber als auch die AfD vielfach an ein diffuses, kollektives Erleben anzuknüpfen versuchen, das als Wahrheit verabsolutiert wird. Besonders deutlich ist dies bei Heiko Schrang zu beobachten. Er wendet sich explizit von Fakten und Zahlen ab, pauschalisiert seine persönlichen Erfahrungen und das gemeinsame Erleben seiner Anhänger als »Wahrheit« und stellt sie denjenigen einer angeblich manipulierten Masse gegenüber. Auch in Jebsens Agitation wird mit dem »Wahrheitsbegriff« gespielt und dessen Bedeutung verkehrt. Seine schauspielerische Inszenierung, insbesondere die parodierenden Übertreibungen, die zugleich auf angeblich wahre Kerninhalte hinweisen sollen, führen zu einer verwirrenden Fusion von Realität und Illusion. Vorstellbar ist, dass das Resultat dieses Verschmelzens des Begriffs der Wahrheit mit einer auf Intuitionen und Ängsten basierten Vorahnung dazu beiträgt, selbst den unvernünftigsten Phantasmen, Affekten und »Bauchgefühlen« einen potenziellen Realitätscharakter zu verleihen versucht. Die aus gesellschaftlichen und individuellen Schieflagen entstandenen irrationalen und diffusen Affekte werden so aufgegriffen, bildhaft vereindeutigt und an verschwörungsideologische Narrative angedockt. Auch die AfD versucht, diffuse Gefühle des Unbehagens und der politischen Entfremdung aufzugreifen und mit ihren Narrativen zu verknüpfen. Die erlebte individuelle Ohnmacht und das Gefühl übergangen worden zu sein wird unter der Behauptung, man lebe nunmal in einer »Coronadiktatur«, als authentische Wahrheit verabsolutiert. Abweichende Wahrnehmungen hingegen seien die Folge individueller Pathologien und ideologischer Verblendung, wenn z. B. Sebastian Münzenmeier von einem »Wellenbrecherwahn« spricht oder Alexander Gauland die Frage stellt, ob wir denn alle durchdrehen würden. Vor allem aber inszenieren sich die RednerInnen der AfD als wahre und authentische VolksvertreterInnen. Im Gegensatz zur Bundesregierung würde ihre Partei den »wahren« Volkswillen erkennen und damit über einen privilegierten Zugang zur Wahrheit verfügen. Auch die Youtube-»Querdenker« inszenieren sich als authentische und wahre Stimmen, wobei ihre »Einblicke« in die Machenschaften einer »Elite« deutlich individualistischer hergeleitet werden, etwa aufgrund von persönlichen Fähigkeiten oder des Status des Redners. Betont wird die Authentizität, Individualität und Besonderheit der Redner, wobei ihre inszenierte Außenseiterposition als selbstgewählt, erstrebenswert und originell inszeniert wird. Die »Querdenker« müssen weniger einheitlich auftreten, auch weil sie nicht parteilich organisiert sind oder gemeinsam Wahlkampf machen – eher geht es ihnen um den Konsum ihrer Kanäle, Vermarktung und Clicks. Eine einheitliche politische Ideologie ist hier nicht erkennbar, vielmehr kann eine durch den Redner inszenierte vermeintliche Individualität narzisstisch betont und das verschwörungsideologische Kollektiv verheißungsvoll idealisiert werden. Vor dem Hintergrund der Pandemie und den für eine solidarische Gemeinschaft erforderlichen Einschränkungen mag die Position einer uneingeschränkten, allwissenden Überlegenheit und Eindeutigkeit sowie ein individueller Erkenntnisweg besonders attraktiv erscheinen. Um der Frage nach der psychodynamischen Wirkweise der sich im »Querdenken«-Kontext bildenden Querfront nachzugehen, wäre eine Untersuchung der Zusammenwirkung und möglichen Ergänzung der mobilisierenden »Querdenker:innen« sinnvoll. Irritierenderweise scheinen die doch sehr unterschiedlichen Positionen und Selbstinszenierungen weniger in Konflikt zueinander zu geraten als sich gegenseitig zu befeuern, wie die vielfachen Talk-Show-Formate der sich gegenseitig interviewenden »Querdenker:innen« nahelegen. Es wäre zu untersuchen, ob sich die Rezipient:innen der Reden der untersuchten YouTubern von der der AfD wie auch die Beziehung der Zuschauer:innen zu den RednerInnen unterscheiden: Amlinger und Nachtwey (2022) sehen die Anhänger:innen der ersteren eher als »Fans« (S. 294) als als den Redner:innen hörige Masse.

## 3 Die Angesprochenen

Über die Teilnehmer:innen der Corona-Proteste wissen wir aus der Literatur mittlerweile einiges (vgl. Nachtwey et al. 2020; Forschungswerkstatt Corona-Proteste 2021, 2023), sie kamen aus sehr unterschiedlichen politischen Milieus, waren eher besser gebildet und wohlhabender als der Bevölkerungsdurchschnitt, und Frauen und selbständige Arbeitende waren unter ihnen überrepräsentiert. Interessant ist, dass zwar in den Corona-Protesten auch klassisch rechtsautoritäre Einstellungen zu verzeichnen waren, dies aber nicht stärker als in der Gesamtbevölkerung. Die Bewegung wurde aber zusammengehalten durch eine Wut auf die Maßnahmen, die Verharmlosung der pandemischen Situation, ein großes Misstrauen gegenüber staatlichen Institutionen und weit verbreitetes Verschwörungsdenken – es sind genau diese Momente, die gemäß den Propagandaanalysen in diesem Band von den DemagogInnen mobilisiert und verstärkt wurden. In der starken Kontrastierung von »Volk« und »Elite« wurden innere Differenzen überblendet und der links-rechts-Differenzierung wurde mehrheitlich eine Absage erteilt. Analysen von Interviews zeigen die Attraktivität der in den Protesten gefundenen Gemeinschaft und lassen die Mechanismen erfassen, mit denen durch die Pandemie geweckte und verstärkte innere und zwischenmenschliche Konflikte über Verschwörungstheorien, Lokalisierung von Schuldigen und der Verleugnung der Pandemie-Gefahren »schiefgeheilt« werden konnten (vgl. Brunner et al. 2022; Knasmüller et al. 2023). Sie zeigen so auch auf der Seite der Rezipient:innen, wie auch nicht dezidiert rechte, aber doch als autoritär einzuschätzende Einstellungen eine Anschlussstelle für rechte Narrative darstellen. Die Untersuchungen von Anna Domdey in diesem Band zeigen nun sehr ähnliche Mechanismen auch bei Personen, die in der Pandemie – zumindest anfangs – sozusagen »auf der anderen Seite standen«: Auch bei denjenigen, die sich rigide an die Regeln hielten, zeigen sich autoritäre Tendenzen. Autoritarismus stellt nicht nur ein Problem der »Querdenker:innen« dar, sondern eine gesamtgesellschaftliche Tendenz oder

Potenzialität, die der affektiven und kognitiven Verarbeitung sowie der Reduzierung von Komplexität dient. Von wem die Anreden der »Querdenker:innen« und der AfD angenommen wurden, hing so nicht nur von autoritären Potenzialen, sondern auch von anderen Faktoren, individuellen Lebensumstände, politischen Orientierungen oder persönlichen Werthaltungen, zuweilen vielleicht auch nur von Zufällen ab.

Zu bedenken ist, dass die Interviews in Anna Domdeys Studie zu Beginn der Pandemie geführt wurden, lange bevor überhaupt der erste Impfstoff entwickelt wurde. Zu diesem Zeitpunkt war die gesellschaftliche und politische Lage noch wesentlich diffuser. Gerade die aggressiven Potenziale in den Interviews mit Carola und Benjamin lassen es als gut möglich erscheinen, dass die Anrufungen von AfD oder Querdenkern hier auf fruchtbaren Boden gefallen sein könnten. So erinnert die Etablierung von regressiven Endzeitszenarien als Sehnsuchtsorte in den Reden zum Beispiel von Jebsen an das von Benjamin entwickelte Kriegsszenario am Deich, in dem er Hasen schießen gehen muss, um seine Familie zu ernähren. Für Carola scheinen zwei Verläufe denkbar: Einerseits könnte sie für den erlebten eigenen Mangel und die Entbehrungen, die die Lockdowns mit sich brachten, projektiv beispielsweise der Regierung die Schuld zuschieben, wie es in den Reden der AfD angeboten wird. Oder – und das scheint uns wahrscheinlicher – Carola wäre heute möglicherweise der Gruppe der »autoritären Geimpften« zuzuordnen, wie sie in der Leipziger Autoritarismus-Studie 2022 (Decker et al. 2022) entwickelt wurde. Die autoritäre Aggression gegenüber Ungeimpften entsteht den Autor:innen zufolge, wenn die Identifikation mit der Autorität zu einer angemessenen Reaktion – also dem Impfen – führt, weiter bestehende Unsicherheiten und Abhängigkeiten jedoch verleugnet werden. Wenn zudem

> die Ambivalenz der freiwilligen Unterwerfung nicht wahrgenommen werden kann, muss auch die Aufgabe individueller Wünsche zugunsten dieser übergeordneten Rationalität verleugnet werden. Mit den aus diesen Quellen stammenden Aggressionen gelingt es, sowohl die Erfahrung der Ohnmacht abzuwehren als auch die Wut über den Verlust eigener Lebensführung auszuleben. (ebd., S. 121)

Ähnliches gilt vermutlich für Luzie, die bereits zu Beginn der Pandemie starke Aggressionen gegenüber Personen äußert, die sich nicht an die Coronaeindämmenden Regeln halten.

Der Vergleich der Biographien sowohl in Anna Domdeys Studie wie zwischen diesen und den wenigen veröffentlichten Fallstudien zu den Corona-Protestierenden verspricht, mehr über verschiedene (mehr oder weniger autoritäre) Verarbeitungswege der durch die Pandemie hervorgebrachten ambivalenten Gefühlslagen zu erfahren. Es lohnt sich aber auch, Domdeys Analysen mit Dustin Henzes gesellschaftstheoretischen Reflexionen zusammenzudenken. Während erstere die vergeschlechtlichte Vergesellschaftung für die Individuen hervorhebt und damit eine Perspektive einnimmt, die in Henzes Beitrag unterbelichtet bleibt, gewinnen die Analysen von Domdey noch einmal mehr Tiefe, wenn die Überlegungen von Henze zu in der Pandemie sich noch einmal schärfer bemerkbar machenden, grundlegenden gesellschaftlichen Transformationen und Widersprüchen mit reflektiert werden. Indem beide Perspektiven zusammengeführt werden, kann einerseits beleuchtet werden, wie autoritäre Reaktionen auf die Coronakrise in Verbindung mit geschlechtsspezifischen Rollenbildern und gesellschaftlichen Erwartungen stehen und wie sich dies in den individuellen Lebensgeschichten widerspiegelt. Andererseits können Dustin Henzes grundlegende Überlegungen, die Biografien nochmals in einen erweiterten Kontext stellen.

Anhand der biographischen Schilderungen in Anna Domdeys Studie lassen sich die von Dustin Henze angenommene, zunehmend ambivalente Subjektkonstitution angesichts neoliberaler Flexibilisierungstendenzen noch einmal spezifizieren. Es stellt sich die Frage, ob es geschlechtsspezifische Unterschiede und vergeschlechtlichte Anforderungen gibt, die in Dustin Henzes Analyse gesellschaftlicher Veränderungen unter dem Diktum des Neoliberalismus und ihren Auswirkungen auf die Demokratie berücksichtigt werden müssen. Trotz der generellen Tendenz zur Flexibilisierung der geschlechterhierarchischen Arbeitsteilung lässt sich feststellen, dass individuelle Anrufungen als vergeschlechtlichte Subjekte weiterhin bestehen bleiben und die geschlechtliche Codierung bestimmter Arbeitsfelder wie der Sorgearbeit sowie die Zuweisung der Haupt-Verantwortung für die Reproduktionssphäre an die Frauen nicht aufgelöst wurden. Dies führt zu den von Anna Domdey ausgeführten Effekten der »doppelten Vergesellschaftung« (Becker-Schmidt 2004/2017) von Frauen, die zwangsläufig Widersprüche produziert. In den biografischen Erzählungen von Carola und Luzie wird deutlich, dass sie mit Schuldgefühlen belastet sind, während sie versuchen, den Anforderungen der doppelten Vergesellschaftung gerecht zu werden. Auf der anderen Seite gelingt es Jan und Benjamin, sich entsprechend der neoliberalen geschlechtlichen Flexi-Identität das Weibliche symbolisch einzuverleiben (Abhängigkeit und Versorgt-Werden) und es als das (geschlechtlich) Universale auszugeben. Gleichzeitig neigt zumindest Benjamin jedoch in der Krisensituation dazu, auf den geschlechtsbezogenen Abwehrmechanismus der paranoiden

Abwehr-Kampf-Haltung zurückzugreifen und ihre eigene Autonomie überzube-
tonen. Dies geschieht, da er seine eigene Abhängigkeit von Mutter, Frau oder
Staat als bedrohlich wahrnimmt bzw. diese sich krisenbedingt auf unerträgliche
Weise steigert und seine männliche Identität zu gefährden droht. Rolf Pohl (2019,
S. 283) zufolge besteht die »unbewußte Grundangst der Männer«, die »ihrer
gesamten psychosexuellen Ausstattung« entspringt, »in der Angst vor bedrohlich
erlebten Autonomie- und Kontrollverlusten«, die nachträglich »mit Weiblichkeit
und den damit assoziierten Eigenanteilen in Verbindung gebracht« werden. So
muss Benjamin bei all seiner persönlichen Tendenz, sich konfliktvermeidend zu
verhalten und sich passiv den Weisungen seiner Frau zu unterwerfen, betonen im
Zweifel das Gewehr in die Hand nehmen und Hasen schießen zu können, um als
Familienernährer das Überleben seiner Familie zu sichern.

Wenngleich der Autonomie- und Herrschaftszwang innerhalb bürgerlich-
patriarchaler Verhältnisse untrennbar mit der männlichen Geschlechtsidentität
verbunden ist, kann – wie Dustin Henze herausgearbeitet hat – das dilemma-
tische Verhältnis von Autonomie als Ideal und Rollenanforderung und der real
erfahrenen Heteronomie der gesellschaftlichen Zwangsverhältnisse jedoch auch
als grundsätzlicher immanenter Widerspruch der Demokratie innerhalb kapitalistischer Verhältnisse verstanden werden, der Frauen als politische Subjekte
in gleicher oder zumindest ähnlicher Weise betrifft. Unterschiede ergeben sich
womöglich nur in der geschlechtsspezifischen individuellen Bedeutung, die diese
entfaltet, und der subjektiven Verarbeitung. Geraten in der Krisensituation der
Pandemie die Formen der etablierten Ersatzbefriedigungen für nicht realisierbare
Autonomiewünsche unter Druck, kann dies auf individueller Ebene einen destabilisierenden Effekt haben. Thematisiert wird dies sowohl in den Reden der AfD
als auch in den von Anna Domdey geführten biographischen Interviews. Während
die AfD den unbeschwerten Konsum (Restaurantbesuch, Theaterbesuch, Urlaub)
als verlorenes Objekt inszeniert, das durch die Ermächtigung der AfD wiedererlangt werden kann, wehren die von Anna befragten Personen (Carola, Luzie)
die nun selbst nicht mehr realisierbaren eigenen Wünsche nach konsumistischer
Ersatzbefriedigung rigide ab und lagern sie projektiv in die Tourist:innenmassen
und egoistischen Cappuccino-Trinker:innen aus. Der reale Verlust der gesellschaftlich etablierten Formen der Ersatzbefriedigung wird wiederum kompensiert
durch die Vorstellung einer Vollkommenheit bzw. Ganzheit in dem asketischen
Rückzug in die häusliche Isolation oder der Überbetonung der eigenen vermeintlichen Unabhängigkeit von Lebensmittelmärkten in Fantasien des Hasenschießens
(Benjamin). Carola berichtet etwa davon, die wenigen Möglichkeiten des Shop-
pings als sehr ernüchternd erlebt zu haben, und betont, eigentlich bereits alles
zu besitzen, sodass Shopping für sie ohnehin überflüssig sei. An anderer Stelle

wiederum wertet sie all jene Personen ab, die dies trotzdem tun. Auf latenter Bedeutungsebene drückt sich hier, wie die Analysen plausibilisiert haben, ihr projektiv abgewehrter eigener Wunsch aus, zu konsumieren und sich dabei als autonomes Subjekt zu fühlen. Im Gegensatz zu den vermeintlich egoistischen Personen, die entgegen der pandemischen Logik shoppen gehen, in den Urlaub fahren und Cafés besuchen, wählt sie jedoch den passiv-konfliktvermeidenden Weg des Rückzugs in die private Askese.

# 4    Facetten des Autoritären

Das autoritäre Moment bei den interviewten Personen liegt also in dem gesellschaftlichen Rückzug und der konformistischen Unterwerfung unter die tendenziell positiv besetzte gesellschaftliche Autorität in Form der Regierungsvorgaben sowie dem Bezug auf hegemoniale Geschlechterkonstruktionen und Praxisweisen. Zwar scheint bei den Befragten auch ein gewisses Maß kognitiver Flexibilität auf, die es ihnen ermöglicht, sich an die veränderten gesellschaftlichen Bedingungen anzupassen. Aber das infantile Anklammern an die gesellschaftlichen Konventionen ist durchaus als ein Moment der autoritären Krisenbewältigung zu verstehen, das auch von der AfD adressiert wird, insbesondere im Zusammenhang mit den krisenbedingt prekarisierten, gesellschaftlich anerkannten Ersatzbefriedigungen sich als autonomes Subjekt zu gerieren. Insgesamt inszenieren sich die RednerInnen dabei als diejenigen, die die wahlweise böse, korrupte, unfähige oder wahnsinnige Elite, in einem gemeinsamen Akt zusammen mit ihren Apologet:innen vernichten, die Krise beenden und eine »Normalität« wiederherstellen können, in der die Versorgung mit Erlebnis- und Konsumgütern sichergestellt wäre. Auf diese Weise bietet die AfD den Zuhörer:innen eine Weltdeutung an, in der die ambivalenten Gefühle gegenüber der staatlichen Autorität aufgespalten werden. Der negativen Anteile, die mit ihrer versagenden und sanktionierenden Funktion verbundenen Gefühle der Ohnmacht und Hilflosigkeit, können sich die Zuhörer:innen projektiv entledigen in dem Feindbild der willkürlich drangsalierenden und wirtschaftsschädigenden Regierung. Gleichzeitig kann der Staat als Nation, ist er erst einmal von dieser – entsprechend der nationalistischen Exklusionsnarrativen – »volksfremden« Macht befreit, als »gereinigtes« gutes Objekt verbleiben, mit dem man sich nun ambivalenzfrei identifizieren kann. Abhängig und ohnmächtig erscheinen in diesem Sinne nunmehr diejenigen »Schlafschafe«, die wie die von Anna Domdey interviewten Personen der Regierung anscheinend blindlings in die heraufbeschworene »Diktatur« folgen, während man sich selbst als freiheitsliebende »Querdenker:in« inszenieren kann.

Das Narrativ der »Coronadiktatur« kann an die Gefühle fehlender Freiheit und Selbstbestimmung anknüpfen, die entstehen, weil sich die Subjekte aufgrund der Coronamaßnahmen auch im Privaten ohne die konsumistischen Ersatzbefriedigungen nur erschwert als autonom erleben können. Gleichzeitig ermöglichen es die Narrative der AfD mit ihrem Versprechen, die Normalität wiederherzustellen, auf kognitive und behaviorale Anpassungsleistungen zu verzichten. Stattdessen werden Anachronismen und Widersprüche vereindeutigt, sodass bewährte Denk- und Verhaltensweisen aufrechterhalten werden können. Die Rigidität, mit der mental an der verloren gegangenen angeblichen Normalität festgehalten werden muss, scheint die der interviewten Personen noch zu übersteigen. Es ist dennoch denkbar, dass auch diese Personen für eine solche Propaganda prinzipiell zugänglich wären. Die AfD versucht affektiv an jene Gefühle der Angst und Wut angesichts des drohenden Verlustes von Handlungskontrolle und Normalität anzuknüpfen, die auch die Befragten dazu bewegen sich noch stärker an die staatliche Autorität und gesellschaftlichen Konventionen zu binden. Während die AfD sich jedoch als alternative, bessere Autorität in Stellung bringt, die es vermag die erzeugten Spannungen und aversiven Gefühle schlagartig zu lösen und die Formierung einer schein-rebellischen Masse anstrebt, scheinen die Interviewten eine eher individualistische denn kollektivistische Umgangsweise mit den gesellschaftlichen Verwerfungen zu wählen. Die vermeintliche »Lösung« der krisenbedingten Spannungen liegt hier nicht im ersehnten kollektiven Narzissmus einer restaurierten »Normalität«, sondern im privatistischen Rückzug in die traute Heimeligkeit. Eine Ausnahme bildet Luzie, die biographisch immer wieder versucht, durch die Zugehörigkeit zu unterschiedlichen Kollektiven für sich eine Sicherheit herzustellen. Und auch die von Benjamin angesichts der Pandemie real erlebte Ohnmacht wirft die Frage auf, ob er nicht empfänglich für die autoritäre Anrufung der AfD wäre. Vergegenwärtigt man sich, dass die Interviews zu Beginn der Pandemie geführt wurden, lässt sich durchaus die Frage stellen, wie die vier Interviewten in den Folgemonaten und -Jahren weiter auf die Pandemie reagierten.

Bei den »Querdenkern« zeichnet sich ein deutlich heterogenes Bild im Hinblick auf den Wunsch nach der Restitution einer gesellschaftlichen Ordnung und Normalität. Wolfgang Wodarg zeichnet, ähnlich wie die RednerInnen der AfD, ein regressives Bild einer schlichten und authentischen Wertegemeinschaft und wendet sich gleichzeitig scheinbar gesellschaftskritisch gegen eine profitorientierte Allianz aus Politik und Wissenschaft. Auf manifester Ebene wird damit das Sehnsuchtsmoment einer von kapitalistischen Zwängen befreiten, antiautoritären Gesellschaft entworfen, das vordergründig anschlussfähig an liberale Positionen und Selbstverständnisse ist. Im Kontrast zu diesem Selbstverständnis einer »kritischen« und »neutralen« Außenperspektive zeigt sich auf der latenten

Ebene über die fantasierte Rückkehr zu einer schlichten und authentischen Wertegemeinschaft eher ein Wunsch nach Normalität und autoritärer Beruhigung. Im Gegensatz dazu zeichnen Heiko Schrang und Ken Jebsen »Normalität« als eine negative Kontrastfolie zu einer als erstrebenswert erachteten Veränderung. Apokalyptische Endzeitszenarien werden hier als die Einleitung einer politischen Umbruchsphase idealisiert, wobei der ersehnte Untergang des politischen Systems zwangsweise Gewalt und Chaos inkludiert. Blinder Konsum, kleinbürgerliche Zurückgezogenheit und die kapitalistische Verwertungslogik werden von Jebsen zynisch aufgegriffen und angeprangert. Gesellschaftliche und individuelle Widersprüche werden genutzt, um die innere Zerrissenheit des Publikums zu verstärken und ambivalente Gefühle und Positionen bis ins Unerträgliche zu steigern. »Krank« erscheint hier die Mehrheitsgesellschaft aufgrund ihrer vermeintlichen Autoritätshörigkeit, während die sich von der vermeintlich realitätsverblendenden »Normalität« und Konventionen abwendende Position als originell und zukunftsweisend aufgewertet wird.

Deutlich wird, dass wir es mit verschiedenen Formen des Autoritarismus zu tun haben, die in unterschiedlichen Mischungsverhältnissen, die Leipziger Autoritarismus-Studien sprechen von verschiedenen »Legierungen« (Decker et al. 2022, S. 116), auftreten. Auf der einen Seite zeigt sich ein antiautoritäres Aufbäumen, bei dem Menschen in einem aggressiven und trotzig-kindlichen Protest gegen staatliche Maßnahmen rebellieren. Diese Rebellion bleibt jedoch konformistisch, da sie zwar den Anschein des Widerstands gegen bestehende Autoritäten erweckt, aber letztendlich darauf zielt, autoritäre Strukturen und Normen aufrechtzuerhalten. Konformistische Rebell:innen verfolgen oft eine Art scheinbarer Opposition, indem sie sich gegenüber bestimmten Aspekten der herrschenden Autorität rebellisch verhalten. Sie fordern jedoch lediglich ihre Ersetzung durch eine neue, als stärker wahrgenommene Autorität, der sie sich unterwerfen können. Diese autoritäre Dynamik wird insbesondere von den RednerInnen der AfD und den YouTubern Ken Jebsen und Heiko Schrang forciert. Auf der anderen Seite zeigt sich der Autoritarismus in Form der Unterwerfung, bei der die Menschen in einem kindlichen Rückzug nach haltender Autorität suchen. In solchen Situationen wird die Suche nach klaren Anweisungen und Entscheidungen als Antwort auf die Unsicherheiten und Ängste der Krise verstärkt. Menschen sehnen sich nach einer stabilen und vertrauenswürdigen Führung, die ihnen Sicherheit und Orientierung bietet. Diese Form manifestiert sich in dem von Anna Domdey herausgearbeiteten passiven und ängstlich-kindlichen Rückzug, aber auch in den Anrufungen des Arztes Wolfgang Wodarg und in den Normalitäts- und Ordnungsversprechen der AfD-RednerInnen. In all den Formen kann die Betonung des Rebellischen gegenüber dem unterwürfigen Part zuweilen unterschiedlich stark sein und die Autoritäten können jeweils durchaus verschiedene sein: das von den Eliten verratene Volk, die das Volk repräsentierende Partei oder aber auch der starke Staat. Die tiefenhermeneutischen Analysen, in denen immer die Spannung von Manifestem und Latentem in den Blick genommen wird, zeigen aber, dass beide Momente stets da, wenn auch nicht immer gleich manifest sind. Das lässt zumindest in dieser Hinsicht die von Amlinger und Nachtwey (2022) aufgemachte Differenz zwischen den klassischen Autoritären, in denen das Moment der autoritären Unterwürfigkeit stärker ausgeprägt sei, und den libertären Autoritären, die nur sich selbst zur Autorität erklärten, wenigstens fraglich erscheinen. Und es stellt sich die Frage nach dem Verhältnis der latenten Potenziale, die über die tiefenhermeneutische Auswertung von Reden und biographischen Erzählungen ergründet werden, und dem, was die quantitativen Autoritarismus-Skalen mit ihren Items jeweils erfassen.

## 5    Ticketdenken

In den beschriebenen Dynamiken spiegeln sich auch die im Kontext der Pandemie vorherrschenden autoritären »Tickets«, die den Menschen helfen mit den Widersprüchen, die die Pandemie erzeugt, und den damit einhergehenden psychischen Konflikten umzugehen. Die Undurchsichtigkeit der pandemischen Situation und die Übermacht der gesellschaftlichen Verhältnisse im Allgemeinen erzeugen das Bedürfnis nach entlastender Vereinfachung, stereotypem Denken und Personalisierung. Hierfür dienen Tickets, verstanden als standardisierte Wahrnehmungs-, Denk- und Verhaltensschablonen, die den Menschen massenhaft kulturindustriell angeboten werden – auch in der hier untersuchten Form von rechter und verschwörungstheoretischer Propaganda, wie in den untersuchten Reden der AfD und den YouTube-Videos oder auch in Form der Reden von Kanzlerin Merkel oder in den zahllosen Polittalk-Formaten im TV. Die Wahl des konkreten Tickets ist zwar Produkt einer – vor dem Hintergrund biographischer Erfahrungen vollzogener – mehr oder weniger freien Entscheidung, aber diese unterliegt dem gesellschaftlichen stummen Zwang zumindest irgendein Ticket zu wählen, denn die Allgegenwärtigkeit der Krise erfordert eine Positionierung jedes Einzelnen; sei es, um einen praktischen Umgang mit der Pandemie zu finden, oder, um die eigene psychische Einheit aufrechtzuerhalten oder sich in Diskussionen profilieren zu können. Das Problem an der reflexartigen Übernahme der Tickets ist jedoch, dass im Ticket die präformierte Meinung an die Stelle der individuellen Erfahrung und Urteilsbildung gesetzt wird.

Adorno (1961/1963) folgend ist Meinung »die wie immer auch eingeschränkte Setzung eines subjektiven, in seinem Wahrheitsgehalt beschränkten Bewußtseins als gültig« (S. 148) und als solches im Gegensatz zur Einsicht »gepanzert« (ebd., S. 150) gegen Reflexion und Erkenntnis, denn in der Abweichung von der absolut gesetzten Meinung als gültige Wahrheit droht der Rückfall ins Chaos. Meinung sei daher vornehmlich dort vorzufinden »wo das Subjekt die Kraft zur vernünftigen Synthesis nicht mehr hat oder sie, verzweifelnd vor Übermacht, verleugnet« (ebd., S. 168). Realitätsprüfung wird nicht mehr möglich, aber ist auch nicht mehr notwendig. »Neue Erfahrungen können gar nicht mehr gemacht werden beziehungsweise werden in vorliegenden Schablonen gepresst oder vehement abgewehrt« (Pfau 2020, S. 132). Die Übernahme der präformierten Meinungen in Form des Tickets sei daher als Regression zu verstehen, die jedoch eine psychische Funktion erfülle:

Die Resistenzkraft der bloßen Meinung erklärt sich aus deren psychischen Leistung. Sie bietet Erklärungen an, durch die man die widerspruchsvolle Wirklichkeit widerspruchslos ordnen kann, ohne sich groß dabei anzustrengen. Hinzu kommt die narzißtische Befriedigung, welche die Patenmeinung gewährt, indem sie ihre Anhänger darin bestärkt, sie hätten es immer gewußt und gehörten zu den Wissenden. Das Selbstvertrauen der unentwegt Meinenden fühlt sich gefeit gegen jedes abweichende konträre Urteil (Adorno 1961/1963, S. 155).

Auf diese Weise werde die Zugehörigkeit zu einem Ticket beziehungsweise dem Kollektiv der Angehörigen jenen Tickets zum Zentrum der eigenen Identität erhoben. »Was einer für eine Meinung hat, wird als sein Besitz zu einem Bestandstück seiner Person, und was die Meinung entkräftet, wird vom Unbewußten und Vorbewußten registriert, als werde ihm selber geschadet« (ebd., S. 150). Die so »lädierte Fähigkeit der Erfahrung« (ebd., S. 168) ebne jedoch den Weg für pathische Projektion und Feindbildungsprozesse. »Bloße Meinung neigt zu jenem Nicht-aufhören-Können, das pathische Projektion heißen darf« (ebd., S. 154). Hierbei ist auf ein zentrales Ergebnis der Studien zum autoritären Charakter hinzuweisen, dass das Ticket-Denken eben kein genuines Merkmal der Autoritären ist, sondern auch bei den vermeintlich vorurteilsfreien zu finden ist, da es sich um ein allgemeines gesellschaftliches Phänomen handelt:

Die Tickets sind so allgegenwärtig, dass die verschiedenen Syndrome eher aus der unterschiedlichen Bearbeitung ihrer Inhalte als aus den Inhalten selbst erklärt werden können. Ob sich jemand konformistisch, unterwürfig oder manipulativ zu den Inhalten der Tickets verhält, hängt mehr von der psychischen Entwicklung, dem Umgang mit Aggressionen im Triebleben und den äußeren Rahmenbedingungen, wie beispielsweise Propaganda, ab. Das ist die Gefahr des potenziell faschistischen Cha-rakters: Er liegt nicht bereits manifestiert bei einer klar abgrenzbaren Personengruppe vor, sondern kann sich durch Übergänge, Gleichzeitigkeiten und den Umschlag von Syndromen überall in der modernen Gesellschaft herausbilden. Selbst die *Vorurteils-freien* sind von den Tickets erfasst und machen sie unbewusst zum Ausgangspunkt ihrer Sympathien und Antipathien. Stellenweise ist ihr Urteil, zum Beispiel über eine bestimmte Personengruppe, bloß die Umkehrung des vorurteilsvollen Urteils (Pfau 2020, S. 133).

Der abwertende Blick auf die Coronaleugner:innen ist entlastend, die »Schwur-bler:innen« werden zur Projektionsfläche, und sie werden als Faschist:innen und brandgefährlich vereindeutigt. Auch die vermeintlich »vernünftigere« Umgangs-weise mit der Pandemie droht daher in einem Denken in Gegensätzen fixiert zu bleiben. Für einen gesellschaftlichen, demokratischen Aushandlungsprozess über die Umgangsweise mit den Krisen unserer Zeit ist das Ticketdenken jedoch Gift, denn das im Ticket und den hiermit verbundenen Meinungen versteinerte Bewusstsein erlaubt keine fruchtbare Irritation in den Diskussionen mit Ande-ren mehr. Wie in der Coronapandemie zu sehen, stehen sich die Meinungen unversöhnlich gegenüber. Ein gesellschaftlicher Diskurs wird dadurch erschwert, dass die entgegenstehenden Meinungen auch keinen erfahrungswerten Bezug zum Gegenstand selbst, der Pandemie, mehr haben. Wer die ticketförmige Wahrneh-mungsschablone wählte, eine Coronadiktatur heraufziehen zu sehen, wird wie in den Arbeiten von Graage und Henze aufgezeigt, keine widersprüchliche Erfah-rung mehr zulassen. Ebenso wird von den in Domdeys Text untersuchten starren Konformist:innen wohl keine Irritation und Zweifel an der Sinnhaftigkeit der verordneten Infektionsschutzmaßnahmen zugelassen, die einen in Verdacht brin-gen würde auch ein »Schwurbler« zu sein. Diskurs wird verunmöglicht, da die entgegenstehenden Meinungen ihren Bezug zum Gegenstand selbst, der Pande-mie, verlieren. Aus der Wahl dieses oder jenes Tickets folgt automatisch und unhinterfragt für oder gegen bestimmte Positionen zu sein.

Die verschiedenen Formen des Autoritarismus unterscheiden sich zwar in ihrer Ausdrucksform und stellen jeweils differente Schiefheilungsangebote dar, erschweren aber letztendlich auf ähnliche Weise den solidarischen Bezug zur Gesellschaft und zu anderen Menschen. Die Pandemie und die damit einher-gehende Krise stellen eine besondere Herausforderung dar und werfen Fragen nach dem generellen Wesen von Solidarität auf. Es stellt sich die Frage, was Solidarität überhaupt bedeutet und wem gegenüber sie gelebt werden sollte. Indem sie sich auf ihre individuellen Freiheiten und Bedürfnisse konzentrieren, blenden die autoritären Rebell:innen die Auswirkungen ihres Verhaltens auf die

Gesellschaft und speziell gefährdete Gruppen aus. Ihre Aktionen können zur Verbreitung des Virus beitragen und so eine Gefahr für die Teile der Gesellschaft darstellen. Auf der anderen Seite kommen die von Anna Domdey interviewten Personen zwar der Anforderung des Infektionsschutzes nach, verlassen sich jedoch weitestgehend unreflektiert und unkritisch auf die Autorität und neigen dazu, kritische Perspektiven und alternative Lösungsansätze zu ignorieren. Die Interviewten in Domdeys Studie neigen zudem dazu, sich in Einsamkeit auf dem Lande einzurichten. Die ländliche Isolation wird rationalisiert und teilweise sogar von außen beneidet. Solidarität wird hier eher auf die eigene private Situation bezogen und für das eigene Wohlbefinden eingefordert. Es stellt sich jedoch die Frage, ob dieser Fokus auf die eigene Situation ausreicht, um eine umfassende Solidarität zu entwickeln. Ein produktiver demokratischer Streit darüber, wie in einer von Herrschaftsverhältnissen und kapitalistischen Sachzwängen durchzogenen Gesellschaft unterschiedliche Interessen und Vulnerabilitäten vermittelt und gegeneinander abgewogen werden könnten, wird dadurch verunmöglicht.

Die Irrationalität des Ticketdenken ist jedoch Ergebnis genau dieser gesellschaftlichen Verhältnisse: »Ticket-Denken ist nur möglich, weil die Existenz derer, die ihm nachgeben, weitgehend durch ›tickets‹ bestimmt ist, durch standardisierte, undurchsichtige und übermächtige gesellschaftliche Prozesse, die dem Individuum zum Handeln und zu echter Individuation nur wenig Freiheit lassen« (Adorno 1950/1973, S. 307).

Offen bleibt daher, wie angesichts solcher gesellschaftlichen Verhältnisse ein nicht-autoritärer Umgang mit den Krisen aussehen könnte und welche Merkmale eine »reife« Herangehensweise auszeichnen würde, ist es doch – so Pfau (2020, S. 136) – das Ticket, das »den objektiven Wahnsinn« überhaupt erst »subjektiv erträglich« macht.

## Literatur

Adorno, T.W. (1961/1963). Meinung Wahn Gesellschaft. In: T.W. Adorno. *Eingriffe. Neun kritische Modelle* (S. 147–172). Frankfurt a.M.: Suhrkamp.

Adorno, T.W. (1950/1973). Studien zum autoritären Charakter. Frankfurt a.M.: Suhrkamp.

Adorno, T.W. (1951/2013). Die Freudsche Theorie und die Struktur der faschistischen Propaganda. In H. Dahmer (Hrsg.), *Analytische Sozialpsychologie Band 1. Texte aus den Jahren 1910 – 1980* (S. 318–342). Gießen: Psychosozial-Verlag.

Amlinger, C. & Nachtwey, O. (2022). *Gekränkte Freiheit. Aspekte des libertären Autoritarismus*. Frankfurt a.M.: Suhrkamp.

Forschungswerkstatt Corona-Proteste (2021). Corona-Protest-Report. Narrative – Motive – Einstellungen. https://osf.io/preprints/socarxiv/25qb3/

Brunner, M., Knasmüller, F., & König, J. (2022). Psychoanalytische Erkundungen der Gesellschaft. *Forum der Psychoanalyse 38*, 385-400.

Brunner, M. & Knasmüller, F. (im Erscheinen). Sozialpsychologische Betrachtungen von Protest und Radikalisierung in Corona-Zeiten. In: A. Séville (Hrsg.). *Verschwörungstheorien und Radikalisierung. Eine Diskussion.* Frankfurt a.M.: Wochenschau Verlag.

Decker, O., Kalkstein, F., Schuler, J., Celik, K., Brähler, E., Clemens, V., & Fegert, J. M. (2022). Polarisierung und autoritäre Dynamiken während der Pandemie. In O. Decker, J. Kiess, A. Heller, & E. Brähler (Hrsg.) (2022), *Autoritäre Dynamiken in unsicheren Zeiten. Neue Herausforderungen – alte Reaktionen? Leipziger Autoritarismus Studie 2022* (S. 91–126). Gießen: Psychosozial.

Forschungswerkstatt Corona-Proteste (2023). Corona-Protest-Report II. Eine Folgeuntersuchung. https://nbn-resolving.org/urn:nbn:de:0168-ssoar-86944-4

Knasmüller, F., Menzel, G., Reuss, T., Brunner, M., & Heller, A. (2023). „Wider die Natur" – Zur sozialpsychologischen Dimension des Bündnisses von Verschwörungsdenken und Spiritualität in den Corona-Protesten. Eine Fallanalyse. *Zeitschrift für Religion, Gesellschaft und Politik.* https://doi.org/10.1007/s41682-023-00150-7

Löwenthal, L. (1949/2017). Falsche Propheten. Studien zur faschistischen Agitation. In L. Löwenthal, *Falsche Propheten. Studien zum Autoritarismus* (S. 11–159). Hrsg. v. H. Dubiel. Frankfurt a.M.: Suhrkamp.

Nachtwey O., Frei N., & Schäfer R (2020). *Politische Soziologie der Corona-Proteste* https://doi.org/10.31235/osf.io/zyp3f

Pfau, E. (2020). Das Ende des Antisemitismus. Über das Ticket im autoritären Charakter. In K. Henkelmann, C. Jäckel, A. Stahl, N. Wünsch & B. Zopes (Hrsg.), *Konformistische Rebellen. Zur Aktualität des autoritären Charakters* (S. 127–140). Berlin: Verbrecher.

Pohl, R. (2019). *Feindbild Frau. Männliche Sexualität, Gewalt und die Abwehr des Weiblichen.* Hannover: Offizin.

Becker-Schmidt, R. (2004/2017). Zur doppelten Vergesellschaftung von Frauen. Divergenzen und Brückenschläge zwischen Privat- und Erwerbssphäre. In ebd., Pendelbewegungen – Annäherungen an eine feministische Gesellschafts- und Subjekttheorie. Aufsätze aus den Jahren 1992 bis 2015. Opladen/Berlin/Toronto: Barbara Budrich.

**Markus Brunner, Dr. phil.,** ist wissenschaftlicher Leiter des Studienschwerpunktes „Sozialpsychologie/Klinische Psychologie" an der Sigmund Freud PrivatUniversität in Wien, Mitherausgeber der Zeitschriften „Freie Assoziation" und „Psychologie und Gesellschaftskritik" sowie der Schriftenreihe „Kritische Sozialpsychologie" beim VS Springer-Verlag, Gründungsmitglied der Gesellschaft für psychoanalytische Sozialpsychologie und Gruppenanalytiker (SGAZ). Zahlreiche Schriften zur Psychoanalyse und psychoanalytischen Sozialpsychologie.

**Anna Domdey, M.A.,** studierte Kulturanthropologie/Europäische Ethnologie und Geschlechterforschung in Göttingen. Sie ist Mitglied in der Gesellschaft für psychoanalytische Sozialpsychologie und einer tiefenhermeneutischen Interpretationsgruppe. Ihre Schwerpunkte liegen in historisch-materialistischer Geschlechterforschung, Kritischer Theorie und Antisemitismusforschung. Außerdem interessiert sie sich theoretisch wie praktisch für Geschichtspolitik und arbeitet derzeit in der Gedenkstätte Breitenau.

**Nicola Graage, M.A.,** absolvierte ihren Bachelor in Psychologie an der Universität Potsdam (UP) und ihren Master mit Klinischem Fokus an der International Psychoanalytic University (IPU). Derzeit arbeitet sie mit psychisch erkrankten Erwachsenen im Bereich der Eingliederungshilfe und ist Ausbildungskandidatin am Institut für Psychotherapie Potsdam (TP/ AP).

**Dustin Henze, M.A.,** arbeitet als wissenschaftlicher Mitarbeiter an der Sigmund Freud PrivatUniversität Wien im internationalen Forschungsprojekt „Connecting the Dots: Reconstructing the Social Production of Suspicious Knowledge". Er hat Politikwissenschaft, Geschlechterforschung und Psychologie studiert, ist Mitglied der Gesellschaft für psychoanalytische Sozialpsychologie und einer tiefenhermeneutischen Interpretationsgruppe. Seine Forschungsinteressen liegen im Bereich psychoanalytischer Sozialpsychologie und Kritischer Theorie.

**Julia König, Dr. phil.,** ist Professorin für Kindheitsforschung an der Bergischen Universität Wuppertal. Ihre Forschungsschwerpunkte liegen in der Sexualitätsgeschichte und der Analyse aktueller Konstellationen kindlicher Sexualität, auf Untersuchungen von Antisemitismus, Rassismus und Verschwörungsdenken, und berühren feministische, (post)koloniale und kindheitstheoretische Fragen. Systematisch nimmt sie dabei neben den genannten vor allem die Perspektive Kritischer Theorie und der Psychoanalyse ein.

# Anhang

**Erklärung Transkriptionszeichen**
//gleichzeitig Gesprochenes//
Ausw- = abgebrochenes Wort
(,) = kurze Pause
(4) = Dauer Pause in Sekunden
((lacht)) = Kommentar oder Beschreibung der/des Transkribierenden
**nein** = betont/laut
Ja: = Dehnung eines Vokals
Ja-ja = schneller Anschluss
{ } = Zwischenrufe und Reaktionen aus dem Plenum

© Der/die Herausgeber bzw. der/die Autor(en), exklusiv lizenziert an Springer
Fachmedien Wiesbaden GmbH, ein Teil von Springer Nature 2024
M. Brunner et al. (Hrsg.), *Autoritäre Dynamiken in der Krise*, Kritische
Sozialpsychologie, https://doi.org/10.1007/978-3-658-43282-9

# GPSR Compliance

*The European Union's (EU) General Product Safety Regulation (GPSR) is a set of rules that requires consumer products to be safe and our obligations to ensure this.*

*If you have any concerns about our products, you can contact us on ProductSafety@springernature.com*

In case Publisher is established outside the EU, the EU authorized representative is:

Springer Nature Customer Service Center GmbH
Europaplatz 3
69115 Heidelberg, Germany

The manufacturer's authorised representative in the EU is Springer
Nature Customer Service Centre GmbH, Europaplatz 3, 69115 Heidelberg,
Germany. If you have any concerns regarding our products, please
contact ProductSafety@springernature.com

Printed and bound by CPI Group (UK) Ltd, Croydon, CR0 4YY
28/04/2026
02098509-0005